Unterwegs in
SKANDINAVIEN

Unterwegs in Skandinavien

Geirangerfjord, der König der Fjorde
Der Geirangerfjord, eine der spektakulärsten Natursehenswürdigkeiten Norwegens, befindet sich etwa 200 Kilometer nordöstlich von Bergen. Eingebettet zwischen majestätische Berge bieten die steilen Felswände, die bis zu 1700 Meter hoch aufragen, und das klare tiefblaue Wasser eine atemberaubende Kulisse.

Höchste Klippe des Landes: Møns Klint
Die imposanten Kreideklippen entlang der Ostküste der Insel Møn gehören zu den meistbesuchten Naturwundern Dänemarks. Hierher sollte kommen, wer in der Erdgeschichte 70 Millionen Jahre zurückreisen möchte. Die Fossilien, für deren Vielfalt die Klippen bekannt sind, zeugen von längst vergangenen Zeiten und sind ein schönes Erinnerungsstück.

Stockholms Schärengarten
Die für die schwedische Landschaft so typischen roten Holzhäuser, die an Bullerbü und Pippi Langstrumpf denken lassen, dienten einst Bauern und Fischern als einfache Unterkünfte. Die rote Farbe war ein Abfallprodukt, das beim Abbau von Kupfer anfiel, und sollte an das Rot der Backsteingebäude erinnern, das sich nur die Wohlhabenden leisten konnten.

Hej & Hei in Skandinavien!

Der Sound Skandinaviens
Von skandinavischem Pop mit weltberühmten Bands wie ABBA über klassische Musik – der bekannteste skandinavische Komponist ist Edvard Grieg – bis hin zu Folkmusik reicht die Bandbreite und lädt auch musikalisch zu einer (Klang-)Reise ein.

Lieblingsspeisen
Fisch und Meeresfrüchte stehen auf dem skandinavischen Seisezettel ganz weit oben. Neben geräuchertem Lachs, eingelegten Heringen und Stockfisch gibt es jedoch auch andere typische Gerichte und Spezialitäten wie Smørrebrød und Hot Dog, Zimtschnecken und Köttbullar, Pinnekjøtt (Lammrippen) und Geitost (süß schmeckender Ziegenkäse)... hungrig bleibt keiner!

> »Das Leben ist kein Märchen, aber es sollte eines werden.«
> — Hans Christian Andersen

Saunakultur

Ob nun in die »badstu«, in die »bastu« oder in die »sauna« – die Skandinavier lieben das Schwitzbad, das es auch als schwimmende Variante oder gar in Fassform gibt, den Sprung in den See, Fluss oder Fjord inklusive.

Skandinavien to go

Ein Stück Skandinavien für Zuhause gefällig? Typische Mitbringsel sind Norwegerpullover, Trollfiguren, Aquavit, schwedisches Glas, hölzerne Dalapferde oder dänische Designerstücke, die das heimische Wohnzimmer mit skandinavischem Chic adeln.

Inhalt

374

Mit zahlreichen Spezialthemen zu:

Kopenhagens Fahrradkultur, Mittsommer, Flora und Fauna, Polarlicht, Welt der Wikinger, Skandinavische Literatur, Stabkirchen und vieles mehr …

Die schönsten Reiseziele 16

DÄNEMARK	**18**
Jylland	20
Fyn und Inseln	60
Sjælland	70
Bornholm	96
SCHWEDEN	**102**
Götaland	104
Svealand	164
Norrland	198

NORWEGEN	**212**
Sørlandet	214
Østlandet	224
Vestlandet	260
Trøndelag	318
Nord-Norge	336

Oben: Die »Sieben Schwestern« ergießen sich in den Geirangerfjord. Rechte Seite oben: Typische Schweden-Idylle an der Ostküste. S. 2/3: Elchen kann man fast überall in Schweden begegnen.

Extra Stadtpläne zur Orientierung

Ausgewählte Routen zum Nachfahren

ab Seite 364

370

Die schönsten Reiserouten 364

Route 1:
Dänemark – Küstenlandschaft und hübsche Städte 368

Route 2:
Dänemark und Schweden: von Dänemarks Norden durch Südschweden 370

Route 3:
Norwegen – über Fjord und Fjell: großartige Naturwunder im Norden Europas 372

Route 4:
Hurtigruten – mit dem Schiff die Küste entlang zum Nordkap 374

Reiseatlas Skandinavien 376

Register 444

Bildnachweis, Impressum 448

Und dann muss man ja auch noch Zeit haben, einfach dazusitzen und vor sich hin zu schauen. (Astrid Lindgren)

HIGHLIGHTS *

1 Ærø
Nur auf dem Seeweg lässt sich die Insel in Süddänemark erreichen – einmal dort, entzücken die Landschaft und historische Orte (S. 68).

2 Århus
Kulturhauptstadt und »Stadt des Lächelns« – Århus weiß diese Begriffe mit Leben zu füllen. Charmante Gassen und innovative Architektur prägen das Stadtbild (S. 34).

3 Fjällbacka
Schwedenidylle mit typisch roten Holzhäusern, Inseln und Co. lässt sich in Fjällbacka genießen (S. 154).

4 Vänern
Welcher der vielen Seen Schwedens der schönste ist, muss jeder selbst entscheiden – der Vänern hätte den Titel auf jeden Fall verdient (S. 151).

5 Stockholm
Das »Venedig des Nordens« lockt mit urbaner Kultur, idyllischem Schärengarten, historischen Bauwerken und viel Flair (S. 172).

6 Sognefjord
Atemberaubend ist der tiefste und längste Fjord der Welt (S. 290)!

7 Trondheim
Die einstige Hauptstadt Norwegens bezaubert mit ihrer reizvollen Mischung aus Alt und Neu (S. 324).

8 Umeå
Die »Stadt der Birken« ist ein faszinierendes Zentrum für Design und Kultur in Nordschweden (S. 201).

9 Nationalpark Abisko
Lappland pur bietet der Abisko-Nationalpark, im Sommer ein leuchtendes Farbenmeer, im Winter im Dornröschenschlaf (S. 209).

10 Nordkap
Nicht ganz das Ende der Welt, doch für viele Reisende ein symbolisches Ziel im hohen Norden bildet der Globus am Nordkap (S. 360).

Die schönsten Reiseziele

Sanfte Dünenlandschaften in Dänemark, weitläufige Schärenküsten sowie dichte Wälder in Schweden und mächtige Fjorde und Wasserfälle in Norwegen beeindrucken die Besucher. Die Städte Kopenhagen, Stockholm und Oslo ziehen im Sommer viele Touristen an, bieten sie doch ein vielfältiges kulturelles Angebot. Land für Land wird in Form dieses bebilderten Nachschlagewerks – mit Stadtplänen der wichtigsten Städte – vorgestellt. Interessante Aspekte werden in Themenartikeln vertieft. Zusätzlich erhöht ein Klassifizierungssystem mit Sternchen (*** = »eine eigene Reise wert«, ** = »einen Abstecher wert«, * = »sehenswert«) den praktischen Nutzen. Bild: Stockholms Schärengarten – ein Segelparadies.

Dänemark
Urlaubsglück zwischen Nord- und Ostsee

Ferien in Dänemark, dabei denkt man zuerst an sommerliches Strandleben. Endlose Strände sind nun einmal die touristische Hauptattraktion des kleinen Königreichs. Entdeckt werden können daneben idyllische Dörfer, charmante Städtchen und die Metropole Kopenhagen, Zeugin einer reichen Vergangenheit. Bild: Kopenhagens »neuer Hafen«, Nyhavn, hat sich zu einem Besuchermagneten entwickelt.

Die kleine Stadt Tønder besitzt viele Häuser in Ziegelbauweise, die man bei einem Stadtbummel bewundern kann.

Unterwegs in Jylland: Strandleben trifft auf Kultur

Jütland (dänisch Jylland) ist äußerst vielfältig. Im Osten liegen wohlhabende Städte, Fischerdörfer prägen den an der rauen Nordsee gelegenen Westen. Nord- und Mitteljütland sind die kulturellen Hochburgen des Landes und warten mit Schlössern, Klöstern und Kirchen auf.

*** Als

Diese gleich hinter der deutsch-dänischen Grenze gelegene Ostseeinsel ist vom Festland nur durch eine schmale Meerenge getrennt und kann über zwei Brücken erreicht werden. Mit den Inseln Fünen und Ærø ist sie durch regelmäßig verkehrende Fähren verbunden. Als Ferieninsel, die mit schönen Stränden und viel Landluft lockt, ist Als bei deutschen und dänischen Familien beliebt. Der an der Südküste gelegene Hauptort Sønderborg wartet mit einer sehenswerten Altstadt und einem barocken Schloss auf. Im Herzen der Insel laden die herrlichen Gärten von Schloss Augustenborg, einem Adelssitz aus dem 18. Jahrhundert, zu Spaziergängen ein. Das Schloss selbst ist leider nicht zugänglich, in ihm ist eine psychiatrische Klinik untergebracht. Nur die Schlosskapelle und einige Nebengebäude können besichtigt werden. Eine besondere Attraktion auf der Insel ist das Danfoss Universe, ein Mitmach-Museum, das sich an ein junges Publikum wendet und auf spielerische Weise Interesse für Naturwissenschaft und Technik wecken will.

*** Sønderborg Slot

Imposant ragt das vierflügelige Renaissanceschloss aus dem 16. Jahrhundert hinaus in Sønderborgs Alsen Sund. Von den Wehrtürmen ist kaum etwas übrig geblieben, nur im Innenhof stehen drei zierliche Treppentürme. Bewohnt ist das Schloss nicht, es birgt ein Museum, das kulturhistorische Sammlungen von Silber, Handwerk und Kunst aus Nordschleswig zeigt. Der 34 Meter lange Rittersaal steht zur Besichtigung offen, ebenso die Schlosskapelle und der Kerker.

** Gråsten Slot

Unweit von Sønderborg liegt die Sommerresidenz der Königsfamilie. Von dem Barockbau, der im 17. Jahrhundert ein Jagdschloss war, ist nach einem Brand nur die Kirche übrig geblieben. Hauptgebäude und Südflügel wurden bis zum 18. Jahrhundert errichtet, 1935 wechselte das Schloss in den Besitz der Königlichen Familie.

INFO *

DÄNEMARK
Fläche:
43 000 km²
Bevölkerung:
5,8 Mio. Einwohner
Sprache:
Dänisch
Währung:
Dänische Krone
Hauptreisezeit:
Mai bis September
Zeitzone:
UTC + 1

Gråsten (dt. Gravenstein) kann deshalb nicht besichtigt werden. Nur die Kirche und der Park sind öffentlich zugänglich, vorausgesetzt, die Könige sind nicht zu Hause. Das ist daran zu erkennen, ob eine Flagge vom Dach des Gebäudes weht. Im Juni legt die königliche Jacht in Sønderborg an, die Königin wird nach Gravenstein chauffiert. Dort findet während ihres Aufenthalts mittags um 12 Uhr die Wachablösung statt, freitags wird im Schlosshof ein Konzert dargeboten.

*** Tønder

Der nur wenige Kilometer von der deutsch-dänischen Grenze entfernte Ort präsentiert sich als dänisches Kleinstadtidyll, das mit einer sehenswerten Altstadt und vielen Einkaufsmöglichkeiten lockt. Tønder blickt auf eine wechselvolle Geschichte zurück. Im Mittelalter war es der bedeutendste Handelsplatz der Region, der durch den Fluss Vidå über einen direkten Zugang zum Meer verfügte. Als der Hafen infolge eines Deichbaus im 16. Jahrhundert versandete und der wirtschaftliche Niedergang begann, verlegten sich Tønders Kaufleute auf das Geschäft mit der Spitzenklöppelei, das der Stadt im 17. und 18. Jahrhundert eine neue Blütezeit bescherte. Die zahlreichen gut erhaltenen Patrizierhäuser in der Fußgängerzone zeugen bis heute von dem Reichtum, den Tønderer Händler mit dem Verkauf der von vielen Tausend Klöpplerinnen in mühevoller Heimarbeit hergestellten Spitzen erwirtschafteten. Das Herz des alten Tønder schlägt am Marktplatz, dem Torvet. Hier zieht die Kopie einer peitschenschwingenden Holzfigur alle Blicke auf sich. Bis weit in das 19. Jahrhundert hinein wurden solche »Kagmanden« oder »Büttel« in vielen Städten Nordeuropas zur Ermahnung der Bürger neben dem öffentlichen Pranger aufgestellt. Das Original des Tønderer Kagmans wird im städtischen Museum aufbewahrt. Der Torvet wird von beeindruckenden historischen Bauten wie dem spätgotischen Klosterbagerens Hus, dem barocken Rathaus und der Gamle Apotek aus dem 17. Jahrhundert gesäumt. Die 1592 geweihte Kristkirke beeindruckt durch kunstvolle Schnitzereien in ihrem Innern.

Tønders Architektur lässt den Glanz vergangener Zeiten erkennen.

Schloss Gråsten ist die Sommerresidenz der dänischen Königsfamilie.

Vor den Mauern von Schloss Sønderborg liegen die Jachten vor Anker.

Die Kunst des Klöppelns

Was früher dem Broterwerb diente, ist heutzutage ein faszinierendes Hobby: die Handarbeitstechnik, mit der Spitze hergestellt wird. Der Klöppel ist eine Holzspule, um die die Garne gewickelt werden. Der Zweck der Spitzen war zunächst, ausgefranste Ränder haltbar und die entsprechenden Textilien weiterhin nutzbar zu machen. Dann wurde Spitze zur Mode. Die unterschiedlichen Muster entstehen durch Verkreuzen, Verdrehen, Verknüpfen und Verschlingen der Fäden mit vielen Klöppeln. Ein Schema zu berechnen ist eine hohe Kunst. Deshalb braucht man, um »echte Spitze« herzustellen, einen Klöppelbrief als Vorlage, der urheberrechtlich geschützt ist. Ursprünglich stammt die Kunst vermutlich aus Italien. Nach Tønder gelangte sie im 16. Jahrhundert, dank der Heimarbeit zahlreicher Frauen wurde sie dort zur lukrativen Einnahmequelle. Die »Tønder-Spitze« besteht aus dünnem Garn, das mit einem dickeren umrandet wird. Alle drei Jahre findet in Tønder ein Klöppelfestival statt. Ausgerichtet wird es vom örtlichen Verein, der »Knipling« unterrichtet, ein Museum betreut und das Handwerk weltweit erhalten möchte.

Møgeltønder ist eines der malerischsten Dörfer des Landes. Die kopfsteingepflasterten Straßen laden zum Zeitvergessen ein.

*** Møgeltønder

Westlich von Tønder liegt das wohl schönste Dorf Dänemarks mit seinen 30 reetgedeckten Friesenhäusern: Die Schlossstraße, Slotsgaden, gilt als absolutes Kleinod. Die Dorfkirche ist eine der größten ihrer Art in ganz Dänemark. Der Gasthof Schackenborg Slotskro befindet sich ebenso wie das zauberhafte Rokokoschloss Schackenborg im Besitz der dänischen Königsfamilie. Sehenswert sind auch Kloster und Kirche von Løgumskloster.

* Schackenborg Slot

Das Barockschloss liegt kurz hinter der dänisch-deutschen Grenze im malerischen Dorf Møgeltønder. In seiner heutigen Form entstand es im 17. Jahrhundert auf dem Fundament einer ehemaligen Burg unter dem Feldherrn Hans Schack, der später geadelt wurde. Ganze elf Generationen der Familie bewohnten Schackenborg, bis der letzte kinderlose Sohn es 1987 an den dänischen Prinzen Joachim übergab, der damals erst neun Jahre alt war. Dieser bewohnte und bewirtschaftete das Anwesen bis 2014, verlegte dann aber seinen Wohnsitz nach Kopenhagen und verkaufte das Schloss an eine Stiftung, deren Ziel es ist, das Schloss zu erhalten. Einige der kostbar eingerichteten Räume können auf Führungen und bei Veranstaltungen besichtigt werden, ebenso der Park. Lohnenswert ist auch der Besuch des nahe gelegenen historischen Wirtschaftsgebäudes Slotsfeltscheune in fast sakraler Architektur.

** Løgumkloster

Der Name deutet auf die Entstehung hin: Im 12. Jahrhundert wurde hier mit dem Bau einer Zisterzienserabtei begonnen. Der Ost- und Nordflügel der Kirche mit Schnitzereien, einem Altar aus dem 15. Jahrhundert und dem alten Mönchsgestühl stehen noch heute. Der Klosterbetrieb wurde im 16. Jahrhundert eingestellt. Um die Kirche herum entwickelte sich im Mittelalter der Ort Løgumkloster. Mit wechselnd dänischer und deutscher Geschichte kann er auf wirtschaftlich erfolgreiche Zeiten zurückblicken, so etwa auf den über die Grenzen bekannten Spitzen- und Textilhandel. Der große alte Marktplatz lädt noch heute zum Einkaufen ein. In der Nähe der Kirche, auf der Schlosswiese, befindet sich ein Turm, der das größte Glockenspiel Nordeuropas enthält. Sechsmal täglich erklingen hier Kirchenlieder, manchmal gibt es sogar ganze Konzerte zu hören.

*** Rømø

Die südlichste der dänischen Wattenmeerinseln kann über einen fast zehn Kilometer langen Damm vom Festland aus mit dem Auto erreicht wer-

Kitesurfing & Co.

Nicht nur an den endlos breiten Sandstränden von Rømø und Fanø, sondern an vielen Strandabschnitten der rauen dänischen Nordseeküste haben trendige Sportarten wie Kitesurfing Hochkonjunktur. Kitesurfer lassen sich, auf einem Brett stehend, von einem Lenkdrachen, mit dem sie durch bis zu 30 Meter lange Leinen, die Kitebars, verbunden sind, über das Wasser ziehen. Die Könner führen waghalsige Sprünge vor. Auch beim Kitebuggy-Fahren wird das Fahrzeug mittels eines Lenkdrachens bewegt und über den Strand gezogen, Paraglider schließlich schweben an einem Gleitschirm hängend durch die Lüfte.

den. Obwohl sie nur eine Fläche von knapp 130 Quadratkilometer umfasst, präsentiert sie sich als abwechslungsreiche Naturlandschaft. Das bei Ebbe trockenfallende Watt im Osten bildet einen scharfen Kontrast zu der dem offenen Meer zugewandten Westküste, im Inselinnern geht die Marsch in Heide und Kiefernwälder über. Nicht zuletzt dank des bis zu 1000 Meter breiten Sandstrands, der sich die gesamte Westküste entlangzieht, hat sich Rømø zu einem der beliebtesten Urlaubsziele Dänemarks entwickelt. Alljährlich werden mehr als eine Million Übernachtungen gezählt. Die vielen komfortablen Ferienhäuser und eine auch sonst gut ausgebaute touristische Infrastruktur sind besonders für Familien mit Kindern attraktiv. Der in seiner südlichen Hälfte befahrbare Strand ist nicht nur ein Paradies für Sonnenanbeter, sondern auch für Fans trendiger Strandsportarten: Die Südspitze ist für Strandsegler, der darauffolgende Abschnitt für Kitebuggy-Fahrer reserviert. Auch abseits des Strandes finden sich Gelegenheiten für zahlreiche sportliche Aktivitäten wie Radeln, Wandern, Golfen oder Reiten. Tausende farbenfroher Drachen steigen jährlich beim Rømø Dragefestival in den Himmel auf, das am ersten Septemberwochenende am Strand bei Lakolk stattfindet. Zwischen 1650 und 1850 war Rømø eine Walfängerhochburg. Bis heute zeugen einige stattliche reetgedeckte Gehöfte, die sogenannten Kommandeurhöfe, von dem Reichtum, den die Jagd nach den Meeressäugern den Inselbewohnern einst bescherte. In einem ist heute die Touristeninformation, in einem anderen das Nationalmuseet Kommandørgård untergebracht. In Havneby, einem modernen Fischereihafen an der Südostküste, starten die Fähren nach List auf Sylt.

** Mandø

Die nur etwas mehr als sieben Quadratkilometer große Insel liegt zwischen Rømø im Süden und Fanø im Norden. Sie ist ganz vom Wattenmeer umschlossen und ein beliebtes Ziel von Tagesausflüglern. Vom Festland aus ist Mandø nur bei Ebbe über eine flache Schotterpiste oder aber mit dem Mandø-Bussen, einem leistungsstarken Trecker, der einen Doppeldeckerbus durch das trockenliegende Watt zieht, zu erreichen. Auf der Insel, auf der heute nur mehr rund 30 Menschen leben, informiert das Mandø Museum über die regionale Kultur und das Mandø Center über das Wattenmeer. Veranstalter bieten Ausflüge zum Koresand an, einem 24 Quadratkilometer großen und südwestlich der Insel gelegenen Hochsand, der bei Flut vom Meer umspült wird. Nicht nur Seehunde lassen sich hier erblicken, bei gutem Wind auch Bernstein.

Das hübsche Städtchen Ribe lädt zum Bummel durch seine malerischen Straßen ein.

*** Ribe

Der rund 70 Kilometer nördlich von Tønder gelegene Ort zählt zu den ältesten Städten Dänemarks und gilt als unbedingtes Muss für jeden, der an der jütländischen Nordseeküste unterwegs ist. Ein Bummel durch die von Fachwerkhäusern gesäumten Gassen der denkmalgeschützten Altstadt lässt einen Teil der dänischen Geschichte lebendig werden. In Ribe, das sich bereits im 8. Jahrhundert zu einem Handelsplatz der Wikinger entwickelt hatte, ließ Bischof Ansgar von Bremen die erste Kirche Skandinaviens bauen, bereits im Jahr 948 fand der Ort als Bischofssitz Erwähnung, und im 12. Jahrhundert errichteten die dänischen Herrscher der Waldemarzeit hier königliche Residenzen. Auch Hans Tausen, der der Reformation in Dänemark zum Durchbruch verhalf, lebte Mitte des 16. Jahrhunderts viele Jahre in der Domstadt. Während des ganzen Mittelalters war Ribe eine blühende Handelsstadt und eines der politischen wie religiösen Zentren Dänemarks. Als aber mit dem Siegeszug der Reformation die in der Stadt ansässigen Klöster aufgelöst wurden und die dänischen Könige ihre Residenz endgültig nach Kopenhagen verlegten, verlor Ribe seine überragende Bedeutung. Verheerende Brände und Sturmfluten taten ein Übriges: Im 17. Jahrhundert ging die Einwohnerzahl zurück, die Stadt verarmte. Im Nachhinein erwies sich dieser Niedergang als Glücksfall: Weil kein Geld für städtebauliche Neuerungen vorhanden war, blieb der historische Ortskern weitgehend erhalten und zieht heute viele Besucher an. Alt-Ribe lässt sich auf einem Spaziergang erkunden. Die wichtigsten Sehenswürdigkeiten liegen kaum zehn Gehminuten vom Torvet, dem zentralen Marktplatz, entfernt. Hier ragt der romanisch-gotische Dom, der zu Beginn des 20. Jahrhunderts innen neu gestaltet wurde, empor. Die urigen Fachwerkhäuser in dem Viertel rund um die Fiskergade im Osten des Torvet wurden nach dem großen Brand von 1580 errichtet, die Backsteinbauten südlich des Platzes stammen noch aus dem 15. Jahrhundert. Auf der anderen Seite des

Der Künstler Svend Wiig Hansen schuf »Den Menschen am Meer« in Esbjerg.

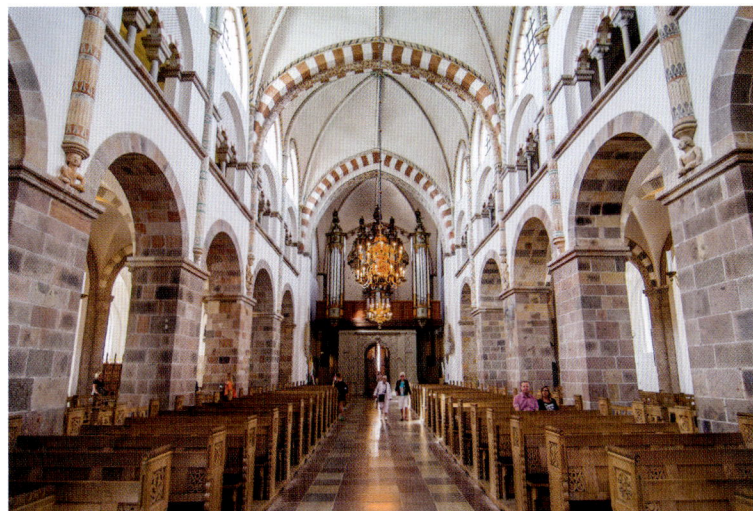

Im 12. Jahrhundert wurde der Dom zu Ribe erbaut.

Flusses Ribe Å präsentiert das Museet Ribes Vikinger archäologische Fundstücke aus der Wikingerzeit, im südlich der Stadt gelegenen Ribe Vikinge-Center in Lustrupholm wird der Alltag der Wikinger in Szene gesetzt.

** Esbjerg

Die im Norden der dänischen Wattenmeerküste gelegene Stadt verdankt ihre Entstehung der Niederlage Dänemarks im Deutsch-Dänischen Krieg von 1864. Ihre Gründung 1868 sollte den Verlust der Häfen nach der Annexion Südjütlands durch Österreich-Preußen wettmachen und Dänemark einen Zugang zur Nordsee sichern. Heute ist Esbjerg der wichtigste Hafen des Landes und das Zentrum der dänischen Ölförderindustrie, die von hier aus ihre Plattformen in der Nordsee versorgt. Die Stadt präsentiert sich als moderne Kulturmetropole mit interessanten Museen und mit Kunst im öffentlichen Raum wie etwa der Skulpturengruppe »Mennesket ved Havet« (»Der Mensch am Meer«). Das Musikhuset Esbjerg, in dem auch das Kunstmuseum der Stadt untergebracht ist, wurde von keinem Geringeren als Jørn Utzon, dem Erbauer des Opernhauses von Sydney, errichtet.

*** »Mennesket ved Havet«

Von Weitem möchte man kaum seinen Augen trauen: Da sitzen vier schneeweiße Riesen und blicken hinaus auf das Meer! Die imposante Skulptur aus Beton wurde 1994 anlässlich des 100. Geburtstags der Gemeinde Esbjerg von Svend Wiig Hansen geschaffen. Hansen wollte mit dem symmetrischen Monument die Reinheit des Menschen symbolisieren, bevor er zu handeln und »Dreck an den Händen« zu haben beginnt. Neun Meter hoch sind die kerzengerade sitzenden Figuren. Nicht von ungefähr herrscht hier die Aura einer griechischen Tempelanlage, oder man denkt an die geheimnisvollen Figuren der Osterinseln. Das nur vier Kilometer von Esbjerg entfernte Kunstwerk, das man bei gutem Wetter aus einer Entfernung von zehn Kilometern sehen kann, ist eine viel fotografierte Attraktion.

Wie aus dem Bilderbuch scheint dieses Haus mit seinem idyllischen Garten in Sonderhø.

*** Nationalpark Vadehavet

Der dänische Nationalpark Vadehavet erstreckt sich von der deutschen Grenze bis zum Kap Blåvand und der Ho-Bucht am Ende der dänischen Wattenküste. Auf einer Strecke von etwa 100 Kilometern umfasst er den gesamten Bereich des dänischen Wattenmeeres und die drei Düneninseln Fanø, Rømø und Mandø mit ihren bekannten breiten Stränden. Der Nationalpark präsentiert von Wattgebieten über Sandbänke bis hin zu Marschland und Strandwiesen faszinierende Formen maritimen Lebensraums. Mit der Erweiterung zum UNESCO-Weltnaturerbe ist 2014 ein riesiges Schutzgebiet entstanden, das auch den deutschen und niederländischen Teil des Wattenmeers einschließt. Die ökologische Bedeutung des Wattenmeers, dieses weltweit größten Naturraums seiner Art, zu würdigen war und ist dabei ein zentrales Anliegen.

*** Fanø

Die nördlichste Insel des Wattenmeers entwickelte sich bereits im 19. Jahrhundert zu einem beliebten Urlaubsziel. Fanø-Bad im Nordwesten war als Feriendomizil des dänischen Königs Christian IX. und als mondänes Seebad über die Grenzen Dänemarks hinaus bekannt. Heute präsentiert es sich als moderner Kurort, der dank seiner vielen Ferienhäuser besonders bei Familien mit Kindern beliebt ist. Wie Rømø verfügt Fanø über einen breiten, sich die gesamte raue Westküste entlangziehenden Sandstrand und ist deshalb ein Paradies für Strandsegler, Windsurfer und Kiteboarder. Jährlich im Juni reisen zum International Kiteflyers Meeting Menschen aus aller Welt an und lassen hier ihre Drachen steigen. Hinter dem Strand beginnt ein ausgedehntes Dünen- und Waldgebiet, das von ausgewiesenen Wanderwegen durchzogen wird. Auch Reiter und Biker kommen hier auf ihre Kosten. An der Ostküste bieten verschiedene sachkundige Veranstalter bei Ebbe Wattwanderungen an. Fanø gilt als historisch gewachsene Perle des dänischen Wattenmeers. Die meisten der rund

International Kiteflyers Meeting

Jedes Jahr findet in der zweiten Juni-Hälfte drei Tage lang das International Kite Fliers Meeting Fanø statt, und das, seit es 1985 ein passionierter Hamburger ins Leben rief. Rund 5000 Drachen aus aller Welt malen dann ein buntes Bild an den Himmel über dem Strand zwischen Rindby und Fanø Bad. Wale, Rochen, Drachen oder auch Sandmännchen und Biene Maja erobern ein Element, in dem sie sonst nicht zu Hause sind. Einleiner, Lenkdrachen oder Bodenwindspiele – alles geht, je nach Erfahrung, Geschicklichkeit und Geschmack. Der Strand ist so groß und weiläufig, dass viele Besucher sogar mit dem Fahrzeug ihr Lager einrichten können, der Wind ist fast immer ideal. Das Festival bietet ein buntes Spektakel voller origineller Ideen. Toll: Am Ende werden viele Drachen für einen guten Zweck versteigert.

3200 Inselbewohner leben in zwei traditionsreichen, kleinen Orten an der Ostküste: Nordby und Sonderhø.

** Nordby

Der mit 2700 Einwohnern weitaus größere der beiden Orte liegt im Nordosten und ist der Standort des einzigen noch betriebenen Hafens auf Fanø. Hier legen die Autofähren aus Esbjerg an. In der Altstadt finden sich die meisten Geschäfte und Cafés der Insel. Auf Fanø hat die Seefahrt eine große Tradition. Bis heute verdient ein nicht geringer Teil der Bevölkerung auf den Weltmeeren sein Geld. Im Fanø Skibsfarts- og Dragtsamling in Nordby ist die Geschichte der Seefahrt dokumentiert. Das in einem stattlichen Reetdachhaus aus dem frühen 18. Jahrhundert untergebrachte Fanø Museum informiert mit einer sehenswerten Ausstellung über den Inselalltag der vergangenen Jahrhunderte.

*** Sonderhø

Der im Südosten gelegene zweitgrößte Ort der Insel präsentiert sich als malerische Dorfidylle. Die reetgedeckten Langhäuser im historischen Ortskern stammen aus dem 18. und 19. Jahrhundert, als Sonderhø das wirtschaftliche Zentrum der Insel und eine Hochburg des dänischen Schiffbaus war. Da in der zweiten Hälfte des 19. Jahrhunderts kein Geld für Modernisierungen vorhanden war, blieb das ursprüngliche Ortsbild weitgehend erhalten. Herausragende Sehenswürdigkeiten in Sonderhø sind die Sonderhø Mølle mit dem Mühlenmuseum, die Sonderhø Kirke sowie das Kroman-Hus, ein ehemaliges Ladengeschäft mit angeschlossener Fabrik, in dem heute das Kunstmuseum Fanø mit Werken dänischer Maler des 19. und 20. Jahrhunderts lockt. In dem 300 Jahre alten Hannes Hus lebte um 1900 die Witwe eines Kapitäns, der wie so viele andere Sonderhøringer bei einem Schiffsunglück ums Leben kam. Eine Ausstellung erinnert an ihr Schicksal und an das anderer Seemanns-Witwen. In dem von 1722 stammenden Gasthof Sonderhø Kro kann man in die hiesige Gastronomie eintauchen.

Das alte Rathaus (Meldahls Rådhus) von Fredericia stammt von 1860 und ist bis heute prächtig anzusehen.

** Haderslev

Der etwas mehr als 22 000 Einwohner zählende, hübsche Ort ist durch einen schmalen, weit ins Land ragenden Fjord mit der Ostsee verbunden und lohnt wegen seiner schönen Altstadt einen Besuch. Hier finden sich zahlreiche sehenswerte historische Bauten aus allen Epochen der Stadtgeschichte, die um 1200 begann. Die Ursprünge der alles überragenden Domkirke gehen auf diese Zeit zurück. Sein heutiges Aussehen erhielt das Gotteshaus aber erst nach dem Dreißigjährigen Krieg. Unweit des Doms steht das älteste noch erhaltene Gebäude Haderslevs: Es wurde im Jahr 1580 errichtet und beherbergt heute eine umfangreiche Porzellan- und Keramiksammlung. Bekannt ist außerdem das Haderslev Museum, dessen im Norden des Stadtzentrums residierende archäologische Abteilung über eine herausragende Sammlung bronze- und eisenzeitlicher Funde verfügt. Auf dem Areal des angeschlossenen Freilichtmuseums wurden jütländische Bauernhöfe wieder aufgebaut und erlauben einen Einblick in frühere Zeiten. Wer hierzu einen Kontrast sucht, sollte die modern gestaltete Hafenmeile besuchen. Alte Industrieanlagen wichen hier modernen Bauten. Frischen Wind um die Nase wehen lassen kann man sich bei einer Schifffahrt über den Fjord von Haderslev.

** Kolding

Die Hafenstadt am Ende des nach ihr benannten Fjords zählt mit ihren rund 61 000 Einwohnern zu den zehn größten Städten Dänemarks. Sie ist nicht nur ein wichtiger Industriestandort, sondern genießt auch als Designerstadt international einen guten Ruf. Eine der führenden dänischen Designhochschulen hat hier ihren Sitz. Das Kunstmuseum Trappholt ist als Spezialmuseum weit über die Grenzen Dänemarks hinaus bekannt. Es verfügt über eine umfangreiche Sammlung dänischer Designermöbel aus dem 20. Jahrhundert. Im Skulpturenpark sind namhafte zeitgenössische Künstler mit Installationen vertreten. Auf dem Museumsareal wurde außerdem das Kubeflex Sommerhus von Arne Jacobsen, einem der führenden dänischen Architekten und Designer des 20. Jahrhunderts, wiederaufgebaut. Die Hauptattraktion von Kolding ist aber das mächtige Schloss, das hoch über der Stadt am Ufer des Slotsøen aufragt. Die Anfänge der Trutzburg gehen auf das 13. Jahrhundert zurück, über die Jahrhunderte wurde sie von dänischen Königen, die hier gern Hof hielten, immer wieder aus- und umgebaut. Im Jahr 1808 brannte der Palast fast vollständig nieder. Der Wiederaufbau, mit dem erst 1892 begonnen wurde, zog sich mehr als 100 Jahre hin. Er wird als architektonische Meisterleistung gepriesen. Statt einer originalgetreuen Rekonstruktion wählten die Verantwortlichen eine raffinierte Kombination aus historischen und modernen Architekturelementen.

** Fredericia

Der rund 41 000 Einwohner zählende Ort liegt an jütländischen Küste an einer der schmalsten Stellen des Kleinen Belt, der die Insel Fünen vom Festland

Legoland Billund: Welt aus bunten Steinen

Das Legoland von Billund ist ein Traum für Groß und Klein. Auf einer 14 Hektar großen Fläche wurde hier eine Welt aus mehr als 50 Millionen bunten Legosteinen geschaffen. Nicht nur berühmte Bauwerke wie die Freiheitsstatue von New York und die Athener Akropolis, sondern ganze Straßenzüge altehrwürdiger Städte sind hier im Maßstab 1:20 nachgebaut. Den jugendlichen Technikfreaks wird eine Miniaturausgabe des Kennedy Space Center gefallen, hier finden sich aber auch eine märchenhafte Ritterburg, eine Wildweststadt und ein Abenteuerland. Der Park ist bereits 1968 eröffnet worden und wird seitdem ständig ausgebaut.

trennt. Nur einige Kilometer südlich der Stadtgrenzen verläuft die Europastraße 20 und überquert auf der Ny Lillebæltsbro (Neue Kleiner-Belt-Brücke) die Meerenge. Nicht wenige Urlauber, die per Auto nach Fünen reisen, legen deshalb in Fredericia einen Zwischenstopp ein. Diese Stadt wurde unter Frederik III. (reg. 1648–1670) als Festungsstadt planvoll angelegt. Bis heute ist der historische Ortskern von einer gut erhaltenen Wallanlage mit Gräben und Bastionen umgeben. Die alte Stadt wurde 1848 während des Schleswig-Holsteinischen Kriegs von preußisch-österreichischen Truppen zerstört. Nur das Netz schnurgerader, rechtwinklig verlaufender Straßen zeugt noch von der ursprünglichen Anlage. Im Madsby Parken nordwestlich des Walls wurde das historische Fredericia im Maßstab 1:10 originalgetreu wiederaufgebaut. Neben dieser Miniaturstadt locken weitere Attraktionen. Das Stadtmuseum informiert mit einer sehenswerten Ausstellung und Living-History-Veranstaltungen über die lokale Geschichte.

Im Schloss von Kolding ziehen verschiedene Ausstellungen Besucher an.

Dänemark | Jylland

Das Königsgrab mit Runensteinen, Grabhügeln und reichen Beigaben in Jelling ist Zeugnis der Christianisierung Dänemarks.

Das Fjordenhus ist ein Blickfang im Hafen von Vejle und dient als Bürogebäude.

* Vejle

Die Stadt ist das Zentrum einer sehr beliebten Urlaubsregion. In ihrem Umland finden sich zahlreiche Ferienhäuser. Der weite Vejle-Fjord lockt mit schönen Stränden, in dem Wald- und Seengebiet seines Hinterlands finden Wanderer, Kanuten und Kajakfahrer ideale Bedingungen vor. Wie überall in Dänemark wird das Gebiet von ausgewiesenen Radwegen durchzogen. Vejle selbst wartet mit einem kunsthistorischen und einem Kunstmuseum auf, sehenswert ist auch das Fjordenhus an der Hafenfront, das der Künstler Olafur Eliasson in Zusammenarbeit mit dem Architekten

Sebastian Behmann gestaltete. Die UNESCO-Welterbestätte Jelling liegt zehn Kilometer nordwestlich von Vejle, das Legoland in Billund ist nur rund 30 Kilometer entfernt. Südwestlich der Stadt beginnt das zauberhafte Vejle Ådal, durch das sich das gleichnamige Flüsschen schlängelt.

*** Grabhügel, Runensteine und Kirche von Jelling

Vor der Kirche von Jelling liegt das beeindruckendste Königsgrab Dänemarks. Die hier gefundenen Beigaben dokumentieren die Machtfülle der Wikinger, die im Frühmittelalter die Herrschaft über die nördlichen Seewege errungen hatten. Die Anlage – zwei Grabhügel von 60 bzw. 77 Meter Durchmesser, dazwischen eine Kirche und zwei Runensteine – ist ein historisches Dokument der Christianisierung Dänemarks. Im nördlichen der beiden Grabhügel wurden ursprünglich der noch heidnische König Gorm (ca. 860–940) und seine Gattin Tyra beigesetzt. Der größere Runenstein aus der Zeit um 980 zeigt die älteste Christusdarstellung Skandinaviens.

** Horsens

Die Hafenstadt ist bei Fans der Rock- und Popmusik bekannt. Im Horsens Forum traten immer wieder berühmte Stars wie die Rolling Stones, Madonna oder R.E.M. auf. Touristen, die in Ostjütland unterwegs sind, fahren meist an Horsens vorbei. Dabei ist die Stadt durchaus eine Stippvisite wert: Im Zentrum finden sich einige ansehnliche barocke Bürgerhäuser wie das Lichtenberg Palais, heute ein Hotel, oder das Flensburg Enkebolig, ein ehemaliges Witwenhaus, in dem regelmäßig Ausstellungen stattfinden. Das Dänische Industriemuseum gilt als das beste seiner Art im gesamten Land. Das Staatsgefängnis, in dem bis 2006 verurteilte Straftäter einsaßen, wurde in ein Museum verwandelt, das über »Gefängniskulturen« informiert.

Spektakulär ist die begehbare Dachinstallation des ARoS Århus Kunstmuseums.

*** Århus

Dänemarks zweitgrößte Stadt bietet Natur, Kultur und kulinarische Höhepunkte und ist eine der ältesten im Land. Ihre Sehenswürdigkeiten liegen so nah beieinander, dass man sie mit dem Fahrrad oder auf einem Spaziergang erreichen kann. Die vielen internationalen Studenten an Dänemarks größter Universität sorgen dafür, dass die kleine Metropole weltoffen und lebendig ist. In Bars und Kneipen kann man gemütlich ein Bier trinken, und es vergeht kaum ein Tag ohne Konzert oder Theaterstück. Das Zentrum ist von alter und neuer Architektur geprägt und wird von den schlanken Türmen der Domkirche überragt. Wo in den 1960er-Jahren Überreste einer Wikingersiedlung freigelegt wurden, befindet sich heute das Wikingermuseum.

❶ ** St.-Clemens-Dom

Anfang des 13. Jahrhunderts wurde mit dem Bau der Kathedrale begonnen. Fertiggestellt wurde sie erst zwischen dem 15. und 16. Jahrhundert im gotischen Stil. Man weihte sie dem hl. Clemens, Patron der Seefahrer, der mit einem Anker um den Hals den Märtyrertod starb. Ein Feuer zerstörte den Kirchturm im 17. Jahrhundert; erst Ende der 1920er-Jahre wurde er auf seine heutige Höhe von 96 Meter aufgestockt. Im Inneren fasziniert der mit Schnitzereien verzierte Hochaltar des berühmten Künstlers Bernt Notke, und Dänemarks größtes Buntglasfenster. Kapellen und Gräber, eine Eichenholzkanzel, ein Schiffsmodell, ein filigranes und doch massives Gitter, die Goldene Tür sowie die größte Kirchenorgel Dänemarks sind weitere Schätze dieser Kirche.

❷ *** ARoS Århus Kunstmuseum

Nach mehreren Umzügen ist das Kunstmuseum, untergebracht in dem auffälligen, originellen Bau, eines der größten seiner Art in Nordeuropa. Die bunte Dachinstallation »Your Rainbow Panorama« wurde von Olafur Eliasson gestaltet, dem weltbekannten Künstler mit isländischen Wurzeln. Von hier aus können die rund eine Million Besucher jährlich einen farblich wechselnden Blick auf die Stadt genießen. In den Ausstellungsräumen im oberen Bereich des Gebäudes werden Kunstsammlungen vom 19. Jahrhundert bis heute mit den Schwerpunkten Goldenes Zeitalter und Modernismus dänischer Künstler präsentiert. Das Untergeschoss, die sogenannten Neun Räume, beherbergen Sonderausstellungen internationaler Installationskunst.

ÅRHUS

Die Flaniermeile Åboulevarden entlang des Flusses Århus Å bietet nette Cafés und Einkehrmöglichkeiten.

❸ ** Marselisborg Slot

Zwischen dem Marselisborg-Wald und dem Mindeparken, einem Gedenkpark, der bis zur Århus-Bucht verläuft, liegt die Sommerresidenz der dänischen Königin Margarethe II. Der schöne Rosengarten des im englischen Stil angelegten Schlossparks kann besichtigt werden, wenn die königliche Familie nicht anwesend ist. Dann kann man auch die interessanten Skulpturen wie den »Malteser Bogen«, ein Geschenk des Premierministers von Malta, oder das »Liebespaar«, ein Werk des Prinzen Henrik höchstpersönlich, bewundern. Ist die Königin zu Hause, findet täglich um 12 Uhr der Wachaufzug der Königlichen Garde statt. Die Männer mit der hohen schwarzen Kappe bieten ein Schauspiel wie aus einer anderen Zeit.

❹ *** Latinerkvarteret

Einen Kontrast zum modernen Århus bildet das Latinerkvarteret mit Trödelläden, Antiquariaten, Boutiquen und Restaurants. Es liegt im ältesten Stadtteil, was man an den schmalen Gässchen mit Kopfsteinpflaster erkennt. Viele Designer und Künstler haben den Reiz des gemütlichen Viertels erkannt und in den Häusern, die zum Teil aus dem 16. Jahrhundert stammen, ihre Galerien und Studios eingerichtet. Secondhandläden, exquisite Blumengeschäfte und Bäckereien mit Bio-Angebot erweitern das Shoppingerlebnis. Eine Oase zum Ausruhen ist der Pustervig Torv, ein malerischer Platz mitten im Viertel. Straßenmusik und Tanz gehören zur Tagesordnung.

❺ *** Mejlgade og Skolegade

Die Mejlgade im Latinerkvarteret und die Skolegade in Midtbyen gehören zu den ältesten Straßen von Århus. Wo früher Kaufleute ihrem Geschäft nachgingen, bestimmen heute Feinkost- oder Lifestyle-Läden den Markt. Die Stimmung in der Fahrradstraße Mejlgade wird durch Cafés, Restaurants und Musiklokale bestimmt. Malerische Häuser mit hübschen Gärten bieten den entsprechenden Rahmen. Die lebendige Skolegade schließt direkt an. Gebäude aus dem Mittelalter, als die nach der Kirchenschule benannte Straße eine der wichtigsten war, prägen das Bild. Ein Gebäude mit Fachwerkelementen stammt aus dem 16. Jahrhundert und diente als Lagerhaus und Gefängnis. Ein anderes aus dem 19. Jahrhundert beherbergte eine Verwaltung, die zum ehemaligen Rathaus gehörte. Sehenswert ist auch das Århus Theater im Art-Nouveau-Stil.

❻ ** Universitet

Die Universität von Århus existiert seit 1928 und ist die größte Dänemarks. Studierende aus rund 100 Ländern kommen hierher, um sich für die mehr als 60 Masterstudiengänge in englischer Sprache oder für Bachelorprogramme einzuschreiben. Gleich mehrere spätere wissenschaftliche Nobelpreisträger absolvierten hier ihr Studium, darunter Jens Christian Skou. Der moderne Gebäudekomplex aus gelben Ziegeln liegt im Herzen der Stadt, mitten im großen Universitätspark. Studenten und Spaziergänger können sich gleichermaßen auf den weiten Grünflächen mit altem Baum-

Kulturstadt Århus

Kein Wunder, dass Århus bereist zur Kulturhauptstadt Europas gekürt wurde. Zusammen mit kleineren, aber nicht weniger interessanten Museen, Installationen und Veranstaltungsorten machen Superlative ihr Image aus. Die Konzerthalle Musikhuset bietet Musik aller Genres. Fast täglich finden kostenlose Konzerte auf den kleinen Bühnen des Gebäudes statt. Unter dem Dach des alten Güterbahnhofs Godsbanen finden kulturelle Einrichtungen unterschiedlicher Bereiche Unterschlupf, die interdisziplinär kooperieren: Film, Theater, Literatur, bildende und darstellende Kunst. Ein Erlebnis für die ganze Familie ist das Prähistorische Museum Moesgaard mit seiner Evolutionstreppe. Im ehemaligen Rathaus ist das Frauenmuseum untergebracht, im Freilichtmuseum Den Gamle By ein Ensemble aus drei Museen, die Uhren, Silber, Fayencen und Porzellan ausstellen. Bild: Das Århus Theater hat vier Bühnen.

bestand und rund um den natürlichen See entspannen und mit Gleichgesinnten treffen. Die Königliche Bibliothek befindet sich am nördlichen Rand des Parks und darf über die Studenten hinaus von jedermann genutzt werden.

7 *** Den Gamle By

Das Freilichtmuseum von Århus ist landesweit eines der ältesten und meistbesuchten. Es wurde zu Beginn des 20. Jahrhunderts gegründet und um einen aus dem Zentrum der Stadt stammenden renaissancezeitlichen Kaufmannshof, der beinahe abgerissen worden wäre, sukzessive aufgebaut. Mittlerweile stehen 75 historische Gebäude aus Dänemark auf dem Areal, darunter nicht nur Bürgerhäuser, Werkstätten und Läden, sondern auch eine Windmühle und das Theater von Helsingør. »Die alte Stadt« – so die deutsche Übersetzung des Museumsnamens – ist ein Living-History-Museum, das seinen Besuchern ein authentisches Bild des städtischen Lebens im Dänemark des 17., 18. und 19. Jahrhunderts vermittelt.

Das Freilichtmuseum Den Gamle By ermöglicht eine Reise in die Vergangenheit.

Dänemark | Jylland

Die Geschichte des Schlosses Meilgaard reicht bis ins 14. Jahrhundert zurück.

** Nationalpark Mols Bjerge

Östlich von Århus liegt der Nationalpark Mols Bjerge auf einer ins Kattegat hinausragenden Halbinsel an der dänischen Ostseeküste. Auf einer Fläche von 180 Quadratkilometern findet man eine abwechslungsreiche See- und Küstenlandschaft vor, mit unterschiedlichen Biotopen wie Seen, Heideflächen, Wälder, Moore, Strandwiesen und Dünenlandschaften. Seltene Tier- und Pflanzenarten wie Schmetterlinge und Pechnelken finden hier einen passenden Lebensraum. Mehrere Wanderwege erschließen das Gebiet, dessen höchste Erhebung nur 137 Meter erreicht. Eine besondere Attraktion sind einige Grabhügel aus der Bronzezeit, die auf die frühe Besiedlungsgeschichte dieses Naturraums verweisen.

*** Djursland

Die ins Kattegat hineinragende Halbinsel ist ein beliebtes Ferienziel. Sie lockt mit langen Stränden und im Süden mit Mols Bjerge, einer der schönsten Wald- und Heidelandschaften Dänemarks. Das 5000 Jahre alte Dolmengrab Poskær Stenhus, das Renaissanceschloss Rosenholm und die verfallene Burg Kalø, auf der Gustav I. Wasa 1518 vom Dänenkönig eingekerkert wurde, sind bedeutende Zeugen der dänischen Geschichte. Die Hauptattraktion von Djursland ist das malerische Landstädtchen Ebeltoft an der Südküste. Der Ort präsentiert sich als geschlossenes Ensemble typisch dänischer Fachwerkhäuser. Im Hafen liegt die Fregatte Jylland, eines der größten Motorsegelschiffe, vor Anker.

*** Gammel Estrup

Zwischen alten Bäumen und Feldern liegt auf der Halbinsel Djursland das Schloss Estrup. Erbaut wurde es im 15. Jahrhundert als Herrenhaus, doch war auf dem Gelände auch immer ein landwirtschaftlicher Betrieb untergebracht, der mehrfach erweitert wurde. Heute befinden sich auf dem Anwesen zwei Museen: Das eine dokumentiert die dänische Landwirtschaft, das

Gammel Estrup, ein alter Herrensitz, birgt heute ein Landwirtschaftsmuseum.

In Mols Bjerge gedeihen Küchenschelle

...und die Gewöhnliche Pechnelke.

andere zeigt den Prunk und Stil in den Gemächern des Adels seiner jeweiligen Zeit. Das Landwirtschaftsmuseum verfügt über rund 25 000 alte Geräte und fasziniert mit seinen nachgestellten Arbeitsszenen des bäuerlichen Lebens auch Stadtmenschen. Besonders beliebt ist die alte Schmiede von 1761. Im Herrensitzmuseum zählen der Ritter- und der Renaissancesaal sowie die Rote Stube mit kostbaren alten Möbeln, Gemälden und Gobelins zu den wichtigsten Sehenswürdigkeiten.

** Rosenholm Slot

Auf der Halbinsel Djursland befindet sich auch das Schloss Rosenholm, dessen Besitzer seit 1559 die adelige Familie Rosenkrantz ist. Deren Namen nutzte William Shakespeare in seinem Theaterstück »Hamlet«. Bei Führungen durch das Schloss und bei Veranstaltungen werden die wertvollen Möbel, Wandteppiche und Gemälde präsentiert, die ein Bild des Lebens dieser Familie vermitteln. Im fünf Hektar großen Garten mit symmetrisch angelegten Alleen können Besucher zwischen Linden und Hecken spazieren gehen. Besonders lieblich ist der Rosengarten. Er ist rund um einen Brunnen angelegt und macht dem Namen des Schlosses alle Ehre. In den Stallungen finden Kinder ihren Abenteuerspielplatz, es stehen Stelzen oder Springseile zur Verfügung.

*** Meilgaard Gods

In einer der schönsten Landschaften der Halbinsel Djursland residiert das stattliche, weiß getünchte Schloss Meilgaard. Im 16. und 19. Jahrhundert wurde das Schloss umgebaut und erhielt seine heutige Form. Die Wohnungen werden heute privat genutzt und können nicht besichtigt werden. Im historischen Pferdestall ist aber ein exquisites Restaurant untergebracht, und im Schlosspark finden öffentliche Konzerte statt. Nördlich des Schlosses wurde ein interessanter archäologischer Fund gemacht: Der erste wissenschaftlich ausgegrabene Küchen-Komposthaufen gibt Aufschluss über die Ernährung früher Siedler.

Am Rathausplatz von Randers steht eine Statue des Nationalhelden Niels Ebbesen.

Memphis Mansion in Randers ist ein Nachbau von Elvis Presleys Geburtshaus.

*** Randers

Die an der Gudenå, nur wenige Kilometer vor der Mündung des Flusses in den Randers Fjord gelegene Stadt ist mit ihren 64 000 Einwohnern die sechstgrößte Stadt Dänemarks und ein bedeutender Industriestandort. Vestas Windsystems A/S, der Weltmarktführer für Windkraftanlagen, hat hier einen Firmensitz. Im Zentrum von Randers finden sich sehenswerte historische Bauten wie das barocke Rathaus von 1778, die um 1490 errichtete St.-Mortens-Kirche und das Helligåndhuset, der noch erhaltene Teil eines mittelalterlichen Klosters. Auch das Kulturhuset, in dem eine Bibliothek, das Stadtmuseum sowie eine ausgezeichnete Kunstsammlung untergebracht sind, lohnt einen Besuch. Randers' Elvis-Presley-Museum, Museet Memphis Mansion, ist das Einzige seiner Art außerhalb der USA und eine Huldigung an den Königs des Rock 'n' Roll. Im Håndværksmuseet Kejsergaarden wird einmal mehr das dänische Faible für lebensnahe Geschichtsvermittlung deutlich: In dem Haus wurden 25 traditionelle Handwerksbetriebe aufgebaut. Die Hauptattraktion der Stadt ist der 1996 gegründete Indoorzoo Randers Regnskov. Hier wurden unter drei riesigen Glaskuppeln Regenwaldgebiete geschaffen, in denen exotische Tiere leben. Südöstlich von Randers liegt Schloss Clausholm, eines der besterhaltenen Barockschlösser Dänemarks.

** Hobro

Hobro, das gern als die Wikingerstadt schlechthin bezeichnet wird, liegt am

Viborg erkundet man am besten im Rahmen einer Führung, bei der man Wissenswertes über die Geschichte der Stadt erfährt.

Ende des Mariagerfjords. Dort kann man paddeln oder auf der Panorama-Route zwischen den Bramslev-Hügeln durch Wälder spazieren. Ganz in der Nähe der Stadt liegt die Wikingerburg Fyrkat, deren Originalfunde in einem Museum in der Innenstadt ausgestellt sind. Die Wallanlage in Fyrkat wurde vermutlich um 980 unter Harald Blauzahn errichtet. Große Teile der Bebauung innerhalb der Wälle und einer der Bauernhöfe im Umkreis der Anlage wurden rekonstruiert. Sehenswert ist im Zentrum von Hobro auch das alte Brauhaus von 1857, der Bies Hof. Seit 1980 steht er unter Denkmalschutz; heute befindet sich auf den vier restaurierten Etagen eine Kunstausstellung, weshalb der Bau den Namen Kunstetagen (Kunstetagerne) trägt. Eine ganz besondere Stimmung herrscht im Hafen, wo sich in den historischen Gebäuden Galerien und Cafés angesiedelt haben.

*** Viborg

Viborg ist eine der ältesten Städte des Landes. Es war einst der Versammlungsort der jütländischen Stände, die dem König huldigten. Daran erinnert heute noch das Huldigungsmonument. Der Dom mit Krypta stammt aus dem 12. Jahrhundert. Das Gotteshaus fiel drei Bränden zum Opfer, in den Jahren 1864 bis 1876 erfolgte ein Neubau im Stil der Neoromantik. Fresken vom Anfang des 20. Jahrhunderts sowie Ölgemälde des dänischen Malers Joakim Frederik Skovgaard zieren das Innere. Letzterem ist das Skovgaard Museet, ein Kunstmuseum im Alten Rathaus, gewidmet.

Die Fassade des Carl Henning Pedersen og Else Alfeldt's Museet in Herning ziert ein 90 Meter langer Keramikfries.

** Silkeborg

Die Stadt liegt im Nordwesten des dänischen Seenhochlands und wird gern als Ausgangspunkt für Exkursionen in diese landschaftlich reizvolle, waldreiche Region genutzt. Den Sommer über sind hier Hiker und Biker unterwegs. Beliebt sind auch Kanutouren auf den Seen und der Gudenå, dem das Gebiet in Richtung Norden durchfließenden längsten Fluss Dänemarks. Silkeborg selbst, eine großzügig angelegte Stadt mit knapp 51 000 Einwohnern, wartet mit zwei Museen auf. Im Silkeborg Museum können die Besucher zwei rund 2300 Jahre alte Moorleichen bestaunen. Kriminaltechnische Untersuchungen ergaben, dass sowohl die sogenannte »Frau von Elling« als auch der »Tollund-Mann« entweder erdrosselt oder erhängt wurden. Ob die beiden Opfer eines Ritualmords oder aber hingerichtet wurden, ist indes bis heute ungewiss. Das Museum ist auf bronzezeitliche Funde aus der Region spezialisiert. Eine weitere Attraktion verdankt die Stadt ihrem wohl berühmtesten Sohn: Der Maler Asger Jorn, 1914 in Silkeborg geboren, vermachte ihr seine reiche Sammlung von Werken der klassischen Moderne und der Gegenwartskunst.

** Herning

Erst im 19. Jahrhundert entwickelte sich Herning dank der prosperierenden Textilindustrie zu einem urbanen Zentrum in der Region. Heute ist die Stadt Verkehrsknotenpunkt und der wichtigste Messestandort Dänemarks. Fans moderner Kunst hat Herning einiges zu bieten. Mit dem seit 2009 auf dem Museumsareal im Vorort Birk residierenden HEART, Herning Museum of Contemporary Art, verfügt es über ein Museum von Weltrang, in dessen Sammlung nicht nur dänische Künstler wie Asger Jorn, sondern auch Marcel Duchamp, Piero Manzoni, Mario Merz und Joseph Beuys mit Meisterwerken vertreten sind. Auf dem Areal ist auch das Carl-Henning Pedersen & Else Alfelts Museum zu Hause, das nach zwei Mitgliedern der Künstlergruppe CoBrA benannt ist.

** Holstebro

Der im Hinterland des Nissum Fjords gelegene, rund 37 000 Einwohner zählende Ort fand bereits im 13. Jahrhundert Erwähnung und war bis in die frühe Neuzeit eine blühende Handels-

Künstlerkollektiv und Avantgardebewegung: CoBrA

Die Kunstmuseen von Herning und Silkeborg sind aus den Sammlungen von Mitgliedern der Künstlervereinigung CoBrA hervorgegangen. Hier sind besonders viele Meisterwerke der Gruppe versammelt. Die zwischen 1948 und 1951 bestehende CoBrA-Gruppe zählt zu den international einflussreichsten künstlerischen Bewegungen der Nachkriegszeit. Ihre Mitglieder opponierten gegen das Erstarren im akademischen Kunstbetrieb und wollten expressiver Spontaneität im künstlerischen Ausdruck wieder Geltung verschaffen. Der in Silkeborg geborene Asger Jorn und der Niederländer Karel Appel zählten zu ihren Vertretern. »CoBrA« ist ein Kunstwort, das sich aus den Abkürzungen für Copenhagen, Brüssel und Amsterdam zusammensetzt.

metropole. Im Stadtbild spiegelt sich diese lange Geschichte allerdings nicht wider. Über die Jahrhunderte wurde Holstebro immer wieder durch verheerende Brände zerstört und neu aufgebaut. Heute präsentiert es sich als junges und dynamisches urbanes Zentrum der Region, das mit einigen Meisterwerken moderner Baukunst wie der 1969 eingeweihten Nørrelandskirke der Architekten Johannes und Inger Exner glänzen kann. An zahlreichen Stellen in der Innenstadt bilden überdies moderne Plastiken wie die vor dem Rathaus aufgestellte »Frau auf der Karre« des berühmten Bildhauers Alberto Giacometti einen Blickfang. Der Komplex am Museumsvej beherbergt das historische Museum sowie das Holstebro Kunstmuseet, dessen Sammlung nicht nur Werke von zeitgenössischen dänischen Künstlern und Pionieren der klassischen Moderne, sondern auch Kunst aus Afrika und Asien umfasst. Das Holstebro Museum veranschaulicht die Natur- und Kulturgeschichte der Region. In Holstebro ist auch eines der führenden Theater des Landes zu Hause.

** Ringkøbing

Die Stadt, der das Haff seinen Namen verdankt, liegt an dessen Nordostufer etwa neun Kilometer von Søndervig entfernt. Der rund 10 000 Einwohner zählende Ort blickt auf eine bis ins 13. Jahrhundert reichende Geschichte zurück und war lange der führende Hafen der Region. Als die Verbindung zwischen dem Haff und der Nordsee jedoch versandete, verlor Ringkøbing seine Bedeutung. Von dem Bau der Kanäle auf Holmsland Klit, der Nehrung, die den Ringkøbing Fjord von der Nordsee trennt, profitierte es nicht. Der Hafen wird heute als Marina genutzt. Ringkøbing verfügt über eine hübsche Altstadt mit Bauten aus dem 17., 18. und 19. Jahrhundert. Das Ringkøbing-Skjern Museum unterhält rund um das Haff mehr als zehn Außenstellen, die über die verschiedenen Epochen der regionalen Geschichte von der Eisen- bis zur Zeit der deutschen Besatzung informieren. Das Bork Vikingehavn etwa lädt zu einer Reise in die Wikingerzeit ein, bei der man auf einem Wikingerschiff segeln oder auf einem Wikingermarkt einkaufen kann. Das Skjern Bymuseet informiert über die Renaturierung des Flusses Skjern Å, der südlich von Ringkøbing in das Haff mündet.

*** Ringkøbing Fjord

Das mit 300 Quadratkilometer Fläche größte Haff der Region wird durch die Nehrung Holmsland Klit fast komplett von der Nordsee abgeschirmt. Bis weit ins 19. Jahrhundert sicherte eine natürliche schiffbare, heute versandete Öffnung den Zugang zum offenen Meer, seit 1931 ist es ein künstlicher Kanal, der die Nehrung auf der Höhe von Hvide Sande zerschneidet und für Schiffe mit einer Breite von bis zu 16 Metern passierbar ist. Der Fjord gilt als Paradies für Windsurfer und alle, die es werden wollen. Dank seiner geringen Tiefe und eines vergleichsweise ruhigen Wellengangs bietet er vor allem Anfängern ein ideales Übungsfeld. Auf der Nehrung und im Süden des Gewässers haben deshalb viele Surfschulen ihre Zelte aufgeschlagen. Holmsland Klit zieht sich auf einer Länge von 40 Kilometern die Nordsee entlang und ist bis zu zwei Kilometer breit. Obwohl in den letzten Jahren viele Ferienhäuser entstanden sind, geht es hier auch in der Hochsaison vergleichsweise beschaulich zu. In der einzigartigen Dünen- und Heidelandschaft findet sich viel unberührte Natur. Sie zieht Hiker und Freunde des Reitsports an. Einzig das im Norden der Nehrung am Ringkøbing Fjord gelegene Søndervig verfügt über eine hoch entwickelte touristische Infrastruktur mit Bars, Diskotheken und Geschäften. Die erst 1931 im Zuge des Kanalbaus gegründete Stadt Hvide Sande ist ein wichtiger Fischereistandort. Der Hafen zählt zu den größten Dänemarks. Bevor Urlauber Holmsland Klit für sich entdeckten, war neben der Fischerei die Viehwirtschaft die wichtigste Einnahmequelle der Bevölkerung. Südlich von Hvide Sande macht ein Museum diese lokale Geschichte anschaulich.

* Nissum Fjord

Das rund 20 Kilometer nördlich von Ringkøbing gelegene Haff umfasst eine Fläche von rund 70 Quadratmetern und ist damit ungleich kleiner als der Ringkøbing Fjord. Es wird durch eine schmale, nur an wenigen Stellen mehr als 1000 Meter breite Nehrung, die Bøvling Klit, von der offenen Nordsee abgeschirmt und ist durch eine im 19. Jahrhundert durch ein Sperrwerk verstärkte Öffnung auf der Höhe der Ortschaft Thorsminde mit ihr verbunden. Viele Autofahrer, die auf der Küstenstraße in den hohen Norden Dänemarks unterwegs sind, machen in Thorsminde halt und nutzen die Gelegenheit zu einem Spaziergang in der Dünenlandschaft des Bøvling Klit oder besuchen das Museum St. George, in dem die Wracks zweier englischer Kriegsschiffe, die hier zu Beginn des 19. Jahrhunderts strandeten, ausgestellt sind. Die seichten Gewässer des Nissum Fjords sind stellenweise mit Schilf bewachsen und stehen unter Naturschutz, weil viele Vogelarten hier nisten. Nur wenige Kilometer nördlich des Nissum Fjords ragt auf einer Steilklippe in der Nähe von Ferring der rote Leuchtturm von Bovbjerg in die Höhe. Er kann bestiegen werden und erlaubt einen fantastischen Blick über die Küste.

** Vest Stadil Fjord und Stadil Fjord

Die beiden kleinen Süßwasserseen nördlich des Ringkøbing Fjords ha-

Fischerhafen Tyskerhavnen am Ringkøbing Fjord: Einst ernährte der Fischfang 30 bis 40 Familien rund um den Fjord.

ben, geologisch gesehen, zwar den gleichen Ursprung wie ihr großer Nachbar im Süden. Wie dieser sind sie im Zuge des Rückgangs eiszeitlicher Gletschermassen als Ausbuchtung der Nordsee entstanden und wurden erst im Laufe von Jahrtausenden durch Sedimentablagerungen von ihr getrennt. Allerdings ist die Verlandung hier viel weiter fortgeschritten, die Gewässer verfügen über keinerlei Zugang zum offenen Meer. Bis weit in das 19. Jahrhundert hinein bildeten beide Seen eine einzige große Wasserfläche. Erst in der Folge eines im Übrigen gescheiterten Versuchs, das Gebiet trockenzulegen und landwirtschaftlich zu nutzen, wurden sie voneinander getrennt. Um die Jahrtausendwende wurden große Abschnitte am Ufer des Stadil Fjords renaturiert. Heute nisten hier wieder seltene Vogelarten, und die Landschaft dient als Rastplatz für Zugvögel. Das Seengebiet ist touristisch wenig entwickelt. Auch an der Nehrung Husby Klit finden sich nur wenige Ferienhäuser. Die Dünenlandschaft hier lädt zu langen Spaziergängen ein.

Sandskulpturenfestival in Søndervig

Das Städtchen Søndervig liegt am nördlichen Ende der Nehrung Holmsland Klit, und wenn es dort eines in rauen Mengen gibt, dann ist es weißer Sand! Der wird auf faszinierende Weise von internationalen Künstlern für das jährlich ab Mai stattfindende Skulpturfestival genutzt. Zehn Tage haben sie Zeit, den Sand aufzuhäufen, in viereckige Blöcke zu pressen, mit Ton und Wasser zu vermischen und zu wahren Kunstwerken zu verarbeiten. Dafür gibt es jedes Jahr ein neues Thema. Zuletzt entstanden Götter und Tempel des antiken Griechenlands. Bis ins letzte Detail modellieren die Skulpteure Menschen, Tiere und Pflanzen originalgetreu oder abstrakt und in Übergröße, oder sie lassen Häuser und ganze Ortschaften entstehen. Die Kunstwerke halten über Monate.

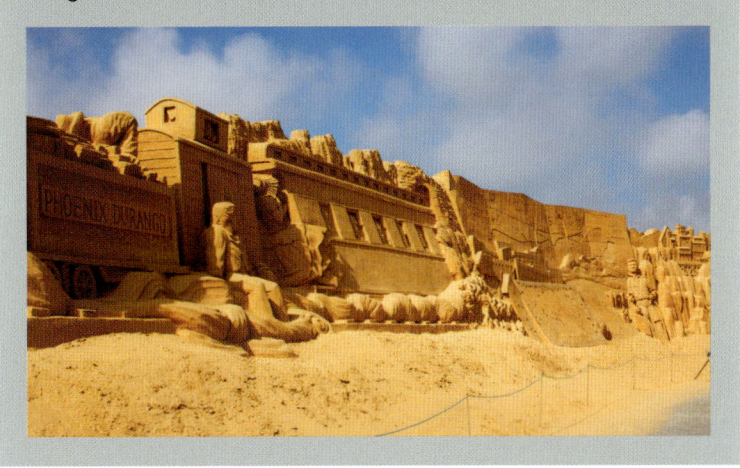

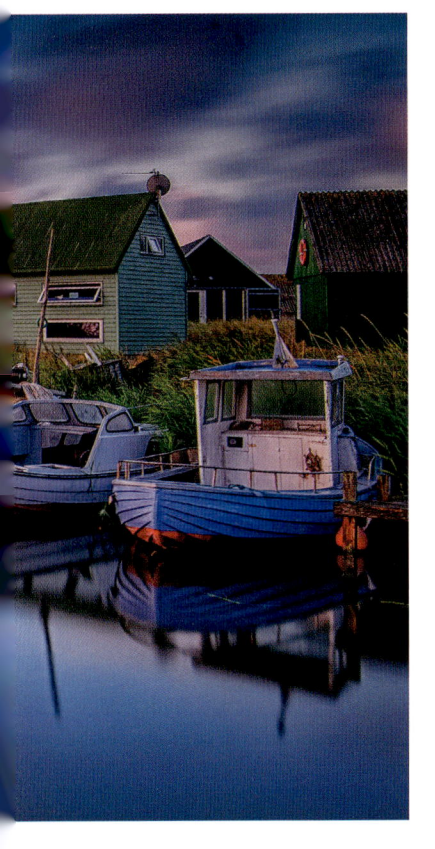

Fischerhütte bei Nymindegab, dem einstigen Fischerdorf am Ringkøbing Fjord.

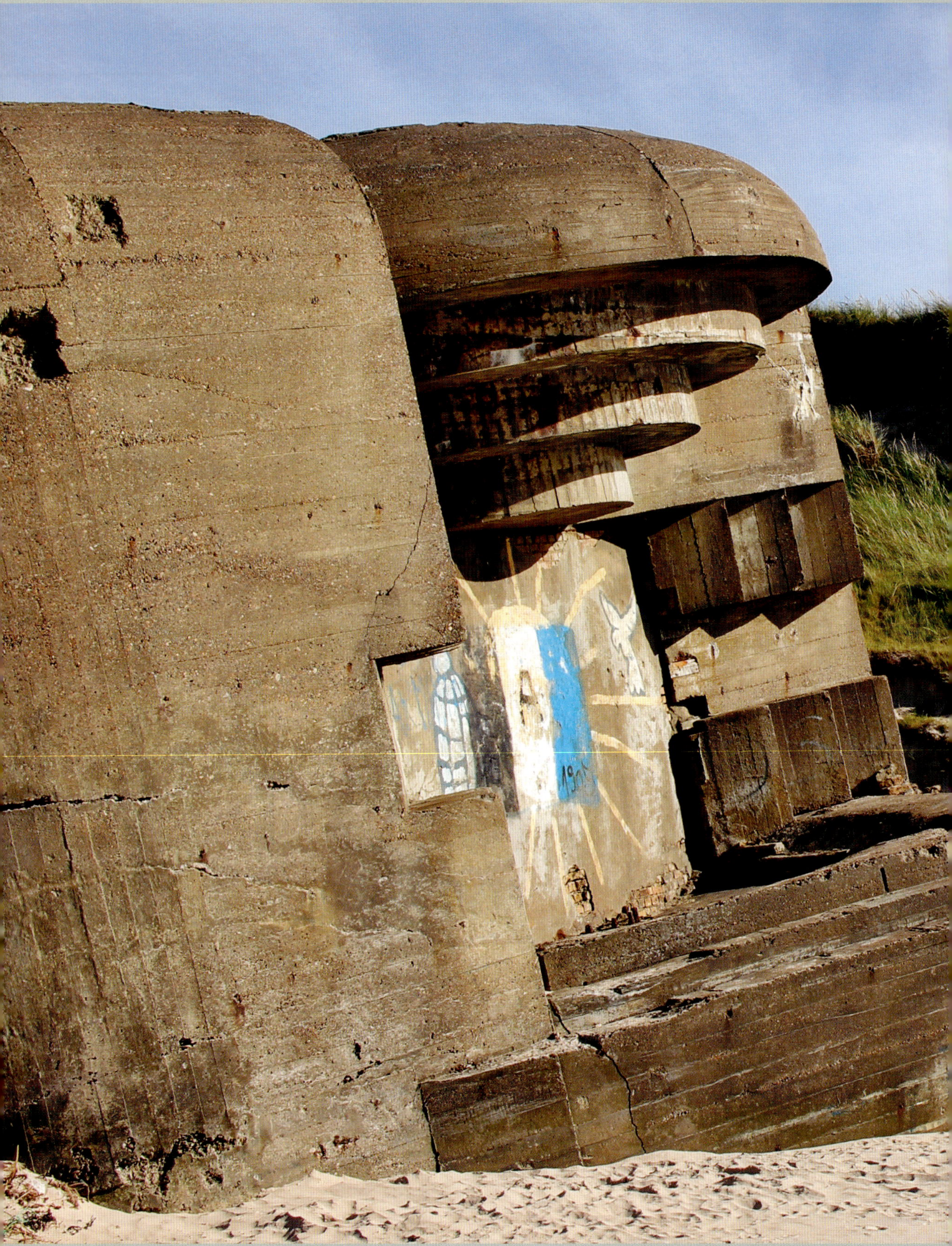

Relikte aus dunklen Tagen

An der gesamten dänischen Nordseeküste stößt man auf die Überreste von Bunkeranlagen aus dem Zweiten Weltkrieg. Sie sind Teile des Atlantikwalls, einer sich von der Bretagne über Belgien und die Niederlande bis nach Dänemark und Norwegen hinziehenden Linie befestigter Stellungen, die zwischen den Kriegsjahren 1940 und 1944 auf Befehl Hitlers von deutschen Truppen zum Schutz vor einer alliierten Invasion errichtet wurden. Nach dem Krieg wurden einige dieser Anlagen in Dänemark in Museen umgewandelt. Auf Rømø sowie in Esbjerg, Blåvand, Thyborøn, Bulbjerg und Hirtshals können Batterien und Unterstände besichtigt werden. Das Museumscenter Hanstholm an der größten Wehrmachtsfestung in Nordeuropa informiert eindrücklich über die Geschichte und den Atlantikwall.

Die nördliche Küste von Morsø flankieren Steilklippen aus Moler, dem für die Insel typischen Sedimentgestein.

** Salling

Die Halbinsel ragt als nördlicher Vorposten der Region Midjylland in den Limfjord hinein. Dank ihrer ruhigen Küsten hat sie sich zu einem beliebten Ferienziel für Familien mit Kindern entwickelt. Im Inselinnern prägen Heiden, Buchenwälder, Felder und Wiesen das Bild. Ein Netz ausgewiesener Radwege lockt viele Biker an.

*** Morsø

Die mit einer Fläche von gut 360 Quadratkilometern siebtgrößte Insel Dänemarks liegt im westlichen Teil des Limfjords und ist im Osten sowie in ihrem Nordwesten nur durch schmale Meeresengen vom Rest Jütlands getrennt. Auf Morsø findet sich die ganze Vielfalt jütländischer Naturlandschaften auf kleinstem Raum. Die buchtenreiche Küste wird besonders im Süden von hellen Sandstränden gesäumt. Im Inselinnern wechseln sich lichte Wälder mit saftig grünen Wiesen und Feldern ab. Das flache Land geht erst im Norden in eine Hügellandschaft über. Hier ziehen sich Steilklippen aus Moler, einem nur am Limfjord vorkommenden, 55 Millionen Jahre alten Sedimentgestein, das reich an fossilen Stoffen ist, die Küste entlang. Bis heute werden in dem Gebiet immer wieder Millionen Jahre alte Fossilien von Kleintieren gefunden. Das Moler Museet wartet mit einer stolzen Sammlung auf und informiert ausführlich über die Molererde und ihre Entstehung. Mehr als die Hälfte der rund 20 000 Bewohner von Morsø lebt in kleinen Dörfern, die sich über die Insel verstreut finden. Die einzige größere Ortschaft, Nykøbing, liegt malerisch am Klosterfjord, einer kleinen Ausbuchtung des Limfjords an der Ostküste von Morsø. Rund um den Hafen finden sich viele Geschäfte, deren Warenangebot breit gefächert und durchaus mit dem einer mittleren Großstadt zu vergleichen ist. Der historische Ortskern ist reich an Bauten aus der zweiten Hälfte des 19. Jahrhunderts, als Nykøbing ein bedeutender Industriestandort war und einen Wirtschaftsboom erlebte. Die historischen Bauten aus der ersten Blütezeit Nykøbings, das sich im 14./15. Jahrhundert zu einer reichen Handelsstadt entwickelt hatte, wurden durch verheerende Brände und Kriege zerstört. Einzig das im 13. Jahrhundert gegründete Dueholm-Kloster, das seit 1909 das Morslands Historiske Museum be-

In Nykøbing auf der Insel Morsø: Idyllisch zeigt sich der Rathausplatz mit dem alten Rathaus.

herbergt, überstand die Katastrophen. Südlich von Nykøbing wurde mit dem Jesperhus Blomsterpark ein weitläufiger botanischer Garten angelegt. Das Højriis Slot, ein altehrwürdiger Herrensitz, wurde in ein Living-History-Museum verwandelt, das mit seinen schaurig-schönen Inszenierungen der Schlossgeschichte für Aufsehen sorgt. Morsø bietet zudem zahllose markierten Rad- und Wanderwege.

*** Thy

Der westliche Teil der Insel Vendsyssel-Thy gilt als eine der ursprünglichsten Gegenden Dänemarks. Obwohl hier mit Klitmøller und Norre Vorupør zwei der beliebtesten Surfreviere der Nordsee liegen, ist sie touristisch weniger erschlossen als andere Teile des Landes. Weite Gebiete wirken immer noch fast unberührt und menschenleer. Seit 2008 ist die gesamte Nordseeküste von der Landzunge Agger Tange am Ausgang des Limfjords bis nach Hanstholm im Norden als Nationalpark ausgewiesen. Als zusammenhängende Landmasse entstand Thy erst nach der letzten Eiszeit, als der Meeresboden sich hob und die bis dahin der Küste vorgelagerten Inseln mit dem Festland verbunden wurden. Die hellen Strände sind breit und ziehen sich endlos die Küste entlang. Grabhügel wie der Lundehøj in der Nähe von Hurup sowie der Hov Dås und der Thorshøj bei Thisted belegen, dass die Region schon im 4. Jahrtausend v. Chr. besiedelt war. Die romanische Kirche von Vestervig ist ein Zeuge der frühen Christianisierung. Sie wurde im 11. Jahrhundert errichtet und gilt als die größte Dorfkirche Skandinaviens. Wie vielerorts an der dänischen Nordseeküste finden sich auf Thy Reste des Atlantikwalls. Das Fischerdorf Klitmøller hat sich als »Cold Hawaii« einen Namen gemacht. Der raue Nordseewind und die hohe Brandung locken die besten Wellenreiter und Windsurfer der Welt an. Norre Vorupør, der größte Ferienort der Region, ist auch bei Familien mit Kindern beliebt. Thisted, die heute rund 13 500 Einwohner zählende Hauptstadt der gleichnamigen Kommune und der größte Ort von Thy, liegt an der dem ruhigen Limfjord zugewandten Seite der Halbinsel. Hier lohnen besonders das Thisted Museum und seine Sammlung bronzezeitlicher Funde, darunter die Goldboote von Thorshøj, einen Besuch.

Aalborgs hübsche Altstadtgassen laden zum Flanieren ein.

*** Nationalpark Thy

Im Nordwesten Dänemarks liegt der rund 244 Quadratkilometer große Nationalpark Thy. Er erstreckt sich über etwa 200 Kilometer mit einer Breite von zwölf Kilometern entlang der Nordseeküste der großen Nordjütischen Insel (Vendsyssel-Thy), die seit der verheerenden Februarflut 1825 durch den Limfjord vom Festland getrennt ist. Dieser Küstenabschnitt ist von einer einzigartigen Dünenlandschaft geprägt. Aufgrund starker Winde sind die Dünenkämme vegetationsfrei und immer in Bewegung. In geschützteren Lagen entwickeln sich artenreiche Heiden sowie lichte Waldbestände. Dadurch werden die starken Sandverwehungen, die besonders den westlichen Teil des Nationalparks betroffen hatten, etwas gemindert. In Hanstholm befindet sich ein Wildreservat mit einigen Seen, in dem über 25 verschiedene Vogelarten brüten. Als Besonderheit kann man im Frühling an speziellen Plätzen den berühmten Paarungstanz der Kraniche erleben. Der Park ist ein internationales Vogelschutzgebiet und unterliegt damit besonderen Richtlinien.

*** Aalborg

Die Seehafen- und Universitätsstadt am Limfjord ist die Hauptstadt von Nordjütland. Ein durch schiffsförmige Steinsetzungen gekennzeichnetes Gräberfeld auf der Lindholm Høje belegt, dass die Wikinger bereits ab dem 6. Jahrhundert in der Region siedelten. Im Mittelalter war Aalborg ein wichtiges Wirtschaftszentrum, das durch den Heringsfang und den Handel mit dem begehrten Speisefisch zu Reichtum gelangte. Dem Niedergang während des Dreißigjährigen Kriegs folgte bereits im 18. Jahrhundert eine neue wirtschaftliche Blüte. Im Zuge der in Dänemark um 1850 einsetzenden industriellen Revolution entwickelte sich Aalborgs Hafen zu einem der größten des Landes. Heute präsentiert sich Aalborg als urbane Metropole, in der viele ansehnliche Bürgerhäuser des 17. und 18. Jahrhunderts wie Jens Bangs Stenhus von der stolzen Vergangenheit künden. Die Domkirche stammt ebenso wie Aalborghus Slot, ein stattlicher Fachwerkbau, aus dem 15. Jahrhundert. Die Jomfru Ane Gade im Zentrum der Altstadt ist als »Dänemarks längste Theke« bekannt. Hier finden sich Restaurants und Kneipen. In Aalborgs Fußgängerzone locken Kunsthandwerksläden. Das Museum für moderne Kunst residiert seit 1972 in einem Bau des finnischen Stararchitekten Alvar Aalto; 2008 wurde ein von Jørn Utzon entworfenes Kulturzentrum eingeweiht.

AALBORG

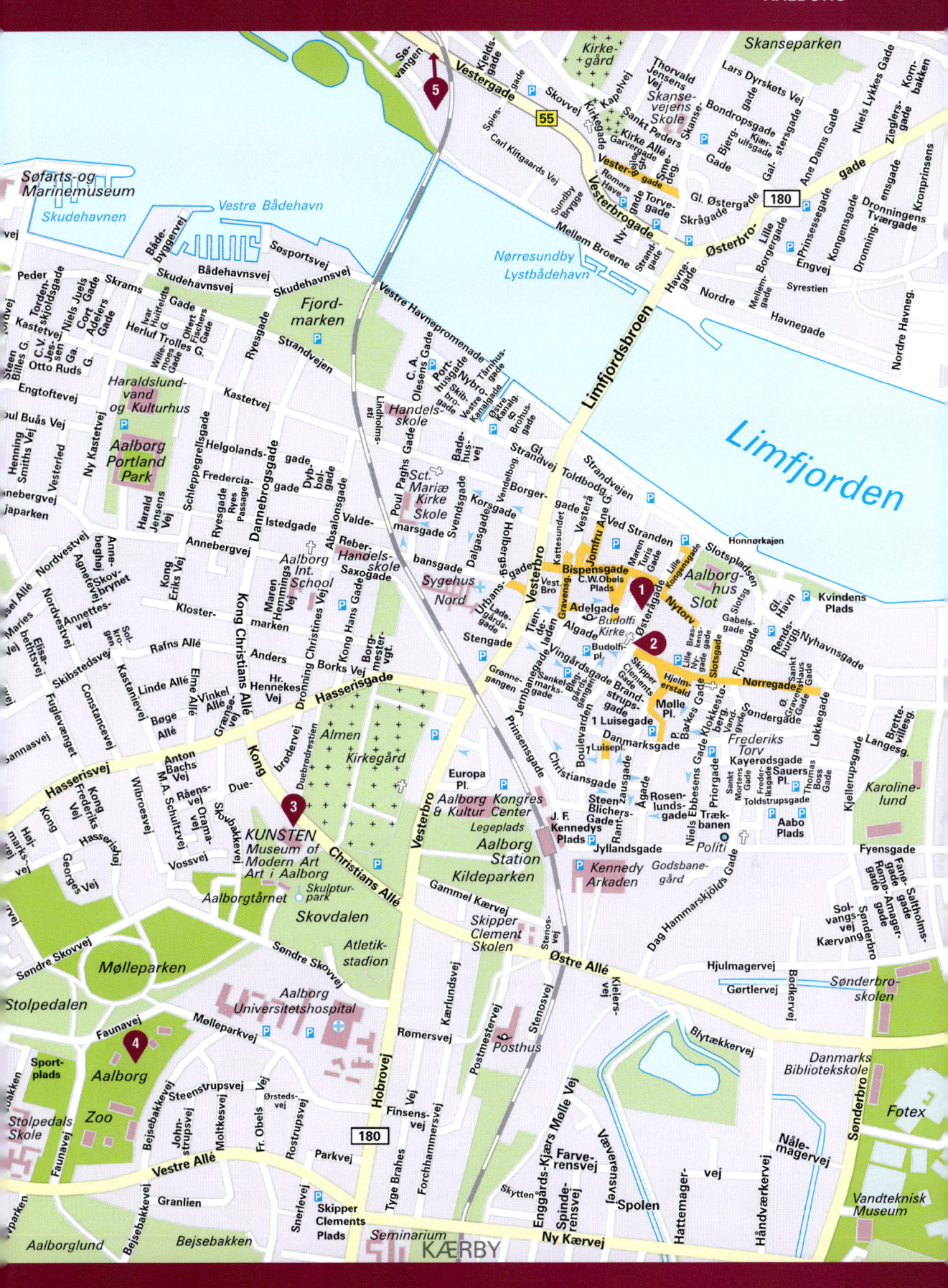

Jens Bangs Stenhus ist das wohl berühmteste Gebäude der Stadt Aalborg. Es stammt von 1624.

❶ *** Jens Bangs Stenhus

Als hätte es ein Zuckerbäcker entworfen, mit verzierten Giebeln und einem Erker – das Stenhus ist Skandinaviens größtes Bürgerhaus aus der Renaissance und ein Wahrzeichen Aalborgs. Bauen ließ es 1624 der Kaufmann Jens Bang, der Bruder des damaligen Bürgermeisters. Ein angenehmer Zeitgenosse scheint er nicht gewesen zu sein: Anstatt sich als reichster Mann der Stadt im Bürgerrat zu engagieren, wollte er mit dem fünfstöckigen Prachtbau prahlen. Besucher können das Gebäude und die bis 2014 noch funktionierende Apotheke aus dem 17. Jahrhundert besichtigen oder im Kellerrestaurant einkehren. Ein Blick auf die Masken an den Giebeln gibt Aufschluss über den Hausherrn: In Richtung Rathaus streckt Bangs Selbstbildnis die Zunge heraus, um sich an seinen Feinden, die in anderen Masken verewigt sind, zu rächen.

❷ ** Budolfi Kirke

Der St.-Budolfi-Dom, errichtet im 15. Jahrhundert und benannt nach dem englischen Benediktinermönch St. Botolph, dem Beschützer von Seefahrern und Reisenden, ist die Hauptkirche des Bistums Aalborg. Dort, wo das heutige Gotteshaus steht, befinden sich Überreste einer Holzkirche aus dem 12. Jahrhundert. Der relativ kleine, weiß getünchte Dom lässt seinen Turm mit einer 33,5 Meter langen Spitze, die erst im 18. Jahrhundert aufgesetzt wurde, weit über die Stadt ragen und ist im Stadtwappen abgebildet. Das Besondere ist ein stündliches Glockenspiel. Das musikalische Repertoire der 48 insgesamt 16 Tonnen schweren Glocken wechselt je nach Jahreszeit und Feiertagen. Im Inneren des Doms beeindrucken Skulpturen der Zehn Gebote, gotische Wandmalerei, ein Taufbecken aus weißem Marmor, Fresken und eine kunstvoll gefertigte Kanzel.

❸ *** Kunsten Museum of Modern Art i Aalborg

Das Museum wurde 1972 vom finnischen Star-Architekten Alvar Aalto entworfen, der für sein organisches Bauen und für sein Design berühmt ist. Es ist das einzige Museumsgebäude des Künstlers außerhalb Finnlands. Der lichte Bau besteht innen wie außen überwiegend aus weißem Marmor, und die fünf Galerien bieten über 4000 dänischen und internationalen

Manche der Gräber in Lindholm Høje sind deutlich erkennbar in Form eines Wikingerschiffes angelegt.

Exponaten der eigenen Sammlung jede Menge Raum. Sonderausstellungen, Vorlesungen, Filmvorführungen, Konzerte und Workshops machen Kunsten zu einem lebendigen Kulturtreffpunkt. Nach der originalgetreuen Renovierung des denkmalgeschützten Gebäudes wurde im großen Skulpturengarten eine Terrasse angelegt, die zum Ausruhen während der Kunstpausen einlädt. Außerdem ist die Brasserie Kunsten einen Besuch wert.

❹ *** Aalborg Zoo

Direkt am Mølleparken liegt Aalborgs Tierpark. Die große Vielfalt der rund 1500 Tiere ist bemerkenswert. In keinem anderen Zoo Dänemarks kann man so viele Arten sehen und neben Zebras, Eisbären oder der Oryxantilope afrikanische Elefanten, asiatische Löwen oder den Borneo-Orang-Utan bewundern. Die Betreiber des Zoos betonen, dass ihnen auch die Tiere, die nicht bei ihnen untergebracht sind, am Herzen liegen. Deshalb engagieren sie sich etwa für ein internationales Projekt zum Schutz der Elefanten und Nashörner. Kinder können im Streichelzoo den einheimischen Arten näher kommen. Auf der »Zoofari«-Bühne zeigen Tiere zusammen mit ihren Pflegern eine unterhaltsame Show, der Höhepunkt für Groß und Klein ist aber die Fütterung der Exoten. Auf hungrige Besucher warten zwei Restaurants.

❺ *** Lindholm Høje

Das Gräberfeld aus der Wikingerzeit, das von 1952 bis 1956 ausgegraben wurde, ist ein beeindruckendes Denkmal aus der Zeit zwischen 400 und 1000 n. Chr. Es dokumentiert einen Teil der jüngeren Eisenzeit. An den Steinformationen lässt sich erkennen, dass sich rund 700 Gräber auf dem Feld befinden. Es handelt sich um sogenannte Brandgräber. Die Knochen lagen in der Asche, die dann mit Steinen bedeckt wurde, entweder in Form von Kreisen oder Dreiecken, manchmal auch einer Schiffsform nachempfunden. Das zugehörige Museum veranschaulicht in zwei Ausstellungen das Leben der Wikinger und deren damalige Bestattungskultur. Es stellt außerdem die Geschichte des Aufbaus der dänischen Wirtschaft rund um den Limfjord dar. Besuchen kann man ein komplett ausgestattetes Wikingerhaus, und neue Medien ermöglichen die Fahrt auf einem Wikingerschiff.

Am Strand von Saltum, einem Küstenabschnitt an der Jammerbugt, kann man endlose Spaziergänge unternehmen.

*** Jammerbugt

Dieser sich auf einer Länge von rund 80 Kilometern zwischen dem Kalkfelsen Bulbjerg im Westen und der Stadt Hirtshals im Nordosten hinziehende Abschnitt der dänischen Nordseeküste verdankt seinen Namen den vielen Schiffskatastrophen, die sich in der hier oft stürmischen See einst ereigneten, und war lange als Seemannsgrab verschrien. Heute ist er ein Ferienparadies nicht nur für Wellenreiter und Windsurfer, sondern auch für Partygänger und Nachtschwärmer. Ferienorte wie Blokhus, Løkken und Lønstrup verfügen über eine hoch entwickelte touristische Infrastruktur. Ihre besondere Attraktivität als Urlaubsregion verdankt die Jammerbugt dem ungewöhnlich hellen, breiten Sandstrand, der sich die gesamte Küste entlangzieht. Im Hinterland finden sich einige historische Sehenswürdigkeiten wie die wikingerzeitliche Aggersborg am Nordufer des Limfjords oder das 1220 gegründete Børglum-Kloster bei Løkken.

* Hirtshals

Der Fischerort in der Kommune Hjørring ist modern und zweckmäßig. Für die meisten Touristen ist er nur ein Durchgangsort. Wer jedoch Spaziergänge in den Dünen schätzt und gern Fisch isst, den hält es auch etwas länger in Hirtshals. Den Reiz des Ortes machen der Fischerei- und der Fährhafen aus, durch die das Städtchen sehr lebhaft und authentisch anmutet. Hirtshals ist der zweitgrößte Fischereihafen Dänemarks. Die Fähren fahren von hier aus nach Norwegen, Island und zu den Färöern. Eine Attraktion des Ortes ist das Ozeanarium, das Einblicke in die Unterwasserwelt gewährt. Daneben präsentiert ein Museum das Leben von Fischerfamilien, wie es einst war; im Købmandsgård dreht sich alles um den Handel im 19. Jahrhundert; das Bunkermuseum erinnert an die Kriege. Der 35 Meter hohe Leuchtturm bietet einen großartigen Blick über die Häfen.

*** Skagen

Die Hafenstadt Skagen an der Nordspitze Jütlands ist Dänemarks nördlichste Stadt und ein Traumziel am Übergang von Nord- und Ostsee: Die schmale Dünen-Landzunge Grenen erstreckt sich zwischen der Skagerrakküste der Nordsee und dem zur Ostsee gerechneten Kattegat vier Kilometer weit ins Meer hinaus. Ab dem Jahr 1880 entstand in Skagen eine Kolonie impressionistischer Künstler, zu der

Grenens Attraktion ist der »Sandwurm«, ein spezieller Traktor mit Waggon.

In den Restaurants des Fischerorts Hirtshals ist fangfrischer Fisch garantiert.

auch die Maler Severin Krøyer, Viggo Johansen und Michael Ancher gehörten. Die sogenannten Skagen-Maler machten den Fischerort berühmt. Ihre stimmungsvollen Werke sind im Skagens Museum ausgestellt. Bis heute zieht der Ruf der Stadt, ein Treffpunkt von Künstlern und Bohemiens zu sein, Tausende Besucher aus Skandinavien und Deutschland an. Skagen gilt als schick und mondän. In der gleich hinter dem Hafen beginnenden pittoresken Altstadt und mehr noch in Gamel Skagen an der Skagerrakküste finden sich viele edle Restaurants und Geschäfte. Bars und Lokale haben in der Regel bis in die frühen Morgenstunden geöffnet. Trotz des Tourismusbooms ist die Hochseefischerei noch immer eine wichtige Einnahmequelle der Bevölkerung geblieben. Skagen ist der Standort des größten dänischen Fischereihafens. Am Fiskehuskaj herrscht rund um die Uhr Hochbetrieb, und in den Auktionshallen wird jeden Morgen fangfrischer Fisch versteigert. Nicht nur das Skagens Museum, sondern auch das Skagen Odde Naturcenter ist fast ein Muss für jeden Gast der Stadt. Es wurde von Jørn Utzon, dem Erbauer der Sydney Opera, entworfen und in die weite Dünenlandschaft nordwestlich von Skagen hineingebaut. Das originelle Museum will seine Besucher bei allen Sinnen packen und zum Riechen und Fühlen der Naturphänomene, die die Nordspitze Jütlands so einzigartig machen, animieren. Wer möchte, kann südlich von Skagen auf der größten Wanderdüne von ganz Dänemark, der Råbjerg Mile, die sich jährlich zwischen zehn und 20 Meter nach Westen bewegt, spazieren gehen.

*** Grenen: die Nordspitze Jütlands

Drei Kilometer nördlich von Skagen endet die jütländische Halbinsel in einer flachen Sandspitze, die auch an ihrer breitesten Stelle nur wenige Meter misst. Wer hier ankommt, kann in zwei Meeren gleichzeitig stehen: Skagerrak und Kattegat, Nord- und Ostsee treffen sich hier. Das Baden ist aufgrund der Strömungsverhältnisse lebensgefährlich und deshalb verboten. Obwohl sich die Landspitze immer mehr nach Nordosten verschiebt und schon lange nicht mehr den nördlichsten Punkt Jütlands markiert, übt der Ort eine große Anziehungskraft aus. Am Ende der von Skagen kommenden Küstenstraße befindet sich ein ausgezeichnetes Restaurant; das Grenen Kunstmuseum lockt mit Werken zeitgenössischer Künstler.

Die Kräfte der Natur

Die Wanderdüne Rubjerg Knude an der Steilküste von Lønstrup im Nordwesten Jütlands bietet ein spektakuläres Naturschauspiel. Das fast zwei Kilometer lange, rund 400 Meter breite und zum Meer hin steil abfallende Sandgebirge wurde in den letzten 100 Jahren durch die Kräfte der Erosion aufgebaut und hat seitdem nicht nur große Teile der Steilküste unter sich begraben, sondern überdies dem Lønstrup Fyr, dem Leuchtturm, der 1900 in Betrieb genommen wurde, den Garaus gemacht. Zwar ragt der 1968 ausgeschaltete Leuchtturm nach wie vor aus den Dünen, seine Nebengebäude sind mittlerweile jedoch längst verschüttet. 2002 musste ein im Leuchtturmwärterhaus eingerichtetes Museum umziehen. Die Rubjerg Knude selbst kann eine Höhe von bis zu 70 Metern aufweisen und wandert unterdessen weiter nach Nordosten. Sie erstreckt sich von Nord nach Süd und fällt zum Meer hin steil ab. Da die Erosion die Klippen Stück um Stück abträgt, schien es nur eine Frage der Zeit, bis der Leuchtturm ins Meer stürzt. 2019 musste das gesamte Bauwerk daher in einem spektakulären Verfahren um 70 Meter landeinwärts versetzt werden. Vom Meer aus gesehen, ist die Sanddüne gut hinter den abfallenden Felsen der Steilküste sichtbar.

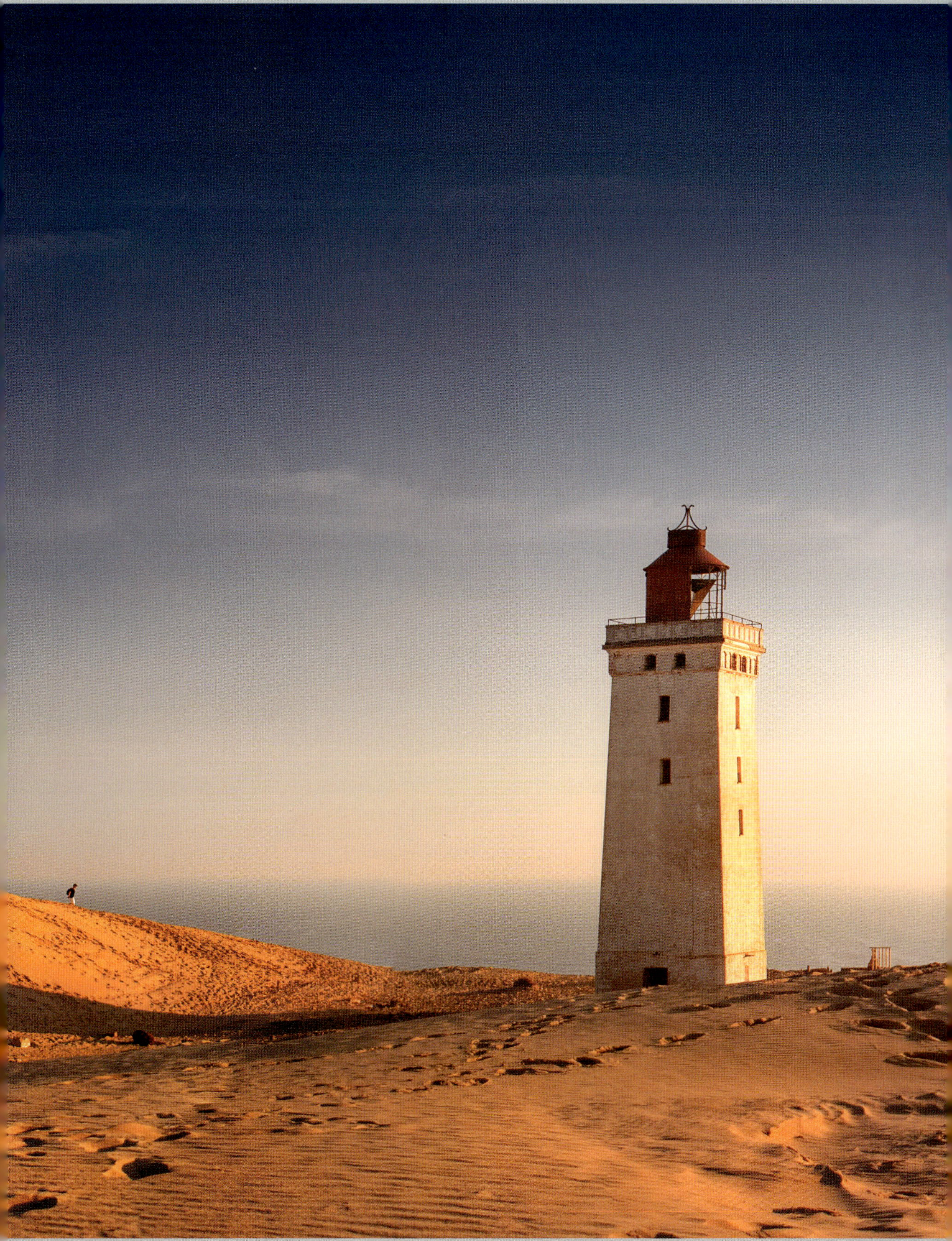

Vom Aussichtspunkt Pikkerbakken hat man einen tollen Blick auf Frederikshavn.

Heute findet man in der Küstenfestung von Bangsbo ein Museum.

Das Bangsbo Museum südlich von Frederikshavn umgibt ein botanischer Garten.

*** Frederikshavn

Der Ort ist als wichtiger Fährhafen, der Dänemark mit Schweden und Norwegen verbindet, und als Shoppingparadies bekannt. Nicht nur die Bewohner des Umlands und Touristen, die in Nordjütland unterwegs sind, kaufen hier ein, die vergleichsweise günstigen Preise locken zudem viele Tagesausflügler aus den skandinavischen Nachbarländern an. Das Stadtbild ist von modernen Zweckbauten geprägt. Eines der wenigen Relikte der mehr als 500-jährigen Geschichte ist der Krudtårnet (Pulverturm), der Teil einer im 19. Jahrhundert zerstörten Zitadelle ist und heute ein militärhistorisches Museum beherbergt. Sehenswert sind außerdem ein in einem Wehrmachtsbunker untergebrachtes Museum, das über die Zeit der deutschen Besatzung informiert, sowie das in einem alten Herrensitz residierende Bangsbo Museum, das mit seiner Sammlung von Exponaten zur Geschichte des dänischen Widerstands, aber auch mit einem Wikingerschiff aus dem 12. Jahrhundert beeindruckt. Nördlich von Frederikshavn beginnen die schönen Sandstrände der Albæk-Bucht. Auch die nur 28 Kilometer vor der Küste gelegene Insel Læsø lohnt einen Besuch. Weite Dünenstrände, Heideflächen, urige Bauernhöfe und vor allem Marschwiesen im Süden bestimmen hier das Landschaftsbild.

Sankt Knuds Kirke, der gotische Dom in Odense, stammt aus dem frühen 14. Jahrhundert.

Dänische Südsee: Fyn und die umgebenden Inseln

Um den südlichen Teil von Fünen (dänisch Fyn) herum liegen mehrere Inseln in der »dänischen Südsee« zwischen dem Kleinen und dem Großen Belt. Zu den größeren zählen Langeland, Tåsinge und Ærø, zu den kleineren Helnæs, Lyø und Avernakø. Während Fyn dichter bewaldet ist und eher kleine Strandabschnitte bietet, befinden sich auf Langeland ausgedehnte Strände. Geschichtliches kann man auf allen Inseln gleichermaßen entdecken.

*** Odense

Die größte Stadt auf Fünen zählt zu den ältesten Städten Dänemarks und war von 1654 bis 1658 Königsresidenz. Historiker vermuten, dass sich Odense aus einer wikingerzeitlichen Kultstätte, die dem Gott Odin geweiht war, entwickelt hat. Im Jahr 988 wird der Ort in einem Brief Ottos III. das erste Mal namentlich erwähnt. 1060 wurde Odense Bischofssitz, und 1355 erhielt es die Stadtrechte. Zu einer ersten wirtschaftlichen Blüte gelangte der Ort aber erst, als er Ende des 18. Jahrhunderts durch den Bau eines Kanals einen direkten Zugang zum Meer erhielt und sich zu einem der bis heute wichtigsten Handels- und Industriezentren Dänemarks entwickelte. Odense ist seit 1966 Universitätsstadt und verfügt über eine facettenreiche Kulturlandschaft mit Theatern, Museen, Galerien und einem Symphonieorchester. Die Stadt gilt auch als Shoppingparadies. Odenses Geschichte ist in zahlreichen sehenswerten historischen Bauten präsent. In den kleinen Straßen rund um das Stadtmuseum Møntergården, das selbst in einem stattlichen renaissancezeitlichen Fachwerkbau untergebracht ist, wurden einige Häuser des 17. und 18. Jahrhunderts liebevoll restauriert. Das Herzstück des historischen Odense ist die König Knut dem Heiligen geweihte Domkirche, einer der bedeutendsten gotischen Sakralbauten des Landes. In dem Gotteshaus werden die Gebeine des Monarchen, der von 1080 bis 1086 über Dänemark herrschte, aufbewahrt. Auch das neugotische Rathaus ist sehenswert. In Odense ehren gleich mehrere Gedenkstätten Hans Christian Andersen, den wohl berühmtesten Sohn der Stadt. Neben dem Dom wurde ein nach ihm benannter Park angelegt. Das Haus, in dem er seine Kindheit verbrachte, das H. C. Andersens Barndomshjem, gewährt Einblicke in das Leben des Dichters. Auch sein Geburtshaus wurde in eine Gedenkstätte umgewandelt und wartet mit einer Sammlung von Ausgaben seiner Bücher aus aller Welt auf.

ODENSE

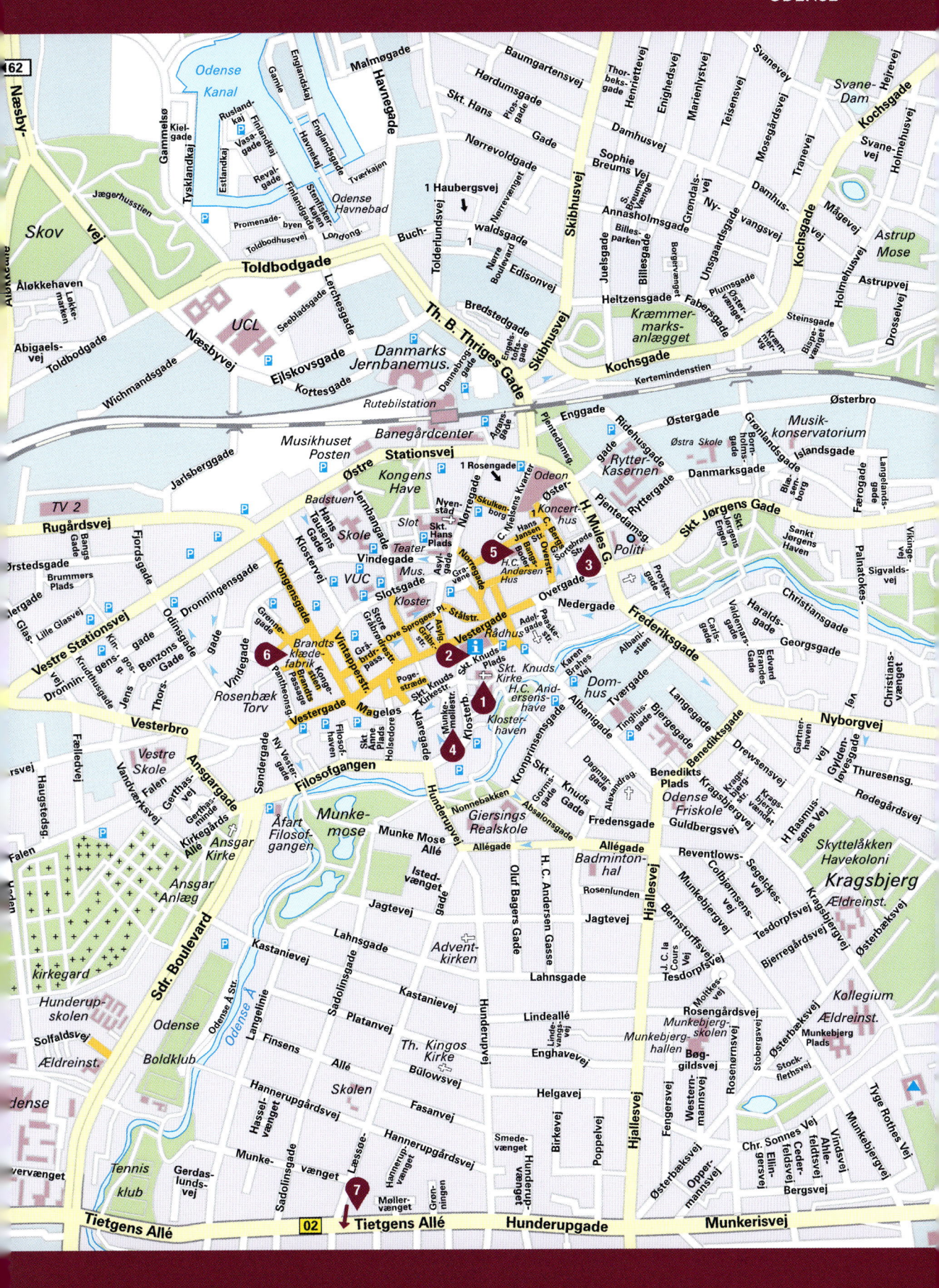

In der Odenser Altstadt haben sich kopfsteingepflasterte Gassen und schöne alte Ziegelbauten erhalten.

❶ *** Domkirke

Sie ist die Bischofskirche von Fünen und vermutlich das dritte Gotteshaus an diesem Ort. Mit dem heutigen gotischen Bau wurde Ende des 13. Jahrhunderts begonnen. Der später heilig gesprochene Namensgeber König Knut wurde im 11. Jahrhundert erschlagen. Sein Grab liegt unter dem Hochaltar. Er soll Wunderheilungen vollbracht haben. Die großen Fenster lassen viel Licht in das schlichte Kirchenschiff mit seinen hohen, spitzen Bögen. Besondere Prunkstücke sind der Triptychon-Altar von Claus Berg aus dem 16. Jahrhundert und die Orgel. Der Altar erstrahlt in viel Gold, die zahlreichen Figuren sind filigran gearbeitet. Die Marcussen-Orgel, gebaut aus dunklem Holz mit goldenen Ornamenten, befindet sich auf einer der höchsten Emporen Dänemarks, hat ganze 57 Register und wurde im 18. Jahrhundert angefertigt.

❷ ** Flakhaven

Wer vor dem Rathaus von Odense steht, wähnt sich fast in Verona. Das Gebäude mit seinen Scaliger-Zinnen ist tatsächlich italienisch-gotisch inspiriert und erhebt sich dort, wo sich schon 400 Jahre vorher ein Rathaus befand. Der historische Marktplatz Flakhaven aus dem 13. Jahrhundert liegt direkt davor und ist Teil der Fußgängerzone. Im Sommer stellen Cafés ihre Stühle und Tische auf den Platz, es herrscht auch ohne Marktstände buntes Treiben. Auch eine Brauerei hat hier in unmittelbarer Nähe ein Zuhause gefunden. Die Mitte des Platzes nimmt die Meeresgöttin Oceania ein. Die wuchtige abstrakte Bronzeskulptur, ein Geschenk der Odenser Kunststiftung und eines Energiekonzerns, ist umstritten. Mancher findet sie schön, mancher hässlich. Kinder freuen sich jedenfalls, dass man prima darauf rutschen kann.

❸ ** Møntergården

In einem Komplex aus Fachwerkhäusern im Renaissancestil befindet sich der »Münzhof«, das kulturhistorische Museum Fünens. Früher wurden hier tatsächlich Münzen geprägt. Heute werden Wikingerzeit, Mittelalter und Barockzeit wieder lebendig. Während die älteren Museumsgebäude vollständig eingerichtete Räume aus dem 17. und aus der Mitte des 20. Jahrhunderts präsentieren, kann man im Neubau die Geschichte Dänemarks und der Welt aus der Perspektive Fünens interaktiv und mit fantasievollen Licht- und Toneffekten untermalt erkunden. Das Kindermuseum für Vier- bis Elfjährige bietet viele Möglichkeiten zum Experimentieren. In einer Ministadt aus dem 19. Jahrhundert können die jungen Besucher tischlern, eine Wasserpumpe bedienen, sich verkleiden und auf jeden Fall eine Menge Spaß haben.

❹ ** H. C. Andersens Barndomshjem

Die meisten Kindheitserinnerungen Hans Christian Andersens, geboren 1805, stammen aus diesem bescheidenen Haus in der Munkemøllerstræde. Dort lebte der berühmteste Dichter Dänemarks von seinem zweiten bis zum 14. Lebensjahr mit seinen Eltern

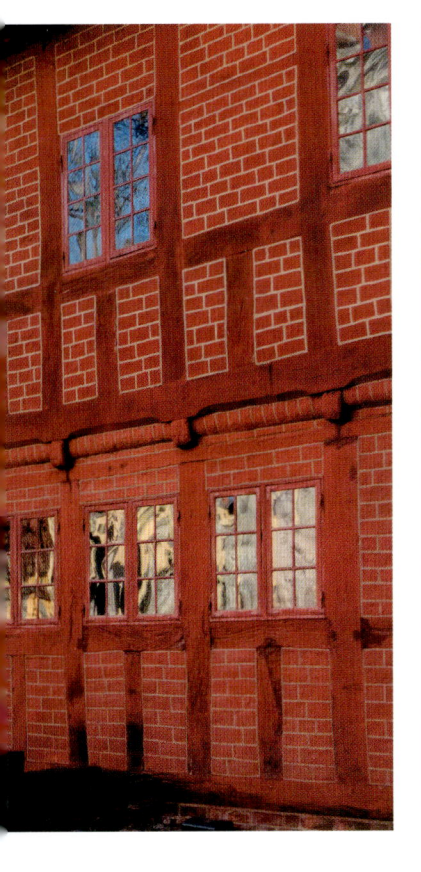

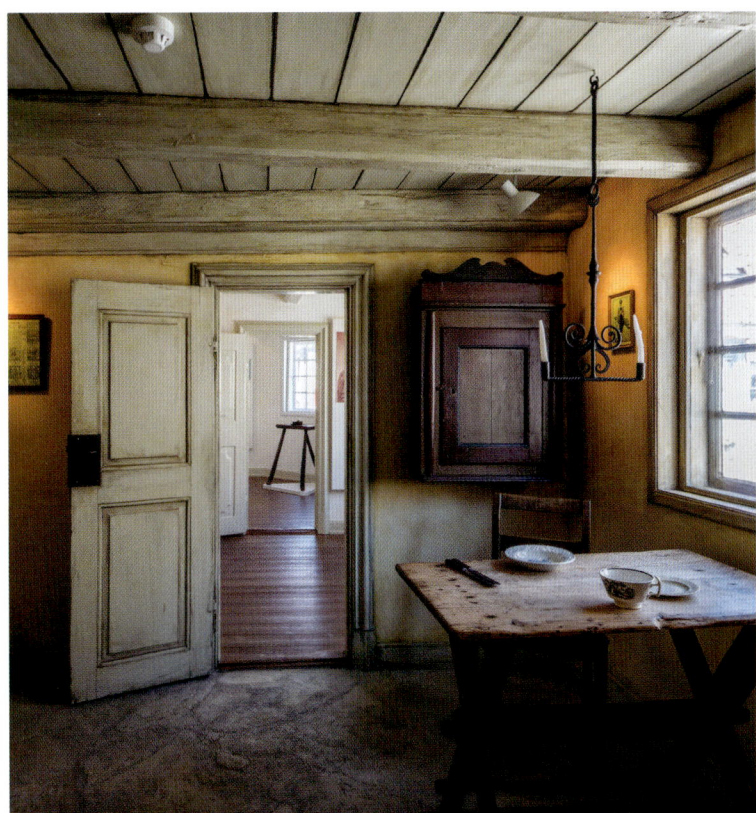

In diesem kleinen Fachwerkhaus wurde H. C. Andersen vermutlich geboren.

in ärmlichen Verhältnissen zusammen mit zwei anderen Familien. Beim Besuch der Wohnräume, die anlässlich des 200. Geburtstags des Dichters renoviert wurden, taucht man in das Zuhause Andersens ein, wie er es in seinen Erzählungen beschrieben hat. Die bekannten Märchen wie »Die Prinzessin auf der Erbse« oder »Die Kleine Meerjungfrau« sind allerdings in Kopenhagen entstanden, wohin der Schriftsteller als junger Mann zog. Neben der Einrichtung werden Schriften ausgestellt, die viel über den Künstler und dessen Leben verraten.

❺ *** H. C. Andersens Hus

2021 wurde das seit 1908 bestehende H. C. Andersen Museum nach umfassender Neugestaltung und mit völlig neuem Konzept wiedereröffnet. Das Museum wurde vom japanischen Architekten Kengo Kuma entworfen und besteht aus einem weitläufigen Komplex von Innen- und Außenbereichen, die zum Teil auch unterirdisch angelegt sind und in denen Architektur, Ton, Licht und Bilder ein Andersen-Universum erschaffen, in dem nicht die Person des Dichters, sondern seine Märchen im Fokus stehen. Das kleine, gelb gestrichene Fachwerkhaus, das als Geburtshaus des Dichters gilt und auf das sich das H. C. Andersen Museum vorher beschränkte, findet sich in den Museumskomplex integriert und ist nun ein Element im großen Garten des Museumsneubaus.

❻ *** Brandts Klædefabrik

Brandts heißt Odenses exklusives Kunstmuseum, benannt nach der einst hier ansässigen Kleiderfabrik, die nach mehr als 100 Jahren 1977 geschlossen wurde. Es ist ein Zusammenschluss aus den Museen für Medien, Fotografie und Kunst. Allein das Gebäude ist nach der Renovierung und Erweiterung durch die dänischen Architekten Kjaer & Richter sehenswert. Es beherbergt die einzige Kunstbuchhandlung auf Fünen, und man sollte unbedingt die Bodenfliesen aus indischem Granit beachten, die Foyer und Außenbereich wie ein Teppich verbinden. Wechselnde Themenausstellungen in den Bereichen Film, Comic und Fotografie flankieren die ständige Ausstellung dänischer Werke aus 250 Jahren. Die Geschichte der ehemaligen Textilfabrik im Wandel der Zeit ist hier nicht in Vergessenheit geraten.

❼ *** Den Fynske Landsby

In dem Freilichtmuseum mit insgesamt 25 Bauernhöfen und Häusern aus ganz Fünen landen Besucher direkt im ländlichen Leben des 19. Jahrhunderts. Altes Handwerk und landwirtschaftliche Traditionen existieren hier weiter und laden Alt und Jung zum Ausprobieren ein. Ob Bauern, Schmiede oder Pastorentöchter – alle erzählen ihre Geschichten leidenschaftlich und in Originalkostümen. Schweine, Pferde, Ziegen und Hühner leben im Dorf, denn ohne sie war ein Auskommen in den Ortschaften damals nicht möglich. Hier findet man auch noch alte, teils seltene Obst-, Gemüse- und Getreidesorten, die angebaut werden wie früher. Die Häuser werden mit damals üblichen Mitteln instand gehalten.

Im Reich der Märchen

»Mein Leben ist ein schönes Märchen, so reich und glücklich«, verkündete Hans Christian Andersen (1805–1875) in seiner Autobiografie. Doch so glücklich war das Leben des wohl bekanntesten Dichters und Schriftstellers Dänemarks nicht immer. Von seiner Kindheit in einer armen Odenser Schuhmacherfamilie bis zu seinem Leben als gefeierter und gern gesehener Künstler dauerte es lange. Rund 190 Märchen verfasste Andersen im Laufe seines Lebens, daneben auch Romane, Reisebücher und Gedichte. Sogar Libretti für Opern und Singspiele entsprangen seiner eifrigen Feder. Bis heute erfreuen Märchen wie »Das hässliche Entlein«, »Des Kaisers neue Kleider« oder »Die Prinzessin auf der Erbse« viele Kinder und gehören den Kindheitserinnerungen zahlreicher Erwachsener an.

Dänemark | Fyn und Inseln 65

Das Wasserschloss Egeskov aus dem 16. Jahrhundert zählt zu den attraktivsten Ausflugszielen der Insel Fünen.

*** Nyborg

Das mit 40 Metern längste Stadttor Dänemarks und sein ältestes Königsschloss gilt es hier zu besichtigen, außerdem den schönen Fachwerkhof Mads Lerches Gård mit dem Heimatmuseum. Im Hafen vertäut liegt eine Museumsfähre, die an Nyborgs Tradition als Fährhafen erinnert. Seit 1998 überspannt die 18 Kilometer lange Storebæltsbroen den Großen Belt zwischen den Inseln Fünen und Seeland.

*** Nyborg Slot

Das massive Schloss mit den breiten Burggräben wurde im 12. Jahrhundert zum Schutz vor den slawischen Wenden gebaut. Hier liegen die Wurzeln des ersten dänischen Parlaments, denn es fanden wichtige Versammlungen, die sogenannten Dänenhöfe, statt. Auch wenn die königliche Macht ins ferne Kopenhagen wanderte, blieb Nyborg ein Wohnsitz des Königs. Nachdem die Burg unter anderem als Waffenkammer und als Getreidespeicher genutzt wurde, ist sie heute ein Museum. Wegen umfassender Renovierungsarbeiten, die auch eine Erweiterung um einen neuen Ausstellungsflügel umfasst, ist das Schloss derzeit geschlossen. Allerdings lohnt es sich auch, das Schloss von außen zu betrachten. Und die Gartenanlagen rund um das Schloss laden auf jeden Fall zu einem hübschen Spaziergang ein.

*** Egeskov Slot

Genau 15 Jahre brauchte der Brite Sir Nevile Wilkinson, um den Wunsch seiner Tochter zu erfüllen und ein Puppenhaus für die Elfen zu errichten, die diese im Garten gesehen hatte. Der zimmergroße »Palast Titanias« ist über 100 Jahre alt und wird in einem nicht minder märchenhaften Gebäude im Süden der Insel Fünen ausgestellt: Schloss Egeskov zählt zu Europas am besten erhaltenen Wasserburgen. Ein ganzer Eichenwald – ein »Egeskov« – soll verbaut worden sein, um mitten in einem See das Fundament der im Jahr 1554 vollendeten Schlossanlage zu errichten. Seit dem Jahr 1967 birgt diese mehrere

Am Hafen von Svendborg reihen sich gelb getünchte Häuser aneinander.

Vor allem heimische Künstler beherbergt das Fåborg Museum.

Museen. Die Sammlungen reichen von Oldtimern über Pferdewagen, einem Kaufmannsladen bis hin zu historischen Puppen. Der Schlosspark gilt als der schönste Garten Dänemarks, in dem Hunderte verschiedene Fuchsienarten wachsen.

** Fåborg

Das malerische Zentrum der Stadt am Fåborg Fjord an der Südküste von Fünen wird vom frei stehenden Glockenturm der alten St.-Nicolai-Kirke aus dem 16. Jahrhundert überragt. Ein weiteres Highlight in der Altstadt ist das Vesterport, eines von mittlerweile nur noch zwei erhaltenen Stadttoren in Dänemark. Auch das Fåborg Museum mit Werken fünischer Künstler ist ein Muss bei einem Besuch der Stadt. Etwas außerhalb, auf der Halbinsel Horne Land, befindet sich als architekturhistorische Besonderheit die Horne Kirke, eine romanische Rundkirche mit gotischen Anbauten.

** Svendborg

Die 27 000 Einwohner zählende Stadt im Süden Fünens ist Ausgangspunkt für Touren in das dänische Südmeer. Brücken verbinden sie mit Tåsinge sowie mit Langeland und Fähren mit den anderen Inseln rund um Fünen. Am Havnepladsen finden sich zahlreiche Restaurants und Kneipen. Auch die gleich hinter dem Hafen beginnende kleine Altstadt lockt mit netten Bars, einladenden Cafés und Einkaufsmöglichkeiten. Fachwerkbauten prägen das Bild. In einem Haus aus dem Jahr 1560, dem Anne Hvides Gård, ist das Stadtmuseum untergebracht. Das Forsorgsmuseet im ehemaligen Armenhaus informiert über die historischen Formen sozialer Fürsorge. Das Naturama im Norden von Svendborg zählt zu den besten zoologischen Museen Dänemarks. Zwischen den Jahren 1934 und 1939 fand Bertolt Brecht mit seiner Familie in dieser Stadt Zuflucht vor den Nationalsozialisten. Mit seinen »Svendborger Gedichten« (entstanden 1926–1938) hat er ihr ein literarisches Denkmal gesetzt.

Bereits seit dem 17. Jahrhundert lebt das Geschlecht der Ahlefeldts im Tranekær Slot auf der Insel Langeland.

*** Ærø

Eine Fahrt über das Eiland führt durch eine ländliche Idylle an blau, gelb oder rot gestrichenen, reetgedeckten Gehöften, Windmühlen und einigen Hünengräbern vorbei. Im Sommer sorgen blühende Wiesen und wogende Kornfelder für zusätzliche Farbtupfer. An der Küste locken weite, weißsandige Dünenstrände und das blau leuchtende Meer. Das denkmalgeschützte Ærøskøbing an der Nordostküste gilt als schönster Ort der Insel. Seine schmalen Gassen werden von schmucken, in kräftigen bunten Farben getünchten Fachwerkhäusern aus dem 17./18. Jahrhundert gesäumt. Marstal, der mit rund 2100 Einwohnern größte Ort auf Ærø, verfügt über eine belebte Marina. Während der Hochsaison liegen hier oft mehrere Hundert Schiffe vor Anker. Im Sommer verwandelt sich Marstal in einen quirligen Badeort. Die in der Nähe gelegenen Strände locken Sonnenanbeter an, und die bunten Badehäuschen sind ein beliebtes Fotomotiv. Ærø ist durch regelmäßig verkehrende Fähren mit dem Rest des Landes verbunden.

*** Ærøskøbing

Das historische Zentrum von Ærø gilt als besterhaltene mittelalterliche Stadt Dänemarks. Verwinkelte Gassen mit Kopfsteinpflaster führen zu romantischen Plätzen. An den unzähligen denkmalgeschützten Fachwerk- und Ziegelhäusern aus dem 18. Jahrhundert wachsen üppige Stockrosen empor. Es lässt sich erahnen, warum Ærøskøbing auch als Märchenstadt bekannt ist. In den zauberhaften Cafés, die dänisches Plundergebäck und köstlichen Kaffee anbieten, lesen Menschen Zeitung oder Bücher, plaudern miteinander oder beobachten einfach nur das Leben auf der Straße. Gemütlichkeit wird hier großgeschrieben, Hektik ist dagegen ein Fremdwort. Ein wahrhaft entschleunigender Ort, dessen Besuch unabdingbar ist.

*** Skjoldnæs Fyr

Der Aufstieg über die steilen Treppen des im Jahr 1881 erbauten Leuchtturms wird von einer atemberaubenden Aussicht – je nach Jahreszeit – über kräftig gelbe Rapsfelder, saftig grüne Wiesen und die weiß schäumende Meeresbrandung belohnt.

** Langeland

Die lang gestreckte Insel vor der fünischen Südostküste liegt etwas abseits der großen Fernverkehrswege. Trotz einiger schöner Strände kommen nur

Hou Fyr schickt von Langelands Nordostküste aus sein wegweisendes Licht über das Wasser.

wenige Touristen hierher. Die meisten der etwas über 12 000 Inselbewohner leben in beschaulichen kleinen Dörfern. In dem rund 4600 Einwohner zählenden Inselstädtchen Rudkøbing an der Westküste finden sich mittelalterliche Gässchen und ein sehenswertes Heimatmuseum. Im Inselnorden lockt der Skulpturenpark Tickon auf dem Areal des ansonsten für Besucher nicht zugänglichen Schlosses Tranekær, im Süden Kong Humbles Grav, eine von vielen jungsteinzeitlichen Grabanlagen auf Langeland.

*** Rudkøbing

Dies ist der Hauptort der Insel Langeland, mit Fischerei- und Jachthafen, Cafés und Restaurants. Mittelalterliche Kirchen sind Zeugen der Geschichte, die in mehreren Museen dokumentiert wird: Im stillgelegten Bahnhofsgebäude ist eine Ausstellung über die Bahn zu sehen. Im Museumskomplex des Gutshofs Skovsgård geben die Gemächer der Herrschaften und die Räume des Dienstgesindes ein Bild der unterschiedlichen Lebensbedingungen im 19. Jahrhundert wieder. Das Wagenmuseum stellt 25 historische Fahrzeuge aus, darunter einen Bäckerwagen und eine Hochzeitskutsche sowie Traktoren, die in der eigenen Werkstatt instand gehalten werden. Das Museum für Forstwirtschaft zeigt traditionelle Geräte, die Alte Apotheke die Herstellung von Medizin. Rund um den Rebjerg See lässt sich nach dem Museumsmarathon die ursprüngliche Natur erkunden.

*** Tranekær Slot

Das Schloss aus dem 13. Jahrhundert mit seinen massiven Schutzmauern erhebt sich auf einem Hügel oberhalb des gleichnamigen Ortes. Es ist das am längsten durchgängig bewohnte Gebäude Dänemarks. Heute lebt die Familie Ahlefeldt-Laurvig darin. Ihre adelige Herrin bietet Führungen durch die wertvollen Räume an, die sie an betuchte Besucher vermietet. Auf dem Gut wird Land- und Forstwirtschaft betrieben. Der Schlosspark, in dem alle Wege zu einem Teich führen, ist reich an Kunst. Die Eigentümer haben sich der Landart verschrieben, bei der aus Naturmaterialien vergängliche Werke geschaffen werden. Ein Beispiel ist ein Füllhorn aus Baumstämmen, aus dem kleine Felsbrocken herauszupurzeln scheinen. Außer den Skulpturen gibt es einen Heilkräutergarten. Im malerischen Dorf Tranekær haben sich einige Künstler mit Ateliers angesiedelt.

Der Dom von Roskilde, vom Königlichen Palast aus gesehen, gehört seit 1995 zum UNESCO-Weltkulturerbe.

UNESCO-Welterbe, Wikinger und Naturwunder: unterwegs auf Dänemarks Hauptinsel Sjælland

Seeland (dänisch Sjælland) ist mit einer Fläche von über 7000 Quadratkilometern die größte Insel in der Ostsee. Rund 2,3 Millionen Menschen leben dort, die meisten in der Hauptstadt Kopenhagen und im Umkreis Hovedstaden. Mit den umliegenden großen Inseln sowie mit der Stadt Malmö auf dem schwedischen Festland ist Sjælland über Brücken verbunden. Die Insel bietet viele Sehenswürdigkeiten, Schlösser, Strände und Küsten.

*** Roskilde

Sie ist Dänemarks Königs- und Wikingerstadt – und der Nabel der Rock- und Popmusik! Schon vor mehr als 1000 Jahren erlangte Roskilde wirtschaftliche Bedeutung. Im Heimat- und im Wikingerschiffmuseum sind die historischen Anfänge dokumentiert, ein eindrucksvoller Zeuge ist auch der Dom, mit dessen Bau im 12. Jahrhundert begonnen wurde. Ein lebendiger Hafen am Roskilde Fjord mit traditionellen Schiffen, die Altstadt mit schönen Geschäften und viel Grün machen die Stadt lebenswert. Nostalgiker nehmen sich eine Tüte Bonbons aus Lützhøfts Kaufladen von 1912 mit. Neben dem Musikfestival laden das Museum für Moderne Kunst oder das Rockmuseum Ragnarock ins Hier und Jetzt ein. Im eindrucksvollen

Bau des Ragnarock im Stadtteil Musicon hört sich das Publikum Musikgeschichte an und junge Musiker probieren sich selbst aus.

*** Roskilde Domkirke

Der Bauherr war der Gründer von Kopenhagen, Bischof Absalon. Er ließ den Dom über den Grundmauern von zwei älteren, kleineren Kirchen ab 1170 errichten, um der königlichen Residenz ein würdiges und repräsentatives Gotteshaus zu geben. Mit der Errichtung der großen Türme im 14. Jahrhundert hat die Kathedrale im Wesentlichen ihr heutiges Gesicht erhalten. Im Dom selbst, der bis ins 19. Jahrhundert hinein durch Vorgebäude und Seitenkapellen erweitert wurde und als bedeutendes Zeugnis dänischer Kirchenarchitektur gilt, befinden sich die Grabmäler von 38 dänischen Königinnen und Königen, die hier ab dem 15. Jahrhundert bestattet wurden. Dafür mussten immer wieder Kapellen angebaut werden, die heute Beispiele wechselnder europäischer Architektur sind. Hauptaltar und Orgel sind wahre Prunkstücke. Der Flügelaltar, ein Antwerpener Retabel aus dem 16. Jahrhundert, ist mit aufwendigen Schnitzereien und mit Gold verziert. Die mächtige Orgel ist eine der bedeutendsten Dänemarks. Sehenswert ist die »Königssäule«, auf der die Körpergröße einiger Monarchen festgehalten wurde. Sie zeigt, dass König Christian I. ganze 2,19 Meter maß!

*** Vikingeskibsmuseet

Das Wikingerschiffsmuseum besteht zum einen aus einem Bauwerk, in dem viele Exponate zur Geschichte der Seefahrt ausgestellt sind und Filme gezeigt werden. Den Kern der Sammlung bilden fünf Wikingerschiffe, die in den 1960er-Jahren im Fjord entdeckt wurden. Darüber hinaus gibt es den Museumshafen, wo rund 50 weitere Wikinger- und andere nordische Boote im Wasser liegen, und die Werft, auf der ein Schiff nach Vorlagen der Wikinger gebaut wird. Weitere Boote, in erster Linie Repliken oder Kähne mit Restaurierungsbedarf, entstehen unter Anwendung alter Techniken. Im Frühjahr und Sommer kreuzen auf dem Fjord vor dem Museum Nachbauten der originalen Wikingerschiffe.

Das Kircheninnere: Roskildes Dom wurde ab 1170 im romanischen Stil erbaut.

Mekka für Rock- und Popfans: Roskilde Festival

Seit 1971 pilgern Zehntausende Musikfans für vier Tage nach Roskilde, um in erster Linie unbekanntere Rock- und Popbands zu hören, aber auch Musikgrößen wie die Rolling Stones oder Bob Marley spielten schon hier. Die Veranstaltung mit jährlich wechselndem gesellschaftspolitischem Motto kann dank zahlreicher Freiwilliger durchgeführt werden, die Erlöse gehen an karitative oder kulturelle Organisationen. Das Festival findet in Roskildes Kulturzentrum Musicon auf inzwischen acht Bühnen statt. Die Musikbühne unter dem ikonischen orangefarbenen Zeltdach ist zum Logo des Festivals geworden, der Nacktlauf nicht mehr vom Programm wegzudenken. Da immer mehr Besucher nach Roskilde kamen, reduzierte man zunächst die Ticketzahl in den 1990er-Jahren, später wurde aber das Festivalareal vergrößert.

Christian IV., Bauherr und Mäzen

Die Domkirche von Roskilde und das Schloss Rosenborg in Kopenhagen sind die bedeutendsten Beispiele skandinavischer Baukunst, die in der Ära König Christians IV. entstanden sind. Der Monarch, der von 1588 bis 1648 über Dänemark und Norwegen herrschte, gilt als großer Förderer der Kunst und der Architektur. Die Gründung von Kristiansand in Norwegen, Kristianstad in Schweden und Glückstadt in Schleswig-Holstein gehen auf seine Initiative zurück. Kopenhagen wurde unter ihm zur Residenzstadt ausgebaut. Seine Versuche, die Expansionsgelüste des Schwedenkönigs Gustav II. Adolf Wasa zurückzudrängen, scheiterten, und Dänemark musste seine Provinzen auf der Sjælland gegenüberliegenden Seite des Øresund an Schweden abtreten. Begraben liegt König Christian IV. im Dom zu Roskilde.

KONG CHRISTIAN
DEN FJERDE
FØDTES d. 12. APRIL
1577
PAA FREDERIKS
BORG.
HAN INDGIK
TIL SINE FÆDRE
d. 28 FEBRVAR 1648
PAA ROSENBORG.
EFTER AT HAVE
STYRET
DET DANSKE RIGE
I 60 AAR.

Das Trelleborgs Museum der Wikingerzeit zeigt das Leben um das Jahr 1000.

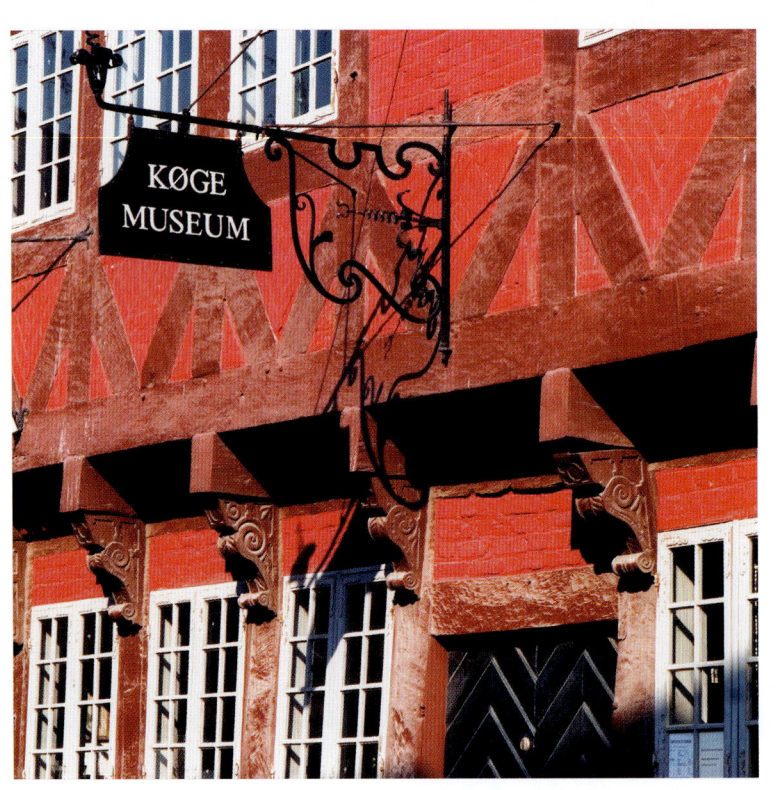

In einem ehemaligen Kaufmannshof von 1619 befindet sich das Køge Museum.

*** Trelleborg

Nur wenige Kilometer nordöstlich der Stadt Korsør wurden zwischen 1936 und 1941 die Überreste einer wikingerzeitlichen Wallanlage ausgegraben. Trelleborg ist die besterhaltene der vier in Dänemark gefundenen Wikingerburgen. Sie wurde vermutlich um 980 zur Zeit Königs Harald Blauzahn errichtet und soll mehrere Hundert Soldaten sowie Kinder, Frauen und auch Handwerker beherbergt haben. Untersuchungen belegen, dass innerhalb der inneren Umfriedung, die durch eine Palisade aus Eichenholz verstärkt war, insgesamt 16 Langhäuser standen. Diese Burg war von einem 18 Meter breiten Graben, der von zwei Brücken überspannt wurde, umgeben. Auch der äußere Bereich der Anlage, in dem man die Spuren von 15 Langhäusern fanden, wurde durch einen Wall geschützt. Auf dem Areal kann heute ein rekonstruiertes Langhaus besichtigt werden. In einem kleinen Museum sind Gebrauchsgegenstände ausgestellt. Im Sommer lassen verschiedene Veranstaltungen die Wikingerzeit lebendig werden.

** Sorø

Weit zurück reicht die Vergangenheit der Kirche von Sorø – einer der bedeutendsten mittelalterlichen Bauten Dänemarks. Sie gehörte einst zu einem im 12. Jahrhundert gegründeten Zisterzienserkloster. Die Bjernede Kirke, ebenfalls in Sorø gelegen, ist die einzige Rundkirche Sjællands. Sehenswert ist auch das Sorø Museum.

** Ringsted

Im geografischen Mittelpunkt Sjællands gelegen, nahm die Stadt in germanischer Zeit als Schauplatz der Thing-Versammlungen eine Sonderstellung ein. Das mittelalterliche Christentum hinterließ Spuren wie die St. Bendts Kirke (12. Jahrhundert) mit ihren ungewöhnlichen Kalkmalereien.

*** Køge

Die Stadt direkt in der gleichnamigen Bucht mit schönen Stränden ist eine aktive Hafenstadt mit Fachwerkhäusern und einem großen Marktplatz, auf dem schon im Mittelalter reger Handel stattfand. Noch heute gehört sie zu den besterhaltenen mittelalterlichen Städten Dänemarks mit historischem Kern. Der Turm der Nikolaikirche aus dem 15. Jahrhundert wurde erhöht, sodass er vom Hafen aus zu sehen war und als Leuchtturm diente. Køge ist aber auch modern, verfügt über zahlreiche Kunstgalerien, und überall im Stadtbild begegnet dem Passanten Kunst. Dafür gibt es eigens ein Museum, das KØS, in dem Kunst im öffentlichen Raum untersucht und erklärt wird. Europäische Radsportler werden die Stadt kennen, denn der Radweg Berlin-Kopenhagen führt hier ebenso vorbei wie die 7050 Kilometer lange Euro Velo Route 7, die auch als Sonnenroute bekannt ist.

*** Køge Museum

Das Museum befindet sich in einem denkmalgeschützten Fachwerkhaus, das Anfang des 17. Jahrhunderts ein Kaufmannshof war. Dort bekommt man einen Eindruck davon, wie der Arbeitsalltag der Menschen in Køge im Mittelalter aussah.

*** Stevns Klint

Die rund 15 Kilometer lange, bis zu 41 Meter hohe Steilküste im Südosten der dänischen Ostseeinsel Sjælland zeugt von einem der dramatischsten Ereignisse der Erdgeschichte – einem Massensterben vor rund 65 Millionen Jahren. Geologisch betrachtet, bildet die Grenze zwischen der Kreidezeit und dem (früher als »Tertiär« bezeichneten) Paläogen eine auffällige Zäsur. Als schmales Band in der Schichtenfolge markiert sie den Übergang vom Erdmittelalter (Mesozoikum) zur Erdneuzeit (Känozoikum). Geologen erkennen in dem zentimeterschmalen, die älteren Kreideschichten von den tertiären Kalksteinen trennenden Band die apokalyptisch anmutende Geschichte eines gigantischen Meteoriteneinschlags, dem vor 65 Millionen Jahren mehr als die Hälfte aller Lebewesen der Erde zum Opfer fielen, darunter wohl auch die Dinosaurier. Spuren dieses Einschlags entdeckte man schon in den 1970er-Jahren. Aber erst 1991 erkannte man auf Satellitenbildern im Golf von Mexiko sowie auf der angrenzenden Halbinsel Yucatán die im äußeren Ring 300 Kilometer messenden Überreste eines Kraters aus dieser Zeit und benannte ihn Chicxulub.

Stevns Klint wurde 2014 zum UNESCO-Weltnaturerbe gekürt.

Die alte Kirche von Højerup steht hoch oben auf Stevns Klint.

Dänemark | Sjælland 75

Die Welt der Wikinger

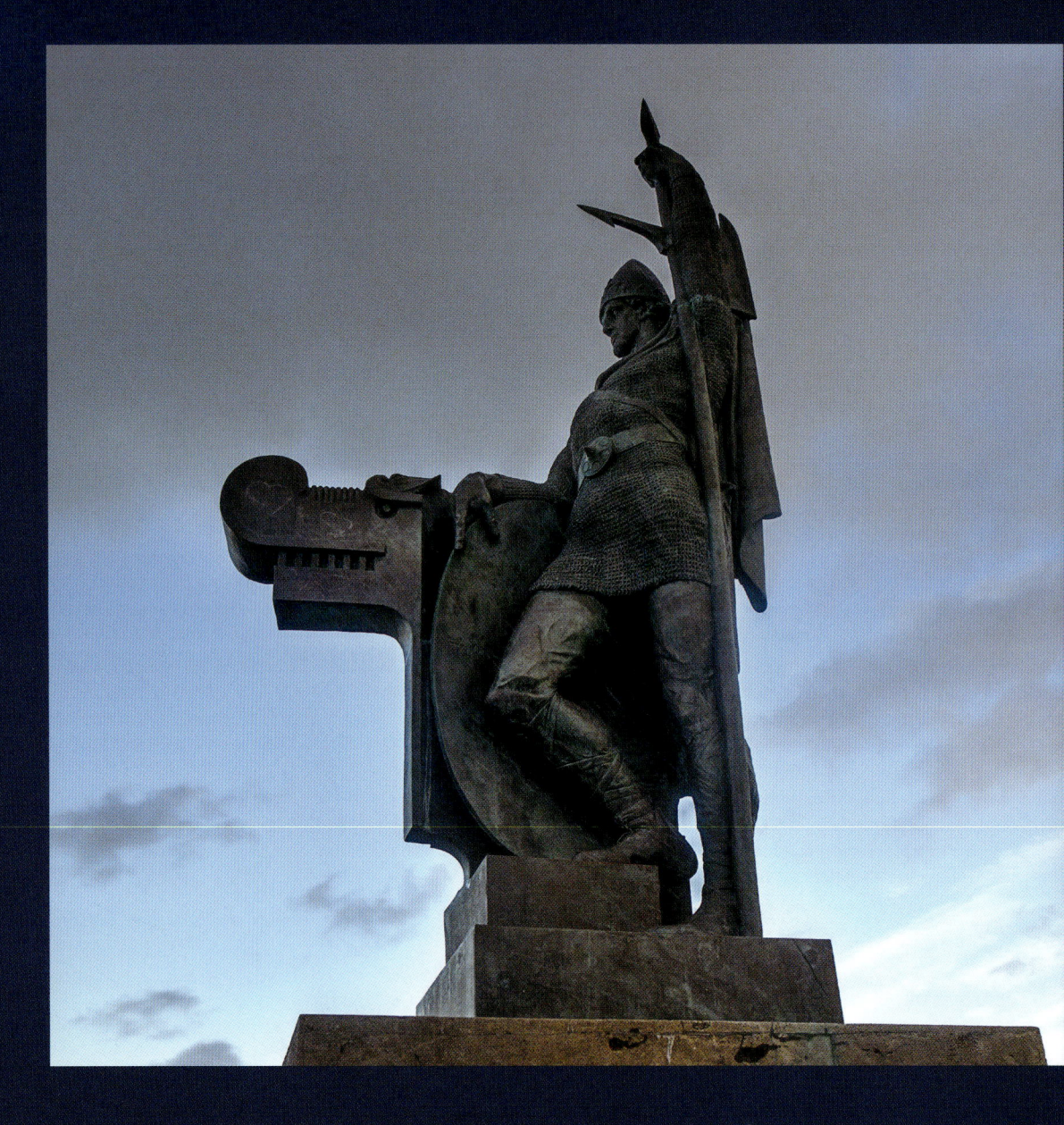

Es ist das Jahr 793, im Morgengrauen des 8. Juni. Leise gleiten Boote an die Küste von Nordostengland, an Bord ein Trupp junger Männer. Im Kloster St. Cuthbert auf Lindisfarne nehmen die Mönche nur die Silhouetten auf dem Meer wahr und erkennen die langen Boote mit Drachenköpfen am Bug. Dann geht alles rasend schnell. Die Männer springen an Land, sie überfallen das Gotteshaus, plündern und morden. Dieser Beutezug gilt als der erste durch Quellen belegte Wikingerüberfall der Geschichte, viele weitere sollten folgen.

Wer waren die Wikinger?

In Skandinavien ist die Wikingerzeit lebendig. Viele Dokumentationszentren befassen sich mit der Geschichte und Kultur der Nordmänner. Zahlreiche Ausstellungen und Veranstaltungen zeigen aber auch, dass die Menschen, die vor mehr als 1000 Jahren auf dem Gebiet des heutigen Dänemark, Schweden und Norwegen siedelten, nicht unbedingt die wilden Räuber waren, als die mittelalterliche Quellen sie beschreiben. Archäologische Funde belegen, dass die »frühen Skandinavier« Kaufleute, Handwerker und Seefahrer waren. Historiker betonen, dass sich der Ausdruck »Wikinger« nicht auf eine Ethnie bezieht, sondern nur auf die kleine Gruppe kriegerischer Räuber, die zwischen dem 8. und 11. Jahrhundert an den Küsten Europas ihr Unwesen trieb.

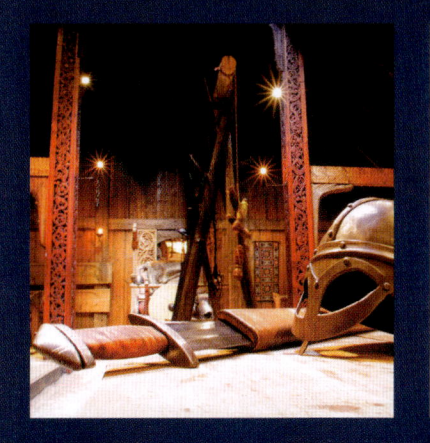

Am Schwert statt am Herd

Im Jahr 2017 fanden Forscher in der schwedischen Wikingerstadt Birka ein Grab mit Schwert, Axt und Kampfmesser als Beigaben – das typische Grab eines Kriegers also und nicht weiter ungewöhnlich, wenn sich der Krieger durch DNA-Analysen nicht als Kriegerin entpuppt und damit alle Forscherklischees auf den Kopf gestellt hätte. Möglicherweise sind die mythologischen Berichte über Walküren und andere kämpferische Wikingerfrauen also doch mehr als nur Märchen und Sagen!

Dänemark | Sjælland

Das Maritime Museum Dänemark (M/S Museet for Søfart) befindet sich in Helsingørs neu gestaltetem Hafenbereich.

*** Næstved

Die rund 45 000 Einwohner zählende Stadt im Süden Seelands blickt auf eine fast 1000-jährige Geschichte zurück und war bereits im Mittelalter ein Handelsplatz. In Næstveds Altstadt locken nicht nur Einkaufsmöglichkeiten und eine Vielzahl netter Lokale, sondern insbesondere auch historische Fachwerkbauten, etwa das 1493 errichtete Kompagnihuset, das im 17. Jahrhundert als Lagerhaus diente, oder das ebenfalls aus dem 15. Jahrhundert stammende Apostelhaus, dessen Fassade holzgeschnitzte Apostelfiguren zieren. In der Nachbarschaft der gotischen St.-Peters-Kirche stehen mit den Stenboderne die ältesten Reihenhäuser Dänemarks. Sie wurden um 1400 errichtet und beherbergen heute eine Abteilung des Stadtmuseums. Außerhalb von Næstved lohnt das auf einer Insel im Mündungsdelta des Flusses Suså errichtete Rokokoschloss Gavnø einen Besuch. Es birgt eine der größten Gemäldesammlungen Nordeuropas. An der Küste bei Næstved finden sich schöne Badeorte, in denen man den Sommer genießen kann.

** Helsinge

Die Stadt im Norden von Sjælland ist eine quirlige Handelsstadt mit zahlreichen Geschäften. Sie gehört heute zur Kommune Gribskov. Markant ist der Dorfteich, der sich wie eine Oase im Zentrum ausbreitet. Dort, wo das heute eher moderne Helsinge liegt, gab es schon vor Tausenden von Jahren eine Siedlung. Das zeigen die archäologischen Funde. Die Höhle Mor Gribs, eine Megalithanlage aus der Jungsteinzeit, befindet sich südöstlich der Stadt. Benannt wurde das Ganggrab nach der Zauberin Mutter Grib, die Reisende in eine Falle lockte. Im Norden schließt sich ein Waldgebiet an, das überwiegend aus Buchen und Eichen besteht. Auch dort wurden Hügelgräber entdeckt, in erster Linie Dolmen aus der Zeit zwischen 3500 und 2800 v. Chr.

*** Helsingør

Die Stadt liegt an Sjællands nordöstlicher Spitze, an der schmalsten Stelle des Øresund und gegenüber der schwedischen Stadt Helsingborg. Zu Helsingørs Sehenswürdigkeiten zählen Schloss Kronenborg, einige interessante Kirchen und die Kulturwerft, ein modernes Kulturzentrum im neu gestalteten Hafenbereich. Als Pendant zu Kopenhagens »Kleiner Meerjungfrau« steht dort die Skulptur »Han« (»Er«), die umgangssprachlich »Havdreng« (»Meeresjunge«) genannt wird. Weitere Attraktionen sind das Stadtmuseum und das Technische Museum. Nach wie vor ist Helsingør wichtiger Güterumschlagsplatz und Fährhafen, etwa auf dem Weg nach Schweden.

*** Altstadt

Schmale Gassen und viele bunte Fachwerkhäuser kennzeichnen den schönen alten Stadtkern. Überragt wird das Zentrum von den Türmen des gotischen Doms St. Olai, dessen Inventar aus der Renaissance stammt. Beachtenswert ist der zwölf Meter hohe Barockaltar. Neben dem Dom befinden sich die St.-Maria-Kirche, in der der Komponist Dietrich Buxtehude im 17. Jahrhundert Organist war, und das Karmeliterkloster aus dem 15. Jahrhundert mit schönem Kreuzgang. Im von den Mönchen gegründeten Krankenhaus ist heute das Stadtmuseum untergebracht, wo ein Modell des ehemaligen Schlosses gezeigt wird. In

Helsingørs Altstadt gibt es viele gute Restaurants und exklusive Geschäfte. Besonders die lange Fußgängerzone, ausgehend von der Kullagatan, lädt zum Einkaufsbummel ein.

*** Kronborg Slot

Auf einer Landzunge im Nordosten Helsingørs erhebt sich weithin sichtbar die Festung Kronborg. Seit dem 15. Jahrhundert wurde von hier aus die Einfahrt in den Øresund überwacht und auch der Sundzoll erhoben. Unter König Frederik II. entstand im 16. Jahrhundert das heutige vierflügelige Renaissancegebäude. Ein Jahrhundert darauf wurde die Anlage zur stärksten Festung ihrer Zeit ausgebaut, diente als Gefängnis und Kaserne. Seine weltweite Berühmtheit verdankt das Schloss allerdings William Shakespeare, der um 1600 seine Tragödiengestalt Hamlet auf Kronborg ansiedelte. Auch der skandinavische Held Holger Danske fand hier seine Heimat, der Sage nach soll er aus seinem tiefen Schlaf erwachen, wenn das dänische Königreich ernsthaft bedroht wird. Seit 2000 ist das Schloss UNESCO-Weltkulturerbe.

Helsingør besitzt eine bestens erhaltene Altstadt, die vom Dom überragt wird.

Kein Wunder, dass sich in der prunkvollen Kapelle des Frederiksborg Slot so viele dänische Herrscher salben ließen.

Louisiana Museum of Modern Art in Humlebæk

Nicht nur die Ausstellungen dieses Museums der Modernen Kunst sind immer wieder einen Besuch wert, sondern vor allem auch dessen Lage! In dem luftig wirkenden Gebäudekomplex mit seinen klaren Linien und bodentiefen Fenstern fühlt man sich fast wie draußen. Der Museumsbau liegt auf einem wunderschönen Parkgrundstück oberhalb des Meeres. Zum Museum gehören außerdem eine Patriziervilla und unterirdische Bereiche. Von den vielen Sitzmöglichkeiten im Freien aus kann der Blick ungestört über den Øresund schweifen. Zahlreiche Skulpturen schmücken den Garten. Einige Werke wurden eigens für diese Landschaft geschaffen, so etwa das »Tor in der Schlucht« von Richard Serra. Im Museum werden wichtige Kunstwerke internationaler und dänischer Künstler gezeigt. Die Sammlung umfasst mehr als 3000 Exponate.

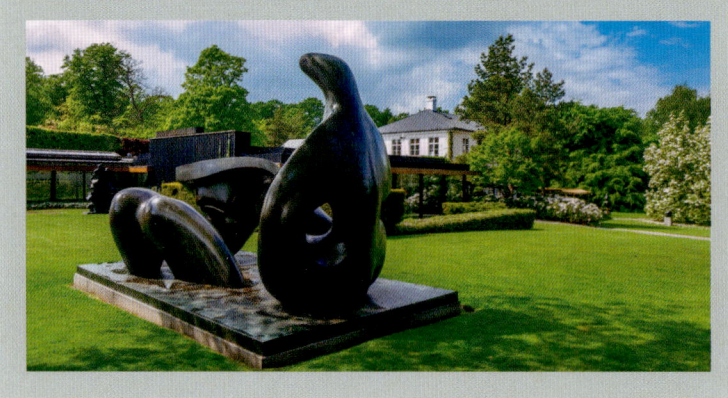

*** Frederiksborg Slot

Zu Beginn des 17. Jahrhunderts erbaute König Christian IV. in Hillerød ein prächtiges Wasserschloss. Der Stil, in dem das glanzvolle Gebäude errichtet wurde und der sich unter anderem durch die charakteristischen Dreiecksgiebel und rote Backsteinmauern auszeichnet, wird bis heute Christian-IV.-Stil genannt. Die Anlage erstreckt sich über drei Inseln im Frederiksborgsee, das stattliche Hauptschloss thront auf der nördlichsten Insel. Zwischen 1660 und 1849 ließen sich alle dänischen Herrscher unter dem Sternengewölbe der Schlosskapelle salben. Bis heute birgt die Kapelle die Wappenschilde der Träger des höchsten dänischen Ordens, des Elefantenordens; außerdem wurden die Träger des Dannebrogordens hier verewigt. Das Hauptschloss ist eine Dreiflügelanlage. Vor dem Mittelbau befindet sich eine offene Galerie. Nach einem Brand 1859, der nur die Schlosskirche verschonte, finanzierte der dänische Industrielle Jacob Christian Jacobsen den Wiederaufbau des Schlosses und errichtete

Malerisch spiegelt sich das Prachtschloss Frederiksborg im an das Anwesen angrenzenden Slotssøen.

dort 1878 das erste Nationalhistorische Museum Dänemarks, das durch 500 Jahre dänische Geschichte führt. Das Museum umfasst eine Porträtgalerie, weitere Gemälde, Skulpturen, Möbel und Kunsthandwerk verschiedenster Epochen. Das Schloss, wunderschön am Wasser gelegen, fand nicht allein durch seine Architektur in den Geschichtsbüchern einen Platz; hier wurde auch der Frieden von Frederiksborg geschlossen. Im Juli des Jahres 1720 beendeten Dänemark und Schweden hier im prachtvollen Rittersaal den Zweiten Nordischen Krieg. Dänemark verpflichtete sich dabei, keine Hilfsleistungen mehr an Russland vorzunehmen und seine Eroberungen in Pommern gegen eine Entschädigungszahlung von 600 000 Reichstalern an Schweden abzutreten. Auf dem Slotssøen, dem Schlosssee von Hillerød, lassen sich Bootsausflüge mit herrlichem Blick auf das Schloss unternehmen, die barocke Gartenanlage, von 1993 bis 1996 nach alten Vorlagen rekonstruiert, lädt zu Spaziergängen ein.

Prächtig gestaltet präsentiert sich der Rittersaal von Schloss Frederiksborg.

Dänemark | Sjælland

Die erste Börse von Kopenhagen ließ König Christian IV. 1624 errichten. Rechts ragt der Turm von Schloss Christiansborg auf.

*** København

Die knapp 1,4 Millionen Einwohner zählende dänische Hauptstadt liegt an der Ostküste von Sjælland. Besuchern bietet sie ein vielseitiges kulturelles Angebot, ihre Ausgeh- und Vergnügungsviertel sind weltberühmt. Im Sommer spielt sich das Leben auf den Straßen, in den Parks und nicht zuletzt am Wasser ab. Das im Westen und Norden von den Kopenhagener Seen eingefasste und im Osten an den Hafen grenzende historische Zentrum wartet mit einem Ensemble prächtiger Repräsentationsbauten auf.

❶ * Slotsholmen

Auf dieser am Inderhavn gelegenen und nach drei Seiten durch einen schmalen Kanal vom übrigen Stadtgebiet getrennten Insel schlägt das politische Herz Dänemarks. Hier befindet sich Schloss Christiansborg – der Sitz des dänischen Parlaments, der Regierung und des Obersten Gerichtshofs. Über die Jahrhunderte wurde die Königsresidenz, deren Anfänge auf das 12. Jahrhundert zurückgehen, häufig durch Brände zerstört, anschließend aber wieder neu aufgebaut und zeigt sich heute in neobarockem Stil.

❷ ** Christiansborg Slot

Das ab 1906 erbaute Schloss auf der Stadt-Insel Slotsholmen ist einzigartig: Nur hier sitzen Judikative, Legislative und Exekutive unter einem Dach. Es ist gleichzeitig Sitz des dänischen Parlaments, des Ministerpräsidenten und des Landesgerichts, und hier sind die Empfangsräume der Königin. Auf der Insel gab es bereits früher eine Burg, das heutige Schloss Christiansborg ist schon Nummer drei. Die vorherigen wurden durch Ofenbrände zerstört. Das Gebäude fällt eher durch den höchsten Turm

Kopenhagens Nyhavn ist vor allem in abendlicher Beleuchtung ein Highlight.

Viele der alten Lagerhäuser an Kopenhagens Hafen erstrahlen in neum Glanz.

Kopenhagens als durch Schönheit auf. Die königlichen Repräsentationsräume allerdings sind prunkvoll ausgestattet, teils mit Originalstücken aus den Vorgängerbauten. Audienzzimmer und Staatsratssaal können nicht besichtigt werden. In einem Nebengebäude befindet sich das Hoftheater.

*** Christianshavn

Das Viertel auf der Insel Amager zählt zu den urigsten von ganz Kopenhagen. Es wurde unter König Christian IV. ab 1619 nach dem Vorbild Amsterdams angelegt und mit einem Kanalsystem ausgestattet. Da es von Zerstörungen verschont blieb, sind viele Teile der historischen Bebauung erhalten. Weltweit bekannt wurde Christianshavn durch die 1971 von Hippies gegründete »Freistadt Christiania«, in der alternative Lebensformen und -konzepte entwickelt und erprobt wurden. Obwohl es immer wieder zu Auseinandersetzungen zwischen den Christianitern und behördlichen Institutionen kam, ist ihre Kommune zu einer Institution mit eigenen Regeln und Gesetzen geworden und wird mittlerweile weitestgehend akzeptiert.

*** Nyhavn

Der 1673 fertiggestellte Kanal im Norden des Stadtzentrums verbindet den Kongens Nytorv mit dem Hafen. Besonders sehenswert ist die Front farbenfroher alter Kontorhäuser im Norden des Nyhavn. Seit den 1980er-Jahren hat sich hier eine lebendige Kneipen- und Restaurantszene entwickelt. Als Besucher sollte man eine Hafenrundfahrt unternehmen. Kopenhagens alte Hafenhäuser sieht man nur so von ihrer schönsten Seite. Am Nyhavn befinden sich auch das Schauspielhaus und die neue Oper.

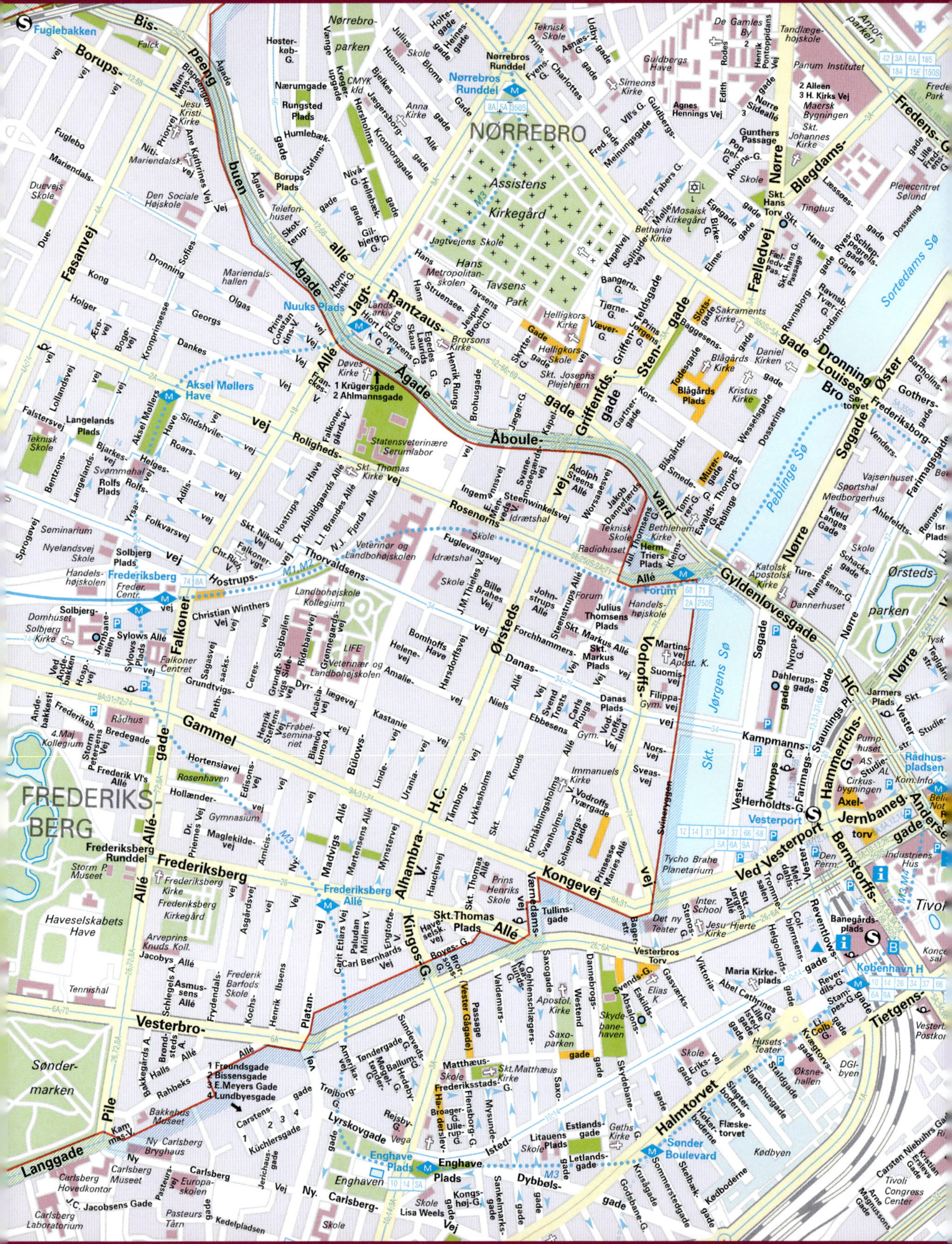
NØRREBRO
FREDERIKSBERG
Assistens Kirkegård
Nørrebros Runddel
Nørrebro-parken
Fuglebakken
Nuuks Plads
Aksel Møllers Have
Frederiksberg
Forum
Frederiksberg Allé
Enghave Plads
Sønder Boulevard
Vesterport
København H
Sortedams Sø
Peblinge Sø
Sankt Jørgens Sø
Ørsteds-parken
Søndermarken
Fælledvej
Blegdamsvej
Dronning Louises Bro
Åboulevard
Gyldenløvesgade
Gammel Kongevej
Vesterbrogade
Istedgade
Halmtorvet
Tietgensgade
Bernstorffsgade
H.C. Andersens Boulevard
Falkoner Allé
Jagtvej
Rantzausgade
Nørre Allé
Kongevej
Vesterbro
Enghave
Carlsberg Museet
Carlsberg Hovedkontor
Carlsberg Laboratorium
Ny Carlsberg Bryghaus
Bakkehus Museet
Tycho Brahe Planetarium
Statensveterinære Serumlabor
Landbohøjskole
Haveselskabets Have
Tivoli
Rådhuspladsen
Axeltorv
Kødbyen
DGI-byen
Øksnehallen
1 Krügersgade
2 Ahlmannsgade
1 Freundsgade
2 Bissensgade
3 E.Meyers Gade
4 Lundbyesgade

KØBENHAVN

(Frei-)Stadt in der Stadt

Die Freistadt Christiania wurde im Jahr 1971 ausgerufen. Auf der nicht mehr genutzten 34 Hektar großen Militärbasis in Christianshavn wollte Jacob Ludvigsen, Journalist und Herausgeber der Zeitung »Hovedbladet«, eine alternative Gesellschaft ganz neu aufbauen – Anarchismus, Hausbesetzung und Hippiebewegung als Protest gegen immer weniger bezahlbaren Wohnraum. Optisch hebt sich die von der Regierung geduldete autonome Gemeinde deutlich vom restlichen Kopenhagen ab: Umgebaute Kasernen, bunt bemalte Häuser, Wohnwägen, Künstlerateliers und Cafés prägen das Bild. Immer wieder war die Existenz Christianias infrage gestellt. Doch seit 1995 zahlen die Einwohner für Strom und Wasser, führen ihre Steuern ab und entrichten die Gebühren für die Abfallentsorgung. 2012 erwarben sie außerdem einen Teil Christianias vom dänischen Staat. Sie setzen sich gegen den Gebrauch harter Drogen und Kriminalität ein, sodass das Projekt Christiania weitgehend Akzeptanz gefunden hat.

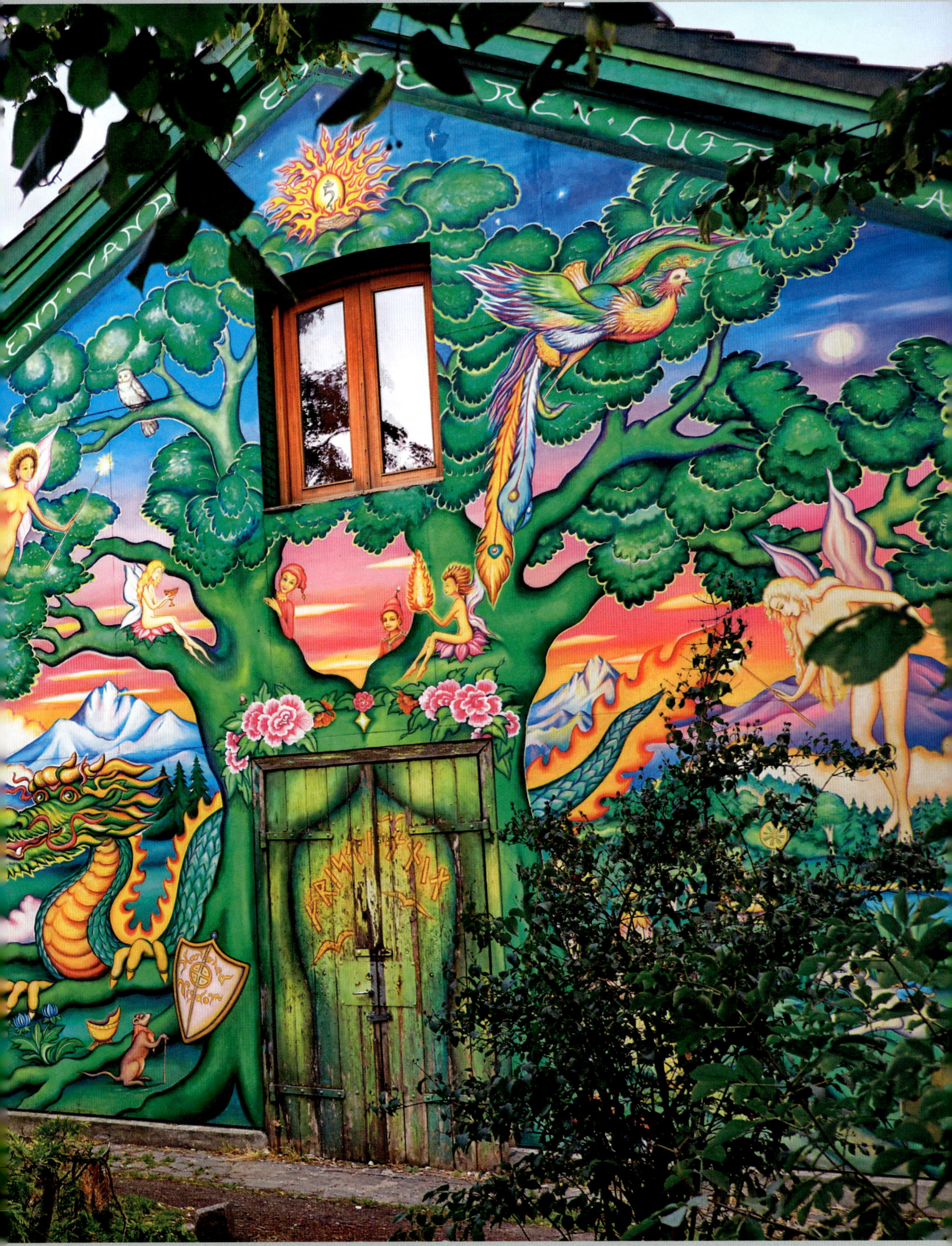

Vergnügungs- und Erholungspark Tivoli
In den Abendstunden erstrahlt Tivoli im stimmungsvollen Licht von über 110 000 Lampen. Einige spiegeln sich im Wasser vor der chinesischen Pagode. Georg Carstensen, der in den 1840er-Jahren die Idee der Errichtung des Parks hatte, hätte wohl kaum damit gerechnet, dass er Menschen bis heute so viel Vergnügen bereitet.

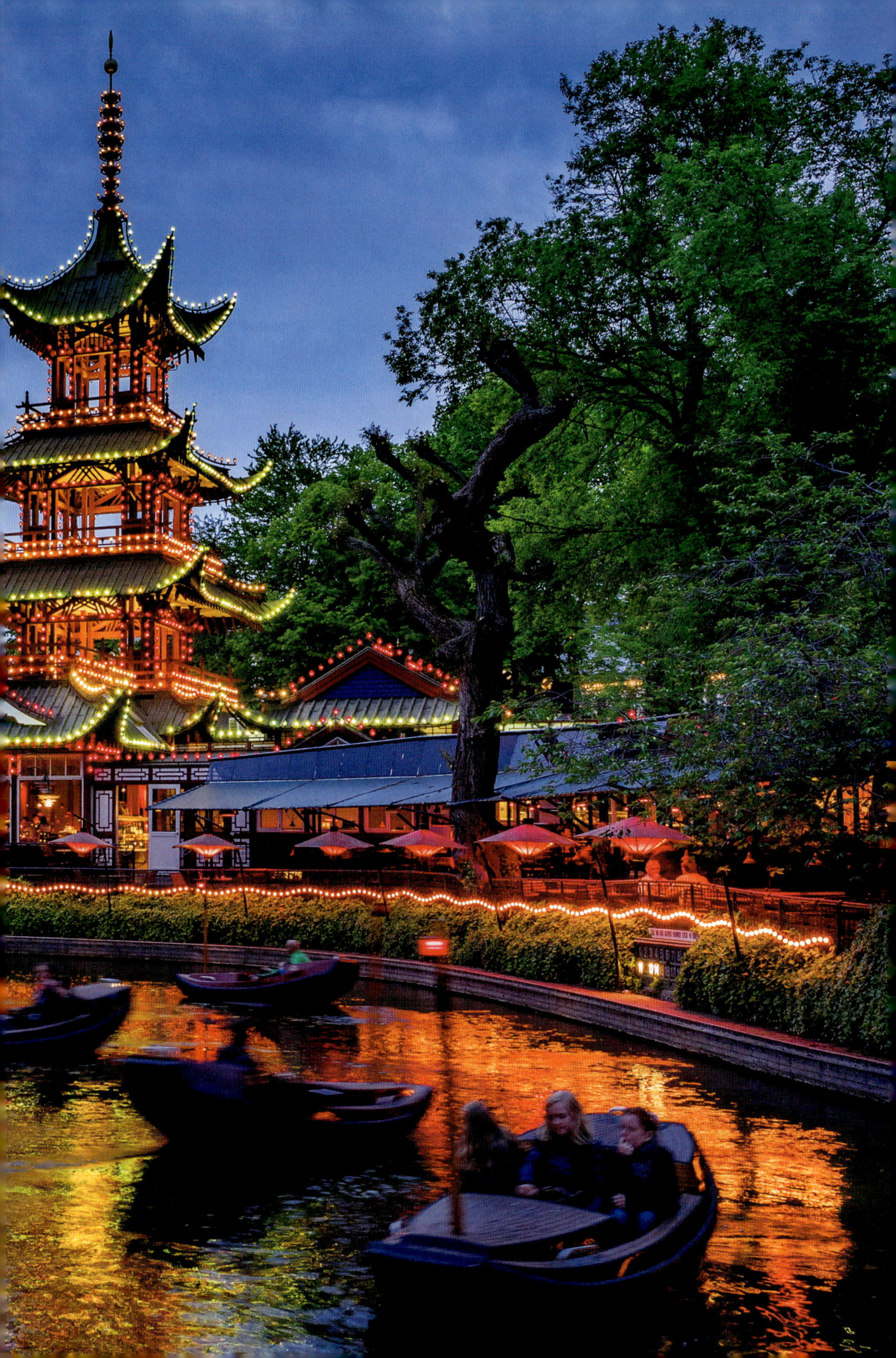

Blick auf die zum Schloss Amalienborg gehörenden Palais und die Frederikskirche.

Der Storchenbrunnen von 1888 ziert den Amagertorv, einen Platz entlang Kopenhagens Fußgängerzone Strøget.

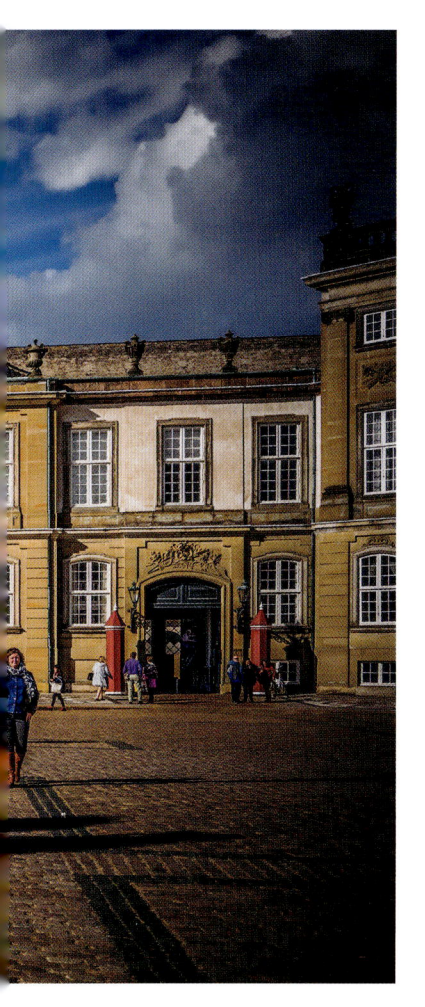

Das Palais Christians VII. ist Teil des Gebäudekomplexes von Amalienborg Slot.

Die Repräsentationsräume in Schloss Amalienborg sind prunkvoll ausgestattet.

📍 *** Strøget

Kopenhagens berühmte Fußgängerzone zieht sich über fünf Straßen vom Rathausplatz bis zum Kongens Nytorv, dem Königlichen Neumarkt. Ein Bummel über die Flaniermeile ist ein Muss für jeden Besucher, denn hier gibt es auf Schritt und Tritt etwas zu sehen und zu bestaunen. Überall locken interessante Geschäfte, Cafés und Restaurants, und auch Straßenmusikanten spielen auf. Außerdem liegen einige der Museen und sehenswerte Sakralbauten an der Route. Ein Blickfang am weitläufigen Rathausplatz ist natürlich das zwischen 1892 und 1905 errichtete Rathaus, das seinem Pendant im italienischen Siena nachempfunden wurde. Biegt man vom Rathausplatz in die Frederiksberggade ein, gelangt man nach wenigen Minuten zum Gammeltorv – einem der schönsten Plätze der Stadt und beliebter Treffpunkt. Nördlich des Platzes schließt sich das Latinerkvarteret (Lateinische Viertel) mit dem in den 1830er-Jahren errichteten Hauptgebäude der Universität, der St.-Petri- und der Liebfrauenkirche an. Eines der bekanntesten Baudenkmäler der Stadt liegt ein Stück weiter nördlich in einer Nebenstraße der Strøget. Der Rundetårn (Runde Turm) wurde 1642 im Auftrag König Christians IV. als Observatorium direkt neben der Dreifaltigkeitskirche errichtet. Im Inneren führt ein spiralförmiger, stufenloser Aufgang zu einer Aussichtsplattform, die einen schönen Blick über Kopenhagen gewährt. Am nordöstlichen Ende der Strøget wartet der Kongens Nytorv mit dem im Neorenaissancestil errichteten Prunkbau des Königlichen Theaters. Auch das im Osten gelegene Palais Charlottenburg aus dem Jahr 1683 ist sehenswert.

📍 *** Amalienborg Slot & Frederiks Kirke

Nur einen Steinwurf von der »Kleinen Meerjungfrau« entfernt liegt Schloss Amalienborg, eine der Residenzen von Dänemarks Königin Margrethe II. Der Gebäudekomplex ist kein typisches Schloss. Er besteht vielmehr aus vier Palais, die sich um einen achteckigen Platz gruppieren. Die prunkvoll geschmückten Fassaden gelten als Höhepunkt des dänischen Barock. Besucher sollten auf die Flagge achten: Ist sie gehisst, ist die Königin zugegen. Um 12 Uhr mittags kann der beeindruckende Wachwechsel der Garden mit ihren großen Fellmützen bestaunt werden. Überragt wird die Szenerie von der Frederikskirche, die von 1740 bis 1894 errichtet wurde und wegen ihres Baumaterials auch Marmorkirche genannt wird. Als Vorbild diente der Petersdom in Rom.

Im Renaissanceschloss Rosenborg in Kopenhagens Zentrum hielt sich Christian IV. gern auf.

⁷ ⋆⋆ Operaen på Holmen

Der 2005 eröffnete Neubau des Kopenhagener Opernhauses, ein Geschenk des Reeders Arnold Mærsk Mc-Kinney Møller an den dänischen Staat, war von Anfang an umstritten. Der reichste Mann Dänemarks ließ die Oper ohne vorherige öffentliche Ausschreibung errichten. Den Standort, eine von ihm gekaufte Insel gegenüber von Schloss Amalienborg, wählte Mærsk persönlich aus, und auch in die Planung mischte er sich ein, sodass das Gebäude von der Fassade bis zur Bestuhlung seine Handschrift trägt und der Architekt Henning Larsen sich am Ende von seinem Bauherrn distanzierte. Die Innenräume wurden teilweise von Olafur Eliasson gestaltet.

⁸ ⋆⋆ Rosenborg Slot

Im Stadtzentrum fällt eine große, fast quadratische Grünfläche ins Auge: der streng geometrisch angelegte Park von Schloss Rosenborg. Das Gebäude ließ sich König Christian IV. ab 1606 als Sommersitz errichten. Schloss Rosenborg gilt bis heute als herausragendes Beispiel der Renaissancearchitektur. Als Residenz wurde es allerdings nicht lange genutzt, denn um 1710 empfand es der Urenkel des Erbauers, König Frederik IV., als nicht mehr zeitgemäß. Und so beherbergte das Schloss Rosenberg fortan die königlichen Sammlungen. Für das Publikum wurden die Türen erst 1838 geöffnet. Als größter Schatz gelten heute die Kronjuwelen.

⁹ ⋆⋆ Botanisk Have

Seit 1870 befindet sich der Botanische Garten an seinem heutigen Platz und nimmt eine Fläche von zehn Hektar ein. Auf dem Spaziergang durch die Stadt kann man einfach hindurchschlendern, denn der Park ist öffentlich zugänglich und kostet keinen Eintritt. Besonders faszinierend sind die historischen Gewächshäuser aus Glas, 27 an der Zahl. Das größte, der Palmengarten, ist 16 Meter lang und in unterschiedliche Klimazonen unterteilt. Im Botanischen Garten sind mehr als 13 000 Arten vertreten, darunter viele heimische und solche aus bergigen Gegenden Mittel- und Südeuropas. Eine wahre Explosion an Farben bietet im späten Frühling der Rhododendrongarten.

Blick über den Teich zum Palmenhaus im Botanischen Garten.

Kopenhagens Wahrzeichen: »Kleine Meerjungfrau«

Kreuzfahrtschiffe, die das Langelinie-Pier anlaufen, aber auch Scharen von Touristen, die an Land unterwegs sind, kommen an Kopenhagens weltbekanntem Wahrzeichen vorbei. Seit 1913 sitzt die nur 125 Zentimeter große Statue auf ihrem Felsblock an der Uferpromenade. Sie ist nach einem Märchen von Hans Christian Andersen benannt und wurde im Auftrag des Kunstmäzens und Bierbrauers Jacob Christian Jacobson von dem Bildhauer Edvard Eriksen geschaffen. Die Primaballerina Ellen Price soll ihm dabei Modell gestanden haben – allerdings nur für das Gesicht und den Kopf, denn sie hatte sich geweigert, dem Bildhauer als Aktmodell zur Verfügung zu stehen. So erklärte sich die Ehefrau des Künstlers bereit, ihren Körper nachbilden zu lassen. Immer wieder wurde die Skulptur schwer beschädigt, verunstaltet und 2003 sogar von ihrem Felsen gestürzt. Deshalb ist hier längst nur mehr eine Kopie platziert. Das Original wird von den Erben Eriksens an einem geheimen Ort aufbewahrt und als Vorlage bei Restaurierungsarbeiten genutzt.

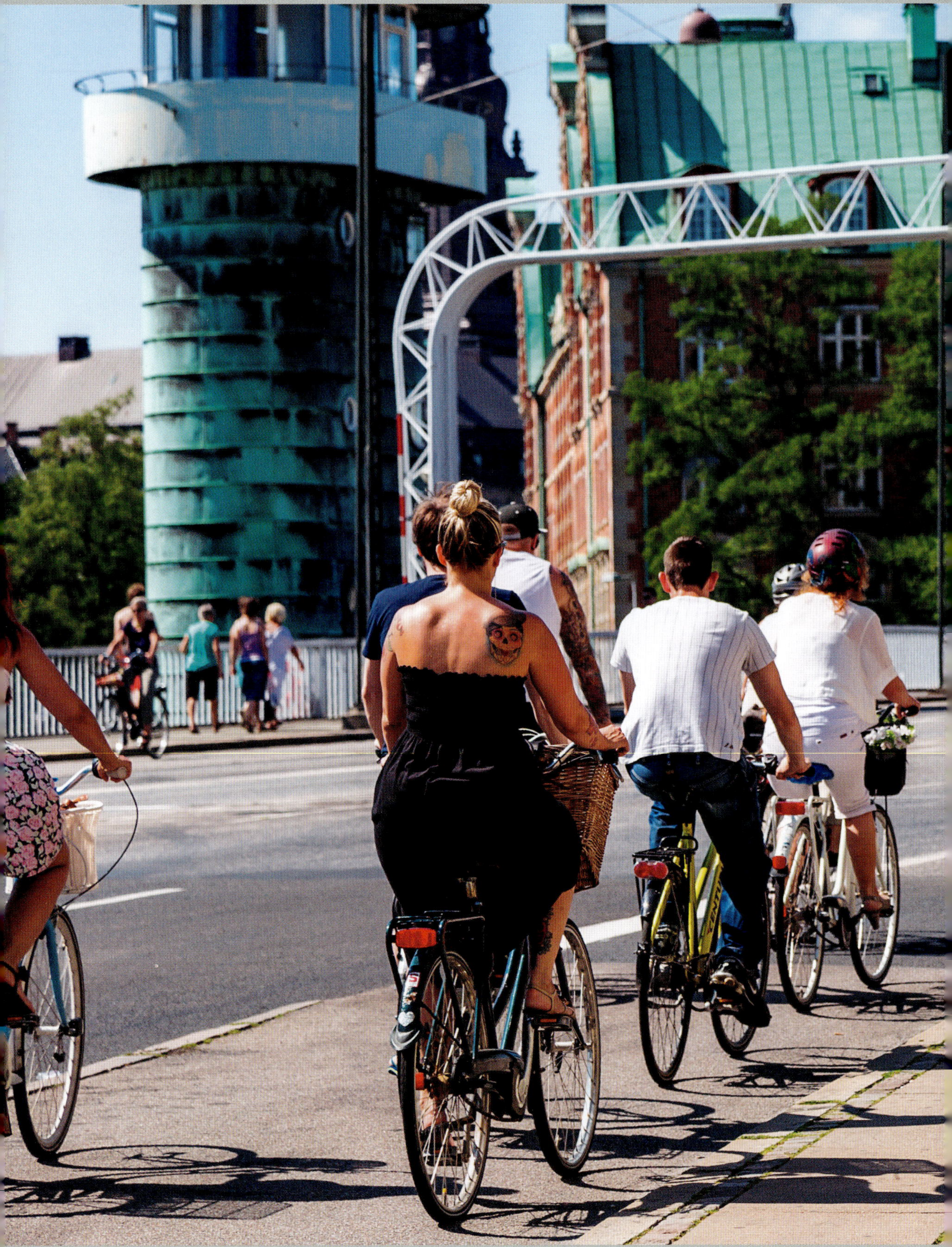

Kopenhagens Fahrradkultur

Fahrradfahren ist in, umweltfreundlich und gesund. Das hat man fast überall erkannt und stattet die Städte mit Rädern aus, die man zu jeder Zeit mieten kann. In Kopenhagen ist das kein neuer Trend, sondern längst vertrauter Alltag. In kaum einer Stadt gibt es so viele breite Radwege wie in der dänischen Hauptstadt. Sie spielen keine Nebenrolle, sondern sind gleichbedeutend wie Straßen für Autos. Die Verkehrsregeln sollte man kennen, denn hier sind oft Radler im Pulk unterwegs und häufig schnell! Seit den 1970er-Jahren wird konsequent daran gearbeitet, den Radfahrern die bestmögliche Struktur zu bieten. Mit Erfolg! Etwa 61 Prozent der Einwohner treten in die Pedale. Praktisch, dass Kopenhagen flach ist und die wichtigsten Anlaufpunkte nicht weit auseinander liegen. Ein häufig genutzter, besonders gut ausgebauter Fahrradweg ist der gut acht Kilometer lange Den Grønne Sti, der grüne Pfad, der Kopenhagens Zentrum mit dem Stadtteil Frederiksberg verbindet.

Da das Licht des Hammeren Fyr oft von Wolken verdeckt war, wurde in der Nähe ein zweiter Leuchtturm gebaut.

Dänemarks Sonneninsel: Bornholm

Mit ihren Feigenbäumen und weiß getünchten Schornsteinen wirkt die »Perle der Ostsee« nahezu mediterran. Während der Süden von kilometerlangen weißen Sandstränden und kleinen Badebuchten eingenommen wird, zeigt sich die Nordküste steil und zerklüftet. Das Inselinnere wiederum beeindruckt durch eines der größten zusammenhängenden Waldgebiete Dänemarks.

** Hammeren

Die Halbinsel im äußersten Norden Bornholms präsentiert sich als ein Stück unberührte Natur. Sie ragt als gigantischer Granitfelsen bis zu mehr als 80 Meter aus der Ostsee empor und wird größtenteils von Heidekraut bedeckt. Im Südwesten fallen die Klippen steil zum Meer ab, im Nordosten wird die Küste etwas flacher. Das Gebiet, in dem sich mit dem Hammersø der einzige Karsee Dänemarks befindet, wird von ausgewiesenen Wanderwegen durchzogen. Ein an der Ostküste zwischen dem Ort Sandvig und dem Leuchtturm Hammerodde verlaufender Trail führt durch eine atemberaubend wilde Küstenlandschaft.

** Hammeren Fyr

Am Hammerknuden, dem höchsten Punkt Bornholms, steht der alte Leuchtturm, der 1872 aus Granitblöcken aus der Umgebung gebaut wurde. Heute schmückt ihn ein grünes Kupferdach. Durch seinen Standort, addiert mit der Höhe des Bauwerks, erreicht er insgesamt 82 Meter über dem Meeresspiegel. Immer wieder wurde er daher von tiefhängenden Wolken oder Nebel umhüllt, sodass sein Licht vom Meer aus nicht zu sehen war. Daher wurde an Bornholms Nordspitze ein Hilfsfeuer gebaut, der Leuchtturm von Hammerodde. Mehr als 20 Jahre blieb das alte Seezeichen dunkel, doch nun strahlt es nachts wieder. Etwa 55 000 Mal pro Jahr passiert ein Schiff auf der Ostsee den Turm. Hammeren Fyr ist für Besucher geöffnet, der Blick bis zur schwedischen Küste ist atemberaubend.

** Helligdomsklipperne

Die zerklüfteten »Heiligtumsklippen« im Nordosten Bornholms sind eine markante Granitformation. Bis zu 22 Meter ragen die Felsen, die einmal unterhalb des Meeresspiegels lagen, heute in die Höhe. Ihren Namen trägt die Klippe, weil im Mittelalter an ihrem Fuß eine Quelle entdeckt wurde. Besonders zum Mittsommernachtsfest zogen einst viele Pilger zur Kapelle am heilenden Wasser. In der Klippe befinden sich einige Grotten, die man besuchen kann. Alternativ werden im Sommer Bootsausflüge angeboten, auf denen man vom Wasser aus einen schönen Gesamtblick bekommt und zum Beispiel den Rückweg über den Küstenwanderweg laufen kann.

*** Almindingen

Im Zentrum der Insel befindet sich eines der größten Waldgebiete Dänemarks. Anfang des 19. Jahrhunderts wurde das über 3800 Hektar große Naturreservat angelegt. Sanfte Hügel, Moore und Seen einerseits, steile Felswände und große Findlinge andererseits ergeben ein abwechslungsreiches Bild. Im gesamten Naturparadies sind gekennzeichnete Wanderwege vorhanden, auf denen man die märchenhafte Stimmung zwischen den alten Bäumen genießen kann. Im um 1930 angelegten Arboretum standen zunächst nur Bäume und Sträucher, die auf Bornholms Breitengrad heimisch, bis dahin aber nicht auf der Insel vertreten waren. Heute sind Pflanzen aus aller Welt dazugekommen. Verschiedenste Tiere sind in Almindingen zu Hause und können von den Aussichtstürmen beobachtet werden, darunter eine Wisentherde.

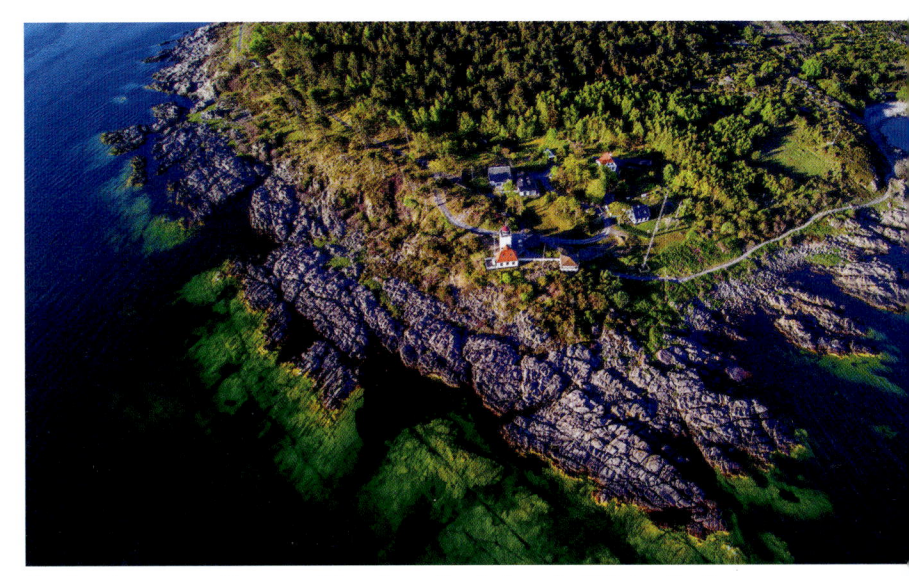

Der Leuchtturm von Hammerodde steht an Bornholms nördlichstem Punkt.

Jahrtausendelang hat die Brandung die Helligdomsklipperne geformt.

Dänemark | Bornholm 97

*** Rønne

Mit ihren rund 14 000 Einwohnern ist die an der Westküste Bornholms gelegene Stadt der größte Ort der Insel und zugleich ihr Verwaltungszentrum. Im Hafen von Rønne legen die Fähren von Kopenhagen, Schweden, Polen und Deutschland an. In der Altstadt rund um den lang gestreckten Store Torv bestimmen niedrige, oft in kräftigen Farben gestrichene Fachwerkhäuser das Bild. Vielerorts laden gemütliche Restaurants zum Schlemmen und Kunsthandwerkläden zum Stöbern ein. Die schönsten Sehenswürdigkeiten liegen nur einen Steinwurf weit vom Store Torv entfernt. Das Bornholms Museum etwa verfügt über umfangreiche naturkundliche und kulturhistorische Sammlungen, die über alle Aspekte des Insellebens einen fundierten Einblick geben. Die Keramikfabrik der Familie Hjorth wurde nach dem Konkurs des Unternehmens in ein Museum umgewandelt, das wertvolle Keramiken vom 17. Jahrhundert bis heute zeigt und das seinen Besuchern die Kunst des Töpferns praktisch vorführt. Hinter dem Fährhafen ragen zwei Wahrzeichen des Ortes in die Höhe: Der achteckige weiße Leuchtturm, eine Eisenkonstruktion, wurde 1880, der Turm

Der Leuchtturm von Svaneke steht auf der südlich des Hafens liegenden Halbinsel Sandkås Odde.

Die größte und älteste Rundkirche der Insel Bornholm ist jene von Østerlars.

der St.-Nicolai-Kirche um das Jahr 1917 errichtet. Die Ursprünge des Gotteshauses gehen allerdings bereits auf das 14. Jahrhundert zurück, im Laufe seiner Geschichte wurde es mehrmals umgebaut. Das im Süden der Stadt gelegene Kastell ist der einzige bis heute erhaltene Teil einer Festungsanlage aus dem 17. Jahrhundert. Darin ist ein Waffenmuseum untergebracht.

*** Svaneke

An der Ostküste der Insel gelegen ist Svaneke eine der hübschesten alten Städte Dänemarks. Der Hafen ist in puncto Handel heute weniger betriebsam, als er es zu den Blütezeiten des Heringsfangs einmal war. Dennoch ist er das Herz des Ortes geblieben, und es haben sich Hotels und Restaurants niedergelassen. Die traditionelle Heringsräucherei bietet regionale Spezialitäten, ein Süßwarengeschäft selbst gekochte Bonbons. Auf dem gemütlichen Wochenmarkt lohnt es sich, nach Kunsthandwerk aus Glas Ausschau zu halten, das auf Bornholm produziert wird. Im Innenhof des Kaufmannshauses Svanekegaarden finden Ausstellungen und Konzerte statt. Svanekes Wahrzeichen sind die rote Kirche und der ehemalige Leuchtturm, aber auch der futuristische Wasserturm des dänischen Architekten Jörn Utzon, der einen modernen Kontrast bildet.

** Ertholmene (Erbseninseln)

Die rund 20 Kilometer nordöstlich von Bornholm gelegene Schärengruppe war zwischen 1684 und 1855 ein wichtiger Flottenstützpunkt der dänischen Marine. Heute sind die ehemaligen Festungsanlagen auf den Hauptinseln Christiansø und Frederiksø, die unter König Christian V. (reg. 1670–1699) errichtet wurden, ein beliebtes Ausflugsziel. In den Sommermonaten bringen die Fähren aus Gudhjem, Allinge oder Svaneke täglich über 1000 Besucher hierher. Nach der Auflösung dieses Stützpunkts entdeckten Künstler die Inseln für sich. Auch Fischerfamilien siedelten sich hier an. Derzeit leben auf Christiansø und Frederiksø, den beiden einzigen bewohnten Inseln des kleinen Archipels, die durch eine Brücke miteinander verbunden sind, insgesamt knapp 90 Menschen.

Zeitvergessen zeigen sich die Fachwerkhäuser in Rønne.

Die spätgotische Svaneke Kirke fällt durch ihre rote Farbe sofort ins Auge.

Bunte kleine Häuschen prägen das Bild von Svaneke.

Sonne über Gudhjem

Vielerorts auf der Insel Bornholm finden sich Räuchereien, die an ihren charakteristischen hohen und weithin sichtbaren, kalkweiß gestrichenen Schornsteinen zu erkennen sind. Sie wurden fast schon zu einem Wahrzeichen der Insel. Seit alters her wird hier fangfrischer Hering, an Eisenstangen aufgehängt, über Erlenholzfeuer geräuchert. Der Bornholmer Hering gilt nicht nur unter Gourmets als Delikatesse. Mit einem Butterbrot, einem rohen Ei, Schnittlauch und Radieschen oder grünem Blattsalat und grobem Salz serviert, ist er in ganz Dänemark als »Sonne über Gudhjem« bekannt, ein wohlschmeckendes Gericht, das auch bei Touristen sehr beliebt ist. Bornholms Räuchereien gehören meist zu Restaurants, die die Heringsspezialität zusammen mit auf der Insel gebrautem Bier servieren. In dem elf Kilometer nördlich von Rønne gelegenen Ort Hasle wurde eine Museumsräucherei eingerichtet. Hier findet jedes Jahr im Juli das Heringsfest statt, bei dem es die geräucherte Köstlichkeit in vielen Varianten zu essen gibt. Dänemarks östlichster Vorposten, die wärmste und sonnenreichste Region, pflegt seine Bestände und die Tradition mit viel Leidenschaft, und über die Jahre hinweg hat sich daran nichts geändert.

Dänemark | Bornholm 101

Schweden
Das Land der Seen und Wälder

Schweden lockt mit einer faszinierenden Vielfalt an Naturwundern und kulturellen Sehenswürdigkeiten. Städte wie Malmö, Göteborg und natürlich Stockholm haben sich zu pulsierenden, bunten Metropolen entwickelt, romantische Dörfer findet man an der Küste und im Inland. Schweden ist das Land der Seen und dichten Wälder, und besonders im Norden herrscht vielerorts noch fast unberührte Wildnis vor.

Der Marktplatz Stortorget bildet seit dem Mittelalter das Zentrum von Ystad.

Götaland: Schwedens charmanter Süden

»Ich lebe im schönsten Land der Welt«, verkündete einst Pippi-Langstrumpf-Erfinderin Astrid Lindgren, die 1907 in Vimmerby in der Provinz Småland geboren wurde. Recht hat sie, betrachtet man den Süden Schwedens mit seinen sanften Hügeln, kristallklaren Seen, feinen Sandstränden und geheimnisvollen Mooren. Grüne Wiesen und Wälder, malerische Dörfer und imposante Schlösser sind nur einige der Postkartenmotive der Region.

* Trelleborg

In der Hafenstadt rund 40 Kilometer südöstlich von Malmö legen regelmäßig Fähren aus Rostock, Swinemünde und Sassnitz an. Für die meisten Besucher ist die südlichste Stadt Schwedens nur eine Durchgangsstation auf ihrem Weg in die schonische Hauptstadt. Trelleborg liegt an der Europastraße 22 Richtung Stockholm und ist gleichzeitig Ausgangspunkt der Europastraße 6, die über Malmö, Göteborg und Oslo bis nach Kirkenes im hohen Norden Norwegens führt. Obwohl die Stadt auf eine mehr als tausendjährige Geschichte zurückblicken kann, finden sich kaum historische Sehenswürdigkeiten. Eine erst 1991 ausgegrabene und teilweise rekonstruierte Burg aus der Wikingerzeit, die Trelleborg, ist eines der wenigen Relikte der Vergangenheit. Sie wurde vermutlich um 980 errichtet und ist die bis heute einzige bekannte Burg ihrer Art im ganzen Land. Nördlich von Höllviken, etwa 15 Kilometer nordwestlich von Trelleborg, wurde ein Wikingerdorf rekonstruiert, das mit Living-History-Veranstaltungen ein anschauliches Bild des Alltags der Nordmänner vermittelt. Foteviken, so der Name der Siedlung, wird oft als bestes Freilichtmuseum Südschwedens gerühmt.

** Ystad

Die Hafenstadt, im äußersten Süden Schwedens gelegen, hat als Heimat der von Henning Mankell geschaffenen Romanfigur des Kommissars Kurt Wallander Weltberühmtheit erlangt. Viele Tausende seiner Fans pilgern begeistert zu den Orten, an denen Wallander auf Verbrecherjagd ging, mittlerweile gibt es sogar geführte »Wallander-Krimi«-Touren – denn die in den Büchern genannten Straßen und Restaurants existieren tatsächlich. Im Ystad Studios Visitor Centre kann man ganz in die Welt der Wallander-Filme eintauchen. Ein Bummel durch Ystad ist aber nicht nur für Krimifans ein Vergnügen:

INFO *

SCHWEDEN
Fläche:
450 000 km²
Bevölkerung:
10,5 Mio. Einwohner
Sprache:
Schwedisch
Währung:
Schwedische Krone
Hauptreisezeit:
Mai bis August
Zeitzone:
UTC + 1

Vom Strand bei Svarte westlich von Ystad aus lässt sich der wolkenumfangene Sonnenuntergang beobachten.

Ruhig schaukeln die Fischerboote in der Abendsonne im Hafen von Simrishamn.

Dank eines in sich geschlossenen Ensembles von 300 historischen Fachwerkhäusern aus dem 17. und 18. Jahrhundert zählt der Ort mit seinen kleinen Sträßchen und Gassen zu den schönsten Städten Schwedens.

** Simrishamn

Der idyllische kleine Ort an der schwedischen Südostküste ist dank eines vergleichsweise milden Klimas, kilometerlanger Strände und einer reizvollen, an Wäldern und Seen reichen Umgebung ein beliebtes Urlaubsziel. Simrishamn hat sich um die dem Schutzpatron der Seefahrer geweihte und bereits im 12. Jahrhundert erwähnte St. Nikolai kyrka entwickelt. Die kleinen, in Pastelltönen gestrichenen Häuser, die das Ortsbild prägen, stammen größtenteils aus dem 19. Jahrhundert. In der Nähe von Simrishamn liegt – nur wenige Kilometer landeinwärts – Glimmingehus, die am besten erhaltene mittelalterliche Burg Skandinaviens. Sie wurde gegen Ende des 15. Jahrhunderts errichtet und überstand die Kriege zwischen Dänemark und Schweden um die Vorherrschaft über die historische Provinz Schonen weitestgehend unversehrt. In der einstigen Küche von Burg Glimmingehus ist ein Museum untergebracht. Es zeigt Gegenstände, die von Archäologen auf dem Gelände ausgegraben wurden. Auch der nördlich von Simrishamn gelegene Nationalpark Stenshuvud ist ein bei den Schweden beliebtes Ausflugziel.

Schweden | Götaland

Klassiker und Kultkrimis

Nils Holgersson, Pippi Langstrumpf, Kurt Wallander und Mikael Blomkvist – wer an schwedische Literatur denkt, dem kommen sogleich die Schriftstellerinnen Selma Lagerlöf und Astrid Lindgren in den Sinn, aber auch die Experten für Schwedenkrimis, Henning Mankell und Stieg Larsson. Auch wenn die vier Autoren nur einen kleinen Teil der reichen schwedischen Literaturtradition repräsentieren, gehören sie doch zu den international bekanntesten schwedischen Schriftstellern.

Selma Lagerlöf (1858–1940), 1909 als erste Frau mit dem Nobelpreis für Literatur ausgezeichnet, schrieb eine Reihe von Romanen, Kurzgeschichten und Märchen. Ihre Geschichten zeichnen sich durch die poetische Sprache und tiefgreifende moralische Botschaften aus.

Astrid Lindgren (1907–2002), eine der bekanntesten Kinderbuchautorinnen der Welt, arbeitete zunächst als Sekretärin. Mit den Geschichten über Pippi Langstrumpf gewann sie 1945 einen Wettbewerb für Kinderbücher und mit der Erstveröffentlichung die Herzen ihrer Leser. Mit Einfallsreichtum und Humor beschreibt sie ihre Charaktere und greift Themen wie Freundschaft und Rechte von Kindern auf.

Dem Morden im Norden haben sich die beiden Autoren Henning Mankell (1948–2015) und Stieg Larsson (1954–2004) verschrieben, und das sehr erfolgreich. Während Mankell in den 1990er-Jahren Kommisar Kurt Wallander, seine berühmteste literarische Schöpfung, zum Leben erweckte, verfolgten Millionen von Lesern weltweit die Enthüllungen des Journalisten Mikael Blomkvist, der sich zusammen mit der Computer-Hackerin Lisbeth Salander in ein gefährliches Geflecht von Gewalt und Intrigen verstrickte. Gemeinsam ist beiden Krimiautoren ihre gesellschaftskritische Haltung: keine Helden, die sich strahlend über den Rest der Welt erheben, sondern angreifbare Charaktere, nicht selten dem Alkohol zugetan und eine Last schleppend, die auf ihre Seele drückt.

Leseliste

Selma Lagerlöf: »Die wunderbare Reise des kleinen Nils Holgersson mit den Wildgänsen«

Astrid Lindgren: »Pippi Langstrumpf«, »Michel aus Lönneberga«, »Ronja Räubertochter«, »Madita«, »Kalle Blomquist«, »Karlsson vom Dach«, »Wir Kinder aus Bullerbü«

Henning Mankell: Kurt-Wallander-Reihe, darunter »Wallanders erster Fall«, »Mörder ohne Gesicht«, »Hunde von Riga« und »Die weiße Löwin«

Stieg Larsson: Millennium-Trilogie, bestehend aus »Verblendung«, »Verdammnis« und »Vergebung«

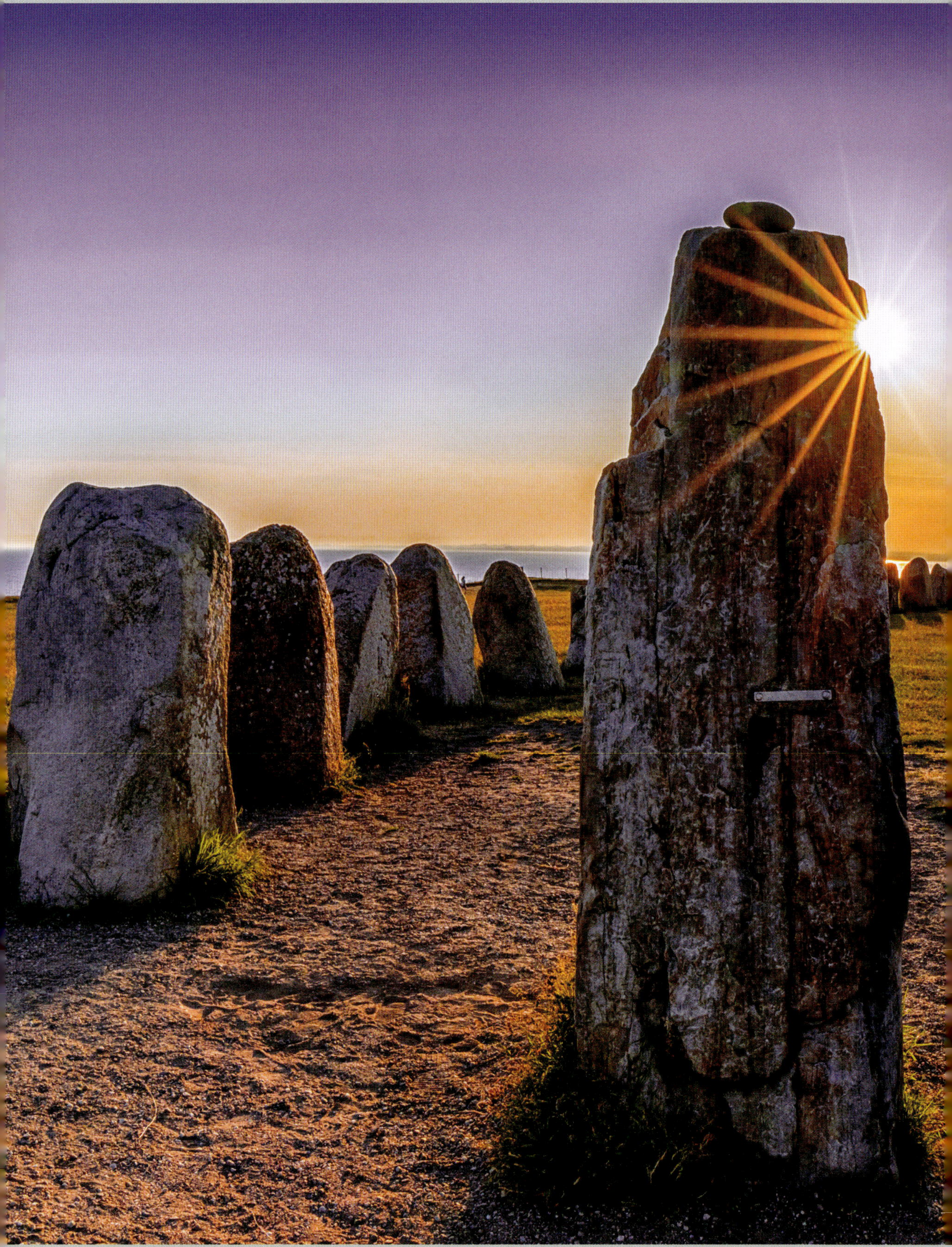

Schwedisches Stonehenge

Ale Stenar, eine aus 59 Steinen bestehende Kultstätte, liegt auf einem etwa 37 Meter hohen Hügel an der Ostseeküste im Süden Schonens. Die gewaltigen Granit- und Sandsteine stehen aufgerichtet und zeichnen die Silhouette eines Schiffes nach. Die größten Steine sind mehr als drei Meter hoch, beinahe jeder von ihnen wiegt knapp zwei Tonnen. 67 Meter lang und 19 Meter breit ist die Schiffssetzung und rund 1000 Jahre alt. Damit ist Ale Stenar die größte erhaltene Schiffssetzung in Schweden. Legenden ranken sich um das Plateau über dem Meer. Vermutet wird eine Verbindung zum Sonnenkalender, da die Sonne zu Mittsommer an der nordwestlichen Spitze des »Schiffes« untergeht und zur Wintersonnenwende gegenüber wieder auftaucht. Eine weitere Interpretation besagt, es handle sich um das Grab eines Wikingerhäuptlings. Ringsum wurden jedoch keine Grabstätten gefunden. Was der geheimnisvolle Ring, den die 59 Steine bilden, sonst zu bedeuten hat, konnte bislang nicht geklärt werden.

Im stimmungsvoll beleuchteten Zentrum von Malmö spiegeln sich die Lichter im Wasser der Kanäle.

*** Malmö

Ende des 20. Jahrhunderts sah es für die drittgrößte Stadt Schwedens nicht gut aus: Werften und Industrieanlagen wurden nicht mehr genutzt und verfielen, die Bewohner zogen weg. Doch Malmö schaffte den Sprung in die Moderne. Ein Zentrum für Wissenschaft und Forschung zog in einst verlassene Gebäude ein, die Öresundbrücke sorgte für Aufschwung – seit 2000 geht es per Zug oder Auto in kürzester Zeit nach Kopenhagen. Heute leben rund 344 000 Menschen in Malmö und so viele Nationalitäten wie sonst nirgends in Schweden. Historische Fachwerkhäuser stehen neben modernen Gebäuden, und gerade das macht Malmö interessant. Vom Rathausplatz Stortorget aus lassen sich alte Prachtbauten in der Altstadt bewundern, im Südwesten sticht der Lilla Torg ins Auge. Der Platz diente im 16. Jahrhundert Händlern als Markt, heute finden sich ringsum kleine Lokale, die ihn zur Ausgehmeile werden ließen. Das Rådhus in Malmö war das größte, das im 16. Jahrhundert in Schweden erbaut wurde.

** Hafen

Das Hafenviertel von Malmö, Västra Hamnen, präsentiert sich in einem erfrischenden Mix aus Alt und Neu: auf der einen Seite der moderne Westhafen mit dem Hochhaus Turning Torso und einem hippen Wohn- und Geschäftsviertel, das komplett mit Windkraft, Sonnenenergie und Biogas betrieben wird, auf der anderen Seite das traditionelle Hafenviertel mit dem rot-weißen Leuchtturm, der nur noch ein symbolisches Licht zeigt und mit der Straßenbeleuchtung ein- und ausgeschaltet wird. Das gesamte Viertel ist durchzogen von Grünflächen, Teichen und künstlichen Wasserläufen. An einigen Stellen befinden sich Badeplätze, die praktisch vor der Haustür zum Sprung ins Wasser des Öresunds einladen. Eine lange Promenade führt am Meer entlang zum nahe gelegenen Ribbersborgstrand, Malmös Stadtstrand.

Der markante rot-weiße Leuchtturm in Malmös innerem Hafen wurde bereits 1936 abgeschaltet.

Umgeben von kleinen Geschäften, Restaurants und Bars ist Malmös Lilla Torg im Sommer ein beliebter Treffpunkt.

* Gamla staden

Das von Kanälen umgebene historische Zentrum Malmös beginnt südlich des Bahnhofs und lässt sich gut zu Fuß erkunden. Als Ausgangspunkt für einen Bummel durch die Altstadt bietet sich der Stortorget an. Der weitläufige Platz wird von einem Reiterstandbild König Karls X. Gustav geschmückt, unter dem Malmö im Jahre 1658 endgültig schwedisch wurde. An seiner Ostseite zieht die reich dekorierte Fassade des in der Mitte des 16. Jahrhunderts errichteten und um 1860 umgebauten Rathauses alle Blicke auf sich. Den auffallenden herrschaftlichen Backsteinbau an der Nordwestecke des Stortorget ließ der als Reformator und baufreudiger Bürgermeister Malmös bekannt gewordene Jörgen Kock um 1525 errichten. Auch an der Västergatan finden sich einige sehenswerte historische Backsteinbauten, wie etwa das Rosenvingehuset, das als ein Paradebeispiel renaissancezeitlicher skandinavischer Stadtarchitektur gilt.

*** Lilla Torg

Der Lilla Torg südwestlich des Stortorget wird immer wieder als schönster Platz Malmös gerühmt. Er wurde Ende des 16. Jahrhunderts als Marktplatz für die vielen Einzelhändler der Stadt angelegt und ist von stattlichen Fachwerkhäusern gesäumt. In den Cafés und Lokalen rund um den Platz herrscht meist Hochbetrieb. Den ganzen Sommer über kann man sich hier draußen an einem der zahlreichen Tische niederlassen und das bunte Treiben beobachten. Hedmanska Gården, ein Kaufmannshof aus dem 18. Jahrhundert, wurde in ein Kulturzentrum verwandelt, in einem Teil des Fachwerkbaus ist das Form Design Center untergebracht. Neben kulinarischen Highlights und Kultur bietet Malmös Altstadt auch erstklassige Einkaufsmöglichkeiten. Rund um den Lilla Torg und in der zwischen Stortorget und Gustav Adolfs Torg gelegenen Hauptgeschäftsstraße Södergatan finden sich Geschäfte für jeden Geschmack und Geldbeutel.

*** Schloss Malmöhus

Der trutzige Backsteinbau westlich der Altstadt wurde um 1430 unter Erik VII. von Dänemark als Kastell errichtet und von König Christian III. ab 1526 zu einer Residenz ausgebaut. Nach dem im Jahr 1658 geschlossenen Frieden von Roskilde, mit dem Dänemark seine südschwedischen Provinzen verlor, nahmen die Schweden Malmöhus zwar in Besitz, ließen es aber zunächst verfallen, erst in den 1930er-Jahren wurde das Gebäude restauriert. Heute beherbergt das Schloss Malmös Stadtmuseum, ein Naturkundemuseum sowie das Malmö Konstmuseum, das über die größte Sammlung moderner skandinavischer Kunst in Schweden verfügt.

Schloss Malmöhus liegt in einer von Wassergräben durchzogenen Parklandschaft, die zu Spaziergängen einlädt.

*** Lund

Die drittgrößte Stadt Schonens ist eine Stadt der Gegensätze, die sich harmonisch zu Neuem vereinen. Historische Bauwerke und eine beeindruckende Stadtgeschichte treffen auf Moderne und auf eine sehr junge Bevölkerung. Rund 42 000 Studenten besuchen die Universität, die bereits im 17. Jahrhundert gegründet wurde und international einen sehr guten Ruf genießt. Sie sorgen für eine lebendige Musik- und Theaterszene. Die Universitätsstadt Lund erkundet man am besten zu Fuß oder per Rad. Ein Besuch in der Markthalle am Mårtenstorget ist unbedingt zu empfehlen. Nicht nur die vielen kulinarischen Entdeckungen lohnen, sondern das gesamte Flair macht den Reiz aus. Einen unvergesslichen Ausflug in die Vergangenheit garantiert das Museum Kulturen i Lund im Herzen der Stadt. Einige Bauten des Freilichtteils wurden eigens hierhergebracht, andere stehen seit weit über 100 Jahren und zeigen sehr anschaulich, wie es sich früher in Südschweden gelebt hat.

** Dom

Lund ist eine der ältesten Städte Schwedens, auch wenn der Ort bei seiner Gründung im Jahr 990 noch auf dänischem Boden lag. Um 1100 entstand Lunds wichtigstes Wahrzeichen, der Dom. Das Paradebeispiel romanischer Baukunst wurde 1145 geweiht und versetzt Besucher in ehrfürchtiges Staunen. Eine astronomische Uhr, die sich im Kircheninneren vom Haupteingang aus rechts befindet und aus dem Jahr 1380 stammt, setzt zweimal pro Tag ein Räderwerk in Gang, das die Heiligen Drei Könige zum Vorschein bringt, die Maria und Jesus huldigen. Die Decke der Krypta wird von unzähligen Säulen getragen. An zwei von ihnen klammern sich seltsame Figuren: Der Legende nach hat sich Bauherr Laurentius die Kräfte des Riesen Finn zunutze gemacht, um den Dom zu errichten. Als die Kirche schließlich fertig war, fühlte Finn sich um den geforderten Lohn betrogen und versuchte zornig, alles wieder einzureißen. Um das zu verhindern, versteinerte Laurentius nicht nur den Riesen selbst, sondern auch seine Frau und seinen Sohn.

Stundenlang kann man in Lund durch die Gassen streifen und Häuser bewundern.

Wenn das Semester in Lund beginnt, füllen die etwa 42 000 Studenten die geschichtsträchtige Stadt mit Leben.

Das schmucklose Hauptschiff des Lunder Doms lässt Kanzel, Chor und Apsis umso stärker ins Auge fallen.

Durch knorrigen Eichenwald hindurch führt der Weg zum Leuchtturm im Nationalpark Stenshuvud.

** Nationalpark Dalby Söderskog

Der Nationalpark Dalby Söderskog zehn Kilometer südöstlich von Lund wurde im Jahr 1918 gegründet und misst nur 36 Hektar. Das kleinste Naturschutzgebiet des Landes lässt sich prima zu Fuß erkunden. Seine Besonderheit ist ein Laubwald, wie er gewöhnlich nur viel weiter südlich zu finden ist. Eschen, Eichen, Ulmen, Buchen, Ahorn und Linden wachsen dort ebenso wie Rosskastanien, Weiden und Erlen. Im Frühjahr erwacht eine weitere Flora zum Leben: Dann blühen Butterblumen, Buschwindröschen und der Goldstern. Der Park hat noch eine weitere Attraktion zu bieten: Ihn umgibt teilweise ein seltsam geformter Erdwall, der 56 Meter breit ist. Man vermutet eine ehemalige Fluchtburg darunter. Drei ausgewiesene Wege führen durch den Nationalpark.

*** Nationalpark Stenshuvud

Stenshuvud bedeutet so viel wie »Steinernes Haupt« – so heißt ein sagenumwobener Berg im nördlichen Teil des Nationalparks. Nach ihm trägt der gesamte Park seinen Namen. Der am weitesten südlich gelegene Nationalpark Schwedens beeindruckt mit seiner Steilküste. Denn dort, wo der Höhenzug Linderödsåsen in die Ostsee ragt, stürzen die Berghänge nahezu 100 Meter tief hinab. An dieser Stelle ist das etwa vier Quadratkilometer große Naturschutzgebiet 1986 eingerichtet worden. Vom Parkplatz aus bieten sich verschiedene Wandermöglichkeiten an, so führt eine etwa zwei Kilometer lange Tour durch Eichen- und Hainbuchenwälder zum rund 120 Meter hohen Gipfel. Von dort

Ein schweres Erbe: Karl XI. von Schweden

1660 starb sehr überraschend der schwedische König Karl X. Gustav; er hatte Schweden auf einen Höhepunkt der Macht geführt. Sein Sohn Karl XI. war gerade einmal fünf Jahre alt, als er das Erbe antreten sollte. Zu jung, um zu regieren, musste Karl die Macht in die Hände anderer geben, vor allem in die des Reichskanzlers Magnus Gabriel de la Gardie. Dieser hatte französische Wurzeln und schmiedete ein Bündnis mit Ludwig XIV. von Frankreich, das Schweden im Jahr 1674 schließlich in den Krieg mit Brandenburg führte. Als Folge dieser unglücklichen Ereignisse übernahm Karl XI., nun 20-jährig, selbst die Führung des Landes und war von 1680 bis zu seinem Tod Alleinherrscher Schwedens. Unter seiner Herrschaft wurde die Flotte verstärkt, die Marinebasis Karlskrona errichtet und das Rechtswesen reformiert. Karl XI. starb nach langer Krankheit am 5. April 1697 in Stockholm. Er liegt dort in der Riddarholmskirche begraben.

aus öffnet sich ein weiter Blick über die Heidelandschaft. Bei guten Wetterverhältnissen ist sogar der Blick bis zur Insel Bornholm möglich.

** Landskrona

Der Ort am Öresund präsentiert sich als Gartenstadt, die mit weitläufigen Parks aufwarten kann. In der Hügellandschaft der Umgebung finden sich reizvolle Dörfer. Auch die nahegelegenen Strände locken viele Besucher an. Wichtigste Sehenswürdigkeit Landskronas ist die ab 1549 errichtete Zitadelle, eine der besterhaltenen Skandinaviens, in deren Mauern heute ein Freilichtmuseum mit historischen Handwerkstechniken aller Art vertraut macht. Die Insel Ven vor Landskrona hat durch Tycho Brahe Berühmtheit erlangt. Der Astronom wurde 1576 mit dem Eiland belehnt und ließ hier zwei Observatorien errichten. Erst Anfang des 20. Jahrhunderts wurden ihre Überreste entdeckt. Das 2005 eröffnete Tycho-Brahe-Museum zeigt Nachbauten von Brahes Teleskopen. Ven präsentiert sich als idyllische Ferieninsel, auf der man Spaziergänge und Fahrradtouren unternehmen kann.

Den 65 Meter hohen Glockenturm des Helsingborger Rathauses kann man besteigen – die Aussicht ist traumhaft.

Öresund: eine Meerenge, die verbindet

Seit die Öresundverbindung zwischen der dänischen Hauptstadt Kopenhagen und Malmö 2000 eröffnet wurde, wachsen beide Städte und ihr Umland zu einem großen wirtschaftlichen Ballungsraum zusammen. Die Öresundregion, in der etwa 4,1 Millionen Menschen leben, zählt mittlerweile zu den dynamischsten Metropolregionen Europas. Zahlreiche miteinander gut vernetzte Unternehmen und Forschungseinrichtungen haben hier ihren Sitz. Kooperationen zwischen ihnen werden von den politisch Verantwortlichen gefördert. Ziel ist es, die ganze Region zu einem Zentrum für die Entwicklung von IT- und Umwelttechnologien auszubauen. Die transnationale Zusammenarbeit im administrativen und im kulturellen Bereich gilt weltweit als vorbildlich.

** Helsingborg

Aufgrund ihrer strategisch wichtigen Lage an der schmalsten Stelle des Öresunds war die Stadt jahrhundertelang zwischen Dänen und Schweden heiß umkämpft. Im 17. und zu Beginn des 18. Jahrhunderts wurde sie mehrmals zerstört. In der Altstadt sind daher nur wenige frühneuzeitliche Bauten wie der Henckelsche Hof aus dem 17. Jahrhundert oder die Marienkirche aus dem 15. Jahrhundert erhalten. Das prächtige neogotische Rathaus am Stortorget wurde 1897 fertiggestellt. Am östlichen Ende des lang gestreckten Platzes ragt der 35 Meter hohe Kärnan auf, der einzig erhaltene Teil der mittelalterlichen Befestigungsanlage. Zu seinen Füßen findet sich eine Reiterstatue Magnus Stenbocks, des Siegers in der Schlacht von Helsingborg, mit der die Stadt 1710 endgültig an Schweden fiel. Übrigens: Die Einkaufsmeile Kullagatan war Schwedens erste Fußgängerzone, schon 1961 fuhren hier keine Autos mehr.

** Nationalpark Söderåsen

Birken, Eichen, Ebereschen und Linden, aber vor allem herrliche Buchen – im 2001 gegründeten Nationalpark Söderåsen sind sie zuhauf zu finden. Das Schutzgebiet beheimatet einen der größten zusammenhängenden Edellaubwälder im Norden Europas. Spektakuläre, bis zu 90 Meter tiefe Schluchten schneiden sich in die Landschaft ein, ein eher untypisches Bild für diesen Teil Schwedens. Besucher werden zudem überrascht sein von der ursprünglichen, wilden Natur, die sie hier vorfinden. Denn aufgrund der zerklüfteten, unzugänglichen Landschaft haben die Wälder bis heute teilweise ihren Urwaldcharakter behalten. Der Park misst 1625 Hektar und bietet neben einer reichen Flora und Fauna auch Relikte früherer Besiedlungen: Steinerne Begrenzungswälle stammen vermutlich aus der Bronze- oder Eisenzeit. Der Haupteingang mit dem Besucherzentrum (Naturum) befindet sich in Skäralid. Wer nicht wandern mag: Vom Berg Kopparhatten, der auch mit dem Auto zu erreichen ist, hat man eine wunderbare Sicht über das Waldgebiet.

Grün, so weit das Auge reicht, im Nationalpark Söderåsen.

*** Kristianstad

Der im Nordosten von Schonen gelegene Ort gilt als dänischste Stadt Schwedens: Kristianstad wurde zu Beginn des 17. Jahrhunderts von Christian IV. von Dänemark als Festungsstadt errichtet und sollte das damals zu Dänemark gehörende Schonen vor Angriffen schwedischer Truppen schützen. Obwohl die Stadt 1658 mit dem Frieden von Roskilde an Schweden fiel, ist die Erinnerung an den Dänenkönig immer noch präsent. Sein Wappen ziert das Stadtemblem, den Giebel des 1891 errichteten Rathauses schmückt eine Statue des Monarchen. Kristianstad wurde als renaissancezeitliche Idealstadt angelegt, der historische Ortskern ist von einem Netz rechtwinkelig aufeinander zulaufender Straßen durchzogen. Große Teile der Bebauung stammen allerdings aus dem 19. Jahrhundert. Sehenswert ist das Biosphärenreservat Vattenrike.

Sonntags trifft man die Fußgängerzone von Kristianstad weitgehend ruhig an.

Östlich von Kristianstad, am Ufer des Oppmannasjön, liegt Schloss Karsholm.

Schweden | Götaland

Vor der Kulisse hübscher farbenfroher Häuserreihen mündet bei Karlshamn der Fluss Mieån in die Ostsee.

* Listerland

Nicht zuletzt dank einiger schöner Badestrände hat sich die Halbinsel im Westen Blekinges zu einem populären Feriengebiet entwickelt. Besonders Familien machen hier gern Urlaub. In den Küstengewässern um Listerland finden Segler ideale Bedingungen vor. In der Marina von Hällevik herrscht den ganzen Sommer über Hochbetrieb. Sölvesborg, der an der Grenze zu Schonen gelegene Hauptort der Region, präsentiert sich als charmantes Landstädtchen, das im Sommer viele Touristen anzieht. Hier lohnt vor allem die mittelalterliche Backsteinkirche St. Nicolai eine Besichtigung. Sie kann mit Kalkmalereien des 15. Jahrhunderts aufwarten. Nördlich von Listerland mündet, in der Nähe des gleichnamigen Ortes, die Mörrum in die Ostsee, einer der lachsreichsten Flüsse der Welt. Zwischen Mai und Juni, wenn die Fische zu ihren Laichgründen flussaufwärts ziehen, kann man zahlreichen Sportanglern beim Fischen zusehen und beobachten, wie sie riesige Exemplare des Blanklachses aus dem Wasser ziehen. Das Laxens Hus in Mörrum informiert über die Lebensweise des Edelfischs.

* Karlshamn

Der gut 20 000 Einwohner zählende Ort an der Europastraße 22 ist durch seinen Hafen bekannt geworden, von dem aus im 19. Jahrhundert über eine Million Schweden, ein Viertel der Bevölkerung, nach Amerika emigrierten. Ein aus vier Romanen bestehendes Epos von Vilhelm Moberg befasst sich mit dem Schicksal der Auswanderer in der Neuen Welt. In Karlshamn erinnert das Utvandrar-Monument, eine von Axel Olsson geschaffene Skulptur, die die beiden Hauptfiguren des Epos darstellt, an die Auswanderungswelle. Die Anfänge von Karlshamn gehen auf einen Marinestützpunkt zurück, den Karl X. Gustav 1658 hier errichten ließ. Das auf einer vorgelagerten Insel errichtete Kastell stammt aus dieser Zeit. Nachdem der Sitz der königlichen Flotte 1679 nach Karlskrona verlegt worden war, entwickelte sich Karlshamn zu einem wichtigen Seehandelshafen. Heute ist die Stadt Endpunkt wichtiger Fährverbindungen nach Litauen und Lettland. Obwohl Karlshamn über keine besonderen Se-

Männliche Mufflons beeindrucken durch ihre schneckenförmig gebogenen, breiten Hörner.

henswürdigkeiten verfügt, lohnt sich ein Besuch. Die überaus charmante Altstadt wartet mit zahlreichen historischen Fachwerkbauten des 18. Jahrhunderts auf. Das in einer ehemaligen Branntweindestille untergebrachte Punschmuseum ist weltweit einzigartig und gibt Einblicke in die Spirituosenproduktion. Zwischen Karlshamn und Ronneby lockt unweit der Europastraße 22 der Safaripark Eriksberg, in dem man Wildtiere vom Auto aus beobachten kann.

** Safaripark Eriksberg

Der schwedische Schriftsteller, Tierfilmer und Fotograf Bengt Berg kaufte 1938 das Anwesen Gut Eriksberg, zäunte es ein und schuf dort einen Lebensraum für nordische Wildtierarten. Auf gut 900 Hektar entwickelte sich hier einer der größten Safariparks Europas. Traumhaft ist die Lage direkt an Blekinges Schärenküste, spektakulär die Möglichkeit, Wisente, Mufflons, Rot- und Damwild aus nächster Nähe zu beobachten – und zwar aus dem eigenen Auto. Die etwa zehn Kilometer lange Fahrt führt durch dichte Laub- und knorrige Nadelwälder, vorbei an Buchten, Seen und Felsen, über Hügel und durch viele Kurven. Aussteigen ist nur an vorgegebenen Stellen gestattet. Wer nicht selber fahren möchte, kann sich auch einem der kundigen Guides anschließen. Viel Glück hat, wer einen der Seeadler erspäht. Auf einem großen See im Park, dem Färsksjön, wachsen wunderschöne weiße und rote Seerosen.

Auch Wisente gibt es in Eriksberg.

In Feierlaune: Mittsommer

Die »Weißen Nächte« sind magisch. Getrocknete Mittsommerblumen und Tau, der am Morgen des Mittsommertags gesammelt wird, heilen Krankheiten, so will es der alte nordische Glaube. Baden sollte jedoch niemand an diesem Tag – zumindest nicht in der Natur. Denn der Wassergeist Neck geht dann um, spielt verführerisch auf seiner Violine und lockt damit Menschen an. Einmal im Wasser, finden sie dort ihr nasses Grab. Romantische Seiten hat die Woche vom 20. bis 26. Juni aber auch: Viele Paare heiraten, wenn die Sonne nicht oder gerade einmal für zwei Stunden untergeht. Tänze werden aufgeführt, Trachten getragen, und alles ist mit Blumen geschmückt. Das Land begrüßt den Sommer und feiert ihn rund um die Uhr, ans Schlafen denkt niemand. Einst war es für Knechte und Mägde der einzig freie Tag im Jahr, an dem sie feiern oder jemanden kennenlernen konnten. Mädchen sammeln nach dem Tanzen sieben verschiedene Feldblumen und legen sie unter ihr Kissen. Der Sage nach träumen sie dann in dieser Nacht von ihrem künftigen Mann.

Schweden | Götaland 123

Als einer der schönsten Strände Schwedens gilt der Küstenabschnitt bei Tylösand.

Einige typische, falunrot gestrichene Holzhäuser hat Karlskrona aufzuweisen.

Halmstad breitet sich an der Mündung des Flusses Nissan aus.

** Ronneby

Der einige Kilometer landeinwärts am Ronnebyån gelegene Ort ist in Schweden als Stadt der Töpfe und Pfannen bekannt. Im 19. Jahrhundert siedelten hier bedeutende Betriebe der Eisen verarbeitenden Industrie. Werkstätten, die Geschirr aus Eisen produzieren, spielen bis heute eine nicht unwichtige Rolle in Ronnebys Wirtschaftsleben. Auch als Spurenelement hat das Metall der Stadt Glück gebracht. Denn dank der eisenhaltigen Quellen, die bereits im 18. Jahrhundert entdeckt wurden, entwickelte sich Ronneby zu einem über die Grenzen Schwedens hinaus bekannten Kurort. Zwei Jahrhunderte zuvor war Ronneby als größte Stadt Blekinges im Dreikronenkrieg Schauplatz einer blutigen Schlacht zwischen dem schwedischen und dem dänischen Heer, wovon noch heute eine Tür in der Heliga Kors kyrka (Heilig-Kreuz-Kirche) zeugt. Neben der Kirche ist Ronnebys Brunnspark südlich der Stadt einen Besuch wert. Die herrlichen Themengärten, die hier angelegt wurden, laden zu Spaziergängen ein.

Ronneby liegt idyllisch am Fluss Ronnebyån. Die Pastelltöne der Häuser tragen zum zauberhaften Flair bei.

Die sehenswerten Kuranlagen auf dem Gelände stehen unter Denkmalschutz.

** Karlskrona

Blekinge läns Hauptstadt liegt auf einer Insel im Innern des Schärengartens, der der Küste im Osten der Provinz vorgelagert ist. Sie wurde ab 1680 unter Karl XI. als Marinestützpunkt angelegt und in den Jahrhunderten danach immer wieder ausgebaut. Das historische Karlskrona gilt als herausragendes Beispiel eines planvoll angelegten Marinestützpunkts des 17. Jahrhunderts. Große Teile der Bebauung wie die Hafenanlagen, Werften, die Versorgungseinrichtungen und Unterkünfte oder das Kungsholm Fort stehen deshalb seit 1998 auf der UNESCO-Welterbeliste. Karlskronas Straßen und Plätze bestechen durch ihre Weitläufigkeit. Sie verleihen dem Ort, der heute rund 37 000 Einwohner zählt, eine großstädtische Aura. Viele der im 17. und 18. Jahrhundert erbauten Häuser stehen noch heute. Der Stortorget, ein riesiger Platz im Zentrum der Stadt, wird von der Trefaldighetskyrkan, dem Rathaus und einem Wasserreservoir gesäumt, Meisterwerken schwedischer Barockarchitektur.

** Tylösand

Nizza, St. Tropez, Rimini? Mit diesen berühmten Orten kann sich Schwedens mondänes Seebad Tylösand, das vor Halmstad an der Küste liegt und durch seinen sieben Kilometer langen Sandstrand besticht, durchaus messen. Hinzu kommen Golfplätze, noble Villen, ein schickes Hotel und ein Nachtclub mit prominentem Besitzer – dem Musiker Per Gessle, bekannt von der Popband Roxette. Im Sommer kann Tylösand überlaufen sein, können Champagner, Scampis und Promis dem einen oder anderen zu viel werden. Doch wer sich ein wenig abseits hält, findet Ruhe und viel Natur. Die vielleicht beste Art, sich dem Ort zu nähern, ist der Prinz-Bertils-Weg. Er führt vom Palast in Halmstad bis zum Strand. Benannt ist er nach Prinz Bertil von Schweden, der rund 40 Jahre lang seine Sommer hier verbrachte.

** Halmstad

Halmstad präsentiert sich als quirliger Küstenort. Die guten Einkaufsmöglichkeiten und ein reges Nachtleben locken in den Sommermonaten zahlreiche Urlauber aus den nahen Badeorten an. Wie vielen anderen Orten in Südschweden hat Christian IV. auch Halmstad seinen Stempel aufgedrückt: Nach dem verheerenden Brand des Jahres 1619 ließ der Dänenkönig die Stadt als renaissancezeitliche Idealstadt neu erbauen. Bis heute wird der historische Ortskern von schnurgeraden, im rechten Winkel aufeinander zulaufenden Straßen durchzogen. Auch einige Fachwerkhäuser am Stora Torg und in der Strorgatan stammen aus dieser Zeit. Das Schloss, in dem heute die Provinzregierung residiert, wurde ebenfalls unter Christian IV. erbaut. Die Moderne ist in Halmstad durch Carl Milles' Brunnen »Europa und der Stier« am Stora Torg sowie durch die am Ufer des Flusses Nissan aufgestellte Plastik »Kvinnohuvud« (»Frauenkopf«) von Picasso prominent vertreten.

Schweden | Götaland 125

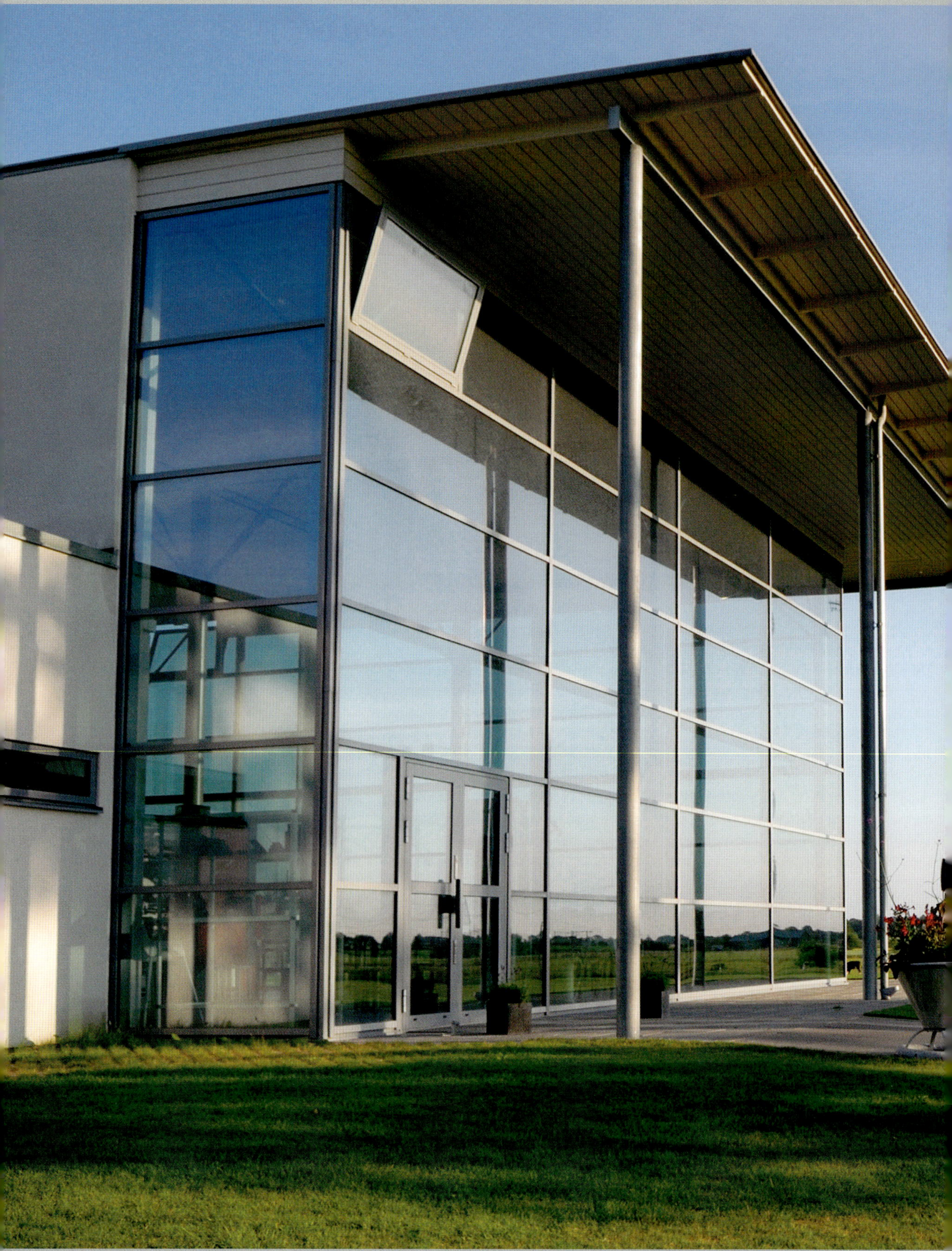

Nachrichten aus Übersee

Im Jahr 1895 erfand der italienische Physiker Guglielmo Marconi auf der Grundlage von Radiowellen die drahtlose Telegrafie. Bald darauf entstanden weltweit Funkstationen. Im Verlauf des Ersten Weltkriegs beschloss der schwedische Reichstag, einen Langwellensender für die Telegrafie und eine Empfangsstation zu bauen. Wesentlich für dessen Lage war, dass die Radiowellen über die offene See nach New York gelangen konnten, und so fiel die Wahl auf Grimeton. Die Großfunkstation nahe Varberg wurde zwischen 1922 und 1924 gebaut, zur Einweihung am 1. Dezember 1924 erschien sogar König Gustav I. von Schweden. Der wichtigste Teil des Senders ist der von Ernst Alexanderson gebaute Wechselstromgenerator. Die sechs Sendetürme aus Stahlfachwerk sind 127 Meter hoch und haben oben 46 Meter lange Querarme, die die acht Kupferleitungen tragen. Von 20 ähnlichen Stationen auf der Welt ist die Radiostation Grimeton als einzige unverändert und funktionstüchtig. 1995 wurde die Station geschlossen, seit 2004 ist sie Weltkulturerbe.

Die Gegend um Ljungby ist zu jeder Jahreszeit ein wahres Naturparadies.

*** Falkenberg

Der an der Mündung des lachsreichen Ätran in das Kattegat gelegene Ort mit rund 28 000 Einwohnern wartet mit einer sehenswerten Altstadt auf. Die Kopfsteinpflastergassen des Viertels werden von historischen Holzhäusern gesäumt, die teilweise noch aus dem 18. Jahrhundert stammen. Hier finden sich viele nette Lokale und Geschäfte. Im Zentrum der Altstadt ragt die mittelalterliche St. Laurentii kyrka auf. Innen überrascht das Gotteshaus mit einer bemalten Holzdecke aus dem 18. Jahrhundert, die das Jüngste Gericht zeigt. In der Nähe laden das Stadtmuseum und eine traditionelle Töpferwerkstatt zu einer Besichtigung ein. Im Stadtzentrum ist auch die neogotische Falkenberg kyrka einen Besuch wert. Die in das Kattegat hineinragende Landzunge Morups Tånge nördlich von Falkenberg ist nicht nur wegen des 1862 errichteten Leuchtturms ein beliebtes Ausflugsziel: Das Gebiet ist als Vogelparadies bekannt und als Naturreservat ausgewiesen.

*** Varberg

Die Hafenstadt am Kattegat blickt auf eine lange Tradition als Seebad zurück. Das an der Wende vom 19. zum 20. Jahrhundert in Hafennähe auf Stelzen errichtete Kaltbadehaus erinnert daran. Sein Schwimmbad und die Saunen werden bis heute genutzt. Wahrzeichen der Stadt ist die gegen Ende des 13. Jahrhunderts auf einer Klippe errichtete Varbergs Fästning. Die vielen Kriege, die Skandinavien über die Jahrhunderte erschütterten, überstand die Festung unversehrt. Unter dem Dänenkönig Christian IV. wurde sie zur modernsten Festungsanlage Europas ausgebaut. Seit den 1920er-Jahren ist hier ein Regionalmuseum zur Geschichte und Kultur Hallands untergebracht. Das bedeutendste Ausstellungsstück dürfte der Bockstensmann sein, eine Moorleiche aus dem 14. Jahrhundert, deren Kleidung nahezu vollständig erhalten ist.

* Ljungby

Gräber, Runensteine und Streitäxte – Ljungby hat eine bewegte Vergangenheit, die beweist, dass dort schon vor 5000 Jahren Menschen siedelten. Der Ort hat eine strategisch wertvolle Position: Der Weg »Lagastigen« traf hier auf den, der am Bolmen-See entlangführte. Schon im 13. Jahrhundert errichtete man entlang der Strecke Unterkünfte für Reisende und trieb so die Entwicklung des kleinen Ortes voran. Heute leben ca. 16 000 Einwohner in Ljungby, ein beliebter Treffpunkt ist der Platz Gamla Tor, wo sich einst Handelsreisende trafen. 1953 zerstörte ein Brand große Bereiche der Stadt, die teils in sehr modernem Stil wiedererrichteten Gebäude sind nicht jedermanns Geschmack. Für alle das Richtige ist aber sicher das Sagomuseet: Smålands Welt der Sagen ist hier beheimatet. Engagierte Märchensammler haben das Museum in einem Holzhaus im Stadtzentrum eröffnet.

*** Växjö

Växjö war schon zu Wikingerzeiten ein wichtiger Handelsplatz, heute ist es vor allem eine pulsierende Universitätsstadt. Mitten in der Stadt beherrscht seit dem 14. Jahrhundert der Dom mit seinem Doppelturm das Bild. Die rund 65 000 Einwohner können sich übrigens freuen: Sie leben in einer der grünsten Städte Europas, der Växjö-See ist ein beliebtes Ausflugsziel. Eine fünf Kilometer lange Strandpromenade führt um den Växjösjön herum. Im Norden erstreckt sich der See Helgasjön. Wer sich für traditionelle Handwerkskunst interessiert, ist in Växjö ebenfalls richtig: In der

Die den Fluss Ätran überspannende Tullbron in Falkenberg zählt zu den wenigen erhaltenen Steinbrücken Schwedens.

Hauptstadt des »Glasreichs« im Südosten Smålands ist die Glasbläserkunst zu Hause. Fünf Kilometer nördlich von Växjö lockt die Burgruine Kronoberg Romantiker, die im Sommer den Ausblick vom ehemaligen Gefängnisturm genießen.

** Herrenhaus Huseby Bruk

Rund 20 Kilometer südwestlich von Växjö, im Herzen Südschwedens, liegt Huseby Bruk. Es ist ein herrschaftliches Anwesen, das aus dem 17. Jahrhundert stammt und mit allem aufwartet, was man sich darunter nur vorstellen kann: einem eleganten Herrenhaus, einem Park und kostbaren Möbeln. Huseby Bruk ist aber weit mehr als das, es ist auch ein Hüttengelände. In frühindustrieller Zeit entwickelte sich in Småland die Eisenherstellung. Auch rings um Gut Huseby Bruk und seine landwirtschaftlichen Gebäude entstand eine Eisenhütte mit Schmelzwerk und Schmieden. Hinzu kommen Pumpen, Mühlen und Sägewerke. Es braucht Zeit, um das gesamte Areal zu erkunden, denn neben dem Eisenhüttenmuseum gibt es eine Ausstellung alter Fahrzeuge, ein Elektro- und ein Landarbeitermuseum.

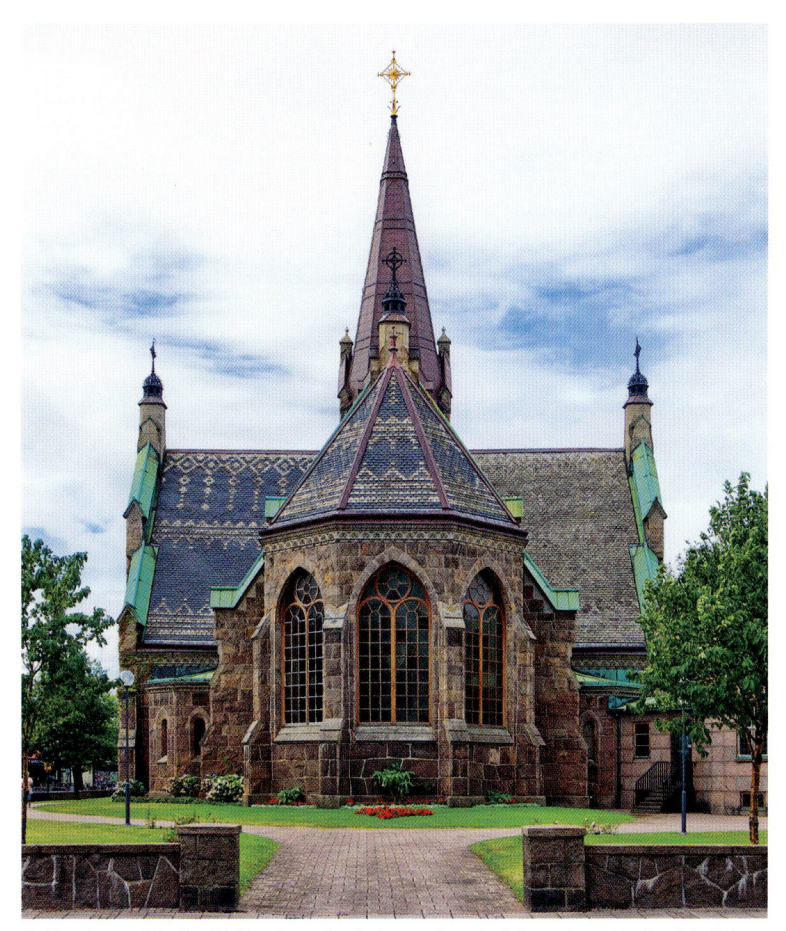

Falkenbergs Kirche (Falkenberg kyrka) prunkt mit dekorativen Dachschindeln.

Ost- oder Nordsee?

Kattegat, zu Deutsch »Katzenloch«, nennt man das Gewässer zwischen Schwedens Westküste und Dänemarks Nordhälfte. Es erstreckt sich über 22 000 Quadratkilometer und ist im Durchschnitt 80 Meter tief. Das Kattegat hat direkten Zugang zur Ost- und zur Nordsee. Kleine Schiffe mit wenig Tiefgang brauchen nicht um Dänemarks Nordspitze zu fahren, sondern können durch den Limfjord und vorbei an Aalborg abkürzen. So weit die Fakten. Aber dann wird es auch schon schwierig. Gehört das Meeresgebiet zur Nordsee oder zur Ostsee? Die Skandinavier sagen: Weder noch, es ist eigenständig. Eigensinnig ist es auf jeden Fall, das Kattegat gehört zu den schwierigsten Segelrevieren. Seine Untiefen und das stellenweise sehr schmale Fahrwasser brachten ihm seinen Namen ein. Auf der schwedischen Seite wird das Kattegat von herrlichen Sandstränden begrenzt. Parallel zur Küste verläuft ein 390 Kilometer langer Fahrradweg, der Kattegattleden. Er führt von Helsingborg nach Göteborg durch Halland, meist mit einem tollen Blick auf Fischerdörfer und Buchten.

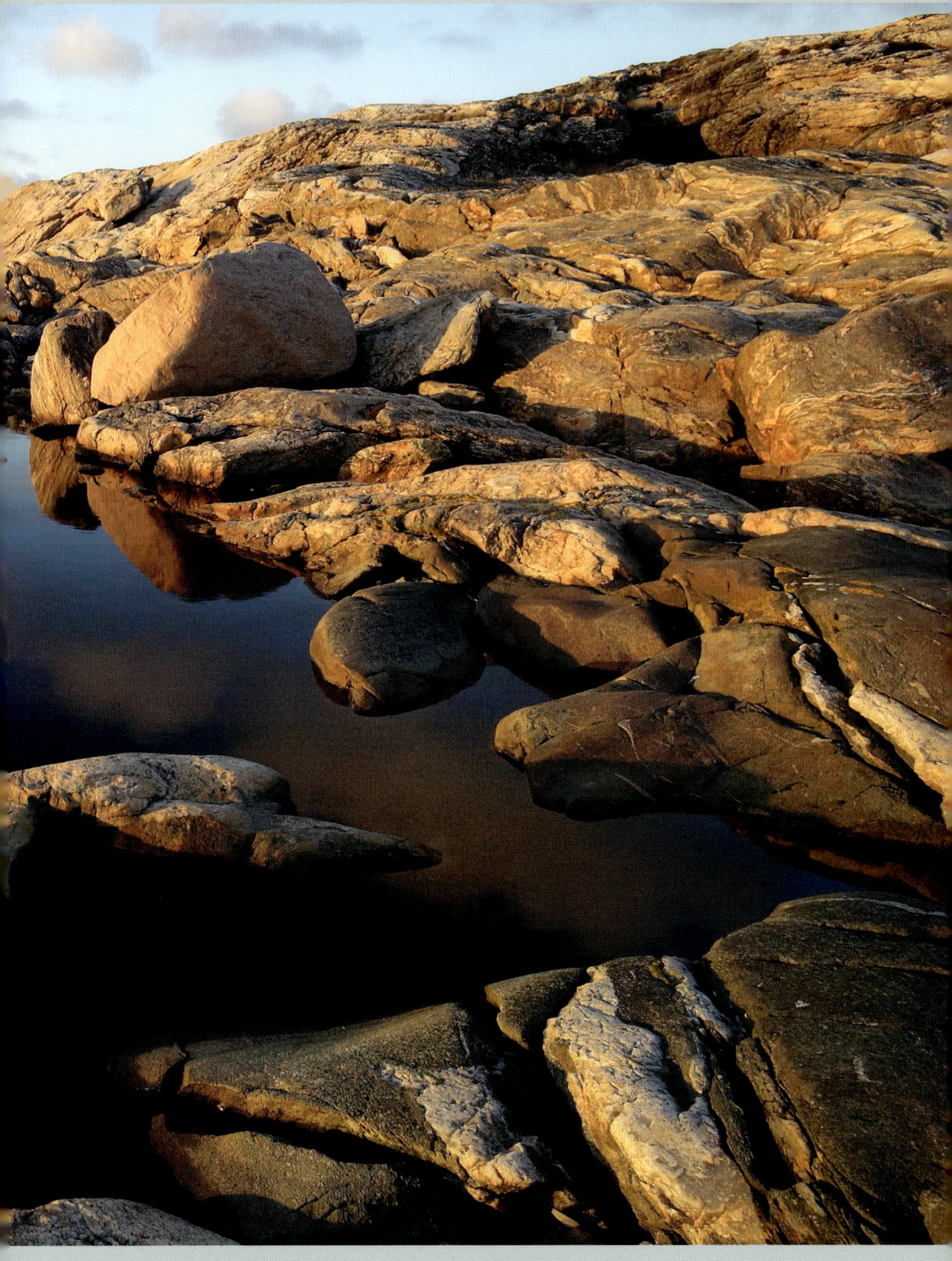

* Värnamo

Seen, Wälder, Wiesen – hier lockt die Natur Smålands mit ihren schönsten Reizen. Ein Paradies für Aktivurlauber, die jeden Tag etwas anderes ausprobieren können: mit dem Kanu die Seen erkunden, durch Wälder wandern und dabei mit etwas Glück Elche beobachten oder per Fahrrad die Strecken rund um die schwedische Kleinstadt erkunden. Sie liegt im Tal des Flusses Lagan, unmittelbar an der Europastraße 4, und ist ein Eisenbahnknotenpunkt – leichte Erreichbarkeit ist damit garantiert. Etwa 20 000 Menschen leben hier. Wer an einem der Seen in der Umgebung angeln will, braucht einen Angelschein, erhältlich bei der Touristeninformation. Zum Gemeindegebiet von Värnamo gehört auch das einstige Kloster Nydala, zu Beginn des 16. Jahrhunderts das größte Zisterzienserkloster Schwedens, von dem nur noch wenige Gebäudereste und Teile der Klosterkirche erhalten sind, die in die neue Kirche der Kirchengemeinde integriert wurden.

** Nationalpark Store Mosse

Das größte zusammenhängende Moor südlich von Lappland umfasst 78,5 Quadratkilometer. Seit 1982 ist Store Mosse ein Naturschutzgebiet, über mehr als 40 Kilometer Wanderwege lässt es sich erkunden. Besucher spazieren über schmale, naturbelassene Pfade oder Holzstege. Verwunschen sehen sie aus, wie sie sich über den sumpfigen Grund mitten durch die gespenstisch kahlen Baumstämme schlängeln. Im Wald brechen Sonnenstrahlen durch die Kronen, Dunst steigt auf, und schon bald schließt sich wieder eine weite, von Gräsern und Moosen bewachsene Ebene an, über die am frühen Morgen Nebelschwaden wabern. Mitten im Moor liegt der See Kävsjön, der etwa 100 Vogelarten geeignete Brutplätze bietet. Drei Aussichtstürme gewähren Besuchern die Möglichkeit, die Vögel in aller Ruhe zu beobachten, geführte Wanderungen (mit Fernglas und Bad im Moorsee) starten am Nationalparkzentrum.

** Eksjö

Den schönsten Blick über das småländische Hochland, die dichten dunkelgrünen Wälder, die sich bis zum

Der Nationalpark Storre Mosse umfasst das größte Moorgebiet Südschwedens.

Die einstige Klosterkirche von Nydala hat heute als Pfarrkirche Fortbestand.

Horizont erstrecken, und die Seen, die wie spiegelnde blaue Flächen in der Landschaft ruhen, hat man etwa zehn Kilometer östlich von Eksjö vom 338 Meter hohen Berg Skuruhatt aus. Und nicht nur das: Direkt zu Füßen gibt die Schlucht Skurugata einen Eindruck von der besonderen Topografie Smålands. Bis zu 60 Meter ragen ihre Felswände senkrecht empor, sie sind aus braunem, vulkanischem Gestein. Entstanden ist die 800 Meter lange Schlucht, die mit einer Breite von sieben bis 24 Meter in die Landschaft schneidet, am Ende der letzten Eiszeit vor rund 10 000 Jahren. Wer sie durchwandert, muss sich auch im Sommer warm anziehen, denn über zehn Grad steigt das Thermometer dort nie. Doch auch Eksjö selbst lohnt einen Bummel durch die kleinen pittoresken Straßen. Bis heute besteht der Ort aus Holzhäusern. Deshalb steht der historische Stadtkern unter Denkmalschutz. Wer durch die Kopfsteinpflastergassen schlendert, sollte einen Blick in die Innenhöfe werfen: Verwunschene, lauschige Plätze, geschmückt mit Pflanzen und hölzernen Terrassen, gehören zu den kleinen Häusern.

** Nationalpark Norra Kvill

Der Nationalpark Norra Kvill auf dem Gebiet der Gemeinde Vimmerby besteht aus echtem Urwald: Seit mehr als 150 Jahren hat dort kein Mensch mehr zu Säge oder Axt gegriffen. Die ältesten Nadelbäume sind mehr als 350 Jahre alt und haben eine beeindruckende Höhe von 35 Metern erreicht. In Norra Kvill steht auch die dickste Eiche Europas: Um ihren stattlichen Umfang von etwa 15 Metern zu erreichen, hat sie rund 1000 Jahre gebraucht! Umgestürzte Bäume gehören ebenso zu dieser Wildnis wie quer wachsende Äste, bemooster Waldboden und zwei Seen, Stora Idgölen und Lilla Idgölen. Apropos Moos: Hier gibt es über 200 Arten von Moosen und über 100 Flechten. Das Gebiet ist steilhügelig, die höchste Erhebung ist der Berg Idhöjden mit etwa 230 Metern. Überall sind Findlinge aus Granit in der Landschaft verstreut. Norra Kvill ist heute 114 Hektar groß. 1927 wurde der Nationalpark mit einer Fläche von nur 27 Hektar eröffnet, 1994 dann auf die derzeitige Größe erweitert.

Viele der Holzhäuser in Eksjö sind als Kulturdenkmäler ausgezeichnet.

Auf der undurchdringlichen Wasseroberfläche des Vättern spiegeln sich die Wälder.

** Jönköping

Die Hauptstadt der Region Jönköpings län befindet sich am südlichen Ende des Sees Vättern. Rund 100 000 Einwohner zählt die Stadt im Nordosten Smålands, die an einem wichtigen Verkehrsknotenpunkt liegt. Schon vor 1000 Jahren führte eine Handelsroute über den Sandrücken zwischen dem Vättern und dem innerstädtischen See Munksjö. In Jönköping trafen Wege aus allen Richtungen zusammen – wahrscheinlich war auch dies ein Grund, weshalb Jönköping 1284 als erste Stadt in ganz Schweden von Magnus Ladulås königliche Privilegien erhielt. Historische Bauten gibt es natürlich auch zu sehen: etwa das alte Rathaus sowie das Gerichtsgebäude Göta Hovrätt. Beide stammen noch aus dem 17. Jahrhundert.

*** Vättern

Er ist geheimnisvoll und sagenumwoben: der Vättern. Schwedens zweitgrößter, 128 Kilometer langer Binnensee ist im Laufe der Geschichte mehr als 120 Schiffen zum Verhängnis geworden. Sie sanken in schweren Stürmen, die vor allem im Herbst über das Gewässer peitschen. Das glasklare Wasser des Sees ist im Süden mehr als 100 Meter tief. Steil fallen hier die Ufer ab, zahlreiche Felsen ragen imposant empor. Sehenswert ist unter anderem der Leuchtturm in Karlsborg. Leicht pyramidenförmig und ganz aus Holz gebaut, erhebt er sich strahlend weiß über dem See. Geologisch ist der Vättern eine mit Wasser gefüllte Senke im Urgestein, die nach Norden hin immer flacher wird. Der Hotspot für

Der weiße Leuchtturm von Karlsborg überragt das Nordwestufer des Vättern.

Jönköping liegt direkt an der Südspitze des riesigen Vätternsees.

Taucher bietet viel Abwechslung an seinen Ufern: So wachsen im Osten Obstbäume, Kräuter und Arzneipflanzen, die Mönche bereits im 12. Jahrhundert mitbrachten. Es gibt einige herrliche Badeplätze am See, wie etwa Vättersvallen in Brevik, Djäknasundet in Karlsborg und nicht zuletzt das Varamo-Bad in Motala, Nordeuropas längster Binnenseestrand.

** Visingsö

Ein Grund dafür, dass Gränna, die kleine Ortschaft am südöstlichen Seeufer des Vättern, häufig überlaufen erscheint, ist der Fährhafen, von dem man auf die Insel Visingsö übersetzen kann. Das schmale, lang gestreckte Eiland liegt mitten im Vättern und ist nur rund 15 Kilometer lang. An der breitesten Stelle misst Visingsö gerade einmal drei Kilometer. Kleine Insel, große Bedeutung, wie ihr Name verrät: Königsinsel. Die zentrale Lage im Land und das Wasser rundherum zogen im 12. und 13. Jahrhundert die Herrscher an. Davon zeugen die Ruine von Schloss Näs im Süden der Insel sowie die Festung Visingsborg im Osten. Besonders sehenswert ist der rekonstruierte Kräutergarten neben der Ruine. Am besten lernt man Visingsö bei einer Rundfahrt mit einer Remmalag-Kutsche kennen. Die langen Kutschen, auf denen man Rücken an Rücken sitzt, sind typisch für die Insel. Die Fahrt dauert etwa eine Stunde und führt zur Kumlaby kyrka mit ihren Wandmalereien und dem Aussichtsturm und durch die Eichenwälder, die Holz für Whiskeyfässer und edles Parkett liefern.

Schweden | Götaland

Am Stortorget in Kalmar befinden sich das Rathaus und das repräsentative Stadthotel.

Auf dem Gräberfeld Gettlinge auf Öland sind noch ca. 200 Gräber aus der jüngeren Bronze- und Eisenzeit erhalten.

Schmucke traditionelle Holzhäuschen zieren die Straßen von Kalmar.

*** Öland

Seit 1972 ist die Insel Öland mit dem Festland verbunden. Die sechs Kilometer lange Brücke führt über den schmalen Kalmarsund, der das beliebte Sommerziel vom Festland trennt. Aufgrund seiner zahlreichen Sandstrände bietet sich das Eiland optimal für einen Badeurlaub an, auch die schwedische Königsfamilie verbringt hier gern ihren Sommerurlaub. Die flache Insel lädt zu gemächlichen Radtouren ein, die zu den Wahrzeichen der Insel, den Windmühlen, führen. Einst gab es 2000 davon, heute sind noch 400 erhalten. Die Natur ist von kargem Charme und wirkt südländisch. Die einzigartige Heidelandschaft, Stora Alvaret, wächst auf einem Bett aus Kalkstein. Weder Bäume noch Büsche können sich hier halten. Sehenswert sind das Gettlinge-Gräberfeld für Archäologiebegeisterte sowie die Rekonstruktion der Burg Eketorp, in der man den Alltag vor 1500 Jahren erleben kann. Die Burg ist heute ein archäologisches Freilichtmuseum in Gestalt einer vollständig restaurierten frühgeschichtlichen Anlage. Die Ausstellung innerhalb der hohen Ringmauer soll das Leben im 7. Jahrhundert zeigen, angefangen bei den Gebäudedetails über die Mitarbeiter in historischer Kleidung bis hin zu frei laufenden Schweinen, Schafen oder Hühnern alter schwedischer Landrassen. Orchideenliebhaber sind im südlichen Teil der Insel richtig.

*** Kalmar

Der etwa 36 000 Einwohner zählende Ort an der der Insel Öland gegenüberliegenden småländischen Küste ist eine der ältesten Städte Schwedens. Er präsentiert sich heute als bezauberndes Kleinstadtidyll. Der Stortorget mit Dom und Rathaus bildet den Mittelpunkt des historischen Zentrums, das nach dem Großbrand von 1648 auf der Insel Kvarnholmen neu angelegt und mit Festungsmauern umgeben wurde. Auch das Netz rechtwinklig aufeinander zulaufender Straßen, das das Viertel noch heute durchzieht, stammt aus dieser Zeit. Das in einer historischen Dampfmühle untergebrachte Landesmuseum (Kalmar läns museum) wartet mit den Überresten eines 1676 vor Öland gesunkenen Schiffes der königlichen Marine auf. Der »Schatz« wurde erst 1980 entdeckt und von Archäologen geborgen. Zu sehen sind nicht nur Kanonen, Steuerruder und Navigationsgeräte, sondern auch eine wertvolle Sammlung von Goldmünzen, die in dem Wrack gefunden wurden. Die einstige Festungs- und Verteidigungsstadt wird heute oft zur »Sommerstadt Schwedens« gekürt. In den wärmeren Monaten lässt es sich hier wunderbar durch die Straßen schlendern und in einem der zahlreichen Cafés typisch schwedische Süßigkeiten kosten. Nur der Wind macht hin und wieder einen Strich durch die Rechnung.

In prächtigen Orangetönen leuchtet Schloss Kalmar im Morgenlicht.

Die Schlosskirche von Kalmar wird gern für Trauungen und Taufen genutzt.

*** Schloss Kalmar

Das Schloss, in dem im Jahr 1397 der Vertrag über die Kalmarer Union unterzeichnet und Erik von Pommern zum König von Dänemark, Schweden und Norwegen gekrönt wurde, ist wichtiger Zeuge einer wechselvollen Geschichte. Die Anfänge von Kalmar Slott gehen auf eine mittelalterliche Burg zurück, die im 16. Jahrhundert unter Gustav I. Vasa und seinen Nachfolgern zu einem prächtigen Renaissancepalast ausgebaut und durch einen Wall ergänzt wurde. Lange Zeit war das Schloss zwischen Dänen und Schweden heftig umkämpft. Nach dem Ende des Kalmarkriegs 1613 ging es endgültig in schwedischen Besitz über und wurde als Gefängnis, Getreidespeicher und Schnapsdestille genutzt, ehe es bis weit in das 19. Jahrhundert hinein dem Verfall preisgegeben war. Nach einer umfänglichen Restaurierung, die um 1850 begann und bis in die 1940er-Jahre dauerte, erstrahlt Kalmar Slott heute wieder in altem Glanz und ist eines der besterhaltenen Renaissanceschlösser in Nordeuropa. Das Schloss empfängt seine Besucher mit sehenswerten Dauer- und Wechselausstellungen. In verschiedenen Räumlichkeiten werden einzelne Epochen der Geschichte des Schlosses anschaulich beleuchtet, Besucher können in die turbulente Geschichte des Schlosses und seiner ehemaligen Bewohner eintauchen. Im Sommer ist vom Ritterturnier bis zum Kampf gegen Drachen vor allem für Kinder einiges geboten.

** Oskarshamn

Oskarshamn ist Standort eines Fährhafens, der die Insel Gotland mit dem schwedischen Festland verbindet. Den Sommer über legen hier deshalb viele Touristen, die auf die Insel übersetzen wollen, einen Zwischenstopp ein. Sehenswert sind vor allem das Schifffahrtsmuseum sowie das dem Holzschnitzer Axel Petersson Döderhultarn gewidmete Döderhultarmuseet. Das Dorf Stensjö zehn Kilometer nördlich von Oskarhamn wurde in ein Freilichtmuseum umgewandelt, in dem nach wie vor traditionelle Landwirtschaft und bäuerliche Handwerkskunst betrieben werden. Von Oskarshamn starten nicht nur die Fähren nach Gotland, sondern den Sommer über auch Ausflugsschiffe, die die als Nationalpark ausgewiesene kleine Felseninsel Blå Jungfrun ansteuern.

** Vimmerby

Vimmerby ist die Heimat von Pippi Langstrumpf und Michel aus Lönneberga – und die vieler Kinderträume. Astrid Lindgren hat dem Ort ihren eigenen Stempel aufgedrückt. Zwar gibt es mehrere kleinere Unternehmen, doch der Ort lebt in erster Linie vom Tourismus. Am Rande der Stadt liegt Astrid Lindgrens Värld, etwa 500 000 Besucher empfängt man hier jährlich in den Sommermonaten. Schauspieler verkörpern im Theater Pippi, Michel und Ronja. Ansonsten ist die Welt, wie sie uns gefällt, originalgetreu nachgebaut, bis hin zur Villa Villekulla, wie Pippis Villa Kunterbunt auf Schwedisch heißt – und zwar in einem Maßstab für Kinder. Im Herbst findet im Andenken an die große Autorin ein Literaturfestival für Kinder- und Jugendliteratur statt.

*** Västervik

Nicht zuletzt dank ihrer Lage an einer reizvollen Schärenküste ist die Stadt ein in Schweden überaus populärer Ferienort. Segler und Surfer finden hier ideale Bedingungen vor. Västervik ist durch seine historischen Holzbauten aus dem 18. und 19. Jahrhundert bekannt, die nach wie vor das Stadtbild prägen. Die ursprünglich aus dem 15. Jahrhundert stammende St. Gertruds kyrka wurde im Laufe ihrer Geschichte mehrmals umgebaut. Sie wartet mit einem reich geschnitzten barocken Altar und einer schön geschmückten Holzdecke auf. Das in der Nähe der Kirche gelegene Cederflychtska fattighus aus dem Jahr 1750 war das Armenhaus der Stadt, ist aber dennoch sehenswert. In Västerviks ältestem Gebäude, dem vor 1677 errichteten Aspagård, haben heute Kunsthandwerker ihre Ateliers. Auch der in Hafennähe gelegene Markt lohnt einen Besuch. Hier werden lokale Fischspezialitäten angeboten.

Vereinigung der Nordländer: Kalmarer Union

Kalmar (unten eine Ansicht aus dem 17. Jahrhundert) ist als der Ort bekannt, in dem im Jahr 1397 eine Union zwischen Dänemark, Schweden und Norwegen begründet wurde. Obwohl das Bündnis sich als äußerst fragil erwies und Schweden 1523 ausscherte, gilt es als Modell für eine Kooperation souveräner Staaten. Im Vertrag von Kalmar verpflichteten sich die drei Länder zu einer gemeinsamen Außenpolitik unter der Führung eines Königs, gleichzeitig wurde ihre innerstaatliche Eigenständigkeit beschworen. Die Kalmarer Union ist das Werk Margarethes I., Tochter des dänischen Königs Waldemar IV., Ehefrau Håkons von Norwegen und Mutter des späteren Schwedenkönigs Olav.

Eine Stadt, davor 5000 Inseln – Västervik nennt sich gern »Perle der Ostseeküste«.

Das alte Badehaus von 1910 säumt die Uferpromenade von Västervik.

Heute sind die alten Häuschen in Visby sorgfältig restauriert und locken zu Spaziergängen durch die Gassen.

Visbys dreitürmige Domkirche ist die einzige historische Kirche der Stadt, in der noch Gottesdienste abgehalten werden.

*** Gotland

Gotland ist vor allem eine Insel für Golfer. Wer entspannt abschlagen oder den Sport erst noch lernen will, ist hier richtig. Doch die mit 3140 Quadratkilometern größte Insel der Ostsee hat noch viel mehr zu bieten. Geologisch gesehen, hat das Eiland eine große Vergangenheit, ist Gotland doch rund 400 Millionen Jahre alt und einst aus einem Korallenriff entstanden. Zu Wahrzeichen sind die seltsam geformten Felsennadeln, Raukar genannt, geworden. Sie sind während der letzten Eiszeit entstanden, Wind und Wetter haben sie bizarr geschliffen. Und noch etwas ist auf Gotland einzigartig: das Klima. So warm und sonnig ist es sonst nirgends, sogar Orchideen gedeihen auf der Insel. Apropos Insel: Natürlich ist das Meer überall präsent, und die zahlreichen herrlichen Strände sind vielen ein weiterer Grund für einen Urlaub auf Gotland.

* Naturschutzgebiet Ekstakusten

Eine der schönsten Küsten Gotlands ist die im Westen gelegene Küste Eksta, die sich vom Kap Hammarudda Richtung Norden zieht. In dem Naturschutzgebiet gedeihen duftende Kräuter, blühen Orchideen in lila und blau. Die Ekstakusten ist geprägt von Kieselstränden und den bizarren Kiefern, die sich dem Wind zwar beugen, aber nicht brechen. Und von Wein. Einen Abstecher zum Gute Vingård sollte man sich nicht entgehen lassen, ebensowenig einen Sonnenuntergang mit Blick auf die beiden Karlsinseln, die wie Tafelberge in der Ostsee liegen.

*** Visby

Visby ist die »Stadt der Rosen und Ruinen«. Dank des milden Klimas blühen die Rosen überall, und Ruinen gibt es hier auch viele. Denn von den einst 17 Kirchen steht nur noch eine, die restlichen sind verfallen. Schuld war ein Brand im Jahr 1525. Nur etwa 150 Häuser blieben verschont und gehören nun zum UNESCO-Weltkulturerbe. Visbys größter Schatz ist die Stadtmauer: Mehr als drei Kilometer lang und im 13. Jahrhundert errichtet, umgibt sie beinahe die gesamte Altstadt. Das schafft eine romantische Atmosphäre in den kleinen Gassen mit gemütlichen Straßencafés und urigen Häuschen.

Kieselstrände und Leuchttürme kennzeichnen die Landschaften Gotlands.

Nachlass des Filmgiganten: Ingmar Bergman Archiv

Das Archiv vereint Originalmanuskripte, Briefe sowie Fotos, Notizen und Skizzen und präsentiert ein umfassendes Bild über Leben und Arbeiten des Filmgiganten, der nicht nur dieses Medium beherrschte. Auch seine Operninszenierungen, Hörspiele und die in über 30 Sprachen übersetzte Autobiografie »Laterna Magica« sind hochgelobt. Der 1918 in Uppsala geborene Sohn eines lutherischen Pastors begann seine künstlerische Laufbahn 1944 als Regisseur am Stadttheater Helsingborg. Ein Jahr später drehte er seinen ersten Spielfilm, dem mehr als 50 weitere folgen sollten. Im Zentrum seiner Filme wie »Wilde Erdbeeren« (1957), »Das Schweigen« (1960–1963) oder »Szenen einer Ehe« (1973) stehen existenzielle Sinnfragen. Im Bild: Liv Ullmann und Ingmar Bergman.

Vom Klippengebiet Hoburgen schweift der Blick über die Südspitze Gotlands.

Raukar – steinerne Riesen

An Gotlands Küsten, aber auch in den Wäldern im Landesinneren ragen bizarre, bis über zehn Meter hohe Kalksteinsäulen, im Schwedischen Raukar genannt, in den Himmel. Der schwedische Naturforscher Carl von Linné verglich die bizarren Steinskulpturen einst mit »Statuen, Pferden und allerlei Geistern und Teufeln«, und so ranken sich viele Legenden um die Rauksteine. Fantastische Fotomotive sind sie allemal. Zu den sehenswertesten gehört die »Jungfrau« an der Steilküste bei Lickershamn, mit sieben Metern der größte Rauk Gotlands. Der bekannteste ist der Hoburgsgubben (»Hoburg-Greis«) an der Südwestspitze. Auf der Insel Fårö, nordöstlich vor Gotland gelegen, sollte man sich das mehrere Kilometer lange Naturreservat Digerhuvud nicht entgehen lassen. Die Rauksteine stehen hier in großer Zahl und unterschiedlichsten Formen zum Teil im Wasser. Auch im Naturreservat Langhammars auf Fårö findet man ein großes Raukgebiet. Der Kalkstein, aus dem die Rauken bestehen, entstand übrigens vor rund 490 Millionen Jahren aus einem Korallenriff.

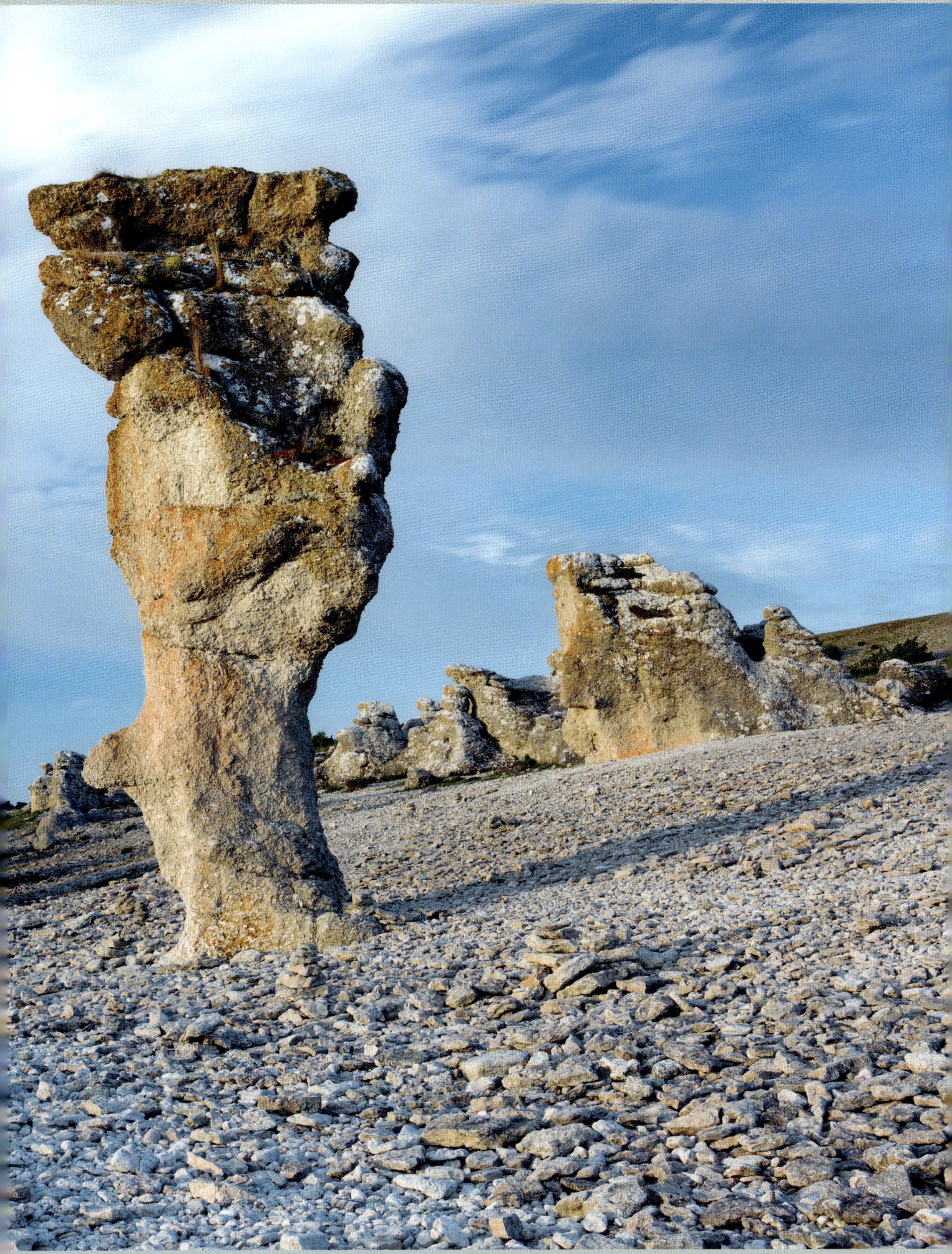

Blick auf Göteborgs Hafen Lilla Bommen mit dem Schiffshotel Barken Viking und dem rot-weißen Skanskaskrapan.

*** Fårö

Er gehörte zu den ganz Großen, erhielt den Oscar, den Goldenen Bären und wurde in Cannes für sein Lebenswerk geehrt: Ingmar Bergman. In Uppsala geboren, in Fårö gestorben und 2007 auf dem Kirchhof der Fårö kyrka beerdigt, ist der schwedische Regisseur seiner Heimat immer treu geblieben. Fårö liegt vor der Nordostspitze Gotlands und ist mit 113 Quadratkilometern immerhin die achtgrößte Insel Schwedens. Sie ist vor allem ein Sommerziel der Stockholmer, die auf Fårö ihre Häuschen haben. Pulsierendes Leben sollte niemand erwarten, der mit der Fähre von Fårösund aus übersetzt, denn auf dem Eiland herrscht Stille. Die Vegetation hat es auf den kargen Sandsteinböden im Westen schwer, der Süden dagegen ist fruchtbar und lockt Wanderer in seine Kiefernwälder, Fotografen zu den bizarr geformten Rauksteinen im Naturreservat Digerhuvud. Badegäste zieht es an die Nordspitze: Dort hat der Ort Sudersand breite Strände und Dünen mit feinem, fast weißem Sand, den man sonst auf Fårö nicht findet.

*** Göteborg

Göteborg ist die zweitgrößte Stadt Schwedens und gibt sich weltoffen. Kein Wunder, besitzt sie doch den größten Seehafen Skandinaviens. Bereits am Anfang des 19. Jahrhunderts florierte dort der Handel zwischen Großbritannien und Nordeuropa, und der industrielle Aufschwung ließ nicht lange auf sich warten. Heute wandelt sich jedoch das Bild hin zum kulturellen Zentrum der Region. Übrigens war der erste offiziell registrierte Bürger ein Holländer: Johan van Lingen verdankt die City ihren Grundriss mit den geraden Straßen, Kanälen und rechteckigen Häuserblöcken. Sehenswert sind die Altstadt, der Stadtpark Slottsskogen und der botanische Garten mit dem Rhododendren-Tal.

** Lilla Bommen

Nicht zuletzt dank zweier architektonischer Highlights hat sich Göteborgs Marina Lilla Bommen zu einer Touristenattraktion entwickelt. Das Opernhaus im Süden des Hafenbeckens, ein Meisterwerk von Jan Itzikovitz, wird oft als eines der schönsten Opernhäuser der Welt gerühmt, und im Norden springt die futuristische rot-weiße Fassade des Skanskaskrapan, eines 22-stöckigen, von Ralph Erskine entworfenen Bürogebäudes, ins Auge – im Volksmund wegen der roten Farbe und der abgeschrägten Spitze auch »Lippensift« genannt. Südlich des Opernhauses wurde mit dem Maritiman ein Erlebniszentrum der besonderen Art geschaffen: Das Museum präsentiert mit 20 zivilen und militärischen Schiffen die umfassendste Schiffssammlung der Welt. Die Besucher können hier durch den Bauch des U-Bootes Nordkaparan kriechen oder Schlepper, Fähren und Löschboote besichtigen.

Fårös markante Raukar sind von Wind und Wetter geformte, Millionen von Jahren alte Kalksteinsäulen.

Göteborg und seine Museen

Göteborg verfügt über eine vielfältige Museumslandschaft. Die Sammlungen sind weit über die Grenzen Schwedens hinaus bekannt und genießen einen ausgezeichneten Ruf. Das Konstmuseum am Göstaplatsen etwa wartet mit einer umfangreichen Sammlung skandinavischer Meister des 19. und 20. Jahrhunderts wie Carl Larsson, Anders Zorn und Edvard Munch auf. Das Röhsska Museet im Universitätsviertel Vasastan ist das einzige Designmuseum Schwedens. Hier werden nicht nur landestypische Möbel, Textilien und Keramik, sondern auch Arbeiten aus China und Japan gezeigt. In der Nähe des Vergnügungsparks Liseberg ist mit dem Universeum ein Wissenschaftsmuseum entstanden, das anschaulich über die Naturräume unseres Planeten informiert. Das Museum der Weltkulturen sorgt mit multimedialen Präsentationen für Furore. Göteborgs Naturhistorisches Museum besitzt einen ausgestopften Blauwal. Die Geschichte der schwedischen Seeschifffahrt wird im Sjöfartsmuseum anhand einer Fülle von Exponaten dokumentiert.

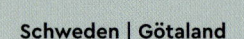

Schweden | Götaland 147

Das »Blaue Band Schwedens«

Die Entdeckung der Langsamkeit könnte hier ihren Ursprung haben: Auf dem Göta-Kanal, dem »Blauen Band Schwedens«, schippert, wer Zeit hat und die Landschaft genießen will. Mit 190 Kilometern Länge ist der Kanal die Verbindung zwischen Ost- und Nordsee und schlängelt sich quer durchs Land. 1832 eröffnet, sollte er einst dem Transport von Waren dienen, wurde aber schon bald von Straßen und Schienen abgelöst. Heute ist der Kanal ein Ziel für Naturfreunde. An zahlreichen Orten kann man Boote, Kanus und Kajaks leihen, oder man steigt in eines der Ausflugsschiffe, auf denen man auch längere Strecken mit Übernachtung buchen kann. Der Kanal ist auch hervorragend zum Segeln geeignet. Besonders beliebt sind die 58 Schleusen, auf denen man das Auf- und Abschleusen der Schiffe beobachten kann. Große Freude herrscht, wenn die nostalgischen Ausflugsdampfer in die alten Schleusen einfahren. Der alte Treidelpfad am Kanalufer ist eine von Schwedens beliebtesten Fahrradstrecken, außerdem gibt es entlang des Kanals jede Menge Wanderwege.

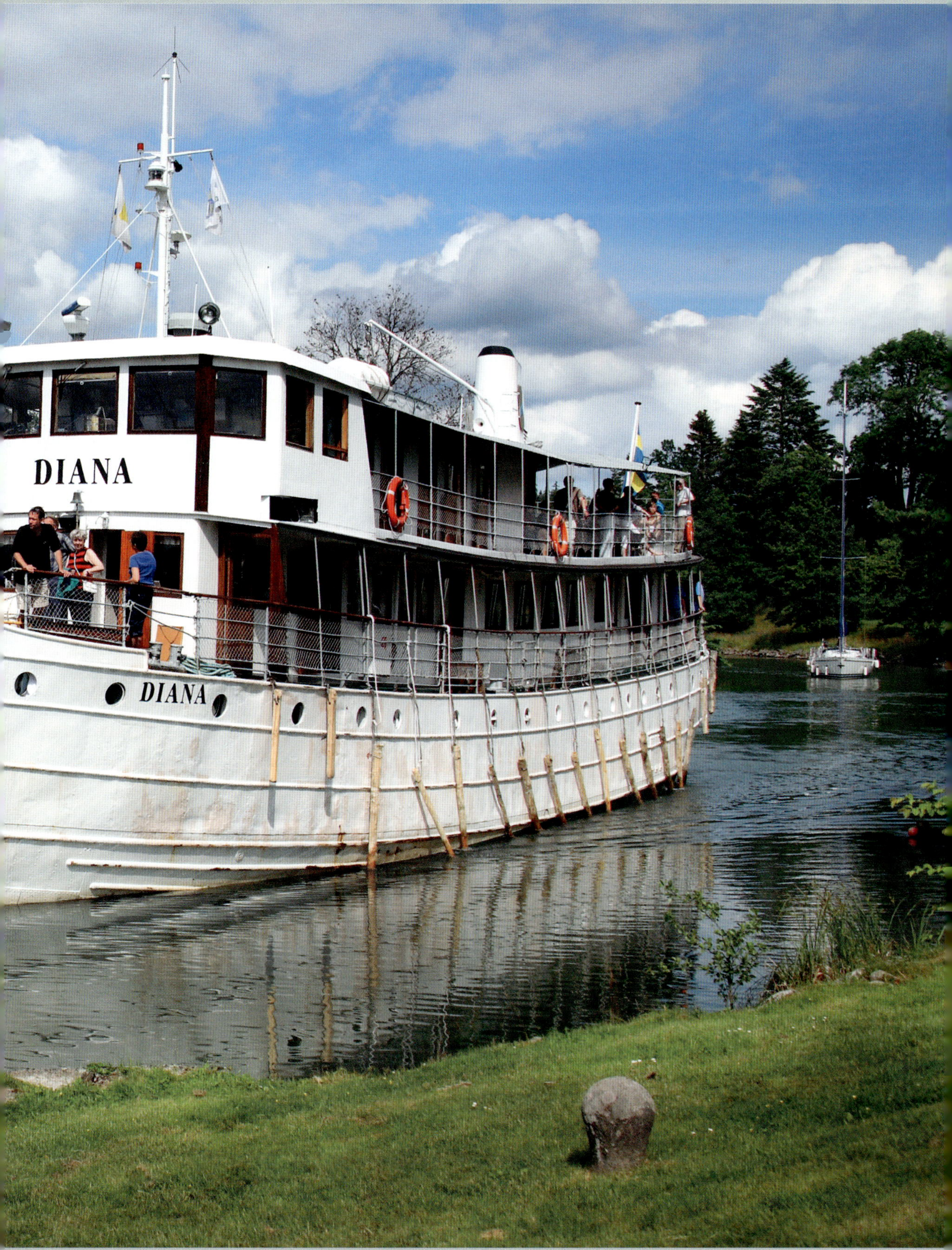
DIANA
DIANA

Wer vom Großstadttrubel genug hat, fährt in den Schärengarten Göteborgs.

*** Göteborg-Archipel und Marstrand

Neben Museen, stylischer Oper und pulsierendem Nachtleben hat Göteborg auch viel Natur zu bieten. Ein Höhepunkt sind die Schären, kleine Inseln aus der Eiszeit, die auf jeden Fall eine Tagestour lohnen. Der Ort Marstrand liegt etwa 30 Kilometer nordwestlich der Stadt auf einer Schäreninsel im Skagerrak und zählt zu den beliebtesten Zielen. Schon Anfang des 20. Jahrhunderts diente er gekrönten Häuptern als Sommerresidenz. So ist im »Baedeker« von 1907 zu lesen: »König Oskar nimmt hier oft seinen Sommeraufenthalt.« Bevor sich Marstrand zum noblen Urlaubsziel entwickelte, lebte fast jeder im Ort vom Heringsfang. Heute tummeln sich Touristen in den Straßen, und Cafés und Läden mit Kunsthandwerk verstärken das vornehme Flair des Ortes. Sehenswert: die Burg Carlstens Fästning, die mit zahlreichen Geheimgängen, Zugbrücken und Gefängniszellen lockt.

** Falköping

Gräber und Käse – eine seltsame Kombination? Falköping ist für beides bekannt. 17 Ganggräber hat die Stadt vorzuweisen, alle stammen aus der Steinzeit. Denn Falköping liegt in der geschichtsträchtigen Region Falbygden. Im Westen Schwedens zwischen Vänern und Vättern bildet sie ein Dreieck, das vor allem für Archäologen spannend ist. Zahlreiche Wohnplätze und Grabstätten aus der Steinzeit versetzen auch Besucher immer wieder in Erstaunen: Riesige Felsbrocken ragen aufeinandergestapelt in den Himmel, eine besondere Bedeutung hatten Grabhügel und Steinkreise als Kultstätten etwa 3000 v. Chr. Das rund 17 000 Einwohner zählende Falköping liegt 150 Kilometer nordöstlich von Göteborg und hat auch in der Umgebung einige Sehenswürdigkeiten zu bieten. Doch berühmt ist die Stadt vor allem für ihren Käse. In der Region weiden nämlich die meisten Kühe des Landes, und aus ihrer Milch werden Käsespezialitäten hergestellt.

* Skara

Im Mittelalter gehörte Skara zu den größten Städten Schwedens und galt als wichtiges Zentrum der Christen im

»wilden Norden«. Schon im Jahr 1015 wurde es zu einem der ersten Bischofssitze des Landes und ist bis heute eine Domstadt geblieben. In der romanischen Krypta des Doms, im ältesten Teil des heutigen Gebäudes, wird ein Silberkelch gezeigt, der den Namen des ersten Bischofs von Skara trägt: Adalvard. Ende des 19. Jahrhunderts restauriert, überragt die Kirche heute im neugotischen Stil mit ihren 65 Meter hohen Türmen die etwa 11 400 Einwohner zählenden Stadt. Außerdem haben Mönche dort vor rund 900 Jahren das Skara-Missal verfasst, eines der ältesten Bücher Schwedens.

* Lidköping

In diesem Ort gibt es nur noch wenige Zeugnisse der Vergangenheit. Zum einen, weil die Stadt an der Mündung des Lidan in den Vänersee erst 1446 die Stadtrechte erhielt und damit wesentlich jünger ist als die meisten anderen schwedischen Städte. Zum anderen, weil ein Großbrand im Jahr 1553 viele Gebäude zerstörte. Nur im ältesten Viertel der Stadt, Limtorget, sind noch wenige alte Häuser erhalten. Am Südufer des Vänern gelegen, war Lidköping schon immer als Hafenstadt von Bedeutung. Mitte des 17. Jahrhunderts kam dann der Aufschwung: Der Adlige Magnus Gabriel de la Gardie ließ das heutige Stadtzentrum errichten und stiftete das Rathaus. Diesen Zweck hatte das Bauwerk jedoch nicht immer: Ursprünglich war der leuchtend rote Holzbau ein Jagdschloss auf der im Vänern gelegenen Insel Kållandsö und wurde Stück für Stück nach Lidköping versetzt.

*** Vänern

Der Vänern ist schon fast ein Meer mitten im Land, denn dieser See ist zehnmal so groß wie der Bodensee, sein Wellengang oft rau wie auf der offenen See. Das gegenüberliegende Ufer ist nicht zu sehen – zu groß ist dieser Binnensee. Und zu viele Inselchen und Inseln bedecken ihn – rund 22 000 sind es insgesamt. Er ist mit seinen Uferzonen aus Wäldern und wilden Wiesen ein Paradies für Ornithologen. Das Highlight findet jedes Jahr im April statt: In den Schilfgürteln führen Kraniche ihren spektakulären Paarungstanz auf.

Idyllische Plätze, die man ganz für sich hat, findet man rund um den Vänern.

Abseits der Straßen: Wandern auf dem Bohusleden

Da sich Schweden als ein großes, nicht besonders dicht besiedeltes Land mit himmlischer Natur präsentiert, eignet es sich perfekt, um zu Fuß unterwegs zu sein. Zum Beispiel auf dem 360 Kilometer langen Wanderweg Bohusleden, der bei Lindome südlich von Göteborg beginnt und sich bis nach Strömstad zieht, das ebenfalls direkt an der Westküste liegt. Der Weg ist in 27 Etappen unterschiedlicher Länge eingeteilt. Das Schöne: Stark befahrene Straßen oder größere Städte liegen nur selten auf der Strecke. Stattdessen führen Sandwege und Pfade durch Wiesen und Felder, manchmal auch durch dichten Nadelwald. Moore und andere Feuchtgebiete sind häufig über Holzbohlen passierbar. Der Bohusleden ist ein stellenweise durchaus ambitionierter Genusswanderweg mit traumhaften Ausblicken. Mit etwas Glück kann man Fuchs und Hase oder sogar Hirsche und Elche sehen.

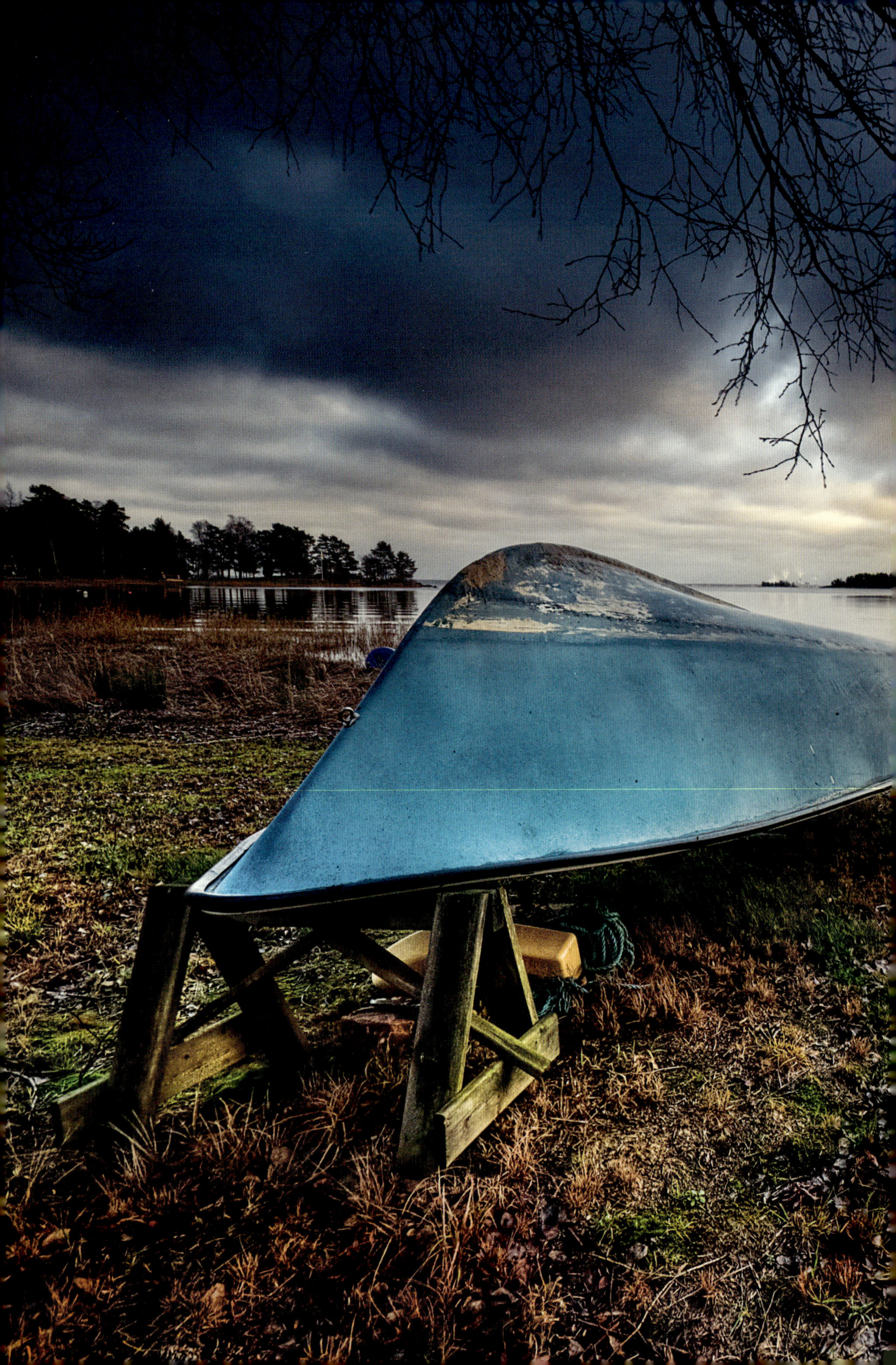

Schwedens größter See Vänern
Nicht nur im Meer vor Schwedens Küste gibt es Schärengärten, auch der Vänern besitzt welche – und zwar nicht wenige: Der See zählt stattliche 22 000 Inseln. Die größten von ihnen sind Torsö, Kållandsö und Hammarö. Durch die vielen Inseln hat der Vänern eine Küstenlinie von fast 5000 Kilometern – Strände hat man also oft für sich allein.

Bevor die Sonne abends im Meer versinkt, lässt sie die roten Häuser am Hafen von Fjällbacka noch intensiver leuchten.

* Trollhättan

Seit Ende der 1990er-Jahre werden hier Filme produziert. In den alten Fabrikhallen einstiger Autohersteller sind heute die größten schwedischen Filmstudios untergebracht, nachdem in Teilen der Hallen der letzte Saab vom Band gerollt war. »Trollywood« wird der Ort deshalb scherzhaft genannt. Selbstverständlich gehört in die Stadt deshalb auch ein »Walk of Fame«: Trollhättans Storgatan. Die Automobilindustrie ist mittlerweile an den Stadtrand gezogen, ein Museum erinnert mit historischen Modellen der Marke Saab an die goldenen Zeiten. Nicht nur die Filmindustrie, sondern auch die Wissenschaft bringt einen kreativen Strukturwandel für die Stadt mit sich: In den Fabrikgebäuden, in denen früher Turbinen und Lokomotiven gebaut wurden, ist heute das Innovatum Science Center untergebracht, ein Wissenschaftszentrum, das mit interaktiven Stationen Besucher jeden Alters fasziniert. Wer sich für Natur und Technik gleichermaßen interessiert, unternimmt einen Ausflug zu den Trollhättan-Fällen. 32 Meter tief stürzt dort der Göta Älv mit 300 000 Liter Wasser pro Sekunde in eine Schlucht, Wasserkraftwerke machen sich diese Energie zunutze. Ebenfalls interessant: der Trollhättan-Kanal. Zusammen mit dem Göta-Kanal bildet er eine 390 Kilometer lange Wasserstraße, die sich wie ein blaues Band bis zur Ostsee schlängelt.

*** Fjällbacka

An der schwedischen Westküste mit Blick auf die Schärengärten liegt das einstige Fischerdörfchen Fjällbacka. Es erlangte Bedeutung, als der Hering noch in großer Menge vorhanden war. Als die Heringsfischerei weniger wurde, konnte sich Fjällbacka als Seebad etablieren. Der Tourismus ist dem Ort treu geblieben und sorgt im Sommer oft für Gedränge. Viele Plätze an diesem Küstenstreifen sind charmant, aber die spektakuläre Lage Fjällbackas unterhalb des schroff aufragenden Vetteberget ist unverwechselbar. Hinzu kommt, dass Krimi-Autorin Camilla Läckberg hier geboren wurde und auch ihre Bücher hier spielen. Nicht nur ihre Fans sind im Ort und in der Um-

Kosterhavets wahre Schätze liegen unter der Wasseroberfläche, vom Land aus bietet der Nationalpark dennoch schöne Ausblicke.

gebung unterwegs. In der Schlucht Kungsklyftan am Vetteberg wurden Szenen des Films »Ronja Räubertochter« (1984) nach dem Buch von Astrid Lindgren gedreht, am Hafen erinnert eine Büste an Ingrid Bergman, die ganz in der Nähe viele Sommer verbrachte. Nach ihrem Tod soll ihre Asche über der See verstreut worden sein.

** Nationalpark Kosterhavet

Rund um die Koster-Inseln an der Westküste liegt Schwedens artenreichstes Meeresgebiet, der Nationalpark Kosterhavet. Im September 2009 weihte man ihn als ersten Meeres-Nationalpark Schwedens ein und stellte damit eine große Fläche unter staatliches Protektorat. Nur 12 Quadratkilometer des Areals bestehen aus Land. Im Norden schließt sich der norwegische Nationalpark Ytre Hvaler an, die Parks umfassen zusammen 719 Quadratkilometer und weisen rund 200 endemische Tier- und Pflanzenarten auf. So gibt es etwa ein Riff mit Glaskorallen, Armfüßern und Schwämmen. Der Fjord ist mit der Norwegischen Rinne verbunden, durch die Atlantikwasser hereinströmt. Mit Glück treffen Besucher des Parks hier auf Seehunde, denn im Kosterhavet lebt der größte Bestand im Skagerrak.

* Håverud

Das zur Gemeinde Mellerud gehörende 150-Seelen-Dorf Håverud hat durch den Aquädukt, auf dem der Dalsland-Kanal über eine tiefe Schlucht geführt wird, Berühmtheit erlangt. Das über 33 Meter lange Bauwerk, das von 33 000 Nieten zusammengehalten wird, wurde 1868 zugleich mit dem Kanal errichtet und ist eine technische Meisterleistung, die bis heute alle Welt in Erstaunen versetzt. An der Schleuse von Håverud wurde ein Kanalmuseum eingerichtet, das über die lokale Geschichte, besonders über die Industrialisierung der Region sowie über die traditionelle Handwerkskunst, informiert. Im benachbarten Åsensbruk zeigt das Dalslands Konstmuseum traditionelle Designobjekte und zeitgenössische Kunst in einem modernen, vollständig aus natürlichen Materialien errichteten Gebäude.

Küstenromantik in Bohuslän

Sie sind rosa, fingergroß und fangfrisch: Garnelen direkt vom Kutter – eine Köstlichkeit, die der Krabbenhafen Smögen seinen Gästen bietet. Er liegt im Schärenstreifen Bohuslän nördlich von Göteborg an der Spitze der Halbinsel Sotenäs. Täglich finden hier Fischauktionen statt, obwohl an dem kilometerlangen Holzsteg heute längst mehr moderne Jachten als Fischerboote vertäut liegen. Die historische Provinz Bohuslän zeichnet sich durch idyllische Küstenorte aus, in denen farbenfrohe Häuschen unmittelbar am Wasser stehen. Ihre roten Dächer leuchten schon weit aus der Ferne. Lediglich ein Holzsteg trennt sie von den kleinen Schiffen, die in der Marina schaukeln oder zum Fischen hinausfahren. Cafés und Boutiquen zeugen von der Gästeklientel, die sich nicht nur in Smögen, sondern auch in Fykan oder Fiskebäckskil eine Auszeit gönnen – wo früher Fischer große Heringsschwärme fingen, genießen heute Touristen die zarten Garnelen.

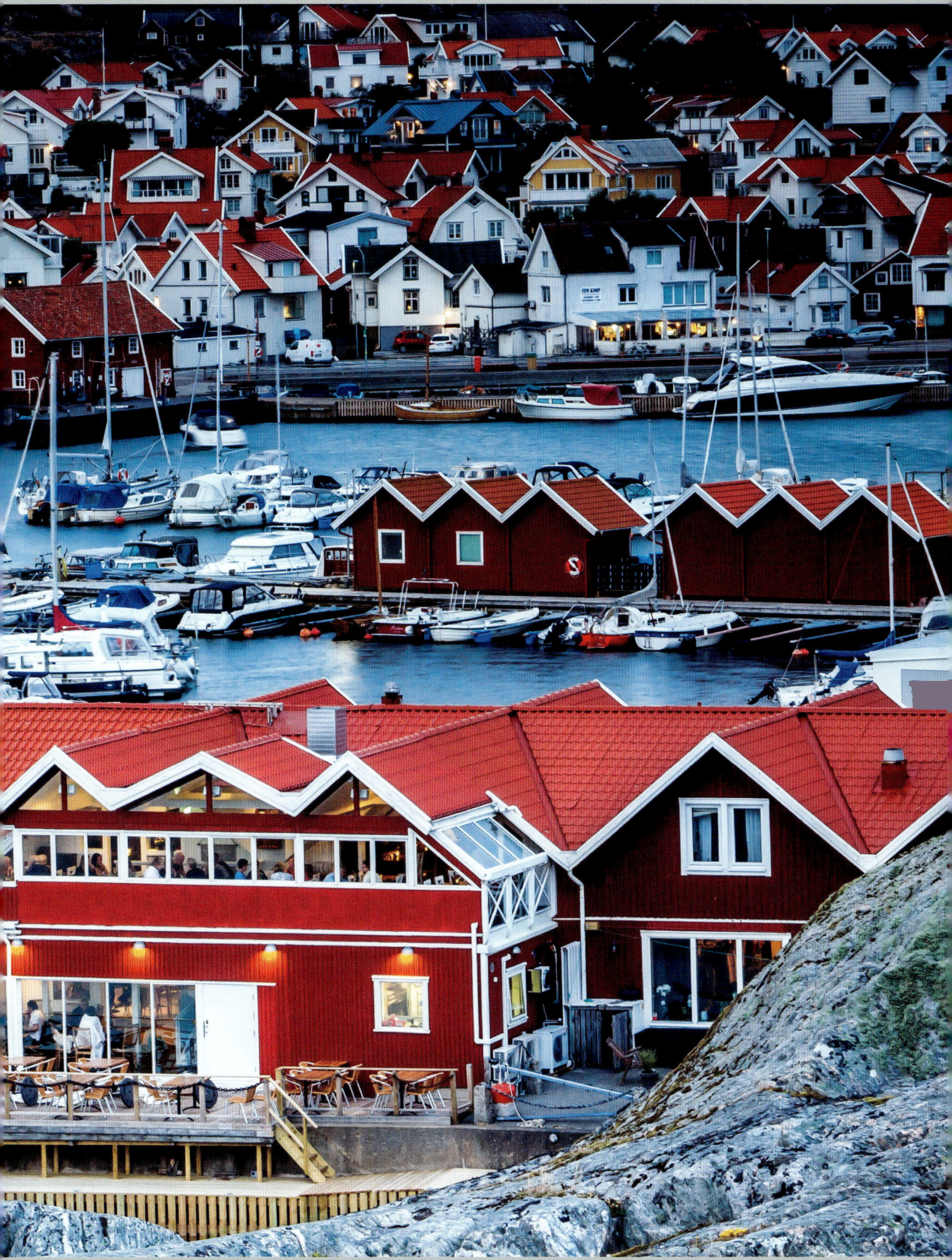

Kunde aus der Vergangenheit

Die Felszeichnungen von Tanum stammen aus der Bronzezeit und sind etwa 3000 Jahre alt. Durch den großen Reichtum ihrer Motive – bisher wurden über 10 000 Gravuren entdeckt – geben sie Aufschluss über das religiöse und soziale Leben dieser Zeit. Aus einer Vielzahl von Fundstellen wurden insgesamt sechs Plätze zum UNESCO-Weltkulturerbe erklärt. Jede der sechs Stätten (Vitlycke, Aspeberget/Tegneby, Fossum, Litsleby, Gerum und Kalleby) besteht aus einer großen Felsplatte und besitzt einen unverwechselbaren Charakter. Die Platten sind keine filigranen Kunstwerke, doch ihre Motive sind gut zu erkennen: Sonne, Schiffe, Männer mit Waffen, Frauen mit Pferdeschwänzen, ein Ochse vor einem Pflug, ein Hirsch. Auch ein sich küssendes Paar ist dargestellt, Häuser dagegen nicht. Die rote Farbe ist nicht original, sie stammt nicht aus der Bronzezeit, sondern dient dem besseren Erkennen und dem Schutz der Struktur. Ursprünglich befanden sich die Felsen in einer Meeresbucht. Durch die Landhebung liegen die Plateaus mit den Felsritzungen heute etwa 25 Meter über dem Meeresspiegel.

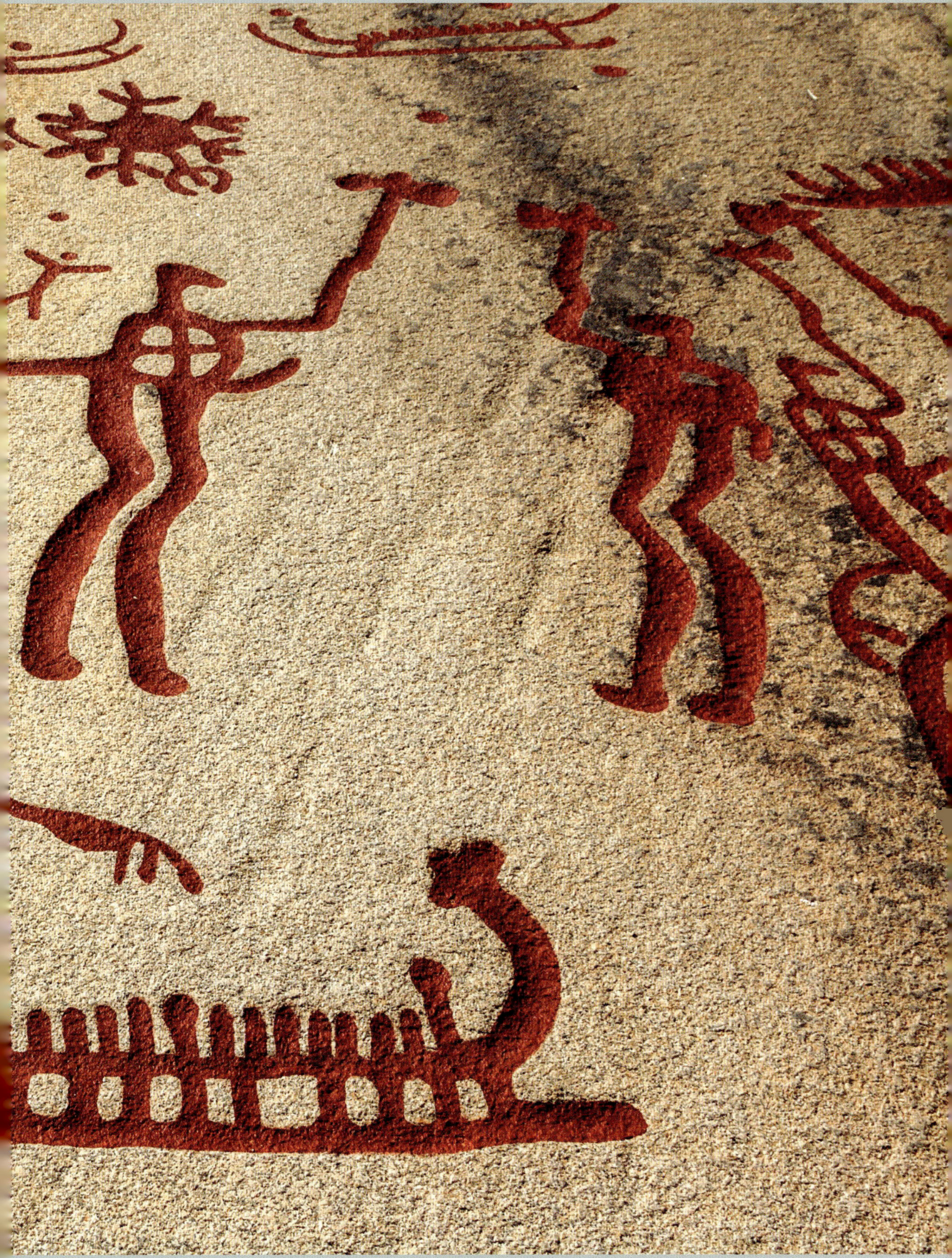

In Linköpings Freilichtmuseum Gamla Linköping schlendert man über Kopfsteinpflaster zwischen kleinen Holzhäusern.

* Åmål

Der Ort am Nordwestufer des riesigen Vänern hat sich zu einem Zentrum des Segel- und Motorbootsports entwickelt. Die mitten in der Stadt gelegene Marina ist ein beliebter Anlaufpunkt für Freizeitkapitäne und hat der Industriestadt Åmål einen Tourismusboom beschert. Dennoch arbeiten nach wie vor große Teile der Bevölkerung in den Betrieben der Maschinen- und Autoindustrie. Gleich drei Museen widmen sich der Geschichte der Industrialisierung in der Region. Åmål wurde 1640 nahe der damaligen schwedisch-norwegischen Grenze gegründet und entwickelte sich zum Handelsplatz. Leider wurden große Teile der ursprünglichen Bebauung im Jahr 1901 bei einem verheerenden Brand zerstört. Einzig in dem Viertel Plantaget sind pittoreske Holzhäuser des 18. Jahrhunderts erhalten.

* Bengtsfors

Der zwischen den beiden Seen Lelång und Bengtsbrohöljen am Dalskanal gelegene kleine Ort ist vor allem als Standort des größten Freilichtmuseums Westschwedens bekannt. Auf dem Gelände des Gammelgård wurden zahlreiche historische Bauernhäuser der Region wiederaufgebaut: Im Halmens Hus dreht sich alles um das Strohflechten, das in Dalsland eine lange Tradition hat. Eine Müllerstube ist zu besichtigen, und man bekommt interessante Einblicke in das Leben eines Großbauern. Das Museum zeigt historische und zeitgenössische Handwerkskunst. Der Park von Baldersnäs herrgård südlich von Bengtsfors wird häufig als schönster Landschaftspark Nordeuropas gerühmt.

** Vadstena

Die Klosterkirche Blå kyrka, die »blaue Kirche«, ist zweifelsohne die Hauptattraktion der kleinen Stadt Vadstena. Ein Rundgang durch das Städtchen lohnt sich allemal. Winzige Gässchen verleihen dem Ort einen nostalgischen Charme, und historische Gebäude halten die Geschichte lebendig, beispielsweise das Rathaus: Weiß gekalkt und mit einem Turm aus dem frühen 16. Jahrhundert ist es das älteste Rathaus Schwedens, es wurde bereits 1417 zum ersten Mal erwähnt. Ein Schloss hat der Ort am Ufer des Vättern natürlich auch: Imposant und prunkvoll ausgestattet, sollte das Vasa-Schloss am anderen Ende der Stadt und direkt am See ein Gegengewicht zum Kloster darstellen. Wuchtige runde Ecktürme ragen in den Himmel, der umgebende Wall mit Mauern war einst neun Meter hoch.

*** Linköping

Seit dem 11. Jahrhundert war die Stadt Linköping Bischofssitz, in seiner romanischen Basilika wurden Könige gekrönt. Im 13. Jahrhundert begann man mit dem Bau eines Doms, dessen älteste Teile romanisch sind. Ein alter religiöser Brauch macht dieses Gotteshaus besonders: Am Eingang steht ein großer Stein, der früher am Karfreitag vor die Kirche gerollt wurde – als Symbol für das Grab Jesu. An Ostern brachte man ihn als Zeichen der Auferstehung Jesu wieder zurück an seinen Platz rechts neben dem Portal. Dass Linköping auch Universitätsstadt ist, zeigt sich an dem quirligen Treiben und den vielen jungen Leuten in den Straßen der Stadt. Zahlreiche nette Cafés warten in der Fußgängerzone auf Gäste, die Grünanlage hinter dem Dom ist ein beliebter Treffpunkt für Studenten. Ein Blickfang auf dem zentralen Marktplatz Stora Torget ist der Folkunga-Brunnen von Carl Milles aus dem Jahr 1927, dessen Skulptur, der halbblinde Folke, an die Folkunga-

Saga erinnern soll. Einen Besuch lohnt das Freilichtmuseum, das wie eine kleine Stadt aufgebaut ist.

** Söderköping

Das Städtchen liegt fast am Ende des Göta-Kanals, wo dieser in die Ostsee mündet. Alles dreht sich hier ums Wasser, denn das fließt unmittelbar an Häusern und Straßen vorbei. Enge, verwinkelte Kopfsteinpflastergassen erinnern an die Geschichte, als im 13. Jahrhundert Kaufleute aus Lübeck kamen und an dieser Stelle einen »köping«, einen »Kauf-Ort«, gründeten, der sich zu einem wichtigen schwedischen Hafenort entwickelte. Im 16. Jahrhundert fielen die Dänen ein und zerstörten die Handels- und Handwerkerstadt. Der Wiederaufbau des Ortes mit Stein- anstelle von Holzhäusern fand teils schleppend, teils gar nicht statt, sodass noch heute ein paar historische Ecken erhalten sind, etwa um die St. Laurentii kyrka herum, die auf das 13. Jahrhundert zurückgehen. Beliebt ist auch die Heilquelle, die vor rund 200 Jahren entdeckt wurde und Söderköping zum Kurort machte.

* Norrköping

Der Motala ström bestimmt hier das Bild, bahnt sich gleich mehrere Wege durch die Stadt. Er kommt direkt vom Vättern und bietet mit seinen Stromschnellen und Wasserfällen ein beeindruckendes Naturschauspiel. Brücken führen über den hier nur »Strömmen« genannten Fluss, der immerhin einen Höhenunterschied von 22 Metern bewältigen muss – idealer Standort für frühere Industrien, die sich die Wasserkraft zunutze machten: Metall, Papier und Textilien wurden im 17. Jahrhundert in Norrköping produziert. Das alte Industrieviertel ist mittlerweile restauriert, ein modernes Kongress- und Kulturzentrum eingezogen. Über das Leben und die Arbeitsbedingungen der damaligen Zeit informiert das Museum der Arbeit in einer ehemaligen Spinnerei. Das dahinter befindliche Holmens Museum erinnert anschaulich an die damalige Arbeit in einer Papierfabrik. Vor der an Buchten, feinem Sand und Felsvorsprüngen reichen Küste Norrköpings erstrecken sich die Schärengärten, die Urlauber magisch anziehen.

Schloss Vadstena wurde von Gustav Vasa in den Jahren 1545 bis 1620 erbaut.

Mal groß, mal klein, aber auf alle Fälle bunt – Straßenzug in Vadstena.

Vom Güter- zum Gästetransport: Dalsland-Kanal

Die Wasserstraße verläuft vom Vänern durch mehrere Seen des nördlichen Dalsland, die durch künstliche Kanäle verbunden sind, und endet an der Grenze zu Norwegen. Ihre Gesamtlänge beträgt 254 Kilometer, die der zwischen 1864 und 1868 angelegten künstlichen Kanäle insgesamt zwölf Kilometer. Schiffe, die den Dalsland-Kanal befahren, können die großen Höhenunterschiede zwischen den Seen nur dank der 17 Schleusen, die an den Kanälen eingerichtet wurden, überwinden. Bis in die 1970er-Jahre war der Dalsland-Kanal ein wichtiger Transportweg für die Industrie in der Region. Heute wird er nur touristisch genutzt. Eine Tour durch die Kanäle mit ihren Schleusen und über das Aquädukt bei Håverud gilt unter Freizeitskippern als unvergessliches Erlebnis.

Schärenhopping an der Ostküste

Die Schärenlandschaft der Ostküste besteht aus den Schärengärten St. Anna, Arkösund, Gryt und Tjust. Gemeinsam ist den vielfältigen Inselchen ihre einzigartige Natur mit einsamen Badestellen, idyllischen Buchten, romantischen Stränden und Naturhäfen. Im Schärengarten St. Anna hat man die Qual der Wahl zwischen unzähligen Inseln und Stränden, sehenswert sind zudem die Schlossruine Stegeborg und die ökumenische Kapelle auf Gärsholmen. Zu erreichen sind die Schären in den Sommermonaten regelmäßig per Schiff. Oder man mietet ein Motorboot, ein Ruderboot oder einen Wasserscooter und geht selbst auf Entdeckungsfahrt. Ein besonderes Erlebnis ist eine Kajaktour zwischen Arkösund und Gryt. Mit etwas Glück begegnet man hier sogar Seeadlern oder Seehunden. Eine Vielzahl einsamer Inseln zum Entspannen, Sonnen und Angeln bieten auch Gryt und Tjust. Hier gibt es in den Naturreservaten Kvädö, Åsvik und Torrö außerdem unzählige Wandermöglichkeiten.

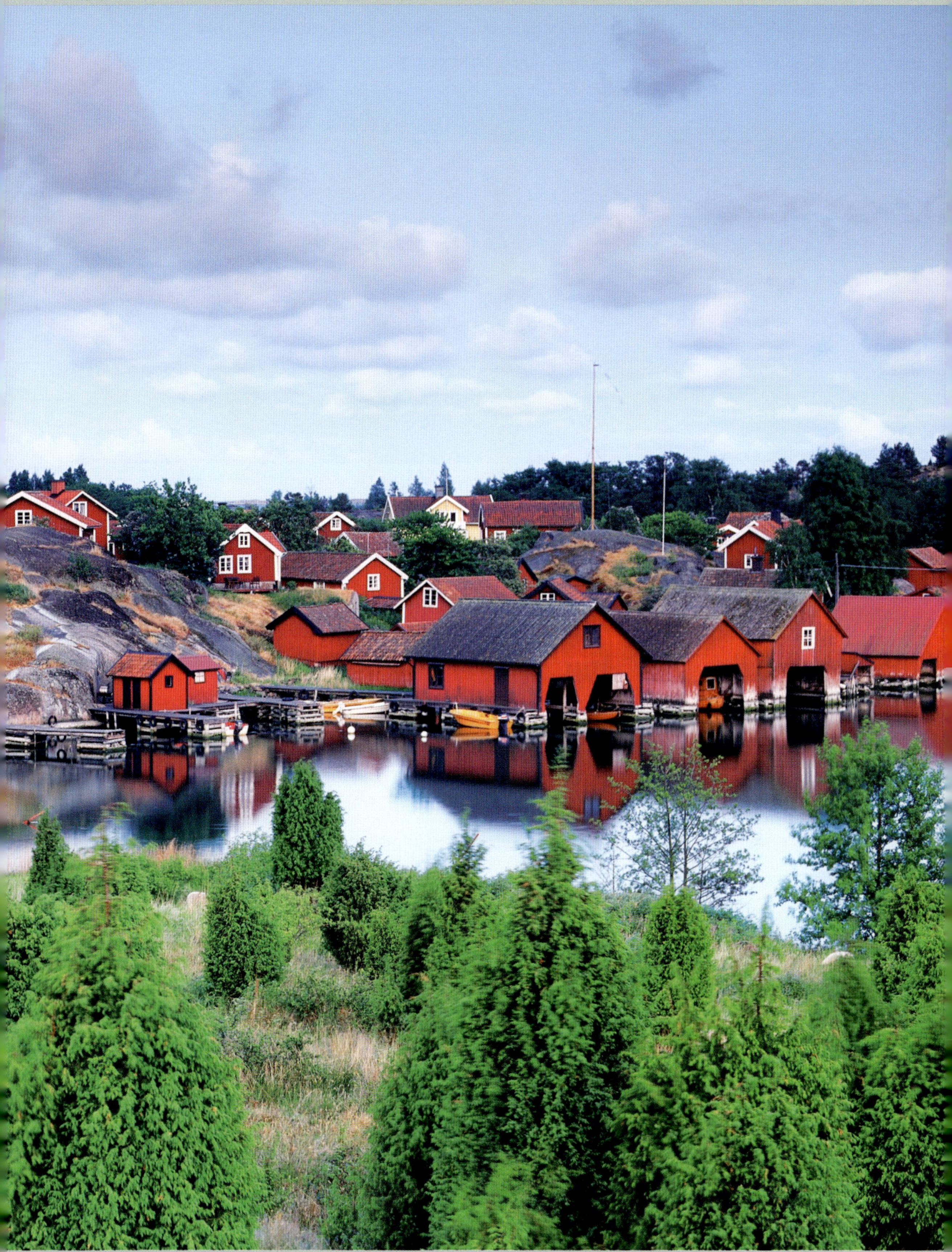

Schwedens längste Steinbrücke lässt sich in Karlstad bewundern: Die Östra Bron ist 168 Meter lang.

Im Herzen Schwedens: unterwegs in Svealand

In der Region Mittelschweden – Svealand – ist nicht nur die Hauptstadt Stockholm mit ihrer einzigartigen Atmosphäre eine Attraktion. Auch der Mälaren, der drittgrößte See Schwedens mit seinen herrlichen Landschaften, und die quirlige Universitätsstadt Uppsala ziehen viele Besucher an. Zahlreiche Naturreservate gibt es in dieser Region zu entdecken, und nicht zuletzt sind mehrere Hundert Herrenhäuser und Schlösser zu bewundern.

** Karlstad

Karlstad ist die Hauptstadt des Värmlands und liegt am nördlichen Ufer des größten Sees von Schweden, dem Vänern, genauer gesagt an der Mündung des Klarälven in den See. Die Stadt spielte Anfang des 20. Jahrhunderts eine wichtige Rolle in der Union mit Norwegen, die 1905 friedlich aufgelöst wurde. Das geschah in Värmlands Hauptstadt, eine Friedensstatue auf dem Stora Torget erinnert an dieses geschichtsträchtige Ereignis. Im Laufe der Geschichte fielen die Häuser der Stadt immer wieder Bränden zum Opfer. Deren größter zerstörte 1865 fast die gesamte Stadt. Nur das Altstadtviertel vermittelt noch einen Eindruck davon, wie es vor dem großen Brand aussah. Auch die 1730 geweihte Domkirche und das Bischofspalais von 1780 sind Relikte aus dieser Zeit. Tiefer in die Historie eintauchen kann man im Värmlands Museum.

** Kristinehamn

Kristinehamn wirkt im Vergleich zu Karlstad eher wie ein verschlafenes Nest. Die kleine Stadt am Nordostufer des Vänern punktet jedoch mit ihrem Altstadt- und Künstlerviertel Vågen in unmittelbarer Nähe des Hafens. Winzige Läden bieten dort Kunsthandwerk an, Galerien stellen die schönsten Exponate zur Schau. Das weltweit größte Picasso-Kunstwerk, die 15 Meter hohe Skulptur »Jacqueline«, ragt auf der Landzunge Strandudden in den Himmel. Am Wasser hat sich zudem eine Gastronomiemeile etabliert, kleine Restaurants laden in ihre romantischen Gaststuben am Hafen ein. Wegen der günstigen Lage am Ufer des Vänern und der frühzeitigen Anbindung ans Eisenbahnnetz entwickelte sich die Stadt zum Umschlagplatz für Holz und Eisenerz. Für den Transport wurden holländische Schiffe genutzt, sogenannte Boeiers.

** Nationalpark Tiveden

Die Entstehung des Nationalparks ist buchstäblich sagenhaft: Ein Riese und seine Frau sollen einst über den Vätternsee gestiegen sein, als sie zu einem Fest bei den Nachbarn eingeladen waren. Auf dem Rückweg war die Dame vom vielen Essen so satt und schwer, dass sie den Schritt über den See nicht mehr schaffte. Ihr Mann grub Erde aus und legte sie ihr in den See, damit sie mit kleinen Schritten trockenen Fußes hinüberkam. Dieses Erdstück im Vättern ist heute die Insel Visingsö, und der ausgegrabene Boden ließ das Tivedstal entstehen. Lange galt der dichte Wald dort auch als Heimat von geheimnisvollen Trollen, weswegen man das Wort noch heute in vielen Namen im Tiveden antrifft, zum Beispiel bei der Trollkyrkarunde, einem etwa sechs Kilometer langen Rundweg. Das wilde, unzugängliche Terrain ist vor etwa einer Milliarde

* Askersund

Das Städtchen liegt am Nordende des Vättern. Askersund bekam 1643 das Stadtrecht zugesprochen, nachdem die Siedlung Anfang des 17. Jahrhunderts gegründet worden war. Das Stadtzentrum besteht noch immer aus kleinen Holzhäusern, die sich um die Stadtkirche gruppieren. Auf der anderen Seite des Alsen-Zuflusses bildet die Landkirche das Gegengewicht zur Stadtkirche. Eine reiche Familie ließ die Landkyrka nach einem Brand im 17. Jahrhundert als Mausoleum erneut aufbauen – mit überschwänglichem, üppigem Barockschmuck am Ostchor, ganz in französisch-holländischem Stil. Im Chor finden sich prunkvolle Särge mit den Gebeinen einflussreicher Verstorbener, die enge Verbindungen zum schwedischen Hof hatten. Etwa fünf Kilometer südlich der Stadt wartet auf einer Halbinsel Stjernsunds Slott. Das Schloss überrascht mit klassischen, geradlinigen Formen und strenger Symmetrie.

*** Örebro

Örebro ist Schwedens siebtgrößte Stadt, doch den meisten eher weniger bekannt. Einen Besuch ist sie allemal wert, besitzt sie doch beispielsweise ein imposantes Schloss, das sehenswerte Freilichtmuseum Wadköping sowie zahlreiche charmante Einkaufsstraßen. Im 19. Jahrhundert war Örebro übrigens noch das Zentrum der schwedischen Schuhproduktion. Heute wird in Örebro die Kunst gefeiert: In der Örebro Konsthall werden nationale wie internationale Kunstwerke ausgestellt, hinter der einen oder anderen Straßenecke verstecken sich großflächige Murals auf Wohnhäusern, und immer wieder trifft man auf Skulpturen wie die riesige Popcorn-Flocke, eine Installation des Künstlers Anton Hjärtmyr. Auf dem Kvarntorpshögen, einem durch Abraum entstandenen Hügel nahe der Stadt, ist eine Dauerausstellung von Skulpturen zu besichtigen. Eine ehemalige Kiesbrücke über den Fluss Svartån gab der Stadt Örebro übrigens ihren Namen: »Öre« bedeutet Kies, und »Bro« heißt Brücke.

Ein großes Segelschiff ankert im Hafen von Karlstad.

In der Altstadt von Kristinehamn stehen traditionelle Holzhäuser.

Örebros Verbindung zur Ostsee führt über den Svartån und den Hjälmare kanal.

Die Könige der Wälder

Es gibt wohl Hunderttausende von ihnen, und eigentlich sind sie nichts anderes als große Hirsche – doch Elche gehören zu Schweden wie Pippi Langstrumpf oder die Schärenküste. Sie sind inoffizielles Wappentier des Landes, und jeder Besucher möchte ihnen begegnen. Mit ihren schaufelartigen, weich aussehenden Geweihen und den langen Nasen sind sie echte Publikumslieblinge. Wer die Paarhufer in freier Wildbahn beobachten will, braucht Geduld und Glück. Denn die perfekt getarnten Tiere sind an die Wälder angepasst, sehr scheu und zeigen sich meist nur in der Dämmerung. Die breiten Klauen an ihren Hufen erleichtern ihnen die Fortbewegung auf feuchtem, moosigem Grund und auch auf Schnee. Ihr Gang wirkt dabei fast wie ein lockeres Tänzeln – trotz ihrer Gewichtsklasse: Bis zu 800 Kilogramm kann ein Tier wiegen und eine Körperlänge von drei Metern und eine Schulterhöhe von knapp 2,30 Metern erreichen. Bei einem Verkehrsunfall mit einem Elch hat daher ein Kleinwagen meist die schlechteren Karten.

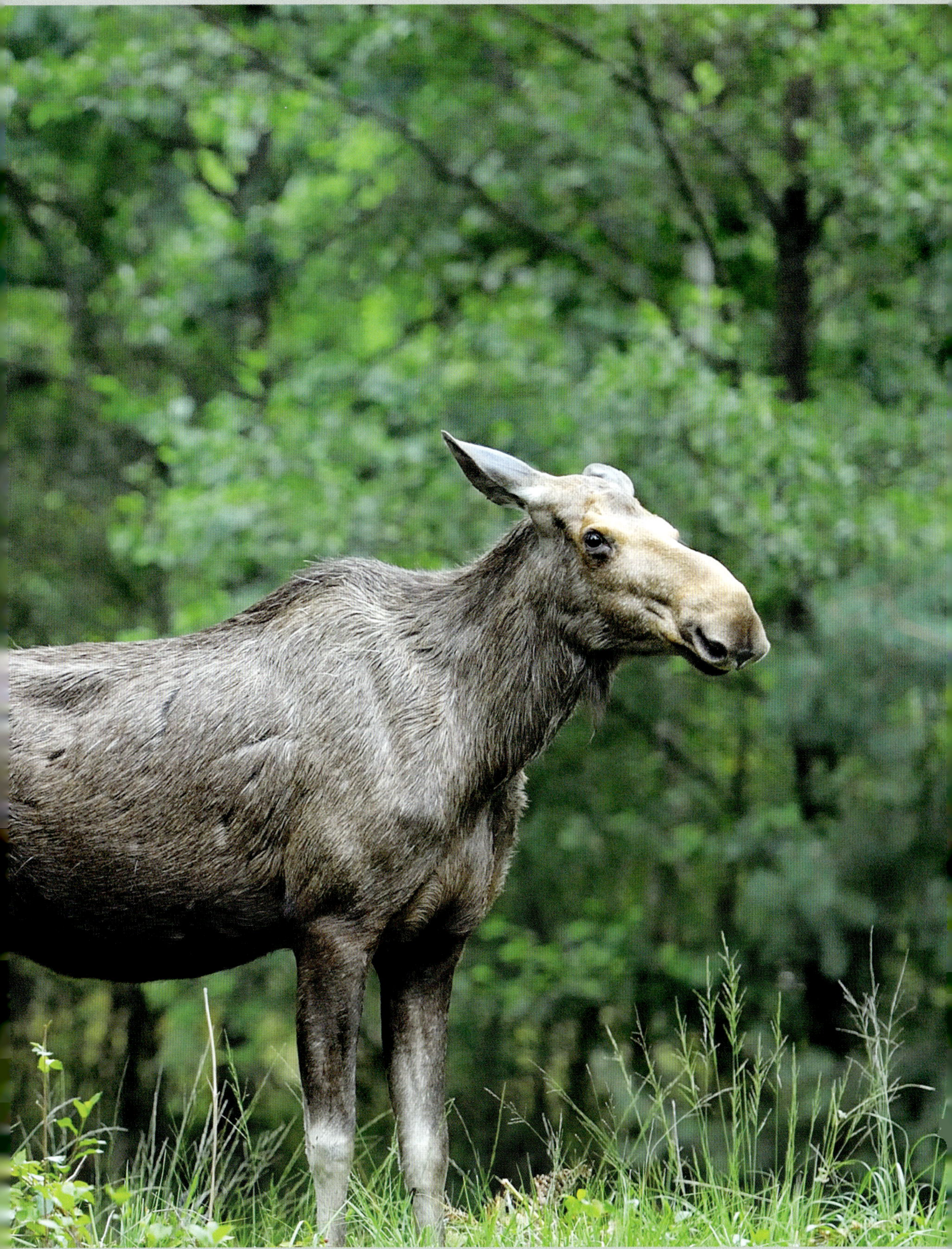

Das auf einer Insel im Mälarsee gelegene Schloss Gripsholm gehört zu den bekanntesten Bauwerken Schwedens.

Malerisch zieht sich das Flüsschen Trosaån durch den Ort Trosa. Hier kann man schön entlangspazieren.

*** Nyköping

Nyköping ist nicht nur eine Stadt mit unwiderstehlichem Charme, sondern auch mit Geschichte. Immerhin wurde der Ort an der Ostsee bereits 1187 gegründet und ist damit eine der ältesten Städte Schwedens. Sogar als Schwedens zweite Hauptstadt fungierte Nyköping für einige Zeit. Die meisten der niedrigen Bürgerhäuser und der zahlreichen öffentlichen Gebäude stammen aus dem 18. und dem 19. Jahrhundert. Besonders schön sind das Rathaus aus dem Jahr 1723, die Residenz aus dem Jahr 1810 sowie das alte Gerichtsgebäude, das vom schwedischen Architekten Carl Westman 1909 fertiggestellt wurde. In der Umgebung von Nyköping locken zahlreiche schöne Naturschutzgebiete wie Nynäs, Stendörren (mitten in den fantastischen Schären vor Sörmlands Küste), Sjösakärren, Labro, Svanviken sowie Strandstuviken. Auch die Metropole Stockholm ist schnell erreibar.

** Trosa

Trosa ist ein malerischer Badeort an der Ostsee. Hier gibt es gemütliche Gassen, pastellfarbene Holzhäuschen,

*** Mariefred

In das Städtchen am Mälarsee kommen Touristen vor allem dank Kurt Tucholsky. Denn hier liegt Schloss Gripsholm, dem der Autor in einer seiner Erzählungen ein Denkmal setzte. Die klassische Anreise führt noch immer mit dem Dampfzug von Läggesta aus dorthin – wie auch in der Erzählung beschrieben. Der S/S Mariefred verkehrt seit 1903 zwischen Stockholm und Mariefred, rund dreieinhalb Stunden dauert die Fahrt. Von Weitem ragt der Turm der Kirche von 1624 empor. Einen Besuch lohnen das Rathaus von 1784 sowie die kleinen Restaurants und Cafés. Tucholsky-Fans zieht es auf den Friedhof, ans Grab des berühmten Schriftstellers. Nach Jahren im Exil starb er 1935 in Göteborg und wurde in Mariefred beigesetzt.

*** Schloss Gripsholm

Eine leichte Liebesgeschichte sollte es werden, letztlich verlieh Kurt Tucholsky seiner Erzählung aber auch melancholische Züge und würzte sie mit einer erotischen Eskapade – was für die Anfänge des 20. Jahrhunderts freizügig war. »Schloß Gripsholm, eine Sommergeschichte« lautet der Titel der 1931 veröffentlichten Erzählung, die das schwedische Anwesen in Deutschland bekannt machte. »Das Schloß Gripsholm strahlte in den Himmel; es lag beruhigend und dick und bewachte sich selbst.« So beschrieb Tucholsky das rote Backsteinschloss, das auf einer Insel im Mälarsee liegt. Es ist eine typische Vasa-Burg mit wuchtigen Rundtürmen und von einer riesigen Mauer umringt. Die Idee zum Bau hatte Reichsrat und Namensgeber Bo Jonsson Grip schon im Jahr 1380 – Gustav Vasa ließ 1537 schließlich die Festung errichten. Bis heute hat sich das Schloss seinen wehrhaften Charakter bewahrt und ist mit dem Theater Gustavs III., dem Gefängnisturm und der staatlichen Porträtgalerie einen Besuch wert. Die Sammlung, zu der mehr als 2000 Porträtzeichnungen gehören, umfasst die Abbildungen bedeutender Personen von Gustav Wasas Tagen bis zur heutigen Zeit. Das Schloss zählt zu den am meisten besuchten Schlössern Schwedens und wird noch heute von der Königsfamilie genutzt.

Ehemalige Manufakturgebäude des 18./19. Jahrhunderts säumen den Nyköpingsån.

zahlreiche Läden und Cafés, einen Hafen mit Restaurant und einen alten Gerberhof mit Museum, Café und Handwerksladen (Garvaregården). Ein Bummel entlang des Flusses Trosaån bis zum Hafen gehört zum Pflichtprogramm. Ehemals ein reiner Fischerort, entwickelte sich Trosa ab Ende des 19. Jahrhunderts zu einem beliebten Ziel für Sommerfrischler. Zur warmen Jahreszeit wimmelt es hier auch heute noch von Gästen. In einer schönen Ostseebucht östlich des Städtchens thront Tullgarns Slott. Bereits im Mittelalter stand dort eine Burg, das jetzige Gebäude stammt aus dem 18. Jahrhundert. Die Königsfamilie kaufte das Anwesen 1772. Heute ist die einstige Sommerresidenz mit den Schlössern der Hauptstadt vergleichbar.

Luciafest: Es werde Licht!

Am 13. Dezember liegt ein ganz besonderer Zauber über Schweden. Schon früh ziehen Mädchen in weißen Kleidern und mit Kerzen in der Hand singend durch die Straßen. Seit dem Mittelalter wird das Luciafest begangen, die heutigen Bräuche haben sich erst im Laufe der Zeit entwickelt. Mit den Feierlichkeiten wurde einst an die Märtyrerin Lucia von Syrakus, die Leuchtende, erinnert. Außerdem war der 13. Dezember bis zur Einführung des Gregorianischen Kalenders der kürzeste Tag des Jahres. Heute feiert man vor allem die Sonnenwende und freut sich darüber, dass die Tage nun wieder länger werden und mehr Licht bringen. Schwedens Lucia wird jährlich im Freilichtmuseum Skansen in Stockholm gekrönt, trägt ein rotes Band um das weiße Kleid und einen Preiselbeerkranz mit Kerzen auf dem Kopf. In vielen Orten wird eine eigene Lucia gekürt, meist stellen sich die ältesten Töchter der Familien zur Wahl. Die Jungen übernehmen die Rollen der Wichte und Pfefferkuchenmänner. Verzehrt wird an diesem Tag ein spezielles Safrangebäck mit Glögg (Glühwein).

Schweden | Svealand

Die vielen Inseln und Kanäle machen Stockholms reizvolle Lage aus: eine Stadt, halb Land, halb Wasser.

** Strängnäs

Die hübsche Kleinstadt mit ihren mittelalterlichen Häusern liegt im Westteil des Mälaren. Im Jahr 1120 wurde der Ort zum ersten Mal erwähnt, seine ältesten Gebäude stehen auf einer Landzunge. Bedeutendstes Gebäude ist die Domkirche. Sie wurde um das Jahr 1250 zunächst als Holzkirche errichtet und später durch einen gotischen Ziegelbau ersetzt. Der Platz, auf dem sie steht, erzählt eine schreckliche Geschichte: Etwa 1080 kam der hl. Eskil nach Strängnäs und versuchte, ein heidnisches Opferfest zu verhindern. Die Einheimischen steinigten ihn – auf dem einstigen Opferplatz steht nun das Gotteshaus. Auch der 1611 verstorbene Karl IX. hat hier seine letzte Ruhestätte gefunden. Als ergreifender empfinden die meisten jedoch das Kindergrab von Prinzessin Isabella. Die Tochter Johans III. starb 1566, während ihr Vater als Gefangener in Gripsholm war.

* Eskilstuna

Die Kleinstadt ist für ihre Messer- und Scherenschmieden bekannt. Reinhold Rademacher, von Karl X. Gustav als Experte nach Eskilstuna beordert, gilt als Gründer dieser Schmieden. Die Werkstätten sind im 17. Jahrhundert errichtet worden und heißen Rademachersmedjorna. Noch heute arbeiten darin Gold-, Messer- und Kupferschmiede. Die Stadt liegt an einem Fluss zwischen den Seen Mälaren und Hjälmaren. Zwei Brücken führen vom Schmiedeviertel zum Werksmuseum Munktell und dem Faktoriet, in denen vor allem technische Ausstellungen rund um Traktoren und Dampfmaschinen zu sehen sind. Doch das ist nicht alles an Handwerk: Glasbläsereien öffnen im Altstadtviertel von Eskilstuna ihre Türen. Eine besondere Attraktion wartet etwa zehn Kilometer nordöstlich von Eskilstuna: Mitten im Buchenwald steht ein berühmter Runenstein. Eine Frau namens Sigrid hatte um 1030 eine Felsritzung in einen vier Meter breiten und zwei Meter hohen Stein schlagen lassen, die Sigurdsristning. Neben einer Inschrift sieht man hier eine Szene aus der Sage rund um Sigurd, den Drachentöter: Als er das Blut des toten Drachen von seinen Fingern ableckte, verstand er plötzlich die Sprache der Vögel – das rettete ihm das Leben.

** Mälaren

Die vielfältigen Wassersportmöglichkeiten locken am Wochenende viele Stockholmer an den drittgrößten See Schwedens. Bis ins 10. Jahrhundert war der Mälaren eine Ostseebucht. Im Verlauf der Landhebung, die mit dem Rückzug der Gletscher nach der letzten Eiszeit einsetzte und bis heute andauert, wurde der See vom Meer getrennt. Heute ist der See durch drei Schleusen mit der Ostsee verbunden. Drei der Inseln im See warten mit UNESCO-Welterbestätten auf: das Barockschloss Drottningholm auf Lovön, der Hovgården auf Adelsön, ein Königshof der Wikingerzeit, sowie das Wikingerdorf Birka auf der Insel Björkö.

*** Stockholm

Stockholm, die schwimmende Stadt, liegt an der Mündung des Mälaren in die Ostsee, erstreckt sich über 14 Inseln, die durch 57 Brücken miteinander verbunden sind, und ist umgeben von Meerengen, Kanälen und mehr als

30 000 vorgelagerten Schäreninseln. Vor rund 6000 Jahren ragten hier nur ein paar Eilande aus dem Wasser. Später hob sich das Land und gab mehr von sich preis. Wo sich heute Stockholm, zu Deutsch »Pfahlinsel«, befindet, wurde zunächst eine Barriere aus Pfählen errichtet, um die Verbindung des Mälaren mit der Ostsee zu kontrollieren. Schon im 13. Jahrhundert war Stockholm die bevölkerungsreichste Stadt Schwedens. Offizielle Hauptstadt wurde es erst im 17. Jahrhundert. Heute erzählen imposante öffentliche Gebäude, Schlösser und Museen die lange Geschichte der Stadt. Damals wie heute steht außer Zweifel: Den Charme dieser rund eine Million Einwohner zählenden Metropole macht ihre Lage am Wasser aus. Das »Venedig des Nordens« ist reich an historischen Sehenswürdigkeiten und präsentiert sich als weltoffene Großstadt. Die Restaurants bieten Spezialitäten der internationalen Küche, Dutzende Museen sowie eine lebendige Musik- und Theaterszene haben Stockholm außerdem zu einem Mekka für Kunstliebhaber gemacht.

Wie fast alle schwedischen Seen weiß auch der Mälaren mit Idylle zu punkten.

Sehr malerisch liegt Strängnäs an der Südküste des weit verzweigten Mälaren.

Verwinkelte Gassen, lauschige Hinterhöfe, Geschäfte, Cafés und Restaurants – Stockholms Altstadt Gamla stan bezaubert.

Mächtig und eindrucksvoll zeigt die Große Kirche (Storkyrkan), dass sie ihren Namen verdient hat.

❶ ** Gamla stan

Alle Wege führen in die Altstadt, nach Gamla stan. Sie ist das Herz Stockholms und verteilt sich auf drei Inseln: Stadsholmen mit dem Schloss, die Ritterinsel (Riddarholmen) und die Heilig-Geist-Insel (Helgeandsholmen) mit dem Reichstag. Viele der Gebäude in den engen gepflasterten Gassen stammen aus dem 17. Jahrhundert, obwohl der Stadtkern bereits im Jahr 1252 gegründet wurde. Zwischen den beiden Hauptachsen Västerlånggatan und Österlånggatan verlief einst die Stadtmauer – im 17. Jahrhundert wurde sie abgerissen. Gamla stan hat viele Cafés, Geschäfte und Sehenswürdigkeiten. Eine der Hauptattraktionen ist natürlich das barocke Schloss: Mit mehr als 600 Zimmern gehört es zu den größten Europas und beherbergt einige schöne Museen. Einplanen sollte man auch einen Besuch im Nobelmuseum. Und noch einen Superlativ kann Stockholms Altstadt für sich beanspruchen: Sie gehört zu den am besten erhaltenen überhaupt.

❷ *** Storkyrkan

Strahlende Augen, ein langes weißes Kleid mit Schleier und zahlreiche Blumenkinder – Millionen Zuschauer auf der ganzen Welt verfolgten, wie sich Kronprinzessin Victoria und Daniel Westling am 19. Juni 2010 in der Domkirche, der Storkyrkan, das Jawort gaben. Auf den Tag genau, als Königin Silvia den Thron bestiegen hatte – nur 34 Jahre später. Die Hochzeits- und Krönungskirche der schwedischen Monarchen ist dem hl. Nikolaus geweiht und das älteste Gotteshaus der Stadt. Sie liegt nur ein paar Schritte vom Stortorget und dem Nobelmuseum entfernt am Ende der steilen Auffahrt Slottsbacken. Ihre Barockfassade täuscht zunächst über das Innere hinweg, denn das Bauwerk ist ganz und gar eine spätgotische Hallenkirche. Sehenswert sind die mittelalterliche Skulptur des hl. Georg mit dem Drachen sowie der Silberaltar aus dem 17. Jahrhundert. Die Kirche ist ganzjährig für Besucher geöffnet.

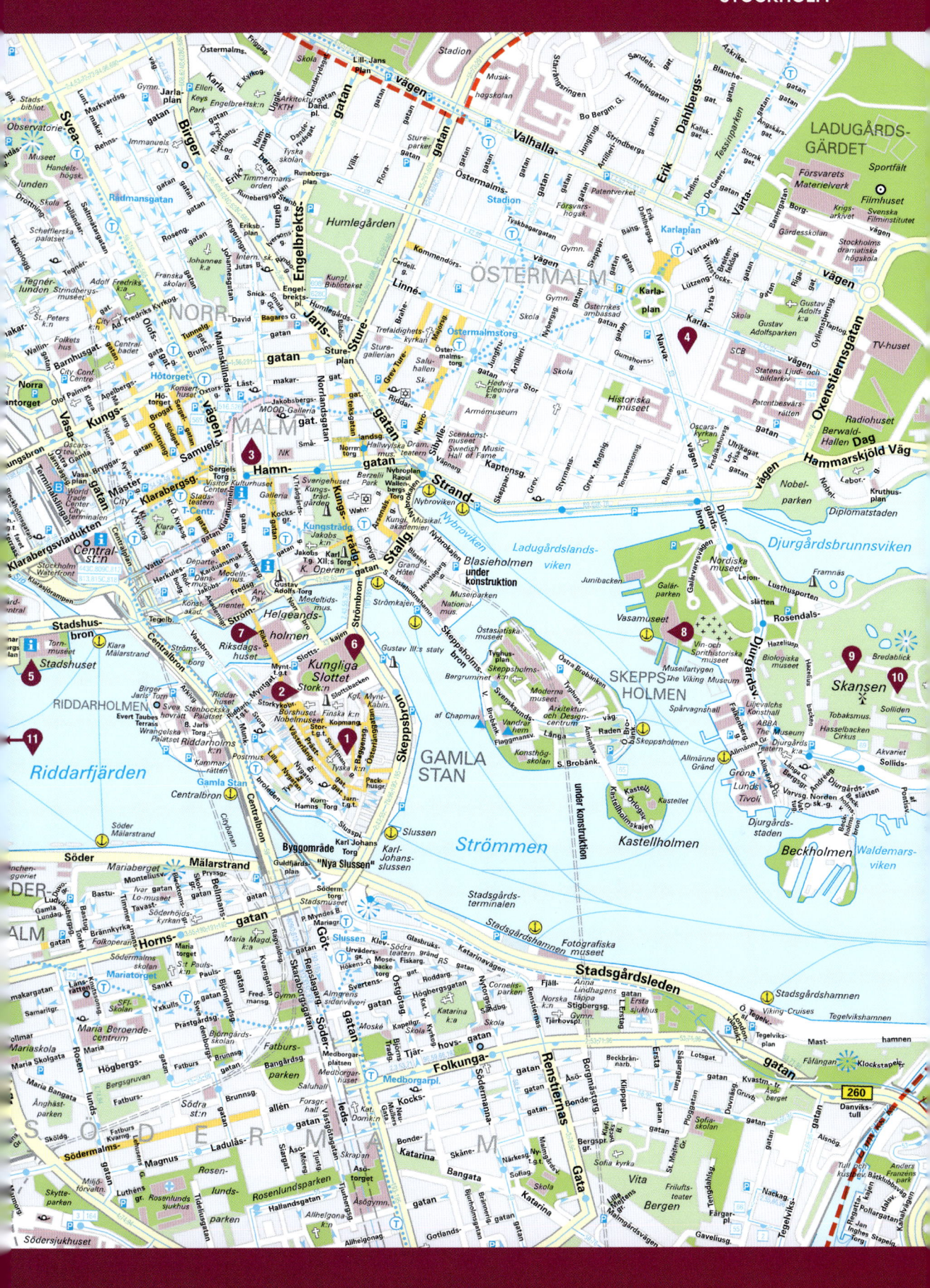

STOCKHOLM

Schweden | Svealand

Stockholms Altstadt Gamla stan
Mittelpunkt des Viertels ist der Stortorget, einst der Hauptplatz der Stadt. Der Platz ist von schmalen Bürgerhäusern mit stattlichen Renaissancefassaden umgeben, die mit ihren Farben und Formen eine Kulisse wie aus dem Bilderbuch ergeben. Hier befinden sich auch die Schwedische Akademie und die Nobel-Bibliothek.

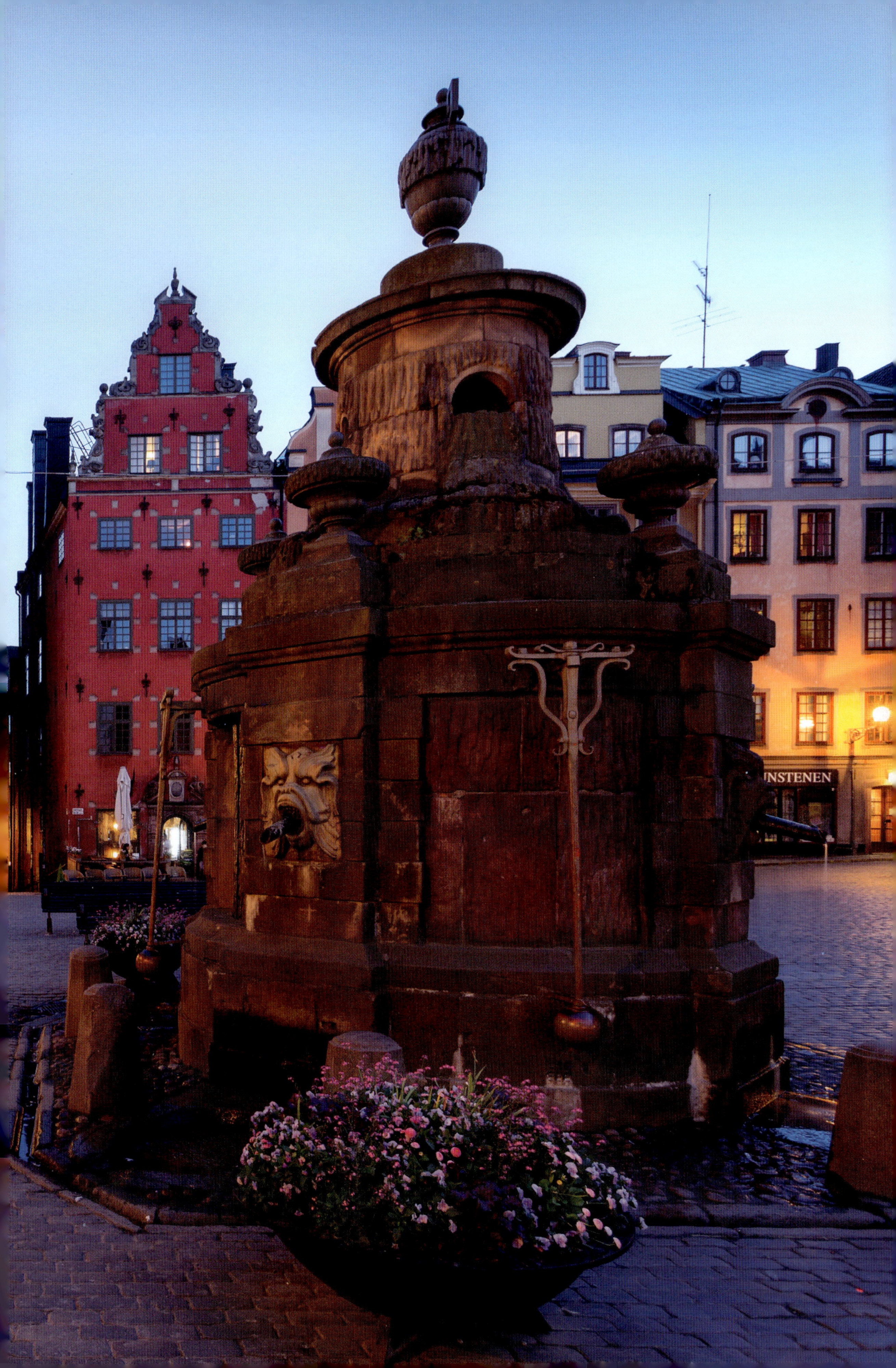
INSTENEN

An Östermalms Strandvägen mit seinen repräsentativen Bauten flaniert es sich vor allem abends besonders schön.

Imposant ragt das Gebäude von Stockholms Stadshuset am Riddarfjärden empor und leuchtet rot in der Abendsonne.

Der Goldene Saal in Stockholms Stadshuset ist mit Mosaiken ausgestaltet.

Schwedische und internationale Spezialitäten gibt's in der Markthalle Saluhall.

❸ ** Norrmalm

Breite Straßen und geschäftiges Treiben: In Norrmalm blieb in den 1950er-Jahren kaum ein Stein auf dem anderen. Grund dafür war der Bau der U-Bahn. Hochhäuser und Glasfassaden geben diesem Stadtteil heute ein modernes Gesicht. Es ist eben nicht alles pure Nostalgie in Stockholm! Dafür pulsiert hier das Leben, große Geschäfte, aber auch Luxusläden beleben die Einkaufsstraßen. Abends ist richtig viel los: Dann erwachen Kungsgatan, Sveavägen und Birger Jarlsgatan zum Leben und verwandeln sich in Flaniermeilen. Restaurants, Bars, Kinos – hier finden Einheimische und Besucher alle erdenklichen Angebote. Kultur gibt es natürlich auch: Das Kulturhuset dient als Forum für Ausstellungen und beherbergt das Stadttheater, es hat eine Bibliothek und mehrere Cafés. Und auch das Stockholmer Konzerthaus befindet sich in Norrmalm. In dem eindrucksvollen klassizistischen Bau findet Jahr für Jahr am 10. Dezember die Verleihung der Nobelpreise statt.

❹ ** Östermalm

Östermalm gehört seit dem 19. Jahrhundert zu Stockholm. Zuvor grasten auf dem von Wasser umgebenen Gelände königliche Schafherden. Das Zentrum bildet der Östermalmstorg, an dem zahlreiche Bauten aus dem 19. Jahrhundert liegen. Unangefochtener Höhepunkt ist hier die Saluhall, eine backsteinerne Markthalle von 1888, die Delikatessen aus aller Welt anbietet. Rund um den Stureplan haben sich Bars und Clubs angesiedelt. Auch viele Niederlassungen von angesagten Haute-Couture-Marken laden hier zu einer Shoppingtour ein. Im Süden grenzt das Viertel an die Bucht Nybroviken. Hier verläuft mit dem Strandvägen eine der schönsten Flaniermeilen Stockholms. Komplettiert wird das Bild durch das repräsentative Botschaftsviertel und zahlreiche interessante Museen wie das Musik-, das Armee- oder das Historische Museum. In Letzterem präsentiert der Goldraum (»Guldrummet«) wertvolle Gold- und Silberschätze.

❺ ** Stadshuset

Das Stadshuset am Ufer des Riddarfjärden ist eines der markantesten Wahrzeichen Stockholms. Der dunkelrote Bau mit seinen grün patinierten Kupferdächern wurde zwischen 1911 und 1923 errichtet. Den immerhin 106 Meter hohen Rathausturm in der Südostecke ziert eine goldene Spitze, auf ihr die drei Kronen des Stadtwappens. Das Gebäude ist aus dunkelroten Klinkern und aus angeblich acht Millionen Ziegelsteinen errichtet. Mit dem Aufzug können Besucher hinauffahren und von einer Plattform aus den Rundumblick genießen. Zweimal pro Monat tagt hier das Stadtparlament. Die Stadtverordneten treffen sich im Ratssaal, der einem Wikinger-Langhaus nachempfunden ist. Auch Führungen sind möglich. Dabei bekommen Besucher den Blauen Saal zu sehen. Der ist zwar nicht blau, dafür aber der Ort für das festliche Nobelpreisbankett. Im Goldenen Saal glitzern 18 Millionen Mosaiksteinchen aus Gold und Glas.

Blick auf Stockholms Gamla stan und das Königsschloss: Es soll ein Zimmer mehr als der Buckingham Palace haben.

❻ *** Königsschloss

Auf der Altstadtinsel Stadsholmen liegt das mächtige Königliche Schloss. Es wurde nach Plänen des 1728 verstorbenen Hofarchitekten Nicodemus Tessin im italienischen Barockstil errichtet. Hier befinden sich die Büros des schwedischen Königs Carl XVI. Gustaf und anderer Mitglieder der königlichen Familie. Das Schloss dient dem König zu repräsentativen und zeremoniellen Zwecken während der Ausübung seiner Pflichten als Staatsoberhaupt. Bewohnt wird es nicht mehr, seit die Königsfamilie 1982 den bisherigen Sommersitz, das Schloss Drottningholm, als Hauptwohnsitz bezog. Wenn kein Staatsbesuch ansteht, gibt es Führungen durch die offiziellen Säle, durch die Schatz- und Rüstkammer sowie durch die Schlosskirche. Eine beliebte Attraktion ist die Wachablösung der königlichen Leibgarde im Yttre Borggården auf der Westseite des Schlosses.

❼ ** Helgeandsholmen

Auf Helgeandsholmen, der kleinen Insel gegenüber dem Schloss, befinden sich lediglich zwei Gebäude, und doch ist hier Schwedens eigentliches Zentrum der Macht beheimatet: der Reichstag. 37 000 Kubikmeter Erde mussten einst abgetragen werden, um das neobarocke Gebäude, das von 9000 Eichenpfählen getragen wird, Ende des 19. Jahrhunderts zu errichten. Bei den Schachtarbeiten für eine Tiefgarage vor dem Reichstag machte man in den 1970er-Jahren zahlreiche archäologische Funde. Man entdeckte Hausfundamente aus dem 13. Jahrhundert, Reste der Stockholmer Stadtmauer aus dem 16. Jahrhundert, elf Boote, die verschiedenen Epochen entstammen, über 1000 menschliche Skelette (hier befand sich auch einst ein Friedhof), die Reste einer Apotheke aus dem 17. Jahrhundert sowie Münzen, Scherben, Flaschen, gut erhaltene Kleidungsstücke und Kreidepfeifen. Um die Funde präsentieren zu können, verkleinerte man die Tiefgarage und errichtete das Medeltidsmuseum (Mittelaltermuseum).

❽ * Vasamuseum

Ähnlich wie die »Titanic« sank auch die Galeone »Vasa« bei ihrer ersten Fahrt, allerdings bereits beim Auslau-

Auf Helgeandsholmen: Hinter dem Mittelaltermuseum ragt der Reichstag auf.

Mit nur einem 20 Zentimeter breiteren Rumpf wäre die »Vasa« seetüchtig gewesen.

fen im Stockholmer Hafen (1628). Das gigantischste Kriegsschiff sollte es werden, der Stolz der schwedischen Flotte. Doch das von König Gustav II. Adolf in Auftrag gegebene Schiff, mit mehr als 700 bunt bemalten Figuren verziert und mit über 50 Meter hohen Masten ausgestattet, war wohl zu riesig. Vielleicht war es die Statik, vielleicht auch das Gewicht der 64 mitgeführten Kanonen – die »Vasa« sank. Erst exakt 333 Jahre später wurde sie geborgen. Über 90 Prozent des Schiffes sind erhalten und werden in einem eigens dafür errichteten Museum gezeigt. Es ist weltweit das einzige Schiff seiner Art, das aus dem 17. Jahrhundert in die Gegenwart gerettet werden konnte. Das und noch viel mehr lernt man im Vasamuseum.

Das Innere des Königlichen Schlosses zieren Stile verschiedener Epochen.

Schwedisches Königshaus

Spätestens seit König Carl XVI. Gustaf seine Silvia, eine ehemalige deutsche Konsulatsmitarbeiterin und Olympia-Hostess, geheiratet hat, interessieren sich viele Deutsche für das schwedische Königshaus. Aber die Geschichte der Monarchie im Land ist natürlich sehr viel älter. Schon Mitte des 13. Jahrhunderts herrschte erstmals ein König über den bis dahin losen Zusammenschluss von Provinzen. Im Laufe der Jahrhunderte kam es immer wieder zu Vereinigungen und Trennungen von Schweden, Dänemark und Norwegen – meist unter Anwendung militärischer Gewalt. Seit 1818 herrscht die Bernadotte-Dynastie, die auf den französischen Marschall Jean-Baptiste Bernadotte zurückgeht. Er wurde vom kinderlosen Karl XIII. adoptiert und änderte seinen Namen, ehe er 1818 als Karl XIV. Johan den Thron bestieg. Carl XVI. Gustaf, seit 1973 König von Schweden, übt nur repräsentative Aufgaben aus. Heutzutage ist übrigens nicht mehr der erstgeborene Sohn der Thronfolger, sondern das erstgeborene Kind, aktuell also die 1977 zur Welt gekommene Prinzessin Victoria.

Schweden | Svealand 183

** Skansen

Skansen auf der Insel Djurgården ist eines der größten Freilichtmuseen der Welt und eines der beliebtesten Ausflugsziele in Stockholm. Das Freilichtmuseum geht auf den schwedischen Philologen und Ethnografen Dr. Artur Hazelius (1833–1901) zurück. Er wollte schwedische Kulturgeschichte auf eine ganz neue, spannende Weise präsentieren. Statt seine umfangreichen Sammlungen aus dem Leben von Bauern, Arbeitern, Stadtbürgern und Herren in einem herkömmlichen Museum auszustellen, zeigte Hazelius die Gegenstände in ihrem ursprünglichen Kontext. So entstand 1881 das erste Freilichtmuseum der Welt, das Freilichtmuseum Skansen. Heute kann man hier zahlreiche schwedische Milieus aus vergangenen Zeiten erleben: Bauernhöfe, eine Kirche, ein kleines Stockholmer Stadtviertel, einen Herrenhof, einige Werkstätten von Handwerkern – etwa 150 Gebäude aus allen Landesteilen stehen hier zusammen. Kinder dürfen im Sommer auf einigen Höfen mithelfen, Werkstätten zeigen, wie früher Glas hergestellt oder Metall bearbeitet wurde. Dazu gibt es Spielplätze, einen kleinen Streichelzoo mit typisch schwedischen Tieren, einen Zirkus sowie einen Aussichtsturm.

* Djurgården

Seit 1809 ist die Insel Djurgården für die Allgemeinheit zugänglich – die Zäune, die das 279 Hektar große Jagdgebiet der Königsfamilie einst umgaben, sind verschwunden. Heute ist Djurgården die Freizeitinsel der Stockholmer. Hier gibt es neben dem Freilichtmuseum Skansen viele Möglichkeiten, sich zu erholen oder sportlich aktiv zu werden: Wandern, Radfahren, Joggen und Skaten, Paddeln – alles ist auf dem Eiland möglich. Dazu gibt es eindrucksvolle Museen, gemütliche Cafés und Ausflugslokale. Auf der Waldemarsudde, dem südlichsten Teil der Insel, liegt die Villa des Prinzen Eugen, die heute Museum ist und Bilder des Prinzen und seiner Zeitgenossen zeigt. Es gibt damit einen Überblick über die schwedische Malerei der Jahrhundertwende (1900). Ebenfalls einen Besuch wert ist Rosendals Slott, ein Lustschloss, das König Karl XIV. Johan im 19. Jahrhundert erbauen ließ. Der Botanische Garten dort ist ein florales Prachtwerk.

*** Schloss Drottningholm

Das am besten erhaltene Schloss des Landes steht gerade einmal elf Kilometer von Stockholm entfernt auf der kleinen Insel Lovön im Mälarsee. 1690 wurde Drottningholms Slott im Stil französischer und holländischer Vorbilder erbaut, später ließ Kronprinzessin Lovisa Ulrika einige Gebäudeflügel im Stil des Rokoko einrichten. Seit 1991 gehört das Schloss zum UNESCO-Weltkulturerbe, vor allem das Treppenhaus zeigt das ganze Können des Baumeisters Nicodemus Tessin d. Ä. Im Inneren erkennt man gut, dass verschiedene Generationen der Königsfamilie das Schloss mit ihren Stilen prägten. Sehenswert ist auch der Barockgarten, in dem sich zahlreiche Skulpturen befinden. Der größte Teil des Anwesens ist für Besucher geöffnet, darunter die Fest-Etage mit ihren neun prächtigen Sälen und die früheren königlichen Wohngemächer, nur die Privatgemächer von Königin Silvia und Carl XVI. Gustaf im Südflügel des Schlosses sind nicht zugänglich. Wegen der Kinder waren sie 1982 vom Stockholmer Schloss auf Stadsholmen vor die Tore der Stadt gezogen.

An das Schloss Drottningholm grenzt eine weitläufige Parkanlage mit Skulpturen und Wasserflächen.

Freilichtmuseum Skansen: Der historische Bauernhof ist von einem üppig blühenden (Kräuter-)Garten umgeben.

Eine Schäreninsel, rote Holzhäuschen und vielleicht noch ein Leuchtturm – fertig ist das schwedische Ferienidyll.

*** Stockholmer Schärenarchipel

Der berühmte Stockholmer Schärengarten besteht aus über 24 000 Inseln, Schären und Felsen, die sich 80 Kilometer weit vom Stadtzentrum hinaus in die Ostsee erstrecken. Einige sind große, bewohnte Inseln, andere ähneln eher felsigen Außenposten oder grasbewachsenen Kuppen, die nur gelegentlich von Seehunden oder Kajakfahrern für einen Zwischenstopp okkupiert werden. Rund 10 000 Bewohner leben ständig auf gut 150 der Inseln. Am besten entdeckt man den Schärengarten oder »skärgården«, wie ihn die Schweden nennen, mit der Fähre. Von Stockholm aus fahren täglich zahlreiche Fährschiffe in die Inselwelt hinaus. Allerdings werden nur die größeren Eilande angefahren. Die anderen Inselchen sind nur mit dem eigenen, einem gemieteten Boot oder mit dem Wassertaxi erreichbar. Viele Bewohner der Schären arbeiten an den Wochentagen in Stockholm und kommen nur fürs Wochenende auf ihre Heimatinsel zurück. Und so mancher Stockholmer besitzt hier ein Ferienhaus – vom einfachen Häuschen mit einem Zimmer bis hin zur imposanten Villa mit eigenem Meerwasserpool ist dabei alles vertreten.

*** Uppsala

Anders Celsius legte hier die Temperatureinteilung fest und Carl von Linné die Grundlagen der Botanik: Wissenschaft hat in Uppsala eine lange Tradition, und die ehrwürdige Atmosphäre der Universitätsstadt ist hier überall spürbar. Im Jahr 1477 wurde die damals nördlichste Universität der Welt in Uppsala gegründet, sie ist damit die älteste Skandinaviens. Nur der Dom hat ihr ein bisschen den Rang abgelaufen, und das Schloss ist ganz klar der dritte Anziehungspunkt für Besucher der Stadt. Dom und Schloss bilden zusammen die charakteristische Silhouette der Stadt. Mit rund 180 000 Einwohnern ist Uppsala die viertgrößte Stadt Schwedens, ruhig ist es nur während der Semesterferien. Die Hauptstadt Upplands liegt 70 Kilometer nordwestlich von Stockholm am Ufer des Flusses Fyrisån. Früher spielten Hafen und Handel eine große Rolle, heute laden am Ostufer des Fryrisån Cafés und Geschäfte zum Flanieren und Shoppen ein, westlich liegt der kirchlich-akademische Bereich mit Dom und Uni.

Uppsala verdankt sein junges Flair nicht nur der Universität, sondern auch der lebhaften Szene aus Kultur und Cafés.

Zwischen den Inselchen des Stockholmer Schärengartens findet jedes Boot seinen Platz.

Die imposante Eingangshalle ist der Blickfang im Hauptgebäude der Universität von Uppsala.

*** Domkyrka

Die Türme sind schon von Weitem zu sehen – die Domkyrka von Uppsala dominiert das Stadtbild. Sie ist die größte Kathedrale des Nordens und misst exakt 118,7 Meter in Höhe und Länge. Im 13. Jahrhundert wurde der Bau nach französischem Vorbild begonnen, doch erst 1435 konnte das fertige Gotteshaus geweiht werden. Außen präsentiert sich der Dom als gotische Kirche, die Spitztürme erhielt er Ende des 19. Jahrhunderts. Das Gotteshaus weist Stilelemente aus ganz unterschiedlichen Epochen auf. Im Inneren hat das prunkvolle Gebäude auch einiges zu bieten, zum Beispiel die Grabstätten König Gustav Vasas und Carl von Linnés – die dreischiffige Domkyrka ist Krönungs- und Grabstätte vieler schwedischer Könige sowie Sitz des evangelisch-lutherischen Erzbischofs. Im nördlichen Turm birgt die einstige Schatzkammer heute das Dommuseum mit religiösem Kunsthandwerk, im südlichen Turm sind Steinskulpturen zu besichtigen.

** Universität

Über dem Portal des Hauptgebäudes, das ein wenig an einen venezianischen Palazzo erinnert, ist zu lesen: »Universitas Regia Upsaliensis« – königliche Universität von Uppsala. 1477 wurde sie gegründet und ist damit die älteste ihrer Art in ganz Skandinavien, wenn die Lehrtätigkeit auch nicht ununterbrochen stattgefunden hat. Viele Fakultäten sind hier unter einem Dach vereint, von Theologie bis Medizin, von Sprachen bis Wissenschaft und Technik. Uppsalas Universität hat zahlreiche kluge Köpfe hervorgebracht und kann sich rühmen, bedeutende Professoren gehabt zu haben, wie etwa Carl von Linné, den berühmten schwedischen Naturforscher, oder Anders Celsius, der die nach ihm benannte Temperatureinteilung festlegte. 15 Nobelpreisträger gehören zu den ehemaligen Studenten. Auch Carl XVI. Gustaf, der heutige König von Schweden, die Dichterin Karin Boye und die Diplomatin Jenny Ohlsson studierten hier.

* Linnéträdgården

Auch der Linné-Garten gehört zur Universität von Uppsala. Genau genommen ist er der Vorgänger des heutigen Botanischen Gartens. Der erste Akademiegarten, angelegt von Olof Rudbeck, wurde bei dem großen Stadtbrand im Jahr 1702 teilweise zerstört. Da der Universität die finanziellen Mittel fehlten, wurden die Überreste mehr oder weniger sich selbst überlassen. Das änderte sich, als Carl von Linné nach Uppsala kam und die Verantwortung für den Garten übernahm. Unter seiner Obhut entstanden Gewächshäuser neu, er ließ eine Orangerie bauen, und die Zahl der Pflanzen verzehnfachte sich. Als der Botanische Garten 1787 in den Schlosspark zog, geriet der Linné-Garten erneut in Vergessenheit. Die Fläche wurde unter anderem zum Kartoffelacker. Heute sind Beete, Büsche und Teiche wie zu Linnés Zeiten wiederhergestellt, was dank seiner präzisen Aufzeichnungen möglich war. Ein Museum erinnert an den berühmten Wissenschaftler.

Blick in den dreischiffigen Dom von Uppsala: Die Ausgestaltung des Chors fand nachträglich im 19. Jahrhundert statt.

Universalgenie: Carl von Linné

Den 1707 geborenen Carl Nilsson Linnæus als Genie zu bezeichnen, ist nicht übertrieben. An der Universität von Uppsala erhielt er eine Professur für Medizin. Neben den Vorlesungen schrieb er Bücher und legte eine botanische Sammlung an, die ihresgleichen suchte. Das wissenschaftliche Multitalent praktizierte als Arzt und erzielte große Fortschritte bei der Behandlung von Syphilis. Seinen über den Tod hinaus geltenden Weltruf errang er jedoch als Biologe: Sein Lebenswerk ist ein System zur Kennzeichnung und Einordnung von Pflanzen, Tieren und Mineralien. Das für die damalige Zeit Spektakuläre: Er ordnete sie nicht nach Lebensräumen, sondern nach Arten, Gattungen und – das war neu – nach ihren Fortpflanzungsorganen. Von seinen Kollegen wurde er dafür als botanischer Pornograf beschimpft. Da das Linnésche System funktionierte, gab es neben den Kritikern mehr und mehr Bewunderer. Im Jahr 1762 wurde er in den Adelsstand erhoben. Sein Name lautete fortan Carl von Linné. Er starb 16 Jahre später, seine sterblichen Überreste wurden im Dom von Uppsala beigesetzt.

Schweden | Svealand 191

Die mächtigen, mit Gras bewachsenen Hügelgräber von Gamla Uppsala, Alt-Uppsala, liegen nördlich der modernen Stadt.

Das die Stadt überragende Schloss, Uppsala Slott, war im Laufe seiner Geschichte mehrfach Opfer von Bränden.

** Schloss von Uppsala

Der mächtige Bau des Schlosses von Uppsala ist ein wahrhaft historischer Ort. Noch vor 1550 wurde hoch oben auf dem Kasåsen mit der Errichtung einer Festung begonnen, die Gustav Vasa als ein Bollwerk gegen Feinde geplant hatte. 1702 brannte die Burg nieder und wurde als Steinbruch für den Bau des Stockholmer Schlosses ausgeschlachtet. Nur langsam gelang der Wiederaufbau, der geplante Nordflügel wurde nie gebaut. Heute erlebt man ein ebenso schlichtes wie beeindruckendes Bauwerk mit Park und Botanischem Garten. Innen gibt es ein Museum, das über die bewegte Schlossgeschichte informiert. Hier entschied sich, dass Schweden in einen Krieg eintrat, der als Dreißigjähriger Krieg in die Geschichte eingehen sollte, und hier dankte 1654 Königin Kristina ab. Außerdem birgt das Schloss ein Friedens- und ein Kunstmuseum, der Regierungspräsident der Provinz Uppsala bewohnt einen Abschnitt, und einige Räume werden von der Universität genutzt.

** Gamla Uppsala

Rund fünf Kilometer nördlich von Uppsala liegt Gamla Uppsala – Alt-Uppsala – die Keimzelle der heutigen Stadt. Hier befindet sich zwischen Wiesen und Feldern die historische Siedlung Uppsalas mit Hügelgräbern, Thinghügeln und einer Kirche. Das gesamte Areal reicht bis ins vierte nachchristliche Jahrhundert zurück. Viele Legenden ranken sich darum. Laut Mythologie und Volksglauben sollen hier drei der alten Schwedenkönige aus dem Geschlecht der Ynglinger liegen. Manche Sagen wiederum ordnen die Gräber drei nordischen Göttern (Thor, Odin und Freyr) zu. Die kleine Felsenkirche stammt aus dem Jahr 1145. Am südöstlichen Rande des Geländes befindet sich seit dem Jahr 2000 ein Museum mit einer informativen Ausstellung, die auch für Kinder schön aufbereitet ist. Sie erzählt von den Mythen, die man im Laufe der Zeit um den Ort gesponnen hat, und zeigt Fundstücke von Ausgrabungen wie ein mit Granat verziertes Schwert und Goldschmiedearbeiten.

Der Runenstein von Anundshög bei Västerås stammt aus dem 11. Jahrhundert.

* Arboga

Sechs Monate lang drehte sich in Schweden alles um Arboga. Für diesen Zeitraum lenkte die kleine Stadt im Västmanland die Geschicke des Landes, sie war vorübergehend zur Hauptstadt ernannt worden. Das war anno 1710, als in Stockholm die Pest wütete und man den königlichen Senat in das 150 Kilometer entfernte Städtchen umsiedelte. Schiffe blieben auf See in Quarantäne. Doch die Geschichte Arbogas begann schon viel früher. 1435 kam dort der erste schwedische Reichstag zusammen, man wählte Engelbrekt Engelbrektsson zum Reichshauptmann. Jeden Sommer lassen die Einwohner des Ortes die alte Zeit aufleben: Sie feiern in Sackleinen und grobe Wollstoffe gehüllt »Medeltidsdagarna«, eine Brauchtumsveranstaltung mit Ritterspielen, altem Handwerk und Märkten. Aber auch zu allen anderen Zeiten ist Arboga sehenswert. Die kleinen Gassen führen beispielsweise zu der Heliga Trefaldighetskyrka, der Kirche eines Franziskanerklosters. Um 1300 erbaut, hebt sie sich heute weiß getüncht strahlend vor dem Stadtbild ab und beherbergt einen schier gigantischen Messingleuchter. Außerdem sind im mittelalterlichen Stadtkern noch historische Kaufmanns- und Handwerkshäuser erhalten. Älteste Straße in Arboga ist die Västerlånggatan, die ebenfalls noch Steinhäuser mit Kellern aus dem Mittelalter säumen. Und wer nach so viel Kultur einen Schluck zur Stärkung braucht, probiert das Arbogaöl – »öl« ist das schwedische Wort für Bier, und ein ungewöhnlich starkes wird seit Jahrhunderten in der Stadt gebraut. Die Brauerei kann auch besichtigt werden.

* Västerås

Ein Wolkenkratzer ragt im Zentrum der Stadt in den Himmel, Skrapan, also »Kratzer«, heißt das Gebäude mit seinen 25 Etagen ganz schlicht. Doch der erste Eindruck täuscht leicht über die reiche Historie hinweg, die mit Västerås verbunden ist. Denn die Stadt ist schon zur Wikingerzeit ein bedeutender Handelsplatz gewesen. Grund dafür war die strategisch günstige Lage an der Mündung des Svartå in den Mälarsee. Heute besitzt Västerås den größten Binnenhafen und ist die sechstgrößte Stadt Schwedens. Im Jahr 1120 wurde sie Bischofssitz, im Viertel Kyrkbacken nördlich des Doms sind noch Reste des mittelalterlichen Straßennetzes erhalten geblieben, alte, rote Holzhäuschen reihen sich aneinander. Darin hat sich eine Handwerkerszene etabliert, und der gesamte Stadtteil ist autofrei. Überhaupt sind die meisten Einwohner hier mit dem Fahrrad unterwegs, denn es gibt ein Netz aus 340 Kilometer beleuchteten und im Winter beheizten Radwegen. Trotz aller Hochhäuser setzt der Dom nach wie vor einen optischen Akzent in der Skyline: Immerhin ragt seine Turmspitze 102 Meter hoch in den Himmel. Innen beeindrucken der in Gold gefasste gotische Schnitzaltar und der Sarkophag von König Erik XIV. Allerdings ruht der Monarch darin etwas amputiert: Als in den 1970er-Jahren

Unterwegs in Västmanland: Eine mystische Stimmung liegt über den von Bäumen bewachsenen Felseninseln.

der Sarg geöffnet wurde, fand man seine Gebeine fein säuberlich abgesägt vom Torso – der prunkvolle Steinsarg war nämlich etwas zu kurz geraten. Nicht ganz so hoch gebaut, aber dennoch mit einem Superlativ versehen, wartet das Rathaus auf Besucher. 1953 am Standort eines Klosters aus dem 13. Jahrhundert errichtet, hängt im fünf Meter hohen Rathausturm das mit 47 Glocken größte Glockenspiel Schwedens. Mehr als elf Tonnen schwer, bringt es der städtische Carillonneur bei besonderen Konzerten und Vorführungen zum Klingen – und das von Hand. Das stündliche Spiel ertönt jedoch computergesteuert. Noch nicht genug gesehen? Dann auf zu Schloss Strömsholm! Das gut 20 Kilometer westlich von Västerås gelegene Schloss ist ein Muss für Pferdefreunde, aber auch für alle anderen ein lohnenswertes Ausflugsziel. Das Herrenhaus wurde im französischen und italienischen Barockstil erbaut und ist bereits seit dem 17. Jahrhundert Sitz eines Gestüts. Gustav Vasa selbst hatte es gegründet. Das prachtvolle Schloss thront auf einer Insel im Fluss, zu seiner Einrichtung gehört auch eine Gemäldegalerie – überwiegend mit Pferdebildern. Jedes Jahr finden auf dem Anwesen berühmte Pferdesportveranstaltungen statt. Relikte aus der Wikingerzeit kann man rund zehn Kilometer östlich von Västerås in Anundshög bestaunen, etwa Hügelgräber, Steinsetzungen und einen Runenstein.

*** Sala

Tief hinab und dann hoch hinaus – von 1480 bis 1908 schufteten Arbeiter in der Sala-Silbergrube, um dem Gestein weit unten Silber abzuringen. Sie kämpften sich rund zehn Meter pro Jahr voran, schufen auf diese Weise 20 Kilometer Stollen und sicherten Schweden das Münzwesen. Heute ist die Mine längst stillgelegt, hat sich aber zur Touristenattraktion gemausert, denn die Sofia-Magdalena-Ebene auf 60 Metern sowie die auf 155 Metern liegende Ulrica-Eleonora-Ebene können besichtigt werden.

* Fagersta

Etwa 70 Kilometer nordwestlich von Västerås liegt das kleine Fagersta, etwa 12 000 Einwohner leben in dem Ort. Die Siedlung war ab dem 17. Jahrhundert rund um ein Hammer- und ein Hüttenwerk, Fagersta bruk, entstanden. Bis zum 19. Jahrhundert wohnten hier lediglich 80 Menschen, hauptsächlich Arbeiter mit ihren Familien. Im weiteren Verlauf der Industrialisierung wuchs der Ort sehr schnell, man baute zudem ein Stahlwerk. Um 1900 hatte Fagersta bereits etwa 1600 Einwohner. Der kleine Nachbarort Västansfors entwickelte sich ebenfalls rund um einen Industriebetrieb, ein Eisenwerk – 1944 legte man die beiden Orte zusammen und behielt den Namen Fagersta. Der Stahlboom dauerte bis Ende der 1970er-Jahre an, im Jahr 1981 wurden die Fabriken schließlich stillgelegt. Im ehemaligen Arbeiterviertel Skansen stehen noch Häuser von der Jahrhundertwende. Eines davon zeigt als Museum ein Arbeiterheim aus dieser Zeit.

Bewaldete Ufer umrahmen den 290 Quadratkilometer großen Siljansee im Herzen der Provinz Dalarna.

*** Falun

Hauptsehenswürdigkeit des Städtchens Falun ist seine Kupfergrube, die älteste Industrieanlage Schwedens. Um 1650 förderte man hier den größten Teil der Kupferweltproduktion, die hier angewendete Grubentechnik beeinflusste den Bergbau in Europa rund zwei Jahrhunderte lang. Im Jahr 1687 kam es zur Katastrophe: Mehrere Schächte und Stollen stürzten ein und hinterließen einen gigantischen Krater, Stora Stöten, der bis heute am Rande des historischen Stadtkerns von Falun klafft. Seit 1992 ist die Grube nicht mehr aktiv, stattdessen genießen Besucher beim Spaziergang um den Krater den Panoramablick über die Stadt. Mutige können mit dem Fahrstuhl 50 Meter in die Tiefe fahren, um in den Stollen zu wandern. Das Koppaberg-Museum widmet sich der Geschichte des Bergbaugebiets. Das berühmte Farbpigment Falunrot, die Farbe, in der die typischen schwedischen Holzhäuser leuchten, ist übrigens ein Nebenprodukt des Bergbaus.

*** Siljansee

Vor schätzungsweise 360 Millionen Jahren stürzte ein Meteorit in der Region der heutigen schwedischen Provinz Dalarna auf die Erde. Der vier Kilometer lange und bis zu 120 Meter tiefe Krater füllte sich mit Wasser und bildet heute den siebtgrößten See des Landes, den Siljansee. Sowohl Einheimische als auch Touristen schätzen das idyllische Gewässer als Urlaubsort. Es gibt Ferienhäuser und Campingplätze direkt am Ufer und nur ein kurzes Stück entfernt sogar auch liebevoll restaurierte Almhütten. Das wunderschöne tiefe Blau des Sees, als Siljanblau bekannt, lockt zum Baden, doch Achtung: Die Wassertemperatur ist meist sehr niedrig, außer an Rättviks Seebrücke, wo das Wasser flach ist. Die angenehmere, weil wärmere Alternative ist es, sich mit einem der beiden Ausflugsdampfer über das Gewässer

Blick auf Falun: Die Stadt ist berühmt für den Kupferbergbau, der seit 2001 zum Weltkulturerbe der UNESCO zählt.

Die 100 Meter tiefe Trichtergrube Stora Stöten in Falun bildet ein gigantisches Loch in der Landschaft.

schippern zu lassen. Oder man erkundet die Gegend mit ihren abwechslungsreichen Ortschaften Rättvik oder Siljansnäs und den ausgedehnten Wäldern dazwischen.

*** Nationalpark Hamra

Der Nationalpark Hamra schlummert wie eine unberührte Oase inmitten wirtschaftlich genutzter Flächen und besiedelter Orte. Er wurde im Jahr 1909 gegründet und war – bis zu seiner Erweiterung 2011 – der kleinste Nationalpark Schwedens. Sein ursprünglicher Nadelwald ist bis heute erhalten, durch das Dickicht führen schmale Pfade, die von umgestürzten Bäumen oder Felsen versperrt sind. Seit über 100 Jahren ist der Hamra von Sägen und Äxten verschont geblieben, sodass sich der Wald ungestört zu einem teils undurchdringlichen Urwald entwickeln konnte. So ragen dort mehr als 400 Jahre alte Fichten in den Himmel, die Stämme vieler Bäume sind von Flechten bewachsen. Der Nationalpark besteht fast zur Hälfte aus Moorgebieten mit Sümpfen, Wasserläufen und kleinen Seen, die optimale Lebensbedingungen für Fische und kleine Wassertiere, aber auch für die vielfältige Vogelwelt bieten – darunter auch die für ihre Balz berühmten Kraniche.

** Nationalpark Fulufjället

Erst seit 2002 genießt der Fulufjället den Titel eines Nationalparks. Es handelt sich um Schwedens südlichstes Fjällgebiet, noch dazu um das einzige, das nicht von Samen bewirtschaftet wird. Rentiere sucht man darum vergeblich. Fulufjället ist mit seinen gut ausgebauten Wegen ein Traumziel für Wanderer, die es oft zum 93 Meter hohen Wasserfall Njupeskär zieht. Die Landschaft ist beinahe lieblich. Häufig ist man auf sanft hügeligen, von Heidekraut und Flechten bewachsenen Hochebenen unterwegs, doch auch einige dramatische Erhebungen und Schluchten gibt es zu sehen.

Trotz seiner Größe zeigt sich Östersund sehr grün. Der Stadtteil Hornsberg ist über die Frösöbron erreichbar.

Norrland: Schwedens wilder Norden

Norrland, die nördlichste der drei schwedischen Großregionen, wird über weite Strecken von riesigen Nadelwäldern bedeckt und präsentiert sich vielerorts immer noch als nahezu unberührte Wildnis. Hier gibt es arktische Tundra, Rentiere, deren Fell im Winter fast weiß wird, und die Spuren der alten samischen Tradition. Willkommen in einer märchenhaften Region!

** Gävle

Gävle erhielt bereits 1446 Stadtrechte und ist somit die älteste Stadt Norrlands. Das zeigt sich in den kopfsteingepflasterten Gassen, an den bunten Holzhäuschen mit Natursteinsockeln und den verschnörkelten Laternen davor. Die Lage an der Küste ernährte einst die Menschen, Gävle entstand aus dem Zusammenschluss mehrerer Fischerdörfer. Später trug die verkehrsgünstige Lage zum Aufstieg des Ortes bei. Interessantes darüber findet man im Eisenbahnmuseum. Im Konzerthaus spielt regelmäßig das Gävle Symfoniorkester, sehenswerte Gebäude sind das Gäveler Schloss sowie das alte Rathaus. Touristische Berühmtheit erlangte Gävle 1966, als ein riesiger Weihnachtsbock aufgebaut wurde. Der »Gävlebocken« oder auch »Julbock« ist eine aus Stroh gefertigte Ziegenbockfigur. Der 13 Meter hohe und drei Tonnen schwere Koloss wurde jedoch in seinem ersten Jahr durch einen Brandanschlag zerstört. Seither gehört das Aufstellen zur Tradition, das Niederbrennen leider auch.

*** Östersund

Besucht man heute die quirlige Hauptstadt von Jämtland, kann man sich nur schwer vorstellen, dass sie erst Ende des 18. Jahrhunderts entstand, noch dazu am Reißbrett. 1810 wurde Östersund Residenzstadt der Provinz Jämtland – und das, obwohl sie nur 200 Einwohner zählte. Die Holzindustrie sorgte schließlich für wirtschaftlichen Aufschwung und damit auch für ein Bevölkerungswachstum. Die schöne Lage am Storsjön, dem »großen See«, lockte außerdem Gäste an. Diese flanieren heute gern über die Hauptstraße Storgatan, die mit ihren gut erhaltenen, sehr aufwendigen Fassaden aus dem ausgehenden 19. Jahrhundert und einem großen Marktplatz punktet. Im Sommer findet das große Storsjöyran statt, das älteste Stadtfest des Landes.

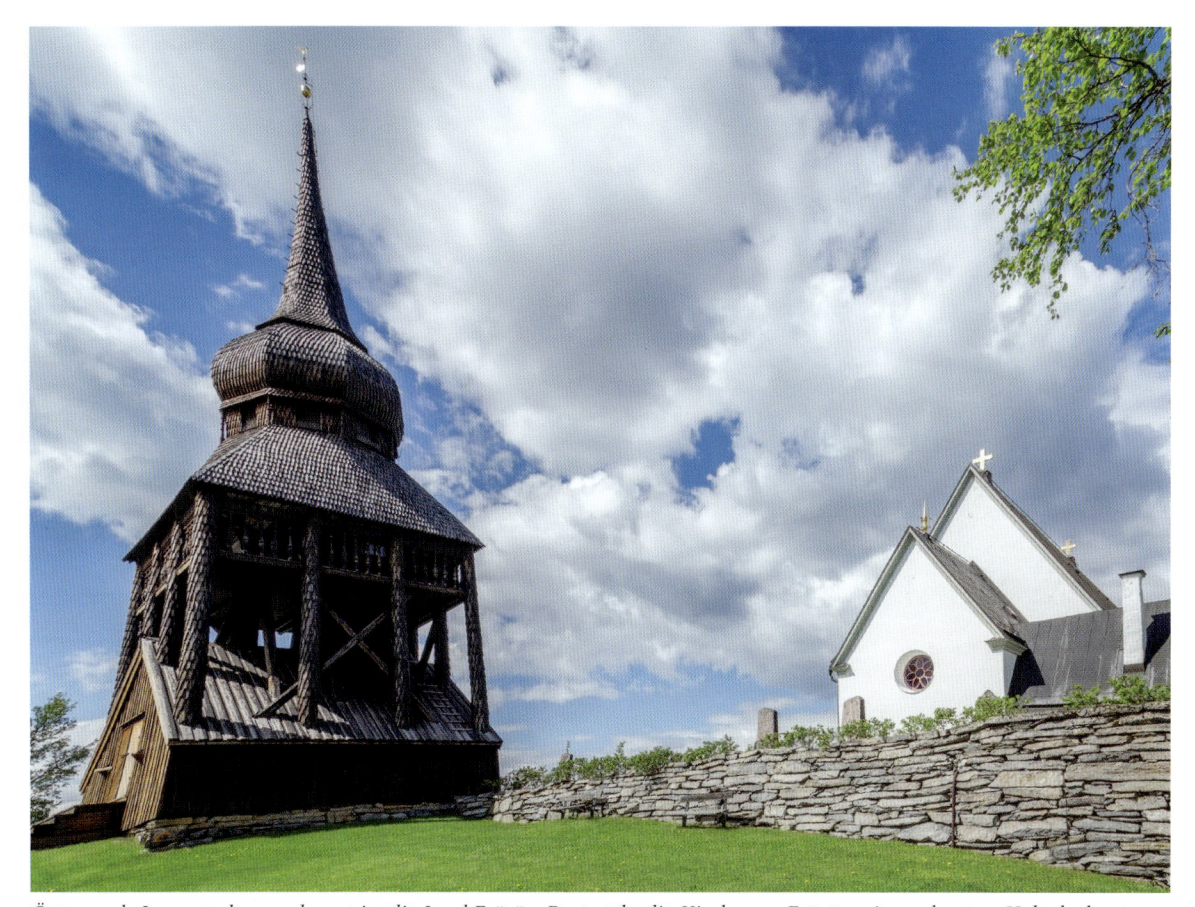

Östersunds Innenstadt vorgelagert ist die Insel Frösön. Dort steht die Kirche von Frösön mit markantem Holzglockenturm.

Eine Attraktion das ganze Jahr über ist das Freilichtmuseum Jamtli, das den einstigen Alltag in Norrland wunderbar anschaulich zeigt.

** Härjedalen

Genau wie Jämtland gehörte die Provinz Härjedalen bis zum Jahr 1645 zu Norwegen. Nur etwa 0,8 Bewohner kommen hier auf einen Quadratkilometer, dafür gibt es jede Menge nahezu unberührter Natur – und Schwedens einzige Herde Moschusochsen in freier Wildbahn, die einst aus Norwegen hierher eingewandert sind. Die Landschaft ist geprägt von einer wunderbaren Bergwelt – immerhin rund 40 Eintausender hat Härjedalen vorzuweisen. Nicht minder prägend ist das Wasser von unzähligen tiefblauen Seen, Flüssen und Wildbächen. Von gemütlichem Paddeln bis zu abenteuerlicherem Rafting ist alles möglich. Autor Henning Mankell wuchs übrigens in Härjedalen auf, ein Kulturzentrum in Sveg erinnert an ihn.

** Sundsvall

Die historische Provinz Medelpad hat vor allem eines: weite, nahezu unberührte Natur. Große Städte? Fehlanzeige. Die einzige gründete Gustav II. Adolf 1621 auf einer Wiese direkt am Bottnischen Meerbusen. Dort konnte man einen Hafen anlegen, was für die Holzwirtschaft wichtig war. Trotzdem wollte Sundsvall zunächst nicht so recht wachsen. 100 Jahre nach der Verleihung der Stadtrechte wurde der Ort vom russischen Heer vollkommen zerstört. Doch auch der Wiederaufbau hatte keinen Bestand, denn die Holzhäuser brannten mehr als einmal fast vollständig ab. So wurden ab dem Jahr 1888 vom Stadtrat nur noch Bauten aus Stein genehmigt, weshalb der Altstadtkern »Stenstaden«, Steinstadt, genannt wird. Zur damaligen Zeit bestimmten Sägewerke das Bild und vor allem den Aufstieg der Stadt, heute leben die Einwohner vor allem vom Wintersport. Seit 2005 hat Sundsvall auch eine Universität.

* Härnösand

An der Mündung des Ångermanälv liegt die 1585 gegründete Residenzstadt Härnösand auf der Insel Härnön. Knapp 20 000 Menschen leben hier, was den Ort zur zweitgrößten Stadt Norrlands macht. Seit dem Jahr 1647 ist Härnösand Bischofssitz. Der Dom gehört zu den Sehenswürdigkeiten, die man auf keinen Fall verpassen darf, ebenso wie das Freilichtmuseum Murberget Länsmuseet Västernorrland, das zweitgrößte dieser Art nach dem Stockholmer Skansen. Es zeigt sehr anschaulich das Leben der Region im 19. und frühen 20. Jahrhundert und unter anderem auch einen Wikingerschatz. Besonders attraktiv ist auch die Lage der Stadt, die dafür sorgt, dass es himmlische Strände gibt, dazu felsige Küstenabschnitte und Reviere zum Segeln oder Paddeln. Interessant ist die Festung Hemsö auf einer Nachbarinsel. Der Atombunker samt Wehranlage entstand in den Zeiten des Kalten Kriegs.

Umeå ist mit rund 130 000 Einwohnern die größte Stadtgemeinde im sonst eher dünn besiedelten Norrland.

*** Höga Kusten

Dass die Erde stets in Veränderung begriffen ist, kann sich mancher nur schwer vorstellen. An der Höga Kusten, der »Hohen Küste«, zeigt sich eindrucksvoll, wie die Landmasse sich hebt, seit sie den drei Kilometer dicken Panzer aus Eis los ist, der sie bis vor etwa 10 000 Jahren nach unten drückte. Bis auf 286 Meter hat sie es bisher gebracht und ist damit die höchste Küstenlinie der Welt. Seit 2000 steht die Höga Kusten auf der Liste der Naturphänomene und ist UNESCO-Welterbe. Über die Hälfte des Gebiets liegt an der Ostsee und ist ein Paradies für Wanderer, die den knapp 130 Kilometer langen Höga Kusten Leden oder den Nationalpark Skuleskogen erleben wollen. Sehenswert ist die etwa 80 Kilometer nördlich von Sundsvall gelegene Högakustenbron. Die federleicht wirkende Brücke überspannt die Mündung des Ångermanälv mit einer maximalen Stützweite von 1210 Metern.

** Nationalpark Skuleskogen

Karg und rau zeigt sich die Natur im Nationalpark Skuleskogen im bergigen Hinterland der Höga Kusten. Meer und Inlandeis haben tiefe Täler in die Landschaft gesprengt, die spektakuläre Ausblicke ermöglichen – etwa in die Schlucht Slåtterdalsskrevan, die berühmte Höllenschlucht, bekannt aus dem Film »Ronja Räubertochter«. Sie verläuft als nur sieben Meter breite Spalte rund 200 Meter lang zwischen zu beiden Seiten senkrecht aufragenden Felswänden hindurch, die spektakuläre 40 Meter hoch sind. Am Ende des Weges, der sich an Gesteinsbrocken entlangschlängelt, wartet der See Tärnättvattnen. Die dichten Wälder des Nationalparks entlang der Küste vermitteln eine Ahnung davon, dass das Land einst sozusagen dem Meer entstiegen ist. Zum Glück hat sich die Region von den Abholzungen erholt, denen sie in der Mitte des 19. Jahrhun-

Blickfang vor Umeås Bahnhofsgebäude ist die Glasskulptur »Grünes Feuer«.

Durch die Landhebung der Höga Kusten entstand eine wilde Hügellandschaft.

derts zum Opfer gefallen war. Nadelwälder, Berge, Täler und Meer formen eine großartige Naturlandschaft.

*** Umeå

Umeå wird so oft als die heimliche Hauptstadt Nordschwedens bezeichnet, dass es längst kein Geheimnis mehr ist. Sie sprüht vor Kreativität und Kultur, pflegt gleichzeitig eine Grundhaltung von Bescheidenheit, Ruhe und Gelassenheit. Die Lage an der Ostsee machte den Ort früh zu einem Handelsplatz, doch selbst 1622, als Umeå die Stadtrechte verliehen wurden, lebte hier nur eine Handvoll Menschen. Im 19. Jahrhundert kam die Industrie, es entstanden Papierfabriken und Werften. 1888 zerstörte ein Brand nahezu die gesamte Stadt. In seiner Folge legte man breite Straßen an und pflanzte Birken, die mit ihrem feuchten Holz als natürlicher Brandschutz galten. Noch immer nennt man Umeå daher auch »Stadt der Birken«. Ihr junges Herz schlägt in der Hochschule für Design sowie im Kulturhaus Väven mit seinem Museum zur Frauengeschichte.

* Skellefteå

Beschaulich geht es in der Geburtsstadt des Autors Stieg Larsson zu, wirklich spektakulär ist nur die Landschaft, die felsig-wilde Küstenlinie, die Flüsse, in denen es von Lachsen nur so wimmelt, die vielen kleinen Seen, eingebettet in Wäldern. Die Stadt ist ein Refugium für Besucher, die gern wandern oder Ski fahren, ohne große Anfahrtswege in Kauf nehmen zu müssen. Es gibt ein Museum mit Kunstgalerie und neben der alten Kirche ein luxuriöses Spa im historischen Pfarrhaus, in dem Skellefteås erste Badewanne stand. Im Adventurepark auf einstigem Bergbaugrund kann man sich nach Herzenslust austoben, ebenso auf den über 50 Hindernissen des Hochseilgartens, bei der Besichtigung einer alten Mine oder beim Schürfen von Mineralien.

Lappland: Europas letzte Wildnis

Bären, Wölfe und Elche gibt es in Lappland, einer Region, die sich über Schweden, Finnland, Norwegen und Russland erstreckt. Dazu Flüsse, deren Bett von der Eiszeit geformt wurde, Nadelwald, ein paar niedrige Fjällbirken, Moose, Flechten und Heide – kurz: eine vom Menschen nur wenig beeinflusste Landschaft. Sie ist kaum bevölkert, für Wanderer jedoch teils recht gut erschlossen. Das gilt vor allem für die Nationalparks und Naturreservate, die zusammen das UNESCO-Welterbe Laponia bilden. Der Nationalpark Abisko gehört ebenso dazu wie die Nationalparks Sarek, Padjelanta und Stora Sjöfallet an der Grenze zu Norwegen. Das gesamte Gebiet Laponia rund um den Polarkreis wird oft als letzte Wildnis Europas bezeichnet. Kein Wunder, Flüsse dürfen sich ihren Weg bahnen und auch mal über die Ufer treten, aus jedem Bach kann man trinken, Schutzhütten stehen nur in großen Abständen in der Natur. In weiten Teilen unzugänglich ist das Naturreservat Sjaunja, in dem nur Rentierzucht gestattet ist.

Schweden | Norrland   203

*** Kirchendorf Gammelstad

Bis 1649 lag der Hafenort Luleå an der Stelle, wo heute Gammelstad zu finden ist. Doch wie in einigen anderen Regionen Skandinaviens hob sich auch an dieser Küste das Land Jahr für Jahr, nachdem es von drückenden Eismassen befreit war. Wo einst der Hafen an einer Bucht lag, bildete sich nun ein See, es gab keinen Zugang mehr zum offenen Meer, und so verlegte man Luleå kurzerhand. Geblieben ist das Kirchendorf Gammelstad, das seit 1996 UNESCO-Weltkulturerbe ist. Über 400 Kirchenhäuschen sind noch erhalten. Sie dienten und dienen noch immer all jenen als Übernachtungsmöglichkeit, die von weit her anreisen, um am Gottesdienst teilzunehmen. Auch die große Steinkirche aus dem späten Mittelalter ist hier zu bestaunen. Am besten schließt man sich einer der Führungen an, um diesen besonderen Ort zu verstehen.

*** Jokkmokk

Jokkmokk gehört zu den bekanntesten Orten Schwedisch-Lapplands. Das hat vor allem zwei Gründe: Zum einen ist die Stadt sozusagen die Hauptstadt der Samen, eines indigenen, früher halbnomadischen Volkes, dessen Siedlungsgebiete sich über die nördlichen Teile Schwedens, Norwegens und Finnlands erstrecken. An kaum einem anderen Platz ist ihre Kultur so lebendig. Zum anderen ist Jokkmokk das Tor zum Herzen Lapplands. »Laponia« wird dieses Kerngebiet genannt, und es gilt mit knapp 9500 Quadratkilometern als das größte zusammenhängende Naturschutzgebiet Europas. Vor allem die weitläufigen Naturparks Sarek, Stora Sjöfallet, Padjelanta und Muddus laden zu langen Wanderungen verschiedener Schwierigkeitsgrade ein. Das Ájtte-Museum erzählt vom Leben der Samen und der Siedler, die Anfang des 20. Jahrhunderts hierherkamen, es stellt aber auch die Natur der Berge und der Tundra vor. Absoluter Höhepunkt im Jahr ist Jokkmokks Wintermarkt im Februar, bei dem man feiert, sich traditionelle Geschichten erzählt und bei dem seit 1605 Samen ihre Waren anbieten.

Der Berg Skierffe im Nationalpark Sarek: Der berühmte Wanderweg Kungsleden verläuft nur fünf Kilometer östlich.

* Gällivare

Auch in der kleinen Stadt Gällivare spielt die Tradition der Samen eine große Rolle. So zeigt das Freilichtmuseum Hembygdsområdet im Südosten der Stadt unter anderem die nördlichste Windmühle Schwedens, ein Lager mit Vorratsräumen sowie Wohnstätten der Samen. Eine alte Holzkirche von 1755 steht etwas abseits des Zentrums. Damals umgab sie Wildnis, und die Kirche zählte zu den ersten Gebäuden des ehemaligen Ortes Gällivare-Malmberget. Die Kirche diente zunächst nur den Samen als Gotteshaus. Seit 1882 gibt es eine neue Kirche näher am Stadtzentrum. Ein Höhepunkt ist der Hausberg: Der 820 Meter hohe Dundret ist vor allem im Sommer ein beliebtes Ausflugsziel. Von seiner Kuppe aus lässt sich von Anfang Juni bis Mitte Juli 24 Stunden am Tag die Sonne genießen.

*** Nationalpark Sarek

Der Nationalpark Sarek bietet dramatisch schöne Natur in all ihren Facetten, fernab von jeglichem Tourismus. Aus der Luft betrachtet, lässt sich der unbeirrte Lauf der Flüsse erkennen, die sich durch das satte Grün der Landschaft schlängeln. Kleine, aber auch größere Seen, von Gletscherwasser gespeist, liegen türkisfarben wie bunte Kleckse darin. Hier hat allein die Natur das Sagen. In den riesigen stillen Wäldern und der endlosen Taiga zeigt sich Lapplands Wildnis von ihrer schönsten und unzugänglichsten Seite. Zwar lässt sich der Nationalpark durchwandern, doch gibt es keine markierten Wege, keine Unterkünfte und nur wenige Brücken, sodass die Wasserläufe häufig zu Fuß durchquert werden müssen. Zusammen mit anderen Parks gehört der Nationalpark Sarek zum UNESCO-Welterbe Laponia und trägt diesen Ehrentitel bereits seit 1996. Sarek gilt als der ursprünglichste Nationalpark Schwedens und bietet eine eindrucksvolle Mischung aus Hochebenen, tiefen Tälern mit dichten Birkenwäldern, engen Schluchten, wilden Sturzbächen und Gebirgszügen, die die 2000-Meter-Marke überschreiten. Beinahe 100 Gletscher liegen in dieser Region.

Die ältesten Häuschen im Kirchdorf Gammelstad stammen aus dem 16. Jahrhundert.

Im Winter, wenn die Temperatur auf bis zu −20°C fällt, verströmt das verschneite Jokkmokk ein ganz besonderes Flair.

Im Reich der Rentiere

Das Ren, eine nordische Hirschart, zählt zu den am weitesten nördlich lebenden Säugetieren. Und je weiter nördlich sie leben, desto kleiner ist die Unterart: Das kurzbeinige Svalbard-Ren ist nur knapp halb so groß wie das Tundren-Ren. Die Tiere ernähren sich vorwiegend von Gras, im Winter suchen sie unter dem Schnee nach Moos, Flechten und Pilzen. Um dem arktischen Winter zu entgehen, legen wilde Rener – so lautet die Mehrzahl – jedes Jahr bis zu 5000 Kilometer zurück. Die Rentiere in Lappland sind domestiziert oder halbwild. Sie leben in den Wäldern und ziehen im Sommer in die Bergregionen, begleitet von den Samen, die seit Jahrtausenden ihre Hüter sind. Lange nutzten sie die Rener als Last- und Zugtiere und verwendeten ihre Milch. Auch heute wird in Lappland noch Rentierwirtschaft betrieben, allerdings nutzen viele Samen mittlerweile Motorschlitten oder Geländemotorrad, um die Herden zusammenzutreiben. Rentiere sind nicht sehr scheu – man kann sie im Norden Schwedens auch in der Nähe von Straßen aus dem Auto beobachten.

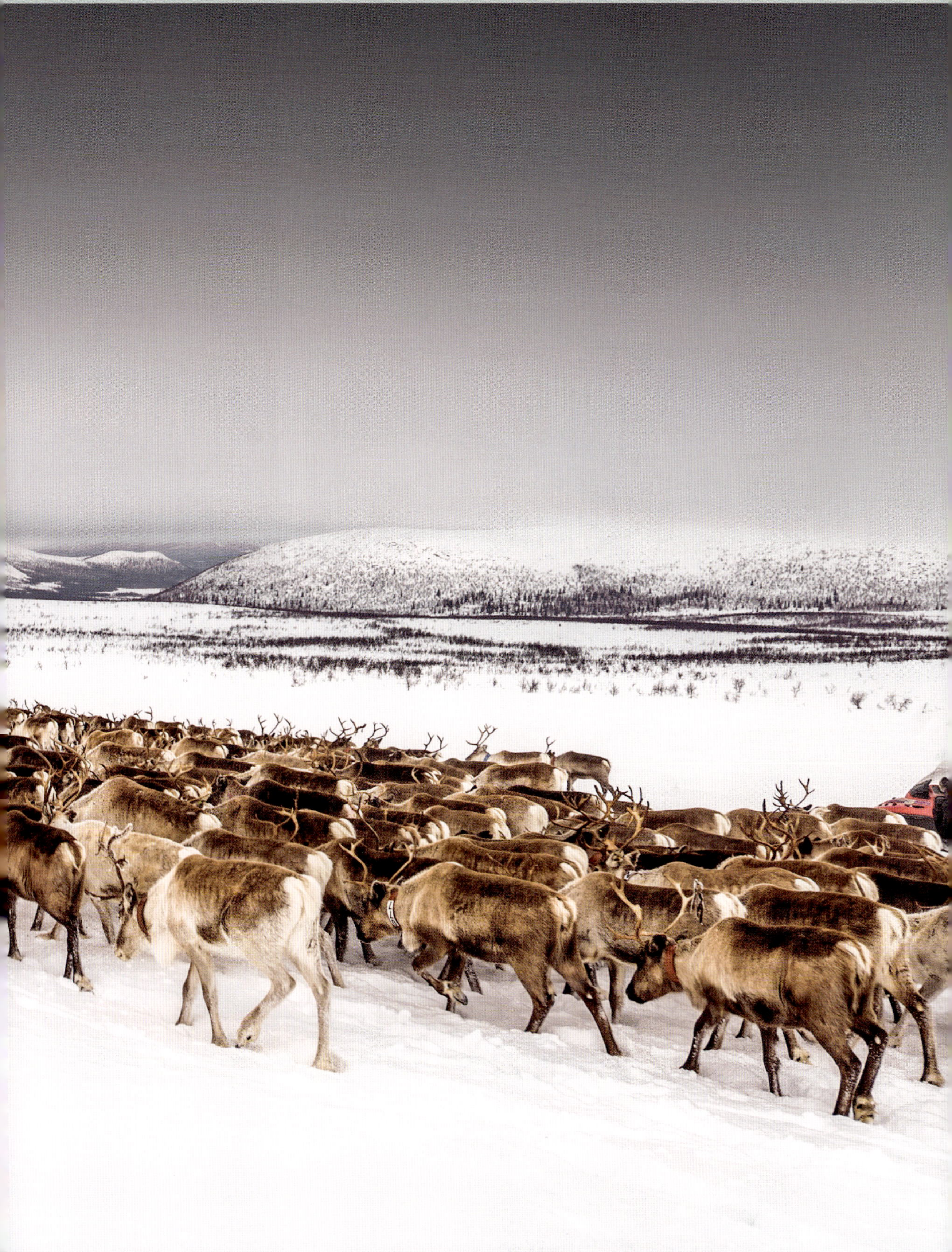

In Kiruna fällt besonders die intensive Farbigkeit der Häuser auf.

Der Abiskojåkka fließt streckenweise durch Canyons mit bis zu 20 Metern Tiefe.

** Nationalpark Padjelanta

Padjelanta bedeutet in der Sprache der Samen »das höhere Land« – weiter nördlich geht es auch kaum in Schweden. Mit 1984 Quadratkilometern ist der Padjelanta der größte Nationalpark des Landes und gehört seit 1996 zum UNESCO-Welterbe Laponia. Er liegt an der Grenze zu Norwegen und ist ein wahres Paradies für Wanderer, mitten hindurch führt der berühmte Wanderweg Padjelantaleden. Die ausgedehnten Gebirgsheiden des Nationalparks erstrecken sich um die großen Seen Vastenjaure und Virihaure. Die naturbelassene Region bietet Raum für ein reiches Tierleben: Mit Glück lassen sich seltene Polarfüchse, Lemminge, Vielfraße und Steinadler entdecken. Die artenreiche Flora besteht vor allem aus Bergtundra, denn der größte Teil des Nationalparks nimmt ein Hochplateau ein, das eine Höhe von 800 bis 1000 Meter über dem Meeresspiegel erreicht.

*** Nationalpark Stora Sjöfallet

Der Nationalpark Stora Sjöfallet liegt im Norden Schwedens und gehört wie die Parks Sarek und Padjelanta zum UNESCO-Welterbe Laponia. Seinen Namen hat das Naturreservat von dem Wasserfall Stora Sjöfallet. Früher stürzte der Fluss Akkajaure hier mit gewaltiger Wucht und lautem Getöse in die Tiefe. Heute wird er aufgestaut und zur Energiegewinnung durch ein unterirdisches System von Röhren geleitet. Der Stausee selbst ist aus dem Nationalpark ausgegliedert. Einzigartig ist der Blick auf die »Königin Lapplands«, das Akka-Massiv, dessen höchster Gipfel Stortoppen 2015 Meter aufragt. Literarische Anerkennung fand das Bergmassiv bereits im Kinderbuchklassiker »Die wunderbare Reise des kleinen Nils Holgersson mit den Wildgänsen« der Autorin Selma Lagerlöf: Der Name der Wildgans Akka von Kebnekaise ist von ihm inspiriert.

** Kiruna

Weiter nach Norden geht es nicht, jedenfalls nicht, wenn man sich in einer schwedischen Stadt aufhalten möchte. Kiruna lebt vom Eisenerz. Genauer gesagt, von einer der größten Erzminen dieser Erde. Die Industriestadt war einst wegen der gigantischen Rohstoffvorkommen hier entstanden, jetzt muss sie ihretwegen umziehen: Damit auch die Erzvorkommen unter dem Ortskern abgebaut werden können, ohne dass ganze Straßenzüge einstürzen, ziehen Menschen und Bauwerke einige wenige Kilometer nach Osten – ein Jahrhundertprojekt, das bis 2040 dauern soll. Um das zu verstehen, lohnt ein Besuch im unterirdischen Museum des Minenbetreibers. Ebenfalls tief unter der Erde wartet die Grotte Kåppashåla mit spektakulären Wasserfällen. Sehenswert sind die komplett aus Holz errichtete Kirche von 1912 mit ihrem Glockenturm und der Turm des Stadthauses, ein Wahrzeichen Kirunas.

»Wasser, das der Wind kräuselt«, nennen die Samen Virihaure, den größten See des Nationalparks Padjelanta.

*** Nationalpark Abisko

Nördlich des Polarkreises gehorcht die Natur ganz eigenen Gesetzen. Begierig kostet sie jede Sekunde des Lichts aus, solange es geht und solange die ewige Nacht des Nordwinters das Land noch nicht in einen Dornröschenschlaf versetzt. Dieses Aufbegehren gegen die Mächte der Dunkelheit kann man nirgendwo eindrucksvoller erleben als im Abisko-Nationalpark in Nordschweden. Hier tobt sich die Natur in den kurzen Sommern aus wie ein übermütiges Kind, um dann die Landschaft im Herbst in ein überschäumendes Farbenmeer zu tauchen, als sei ein Maler im Genierausch am Werk – auch wenn dieses Werk keinen Bestand haben wird. Während Besucher die Natur im Sommer beim Wandern, Fliegenfischen und Höhlenklettern genießen, kann man im Winter im Abisko Skilaufen, Schneeschuhwandern oder mit dem Hundeschlitten fahren – und natürlich Nordlichter beobachten.

Norrbotten: Schwedens äußerster Norden

Die historische Provinz Norrbotten ist im 19. Jahrhundert von Västerbotten getrennt worden. Sie liegt im Norden Schwedens und grenzt an Finnland und Lappland. Wie sehr sich das Land seit der Eiszeit gehoben hat, wird in Luleå deutlich: Der Ort war im 17. Jahrhundert an der Mündung des Lule älv in die Ostsee gegründet worden, heute liegt diese Stelle etwa zehn Kilometer im Landesinneren – der Wasserstand war damals noch etwa sieben Meter höher. Heute ist von dem ursprünglichen Ort noch das alte Zentrum zu sehen: Gammelstad (s. S. 204) mit seinen rund 400 hübschen roten Holzhäuschen und der Kirche.

Flora in Tundra und Taiga

Wenn die Sonne nach dem langen Winter wieder kräftiger scheint, lässt sie die Landschaft der Tundra erblühen: Frostunempfindliche bodennahe Gräser und winzige Pflänzchen gedeihen schnell, denn sie haben nur einen kurzen Sommer Zeit zum Blühen und Wachsen. Im Norden Schwedens taut der Boden nur in den obersten Schichten auf – darunter bleibt er dauerhaft gefroren. Daher wachsen dort nur flachwurzelnde Zwergsträucher und unendlich scheinende Teppiche aus Moosen und Flechten. Richtung Süden schließt sich die Taiga an. Die Böden tauen hier im Sommer komplett auf, sind sehr feucht und ideale Grundlage für Nadelwälder, aber auch für Sumpflandschaften. Neben den vorherrschenden Kiefern und Fichten kommen verbreitet auch Birken vor. Nähert man sich der Baumgrenze, überwiegen die gedrungenen, strauchartigen Fjellbirken. Über der Baumgrenze herrscht eine tundraartige Vegetation mit Flechten, Moosen und Gräsern vor. Im Unterholz wachsen Zwergsträucher wie Blaubeeren, Heidelbeeren oder Moltebeeren.

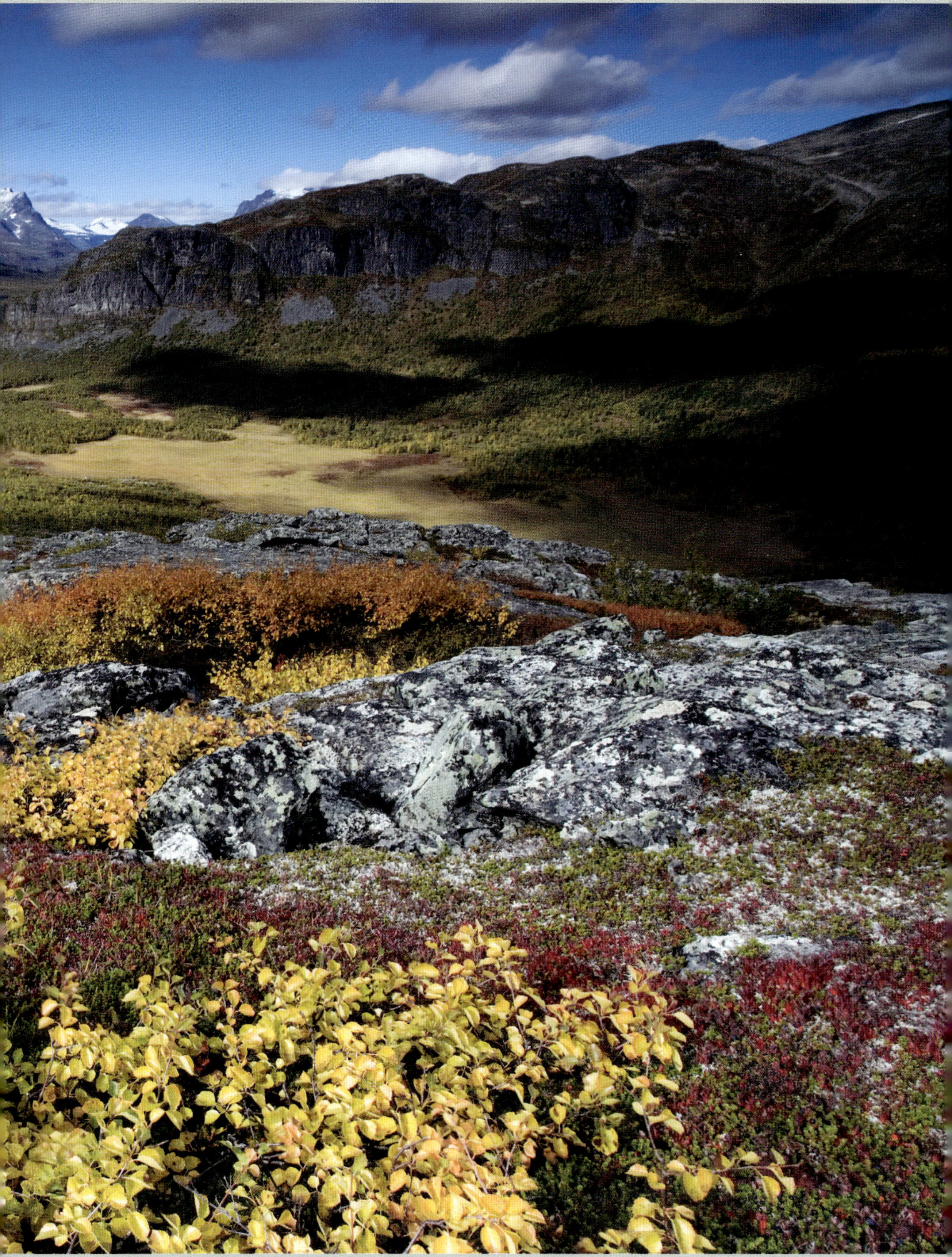

Norwegen
Von den Schären zum Eismeer

Fjorde, Mitternachtssonne, das Nordkap und urbane Schönheiten wie Oslo, Bergen oder Trondheim: Der landschaftlichen Vielfalt des kleinen Königreichs mit vielen Nationalparks und unberührter Natur entspricht eine ebenso reiche Kultur, die von Zeugnissen aus der Wikingerzeit bis zur dynamischen Wissens- und Industrienation reicht. Bild: Die Lofoten gehören zu Norwegens beliebtesten Reisezielen.

An der südlichsten Spitze des norwegischen Festlands wacht der Lindesnes-Leuchtturm über das weite Meer.

Sørlandet: Norwegens sonnenverwöhnter Süden

Der südnorwegische Landesteil Sørlandet reicht von der Schärenküste am Skagerrak bis zu den Fjellgebieten beidseits des Flusses Otra, der im Setesdal eines der imposantesten Täler Norwegens durchfließt. Die größte Stadt im Sørlandet ist die Hafenstadt Kristiansand. Auch die anderen Städte Sørlandets liegen malerisch an der Küste, wie das auf sieben Inseln erbaute Arendal.

INFO *

NORWEGEN
Fläche
385 000 km²
Bevölkerung
5,4 Mio. Einwohner
Sprache
Norwegisch
Währung
Norwegische Krone
Hauptreisezeit
Mai bis September
Zeitzone
UTC + 1

** Flekkefjord

Zu den Attraktionen von Flekkefjord gehört Hollenderbyen, die Holländerstadt, ein Stadtviertel nördlich des Zentrums. Die gewundenen, engen Gassen werden von gediegenen, weiß gestrichenen Holzhäusern aus dem 18. Jahrhundert gesäumt – einer Zeit, als von dem Hafenstädtchen Holz und Granit bis in die fernen Niederlande exportiert wurden. Das Museum Flekkefjord, untergebracht in einem denkmalgeschützten Gebäude von 1724, veranschaulicht anhand von Möbeln und Textilien den Alltag der im 18. Jahrhundert hier lebenden Menschen. Spezialsammlungen zeugen von prähistorischer Zeit oder widmen sich dem harten Alltag der Seefahrer. Dazu gehört ein ausgestellter Kutter von 1936.

** Grand Hotel

Das Hotel ist sicher eines der schönsten Gebäude von Flekkefjord. Erker und achteckige Türmchen prägen das 1897 errichtete Haus. Die Zimmer sind komfortabel ausgestattet, viele haben Balkone mit Meerblick. Im hauseigenen Restaurant serviert man vorwiegend Skandinavisches, das Menü wechselt je nach Saison.

** Mandal

Dank traumhafter Sandstrände wie dem fast einen Kilometer langen Sjøsanden ist die südlichste Stadt des

Landes auch bei Einheimischen ein beliebtes Urlaubsziel. Mandal präsentiert sich als charmante kleine Hafenstadt, die durch den Handel mit Holz, das von hier aus seit dem 16. Jahrhundert in die Niederlande exportiert wurde, zu einigem Wohlstand gelangte. Stattliche weiß gestrichene Holzhäuser prägen bis heute das Stadtbild rund um die Fußgängerzone und den Marktplatz. Die im Empirestil errichtete Mandalkirke zählt zu den größten Kirchen Norwegens und ist eine Augenweide. Das in einem historischen Kaufmannshaus untergebrachte Stadtmuseum beeindruckt mit einer Sammlung von Werken Amaldus Nielsens, Adolph Tidemands und Gustav Vigelands. In der Umgebung locken der Leuchtturm von Lindesnes und der Naturschutzpark Furulunden. Landesweit ein Begriff ist das Schalentierfestival im August: Delikatessen aus dem Meer werden dann auf einem mehrere Hundert Meter langen Tisch serviert.

*** Lindesnes

Lindesnes, der südlichste Punkt des norwegischen Festlands, liegt auf 57° 58´ nördlicher Breite, das entspricht der Breitenlage der Hebriden vor der Küste Nordschottlands und der Hudson Bay in Kanada. Lindesnes zählt zu den meistbesichtigten Punkten im Sørland, der Besucherandrang beschränkt sich jedoch auf den Leuchtturm mit dem kleinen Leuchtturmmuseum. Seine historische Bedeutung für die Seefahrt ist enorm, denn vor dem Einsatz seines ersten Leuchtfeuers im Jahr 1656 gab es witterungsbedingt zahlreiche Schiffsunfälle vor der Küste. Tatsächlich stammt der Name Lindesnes vom altnordischen »Lidandi«, wobei »lida« so viel heißt wie »Ende« oder »Gefahr«. Wer vom Leuchtturm aus bis an das »Ende« – also zum südlichsten Punkt – des norwegischen Festlands wandert, kann dies selbst in der Hauptsaison meist in Ruhe tun; hin und zurück dauert dieser Weg etwa eine Stunde. Auf den steil zur tosenden See abfallenden Felsen ist nichts in Sicht außer Natur. Selbst der Leuchtturm zeigt sich während des Wanderns nur selten. Doch schließlich dort zu stehen und den Sonnenauf- oder -untergang zu erleben, bleibt unvergesslich.

Küstenidylle an einem der südlichsten Zipfel Norwegens: die Bucht von Mandal.

Wegweiser um Norwegens Südküste: Lindesnes Fyr

Er ist der älteste seiner Art in Norwegen, gehört zum südlichsten Punkt des Festlands und wurde zum nationalen Leuchtfeuer ernannt: der Leuchtturm von Lindesnes. Bereits 1656 wurde hier das erste wegweisende Feuer entfacht. Nach längerer Zeit des Stillstands wurde er 1725 erneut in Betrieb genommen, den heutigen Besuchern präsentiert er sich als Umbau von 1920. Während des Zweiten Weltkriegs wurde das Gebiet und so auch der strategisch wichtige Leuchtturm von den Deutschen besetzt. An diese Zeit erinnert eine Bunkeranlage unweit des Turms. Ein Museum erläutert die Geschichte rund um Seefahrt und Leuchtfeuer. Für eine herrliche Aussicht sollte man den Aufstieg im Turm auf sich nehmen.

Halbinsel Lindesnes
»Norwegische Riviera« wird die Gegend um Lindesnes auch genannt. Den Namen verdankt der Küstenstreifen dem beinahe mediterranen Flair – den langen Sandstränden, hübschen Badebuchten und nicht zuletzt den strahlend weißen Häuserfassaden, die sich in den Örtchen am Wasser (hier: Spangereid) aneinanderreihen.

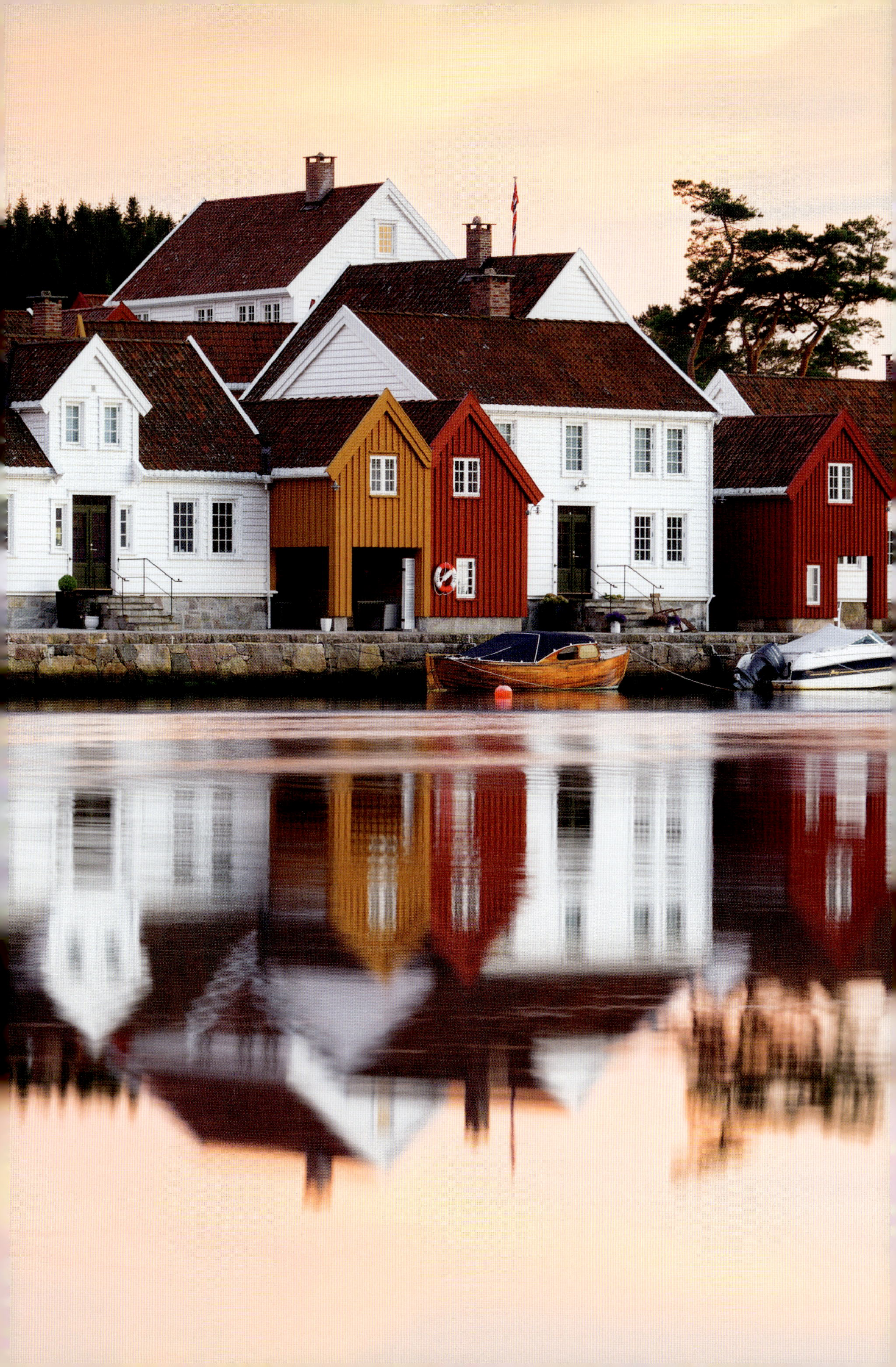

Schön erleuchtet ist der Rathausplatz in Kristiansand am Abend.

Kristiansand gehört zu den Orten in Norwegen mit den meisten Sonnenstunden.

*** Kristiansand

Die mit ihren knapp 116 000 Einwohnern fünftgrößte Stadt Norwegens ist das unbestrittene wirtschaftliche Zentrum des Sørlandet, ein bedeutender Industriestandort und zugleich ein Verkehrsknotenpunkt. Obwohl die Verantwortlichen in den letzten Jahren kräftig die Werbetrommel gerührt haben und Kristiansand dank der vielen Sonnenstunden im Jahr zu einem bei den Norwegern beliebten Urlaubsort avanciert ist, nehmen die meisten Touristen, die mit den Fähren aus Dänemark oder Großbritannien anreisen, die Stadt oft nur als Durchgangsstation wahr. Dabei wartet Kristiansand mit vielen Einkaufsmöglichkeiten, einem facettenreichen Kulturleben sowie einigen interessanten Sehenswürdigkeiten auf. Die hübschen weiß gestrichenen Holzhäuser der Altstadt Posbyen, die noch aus dem 17. Jahrhundert stammen, wurden sorgfältig restauriert und locken mit Galerien, Kunsthandwerksläden, Kneipen und Cafés. Das Viertel liegt im Norden des Kvadraturen, dem geschäftigen Stadtzentrum. Zwar wurden die Holzhäuser, die auch hier einst das Stadtbild prägten, bei einem Großbrand 1892 zerstört, die ursprüngliche Anlage der Stadt blieb aber erhalten. Kristiansand wurde unter König Christian IV. 1641 gegründet und nach den Idealen einer Renaissancestadt angelegt. Die schnurgeraden Straßen des Kvadraturen laufen im rechten Winkel aufeinander zu. Auch die in der zweiten Hälfte des 17. Jahrhunderts fertiggestellte Festung Kristiansholm an der Strandpromenade lohnt einen Besuch. Die Rotunde des Baus ist heute von einem kleinen Park umgeben. Das rund vier Kilometer östlich von Kristiansand gelegene Vest-Agder-Fylkemuseet zeigt nicht nur traditionelle Gehöfte der Region, sondern auch historische Stadthäuser mit Ladengeschäften und Handwerksstätten.

*** Domkirken

Die neugotische Kathedrale am Marktplatz der Stadt wurde im Jahr 1885 vollendet. Vorher standen hier bereits drei andere Kirchenbauten, die jeweils Stadtbränden zum Opfer gefallen waren. Zu den Höhepunkten der Ausstattung gehört ein Altarbild von Eilif Peterssen, das Christus in Emmaus zeigt. Der Turm der Domkirche kann bestiegen werden, der Blick über die Stadt ist fantastisch.

*** Setesdal

Das Setesdal erstreckt sich über mehr als 100 Kilometer zwischen Hovden im Norden bis nach Evje im Süden. Die Region wird oft als Norwegens Bilderbuchlandschaft gepriesen und »Märchenland des Südens« genannt. Beiderseits des Flusses Otra, der sich durch das Tal einen Weg zur Küste bahnt und bei Kristiansand in die Nordsee mündet, steigen bewaldete Höhenzüge mal sanft geschwungen,

Im Setesdal führen die Straßen die meiste Zeit direkt an glitzernden Gewässern und grünen Bergen vorbei.

mal steil und schroff bis auf 1400 Meter an. Bis weit in das 19. Jahrhundert hinein lag das Setesdal abseits der norwegischen Handelsrouten. Deshalb hat sich die bäuerliche Kultur hier länger gehalten als in anderen Teilen des Landes und wird bis heute gepflegt. Während der Fahrt über die Reichsstraße 9, die dem Lauf des Tales folgt, fallen immer wieder die an den Hängen errichteten stattlichen Gehöfte auf. Trotz aller Verbundenheit mit der Tradition hat auch im Setesdal die Moderne Einzug gehalten. Die Region ist touristisch gut entwickelt und bietet Aktivurlaubern unterschiedliche Möglichkeiten. Rund um den kleinen Ort Hovden am nördlichen Eingang zum Setesdal ist ein großes Wintersportgebiet mit rund 150 Loipenkilometern und alpinen Abfahrten entstanden. Im Sommer verwandelt sich die zerklüftete Gebirgslandschaft in ein Paradies für Wanderer und Kletterer. In der Nähe des südlich von Hovden gelegenen Bykle lockt der Byklestigen, ein Abschnitt eines uralten Weges in das untere Setesdal, der sich am Rand eines steil abfallenden Felsens entlangzieht. Obwohl er befestigt und gesichert ist, gilt eine Wanderung auf dem Byklestigen als nicht ganz ungefährlich. Der rund 50 Kilometer südlich von Hovden gelegene Ort Valle ist ein Zentrum der Silberschmiedekunst, die im Setesdal eine lange Tradition hat. Bis heute finden sich in der ganzen Region Silberschmiede, die das Edelmetall zu Schmuck oder Gebrauchsgegenständen verarbeiten und zum Kauf anbieten. Einst soll das Silber, so wird es zumindest erzählt, aus den ein ganzes Stück nordöstlich gelegenen Bergwerken in Kongsberg gestohlen worden sein, heute wird es importiert. Das Setesdalsmuseet in Rysstad, einem Nachbarort von Valle, informiert über die Geschichte und Kultur der Region. Die breit gefächerte Ausstellung zeigt nicht nur Trachten, Kunsthandwerk und andere Zeugnisse des lokalen Brauchtums, sondern informiert auch über die Nutzung der Wasserkraft. Das Rygnestadtunet, eine Außenstelle des Museums nördlich von Valle, ist das größte und wichtigste Freilichtmuseum im Setesdal. Der Fluss Otra verbreitert sich auf einer Länge von 35 Kilometern fast zu einem See. Dank einer atemberaubend schönen Lage und nicht zuletzt aufgrund der Wassersportmöglichkeiten ist hier ein beliebtes Feriengebiet entstanden. Südlich von Ose bietet der Wasserfall Reiårsfossen, der aus einer Höhe von 200 Metern in die Tiefe stürzt, ein schönes Naturschauspiel. Die Stadt Evje am südlichen Eingang zum Setesdal ist als Fundort von Mineralen bekannt. Das Evje og Hornnes Museum zeigt ebenso wie der Mineralpark Setesdal die Vielfalt der im Umland vorkommenden Gesteinsarten. In Evje werden organisierte Rafting- und Kanutouren auf der Otra angeboten.

Abends lösen die Straßenlaternen von Grimstad die Sonne ab, und auch am Hafen wird es langsam ruhig.

** Lillesand

Der zwischen Grimstad im Osten und Kristiansand im Westen gelegene, durch viele kleine vorgelagerte Schären geschützte Ort ist erst 300 Jahre alt und präsentiert sich als zauberhafte kleinstädtische Idylle. Im Ortszentrum beherrschen stattliche weiß gestrichene Holzbauten aus dem 19. Jahrhundert, die inmitten üppig blühender Gärten stehen, das Bild. In Lillesand geht es auch während der Hochsaison ungleich beschaulicher zu als in den anderen Küstenorten Südnorwegens. Dennoch finden Feriengäste auch hier eine ausgezeichnete touristische Infrastruktur. Verschiedene Veranstalter bieten Ausflüge in den Schärengarten vor der Küste an.

** Grimstad

Obwohl die etwa 24 000 Einwohner zählende Stadt ein Industriestandort in der Region ist, gehört sie zugleich zu den beliebtesten Urlaubsorten in Norwegen. Hier scheint die Sonne 260 Tage im Jahr. An den Sandstränden östlich der Stadt finden sich deshalb in den Sommermonaten zahlreiche Sonnenanbeter ein. Und kein Geringerer als Norwegens berühmter Dramatiker Henrik Ibsen hielt sich einst mehrere Jahre in Grimstad auf: In den 1840er-Jahren absolvierte er hier in der Apotheke Reimann eine Lehre. Während dieser Zeit machte er auch seine ersten literarischen Schritte. Inzwischen wurde die Ausbildungsstätte in ein Museum verwandelt, das über das Leben des jungen Ibsen informiert. Dort finden sich auch Hinweise darauf, dass der Dichter Grimstad in seiner Ballade »Terje Vigen« literarisch verewigt hat. Neben Ibsen lebte einst auch der Flugpionier Tryggve Gran hier.

** Arendal

Mit ihren heute etwa 46 000 Einwohnern zählt die Stadt zu den größten Orten an der norwegischen Südküste. Sie ist auf sieben Inseln erbaut und wird deshalb bisweilen »das Venedig Norwegens« genannt. Ähnlich quirlig ist sie auch in den Sommermonaten. Im 19. Jahrhundert war Arendal eine bedeutende Handelsstadt, in deren Hafen sehr große Mengen Güter um-

Grimstad entstand als Fischerdorf im Mittelalter, 1816 erhielt es das Stadtrecht.

Hinter den Häusern von Arendal ragt die Dreifaltigkeitskirche von 1888 auf.

geschlagen wurden. Heute liegen an den Kais vornehmlich Jachten vor Anker, und Arendal hat sich zu einem Urlaubsort entwickelt. Die historischen Häuserblocks hinter dem Hafen wurden sorgfältig saniert und in Bars und Kneipen verwandelt. Direkt an den Kais lenkt das Rathaus aus dem Jahr 1812, das als zweitgrößtes Holzgebäude Norwegens gilt, alle Blicke auf sich. Eine lange Hängebrücke verbindet die Stadt mit der Insel Tromøy.

** Aust-Agder kulturhistoriske senter

Das Kulturzentrum am Stadtrand von Arendal gehört zu den ältesten Museen des Landes, es wurde 1832 ins Leben gerufen. Es widmet sich den Themen Geschichte, Kultur und Brauchtum. Zu den interessantesten Abteilungen gehören die archäologische Sammlung und die Ausstellung zur Seefahrt. Weitere Abteilungen zeigen Kunsthandwerk, Möbel und Trachten.

*** Risør

Der an der Spitze einer kleinen Halbinsel am Skagerrak gelegene Ort wird immer wieder als schönster der »weißen Städte« der Südküste gerühmt. Mit seiner stilvollen Holzhausbebauung gleicht er einem Freilichtmuseum: Das Areal mit den hübschen Gebäuden, viele weiß, andere im traditionellen Falunrot, hat den Status eines »antiquarischen Spezialgebiets« und wird dementsprechend hervorragend gepflegt. Die »weiße Stadt« entwickelte sich nach einem Großbrand, den 1861 außer der Barockkirche von 1647 nur wenige Häuser überstanden hatten. In den Folgejahren wurden die weiß gestrichenen Häuser in Massivholz errichtet – stilistisch eine Mischung aus Empire- und Biedermeier-Elementen. Auf den Grundstücken, die in den 1870er-Jahren noch frei waren, entstanden dann Holzvillen im »Schweizerstil« – mit höheren Stockwerken und vorgezogenen Dachfirsten. Seinen Reichtum verdankte Risør dem auch im Winter meist eisfreien Hafen, von dem aus vor allem nach England geliefert wird. Auch die Kalkfelsen von Risør leuchten »weiß«, der berühmteste ist der 45 Meter hohe Risørflekken.

Großes Drama: Henrik Ibsen

Henrik Ibsen (1828–1906) wurde in der Hauptstadt der Telemark, Skien, geboren. Von 1844 bis 1850 absolvierte er eine Apothekerlehre in Grimstad, wo zwei museale Einrichtungen an ihn erinnern: Der Reimanngården in der Vestregate 3 ist das Haus, in dem Ibsen sein erstes Zimmer bezog. Im Ibsen-Museum ist die wieder aufgebaute Apotheke zu sehen, hier befindet sich auch das Zimmer, in dem Ibsen mit »Catilina« sein erstes Drama verfasste. Das Henrik-Ibsen-Museum in Oslo zeigt die originalgetreu eingerichtete Wohnung des Dichters, in der er von 1895 bis zu seinem Tod elf Jahre später wohnte. Ibsens realistische Darstellung der bürgerlichen Gesellschaft in psychologischen Gegenwartsdramen machte ihn zum Wegbereiter des Naturalismus auf der Bühne. Das Versdrama »Peer Gynt« (1867) war der erste Welterfolg des damals 39-Jährigen: »Du selbst zu sein, sei dein Ruhm« – dieser Satz Peers durchzieht leitmotivisch das Werk. Einen wesentlichen Beitrag zum Erfolg leisteten die Bühnenmusik und die »Peer Gynt«-Suiten Edvard Griegs, der in kongenialer Weise einzelne Szenen musikalisch umsetzte. Mit »Die Stützen der Gesellschaft« (1877) schuf Ibsen den Typ des kritischen Gesellschaftsstücks, das die Doppelmoral der politischen Korrektheit anprangert. Die Titelheldin von »Nora oder Ein Puppenheim« (1879) wurde eine Identifikationsfigur für Frauen auf der Suche nach Emanzipation, damals so revolutionär und umstritten, dass Ibsen ein alternatives Ende schreiben musste.

Norwegen | Sørlandet 223

Das beliebte Urlaubsziel Kragerø gilt als idealer Ausgangspunkt für eine Tour durch die Schären.

Østlandet: Berge, Täler und Norwegens Hauptstadt

Das »Ostland« im Südosten des Landes zeigt Norwegen im Bilderbuchformat: Im Nationalpark Jotunheimen bieten die ursprünglichsten und höchsten Gipfel Nordeuropas wilden Rentieren zwischen dichten Urwäldern und glasklaren Seen eine Heimat. Insgesamt erstreckt sich Østlandet von Oslo und der Mjøsa, Norwegens größtem See, über Hedmark und Oppland hin zur Telemark.

*** Kragerø

Als »Perle der Küstenstädte« empfand schon der Maler Edvard Munch den Ort Kragerø, als er hier regelmäßig seine Angelferien verbrachte. An seine Zeit erinnert eine Statue. Sie steht an jenem Platz, an dem er die Wintersonne über dem Meer gemalt hat. Nicht nur Munch war ein bekannter Künstler des Ortes: Der Zeichner Theodor Kittelsen, in Kragerø geboren, hat hier viele seiner berühmten Trollbilder geschaffen. Ein beinahe mediterranes Flair versprüht der Ort mit seinen in den Felsen sitzenden Bauten und den engen Gassen. Einst lebten die Menschen hier vom Fischfang, doch heute ist Kragerø zu einer mondänen Hochburg des Tourismus geworden, gut ausgestattet mit Jachthafen und Golfplatz, und gilt als beliebtester Ferienort des Landes. Auf den vielen kleinen Inseln vor der Küste soll es mittlerweile mehr als 3000 Ferienhäuser geben, die oft gut betuchten Norwegern gehören. Auch Aktivurlauber kommen gerne nach Kragerø und wählen aus einem großen Angebot aus organisierten Wander-, Rad- und Schärentouren. Wer die reizvolle Umgebung auf eigene Faust erkunden möchte, kann aber auch ein Fahrrad oder ein Boot mieten. Kragerø selbst präsentiert sich als architektonisches Kleinod: Das Stadtbild wird von schmucken, in hellen Farben leuchtenden Holzhäusern geprägt. Die engen Gassen werden in den Sommermonaten von Touristen bevölkert. Viele Lokale haben ihre Tische dann in den Straßen aufgestellt. Dutzende Cafés und Clubs garantieren Nachtschwärmern Abwechslung.

** Skien

Der am südlichen Ende des Telemarkkanals gelegene Ort ist das Verwaltungszentrum und die größte Stadt der Telemark. Ihr berühmtester Sohn ist der Dramatiker Henrik Ibsen, der 1828 in Skien geboren wurde. Auf Gut Venstøp, dem Haus, in dem Ibsen seine Jugend verbrachte, wurde ein Museum eingerichtet, das über Leben und Werk des Dichters informiert. Skien selbst präsentiert sich als hübsche kleine Stadt, in der man schön einkaufen kann. Die größte Attraktion ist neben dem Ibsen-Museum das in einem Park mitten in der Stadt gelegene Freilichtmuseum Brekkeparken, das mit Bauernhäusern aus der Region aufwarten kann. Skien ist außerdem Ausgangspunkt für Bootstouren auf dem Telemarkkanal.

Vergletscherte Gipfel und stille Seen, wie hier der Øvre Høgvagltjønnen, prägen das Bild des Nationalparks Jotunheimen.

Telemark Museum: Kulturerbe einer Region

Zum Telemark Museum, das mehrere Museen umfasst, die sich über die gesamte Region Telemark verteilen, gehört auch das Freilichtmuseum Brekkepark in Skien. Es dokumentiert die ganze Bandbreite der Kultur des Bezirks Telemark. Neben Brauchtum, Handwerkstraditionen und Volkskunst, wie Rosenmalereien, Schnitzereien und Schmuck, werden auch Ausstellungen moderner Kunst gezeigt. Ebenfalls Teil des Telemark Museums ist das Gut Venstøp, nördlich des Stadtzentrums von Skien gelegen, wo Henrik Ibsen von 1835 bis 1843 mit seinen Eltern lebte. Das Gehöft ist seit 1958 Museum und zeigt vielfältige Erinnerungsstücke des großen Dramatikers. Das dunkle Dachzimmer des Hauses machte Ibsen in seinem Theaterstück »Die Wildente« zum Thema.

Boote im Hafen von Kragerø.

Norwegen | Østlandet

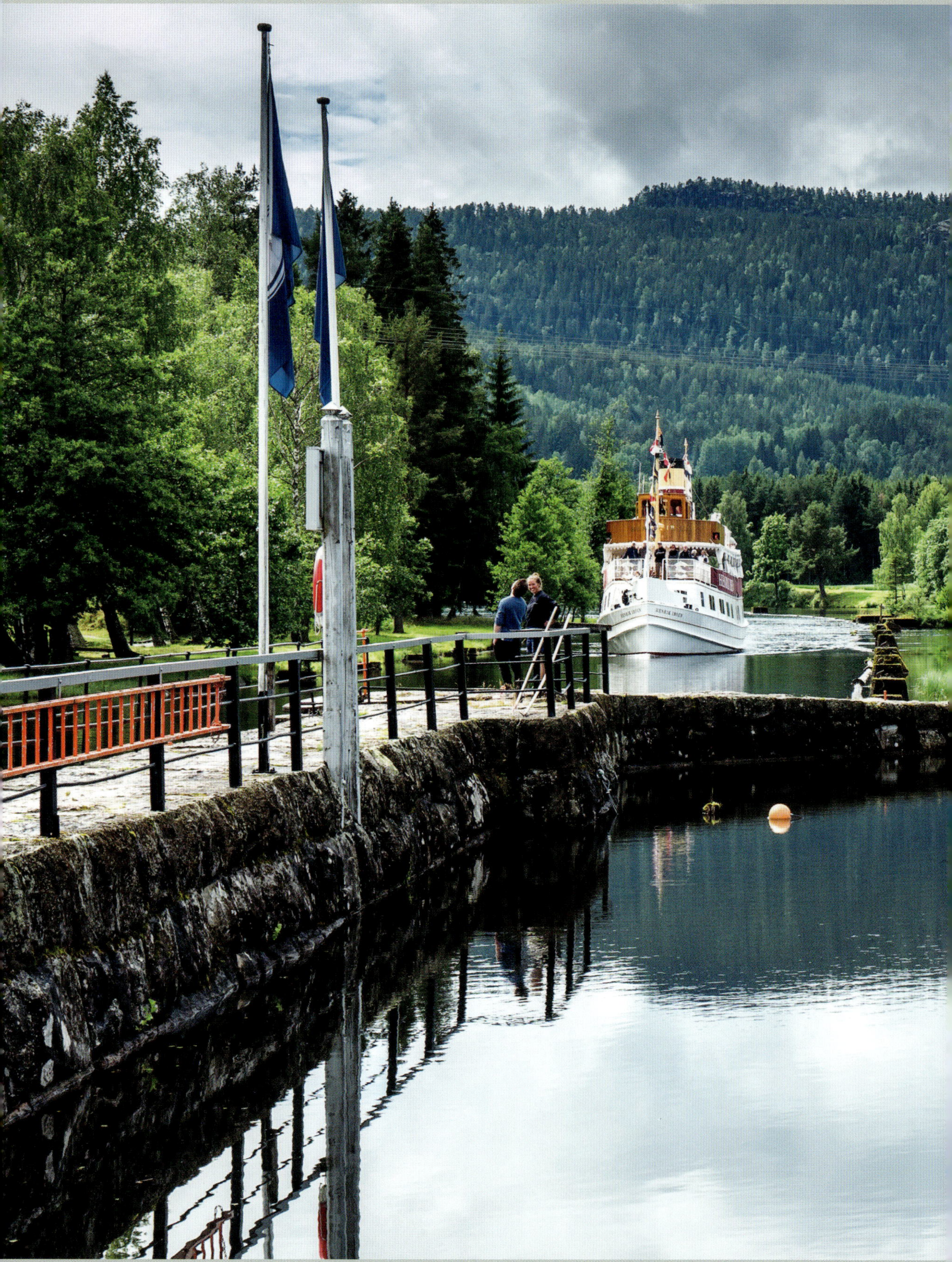

Norwegens schönster Wasserweg

Er ist nicht nur eine technische Meisterleistung, sondern gehört zu den spektakulärsten Binnenschiffspassagen: Der Telemarkkanal wurde 1892 nach fünfjähriger Bauzeit eingeweiht. Mehr als 500 Arbeiter hatten ihn durch die zerklüftete Landschaft getrieben. Er verbindet die Orte Skien und Dalen auf mehr als 100 Kilometer Länge, führt entlang dichter Wälder ins gebirgige Hinterland und durchströmt eine verzweigte Seenregion. Der Kanal, einst vor allem für den Holztransport gebaut, ist inzwischen eine touristische Attraktion geworden. Die Flöße mit den dicken Stämmen von einst sind längst ebenso verschwunden wie die Papiermühlen. Stattdessen bevölkern Kajaks, Kanus und zahlreiche Ausflugsboote das Wasser. Zu Land ist der Kanal jedoch nicht weniger attraktiv, entlang seiner Ufer lässt es sich hervorragend Rad fahren oder Wanderungen unternehmen. Aber auch Angler kommen gerne an den Kanal, besonders im oberen Teil kann man sich inmitten der Idylle ans Ufer setzen und gemütlich darauf warten, dass ein Fisch anbeißt. Von Barsch und Forelle bis zu Saibling und Hecht sind hier einige Arten anzutreffen.

Die Stabkirche Heddal, weltweit die größte erhaltene ihrer Art, ist ein eindrucksvolles und sagenumwobenes Bauwerk.

** Dalen

Das von waldreichem Hügelland umgebene, rund 530 Einwohner zählende Dorf kann von der E134 aus über eine Nebenstraße erreicht werden. Am westlichen Ende des Telemarkkanals gelegen, ist Dalen ein beliebter Ausgangspunkt für Touren auf dem Gewässer. Auch die vermutlich im 13. Jahrhundert errichtete Stabkirche von Eidsborg sieben Kilometer nördlich von Dalen ist sehenswert. Bei einer Restaurierung des Gotteshauses wurden Fresken aus dem 17. Jahrhundert freigelegt. Ganz in der Nähe wurde ein Freilichtmuseum mit 30 Gehöften aufgebaut. Die Hauptattraktion der kleinen Gemeinde ist das Dalen Hotel, ein neuromantischer Holzbau, der auffallende, mit Drachenköpfen geschmückte Dachfirste aufweist. Das Hotel wurde 1894 eröffnet. Lange schien die Luxusherberge, in der einst Gäste wie Kaiser Wilhelm II. oder der norwegische König Olav logierten, dem Verfall preisgegeben. Nach umfassenden Sanierungen konnte sie 1994 neu eröffnet werden und macht als erstklassiges Hotel und preisgekröntes Kulturerbe Furore. Nicht umsonst trägt das noble Quartier, das von April bis Ende Oktober geöffnet hat, den Beinamen »Märchenhotel«, denn die schlossähnliche Unterkunft scheint – außen wie innen – wahrhaftig einem Märchen entsprungen.

Laut einer Runeninschrift wurde die Stabkirche Heddal 1242 geweiht. Der Altar stammt vermutlich aus dem Jahr 1667.

* Notodden

Der Ort entwickelte sich aus einer Ansammlung von Sägewerken und Produktionsbetrieben, was im Industriemuseum dokumentiert wird. 2015 wurden die Stätten der Industriekultur in Notodden und Rjukan zum Weltkulturerbe der UNESCO ernannt. Bemerkenswert sind die Rosenmalereien an den Häusern. Europaweit bekannt ist Notodden vor allem für sein Bluesfestival, das jedes Jahr im August stattfindet. Die größte Attraktion der Umgebung ist die Stabkirche von Heddal nur einige Kilometer westlich.

*** Stabkirche Heddal

Wenige Kilometer von Notodden entfernt, steht im Dorf Heddal die größte erhaltene Stabkirche der Welt. Aufgrund ihres malerischen Aussehens mit dem dreifach gestaffelten Dach und den Türmen gilt sie auch als die schönste ihrer Art. Die dreischiffige »Kathedrale« unter den Stabkirchen wurde im 12. und 13. Jahrhundert erbaut, im 19. Jahrhundert umgestaltet und in den 1950er-Jahren in ihren ursprünglichen Zustand zurückversetzt. Baumeister war, so berichtet eine Sage, ein Troll namens Finne – doch weil er den Klang der Glocken nicht ertragen konnte, floh er schließlich aus dem Ort. Im Laubengang unter dem niedrigsten Dach legten die Gläubigen ihre Waffen ab, ehe sie das »Schiff« betraten.

Stabkirchen: stumme Zeugen der Zeit

Die Stabkirchen sind das bedeutendste Kulturerbe Norwegens aus der jahrhundertelangen Zeit der Christianisierung. Während in großen Städten steinerne Kirchen errichtet wurden – etwa die Dome in Trondheim und Stavanger –, wurden in den ländlichen Regionen ab der Zeit König Olavs des Heiligen (reg. 1015–1028) rund 1000 Stabkirchen erbaut. Nach der Reformation riss man die meisten ab, manche verfrachtete man als pittoreske Sehenswürdigkeit an andere Orte und baute sie dort wieder auf wie die Stabkirche von Vang (seit 1844 im schlesischen Krummhübel im Riesengebirge) oder die Stabkirche von Garmo: In ihr wurde 1859 der spätere Literaturnobelpreisträger Knut Hamsun getauft, heute ist sie ein Prunkstück im Freilichtmuseum Maihaugen in Lillehammer. In Norwegen selbst sind nicht einmal drei Dutzend Stabkirchen erhalten, die meisten stehen im Vestlandet. Namengebendes Merkmal der ein- oder dreischiffigen Sakralbauten sind die senkrecht gestellten Pfosten (»Stäbe«), die das charakteristische Dach stützen. Die Außenwände werden durch in einen Rahmen eingelassene Holzplanken gebildet. Die »Stäbe« werden oft mit Schiffsmasten verglichen, doch ist unklar, ob sie daher oder von der Architektur nordischer Königshallen übernommen wurden.

Norwegen | Østlandet

Für Eiskletterer sind die Eisfälle, die sich im Winter im Tal von Rjukan bilden, eine besondere Attraktion.

** Gaustatoppen

Schwindelfrei sollten Wanderer schon sein, wenn sie auf den 1853 Meter hohen Gaustatoppen hinaufsteigen. Ein lang gezogener, schmaler Grat führt zum Gipfelkreuz. Von oben blicken Besucher über den Skagerrak. Mit etwas Glück reicht der Blick sogar bis zum Tryvasshøgda bei Oslo, der am Sendeturm zu erkennen ist, oder zur norwegisch-schwedischen Grenze 175 Kilometer weiter südlich. Die Augen schweifen über das Berggebiet Setesdalsheine und über die Hochebene Hardangervidda hinweg zum Gletscher Hardangerjøkulen sowie zu den Gipfeln des Jotunheimen-Gebirges knapp 180 Kilometer nördlich. Mit im Bild sind dabei große Radiomasten. Sie erinnern an die Zeit des Kalten Kriegs, als von hier aus Funkwellen über Nordeuropa geschickt wurden. Auch die Bergbahn entstammt dieser Zeit. Ein Aufstieg auf den Gaustatoppen ist für geübte Wanderer einfach zu bewältigen. Der kürzeste Weg beginnt in 1173 Meter Höhe, es gibt aber auch eine Berg- und eine Seilbahn.

** Rjukan

Der westlich von Kongsberg gelegene Ort ist ebenfalls ein Ausgangspunkt für Touren auf den Gaustatoppen, den Gipfelstar der Region. In Rjukan befand sich 1922 nicht nur Norwegens größtes Wasserkraftwerk, sondern einige Jahrzehnte später auch ein Top-Secret-Ort mit Kriegsgeschichte. Denn in Rjukan wurde während des Zweiten Weltkriegs unter deutscher Besatzung Schweres Wasser erzeugt – ein wichtiger Bestandteil für die spätere Herstellung von Atombomben. Immer wieder kam es deshalb zu Spionage oder auch Unfällen. Heute hat sich das Gesicht des einstigen Industriestandorts in ein sehr touristisches Antlitz verwandelt: Neben der Bahn auf den Gaustatoppen fährt hier auch die älteste Seilbahn Nordeuropas. Sie wurde im Jahr 1928 gebaut, aus dem nachvollziehbaren Grund, dass die hier wohnenden Menschen so während des Winters die Sonne sehen konnten. An der Bergstation auf 886 Meter befindet sich auch ein Aussichtsturm.

** Industriemuseum

Das Industriemuseum von Rjukan befindet sich auf dem Gelände eines Wasserkraftwerks und informiert über die von den deutschen Besatzern in dem Werk betriebene Anlage zur Herstellung von Schwerem Wasser, das für den Bau von Atombomben benötigt wurde. Die Anlage wurde 1943 von norwegischen Widerstandskämpfern gesprengt. Der Wanderweg Sabotørmarsjen erinnert noch heute daran.

** Haukeli

Der kleine Ort liegt in einer einfach zu erreichenden Bergregion an der Reichsstraße 37 und an der von der Südküste nach Norden führenden Reichsstraße 9, die hier auf die Europastraße 134 treffen. Als südliches Eingangstor zur Hochebene Hardangervidda verfügt Haukeli über eine gute touristische Infrastruktur. In der Umgebung befindet sich ein beliebtes Skigebiet, und es locken mehr als 215 Loipenkilometer. Im Sommer kommt man zum Angeln und Wandern.

Der Name der Region ist besonders durch die Skitechnik »Telemarken« bekannt.

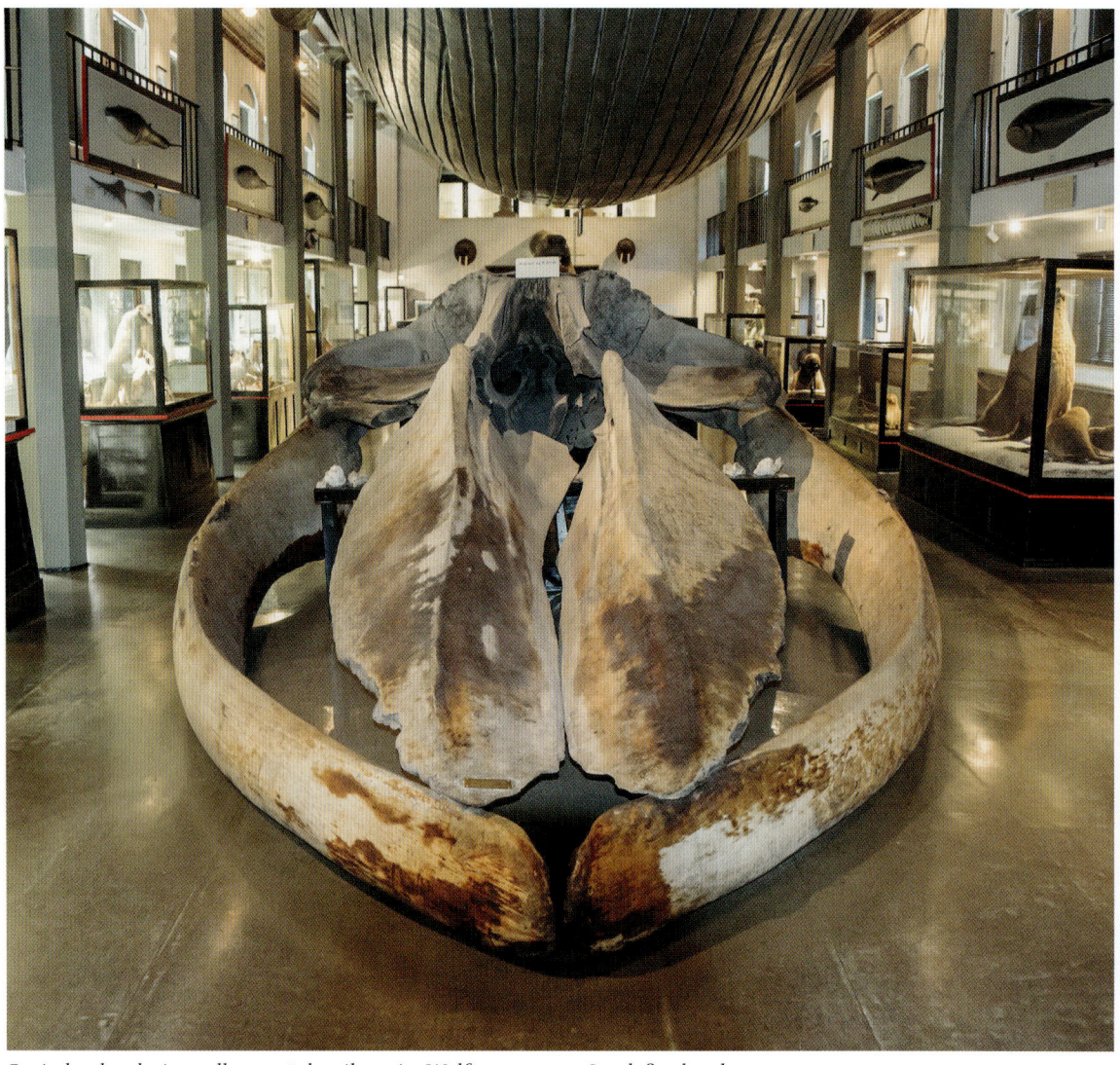

Beeindruckende Ausstellungsstücke gibt es im Walfangmuseum Sandefjord zu bestaunen.

** Larvik

Die Hafenstadt an der Skagerrakküste, in der die Fähren aus Dänemark anlegen, ist für die meisten Norwegenfahrer nur eine Durchgangsstation auf dem Weg in die Wälder der Telemark oder auf die Hardangervidda. Dabei hat Larvik durchaus einige interessante Sehenswürdigkeiten zu bieten: Nur fünf Kilometer östlich der Stadt wurde 1967 die wikingerzeitliche Siedlung Kaupang, eine der ältesten in ganz Norwegen, freigelegt. Archäologische Untersuchungen ergaben, dass sie um 800 erbaut und um 960 aufgegeben wurde. Obwohl die meisten der auf dem Gelände ausgegrabenen Funde in Oslo aufbewahrt werden, lohnt sich ein Besuch. Museumsmitarbeiter in Wikingertracht informieren in einer kleinen Ausstellung über die Geschichte des Ortes und bieten Führungen zu den aufgefundenen Wikingergräbern an. Larvik kann noch mit zwei weiteren interessanten Museen punkten: Der Herregård, ein barocker Holzbau, beeindruckt durch seine reiche Innenausstattung und das Seefahrtsmuseum, das in einem alten Zollhaus in Hafennähe untergebracht ist, durch eine umfangreiche Sammlung von Schiffsmodellen.

* Sandefjord

Die rund 28 Kilometer südlich von Tønsberg gelegene Stadt war bis 1939 ein renommierter Kurort mit einem Heilschwefelbad, das regelmäßig auch von zahlreichen adligen Bürgern aufgesucht wurde. Heute zieht Sandefjord als Standort eines der wenigen Walfangmuseen auf der Welt viele Besucher an. Die Ausstellung informiert nicht nur umfassend über die Geschichte des Walfangs in Norwegen, sondern auch über die Arktis und ihre Erforschung. An die Zeit zwischen 1850 und 1960, als Sandefjord eine Walfängerhochburg war, erinnert ansonsten nur noch ein restauriertes Walfangschiff, das im Hafen vor Anker liegt. Sandefjord ist Heimathafen der »Gaia«, einer Nachbildung des berühmten wikingerzeitlichen Gokstad-Schiffes, das man 1880 in der Nähe von Sandefjord fand und das heute im Osloer Bygdøy-Museum ausgestellt ist.

Inselhüpfen der besonderen Art: unterwegs im Labyrinth aus Schäreninseln vor Norwegens ältester Stadt Tønsberg.

** Tønsberg

Der 70 Kilometer südwestlich der norwegischen Kapitale am Eingang des Oslofjords gelegene Ort gilt als älteste Stadt Norwegens. Folgt man dem berühmten isländischen Dichter Snurri Sturleson, der sich 1218 und von 1237 bis 1239 in Norwegen aufhielt, so soll Tønsberg bereits vor 871 gegründet worden sein. Ansatzweise belegen lässt sich das allerdings erst, seit zu Beginn des 20. Jahrhunderts auf dem Gebiet der heutigen Stadt das berühmte Oseberg-Schiff ausgegraben wurde. Wissenschaftliche Untersuchungen ergaben, dass dieses heute in Oslo ausgestellte Relikt der Wikingerzeit um 830 gebaut worden ist. Schriftlich erwähnt wird Tønsberg erstmals in einem Dokument aus dem Jahr 1130. Im Mittelalter muss die Stadt ein wirtschaftliches, politisches und religiöses Zentrum Norwegens gewesen sein. Die frühen Könige des Landes unterhielten hier Residenzen, in der Stadt befanden sich mehrere Kirchen und Klöster, und als Mitglied der Hanse war Tønsberg zudem ein wichtiger Handelsplatz. Im 16. Jahrhundert setzte, bedingt durch die Pest und verheerende Brände, ein kurzer Niedergang ein, dem aber schon im 17. Jahrhundert eine neue wirtschaftliche Blüte folgte. Tønsberg wurde zu einem Zentrum der norwegischen Seeschifffahrt, des Schiffbaus und des Walfangs. Bis heute sind die Stadt und ihre Bewohner dem Meer zugewandt. Dank der Lage an einem Schärengarten ist Tønsberg ein beliebter Treffpunkt der Osloer High Society, die sich gern an die Sonnenseite des Oslofjords begibt. Die reiche Geschichte der Stadt ist nur noch in wenigen Bauwerken wie den Überresten der 1503 von den Schweden zerstörten Festung Tønsberg, im Mittelalter die größte Burg Norwegens, präsent. Auf dem Ruinenfeld finden sich außerdem die Fundamente der 1191 eingeweihten St.-Michaels-Kirche sowie die Überreste einiger anderer mittelalterlicher Bauten. Am Fuß des Burgfelsens befindet sich ein Museum, das über die Geschichte der Stadt einschließlich der Wikingerzeit informiert und außerdem eine Kopie des Oseberg-Schiffes präsentiert.

Hinter Oslos Hafen erhebt sich mächtig das Rathaus, in dem jedes Jahr die Verleihung des Friedensnobelpreises stattfindet.

*** Oslo

Die Hauptstadt Norwegens liegt ca. 100 Kilometer vom offenen Meer entfernt am nördlichen Ende des Oslofjords. Ihre Attraktivität verdankt sie ihrer Lage in einer von dichten Wäldern, zahlreichen Seen und Stränden geprägten Naturlandschaft sowie ihrem Großstadtflair. Die Stadtgründung erfolgte 1048 unter Harald III. Schon 1299 machte König Håkon V. Oslo zur norwegischen Hauptstadt. Im Mittelalter entwickelte sich die Stadt zu einer der einflussreichsten Residenz- und Kaufmannsstädte in ganz Skandinavien. Die norwegische Hauptstadt, eine der teuersten Städte der Welt, führt seit Jahren die Liste der Metropolen mit dem höchsten Preisniveau an. Oslo ist eine Hochburg für Wintersport. 1952 fanden hier die Olympischen Winterspiele statt. Die alljährlich auf Oslos Hausberg Holmenkollen ausgetragenen Skisprungwettbewerbe zählen ebenso wie die 2011 fertiggestellte Großschanze zu den bedeutendsten der Welt.

❶ ** Königliches Schloss

Die offizielle königliche Residenz in Oslo zählt mit ihren gut 170 Räumen zu den kleinen Schlössern Europas. Sie liegt majestätisch auf einer Anhöhe und erhebt sich westlich über der Karl Johans gate. Erbaut ist das dreiflügelige Prunkgebäude im klassizistischen Stil, 1848 wurde es fertiggestellt. Neben den Wohnräumen für den König beherbergt es sehr vornehme Suiten für königliche Gäste sowie Büros für Harald V., seit 1991 König von Norwegen, Königin Sonja, Kronprinz Haakon und seine Gemahlin Mette-Marit. Wenn der König im Haus ist, weht als Zeichen dafür die Fahne über dem Schloss. Derzeit gilt das Schloss in Oslo als Winterresidenz des Monarchen. Eine gute Chance, König Harald oder Prinz Haakon zu sehen, bietet sich auch jedes Jahr am 17. Mai: Am norwegischen Nationalfeiertag winken die Mitglieder der Königsfamilie ihrem Volk vom Schlossbalkon aus zu. Sehenswert ist auch die Wachablösung der Leibgarde.

❷ *** Vigelandpark

Eine der größten Skulpturensammlungen Europas aus der Hand nur eines einzigen Künstlers präsentiert der Vigelandpark, der einen Teil des Frognerparks in Oslos Westen einnimmt. Mehr als 200 Skulpturen aus Bronze, Eisen und Granit sind dort zu sehen. Viele einzelne Figuren fügen sich dabei oftmals zu einer großen Einheit – allein die Zahl der Darstellungen umfasst rund 650 Stück. Der wohl bedeutendste norwegische Bildhauer Gustav Vigeland (1869–1943) schuf die Werke für die Stadt Oslo, da sie die Rechte an seinem Werk erworben hatte. Als Gegenleistung zahlten die Stadtväter ihm den Lebensunterhalt. Der Künstler plante nicht nur die Skulpturen, sondern auch den Park komplett: von der Anordnung bis zur Architektur. Selbst auf dem Kinderspielplatz finden sich die naturalistisch anmutenden Skulpturen. Das Motiv auf der Medaille des Friedensnobelpreises entstammt ebenfalls der Hand des schaffensfrohen Norwegers.

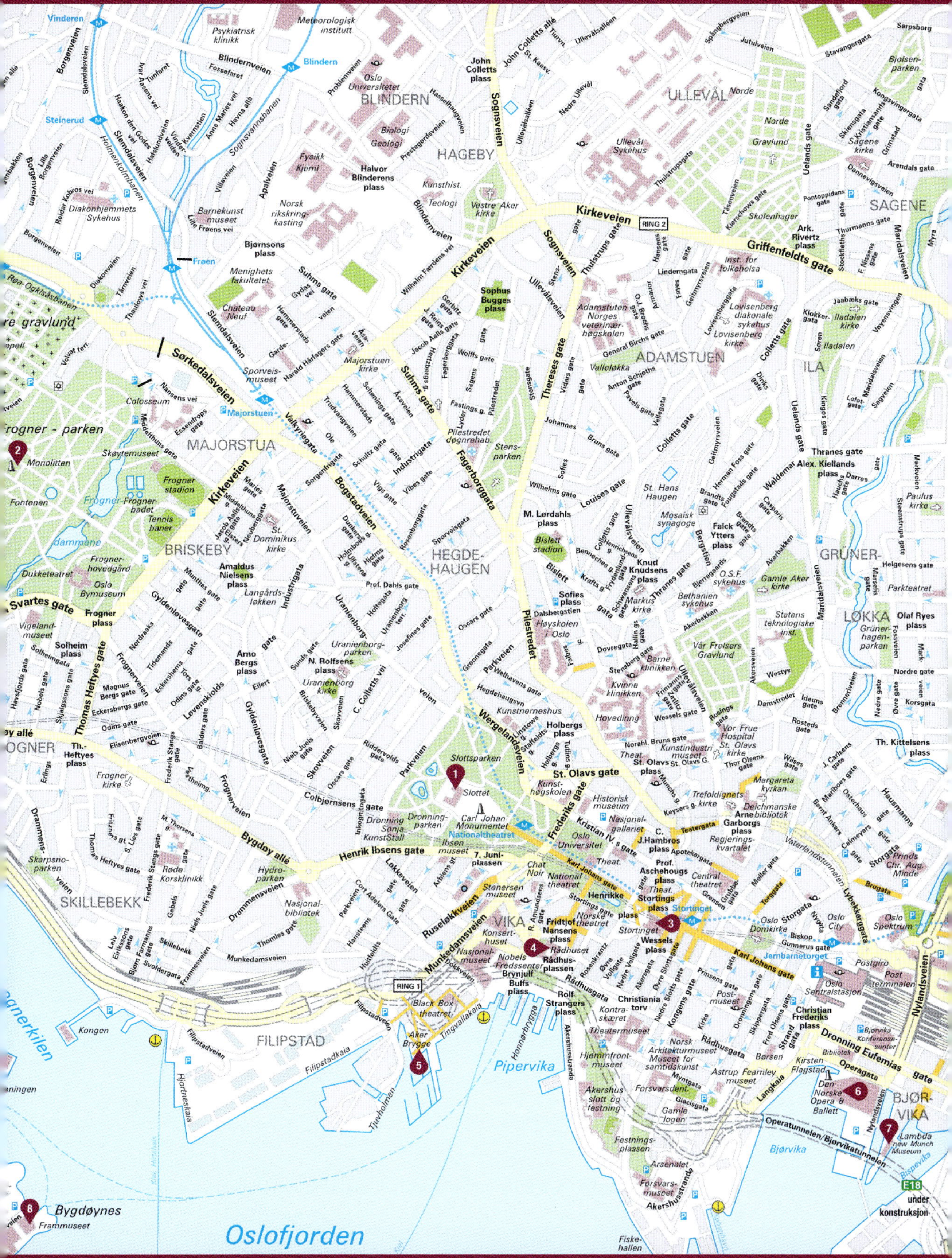

Vinderen
Steinerud
Blindern
Meteorologisk institutt
Psykiatrisk klinikk
Oslo Universitetet
BLINDERN
Biologi
Geologi
Fysikk Kjemi
Halvor Blinderens plass
HAGEBY
Kunsthist.
Teologi
Vestre Aker kirke
John Colletts plass
ULLEVÅL
Ullevål Sykehus
Norde
Gravlund
Sagene kirke
SAGENE
Ark. Rivertz plass
Kirkeveien
RING 2
Griffenfeldts gate
Diakonhjemmets Sykehus
Barnekunst museet
Norsk rikskringkasting
Bjørnsons plass
Menighets fakultetet
Chateau Neuf
Frøen
Sorgedalsveien
Sporveis-museet
Majorstuen kirke
Majorstuen
Colosseum
Frogner - parken
Monolitten
Skøytemuseet
MAJORSTUA
Frogner stadion
Frogner-badet
Tennis baner
Fontenen
BRISKEBY
Amaldus Nielsens plass
St. Dominikus kirke
Langårds-løkken
Frogner hovedgård
Oslo Bymuseum
Dukketeatret
Svartes gate
Frogner plass
Vigeland-museet
Solheim plass
Arno Bergs plass
Magnus Bergs gate
N. Rolfsens plass
Uranienborg kirke
Uranienborg-parken
HEGDE-HAUGEN
Prof. Dahls gate
Sophus Bugges plass
Pilestredet døgnrehab.
Stens-parken
M. Lørdahls plass
Bislett stadion
Sofies plass
Høyskolen i Oslo
ADAMSTUEN
Adamstuen Norges veterinær-høgskolen
Valleløkka
Lovisenberg diakonale sykehus
Lovisenberg kirke
Inst. for folkehelsa
ILA
Iladalen kirke
Iladalen
Thranes gate
Alex. Kiellands plass
Paulus kirke
St. Hans Haugen
Mosaisk synagoge
Falck Ytters plass
Knud Knudsens plass
Markus kirke
Bethanien sykehus
O.S.F. sykehus
Gamle Aker kirke
GRÜNER-LØKKA
Statens teknologiske inst.
Grüner-hagen-parken
Olaf Ryes plass
Parkteatret
Vår Frelsers Gravlund
Barne klinikken
Kvinne klinikken
Hovedinng
Kunstnerneshus
Holbergs plass
Slottsparken
Slottet
Wergelandsveien
St. Olavs gate
St. Olavs plass
Kunst-industri museet
Vor Frue Hospital
St. Olavs kirke
Th. Kittelsens plass
Kunst-høgskolen
Historisk museum
Nasjonal-galleriet
Trefoldighets kirke
Margareta kyrkan
Deichmanske bibliotek
Arne Garborgs plass
Regjerings-kvartalet
Carl Johan Monumentet
Nationaltheatret
Oslo Universitet
Kristian IV s gate
J.Hambros plass
Frederiks gate
Dronning Sonja KunstStall
Dronning-parken
Ibsen museet
7. Juni-plassen
Henrik Ibsens gate
Bygdøy allé
Hydro-parken
Nasjonal-biblioteket
Thomas Heftyes gate
FROGNER
Th.-Heftyes plass
Frogner kirke
Røde Korsklinikk
Skarpsno-parken
SKILLEBEKK
Drammensveien
Munkedamsveien
Stenersen museet
VIKA
Konsert-huset
Nasjonal-museet
Chat Noir
National theatret
Karl Johans gate
Henrikke
Norske theatret
Fridtjof Nansens plass
Rådhuset
Rådhus-plassen
Nobels Fredssenter
Brynjulf Bulls plass
Rolf Strangers plass
Rådhusgata
Stortinget
Stortings plass
Wessels plass
Aschehougs plass
Central theatret
Prof. Aschehougs plass
Oslo Domkirke
Torggata
Storgata
Jernbanetorget
Oslo Sentralstasjon
Oslo City
Oslo Spektrum
Postgiro
Post terminalen
Prinds Chr. Aug. Minde
Brugata
Christiania torv
Kontra-skæret
Theatermuseet
Post-museet
Christian Frederiks plass
Dronning Eufemias gate
Norsk Arkitekturmuseet
Museet for samtidskunst
Astrup Fearnley museet
Kirsten Flagstad
Den Norske Opera & Ballett
BJØR-VIKA
Lambda new Munch Museum
Operatunnelen
Bjørvikatunnelen
Bjørvika
Hjemmefront-museet
Akershus slott og festning
Forsvarsdept.
Festnings-plassen
Arsenalet
Forsvars-museet
Fiske-hallen
Pipervika
Aker Brygge
Black Box theatret
RING 1
FILIPSTAD
Filipstadveien
Filipstadkaia
Kongen
Frognerkilen
Bygdøynes
Frammuseet
Oslofjorden
E18
under konstruksjon
Nylandsveien
Ruseløkkveien
Parkveien
Pilestredet
Ullevålsveien
Thereses gate
Sognsveien
Bogstadveien
Kirkeveien
Sørkedalsveien
Uelands gate
Maridalsveien
Akerselva
Vaterlandstunnelen

Vom Bahnhof bis zum Parlamentsgebäude ist die Karl Johans gate Fußgängerzone.

❸ *** Karl Johans gate

Die beste Art, Oslo kennenzulernen, ist ein Spaziergang auf der Karl Johans gate. Als Lebensader der Stadt führt sie vom Bahnhof bis zum Schloss. In den 1830er-Jahren wurde die Straße als Prachtboulevard ausgebaut, schnell folgten stattliche Gebäude, oft im klassizistischen Stil errichtet. Gesäumt ist der Boulevard von staatlichen Institutionen wie der Universität, dem Nationaltheater oder dem Stortinget – dem Parlament. Darüber hinaus haben sich Luxusboutiquen und Cafés niedergelassen. Wer auf der Karl Johans Gate wandelt, trifft auf eine Mischung aus Straßenmusikanten, Geschäftsleuten und Studenten. Dieser Mix hat nicht nur den Maler Edvard Munch zu einigen Gemälden inspiriert, auch der Nationaldichter Bjørnstjerne Bjørnson hielt hier berühmte Reden.

❹ * Rathaus

Das monumentale Rathaus, das von 1931 bis 1950 erbaut wurde, gehört zu den Wahrzeichen von Oslo. Direkt am Hafen gelegen, stechen die zwei viereckigen Türme, einer mit einer großen Uhr, sofort hervor. Hinter der eher schmucklosen Ziegelfassade verbirgt sich ein prachtvoll gestaltetes Interieur mit Freskenschmuck. Am 10. Dezember jeden Jahres findet hier die Verleihung des Friedensnobelpreises statt.

❺ *** Aker Brygge

Das beliebte trendige Viertel erstreckt sich rund um die Backsteingebäude der ehemaligen Akers-Werft: Wo einst Schiffe gebaut wurden, haben Architekten die atmosphärischen Backsteingebäude in luxuriöse Büros und Ladenzeilen verwandelt – ganz im Stile der

Im Frühling umringt eine farbenfrohe Blumenpracht den königlichen Palast.

Geschichtsträchtige Festung: Schloss Akershus

Trutzig thront sie über dem Hafen von Oslo: die Festung Akershus. Auf einer Halbinsel des Oslofjords liegt die Bastion zwischen zwei Hafenbecken, strategisch günstig mit weitem Panoramablick – so konnte sie insgesamt neun Angriffen standhalten. Ihr Ursprung geht auf das Jahr 1299 zurück. Damals ernannte König Håkon V. Oslo zur neuen Hauptstadt und ordnete den Bau einer Feste an. Zwischen 1593 und 1646 wurde das eher schmucklose Gebäude dann zum Renaissanceschloss und zur Königsresidenz umgewandelt. Doch die militärische Bedeutung blieb. Eine Garnisonskirche kam im 18. Jahrhundert hinzu, lange Zeit diente die Festung als Gefängnis. Heute sitzt hier Norwegens Verteidigungsministerium, und Besucher können ein Militärmuseum besichtigen.

Londoner Docklands. Seit Mitte der 1980er-Jahre haben sich am Rand des westlichen Hafenbeckens auch moderne Theater, Bars und Restaurants niedergelassen, zum Teil auf ausrangierten Booten. Besonders schön sind die schwimmenden Plattformen, auf denen Cafés, Kinos und Boutiquen zum Besuch locken. Ein abendlicher Besuch in Aker Brygge ist ein absolutes Muss. Dort lassen die Norweger ihren Feierabend gebührend ausklingen – mit Blick auf die Lichter der Jachten und die Spiegelungen der modernen Glasbauten auf dem Wasser.

Norwegen | Østlandet

Im Zeichen des Friedens

»Frieden ist nicht alles, aber ohne Frieden ist alles nichts.« Willy Brandt

Der schwedische Chemiker und Erfinder des Dynamits Alfred Nobel verfügte testamentarisch, dass das Einkommen aus seinem Vermögen jährlich »in der Form von Preisen« an jene verteilt werden solle, »die im vergangenen Jahr der Menschheit den größten Nutzen geleistet haben«. Am 10. Dezember 1901, seinem fünften Todestag, wurden in Stockholm und Kristiania (heute Oslo) erstmals die Nobelpreise vergeben. Die Verleihung des Friedensnobelpreises blieb nach Norwegens Unabhängigkeit von Schweden 1905 weiterhin in Oslo. Seither wird dieser traditionell vom norwegischen König in Oslo überreicht, die übrigen Nobelpreise aber vom schwedischen König in Stockholm. Das norwegische Parlament wählt jeweils für einen Zeitraum von sechs Jahren fünf Personen für das Komitee zur Vergabe des Friedenspreises.

Anlässlich der 100-Jahr-Feier der Unabhängigkeit Norwegens eröffneten König Harald V. und der schwedische

König Carl XVI. Gustaf 2005 gegenüber dem Osloer Rathaus, in dem alljährlich die Friedensnobelpreise vergeben werden, das Museum Nobels Fredssenter (Nobel Peace Center). Die Anregung zur Stiftung des Friedenspreises geht auf die österreichische Pazifistin Bertha von Suttner zurück. 1905 erhielt die Autorin des Antikriegsromans »Die Waffen nieder« selbst den Preis.

Deutsche Friedensnobelpreisträger

Gustav Stresemann (1878–1929):
1926 für die Annäherung an Frankreich zur Sicherung des Friedens in Europa.

Ludwig Quidde (1858–1941):
1927 für die Organisation von Friedenskonferenzen.

Carl von Ossietzky (1889–1938):
1935 für seinen Einsatz gegen den deutschen Militarismus als Chefredakteur der Weltbühne.

Willy Brandt (1913–1992):
1971 für seine Ostpolitik.

Das begehbare Dach des Osloer Opernhauses ist eine beliebte Aussichtsplattform.

Das bei Polarexpeditionen eingesetzte Schiff »Fram« ist im gleichnamigen Osloer Museum im Originalzustand ausgestellt.

Edvard Munch

Fast jeder kennt sein Bild »Der Schrei«: Eine Figur mit vor Entsetzen aufgerissenem Mund und eingefallenen Wangen blickt am Betrachter vorbei. Mit diesem Bild schuf der norwegische Maler Edvard Munch (1863–1944), ein Wegbereiter des Expressionismus, eine Ikone der modernen Kunst. »Der Schrei« war ebenso wie »Madonna« oder »Vampir« Bestandteil eines 22-teiligen »Lebensfrieses«, mit dem er auf der Ausstellung der Berliner Secession 1902 Furore machte, das ihm jedoch auch zu Ruhm verhalf. In dem Zyklus verarbeitete Munch Grenzerfahrungen und Seelenzustände des Individuums im Fin de Siècle; wiederkehrende Motive waren Krankheit, Tod und unerfüllte Liebe. Ab dem Jahr 1908 schuf der Künstler Porträts und Landschaftsbilder, aus denen das Düstere weitgehend verschwunden ist.

6 ** Oper

Die älteste skandinavische Hauptstadt zeigt sich offen für Kunst und Design. Das Osloer Opernhaus ist ein guter Beweis dafür, denn es stellt eine architektonische Meisterleistung dar. Wie das Gegenstück im australischen Sydney liegt auch die Oper in Oslo direkt am Hafen. Erbaut wurde sie von 2003 bis 2008 – und war sogar früher fertig als geplant. Ihre Form soll an einen treibenden Eisberg erinnern. Ihre Architektur hat inzwischen Weltrang, das Gebäude mit mehr als tausend Räumen ist das größte Kulturprojekt des Landes seit dem Zweiten Weltkrieg. Es misst allein mehr als 200 Meter Länge und 110 Meter Breite. Fast 50 000 Quadratmeter Raum umfasst der Bau der Superlative. Konzipiert hat das mit Preisen gekrönte Wahrzeichen der Stadt das Architekturbüro Snøhetta, es hatte schon die neue Bibliothek von Alexandria in Ägypten entworfen.

7 *** Munch-Museum

Im Stadtteil Bjørvika kann man das Museum besuchen, das die Werke des weltberühmten Malers Edvard Munch zeigt. Das futuristisch anmutende Museum, das fünfmal so groß ist wie das alte, wurde 2021 neu eröffnet.

8 *** Fram-Museum

Die Hauptattraktion des Museums, auf der Halbinsel Bygdøy gelegen, ist sein Namensgeber: die »Fram«, jenes berühmte Schiff, mit dem Fridtjof Nansen ins Nordpolarmeer stach und das später Roald Amundsen bei der Antarktis-Erkundung diente. Kein Schiff aus jenen Tagen drang weiter in den Norden und in den Süden des Erdballs vor. Das Museum veranschaulicht auch die Geschichte der norwegischen Polarexpeditionen und präsentiert polarhistorische Sammlungen. Vor dem Haus findet sich sogar Amundsens Schiff »Gjøa«.

Zum Ausflug in die Vergangenheit lockt der historische Herrenhof von Eidsvoll.

Zeugin einer turbulenten Geschichte ist die Festung Fredriksten bei Halden.

** Eidsvoll

Die rund 52 Kilometer nordöstlich von Oslo an der Europastraße 6 gelegene Stadt ist der wohl geschichtsträchtigste Ort Norwegens und im Land wohl jedem ein Begriff. Hier wurde am 17. Mai 1814 nach sich über Wochen hinziehenden Beratungen der Nationalversammlung die bis heute im Großen und Ganzen gültige norwegische Verfassung verabschiedet und die Unabhängigkeit des Landes verkündet. Der Schauplatz des Ereignisses, die inmitten eines weitläufigen Parks gelegene herrschaftliche Villa des Eisenwerksbesitzers Carsten Anker, wurde in eine nationale Gedenkstätte umgewandelt und kann besichtigt werden. Das Besucherzentrum informiert über die Verfassung und ihre Geschichte. Nordöstlich des Stadtzentrums wurde ein stillgelegtes Goldbergwerk Touristen zugänglich gemacht, die hier nach dem Edelmetall schürfen können.

** Halden

Hauptattraktion der am Iddefjord gelegenen und lediglich drei Kilometer von der schwedischen Grenze entfernten Kleinstadt ist die sich über gleich zwei Anhöhen hinziehende Festung Fredriksten. Wie kein anderes Bauwerk in der Region bezeugt sie die wechselvolle dänisch-norwegisch-schwedische Geschichte. Die Anlage wurde nach dem Frieden von Roskilde (1658), der die Auseinandersetzung zwischen Schweden und Dänemark um die Vorherrschaft in Skandinavien vorläufig beendete und die Dänen dazu zwang, ihre südschwedischen Provinzen an die Schweden abzutreten, auf Veranlassung des dänischen Königs Fredrik III. errichtet. Der Monarch wollte durch den sich über 30 Jahre hinziehenden Bau der Festung die neue Grenze schützen. Zwar konnte sie das ganze 18. Jahrhundert über erfolgreich gegen schwedische Angriffe verteidigt werden. Die Auflösung der seit 1523 bestehenden Union zwischen Norwegen und Dänemark infolge der napoleonischen Kriege setzte der dänischen Herrschaft dennoch ein Ende. 1814 wurde Norwegen im Frieden von Kiel Schweden zugeschlagen und der schwedische König nominell norwegisches Staatsoberhaupt; dies geschah, obwohl die Norweger im selben Jahr eine Verfassung verabschiedeten. Zu Beginn des 20. Jahrhunderts führten die Unabhängigkeitsbestrebungen der Norweger dazu, dass beiderseits der Grenze Soldaten zusammengezogen wurden. Da der Konflikt durch das Einlenken Schwedens, das im Vertrag von Karlstad einer Auflösung der Union zustimmte, friedlich gelöst werden konnte, kamen die Soldaten nicht zum Einsatz, und auch Frederiksten verlor seine militärische Bedeutung. Große Teile der Festung beherbergen heute Ausstellungen.

Der Mjøsa-See ist das größte Binnengewässer Norwegens und einer der tiefsten Seen Europas.

Eine beschäftigt sich etwa mit der Kultur- und Kriegsgeschichte und informiert über die norwegisch-schwedischen Handelsbeziehungen. An der Stelle, an der 1718 der schwedische König Karl XII. erschossen wurde, steht heute ein Denkmal. Auch Halden selbst lohnt einen Besuch. In der Innenstadt finden sich zahlreiche historische Bauten wie das 1838 errichtete Fredrikhalds Theater oder die 1833 eingeweihte Immanuelskirche.

*** Mjøsa-See

Mit einer Fläche von 365 Quadratkilometern ist der Mjøsa das größte Binnengewässer Norwegens – und mit einer Tiefe von bis zu 468 Metern auch einer der tiefsten Seen Europas. Eine echte Attraktion auf dem Mjøsa ist der Schaufelraddampfer »DS Skibladner«, der bereits seit mehr als 150 Jahren auf dem See verkehrt. Lange wurde das Schiff, das 1856 seine Jungfernfahrt absolvierte, ganzjährig als Transport- und Beförderungsmittel eingesetzt, das die Reisezeit von Oslo nach Lillehammer und weiter bis in das Gudbrandsdal um einiges zu verkürzen half. Heute wird es nur noch in den Sommermonaten als Ausflugsboot genutzt. Es verfügt über eine 605 PS starke Dampfmaschine und bringt es auf bis zu 14 Knoten. Das Schiff gehört zur Flotte einer Privatreederei und steht mittlerweile unter Denkmalschutz.

** Frederikstad

Der rund 90 Kilometer südöstlich der norwegischen Kapitale an der Mündung der Glomma in den Oslofjord gelegene Ort wartet mit einer sehenswerten Altstadt auf. Gamlebyen, so die norwegische Übersetzung des Wortes »Altstadt«, gilt als einzigartiges architektonisches Juwel und wird oft – obwohl ungleich jünger als die berühmte Hansestadt – mit Bergen verglichen. Fredrikstad wurde 1567 vom dänisch-norwegischen König Fredrik II. gegründet, in der Mitte des 17. Jahrhunderts ließ König Fredrik III. eine mächtige sternförmige Festungsanlage an den dem Fluss abgewandten Seiten der Stadt errichten. Über die Jahrhunderte hinweg boten die Gräben, Wälle und Bastionen Schutz. Heute ist Alt-Fredrikstad die besterhaltene Festungsstadt Skandinaviens und lockt zahlreiche Besucher an. In viele der schmucken historischen Holzhäuser und Backsteinbauten sind gemütliche Cafés, Restaurants oder kleine Läden eingezogen. Das Stadtmuseum, untergebracht in einem Gebäude von 1776, zeigt unter anderem eine Sammlung historischer Militaria. Ein Spaziergang auf der Halbinsel Isegran lohnt sich, und außerhalb der Festungsstadt lädt Kongsten Festning, eine komplette Anlage von 1685, zu einer Besichtigung ein.

Korallen und Schiffswracks

Der im Mündungsgebiet des Flusses Glomma vor der Südostküste Norwegens gegründete Nationalpark Ytre Hvaler ist der einzige Meeresnationalpark des Landes. Zu dem 354 Quadratkilometer umfassenden Schutzgebiet gehört auch ein 14 Quadratkilometer großer Küstenabschnitt, in dem Fauna und Flora verschiedener Küstenökosysteme, die für die norwegischen Schäreninseln typisch sind, konserviert werden. Innerhalb der Grenzen des Ytre-Hvaler-Nationalparks liegen überdies mehrere schon zuvor ausgewiesene Vogelschutzgebiete. Von besonderer Bedeutung ist ein etwa 1,2 Kilometer langes Kaltwasser-Korallenriff vor der Insel Tisler, das 2002 entdeckt wurde. Außer diesem befinden sich noch weitere Riffe im Park. Dass Korallen im europäischen Nordmeer vorkommen, ist erst seit etwa 20 Jahren bekannt. Die Riffe weisen ein Alter von bis zu 200 000 Jahren auf. Obwohl große Teile der Küstenlandschaft sich als urtümliche Wildnis präsentieren, können archäologische Funde belegen, dass hier seit der Bronzezeit Menschen Fischfang betrieben und auf die Jagd gingen. In den Gewässern vor der Küste wurden rund 50 Schiffswracks gefunden, darunter die Überreste der 1717 gesunkenen Fregatte Lossen. Der Park ist ein Paradies für Aktivurlauber, und auf Akerøya gibt es Campingplätze.

Norwegen | Østlandet

Rauschend durchfließt der Fluss Numedalslågen das für seine Silbervorkommen bekannte Städtchen Kongsberg.

*** Kongsberg

Der an der Europastraße 134 gelegene Ort ist als Stadt des Silbers bekannt. Er entwickelte sich um ein Bergwerk herum, das König Christian IV. errichten ließ, nachdem im Jahr 1623 auf dem heutigen Stadtgebiet Silberadern entdeckt worden waren. Bereits im 18. Jahrhundert war Kongsberg die größte Bergbaustadt Norwegens. Um 1750 arbeiteten in den 80 Minen rund um den Ort mehr als 4000 Menschen, darunter zahlreiche Einwanderer aus Sachsen. Obwohl die letzte Silbermine 1957 stillgelegt wurde und Kongsberg heute einer der bedeutendsten Hightech-Standorte Norwegens ist, dreht sich hier immer noch vieles um das kostbare Edelmetall. Bis heute residiert hier die norwegische Münzprägeanstalt als Nachfolgerin einer 1686 nach Kongsberg verlegten königlichen Münze. Auch abseits seiner Silberminen hat Kongsberg einiges zu bieten. In der hübschen Altstadt finden sich gemütliche Lokale und schicke Geschäfte. Das malerische Viertel wird von Norwegens größter Barockkirche, der Kongsberg kirke, überragt.

** Numedalen

Viele Reisende, die die Hochebene Hardangervidda von ihrem Nordrand aus erkunden wollen, nehmen den Umweg über die Nationalstraße 40, die von Kongsberg aus durch das landschaftlich besonders reizvolle Numedal führt. Das Tal erstreckt sich über rund 150 Kilometer von Süden nach Norden, wird dabei von dem in der Hardangervidda entspringenden und bei Larvik in die Nordsee mündenden Numedalslågen durchflossen und von bis zu 1000 Meter hoch aufragenden, dicht bewaldeten Mittelgebirgszügen begrenzt. Seit alters her wird hier intensiv Forstwirtschaft betrieben, und nirgendwo sonst im Land finden sich so viele mittelalterliche Holzbauten wie hier. Auf der Fahrt streift der Blick immer wieder die an den Hängen errichteten Almhütten oder Gehöfte. Berühmt ist das Numedal für seine Stabkirchen. Nur 25 Kilometer hinter Kongsberg im Süden des Tals lädt das Gotteshaus von Flesberg zu einer Besichtigung ein.

Traditionelle Holzhäuser können im Heimatmuseum bei Uvdal besichtigt werden.

In karger Natur liegt der kleine Ort Geilo im Norden der Hardangervidda.

Die nur 25 Kilometer weiter nördlich gelegene Kirche von Rollag wurde ebenso wie die von Nore im Norden des Numedals im 17. und 18. Jahrhundert um- und ausgebaut. Auch im Uvdal, einem bei Rødberg beginnenden Seitental, das an den Rand der Hardangervidda führt, findet sich eine der für Norwegen so typischen mittelalterlichen Stabkirchen. Sie wurde unweit des Dorfes Uvdal an einem Hang hoch über dem Tal errichtet. Zwischen Uvdal und Geilo, dem nördlichen Eingangstor zur Hardangervidda, lohnt das malerische Freilichtmuseum in dem Dorf Dagali einen Zwischenstopp. Die Strecke entlang des Numedalslågen ist außerdem beliebt für Fahrradtouren, die durch imposante Kiefernwälder führen und einen nicht zu unterschätzenden Höhenunterschied überwinden.

** Geilo

Die am Nordrand der Hardangervidda auf halbem Weg zwischen Oslo und Bergen gelegene Ortschaft ist der nach Lillehammer bekannteste Wintersportort Norwegens und verfügt über eine ausgezeichnete touristische Infrastruktur. In dem riesigen Skigebiet rund um Geilo stehen nicht weniger als 220 Loipenkilometer und 25 Kilometer Skipisten zur Verfügung. Zwischen Oktober und Mai herrscht hier Hochbetrieb. Auch im Sommer ist der Ort ein Touristenmagnet. Für Wanderer, die Europas größte Hochebene nicht allein durchstreifen wollen, bieten verschiedene Veranstalter organisierte Hardangervidda-Touren. An Geilo führt außerdem der Rallarweg vorbei, der einst als Versorgungsstraße beim Bau der Bergenbahn errichtet und in den 1980er-Jahren zum Fahrradweg umgestaltet wurde. Aber auch das Rafting zieht einige Sportliche im Sommer hierher, die Flüsse der Region gelten als die dafür am besten geeigneten im Land – wasserscheu sollte man dabei allerdings nicht sein. Wer in Geilo Einheimischen begegnet, sollte sich nicht zu einer deutschen Aussprache des Ortsnamens hinreißen lassen, denn das norwegische »G« wird hier wie ein deutsches »J« ausgesprochen.

*** Hallingdalen

Das Tal beginnt rund 125 Kilometer nordwestlich von Oslo am Nordrand des Sees Krøderen und erstreckt sich rund 150 Kilometer Richtung Nordwesten, bis es auf der Höhe des Städtchens Gol nach Südwesten abzweigt und an den Rand der Hardangervidda stößt. Es wird von der auf der Hochebene entspringenden und in den Krøderen mündenden Hallingdalselva durchflossen und ist von sanft ansteigenden Mittelgebirgszügen umgeben. Zwei der wichtigsten Verkehrswege Südnorwegens, die Bergenbahn und die Reichsstraße (Riksvei) 7, die Oslo mit Bergen verbinden, verlaufen durch das Hallingdal. Reisende, die zur Hardangervidda oder ins Fjordland unterwegs sind, legen in den Städtchen entlang der Route gern einen Stopp ein. Mittlerweile hat sich die Region zu einem Feriengebiet entwickelt, das Aktivurlaubern, aber auch Kulturinteressierten viel bietet. Sowohl in Ål und Hol als auch in Nesbyen und Gol wurden sehenswerte Freilichtmuseen eingerichtet, die der Pflege der bäuerlichen Kultur in der Region gewidmet sind. Für Feinschmecker lohnt es sich, sich durch die regionalen Spezialitäten wie Rømmegrøt zu schlemmen.

** Nationalpark Hallingskarvet

Gewaltige Gipfelformationen als Überrest der letzten Eiszeit prägen das Bild in Hallingskarvet. Dieser Nationalpark breitet sich 135 Kilometer östlich von Bergen aus. Seine Gipfel ragen bis zu 1933 Meter in die Wolken. Herz des Schutzgebiets ist der Flakavatnet-See, das Gewässer liegt auf einer Höhe von 1453 Metern und gilt damit als der höchstgelegene See Norwegens. Schützenswert ist dieses Stück Natur vor allem wegen seiner Pflanzenwelt. Auf der von grasigen Matten bedeckten Hochebene finden sich mehr als 300 teilweise seltene arktische Arten von Gräsern, Farnen und Blütenpflanzen. Und auch die Fauna ist arktisch-alpin geprägt: Polarfüchse, Schneehasen, Elche, große Bergrentierherden und auch Steinadler sind hier zu Hause.

*** Lillehammer

Die Stadt an der Nordspitze des Mjøsa-Sees war im Jahr 1994 der Hauptaustragungsort der Olympischen Winter-

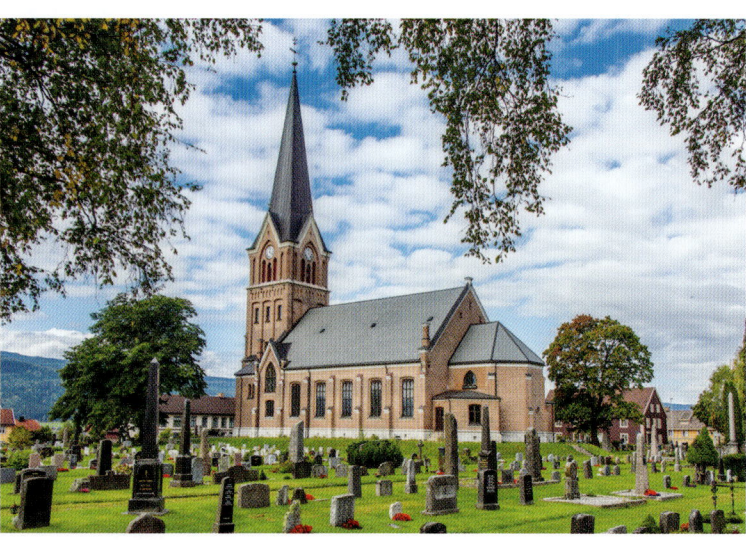

Unweit der Fußgängerzone in Lillehammer ragt die rote Backsteinkirche auf.

Schlafstube eines traditionellen Bauernhauses im Freilichtmuseum Maihaugen.

spiele. Lillehammer hat eine enorme Entwicklung durchlaufen und sich zu einem international bekannten Wintersportzentrum mit ausgezeichneter touristischer Infrastruktur gemausert. Die Skigebiete rund um die Stadt gelten als schneesicher, und auch im Sommer lockt die überaus reizvolle Gebirgslandschaft der Umgebung Aktivurlauber an. Trotz steigender Besucher- und auch Einwohnerzahlen hat der Ort viel von seinem kleinstädtischen Charme bewahrt. In der von hübschen Holzhäusern aus dem 19. Jahrhundert gesäumten Fußgängerzone geht es immer noch recht beschaulich zu, das Zentrum wirkt niemals überlaufen. Für Action sorgt dafür der Vergnügungspark Hunderfossen außerhalb der Stadt.

*** Olympiapark

Eine Besichtigung des Olympiaparks mit der Skisprunganlage Lysgårdsbakkene ist natürlich ein Muss für jeden Gast der Stadt. Hier bietet sich die Möglichkeit, mit einem Sessellift hinaufzufahren und in 136 Meter Höhe den Blick über das Olympiagelände zu genießen. Wer will, kann auch in einen Bobsimulator steigen.

** Norges Olimpiske Museum

Das Olympische Museum hinter der Skisprunganlage von Lillehammer zeichnet olympische Sporthistorie nach. Besucher können die Atmosphäre der Winterspiele von 1994 nacherleben. Aber auch neueren Olymischen Spielen widmet sich das Museum mit wechselnden Ausstellungen.

*** Freilichtmuseum Maihaugen

Eine von Lillehammers Hauptattraktionen ist das Maihaugen, Norwegens größtes Freilichtmuseum. Hier wurden rund 200 historische Bauten aus der Region sorgfältig restauriert. Die drei Bereiche auf dem Museumsgelände zeigen ein Dorf mit Gebäuden aus dem 18. und 19. Jahrhundert, die Stadt Lillehammer zu Beginn des 20. Jahrhunderts sowie eine Siedlung mit Häusern aus allen Jahrzehnten des 20. Jahrhunderts. Den Sommer über finden in Maihaugen Living-History-Veranstaltungen statt. Unter dem Titel »Wie das Land unser wurde« rekonstruiert eine ständige Ausstellung im Museumshauptgebäude die Geschichte Norwegens von den Anfängen bis zur Gegenwart.

Im schön angelegten Freilichtmuseum Maihaugen kann man einen Blick in alte Bauernhäuser werfen.

*** Nationalpark Rondane

Der nordöstlich des Gudbrandstals gelegene Nationalpark wurde bereits 1962 gegründet und ist damit der älteste Norwegens. Er erstreckt sich auf über 960 Quadratkilometern. Seine Schluchten, Täler und Gipfel – der höchste ist mit 2178 Metern der Berggipfel Rondslottet – machen ihn zu einem bedeutenden und beliebten Wandergebiet. Hier finden sich Geröllwüsten, Moränenterrassen, Toteislöcher und Gletscherkare, zwischen denen sich Pflanzenoasen wie Moore und Kiefernwälder verstecken. Im Herzen des Gebirges liegt malerisch der See Rondvatnet – »rundes Wasser«. Zahlreiche vom norwegischen Wanderverein betriebene Hütten bieten Übernachtungsmöglichkeiten. Die zentral am Südufer des Rondvatnet gelegene Rondvassbu-Hütte, eine der größten und meistbesuchten, ist ein beliebter Ausgangspunkt für mehrtägige Bergtouren und der See selbst ein Anglerparadies. Wie der benachbarte Dovre-Nationalpark und der Nationalpark Dovrefjell-Sunndalsfjella, so stellt auch der Nationalpark Rondane ein Rückzugsgebiet für wilde Rentiere dar – die überwiegende Mehrzahl an Rentieren, etwa 200 000 Exemplare, wird als domestizierte Nutztiere gehalten, während es schätzungsweise nur 25 000 Wildtiere gibt. Im Rondane-Nationalpark leben etwa 2000 bis 4000 wilde Rentiere. Nicht zuletzt um den Schutz dieser seltenen und scheuen Tiere zu gewährleisten, wurde der Park im Jahr 2003 von ursprünglich 383 auf 963 Quadratkilometer vergrößert. Weitere Wildtiere, darunter Rehe, Elche und gelegentlich auch Moschusochsen, kommen für gewöhnlich in den Randzonen des Parks vor. Während in den niedrigen Lagen Moorbirken wachsen, dominieren oberhalb der Baumgrenze Heidekraut, verschiedene Gräser und die graugelbe Rentierflechte die Vegetation. Die Gipfelregionen sind meist öde und zeigen sich nahezu vegetationslos.

*** Gudbrandsdalen

Auf seinen 230 Kilometern Länge präsentiert sich das Gudbrandstal als Bilderbuchnorwegen mit satten Bergwiesen, lieblichen Hängen und alten Höfen und wird nicht zu Unrecht als das Tal aller Täler bezeichnet. Norwegens längstes Tal erstreckt sich von Lillehammer in nordwestliche Richtung bis nach Dombås, südlich des Dovrefjells. Seit jeher stellt es die wichtigste Verbindung zwischen Nord- und Südnorwegen dar. Der Fluss Lågen windet sich wie ein blaues Band die Berge entlang. In seinem Tal verlief früher auch der Weg der Könige nach Trondheim; er gehört heute zu den ältesten Handelswegen des Landes. Während des Mittelalters führte ein Pilgerpfad, auf dem auch die norwegischen Könige zur Krönung in den Nidarosdom von Trondheim zogen, durch das Tal, heute sind es die Europastraße 6 und die Dovrebahn, die Oslo mit dem hohen Norden verbinden. Wer aufs Auto verzichtet, dem empfehlen sich Reittouren, das Rad oder das Kanu. Gudbrandsdalen zählt zu den reizvollsten und facettenreichsten Kulturlandschaften Norwegens. An den Ufern des Flusses Lågen, einem Abfluss des Lesjakogsvatnet, der bei Lillehammer in den Mjøsa mündet, finden sich stattliche Bauernhöfe, schmucke Dörfer und charmante kleine Städte. An den Hängen der Mittelgebirgszüge beiderseits des Tals wechseln Wälder mit Feldern, Wiesen und Weideflächen ab. Hier geht es noch althergebracht zu, die Menschen leben von der Holzverarbeitung und der Landwirtschaft. Mit Glück finden Besucher einen alten Bauernhof, der Führungen durch Ställe und Wirtschaftsgebäude anbietet. Bekannt ist das Tal auch für seinen gleichnamigen Käse, der eine charakteristische braune Farbe aufweist, süß wie Karamell schmeckt und wenig mit den in der Heimat bekannten Käsen zu tun hat. Meist wird er in dünne Scheiben gehobelt und auf hellem Brot oder Knäckebrot gegessen. Obwohl sich die Region zu einem international bekannten Ferienparadies entwickelt hat, finden Wanderer und im Winter Skilangläufer in den höheren Lagen des Gebirges immer noch stille, fast unberührte Natur vor. Dass hier Traditionen noch gelebt werden, zeigt übrigens auch der Reichtum an Erzählungen. Viele bekannte Volksmärchen stammen aus dieser Gegend, sie sind heute in den Schriften von Peter Christen Asbjørnsen zu finden.

Sanft geschwungene, im Sommer sattgrüne Hänge kennzeichnen das Gudbrandstal.

Im Naturparadies Rondane kann man kilometerweit durch unberührte Landschaft wandern.

Der Nationalpark Jotunheimen ist der Hüter einer zauberhaften Natur, weiter und vielfältiger Landschaften.

Zur Schneeschmelze sind die Gebirgsbäche im Jotunheimen reich an Wasser.

*** Nationalpark Jotunheimen

»Mir behagt es hier. So lind atmet es sich wider den streichenden Wind. Da drunten war es dumpfig, beklemmend und feucht; doch hier, wo das Gesause der Kiefern ans Ohr tönt – welcher Sand, welche Stille –, hier bin ich zu Hause.« Mit diesen Worten lässt der norwegische Dramatiker Henrik Ibsen seine Helden in »Peer Gynt« vom Jotunheimen-Gebirge schwärmen. Und das völlig zu Recht, denn es sind Norwegens Berge der Superlative. Die beiden höchsten Gipfel des Landes, der 2469 Meter messende Galdhøpiggen und der 2464 Meter hohe Glittertind, liegen hier. Mehr als 200 weitere Gipfel überragen die 2000-Meter-Marke in diesem vergletscherten Gebirge. Nirgendwo in Nordeuropa wachsen zudem die Bäume in höheren Höhen. Auch die höchstgelegene Hütte und die höchste Passstraße Norwegens beherbergt das Jotunheimen-Gebirge. Der 1980 gegründete Nationalpark ist ein Teil der gleichnamigen Gebirgsregion. Der Park gilt als besterschlossene Wander- und Bergsportregion Norwegens. Die Vestland-Seite ist alpin, die Østland-Seite weist liebliche Formen auf. Jotunheimen ist mit seinen vielen Gletschern und Seen nicht nur perfekt zum Wandern, sondern auch zum Mountainbiken, Reiten und Skifahren geeignet. Mit dem Auto erlebt man die Gebirgslandschaft ebenfalls höchst beeindruckend auf dem bis zu 1434 Meter hohen Sognefjellsveien. Diese höchste Passstraße Nordeuropas verbindet als Teil der Rv55 die Orte Gaupne und Lom. Selbst jenseits der Baumgrenze, die im Jotunheimen auf über 1000 Metern liegt, findet sich eine artenreiche Vegetation. Auf den kräftig violett blühenden Steinbrech etwa stößt man noch in hochalpinen Höhen von 2300 Metern. In tieferen Regionen breiten sich riesige Wälder aus Ulmen, Erlen und Gebirgsbirken aus, in denen Füchse und Wiesel, Marder und Nerze leben. Da verwundert es nicht, dass einer der populärsten und bekanntesten Wanderwege Norwegens in diesem Gebirge verläuft: Dieser führt am Ostrand des Nationalparks hoch über dem smaragdgrün schimmernden See Gjende den Besseggen-Grat entlang. Die Wanderung, die Ausdauer erfodert, verspricht spektakuläre Ausblicke auf die atemberaubende Berglandschaft und die tiefblauen Bergseen. Auch Knut Hamsun, der andere Nationaldichter des Landes, konnte sich der Faszination der Berge nicht entziehen: »Droben im Ödland hat jede Jahreszeit ihre Wunder, aber immer und unveränderlich sind die dunklen, unermesslichen Laute von Himmel und Erde …«

Der Mjøsa-See ist mit einer Fläche von 369 Quadratkilometern der größte See Norwegens.

Die Glaskonstruktion, mit der die Ruine der Kathedrale von Hamar geschützt wird, erinnert an ein großes Gewächshaus.

Birkebeinerrennet: 54 geschichtsträchtige Kilometer

Über eine Distanz von 54 Kilometern findet seit 1932 jährlich im März das Skilanglaufrennen »Birkebeinerrennet« von Rena im Østerdal bis nach Lillehammer im klassischen Langlaufstil statt. Der Wettbewerb erinnert an die Birkebeiner, die in den Wirren der norwegischen Bürgerkriegszeit für die Dynastie des Königs Sverre Sigurdson (reg. 1177–1202) Partei ergriffen und als seine Gefolgsleute in die Geschichte eingingen. Zwei ihrer besten Läufer sollen im Jahre 1206 den zweijährigen Håkon Håkonsson, Enkel und Erbe Sverres, bei Eiseskälte von Lillehammer ins sichere Østerdal gebracht und ihn so vor den Gegnern der Dynastie gerettet haben. Ihren Namen verdanken die Birkenbeiner den Birkenrinden, die sie zum Schutz gegen die Kälte im Winter um ihre Waden banden.

*** Hamar

Als ein Austragungsort der Olympischen Winterspiele von 1994 ist die am Ostufer des Mjøsa gelegene Stadt über die Grenzen Norwegens hinaus bekannt. Die Vikingsskipet, die einem umgedrehten Wikingerschiff nachempfundene Sporthalle, in der 1994 die Eisschnelllaufwettbewerbe stattfanden, ist ein architektonischer Blickfang direkt am See und ein Touristenmagnet. Weitere Top-Sehenwürdigkeit in der Stadt ist das Freilichtmuseum Hedmarksmuseet, dessen Hauptattraktion die Überreste der romanisch-gotischen Domkirche von Hamar darstellen. Das Gotteshaus wurde 1567 von den Schweden zerstört und lange Zeit als Steinbruch genutzt. Seit 1998 werden die Ruinen durch eine kühne Glaskonstruktion geschützt. Gleich neben der Kathedrale können die Relikte mehrerer anderer mittelalterlicher Bauten, darunter die des bischöflichen Palais, besichtigt werden. Außerdem wurden auf dem Areal des Museums Bauernhäuser aus dem 18. und 19. Jahrhundert wiederaufgebaut. Eine perfekte Möglichkeit zur Entschleunigung bietet eine Fahrt mit dem alten Raddampfer Skibladner, der 1859 erstmals in See stach. Mit gemütlichen zwölf Knoten durchpflügt er das Wasser des Mjøsa.

* Elverum

Die 28 Kilometer östlich von Hamar gelegene Stadt bildet das Tor zum Østerdalen. Sie wurde während des Zweiten Weltkriegs von der deutschen Luftwaffe zerstört und musste wiederaufgebaut werden. Obwohl deshalb moderne, einförmige Zweckbauten das Stadtbild prägen, machen Reisende, die auf dem Weg in den »wilden Osten« Norwegens sind, gern hier Station. Elverum ist nicht nur das Einkaufsparadies der Region, sondern kann mit zwei über die Landesgrenzen hinaus bekannten Museen aufwarten. Das norwegische Forstmuseum zählt zu den besten seiner Art in Europa. Die ständigen Ausstellungen informieren anschaulich über die Geschichte der Forstwirtschaft ebenso wie über die Jagd und die Fischerei in der Region. Das Glomsdal Museum ist das drittgrößte Freilichtmuseum Norwegens. Es zeigt auf einer Fläche von über 1500 Quadratmetern rund 90 historische Bauernhöfe des Østerdalen. Ein Unikat ist auch die hölzerne Kirche von Elverum. Das Falunrot der Außenwände bildet einen reizvollen Kontrast mit dem schwarzen Dach des Schiffes und dem weißen des Turms. Das Innere der Kirche ist zudem ein Musterbeispiel für den Régencestil.

* Trysil

Der nur 35 Kilometer von der schwedischen Grenze entfernte Ort bildet das Zentrum einer Wintersportregion und ist zertifiziert nachhaltig. Hier fand 1855 eines der ersten Skirennen der Welt statt, und hier wurde 1861 der mittlerweile weltweit wohl älteste Wintersportverein gegründet. In dem Gebiet rund um den Trysilfjell können Skifahrer zwischen 69 Abfahrten und 32 Liften wählen. Dank der insgesamt 100 Kilometern an Loipen finden auch Langläufer ihre Lieblingsstrecke. Im Sommer verwandelt sich die atemberaubend schöne Gebirgslandschaft in ein Paradies für Wanderer und Mountainbiker. In Trysil bieten zahlreiche Veranstalter gut organisierte Wander- und Radtouren, Bootsfahrten auf dem Tyrilelv sowie Tiersafaris an.

Wanderer im Nationalpark Dovre. Auch wer auf dem Olavsweg von Oslo nach Trondheim pilgert, durchquert den Park.

** Nationalpark Femundsmarka

Als nahezu unberührte, von eiszeitlichen Gletschern geformte Wildnis präsentiert sich der Femundsmarka-Nationalpark, der eine von Felsen, Geröll und Toteislöchern geprägte Landschaft umfasst. Er liegt zwischen dem Femundsee und der schwedischen Grenze, wurde 1971 gegründet und misst mittlerweile 597 Quadratkilometer. Das Gebiet umfasst große Teile der Femundsmarka, einer Gebirgsregion, deren höchste Gipfel bis rund 1500 Meter aufragen. Der Nationalpark zeigt sich dabei als urtümliche Landschaft, in der Kiefernwälder und Strauchgewächse dominieren. Trotz seiner Abgeschiedenheit, oder möglicherweise gerade deswegen, lockt das Gebiet Aktivurlauber an. Es ist von markierten Wanderwegen durchzogen, die Seen und Flüsse sind ein Eldorado für Kanuten und Angler. Im Winter kann man besonders in den Seen Revlingsjøen und Rønsjøen sein Glück als Eisfischer versuchen und Saiblinge angeln. Innerhalb des Parks bieten zwei Hütten Übernachtungsmöglichkeiten an. Von Elgå aus führt ein markierter Wanderweg in einer Tagestour zum isoliert gelegenen Hof Haugen Gård am Femundsee. Von dort gibt es weitere Touren in die Berge. Im Nationalparkzentrum in Elgå kann man Fahrräder leihen und bis Svukuriset radeln. An dem bewirtschafteten Hof starten mehrere Wanderungen. Egal, auf welchen Pfaden man wandelt, es lohnt sich, die Augen offen zu halten. So entdeckt man nicht nur die ein oder andere Beerenart, sondern auch alte Köhlerhütten.

*** Nationalpark Dovre

Dieses nicht mit dem Nationalpark Dovrefjell-Sunndalsfjella zu verwechselnde, rund 289 Quadratkilometer große Schutzgebiet grenzt an den Nationalpark Rondane. Vom etwa 250 Kilometer südlich gelegenen Oslo gibt es gute Verkehrsverbindungen zu diesem Wandergebiet. Mit seiner Lage auf über 750 Metern Höhe befindet sich der Dovre-Nationalpark größtenteils oberhalb der Baumgrenze. In seinem Gebiet fühlen sich vor allem Bergrentiere wohl, hier tummeln sich wild lebende Herden in einem der letzten Rückzugsgebiete dieser Art. Die eigent-

Markierungen weisen im Nationalpark Dovre Wanderern den Weg.

Bergiges Hügelland und viel Weite kennzeichnen den Dovre-Nationalpark.

lichen Stars des Parks hingegen sind eher unscheinbar – Palsas-Moore, kleine, ovale Sümpfe. Auf diesen durch verschiedenartiges Gestein sehr nährstoffreichen, nur während des Sommers antauenden Permafrostböden gedeihen zahlreiche ganz besonders seltene Arten der nordischen Flora. Deshalb beherbergt der Park überraschenderweise eine große Vielfalt an Pflanzen aus ganz Norwegen. Eiszeitliche Landschaftsformen wie Moränen und Toteislöcher überziehen die baumlose Hochebene. Die rundlichen, zum Teil vergletscherten Gipfelkuppen des Gebiets reichen bis auf Höhen von 1716 Metern. Im Südosten des Parks befindet sich eine Schutzhütte. Mit seinen zehn Gipfeln ist der Park auch ein beliebtes Wandergebiet.

Idyllische Stimmung herrscht am See Femunden im Westen des Nationalparks.

Das warme Leuchten der Häuser und die Segelboote im Hafen bezaubern im abendlichen Stavanger.

Vestlandet: das Land zwischen Fjord und Fjell

Im Vestlandet – Norwegens Reiseziel Nummer eins – finden sich die spektakulärsten Fjorde, die größten Gletscher und zahlreiche Nationalparks. Wasserfälle stürzen mehr als 800 Meter in die Tiefe, Felswände ragen senkrecht in die Höhe. Hafenstädte beleben die Küsten, und vier Welterbestätten der UNESCO weist die Region auf.

*** Stavanger

Kaum eine norwegische Stadt verbindet Altes und Modernes so gekonnt miteinander wie Stavanger: Futuristisch anmutende Glasbauten aus dem 21. Jahrhundert bilden einen herrlichen Kontrast zu den niedrigen, puppenstubenhaften Häusern aus dem Mittelalter. Während die Einheimischen noch vor 150 Jahren vom Fang der Heringe und Sprotten lebten, eröffnete sich 1969 für die Einwohner ganz überraschend ein weiterer Wirtschaftszweig: Öl wurde vor der Küste entdeckt – gerade rechtzeitig in der Wirtschaftskrise, als der Fischfang zu stagnieren begann. Stavanger avancierte zum Treffpunkt der Ölfirmen. Pipelines, Plattformen und große Tanker bestimmten das Bild – und brachten Geld. Mit diesem hat sich der 2008 zur Europäischen Kulturhauptstadt gekürte Ort herausgeputzt und bietet Besuchern heute nicht nur hochinteressante Museen und eine nette Altstadt mit engen, von weißen Holzhäusern gesäumten Gassen, sondern auch Ausflüge in die Umgebung wie zum Beispiel zum Lysefjord lohnen sich.

Sola: Sand, so weit das Auge reicht

Stavangers kleine Nachbargemeinde Sola kann vom Hafen aus leicht mit dem Auto oder dem Bus erreicht werden. Ihr Strand zählt zu den längsten Norwegens und wurde von der »Sunday Times« bereits zum fünftschönsten Strand der Welt gekürt. Er wird durch niedrige, mit Strandhafer bewachsene Dünen vom Hinterland abgegrenzt und bietet sich als Ausflugsziel für alle an, die einen Tag mit Schwimmen, Sonnenbaden oder Kitesurfen verbringen wollen. Außer den sportlichen Aktivitäten lohnt ein Besuch im Flugzeugmuseum. Luftfahrtfans können hier in Rogalands Geschichte der Fliegerei seit dem Zweiten Weltkrieg eintauchen. Dabei sind die Luftfahrzeuge nicht nur von außen zu bewundern.

STAVANGER

Norwegen | Vestlandet

Stavangers weiß gestrichene Holzhäuser stammen aus dem 18./19. Jahrhundert.

❶ *** Historisches Zentrum

Die historische Altstadt Gamle Stavanger erstreckt sich zu beiden Seiten der schmalen Hafenbucht. Zwischen den Straßen Nedre und Øvre Strandgaten säumen mehr als 170 fein restaurierte Holzhäuser die alten Gassen. Hier wohnten einst Fischer und Handwerker, heute ist die Gegend begehrtes Wohnviertel bei den Einheimischen. In Stavangers Altstadt befindet sich zudem das weltweit einzige Konservenmuseum. Es ist in einem historischen Fabrikgebäude untergebracht und informiert über die Geschichte der örtlichen Dosenindustrie. Interessantes erfährt man auch im Ölmuseum der Stadt, wo Besucher sogar auf eine Mini-Bohrinsel eingeladen werden. Das Viertel auf der anderen Seite der Bucht lockt mit farbenfrohen historischen Holzhäusern. Hier steht auch der ehemalige Aussichtsturm der Feuerwächter, in dem heute ein kleines Museum untergebracht ist.

❷ ** Norsk Hermetikkmuseum

Das Konservenmuseum ist in einer 1873 eröffneten Konservenfabrik untergebracht. Besucher erhalten einen Überblick über die Produktion von Fischdosen, die in früheren Zeiten für Stavanger so bedeutsam war wie heute der Erdölsektor. In den 1950er-Jahren wurde hier die letzte Sardine verarbeitet. Das Museum zeigt auch eine Sammlung kurioser Dosenetiketten.

❸ *** Norsk Oljemuseum

Die Stadt Stavanger profitiert seit den 1960er-Jahren erheblich von der Erdölförderung in der Nordsee. Wissenswertes rund um die Entstehung dieses Rohstoffs bis hin zur Bedeutung des »schwarzen Goldes« für die Stadt erfährt man im 1999 eröffneten Ölmuseum, das allein schon durch seine ultramoderne Architektur beeindruckt. Ausgestellt sind unter anderem Bohrspitzen und Tauchglocken. Auf einer rekonstruierten Bohrinsel können die Besucher selbst den Bohrer bewegen.

❹ *** Domkirken St. Svithuns

Die Domkirke Stavangers gehört zu den am besten erhaltenen mittelalterlichen Kirchenbauten des Landes. Das Gotteshaus wurde um das Jahr 1125 begonnenen, charakteristisch sind die beiden wuchtigen Türme. Ursprünglich als dreischiffige Basilika erbaut, wurde die Kirche 1272 von einem Brand zerstört und teils im gotischen Stil wieder aufgebaut. Sie zeigt viele Elemente, die englische Handwerker damals in Norwegen einführten. Die Kathedrale von Stavanger zählt zu den wenigen mittelalterlichen Gotteshäusern Norwegens, die über die Jahrhunderte nicht verändert wurden. Als evangelisch-lutherische Bischofskirche ist sie dem hl. Svithun geweiht und liegt idyllisch umgeben von hohen Laubbäumen südlich des Hafens am Ufer des Stadtsees.

Blickfang in Stavangers Hafen: Das Ölmuseum, Norsk Oljemuseum, erinnert an eine Bohrplattform.

Romanischer Innenraum von St. Svithun: Der Dom von Stavanger besticht durch seine mittelalterliche Bauweise.

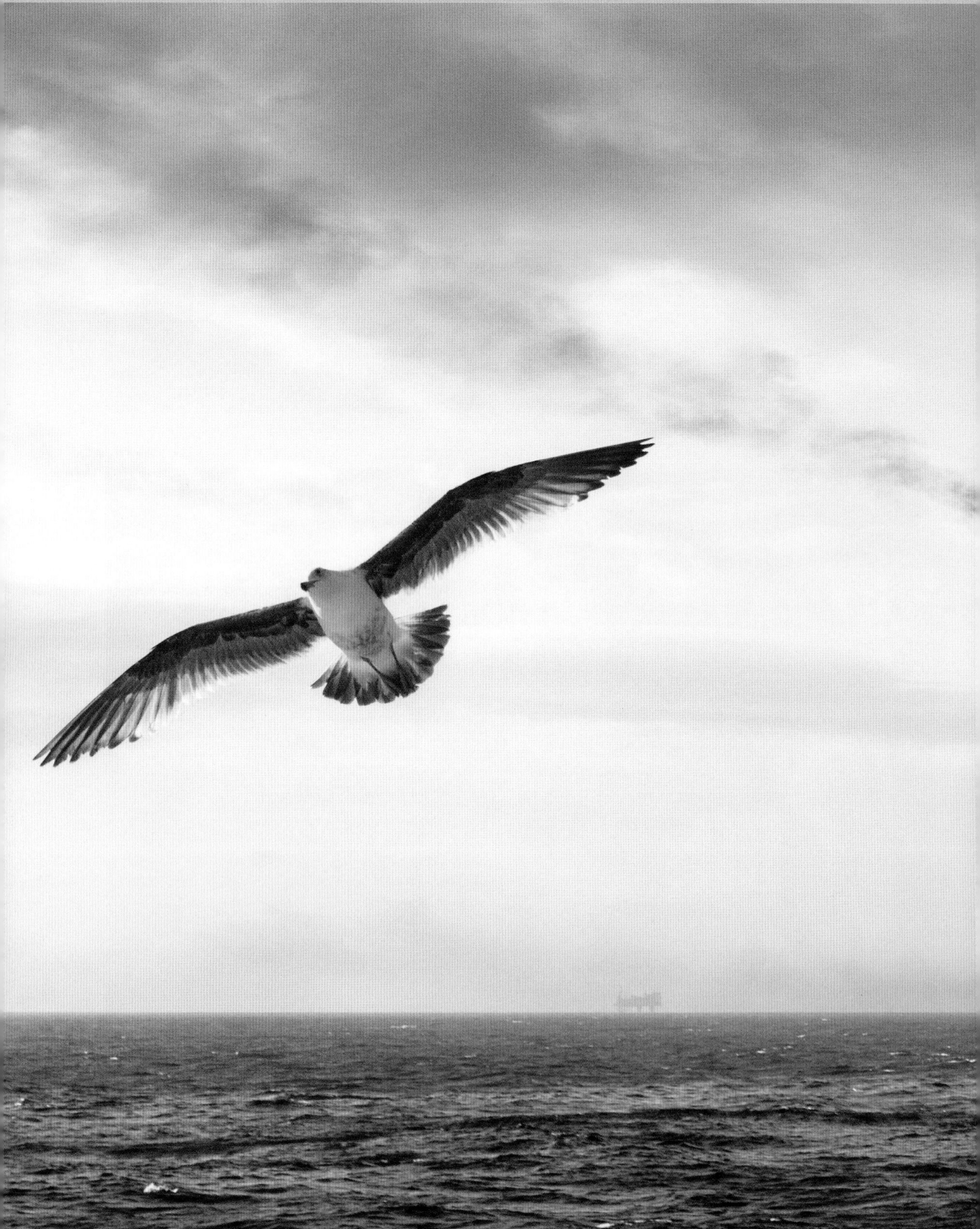

Schwarzes Gold

Stavanger gilt als die Erdöl- und Erdgaskapitale Norwegens. Zahlreiche Ölfirmen haben hier ihren Sitz, der nah gelegene Flughafen von Sola fungiert als Drehscheibe für den Verkehr zu den Bohrinseln vor der Küste. Mit der Eröffnung des Ekofisk-Felds rund 300 Kilometer vor dem Festland begann 1971 die Offshore-Erdölförderung auf dem norwegischen Nordseesockel, seit 1977 ergänzt von der Erdgaserschließung. Förderung, Produktion, Transport und Vermarktung von Öl und Naturgas brachten Norwegens bedeutendsten Wirtschaftszweig nach vorn. Equinor mit Sitz in Stavanger ist das Unternehmen mit dem größten Produktionsvolumen an Öl und Gas im Land. Der norwegische Staat ist mit 67 Prozent größter Eigentümer des Konzerns. Zwar weist auch in Norwegen die aktuelle Politik und Wirtschaft weg von fossilen Brennstoffen hin zu erneuerbaren Energien, doch ist die Nachfrage europäischer Länder nach norwegischem Öl und Gas als Ersatz für Lieferungen aus Russland stark angestiegen.

Bei Lysebotn bietet sich ein fantastischer Blick in den Lysefjord.

*** Lysefjord

Von Stavangers Hafen aus starten regelmäßig Ausflugsschiffe, die den 40 Kilometer langen und bis zu 500 Meter tiefen Lysefjord ansteuern. Die Fahrt führt vorbei an hohen und in vielen Bereichen senkrecht abfallenden glatten Steilwänden aus Granitgestein mit ungewöhnlich heller Färbung. Nach einem Viertel der Fahrtstrecke ragt eine der berühmtesten Sehenswürdigkeiten Norwegens oben aus dem Fels heraus: die Plattform Preikestolen (Predigtstuhl). Das beliebte Wanderziel für Abenteuerlustige ohne Höhenangst bietet einen atemberaubenden Blick auf die Fjordlandschaft – ähnlich wie das nahe, ebenfalls spektakuläre Plateau des Kjerag. An den schmalen, unwirtlichen und nur per Boot erreichbaren Ufern des Fjords siedelten sich nur wenige Menschen an. Zum Ort Lysebotn an seinem Ende geht es auf dem Landweg nur über eine bis 900 Meter hohe Straße voller Haarnadelkurven.

*** Kjerag

Spektakulärer als hier können sich Reisende kaum fotografieren lassen – auf einem dicken Steinbrocken stehend, der zwischen zwei Felsen zu schweben scheint. Vom Kjeragbolten aus, wie der Brocken auf Norwegisch heißt, sieht man die Dampfer weit unten Spielzeugschiffen gleich vorbeiziehen. Der Kjerag selbst misst als Gipfel zwar nur 1084 Meter, aber nur selten auf der Welt finden sich derart dramatisch eingeklemmte Steinkolos-

Ein Ausflug in den Lysefjord lohnt sich allein wegen des grandiosen Panoramas.

se. Um sie zu besteigen, sollte man schwindelfrei sein und darauf achten, dass der Fels absolut trocken ist, sonst ist die Rutschgefahr zu hoch. Der hoch oben verkeilte Brocken bleibt nicht das einzig Mystische der Gegend. Vom Gipfel des Kjerag aus ist manchmal auch ein Knall zu hören, während weiter unten ein Sprühnebel aufsteigt – man nimmt an, dass sich Wasser in der Felswand seinen Weg sprengt, genau erforscht ist das Phänomen aber bis heute nicht.

Der Kjeragbolten klemmt 1000 Meter über dem Fjord zwischen zwei Felsen.

Norwegen | Vestlandet

Eingerahmt von grünen Berghängen des Nationalparks Folgefonna bezaubert der klare See Bondhusvatn.

*** Nationalpark Folgefonna

2005 weihte Königin Sonja Norwegens 25. Nationalpark ein: Der drittgrößte Gletscher Skandinaviens und seine Umgebung stehen seither auf 545 Quadratkilometern als nationales Naturerbe unter Schutz. Der eine Fläche von über 200 Quadratkilometern bedeckende Plateaugletscher liegt auf der Folgefonna-Halbinsel, die vom Sørfjord und weiteren Armen des Hardangerfjords umschlossen wird. Fjell, Gletscher und Meer, Kare und fruchtbare Täler mit artenreichen Laubwäldern, Bergbäche und Flüsse mit großen Forellen- und Lachsbeständen prägen die Landschaft. Hier wachsen nicht nur Heide und Farn, auch Fingerhut und sogar Purpurenzian gedeihen wunderbar. Ornithologisch interessant ist das Gebiet aufgrund der dort heimischen Raufußbussarde und Alpenschneehühner. Auch der Weißrückenspecht findet dort seinen Lebensraum. Für Autofahrer bildete die Halbinsel lange ein Hindernis, das nur zeitaufwendig zu umfahren war. Im Jahr 2001 wurde deshalb der 11,5 Kilometer lange Folgefonna-Tunnel zwischen Odda und Gjerde eröffnet.

*** Hardangerfjord

Der mehr als 150 Kilometer lange Hardangerfjord ist der König der Fjorde. Weit verzweigt in viele Nebenarme, erstreckt er sich von der Inselwelt im Südwesten bis an den Fuß der Hardangervidda, des als Nationalpark ausgewiesenen größten Hochgebirgsplateaus Nordeuropas. Die nordöstlichen Fjordzungen umschließen die Halbinsel Folgefonna, deren vergletscherte Hochgebirgswelt ebenfalls als Nationalpark unter Schutz steht. Mit seinen Gipfeln, Skigebieten und Gletschern auf den Höhen ebenso wie mit Kirschblüten in sonnenverwöhnten Tieflagen zählt Hardanger zu den malerischsten und abwechslungsreichsten Landschaften Norwegens. Darüber hinaus ist es eine Region, in der man der aktiven Pflege einer über Jahrhunderte gewachsenen Kultur noch einen zentralen Platz einräumt, etwa im Trachtenwesen (Hardangerstickerei) und in der Musik (Tänze). Zwei Landschaftsrouten und mehrere Wanderwege führen durch den Fjord.

Rosendal – Skandinaviens kleinstes Schloss

Der kleine, nur knapp über 800 Einwohner zählende Ort an der Westküste der Folgefonna-Halbinsel ist dank seines berühmten Renaissanceschlösschens ein viel besuchtes Touristenziel. Das Anwesen wurde in der zweiten Hälfte des 17. Jahrhunderts von dem dänischen Adligen Ludvig Rosenkrantz an der Stelle eines Gutshofs, den er und seine norwegische Frau Karen Mowatt zur Hochzeit geschenkt bekommen hatten, errichtet und 1678 von König Christian V. in eine Baronie umgewandelt. Über Jahrhunderte blieb Rosendal in Familienbesitz, wurde umgebaut und mit Kunstwerken sowie kostbarem Mobiliar der jeweiligen Epoche ausgestattet. Viele bedeutende Künstler wie Henrik Ibsen, Alexander Kielland oder Edvard Grieg waren Gäste der Schlossherren. 1927 vermachte der letzte Besitzer die Baronie der Universität Oslo.

Der Maurangerfjord ist ein hübscher Nebenarm des mächtigen Hardangerfjords.

Der höchste Punkt des Folgefonna-Gletschers befindet sich auf 1662 Metern.

Idyllisch liegen die Ortschaften am Sørfjord, in dessen mildem Klima Obst angebaut wird.

*** Sørfjord

Der Sørfjord ist ein Nebenarm des Hardangerfjords, erstreckt sich in südliche Richtung und schneidet 38 Kilometer tief in das Land ein. Im Westen ragt die vergletscherte Bergwelt der Folgefonna-Halbinsel auf. An den von der Sonne verwöhnten Hängen des Ostufers, die den westlichen Rand der Hardangervidda bilden, wird seit alters her Obst angebaut. Während der Obstblüte im Frühsommer ist die Landschaft in ein zartes Rosa oder Weiß getaucht. Zur Erntezeit bieten viele Obstbauern an der den Fjord entlangführenden Straße Riksvei 13 ihre Erzeugnisse an. In Lofthus, dem unweit der Mündung des Sør- in den Hardangerfjord gelegenen Zentrum des Obstanbaus in der Region, laden das Sommerhaus des berühmten Komponisten Edvard Grieg sowie eine hübsche mittelalterliche Steinkirche zu einer Besichtigung ein. Im Nachbarort Kinsarvik beginnt ein Wanderweg, der durch das Husedalen an vier Wasserfällen vorbei in das Hardangervidda-Gebiet führt. Die am anderen Ende des Sørfjords gelegene Stadt Odda bietet sich als Ausgangspunkt für Touren auf die Folgefonna-Halbinsel und in den Nationalpark an. Eine Straße führt von dem von Industriebetrieben geprägten Ort das Westufer des Sørfjord entlang und um die Nordspitze Folgefonnas herum. Bis zur Eröffnung des Folgefonna-Tunnels stark frequentiert, wird sie heute für Ausflüge in den malerischen kleinen Ort Utne an der Nordspitze der Halbinsel genutzt. Hier lockt das Hardanger Folkemuseum mit dem Nachbau eines historischen Dorfes und einer Ausstellung zu lokalem Brauchtum. In Odda bieten Veranstalter organisierte Touren in das Folgefonna-Gletschergebiet an – besonders ungeübten Kletterern sind diese zu empfehlen.

Schon von Weitem lässt sich das Rauschen des Tveitafossen, eines am Sørfjord gelegenen Wasserfalls, vernehmen.

*** Utne

Zu einem der schönsten Dörfer am Hardangerfjord zählt der Ort Utne. Hier wachsen Äpfel und Birnen für die umliegenden Dörfer und Städte. Bäuerliche Traditionen werden in Utne von jeher großgeschrieben. Einen Teil zu ihrem Erhalt trägt aber auch das dortige Volkskundemuseum Hardanger bei. Das Folkemuseum gewährt Einblicke in die Traditionen und das kulturelle Erbe der Region. Historische Bauernhäuser sind hier ebenso wiederaufgebaut wie Werkstätten und sogar eine alte Schule. Ausstellungen dokumentieren traditionelle Hochzeitsbräuche und zeigen Schnitzereien heimischer Künstler. Vor allem informiert das Museum über die berühmte Hardangerfidel – ein typisches und einzigartiges Musikinstrument der Region, das einer Geige ähnelt. Sie wird meistens bei der norwegischen Volksmusik eingesetzt und hat schon Edvard Grieg zu seinen Kompositionen inspiriert.

* Utne Hotel

Das Gästehaus im 550-Seelen-Dorf Utne an der Nordspitze der Folgefonna-Halbinsel lockt Besucher an, die in historischem Ambiente übernachten wollen. Der repräsentative, direkt am Hardangerfjord unweit einer Fähranlegestelle gelegene, weiß getünchte Holzbau beeindruckt unter anderem durch eine romantische Innenausstattung, die teilweise aus dem 18. Jahrhundert stammt. Das Restaurant – eines der besten der Region – bietet Spezialitäten der lokalen Küche an. Das Hotel ist eines der ältesten in Norwegen. Es wird seit 1722, zunächst als Gasthof, und seit 1787 als Herberge betrieben. Bis 1995 war es in Familienbesitz. Nach einer Renovierung wurde es 2003 unter der Führung einer Stiftung schließlich neu eröffnet.

Der Vøringfoss ist einer der bekanntesten Wasserfälle Norwegens und ergießt sich im oberen Måbødal.

Die Landschaft rings um den Eidfjord eignet sich hervorragend zum Wandern.

*** Vøringsfossen

Der zu den berühmtesten Wasserfällen Norwegens gehörende Vøringsfoss beeindruckt mit seinem spektakulären Panorama. Tiefe Schluchten säumen den Rand des Fjellplateaus Hardangervidda, Europas größter Hochebene. Am Westrand des Hochplateaus stürzt das Wasser 183 Meter in die Tiefe, davon immerhin ganze 145 Meter im freien Fall. Doch nur im Sommer rauschen hier große Wassermassen beständig hindurch, denn eigentlich werden sie zur Stromerzeugung genutzt. Die Kraftwerksbetreiber wollten ursprünglich die Naturschönheit drosseln und takten, doch wenigstens für die Touristensaison in den Sommermonaten ist dieses Vorhaben gestoppt worden. Wer es mag, mit dem Rauschen des Wassers einzuschlafen, der bucht sich im nahe gelegenen Fossli-Hotel ein Zimmer. Dort haben Besucher beim Blick auf den Wasserfall einen Logenplatz.

** Eidfjord

Die Region um den östlichsten Nebenarm des Hardangerfjords zählt zu den großartigsten Naturlandschaften Norwegens. Das Gewässer ist von majestätisch aufragenden Bergen mit schneebedeckten Gipfeln umgeben. In den unteren Lagen sind die Hänge dicht bewaldet, in den höheren Regionen erstrecken sich Almwiesen mit einsam gelegenen Gehöften. Das Städtchen Eidfjord am Ende des Fjords ist eines der Eingangstore zur Hardangervidda, und lokale Veranstalter bieten Ausflüge zu den Naturwundern des Hinterlands an. Am Ende des Simadalsfjords, der sechs Kilometer langen nördlichen Ausbuchtung des Eidfjords, ist in den 1980er-Jahren trotz heftigster Proteste von Umweltaktivisten ein Speicherkraftwerk entstanden. Es wurde 700 Meter in den Felsen hineingebaut und nutzt das Schmelzwasser der Gletscher in der Umgebung zur Energiegewinnung. Obwohl die Diskussionen über die ökologischen Veränderungen, die der Betrieb der Anlage verursacht, nicht abreißen, wird es als Touristenattraktion vermarktet. In der Nähe des Kraftwerks lockt noch eine Sehenswürdigkeit: Der rund 400 Jahre alte Einödhof Kjeåsen wurde an einem steilen Wiesenhang errichtet. Bis zum Bau der Straße, die zum Kraftwerk führt, war er nur durch einen schmalen und beschwerlichen Pfad mit dem Rest der Welt verbunden. Heute ist der Zugang einfacher; obwohl der Hof immer noch bewohnt wird, sind Besucher willkommen.

Nur in den wärmeren Monaten zeigt sich die Hardangervidda dicht bewachsen.

Auf der Hardangervidda dominieren Gräser, Moose und Zwergsträucher die Pflanzenwelt.

** Hardangervidda

Die größte Gebirgshochebene Nordeuropas stürzt im Westen in einer 1000 Meter hohen Steilstufe zum Sørfjord ab, nach Osten läuft das Gelände sanft in die Täler des Østlandet aus. Das moorreiche Gneis- und Granitplateau beherbergt den größten Bestand wilder Rentiere Europas und ist wegen des arktischen Klimas einer der südlichsten Lebensräume für Arktisbewohner wie Schneeeule und Polarfuchs. Bis weit in den Sommer hinein halten sich hier Eis und Schnee, obwohl der höchste Berg, die restvergletscherte Sandfloegga, nur eine Höhe von 1719 Meter erreicht. Aus allen Himmelsrichtungen führen Pfade zum Hårteigen, dem zweithöchsten Gipfel, der eine grandiose Rundschau gewährt. Als Wanderparadies ist die Hardangervidda über die Landesgrenzen hinaus bekannt. Dank eines dichten Netzes ausgewiesener Wege, aber auch aufgrund der geringen Höhenunterschiede lässt sich das Gebiet bequem zu Fuß erkunden. An vielen Stellen unterhält der norwegische Wanderverein bewirtschaftete und auch unbewirtschaftete Hütten, in denen das Jedermannsrecht gilt; sie bieten kostenlose Übernachtungsmöglichkeiten. Die kleinen Städte an den Rändern des Naturgebiets verfügen über eine ausgezeichnete touristische Infrastruktur. Die Hardangervidda lässt sich auch von Oslo aus gut erreichen. Die Bergenbahn und die Reichsstraße 7 führen durch das Hallingdal und dann den nördlichen Rand der Hochebene entlang; in ihrem Süden verläuft die Europastraße 134.

*** Nationalpark Hardangervidda

Der 1981 gegründete Nationalpark umfasst einen Teil der Hardangervidda. Das Plateau, das oberhalb der Waldgrenze zwischen 1200 und 1400 Meter hoch liegt, präsentiert sich als weiter, schier endloser Naturraum. Er ist durchzogen von vielen kleinen Flüssen und mit klaren Seen übersät. In den kurzen Sommern ist es auf der Hardangervidda selten wärmer als 10 °C. Im Winter, der meist schon zeitig im September beginnt und bis in den Mai andauert, können die Temperaturen sogar bis auf −40 °C fallen.

Mehrere Wasserläufe durchziehen den Nationalpark Hardangervidda.

Rudolph und Petz: Norwegens Tierwelt

Norwegen liegt zwar auf 13 Breitengraden, die Fauna entspricht aber nur zwei Vegetationszonen: Im Süden gleicht sie mit Dachs, Reh, Hase und Hirsch jener in den deutschen Wäldern, während im Norden arktische Bewohner das Bild prägen. Bekannteste Vertreter der Tierwelt Norwegens sind Elch und Ren. Doch um beide zu sehen, braucht es Glück, denn sie sind sehr scheu – ebenso wie die Wölfe, Bären und Polarfüchse, die in den nördlichen Klimazonen vor allem in den Nationalparks vorkommen. Dank der geringen Besiedlungsdichte und der wenigen Industrie haben sich auch selten gewordene Tierarten in ganz Norwegen erhalten können. Zu den typischen Vertretern der arktischen Regionen gehören Schneehühner, Schneehasen, Otter und Lemminge. Die wühlmausartigen Nager neigen zu explosionsartigen Vermehrungen und begeben sich nach einigen Jahren stets auf Massenwanderungen, um neue Nahrungsräume zu erschließen. Nicht nur zu Land, auch zu Wasser weist Norwegen einen großen Artenreichtum auf: Vor den Küsten tauchen Zwergwal, Pottwal und Tümmler um die Wette, während in den weitverzweigten Fjorden Lachse, Seeforellen und Saiblinge heimisch sind. Sie wiederum dienen Seeadlern, Fischadlern, Papageitauchern oder Wanderfalken als Nahrung.

Norwegen | Vestlandet 277

Am Ufer eines Nebenarms des Hardangerfjords gelegen, zeigt sich Ulvik klassisch ländlich.

Viele reisen nach Finse zum Wandern, im Winter kann man auch Skifahren.

** Finse

Der im Süden des Hallingkarvet-Gletscherkamms gelegene Ort, der mit dem Privatauto nicht erreichbar ist, besteht aus nicht viel mehr als einer Bahnstation, der ein Eisenbahnmuseum angeschlossen ist, sowie einem Hotel und Hütten des norwegischen Wandervereins. Er liegt 1222 Meter über dem Meeresspiegel und ist der höchstgelegene Bahnhof Nordeuropas. Der Fahrradweg »Rallarvegen«, ein nicht asphaltierter Weg, der ursprünglich für den Materialtransport zum Bau der Bahnstrecke über die Hardangervidda diente, führt durch den Ort. Finse ist Ausgangspunkt für Wanderungen in den Hallingskarvet-Nationalpark oder die Hardangervidda. Südlich des Orts erstreckt sich der Hardangerjøkul, der mit einer Ausdehnung von 73 Quadratkilometern sechstgrößte Gletscher Norwegens, der auf markierten Wegen, die westlich und östlich um den Gletscher herumführen, erwandert werden kann.

* Ulvik

Die Stadt am Nordende des gleichnamigen, sechs Kilometer langen Nebenarms des Hardangerfjords präsentiert sich als ländliche Idylle. Hier leben viele der rund 1000 Einwohner noch von Obstanbau und Landwirtschaft. Die grandiose Berglandschaft der Umgebung, deren Felswände steil zum Fjord hin abfallen, ist ein ideales Wandergebiet, bietet sich aber auch für Langlauftouren im Winter an. In der Nachbargemeinde Osa am Osafjord, einem etwa zwölf Kilometer langen Seitenarm des Hardangerfjords, lässt sich die mit eingespielter Musik kombinierte Skulptur »Stream Nest« bestaunen, die der japanische Künstler Takamasa Kuniaysu für die Olympischen Winterspiele 1994 in Lillehammer schuf. Das Kunstwerk besteht aus nicht weniger als 23 000 Ziegelsteinen und 3000 Baumstämmen und erinnert an ein überdimensionales Vogelnest. Nach den Olympischen Spielen wurde es in Osa aufgestellt.

Rallarvegen, der »Bahnarbeiterweg«

Der am Nordrand der Hardangervidda verlaufende Rallarveg zählt zu den schönsten, aber auch zu den anstrengendsten Fahrradstrecken in Norwegen. Er führt von Haugastol im Nordosten der Hochebene über die Orte Finse, Voss und Myrdal hinunter bis nach Flåm am Aurlandsfjord. Radler, die diese Route befahren, haben viele Höhenmeter zu bewältigen. Zwischen Haugastol und Finse steigt der Weg von 1000 auf 1335 Meter an. Danach geht es zunächst gemächlich, später steil bergab. Zwischen Myrdal und Flåm, das auf der Höhe des Meeresspiegels liegt, beträgt das Gefälle 18 Prozent. Rallarvegen ist nicht überall gut ausgebaut, dennoch fahren im Sommer viele Radler die Strecke.

In Bergens historischem Hanseviertel Bryggen wird an der Hafenpromenade flaniert.

*** Bergen

Dank ihrer unvergleichlichen Lage am Inneren Byfjord wird die zweitgrößte Stadt Norwegens auch »Königin der Fjorde« genannt. Von hier aus brechen alljährlich Hunderte von Schiffen zu Kreuzfahrten durch die norwegischen Fjorde auf. Der Hafen ist Ausgangs- und Endpunkt der berühmten Postschiffroute Hurtigruten, die seit 1893 die Städte und Gemeinden entlang der norwegischen Küste bis hinauf nach Kirkenes verbindet. Bergen wurde im Jahr 1070 gegründet und war lange Zeit die größte Stadt Norwegens. Zwischen 1217 und 1299 residierten hier sogar die norwegischen Könige. Schon 1360 eröffnete in Bergen ein Kontor der Hanse. Dieses Bündnis entstand bereits im Hochmittelalter und endete mit der Entdeckung Amerikas im Jahr 1492, als sich der Handel immer mehr in Richtung Westen verlagerte. Seit dieser Zeit ist die Stadt mit ihrem alten Hafen eines der wichtigsten Handelszentren ganz Skandinaviens. Und nicht zuletzt als historische Zeugin der einstigen Hansezeit hat Bergen eine besondere Bedeutung.

📍 *** Bryggen

Bergens historisches Hanseviertel Bryggen an der natürlichen Hafenbucht Vågen steht als Weltkulturerbe unter dem Schutz der UNESCO. Benannt ist es nach den »Brücken«, dem Ensemble aus Kais zum Be- und Entladen der Schiffe sowie Speichern, Lagerhallen und Wohnhäusern der Kaufleute, Handwerker und Bediensteten. Die bunte Kulisse der Holzhäuser wurde nach Brandkatastrophen rekonstruiert, wie sie im ausgehenden Mittelalter aussah. Im Hafen liegen die hochbordigen Hansekoggen, mit denen die Waren zwischen den Hansestädten Deutschlands, Englands, Flanderns und des Baltikums verschifft wurden. Die wichtigsten Importgüter waren Getreide, Mehl, Malz, Bier und Salz, Hauptexportartikel Stockfisch, Tran und Tierhäute. Um 1400 gab es in Bergen 300 von Deutschen bewohnte Häuser, die Hanse kontrollierte den gesamten Handel an der norwegischen Westküste.

FLØYFJELLET
E16
E39
Fløyfjellstunnelen
MULEN
Fløyen
Kamveien
Skansemyren Idiettsplass
Fløibanen
Nordre Skansemyren
Skansemyrsv.
Ole Irgens vei
SKANSEMYREN
Hestebergveien
Fløyveien
Fjellveien
Tippetueveien
Persenbakken
Guttenbergs vei
Øvre Sandviksveien
Tartargt.
Krohnengen skole
Krohnengsgaten
Skanselien
Skansebakken
Skansen
Promsgt.
Endregårdsbk.
Leitet
Edvardsens gt.
Absalon
Beyersgt.
Skole
C. Fastingsgt.
Prof. Dahls gate
Tordenskjolds gate
H. Wergelands gate
Øvre Blekeveien
Brattlien
Cappes vei
Skivebakken
St. Jørgens gate
Reipslager gt.
Hans Hauges gt.
Baglergt.
Stølegt.
Steinkjellergt.
Fjellgt.
Langeveien
Fløibanen
Bispengsgaten
Lille Øvregt.
Domkirken
Katedr. skolen
Nye Sandviksveien
Skuteviksторget
Sverresborg
Bergenhus Festningsmuseum
BERGENHUS
Rosenkratztårnet
Håkonshallen
Bontelabo
577
Bergen Fish Senter
Norges Fiskerimuseum
Mariakirken
Bryggen
Bryggens Mus.
Sandbrugt.
N. Stølen
Øvregaten
Rosenkrantz gt.
Vetrid-sallm.
Kong Oscars gt.
Korskirken
Ø.Skostr.
Nygt.
Lepramuseet
Marken
Strømgaten
Torget
Vågsallm.
Galleriet
Rådhus
Brannst.
Grønnevollen
Kaigaten
Lille Lungegårdsvann
Byparken
Bergen Kunstmuseet
Festplassen
Lars Hilles gate
Fisketorget
Dreggekaien
Strandkaien
Strandgaten
Torgallmenningen
Olav Kyrres gate
Christies gate
Tårnpl.
Tinghuset
Festningskaien
Holbergskaien
Vågen
Markeveien
Ole Bulls plass
DNS
Permanenten
Nygårdsg.
E. Vaskerelven
St. Pauls kirke
Musepl. Naturhist museum
C. Sundts gate
Lille Markeveien
Klostergt.
V.Muralm.
Teatergt.
Kino
Neumanns gate
Håkonsgaten
Tollbodenkaiene
Tollboden
Nykirken
Ytre markev.
Holbergsallm.
Strangeh.
Sentralbadet
Rosenbergsgaten
Johanneskirken
Botanisk hage
Nykirkeallm
Strangehagen
Nedre
St. Hans str.
Nøstegt.
Baneveien
Sydneskleiven
U. biblioteket
H. F. bygget
Strandgaten
Haugeveien
Verftsgaten
Carte Blanche
Nøstegaten
Sydnesgaten
Jussbygget
Dokkeveien
Havforsknings-inst.
Nordnesveien
Nordnes skole
Fredriksberg
USF-Verftet
Nøstekaien
Jekteviksv
Torborg Nedreaasgate
Nordnesbk.
NORDNES
Akvariet
Høgskolen i Bergen AHS
Hurtigruten-terminalen
SYDNES
Nordnes sjøbad
Jekteviken
Dokkeskjærskaien
Hirtshals (DK)
Stavanger
Puddefjorden
Tolbodkaien
Skuteviken
Rothaugsgt.
Rothaugen skole
Sandviksskirken
Christinegård Ballbane
Mulesvingen
Breistølen
Breistølsveien
Ladegårds gt.
M.Vahls gate
Nordre
Kamveien
1
2
3
4
5
6
7

Die Holzhäuser von Gamle Bergen sind aus der Region zusammengetragen und hier wiederaufgebaut worden.

** Marienkirche

Noch bis 1868 hat der Pastor hier auf Deutsch gepredigt: Die Marienkirche, nahe am Hanseviertel Bryggen gelegen, ist mit dem Seefahrerquartier sichtbar verbunden. Bei den Norwegern war sie auch als »Tyskekirken«, die Kirche der Deutschen, bekannt, da sie von 1408 bis 1776 im Besitz der Hanse war. Nach dem Zweiten Weltkrieg sollte sie diesen Namen jedoch nicht länger tragen. Und noch eine Parallele gibt es zu Deutschland: Ähnlich wie der Dom zu Speyer ist die Kirche aus Naturstein erbaut, ihre Ansicht gleicht sogar ein wenig dessen Ostfassade. Der romanische Bau wurde im 12. Jahrhundert als dreischiffige Basilika mit zwei Türmen errichtet. Und auch dass sie der Muttergottes geweiht ist, gibt einen Hinweis auf die Hanse, deren Kirchen alle dieser Heiligen gewidmet waren, so etwa auch die Marienkirche in Lübeck. Vor allem aber die Innenausstattung der Kirche zeigt die direkte Verbindung zwischen Lübeck und Bergen.

*** Gamle Bergen

Wie es einst in der norwegischen Hafensiedlung ausgesehen haben mag, vermittelt das Freilichtmuseum »Gamle Bergen«. Mehr als 50 Häuser aus der ganzen Region sind hier zu einer kleinen Museumsstadt wiederaufgebaut worden. Der Großteil der

Gamle Bergen ist ein Freilichtmuseum, das die alten Zeiten zum Leben erweckt.

Im Sommer wird im Freilichtmuseum Gamle Bergen Brot gebacken und verkauft.

Holzhäuser stammt aus dem 17. bis 19. Jahrhundert. Sie dienen nicht nur als schöne Kulisse, sondern geben auch einen Eindruck vom Leben vor 200 Jahren. Auch Friseursalons, Uhrmacherwerkstätten, Fotostudios oder Zahnarztpraxen wurden originalgetreu wiederaufgebaut. Das Museumsgelände liegt im Norden der Innenstadt. In der Sommerzeit zieht mit Vorführungen alter Handwerks- und Alltagskunst wieder Leben in die Fülle von geschichtsträchtigen Häusern ein: Schmiede hämmern das Eisen, beschürzte Frauen backen Brote. Ein Café und ein Museumsladen runden den Besuch in der kleinen Stadt ab.

📍** Festung Bergenhus

Die Anfänge dieses an der Hafeneinfahrt gelegenen Gebäudekomplexes reichen bis in das 13. Jahrhundert zurück. Nicht zuletzt um seinem Königtum angemessen Ausdruck verleihen zu können, ließ Håkon IV. Håkonsson (1204–1263) hier zwei repräsentative Hallen im Stil der englischen Gotik errichten. Eines der beiden Gebäude wurde im Zweiten Weltkrieg zerstört, das andere, die Håkonshalle, wurde sorgfältig restauriert und kann besichtigt werden. Auch der Rosenkranzturm wurde ursprünglich unter König Håkon errichtet, im 16. Jahrhundert jedoch zu einem prachtvollen Renaissancepalast umgebaut.

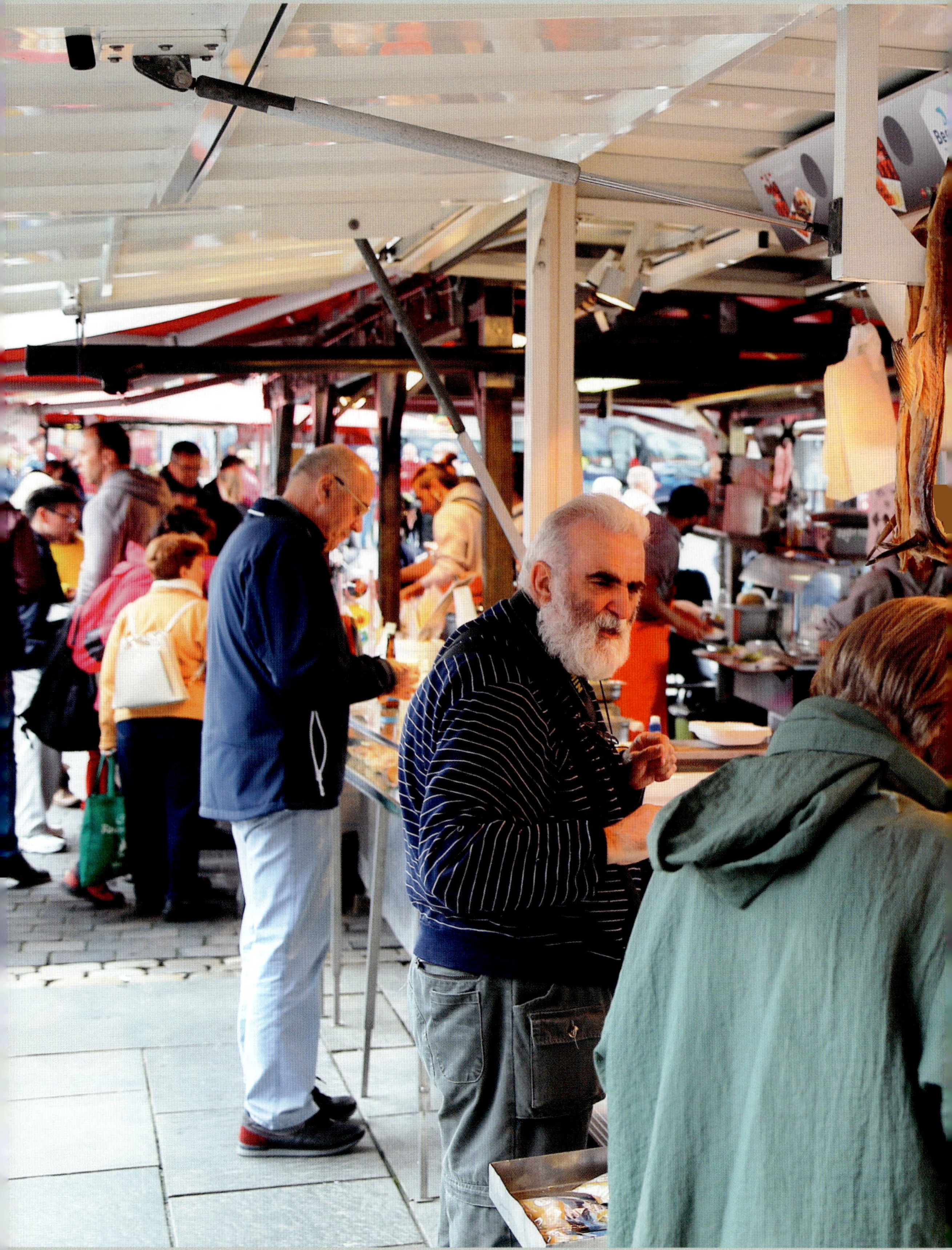

Vom Kutter zum Marktstand

Der Torget (»Markt«) am historischen Hansehafen Bryggen in Bergen ist der bunteste und berühmteste Fischmarkt Skandinaviens und das touristische Herz der Hansestadt. Hier gibt es nicht nur frischen Fisch, Krebse, Krabben, Fischbrötchen und Walfleisch, sondern auch andere Lebensmittel sowie Blumen, Gemüse, Kunsthandwerk und Souvenirs. Die Stände haben im Sommerhalbjahr täglich ab acht Uhr morgens geöffnet, am Rand des Marktplatzes befinden sich Restaurants und Cafés sowie die Talstation der Standseilbahn zum Aussichtsberg Fløyen, sodass man den berühmten Markt auch aus der Vogelperspektive betrachten kann. Fisch wird in zahlreichen Zubereitungen angeboten, die im deutschsprachigen Raum unbekannt sind, wie etwa Fischpudding (»fiskepudding«) mit Krabbensoße oder Fischklöße (»fiskeboller«).

Über Bergens Hafenbecken Vågen blickt man auf die mächtige mittelalterliche Håkonshalle.

📍** Marktplatz und Domkirche St. Olav

Dank des täglich hier stattfindenden Fisketorget ist der direkt am Vågen gelegene Marktplatz eine besondere Touristenattraktion. Hier werden aber nicht nur fangfrischer Fisch, sondern auch Blumen und allerlei Gemüse angeboten. Unweit des Marktplatzes ragt der mächtige Turm der Domkirche St. Olav in den Himmel. Das Langschiff des Gotteshauses wurde Ende des 12. Jahrhunderts im romanischen Stil erbaut. Der gotische Chor und der untere Teil des Turms stammen aus dem 13. Jahrhundert. In den folgenden Jahrhunderten kamen einige weitere Anbauten hinzu. Der Turm wurde erst im 17. Jahrhundert fertiggestellt.

📍** Bergens Kunstmeile

Als Kulturmetropole beherbergt Bergen zahlreiche interessante Museen. Allein am Lille Lungegårdsvann, dem

Die Håkonshalle wird für Konzerte und Staatsempfänge genutzt.

Edvard Munchs »Abend auf der Karl Johans gate« im Kunstmuseum Bergen.

Stadtsee, befinden sich mehrere sehenswerte Gemäldegalerien. Das Bergen Kunstmuseum (Lysverket) ist der skandinavischen Malerei vom 14. bis zum 21. Jahrhundert gewidmet. In der benachbarten Bergen Kunsthall wird in wechselnden Ausstellungen zeitgenössische Kunst gezeigt. Die Sammlung Rasmus Meyers Samlinger kann unter anderem mit Meisterwerken von Edvard Munch punkten.

** Akvariet i Bergen
Seit 1960 ist das Aquarium in Bergen eine Attraktion für Groß und Klein. Es befindet sich an der Spitze der Halbinsel Nordnes und kann vom Hafen aus mit regelmäßig verkehrenden Fährbooten erreicht werden. In über 60 großen und kleinen Aquarien können die Besucher nicht nur die Meeresbewohner vor Norwegens Küsten, sondern auch einige Tropenfische aus nächster Nähe bestaunen.

Norwegen | Vestlandet

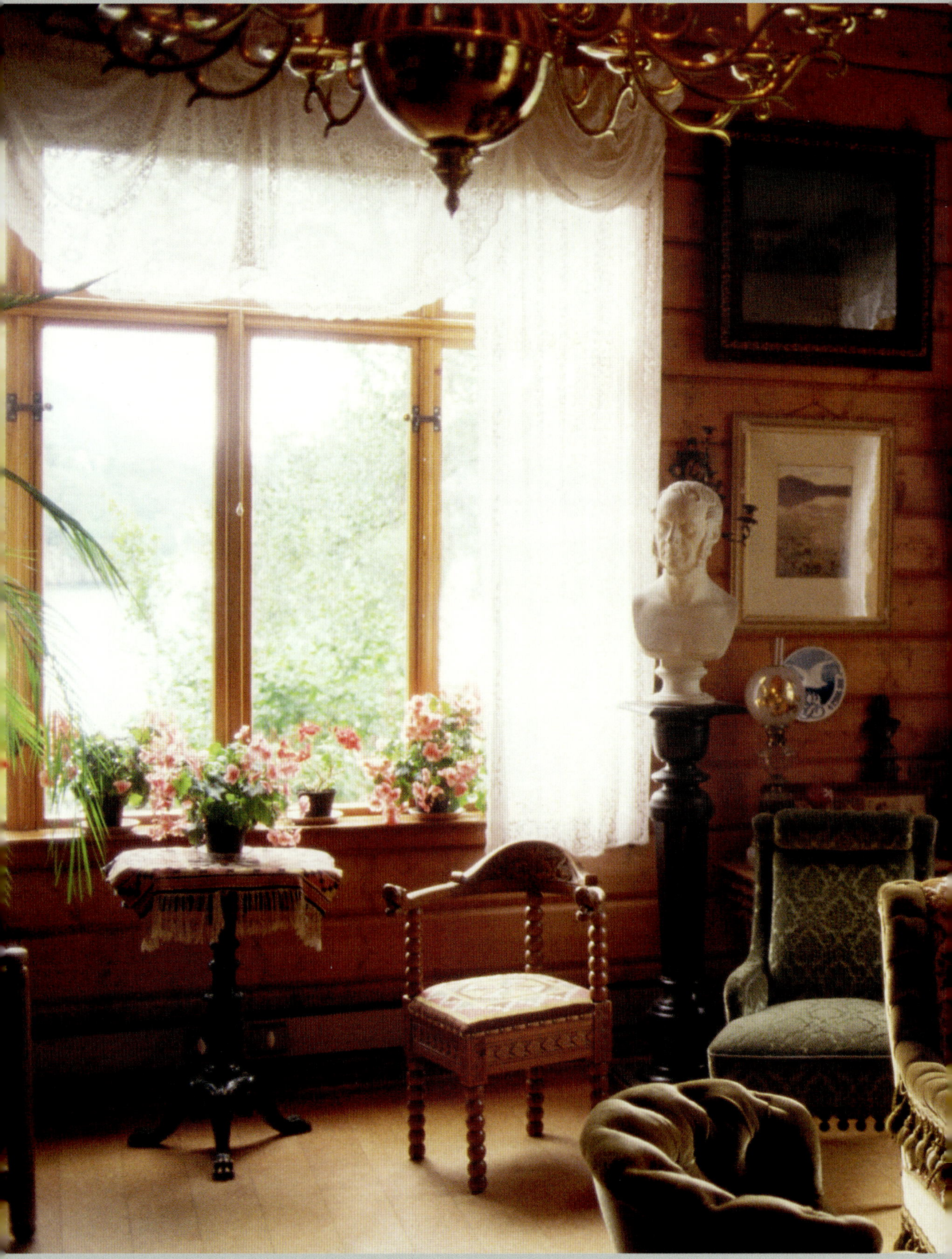

Schöpfer der Peer-Gynt-Suiten

Edvard Grieg (1843–1907), Norwegens bedeutendster Komponist, wurde als Sohn eines wohlhabenden Kaufmanns und Diplomaten sowie einer Musikerin in der Hafenstadt Bergen geboren. Er setzte die volkstümlichen musikalischen Eigenheiten seines Landes in romantische Klangwelten um und machte sie mit seinen überaus plastischen Stimmungsschilderungen international bekannt. Melodik und Rhythmik seiner Werke sind von norwegischen Bauerntänzen wie dem von einer Fiedel begleiteten »Hallingdans« inspiriert. Zugleich beeinflussten Griegs kühne Harmonik und dynamische Kontraste den Impressionismus. Sein Ziel beschrieb er so: »Mir geht es darum, die norwegische Natur, das Leben des norwegischen Volkes, die norwegische Geschichte und die norwegische Volksdichtung in Musik zu fassen.« Sein Klavierkonzert a-Moll erlebte 1868 in Kopenhagen eine triumphale Uraufführung und ist bis heute eines der meistgespielten Konzerte für Klavier und Orchester. Mit seiner kongenialen Bühnenmusik trug Grieg wesentlich zum Welterfolg von Henrik Ibsens Versdrama »Peer Gynt« bei. Die beiden Peer-Gynt-Suiten zählen zu den bekanntesten Orchesterstücken der Romantik.

Norwegen | Vestlandet

Schon von Weitem werden die riesigen Ausmaße des Sognefjords, des längsten Fjords der Welt, sichtbar.

*** Sognefjord

Tief in die Landschaft schneidet sich der Sognefjord ein: Tatsächlich ist er mit seinen bis zu 1303 Metern Tiefe nicht nur der tiefste Fjord der Erde, sondern auch der längste. Immerhin misst der Meeresarm ganze 205 Kilometer. Spektakulär sind vor allem die bis zu 1800 Meter hohen Felswände, die das UNESCO-Weltnaturerbe flankieren. Doch nicht nur schroff und steil ist seine Umgebung, an manchen Stellen fassen ihn auch sanfte Hügel und geschützte Täler ein, in denen sogar Obstanbau möglich ist. Der Sognefjord bildet eine natürliche Klimaschwelle: Eine Felsenbarriere vor der Nordsee lässt nur das warme Wasser hinein, kaltes bleibt im Ozean. Hübsche Wasserfälle, ein Wildlachszentrum und schöne Wanderwege runden den Besuch hier ab. Und wer sich Zeit nimmt, sollte eine Bootstour in die schmalen Seitenarme machen, in die sich der Fjord verästelt. Aber nicht nur für die sportlichen Aktivitäten ist das Gebiet bekannt und geschätzt, sondern auch für seine kulinarischen Spezialitäten, allen voran Marmelade, Ziegenkäse und Fjellørret, eine besondere Forellenart. Es gibt sogar ein eigenes Festival für den traditionellen Gammalost, eine Käsesorte mit intensivem, scharfem Geschmack, die aus Sauermilch hergestellt wird, und das bereits seit der Wikingerzeit.

Die Stabkirche Urnes

In der kleinen Ortschaft Ornes steht die älteste erhaltene Stabkirche. Um das Jahr 1130 wurde sie in einer grandiosen Naturszenerie auf einer noch heute relativ abgeschiedenen Landzunge am Lustrafjord errichtet, dem innersten Arm des Sognefjords. Seit 1979 steht sie als Weltkulturerbe unter dem Schutz der UNESCO. Kunsthistorisch bedeutsam sind vor allem die Schnitzereien: Sie finden sich in Schiff und Chor an den Würfelkapitellen der »Stäbe« (Säulen) sowie am Nordportal und an der Nordwand.

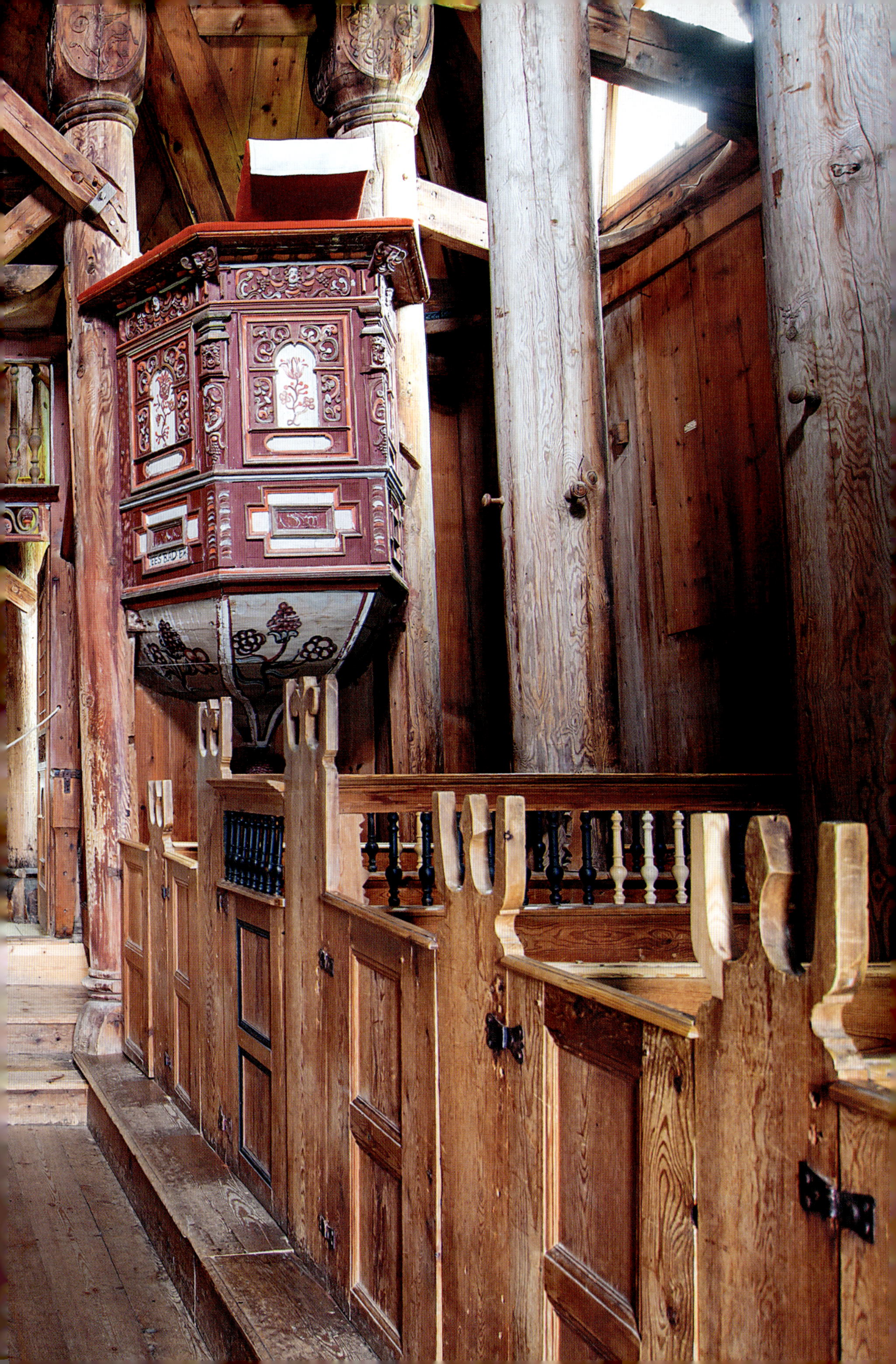

Unterwegs mit der Flåmsbana

Das am Ende des Aurlandsfjords gelegene Städtchen Flåm ist die Endstation einer berühmten Eisenbahnstrecke: der Flåmsbahn. Ihre Strecke führt durch eine der imposantesten Landschaftsformationen des Landes. Auf der rund 50-minütigen Fahrt nach Myrdal am Rand der Hardangervidda überwindet der Zug 868 Höhenmeter und passiert 20 Tunnel. Manche der Bergunterführungen sind spiralförmig in den Stein gewunden. Sie sind Meisterleistungen der Ingenieurskunst. Die Flåmsbahn gilt als eine der steilsten Bergbahnen der Welt, die auf Normalspur verkehrt. Alte Bahnhofsgebäude, liebliche Almen und rauschende Wasserfälle, schneebedeckte Gipfel und steile Berghänge gehören zur Kulisse, vor der die Bahn sich durch die wilde Landschaft kämpft. Die Eisenbahnstrecke wurde von 1935 bis 1938 gebaut und ist seither auch eine Touristenattraktion.

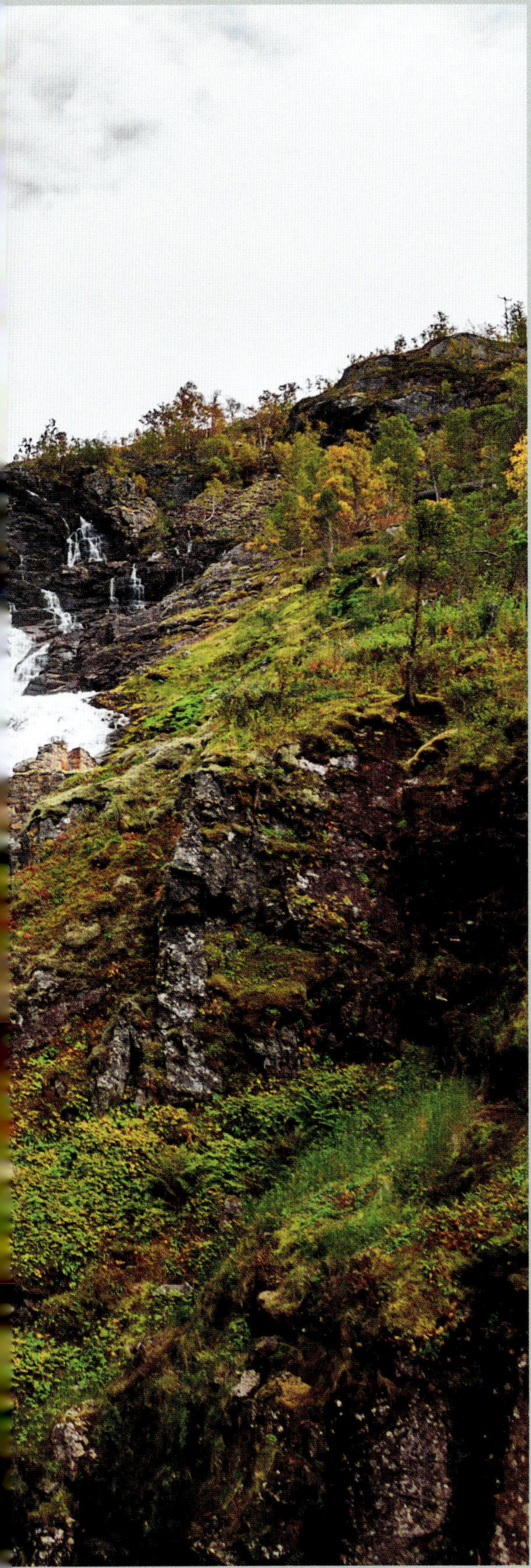

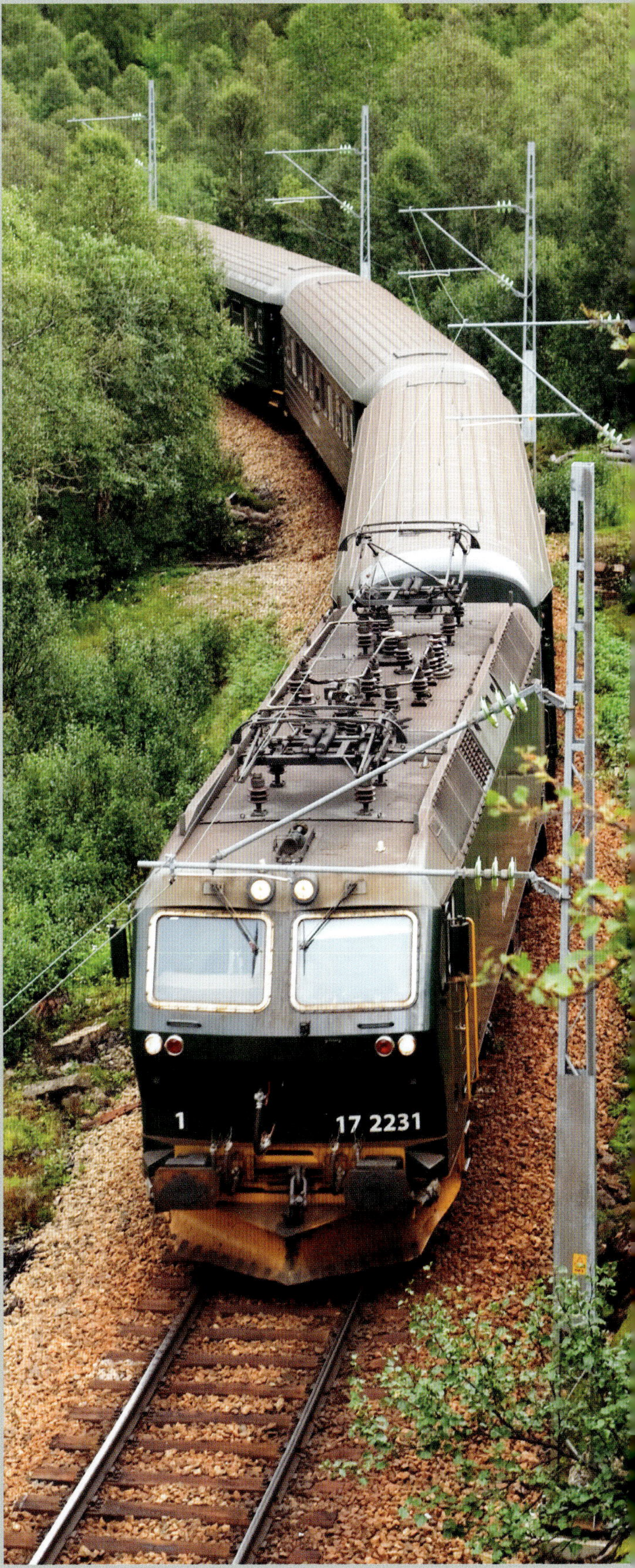
1
17 2231

Das Schmelzwasser des Briksdalsbreen-Gletschers, eines Seitenarms des Jostedalsbreen, mündet in den See Briksdalsvatn.

Rauschend durchzieht der Gebirgsfluss Tora den Breheimen-Nationalpark.

*** Nationalpark Breheimen

Erst im August 2009 gegründet, gehört der Breheimen-Nationalpark zu den jüngsten Schutzgebieten Norwegens, obwohl seine Wurzeln bis in die Jungsteinzeit reichen. Mit einer Fläche von 1794 Quadratkilometern ist er einer der größten Nationalparks des Landes. Seine zugehörige Region bietet alles, was die Naturlandschaft Norwegens vorzuweisen hat. In den Tälern finden sich noch landwirtschaftlich genutzte Flächen mit alten Bauernhöfen. An den Berghängen ziehen sich urwüchsige Nadelwälder bis an den Rand der gebirgigen Hochfjelle hinauf. Die schneebedeckten Gipfel der Gebirgsketten erreichen Höhen von mehr als 2000 Metern. Meist dient der Hafenort Skjolden am Ende des Lustrafjords als Ausgangspunkt für Touren in den Nationalpark, der 175 Kilometer östlich von Bergen liegt – zwischen dem Jostedalsbreen- und dem Jotunheimen-Nationalpark.

*** Nationalpark Jostedalsbreen

Der Jostedalsbreen gilt als der größte Gletscher des europäischen Festlands. Von den inneren Ausläufern des Sognefjords reicht der bis zu 15 Kilometer breite Plateaugletscher etwa 100 Kilometer nach Nordosten. An manchen Stellen misst sein Eis bis zu 500 Meter Dicke. In der Mitte des Gletschers liegt Høgste Breakulen, eine 1957 Meter hohe Gletscherkuppel. Hier überzieht das Eis einen Berggipfel. Nur wenige Felsinseln durchbrechen die gefrorenen Massen, unter ihnen als höchster die Lodalskåpa, die 2083 Meter hoch aufragt. Der Gletscher reicht mit seinen Seitenarmen bis in das 50 Kilometer lange Jostedalen. Der Briksdalsbreen ist der bekannteste Gletscherarm auf der sonnigen Nordwestseite des Jostedalsbreen. Seit rund 200 Jahren hat sich der Gletscher kontinuierlich zurückgezogen. Dennoch ist seine einmalige Landschaft seit 1991 als Nationalpark geschützt.

Jostedalsbreen: Gletscher und See
Eisblau und eiskalt – das sind wohl die ersten Assoziationen, wenn man den Jostedalsbreen erblickt. Besonders faszinierend erscheint der Kontrast zwischen dem fließenden Wasser der Wasserfälle, dem stehenden Wasser der seeartigen Fjordausläufer und dem erstarrten Wasser des umfangreichen Gletschers.

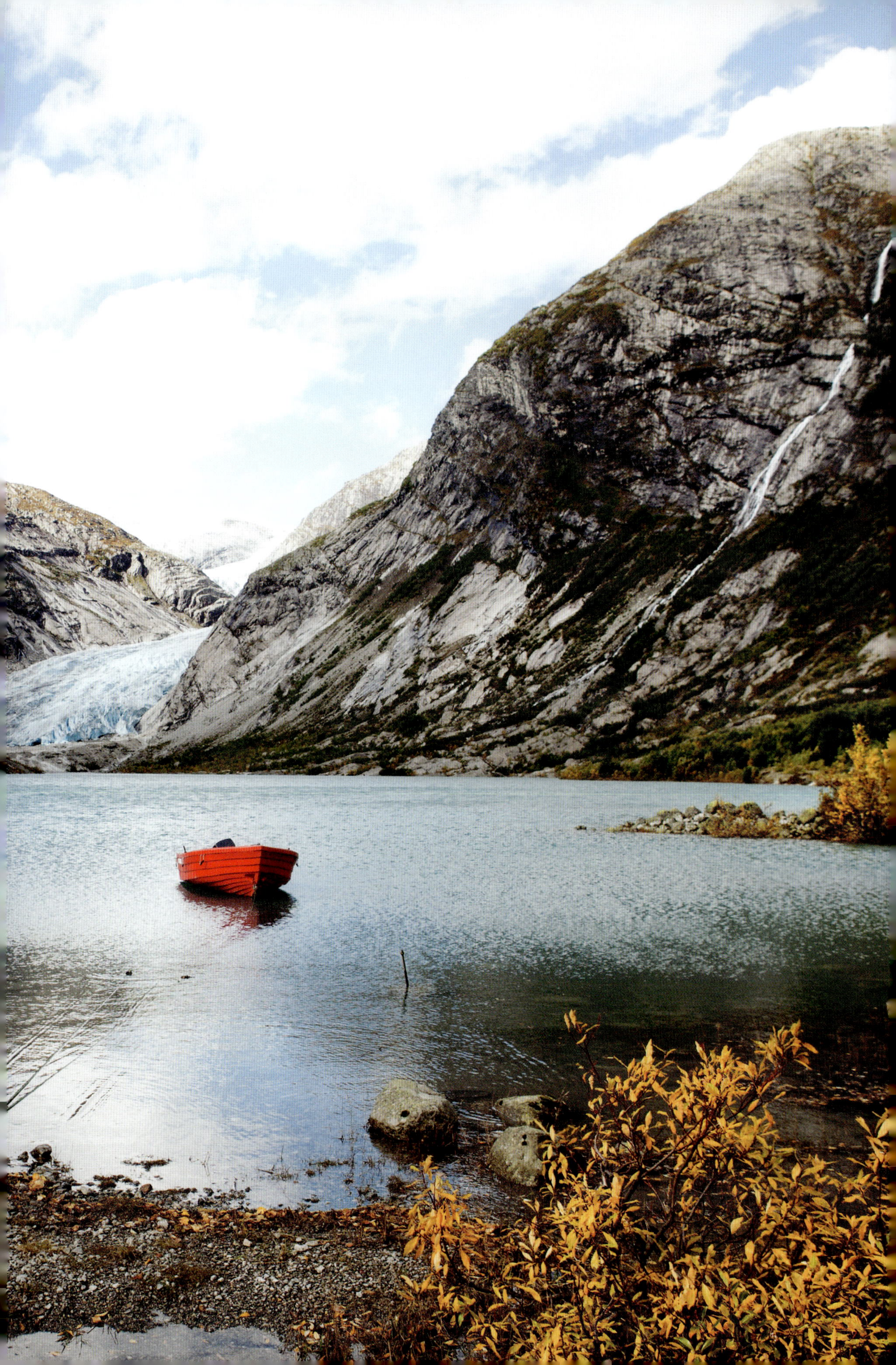

Bei Stryn liegt inmitten der traumhaften Gebirgslandschaft der See Oldevatnet.

Zum Jølstravatn kommen gern Angler, um ihr Glück beim Forellenfang zu testen.

* Førde

Die Europastraße 39, die Kristiansand mit Trondheim verbindet, macht in Førde einen Schwenk nach Osten und führt am Rand des Jostedalsbreen-Nationalparks vorbei in das Urlaubsgebiet rund um den pittoresken Nordfjord. Auf der anderen Seite führt der Reiksvei 5 in westliche Richtung nach Florø an der norwegischen Atlantikküste. Førde, die größte Stadt der Provinz Sogn og Fjordane, ist als Einkaufsstadt auch bei Touristen beliebt.

** Skei

Der am Nordostufer des Jølstravatn gelegene Ort war schon zu Beginn des 20. Jahrhunderts ein beliebtes Touristenziel. Das Gebiet um den lang gestreckten, sich von Westen nach Osten über 40 Kilometer hinziehenden See präsentiert sich als norwegische Bilderbuchlandschaft und hat Künstler wie

Einäugig oder zwergwüchsig: norwegische Trolle

Norwegen ist reich an Märchen und Mythen, Fabeln und Legenden. So erzählt man von Trollen, die in den nordischen Berglandschaften hausen, dort, wo knorrige Bäume lange Schatten werfen und einsame Waldseen im Mondschein glänzen. Die düsteren Naturwesen mit zauseligem Schopf und strahlenden Augen treiben des Nachts allerlei Schabernack mit Wanderern. Glaubt man den Legenden, können solche Trolle riesenhaft oder auch zwergenwüchsig sein, selbst die Anzahl der Augen und Köpfe variiert. Doch auch wenn sie noch so furchterregend aussehen: Trolle sind gutmütig – meistens jedenfalls und solange man sie nicht erzürnt ... Wer keinen echten Troll zu Gesicht bekommt, kann sich trösten: Souvenirläden verkaufen diese Wesen in allen Farben und Formen.

Nikolai Astrup inspiriert. An seinen Ufern wechseln im Sommer blühende Wiesen mit Waldgebieten ab. Im Osten ragt die grandiose Gebirgslandschaft des Jostedalsbreen auf. Der Ort, ein guter Ausgangspunkt für Gletschertouren, ist ein Mekka für Liebhaber des skandinavischen Kunsthandwerks.

*** Olden

Das am Faleidfjord, dem östlichen Ende des Innvikfjords, gelegene Dorf kann über den Fylkesvei 60, der bei Byrkjelo von der Europastraße 39 abzweigt, erreicht werden. Der Ort ist eine beliebte Station von Kreuzfahrtschiffen, deren Passagiere von hier aus den Briksdalbreen-Gletscher und den Gletschersee ansteuern, in den sich die Eismassen des Briksdalbreen ergießen. In Olden bieten lokale Veranstalter geführte Gletscherwanderungen und Bootstouren an.

* Loen

Der kleine Ort liegt etwa sechs Kilometer von Olden entfernt ganz am Ende des Innvikfjords und kann über den Fylkesvei 60 erreicht werden. Auch Loen ist ein beliebter Ausgangspunkt für Wanderungen zu den Gletschern des Jostedalsbreen. Der Kjennalsbreen und der Bødalsbreen sind weniger bekannt als der Brikdalsbreen bei Olden, das Gelände ist daher nicht überlaufen. In der Nähe des malerisch gelegenen Sees Lovatnet südlich von Loen führt eine Trekking-Route auf den 1848 Meter hohen Skålå. Am Gipfel befindet sich der Skålåtårnet, ein Aussichtsturm. Er wird vom norwegischen Wanderverein bewirtschaftet und bietet auch Übernachtungsmöglichkeiten. Den Aufstieg, der rund fünf Stunden in Anspruch nimmt, sollten jedoch nur konditionsstarke und geübte Kletterer und Wanderer wagen.

** Stryn

Die Stadt im Norden des Innvikfjords ist Verwaltungs- und Einkaufszentrum für die Region. Wie die anderen Gemeinden in dem Gebiet blickt Stryn auf eine lange Tradition als Ferienort zurück. Die faszinierende Bergwelt mit ihren dichten Wäldern, die im Frühsommer blühenden Obstplantagen sowie die fischreichen Seen und Flüsse locken Aktivurlauber an. Nur wenige Kilometer nordwestlich von Stryn liegt der Hornindalsvatn, der mit 514 Metern tiefste Binnensee des Kontinents. Seit jeher wird die Klarheit des Gewässers, das durch kein Gletschereis oder Sedimente verschmutzt wird, gerühmt. Am See Strynsvatn östlich von Stryn wurde das Jostedalsbreen-Nationalparkzentrum eingerichtet, das über das Gletschergebiet informiert und geführte Wanderungen anbietet.

Das türkisblaue Meer vor dem Refviksanden, einem feinsandigen Strand auf der Insel Vågsøy, erinnert an die Karibik.

Kråkenes Fyr, das »Krähenfeuer«, wacht auf der Insel Vågsøy über das raue Wasser des Atlantiks.

Von Florøs Hafen aus lassen sich die Inseln und Schären der Umgebung entdecken.

*** Florø

Florø ist Norwegens westlichste Stadt und lohnt einen Abstecher. Der zwischen den Ausmündungen von Sogne- und Nordfjord gelegene Ort wurde 1860 wegen seiner reichen Heringsvorkommen gegründet und führt das »Silber des Meeres« auch im Wappen. Rund um den Hafen finden sich viele historische Holzbauten, die sorgfältig restauriert wurden und nun Lokale beherbergen. Lange Zeit lebten die meisten Einwohner der Stadt vom Fischfang, heutzutage ist die norwegische Erdölindustrie die Haupteinnahmequelle der Bevölkerung. Im Hafen sind deshalb immer auch die Versorgungsschiffe, die zu den Förderplattformen vor der Küste fahren, zu sehen. Florøs Küstenmuseum, zu dem auch ein Freigelände gehört, informiert über Kultur und Geschichte der Region.

** Sandane

Der Ort liegt am Gloppenfjord, einem südlichen Seitenarm des Nordfjords, und kann über die Europastraße 39 erreicht werden. An den Flüssen der Umgebung finden Angler, Kanuten und Rafter ideale Bedingungen vor. Auch wer sich nur kurz in Sandane aufhält, sollte an dem direkt an der Europastraße gelegenen 33 Meter hohen Eidsfoss vorbeischauen. An dem Wasserfall befindet sich die längste Lachstreppe Europas. Das Freilichtmuseum von Sandane beeindruckt mit seinen Bauernhäusern aus dem 18. und 19. Jahrhundert sowie einigen historischen Segelfrachtern.

*** Vågsøy

Die Insel Vågsøy ist über eine 1274 Meter lange Brücke mit dem Festland verbunden und wird am besten über den Riksvei 15 erreicht. Die raue Inselnatur lädt zu einsamen Küstenwanderungen ein. Vågsøy ist für seine vier Leuchttürme berühmt, drei von ihnen bieten sogar Übernachtungsmöglichkeiten an. Der Leuchtturm Kråkenes Fyr präsentiert sich als schneeweißes Gebäude im Norden der Insel und bietet eine großartige Ansicht, wenn es – vor allem an besonders stürmischen Tagen – Wind und Wellen trotzt, damit sein Leuchtfeuer die Schiffe vor den tückischen Gewässern warnen kann. Darüber hinaus ist Vågsøy vor allem ein Zentrum des Fischfangs, auf der Insel liegt mit Måløy der zweitwichtigste Fischereihafen des Landes.

** Stadlandet

Die Nordspitze der Halbinsel Stadlandet wird als westlichster Punkt Norwegens vermarktet. In den Sommermonaten lockt das Vestkapp Touristen an, die den Blick von dem 496 Meter hohen Felsplateau auf das meist stürmische offene Meer genießen möchten. Doch auch die Mischung aus Sandstränden, Moor-, Gras- und Heideflächen macht Stadlandet attraktiv. Die lang gestreckte Halbinsel nördlich von Vagsøy kann vom Riksvei 15 aus über kleinere Verbindungsstraßen erreicht werden, die bis an das Vestkapp führen. Die der Südwestküste Stadlandets vorgelagerte Insel Selja wartet mit der Ruine einer mittelalterlichen Klosteranlage auf, die besichtigt werden kann. Die Region ist bei Seefahrern für ihr raues Wetter berüchtigt.

Die schnelle Route

Was 1893 als Postschifflinie begann, um Fracht und Passagiere zu transportieren und die Orte der über 2700 Kilometer langen norwegischen Westküste zu verbinden, hat sich längst zur Touristenattraktion entwickelt. Hurtigruten, »die schnelle Route«, die in Bergen startet und entlang der zerklüfteten norwegischen Westküste, vorbei am Nordkap, bis nach Kirkenes in der Barentssee führt, zählt zu den schönsten Schiffsreisen der Welt Im Sommer verkehren die Hurtigruten-Schiffe der ab 1993 gebauten neuen Generation. Sie wurden für den Kreuzfahrtverkehr konzipiert und bieten einen Komfort, von dem die ursprüngliche Flotte weit entfernt war; und der Erfolg der neuen hat zum Bau noch luxuriöserer und größerer Schiffe geführt: Der jüngste Flottenzugang, die »MS Fridtjof Nansen«, verfügt über drei Restaurants, alle Kabinen sind Außenkabinen, und die Eckkabinen haben sogar einen privaten Whirlpool im Freien. Doch auch Hurtigruten besinnt sich auf Nachhaltigkeit und geht grün: Für das Jahr 2030 ist ein erstes emissionsfreies Küstenschiff angekündigt, das Projekt »Sea Zero« setzt auf Segel mit Solarpanels und fährt elektrisch – natürlich mit Ökostrom.

Norwegen | Vestlandet

Grandios ist der Blick auf den Geirangerfjord vom Aussichtspunkt Ørnesvingen aus, einer Kehre an der Straße Ørneveien.

*** Geirangerfjord

Der Geirangerfjord steht als eine der schönsten Landschaften der Erde seit 2005 als Weltnaturerbe unter dem Schutz der UNESCO. Er ist der innerste Zweig des 120 Kilometer langen Storfjords, den alljährlich mehr als 150 Kreuzfahrtschiffe aus aller Welt passieren. Vom Schiff aus zu sehen sind unter anderem die drei berühmten Wasserfälle »Sieben Schwestern«, »Freier« und »Brautschleier«. Auch die Hurtigruten-Schiffe legen im Sommer in dem 250-Seelen-Dorf Geiranger am Ende des Fjords an. Die Passstraße Ørneveien, »Adlerstraße«, die vom Geirangerfjord zu dem nördlich gelegenen Norddalsfjord führt, ist mit den vielen Serpentinen und Aussichtspunkten eine der atemberaubendsten Bergstraßen in ganz Skandinavien. Nur zu Fuß erreichbar ist der spektakulärste Aussichtspunkt, das Flydalshornet in 1112 Meter Höhe senkrecht über dem Fjord.

*** Nationalpark Reinheimen und Trollstigen

Birkenwälder charakterisieren den Nationalpark Reinheimen: Er liegt 100 Kilometer östlich von Ålesund. Mit seiner Fläche von 1974 Quadratkilometern zählt er zu den größten Nationalparks Norwegens. Die einzigartige Landschaft des Schutzgebiets erstreckt sich von den Fjorden bis zu den Gipfeln des zentralen Reinheimen-Gebirges, das eine Höhe von 2014 Metern erreicht. Nach Osten senkt sich das Relief zum Gudbransdalen, dem längsten Tal Norwegens. In den niedrigen Lagen des Parks finden sich lichte Kiefernansammlungen und duftende Birkenwälder. Bei der Fahrt nach Norden erreicht man, an den Nationalpark angrenzend, eine der berühmtesten Strecken Norwegens: Trollstigen, eine eindrucksvolle Passstraße, die sich durch elf Haarnadelkurven über steile Bergabhänge hinunter ins Romsdalen windet.

Die Bergwelt rund um den Geirangerfjord ragt, den Großteil des Jahres schneebedeckt, bis zu 1700 Meter auf.

Wer durch den Nationalpark Reinheimen wandert, begegnet zauberhafter Landschaft mit Almwiesen und Gebirgsbächen.

In engen Kehren zieht sich der Trollstigen den Hang hinauf, an mehreren Stellen gibt es Aussichtspunkte für Schwindelfreie.

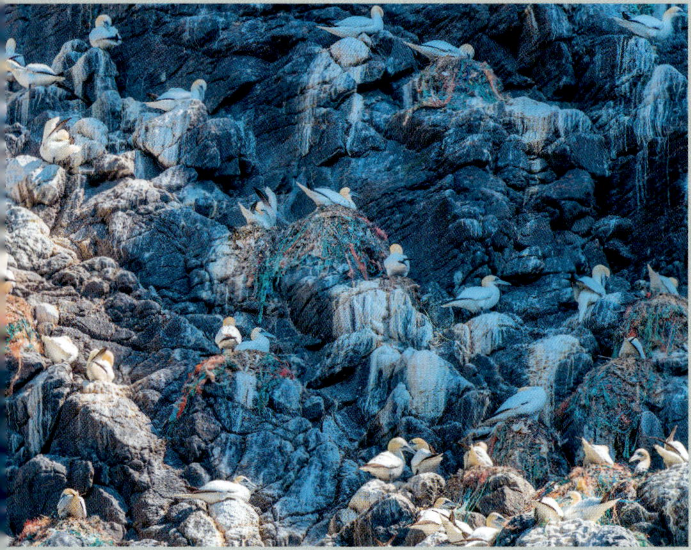

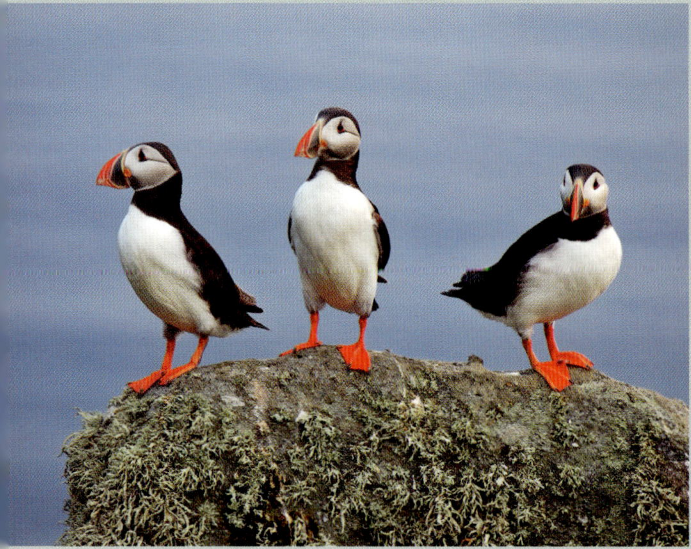

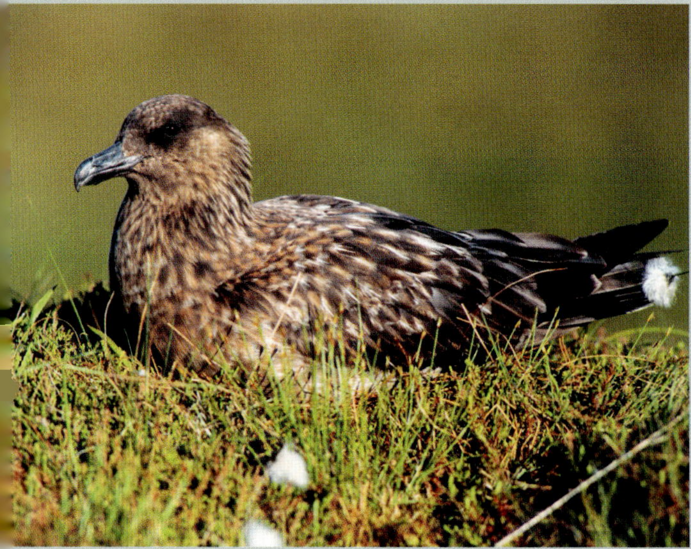

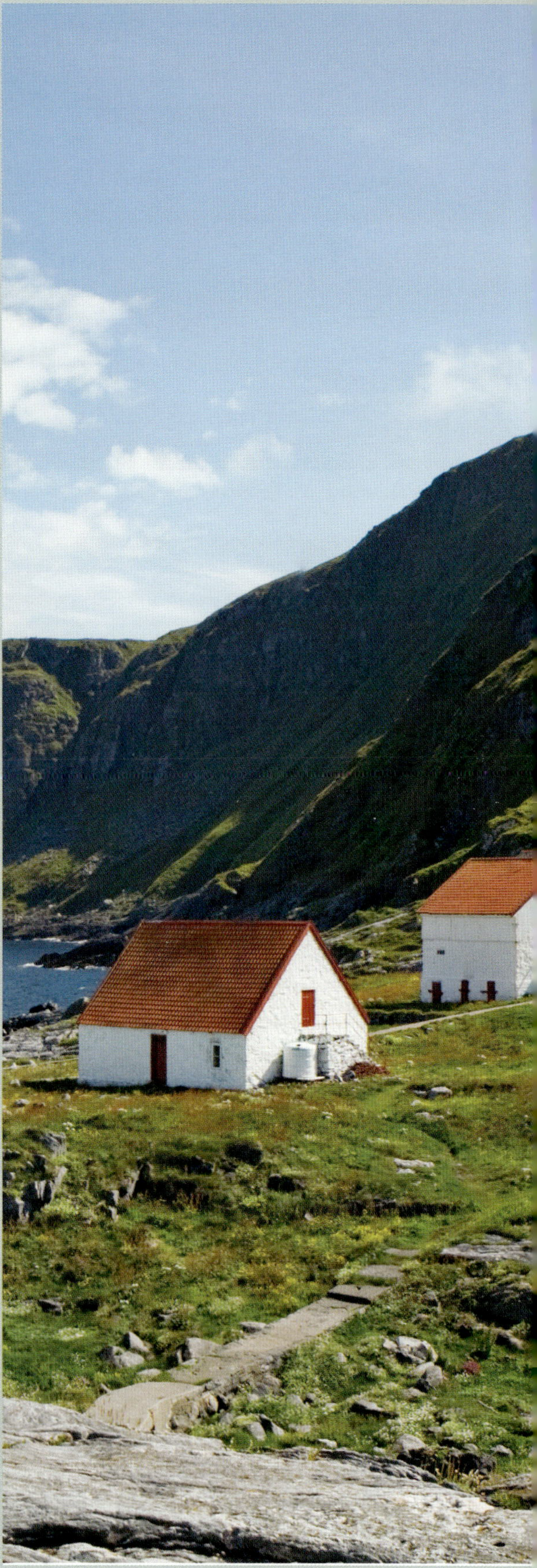

Vogelinsel Runde

Die Insel Runde im Sørøyane-Archipel ist Norwegens südlichstes Vogeleiland und weithin bekannt als ornithologisches Paradies. In den Felswänden der 6,2 Quadratkilometer kleinen Insel brüten alljährlich 500 000 bis 700 000 Seevögel vor der großartigen Kulisse der Sunnmørsalpen, darunter die mit 5000 Brutpaaren landesweit größte Kolonie von Eissturmvögeln. Die Hauptbrutzeit ist Mai bis Juni, die Seeadler hingegen legen ihre Eier bereits im März ab. Weite Teile der Insel stehen unter Naturschutz und dürfen zwischen dem 15. März und dem 31. August nicht betreten werden. Weitere hiesige Brutvögel sind Tordalken, Basstölpel, Papageientaucher, Dreizehenmöwe, Große Raubmöwe und Trottellummen. Das Leuchtfeuer von Runde erinnert an die Gefährlichkeit des Fahrwassers und an die vielen Schiffsunfälle. Bis heute werden historische Münzen aus den Wracks angeschwemmt. Daher lockt Runde viele Schatzsucher an. 1972 entdeckten Taucher die 1725 gesunkene »Akerendam« und bargen insgesamt 60 000 Gold- und Silbermünzen. Im Bild: Basstölpel (links oben), Papageientaucher (links Mitte), Große Raubmöwe (links unten).

Norwegen | Vestlandet

Prächtig entfaltet sich das Stadtpanorama Ålesunds und die umgebende Wasserwelt vom Berg Aksla aus.

*** Ålesund

Ihr vom Jugendstil geprägtes Bild macht die Kleinstadt sehr attraktiv. Doch das ist es nicht allein: Ålesund erstreckt sich über mehrere Inseln, die über Brücken miteinander verbunden sind. Dass es sich mit einem relativ modernen Gesicht zeigt, liegt in einem großen Feuer begründet: 1904 brannte die Innenstadt fast komplett nieder. Der Norwegen wohlgesonnene deutsche Kaiser Wilhelm II., der auch seine Urlaube hier verbracht hatte, ordnete eine Katastrophenhilfe an – und die Kleinstadt erstrahlte bald schöner denn je. Allerdings durften die Häuser von da an nicht mehr aus Holz, sondern nur noch aus Stein erbaut werden. Die Verleihung der Stadtrechte erfolgte erst im Jahr 1848, als sich die Einwohnerzahl aufgrund des Ausbaus zum größten Fischereihafen Norwegens rasch erhöhte.

*** Jugendstilviertel

Das unweit des Hafens gelegene Zentrum von Ålesund wird von einem weltweit einzigartigen Ensemble von Jugendstilbauten geprägt. Die vielfach mit kunstvoll verzierten Erkern und Giebeln ausgestatteten Häuser wurden errichtet, nachdem in der Nacht zum 23. Januar 1904 die gesamte aus Holzhäusern bestehende Innenstadt durch einen katastrophalen Brand zerstört worden war. Die mit dem Wiederaufbau beauftragten Architekten nutzten die Gelegenheit und schufen innerhalb von wenigen Jahren eine Idealstadt, die den damaligen Vorstellungen von Urbanität vollkommen entsprach. Hilfe für den Wiederaufbau kam aus aller Herren Länder, und an die Unterstützung aus Deutschland erinnern der Straßenname »Keiser Wilhelms Gate« und ein Gedenkstein für Wihelm II. im Stadtpark.

** Stadtmuseum

Das exzellent ausgestattete Museum und Ausstellungszentrum ist in einem der schönsten Jugendstilbauten Ålesunds, der ehemaligen Schwanenapotheke, untergebracht. Multimedial

Atlanterhavsparken: Norwegens Unterwasserwelt

Der in Tueneset etwa drei Kilometer westlich von Ålesund gelegene Freizeitpark Atlanterhavsparken (Atlantikpark) zählt zu den größten Salzwasseraquarien Nordeuropas. Er wurde 1998 von König Harald V. eingeweiht. Hier wird auf beeindruckende Weise die Meeresfauna der norwegischen Küstengewässer präsentiert. Die Hauptattraktion ist ein vier Millionen Liter fassendes Becken, in dem sich große Bestände verschiedener Fischarten des Nordatlantiks tummeln. Zum Park gehört ein 6000 Quadratmeter großes Außengelände, in dem Humboldtpinguine wohnen und das sich harmonisch in die Küstenregion einfügt. Ein kleiner Badestrand und einige Spazierwege laden zum Verweilen ein.

Ålesund fasziniert durch seine zukunftsweisende Architektur.

aufbereitet, werden Besucher hier mit der Geschichte der Stadt und ihrer Jugendstilarchitektur vertraut gemacht. Die Originalausstattung der Apotheke ist heute noch erhalten. Auf dem Vorplatz erinnert ein Denkmal an die Walfangtradition. Das nahe gelegene Ålesund Museum informiert nicht nur über die Stadtentwicklung, sondern auch über Seefahrt, Handwerk und Fischfang in der ganzen Region.

** Trankocherei

In dem über 100 Jahre alten Gebäude wurde in früheren Zeiten das Walfett für die Weiterverarbeitung zu industriellen Schmierstoffen, Lampenölen, pharmazeutischen und kosmetischen Produkten aufbereitet. Heute ist hier ein Shoppingcenter mit Antiquitätengeschäften untergebracht.

*** Stadtberg Aksla

Um zu Ålesunds höchster Erhebung zu gelangen, muss man eine Treppe mit 418 Stufen bewältigen. Der 189 Meter hohe Stadtberg gewährt einen weiten Ausblick über Ålesund und seine Umgebung. Im Südwesten ragen zahlreiche bewaldete Inseln aus dem blau schimmernden Meer, im Osten taucht das norwegische Festland mit den grandiosen schneebedeckten hohen Bergkämmen der Sunnmørsalpen auf, und weit im Norden verschmilzt das Meer mit dem Horizont.

** Sunnmøre-Museum

Eines der bekanntesten Freilichtmuseen Norwegens liegt direkt vor Ålesunds Haustür, nur vier Kilometer sind es vom Stadtzentrum aus. Auf einer Fläche von 120 Hektar, die sowohl an den Fjord als auch an den Wald grent, können 50 Wohn- und Wirtschaftsgebäude vom Mittelalter bis zum frühen 20. Jahrhundert besichtigt werden. Die Sammlungen umfassen zahlreiche Gegenstände der regionalen Kulturgeschichte von der älteren Steinzeit bis zum 14. Jahrhundert. Es können außerdem mehrere Boote besichtigt werden, darunter auch das Museumsboot »Heland«, ein alter Fischkutter von 1937.

»Das Segel« – einen passenderen Namen könnte das markante Hotelgebäude am Moldefjord kaum tragen.

Der kleine Hafen Åndalsnes ist ein guter Ausgangspunkt für Schiffsausflüge in die Fjordwelt.

** Romsdalsfjord und Åndalsnes

Das Tal Romsdalen und die Romsdalsalpen bilden eine der spektakulärsten Küsten- und Gebirgslandschaften Norwegens. Der das Tal durchströmende Fluss Rauma entspringt im Dovrefjell und mündet in Åndalsnes in den weit verästelten Romsdalsfjord. Das restverglescherte Hochgebirge beiderseits des Tals erreicht Höhen von rund 1800 Meter, bekannte Landmarken sind die Gipfelgruppe Trolltindene, deren Zacken die Talsohle um mehr als 1700 Meter überragen, und die über 1000 Meter hohe Trollveggen, die höchste senkrechte Felswand in Europa. Verkehrsmäßig erschlossen ist das Tal durch die Europastraße 136 und eine der landschaftlich reizvollsten Eisenbahnlinien des Königreichs: Die 114 Kilometer lange Fahrt der Raumabahn führt von der Ortschaft Dombås nach Åndalsnes in eine atemberaubend schöne Bergwelt. Höhepunkte der Fahrt sind die 59 Meter hohe und 76 Meter lange Eisenbahnbrücke Kylling bru und die Trollveggen.

** Molde

Rosen, Jazz und das »Vardenpanorama« kennzeichnen die Hafenstadt Molde am Romsdalsfjord. Die dornigen Blumen gedeihen hier im hohen Norden aufgrund des ungewöhnlich milden Kleinklimas der Stadt. Daher wird Molde auch »Stadt der Rosen« genannt. Da Molde im Zweiten Weltkrieg fast vollständig zerstört wurde, gibt es kaum historische Sehenswürdigkeiten, in Sachen Kultur und Natur hat die Stadt jedoch einiges mehr zu bieten. »Moldejazz« ist das älteste (seit 1961) und am besten besuchte Jazzfestival Norwegens. Jedes Jahr Ende Juli lauschen Zehntausende von Besuchern der Musik in der Wasser- und Bergkulisse am Romsdalsfjord. Der die Stadt überragende Berg Varden bietet eines der berühmtesten Fjord-Berg-Panoramen Norwegens. Über die ganze Hafenstadt und den Romsdalsfjord schweift der Blick bis zu den 222 Gipfelhäuptern der Sunnmørsalpen. Moldes Ruhm als »Nizza des Nordens« wurde von Kaiser Wilhelm II. begründet, der von 1889 bis 1913 alljährlich in der damaligen 2000-Einwohner-Holzhausstadt »Frieden und Freiheit« auf dem Varden genoss.

Straße des Meeres

Sie zählt zu den Traumstraßen der Erde: Die Atlantikstraße, »Atlanterhavsveien« auf Norwegisch, sollten sich Autofahrer nicht entgehen lassen. Sie gilt als technische Meisterleistung und wurde 1989 nach sechs Jahren Bauzeit fertiggestellt. Mit einer Länge von genau 8274 Metern führt sie über mehrere Inseln, die über Brücken miteinander verbunden sind. Die spektakuläre Straße von der Festlandskommune Eide auf die Insel Averøy und weiter bis nach Kristiansund sollte Fährlinien ergänzen und den Autoverkehr erleichtern. Doch nicht nur die Technik fasziniert: Im Jahr 2006 kürte die englische Zeitung »The Guardian« die Straße sogar zur schönsten Autostrecke der Welt. Während sich die spektakuläre Storseisundbrücke zu einer Höhe von 23 Metern aufschwingt, sind die anderen fünf Brücken der Strecke nur zwischen drei und zehn Meter hoch. Bei hohem Wellengang scheinen die Autos aus der Ferne schier durchs Meer zu gleiten. Selbst bei schlechtem Wetter lohnt sich die Fahrt, denn im Herbst peitschen Stürme die See auf und spritzen die Gischt über die Straße. Dann wird der Atlanterhavsveien gern von Touristen frequentiert, die sich Zeit für die Strecke nehmen – und die verschiedenen Ansichten der Landschaft genießen, die sich durch den Tidenhub stetig verändert.

Norwegen | Vestlandet

Fischfang: kulinarische Schätze aus dem Meer

Norwegen ist Europas größter Lieferant für Fisch und Fischerzeugnisse. Am bekanntesten sind Kabeljau und der Zuchtlachs »Norwegian Salmon«. Bei Küchenchefs genießen die Königskrabbe und der Zuchtheilbutt einen hervorragenden Ruf, andere beliebte Fisch- bzw. Schalentierarten sind Heringe, Makrelen, Weißfische, Garnelen und Krabben. Die natürliche Grundlage für die Fischerei sind die Meeresgebiete vor Norwegens 57 000 Kilometer langer Küste – zum Vergleich: Der Äquator ist nur 40 000 Kilometer lang. Zugleich gehört Norwegen zu den wenigen Ländern, die Widerspruch gegen das Walfangverbot von 1986 eingelegt haben und bis heute kommerziell Walfang betreiben, wenn auch nur in sehr geringem Umfang. Gejagt wird ausschließlich der wenig bedrohte Zwergwal, für alle anderen Walarten gilt ein Fangverbot.

*** Kristiansund

Die Hafenstadt Kristiansund liegt auf vier Inseln, umgeben von Fjorden, Sunden, kleineren Eilanden und dem Atlantik. Nordlandet ist die größte dieser Stadtinseln. Im 17. Jahrhundert fungierte der Ort als Zollstation für den Handel mit Holz. 1742 erhielt er, trotz der Proteste aus Trondheim und Bergen, die Stadtrechte – und den Namen Kristiansund nach König Christian VI. von Dänemark-Norwegen. Die Stadt entwickelte sich rasch zu einem Stockfischverarbeitungs- und Exporthafen. Trockenfisch wurde unter dem Namen »Bacalhau« zum portugiesischen Nationalgericht. An diese Tradition erinnert ein Stockfisch-Museum, und die Open-Air-Veranstaltung »Donna Bacalhau« zählt zu den Höhepunkten im sommerlichen Festkalender. Die Dorsch- und Heringsfischerei wurde aber längst als wichtigster Wirtschaftszweig abgelöst: Heute sind dies Offshoretechnik und Ölförderung.

** Grip

Die Saisonfischerei bildete die Grundlage für die Entwicklung der Felsinsel Grip zum Wohnplatz mit einer eigenen Stabkirche. Seit 1470 trotzt das hölzerne Gotteshaus den Stürmen. Einmal im Monat veranstaltet der Pastor aus Kristiansund zur Erbauung der Urlauber einen Gottesdienst. Der spätgotische Altar zeigt die Gottesmutter mit Kind zwischen Norwegens Nationalheiligem Olav und der heiligen Nothelferin Margarethe. Norwegens zweitgrößter, 44 Meter hoher Leuchtturm Grip fyr weist seit dem Jahr 1888 den Schiffen den Weg, sein Licht strahlt 19 Seemeilen weit. Süßwasser ist auf Grip Mangelware; um Wäsche zu waschen, fuhren die früheren Bewohner nach Kristiansund. Bis heute gibt es kein Stromkabel vom Festland nach Grip, stattdessen erzeugen Dieselgeneratoren die benötigte Energie. Wer sich in Kristiansund aufhält, sollte unbedingt einen Ausflug auf die Insel unternehmen. Im Sommer erwacht das verlassene Fischerdorf zum Leben. Dann wird an den Ferienhäusern gewerkelt. Ein Café hat geöffnet, und es gibt eine tägliche Fährverbindung zum Festland. Auch Anglerfreunde kommen hier und auf dem ganzen Archipel auf ihre Kosten.

Kristiansund erstreckt sich über vier durch Brücken verbundene Inseln. In der Hafenstadt geht es beschaulich zu.

Sehenswert ist in Kristiansund das Schiffswerftmuseum, eine Werft aus den letzten Tagen des Segelschiffbaus in Norwegen.

Grasdächer sind typisch für die alten Holzhäuser der einstigen Bergbaustadt Røros.

Trøndelag: Norwegens geschichtsträchtige Mitte

Der besonders traditionsreiche norwegische Landesteil Trøndelag teilte sich in die südliche und nördliche Provinz Sør- und Nord-Trøndelag. 2018 wurden die beiden Landesteile zu einer Provinz vereinigt. Das moderne Steinkjer am inneren Trondheimsfjord ist jetzt die Hauptstadt der gesamten Provinz, die sich vom Dovrefjell bis an die Grenzen des Nordlands erstreckt.

*** Røros

Der etwa 5600 Einwohner zählende Ort liegt auf 630 Meter Höhe im Grenzgebiet zu Schweden und hält mit −50,4 °C den Kälterekord unter den norwegischen Städten. In diesem Kälteloch wurde 1644 Kupfer entdeckt und die erste Schmelzhütte des Landes in Betrieb genommen. Wegen des Mangels an qualifizierten Arbeitskräften mussten Bergleute aus ganz Europa, insbesondere aus Deutschland, akquiriert werden, ständig wurden neue Erzgänge entdeckt und abgebaut, sodass die Stadt kontinuierlich wuchs. Røros ist die am besten erhaltene historische Bergbaustadt Norwegens. 333 Jahre lang wurde hier Kupfer abgebaut, unterbrochen nur von den Bränden in den Jahren 1678 und 1679. Seitdem die historische Siedlung 1980 in die UNESCO-Weltkulturerbeliste aufgenommen wurde, hat Røros sich zu einem Touristenmagneten entwickelt. Den ganzen Sommer über sind die Gassen der Stadt von Besuchern übervölkert. In den sorgfältig restaurierten Holzhäusern rund um die 1784 errichtete Røros-Kirche, dem einzigen Steinbau am Ort, locken gemütliche Lokale, in vielen Geschäften bieten Kunsthandwerker ihre Produkte an. Das Bergbaumuseum auf dem Gelände der alten, abgebrannten Kupferhütte am Malmplassen (Erzplatz) wurde in den 1980er-Jahren

Das Bergbaumuseum in Røros zeigt mit den originalen Wohnhäusern, wie die Arbeiter früher lebten und arbeiteten.

nach Plänen aus dem 18. Jahrhundert erbaut. Es beeindruckt durch Nachbildungen der Kupfergruben und Schmelzanlagen im Maßstab 1:10. Ein Teil der Ausstellung ist dem Alltagsleben der Bergarbeiter und der lokalen Kulturgeschichte gewidmet, ein anderer informiert über die Geologie vor Ort. Unweit des Erzplatzes stehen die Hütten, in denen die Bergarbeiter einst hausten. Sie wurden direkt neben den Schlackehalden errichtet. Nur die Bergwerksdirektoren und die Verwaltungsbeamten residierten in der Stadt. Rund 13 Kilometer östlich von Røros wurden zwei stillgelegte Bergwerke der Öffentlichkeit zugänglich gemacht. Wer will, kann hier in 500 Meter tief gelegene Gruben einfahren. Sound- und Lichteffekte bewirken ein authentisches Gefühl.

Femundsee: Weltabgeschiedenheit und Seenglück

Viele Røros-Besucher nutzen die Gelegenheit zu einem Ausflug in die Abgeschiedenheit des nur wenige Kilometer südlich der Minenstadt beginnenden Gewässers. Der Femundsee erstreckt sich über eine Länge von 60 Kilometern, ist im Durchschnitt aber nur fünf Kilometer breit. Obwohl die Wind- und Strömungsverhältnisse unberechenbar sind, gilt er als Paradies für Kanu- und Kajakfahrer. Das Gebiet zwischen dem See und der schwedischen Grenze wurde als Nationalpark ausgewiesen. Es wird von gut markierten Wanderwegen durchzogen. Die »Fæmund II«, ein kleiner Frachter, der zu einem Passagierschiff umgebaut wurde, pendelt in den Sommermonaten zwischen Synnervika im Norden und Elgå am Ostufer über den See und bietet ein schönes Erlebnis.

Norwegen | Trøndelag

Im Nationalpark Skarvan og Roltdalen: Der weite Himmel spiegelt sich im klaren Litlklepptjørna-See.

*** Nationalpark Dovrefjell-Sunndalsfjella

»Einig und treu, bis Dovre fällt«, schworen die Abgeordneten, als sie 1814 in Eidsvoll die bis heute gültige Verfassung des demokratischen Königreichs Norwegen verabschiedeten – und erhoben das Dovrefjell-Gebirge zu Norwegens Nationalgebirge. Dessen 2286 Meter hoher Gipfel Snøhetta, »Schneekapuze«, galt damals noch als höchster des Landes. Tatsächlich aber überragt ihn der 2469 Meter hohe Galdhøpiggen im Jotunheimen-Gebirge um knapp 200 Meter. Seit 1974 sind die Höhen des Dovrefjell wegen ihrer landschaftlichen Schönheit, ihres botanischen Reichtums und als Rückzugsgebiet seltener Flora und Fauna als Nationalpark geschützt. Im Jahr 2002 auf 1693 Quadratkilometer und fast bis zur Fjordküste erweitert, heißt der bei Wanderern sehr beliebte Park seitdem nun Dovrefjell-Sunndalsfjella. Hier leben rund 4000 Wildrentiere, aber auch Polarfüchse, Lemminge sowie seltene Greifvögel.

** Nationalpark Skarvan og Roltdalen

Auch dieses Naturschutzgebiet östlich von Trondheim umfasst mehrere unterschiedliche und weitgehend unberührte Naturlandschaften, deren biologische Vielfalt mit der Gründung 2004 erhalten werden sollte. In der Gegend rund um das nach Südwesten verlaufende Roltdal finden sich dichte alte Nadelwälder mit einer großen Elchpopulation sowie Moorgebiete, die Sumpfläufern sowie Kampfläufern, Prachttauchern und Bergenten eine Heimat bieten. Die Gebirgszüge im Norden und Osten des Nationalparks ragen bis fast 1500 Meter auf, sodass sich auch Steinadler und Gerfalke wohlfühlen. Oberhalb der Baumgrenze gedeihen Moose, Flechten und Zwergsträucher. Wanderer und Kanuten finden ideale Bedingungen, während im Winter vor allem Langläufer hierherkommen. Die ersten menschlichen Spuren im Park stammen bereits aus der Eisenzeit.

Berge, faszinierende Steinlandschaften und Moore findet man im Nationalpark Dovrefjell-Sunndalsfjella.

Zottelige Schwergewichte

Die trägesten Tiere sind oft die unberechenbarsten. Dieses Naturgesetz gilt auch für die Moschusochsen, die meist friedlich grasend durch ihr Revier trotten. Doch wehe, sie werden von ihren Fressfeinden wie Polarwölfen oder Braunbären angegriffen. Dann reagieren sie wie einst die Legionen des Römischen Imperiums: Sie rasen zunächst auf eine Anhöhe und bilden dann eine Phalanx, die den Feinden direkt in die Augen schaut. Kommen die Angreifer als Rudel und kreisen die Moschusochsen ein, wird die Phalanx zu einem Kreis verändert, in dessen sicherer Mitte sich die Jungtiere sammeln. Und dann starten die stärksten Tiere ihre Überraschungsangriffe, brechen ein ums andere Mal aus der Formation aus, attackieren die Gegner und ziehen sich sofort wieder in den Schutz der Gruppe zurück. Dank dieser hocheffizienten Überlebenstaktik waren Moschusochsen einst in ganz Eurasien und Nordamerika verbreitet, sogar bis nach Frankreich und Spanien drangen sie vor. Doch die Jagd auf die Tiere dezimierte die weltweite Populationszahl erheblich. Heute gibt es nur noch wenige Zehntausend Tiere, darunter die 300 Moschusochsen des Dovrefjell-Nationalparks. Die gigantischen Moschusochsen gelten als Überlebende der letzten Eiszeit.

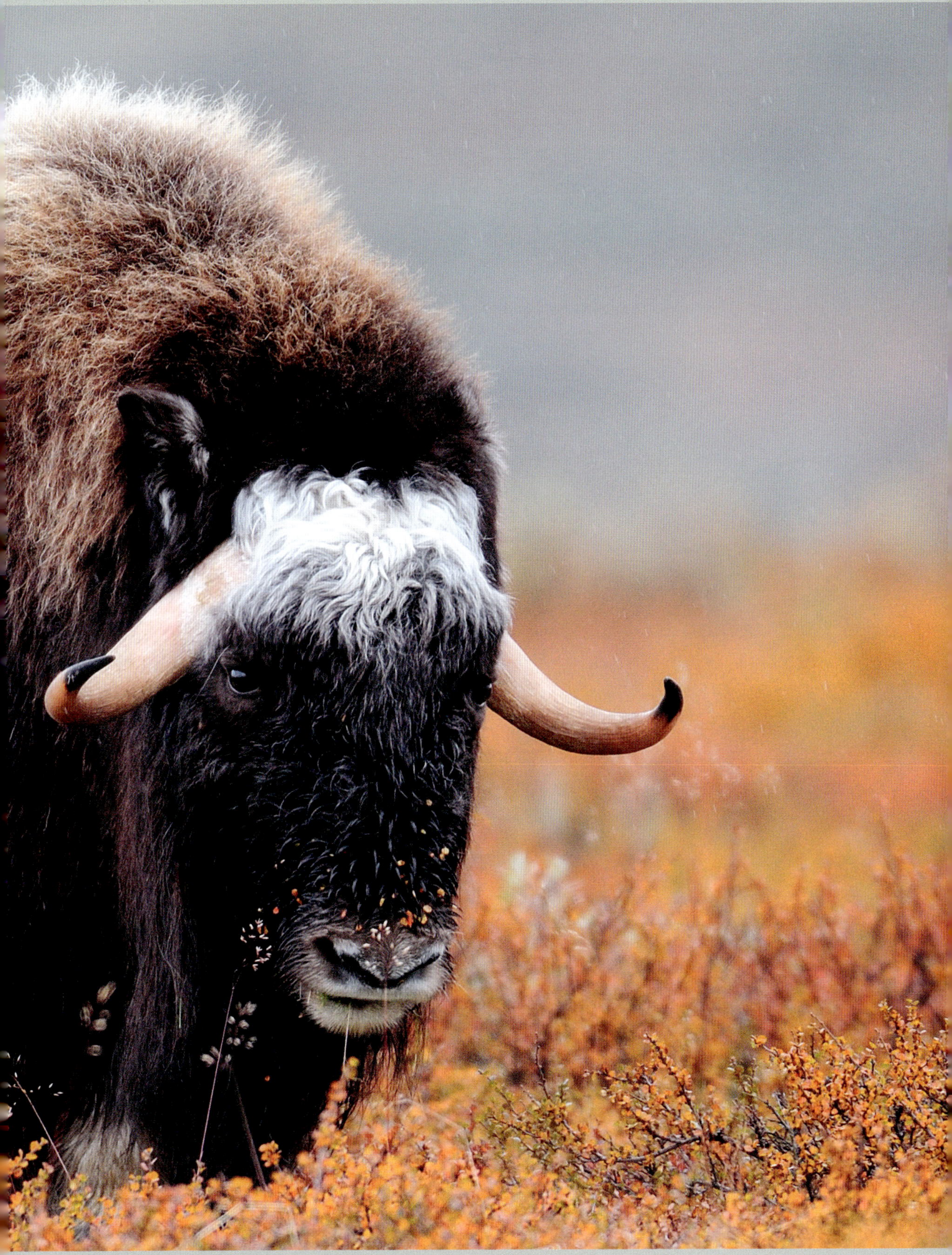

Trondheims malerische, farbenfrohe Speicherhäuser stehen auf Pfählen im Fluss Nidelva.

Hinter dem Erzbischofspalast in Trondheim blitzt der Nidarosdom hervor.

❸ Stiftsgården: königlicher Prachtbau ganz aus Holz

Ein weiteres Juwel norwegischer Architektur ist der komplett aus Holz erbaute und mit 70 Zimmern großzügig ausgestattete Stiftsgården, den der norwegische König seit 1906 als offizielle Residenz nutzt. Der Stiftshof wurde 1770 als privates Rokokopalais einer wohlhabenden Witwe errichtet, die damit die Trondheimer »bessere Gesellschaft« beeindrucken wollte. Die farblich in leuchtendem Gelb gehaltene Villa zählt zu den imposantesten Beispielen norwegischer Holzarchitektur und zu den größten erhaltenen hölzernen Gebäuden in Skandinavien überhaupt. In dem knapp 60 Meter langen Anwesen residiert regelmäßig der König bei seinen Aufenthalten in Trondheim. Zu anderen Zeiten kann es besichtigt werden; besonders eindrucksvoll ist der mit zahlreichen wertvollen Gemälden geschmückte Speisesaal.

*** Trondheim

Die Geburtsstunde Trondheims schlug 997, als König Olav I. Tryggvason hier sein Langboot festmachte und an der gelegentlich als Handelsplatz genutzten Stelle eine Stadt gründete – mit dem Namen »Niðaróss«, nach der Lage an der Mündung des Flusses Nidelva. Auf einer Halbinsel gelegen, ließ sich der Ort gut verteidigen, wuchs rasch zum florierenden Handelsplatz der Region und war als Königssitz lange Zeit die Hauptstadt Norwegens.

❶ *** Altstadt

Das historische Viertel von Trondheim liegt auf der Halbinsel Öra und ist mit dem Festland durch eine sehr sehenswerte Holzbrücke, die Gamle Bybroen, verbunden. Am alten Hafen fallen besonders die farbenfrohen, auf Pfählen errichteten Speicherhäuser ins Auge. Zahlreiche Restaurants und Cafés, von denen aus man das bunte Treiben der Boote beobachten kann, laden hier zum Verweilen ein.

❷ ** Palast der Erzbischöfe

Dieser südlich des Doms gelegene Prunkbau (norwegisch: Erkebispegården) gilt als ältester steinerner Profanbau Norwegens. Seine Ursprünge gehen auf das Ende des 12. Jahrhunderts zurück. Sehenswert sind hier die Repräsentationsräume der Erzbischöfe, die erzbischöfliche Münzprägestätte, die ausgestellten Reichsinsignien mit den wertvollen Kronjuwelen, eine Ausstellung mittelalterlicher Waffen und die größte Sammlung mittelalterlicher Steinskulpturen im gesamten skandinavischen Raum.

Trondheimsfjorden
12
Pirbadet
Nidelva
Rockheim
BRATTØRA
Powerhouse Brattørkaia
Ytre Basseng
Sjøgangen
Trondheim Sentralstasjon
Pirbrua
Nidelv bru
Dyre Halsesgt.
St. Olavs Pir
avlastningsveg
Gryta
NEDRE ELVEHAVN
Jernbane brua
havn
Verftsbrua
Beddingen
Østre Kanal-
Havnegata
11
Dokkhuset Scene
Trenerysg.
Fjordgata
Søndreg.
Krambug.
Olavs hallen
Sjøfartsmuseet
Innherredsveien
Ravnkloa
Carl Johans g.
Skansen Fyr
Nordre
Vestre Kanalhavn
Olav Tryggvasonsgt.
Bakke bru
Verftsgata
Kirkegata
Nedre Møllenb. g.
nsen Marina
Svingbrua
Prinsensgt.
Munkegt.
Jomfrug.
Th.Angellsg.
3
Dronningensg.
Stiftsgården
Søndreg.
Kjøpmannsg.
Bakke kirke
Nonnegata
Skansen Stasjon
Skansen bru
Sandgata
St. Olavsg.
MITDTBYEN
Kirkegata
Hospitalkirken
HOSPITALSLØKKAN
Torvet
Bibliotek
Øvre Elvehavn
Festningsgata
Båhus g.
Kongens
gate
Trondheim Hospital
1
Kongens gt.
9
Nygata
Bakklandet
Repslagerveita
Leüthenhaven
Småbergan
kirke
Justis-museet
Ting-huset
Vår Frue kirke
MØLLENBERG
Erling Skakkes g.
Trøndelag Teater
Erling
7
Skakkes g.
Nedre
Port Arthur
Nidareid gangbru
Elvegata
Vitenskapsmu.
10
Universitets biblioteket
Statens hus
Rådhuset
Gamle Bybro
5
Befalsskolen for infanteriet
Festningsparken
KALVSKINNET
HIST
Sverres gate
E.C. Dahls Rehabiliterings-senter
Trondheim Katedralskole
Skanseg.
Spektrum
Adolf Øiens skole
Bispegt.
Bisbebolig
Kristianstensbakken
6
Kristiansten festning
Gangbrua
Stadion
Trondheim Kunstmuseum
4
nnishallen
Kunst-foreningen galleri
8
NIDARØ
Nidarosdomen
NEDRE BAKKLANDET
Den Jødiske Synagoge
Erkepispe-gården
2
Prins Carls bastion
Befalsmesse
Klostergata
Schimers g.
Rustkammeret
Lillegårdsbakken
Duedalen
Kronprins Olavs allé
Nidelva
Øvre Bakklandet
Teglbrennerv.
St. Olavs kirke
Marinen
Elgeseter bru
Tyholtv.
Rogerts g.
Gudrunsg.
ØYA
Margretes gate
Valkendorfs g.
Mauritz Hansens g.
Vollabakken
Parkveien
Singsaker barneskole
Jorunds g.
Guttorms g.
Gautes g.
Neufeldts g.
Festningsg.
Klosterg.
Nedre Allé
Singsakerbakken
ELGESETER
SINGSAKER
Ragnhilds g.
Revmatisme huset
Chr. Frederiks g.
Stats arkivet
Elgeseter-parken
Øvre Allé
Høgskoleveien
Overlege Kindts g.
Gudes g.
Oslovelen
RIT
Cecilie-brua
St. Olavs hospital
NTNU
under konstr.
Snorres g.
GLØS-HAUGEN
Eidsvolls gate
Bergsbakken
MARIEN-BORG
Edvard Griegs
Harald Hardrådes g.
Elgeseter g.
Høgskole-
Høgskoleringen
Dødens dal
Tidemands g.
Jonsvannsveien
Berg skole
Nidelva
Marienborg Stasjon
E. Tambarsk-jelves
NTNU Gløhaugen
parken
BERG

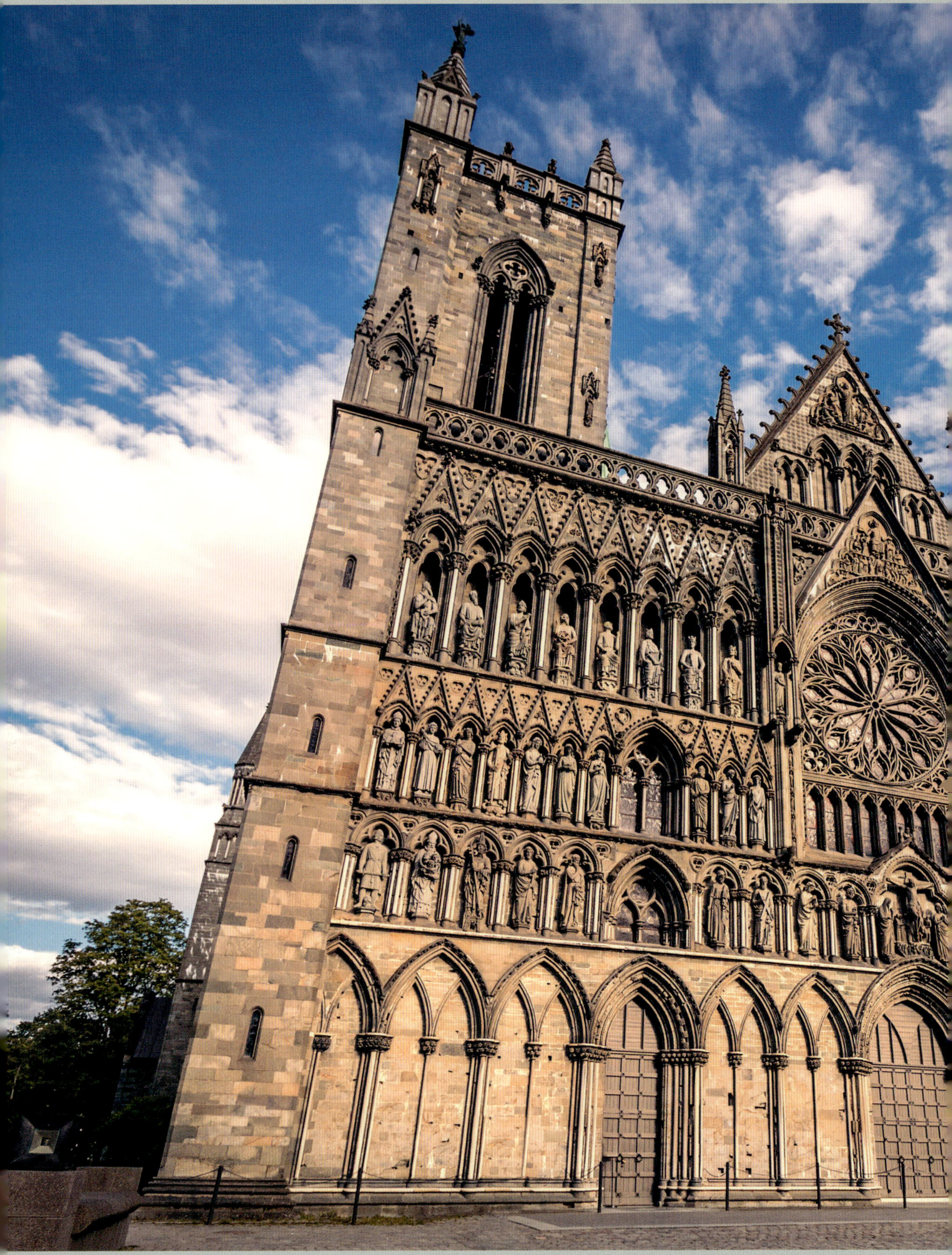

Krönungsstätte und Pilgerziel: ◉ Nidarosdom

Trondheims Dom ist die größte gotische Kathedrale Skandinaviens und traditionell die Krönungskirche der Könige von Norwegen. Errichtet wurde das Gotteshaus vom Jahr 1152 an über der Olavsquelle und dem Grab König Olavs des Heiligen, der Norwegen zum Christentum bekehrt hatte. 1186 folgte der gotische Langchor, im Jahr 1248 die Westfassade mit einer bunten Fensterrosette. Im Jahr 1320 war das reich ausgestattete Bauwerk vollendet. Durch Berichte von Wunderheilungen wurde es zu einem der bedeutendsten Wallfahrtsziele Nordeuropas. Nach Reformationsbeginn verfiel der gewaltige Bau. Erst während der norwegischen Nationalromantik begann 1869 die Rekonstruktion als »Nationalheiligtum«.

Sverresborg Trøndelag Folk Museum

Das Freilichtmuseum Sverresborg gilt als eines der besten im ganzen Land. An den Ruinen der mittelalterlichen Burg von König Sverres stehen mehr als 60 Gebäude aus Trondheim und der Provinz. Sie machen die Lebensweise längst vergangener Tage wieder lebendig – im Sommer sogar mit Schauspielern. Stadthäuser aus dem 18. und 19. Jahrhundert säumen einen Marktplatz samt Krämerladen, Postamt und Zahnarztpraxis. Die ländlichen Bauten hingegen reichen von der geduckten kleinen Almhütte mit Grasdach bis zum stattlichen Bauernhof mit Herrenhaus, zu dem auch Ställe, Backhaus und Sauna gehörten. Die kleine Stabkirche wurde 1170 ursprünglich in Haltdalen erbaut. Ein Skimuseum zeigt die Entwicklung vom Transportmittel bis hin zum Wettkampfsport, das Museumscafé serviert traditionelle Speisen.

❺ *** Gamle Bybroen und Speicherhäuser

Die alte Speicherstadt von Trondheim, »Bakklandet«, entstand im 17. Jahrhundert östlich der zentralen Halbinsel als Arbeiter- und Industrieviertel. Besonders die sorgsam renovierten, überaus malerischen, oft ineinander verschachtelten Wohn- und Lagerhäuser ziehen sowohl Blicke wie Besucher an. Doch fast hätten die hübschen Holzhäuser einer vierspurigen Straße weichen müssen: Statt des Abrisses des Quartiers hat sich hier jedoch glücklicherweise eine lebhafte Künstlerszene etabliert, gefolgt von kleinen Boutiquen und angesagten Bars. Erreichbar ist dieser Stadtteil seit 1685 über die aus Holz errichtete Gamle Bybroen, die Alte Stadtbrücke, die auf drei Steinpfeilern erbaut wurde. In ihrer Mitte stand ursprünglich ein Eisentor, ergänzt von Zoll- und Wachhäusern an jedem Ende – ein bewachter Zugang zur Stadt bis 1816. Mit den verzierten roten Holzaufbauten von 1861 gilt die Brücke auch als »Lykkens portal«, als Pforte zum Glück.

❻ ** Festungsanlage Kristiansten

Einen herrlichen Ausblick über die Stadt kann man von der 300 Jahre alten Festung Kristiansten im Osten von Trondheim genießen. Von den sternförmigen Wällen der Anlage überblickt man die gesamte, von einer schilfgesäumten Flussschleife der Nidelva und dem Kanalhafen umgebene Altstadt.

❼ ** Kunstindustrimuseet

Das Kunstgewerbemuseum zeigt unter anderem alte Möbel, Wandteppiche und Einrichtungsgegenstände, ferner skandinavisches Design, Porzellan, Glas, Keramik, Trachten und eine Jugendstilkollektion. Zu den meistbesuchten Abteilungen gehört die japanische Sammlung. Das Museum zeigt zudem wechselnde Ausstellungen.

❽ * Kunstmuseum

Das Museum zeigt bedeutende Werke norwegischer Maler, der Großteil der

Trondheims alte Stadtbrücke Gamle Bybroen überquert im Nordwesten der Stadt die Nidelva und führt zur Speicherstadt.

Gemälde stammt aus dem 19. und 20. Jahrhundert. Viel Raum wird insbesondere der Moderne eingeräumt. Weiterer Anziehungspunkt ist die Sammlung internationaler Grafik.

** Vår Frue kirke

Im 12. Jahrhundert erbaut, erlebte die Liebfrauenkirche seither mannigfache Veränderungen. Viele architektonische Elemente wurden bei Ausbauten ergänzt, der imposante Turm mit seinem quadratischen Grundriss war erst 1739 fertiggestellt. Aus der Nidaros Domkirken stammt das Altarbild. Das Innere der Kirche erlitt bei diversen Großbränden wiederholt Schäden, wurde jedoch vollständig restauriert.

** Vitenskapsmuseet

In Trondheims Wissenschaftsmuseum, das sich über mehrere Gebäude verteilt, fanden Sammlungen der Universität ihr Domizil. Zu den interessantesten der im Museum präsentierten gehören die naturgeschichtlichen, mit Abteilungen zu Mineralogie, Botanik und Zoologie. Ein weiteres Zeichen setzt die archäologische Sammlung. Das Museum birgt überdies eine sehenswerte Bibliothek mit wertvollen Handschriften und eine Dauerausstellung sakraler Kunst. Eine weitere Abteilung widmet sich der Geschichte der Stadt Trondheim und lässt die Besucher auf eine Zeitreise gehen, die mit den Wikingern beginnt.

*** Sjøfartsmuseet

Trondheims Seefahrtsmuseum, untergebracht in einem um das Jahr 1725 errichteten Gebäude, bietet allerhand: Schiffsmodelle, Galionsfiguren, nautische Gerätschaften und viele weitere maritime Objekte sind hier zu sehen.

** Munkholmen

Die mitten im Trondheimfjord gelegene Insel ist durch einen regelmäßigen Fährverkehr mit Trondheim verbunden. Die im 17. Jahrhundert errichtete und im 19. Jahrhundert umgebaute Festung steht unter Denkmalschutz. Im Zweiten Weltkrieg bauten deutsche Truppen hier Flakstellungen auf. Einige Relikte sind noch vorhanden.

Der geschichtsträchtige Ort Stiklestad lädt dazu ein, in die Vergangenheit des Landes einzutauchen.

** Stiklestad

Der rund 70 Kilometer nördlich von Trondheim gelegene Ort hat eine bedeutende Rolle in der norwegischen Geschichte gespielt. Bis heute wird die Schlacht von Stiklestad, in der 1030 ein Heer des Königs Olav Haraldsson eine Armee von Bauern unter der Führung lokaler Fürsten bezwang, als historischer Wendepunkt gefeiert, der das Ende der Wikingerzeit in Norwegen und den Beginn des Mittelalters markiert. Obwohl der König selbst in der Schlacht fiel, konnte durch den Sieg seines Heeres über die »Heiden« die Einheit des norwegischen Königreichs gefestigt werden und das Christentum seinen Siegeszug in Nordeuropa fortsetzen. Olavs Grab im Nidarosdom von Trondheim entwickelte sich zu einem viel besuchten Wallfahrtsort. In ganz Nordeuropa wurden ihm Gotteshäuser geweiht, dort wird der hl. Olav bis heute hoch verehrt. In Stiklestad wurde bereits um 1150 über der Stelle, an der Olav den Tod fand, eine Kirche errichtet, die heute zum Nationalen Kulturzentrum Stiklestad gehört. Hier können Besucher mittels Videomaterial den Verlauf der Schlacht nachvollziehen und sich mit dem Leben des hl. Olav vertraut machen. Auf dem Gelände des Zentrums befinden sich außerdem ein Freilichtmuseum und ein Kulturhaus mit Hotel und Restaurant sowie ein Freilichttheater, in dem jedes Jahr in der Woche um den 29. Juli, dem Sterbetag Olavs, von mehreren Hundert Laienschauspielern die Schlacht von Stiklestad nachgespielt wird. Das Festival, das 1954 erstmals stattfand, zieht jedes Jahr viele Tausend Menschen aus dem ganzen Land an.

** Steinkjer

Die kleine Stadt am nördlichen Ende des Trondheimfjords ist ein wichtiger Verkehrsknotenpunkt, an dem die Verbindungsstraße Richtung Namsos von der Europastraße 6 abzweigt und

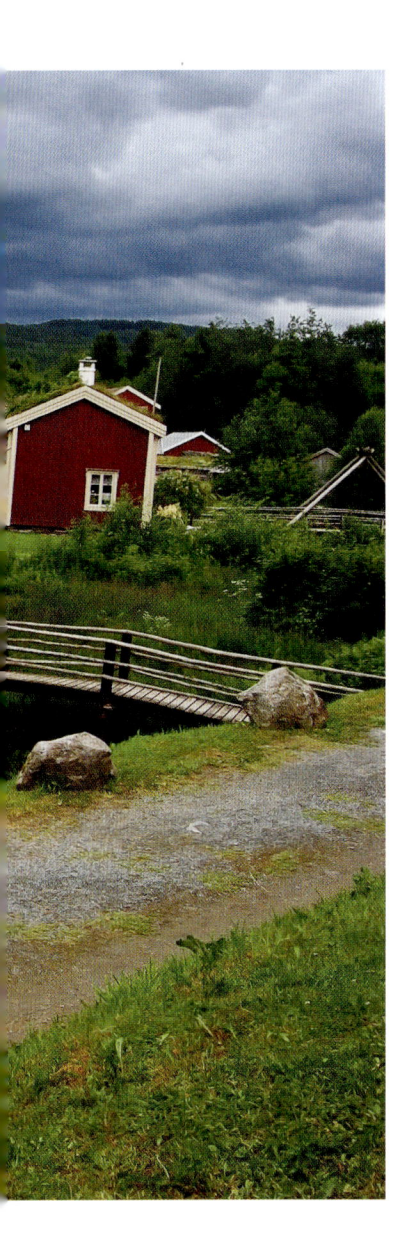

Schlacht von Stiklestad: das Drama des hl. Olav

Hier wird Geschichte lebendig – und in ihren Ausmaßen verständlich. Jedes Jahr im Juli wird daher die historisch bedeutende Schlacht des Jahres 1030 nachgestellt, die die Christianisierung Norwegens besiegelte. Ein christliches Heer unter König Olav Haraldsson kämpfte gegen eine Armee, die von heidnischen Stammesfürsten angeführt wurde. Der später heiliggesprochene Olav fiel in der Schlacht von Stiklestad, trotzdem siegten die christlichen Truppen. Mehrere Hundert Laiendarsteller und Komparsen, natürlich in authentischer Kleidung und mit originalgetreuer Bewaffnung, stellen dieses wichtige Ereignis in der norwegischen Geschichte jeweils am Jahrestag, dem 29. Juli, mit größter Hingabe – und in einer eindrucksvollen Lautstärke – nach.

zum direkt an der Küste verlaufenden Riksvei 17 führt. Steinkjer wurde 1940 bei einem deutschen Bombenangriff fast vollständig zerstört und musste wieder neu aufgebaut werden. Das Ortsbild ist deshalb von modernen, freundlichen Zweckbauten geprägt. Im Freilichtmuseum Egge nordöstlich der Stadt kann ein für die Region typischer Gutshof aus dem 19. Jahrhundert besichtigt werden. An dem nördlich von Egge beginnenden See Snåsavatn finden sich mehrere Tausend Jahre alte Felszeichnungen, darunter das Bølareinen, von vielen als schönste prähistorische Rentierzeichnung Skandinaviens gerühmt.

Der Beitstadfjord bei Steinkjer ist der innerste Arm des Trondheimfjords.

Namsos präsentiert sich wie ein Bilderbuchort Norwegens mit bunten Holzhäusern direkt am Fjord.

** Nationalpark Blåfjella-Skjækerfjella

Eine nahezu unberührte Berglandschaft mit Seen, Sümpfen, Urwäldern, mehr als 30 Säugetierarten und vielen seltenen Vogelarten erwartet die Besucher in diesem Nationalpark, etwa 150 Kilometer nordöstlich von Trondheim. Mit einer Fläche von 1924 Quadratkilometern ist er der drittgrößte Norwegens, da er seit seiner Gründung 2004 das Gebiet des heute aufgelösten Gressåmoen-Nationalparks umfasst. Im Südteil des Parks begünstigen fruchtbare Böden ein artenreiches Pflanzenwachstum, während der bis zu 1333 Meter hoch gelegene Nordteil nährstoffarm ist. Dort sind die Wälder lichter und gehen bald in Zwergstrauch-, Gras- und Flechtenbestände über. Neben Bär, Luchs und Vielfraß gibt es Elche und Hirsche. Parkbesucher treffen sie jedoch selten an. Rentiere sind hier nicht heimisch, obwohl in der Region traditionell zahlreiche Samen leben, die auf Almen und Bergbauernhöfen Vieh züchten.

** Grong

Der kleine Ort am Eingang des inneren Namdal ist die Lachshauptstadt Norwegens. Der Fluss Namsen, der das Tal durchfließt und bei Namsos ins Meer mündet, zieht ebenso wie die anderen fischreichen Gewässer in der Region zahlreiche Angler an. Er

Lachswanderung

Die Lachse, die die norwegischen Flüsse hinaufwandern und dabei oft schwierige Hindernisse überwinden müssen, haben bereits eine lange Reise hinter sich. Die Tiere zieht es zum Laichen aus dem Atlantischen Ozean in die Kiesgründe der Flussoberläufe. Nach dem Laichen kehren Männchen und Weibchen ins Meer zurück. Die Jungfische halten sich nach dem Schlüpfen noch etwa ein Jahr in der Sicherheit der Binnengewässer auf und machen sich erst dann auf den Weg in den Atlantischen Ozean. Hier werden sie bis zu 1,50 Meter lang. Nach einigen Jahren Aufenthalt im Meer kehren sie wieder zum Laichen in die Flüsse zurück. Aus Mitteleuropa war Atlantischer Lachs aufgrund von Überfischung lange verschwunden, doch die Bestände haben sich in der Zwischenzeit wieder erholt.

ist bekannt für seine großen Lachsbestände, aber auch als historischer Transportweg für Holz. Am Wasserfall Fiskumfossen rund 30 Kilometer nördlich von Grong kann man an einer der längsten Lachstreppen Europas den Anglern bei ihrer Jagd nach dem »König der Flüsse« zusehen. Die Hauptattraktion des Freizeitsparks in Namsskogan 63 Kilometer nördlich von Grong ist ein kleiner Zoo, in dem Elche, Wölfe und Bären leben.

** Namsos

Die rund 15 000 Einwohner zählende Stadt liegt im Innern des Namsenfjords an der Küstenstraße Fv17, die die Küste entlangführt und grandiose Aussichten auf das Meer bietet. Autofahrer, die auf dieser Panoramastraße in den hohen Norden Norwegens unterwegs sind, machen hier gern Station. Namsos, das während des Zweiten Weltkriegs schwer zerstört wurde und wiederaufgebaut werden musste, kann zwar nicht mit architektonischen Highlights punkten, bietet sich aber als Ausgangspunkt für Wanderungen in der waldreichen Umgebung oder für Bootstouren zu den der Küste vorgelagerten Schäreninseln an. Die Stadt ist nicht nur Standort des weltweit einzigen Sägewerkmuseums, sondern beherbergt auch ein Freilichtmuseum, bestehend aus 24 Gebäuden und mit einer Zusatzausstellung zum Krankenhauswesen.

Leka: eine Insel ganz in Rot

Tausende von Inseln prägen die Küste von Nord-Trøndelag, allein in der Gemeinde Vikna, deren Hauptort Rørvik ist, sind es 6000. Die auffälligste ist die »rote Insel« Leka an der Grenze zum Nordland; wegen ihres rostroten Serpentingesteins ist sie ein einzigartiges Naturwunder vor Norwegens Küste. Die Solsemhöhle auf Leka mit steinzeitlichen Malereien reicht 40 Meter in den Fels hinein und ist bis zu acht Meter hoch. In ihrem Inneren befindet sich eine altarartige Terrasse, zu deren Seiten Steinzeitmenschen mit roter Farbe kultische Malereien aufgetragen haben, darunter auch Männer und Frauen, die neben einem Sonnenkreuz stehen und einander an den Händen halten.

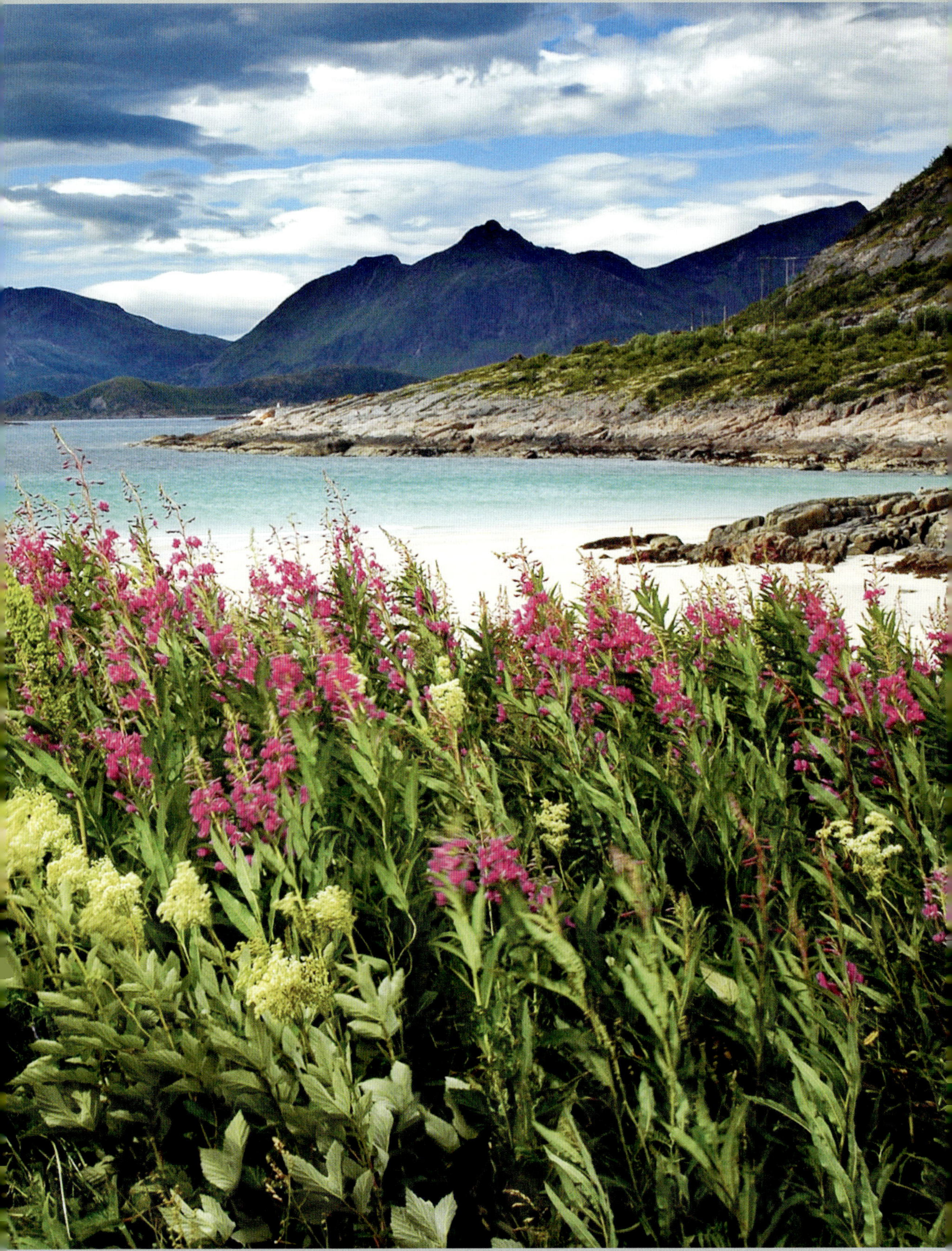

Blick auf Flakstadøya: Die Insel gehört zu den Lofoten, einem beliebten Ziel einer Reise durch Nordnorwegen.

Nord-Norge: Norwegens hoher Norden

Das nördliche Ende Norwegens erstreckt sich als Nord-Norge, Nordnorwegen, wie ein schmaler Streifen die Nordwestküste Skandinaviens entlang, passiert die Grenzen von Schweden und Finnland, bevor es auf Russland stößt. Bis zum Nordkap, dem Sehnsuchtsziel vieler Reisender, zieht es zahlreiche Besucher an, doch ebenso sehenswert sind das Vogelparadies Finnmark, das Reich der Samen oder die charmanten Lofoten.

** Brønnøysund

Brønnøysund ist die südlichste Stadt an der Helgelandküste. Die knapp 5000 Einwohner zählende Stadt liegt in der Mitte des lang gestreckten Königreichs, auf halber Strecke zwischen Lindesnes an der Südküste und dem Nordkap, und wird daher als »Küstenstadt mitten in Norwegen« apostrophiert. Zahllose Inseln und Schären – mehr als 13 000 wurden gezählt – schützen den Hafen vor der offenen See. Brønnøysunds Wahrzeichen ist der Berg Torghatten, wegen des etwa 35 Meter hohen, 15 Meter breiten und rund 160 Meter tiefen Lochs in seiner Mitte eine geologische Besonderheit und Touristenattraktion auf der Insel Torget, die mit der Stadt durch die bereits 1979 fertiggestellte, 550 Meter lange Brønnøysund-Brücke verbunden ist. Neben dem Meer und den Inseln prägen Sandstrände, aussichtsreiche Gipfel und zahlreiche Naturschutzgebiete die abwechslungsreiche Umgebung. Brønnøysund ist wegen seines milden Golfstromklimas ein beliebtes und viel besuchtes Urlaubsgebiet in den Sommermonaten, im Winter lockt ein weitläufiges Netz an gespurten Langlaufloipen. Während die Hurtigruten Brønnøysund auf der Seeseite mit den Orten an der Helgelandküste verbindet, ist die Traumstraße dieses Gebiets die Küstenstraße Fv17, die rund 440 Kilometer weiter nördlich in Bodø endet.

** Vega-Archipel

Die Vega-Inseln – einige Dutzend Inselchen zählen dazu – vor der Helgelandküste stehen als Weltkulturerbe unter dem Schutz der UNESCO: Die raue Landschaft um die Hauptinsel Vega trage die Spuren einer über 1500-jährigen Fischerei- und Landwirtschaftsgeschichte, heißt es in der Begründung der Weltkulturorganisation. Seit über

Weniger bekannt als die Lofoten, aber dafür nicht weniger schön ist das Vega-Archipel in der Region Sør-Helgeland.

1500 Jahren leben die Bewohner der Inseln vorwiegend vom Fischfang sowie vom Handel mit Eiderdaunen. Charakteristisch für das Archipel sind kleine Fischerdörfer, Kais, Lagerhäuser, Ackerflächen, Leuchtfeuer und Leuchttürme sowie Eiderhäuschen: Das sind Bruthäuschen für Eiderenten, die ihre Nester mit den extrem feinen Eiderdaunen polstern und deren Daunen hier auf traditionelle Art und Weise gewonnen werden. Die Siedlungen zeugen von der Entwicklung eines besonderen Lebensstils unter den schwierigen Bedingungen am Rand des Polarkreises. Die Vega-Inseln bestehen aus 6500 kleinen Inseln und Schären, die sich auf 1037 Quadratkilometern im Nordmeer südlich des Polarkreises verteilen. Bizarre Felsformationen ragen aus der meist mit grünen Moos- und Grasmatten bedeckten Inselgruppe. Die Schiffe der Hurtigruten fahren zwischen den Häfen von Brønnøysund und Sandnessjøen am Vega-Archipel vorbei.

Die kostbaren Daunen der Eiderenten

Die Vega-Inseln entwickelten sich ab dem frühen Mittelalter zum Zentrum des Eiderdaunenexports in Norwegen. Von April bis Juni brüten auf der Inselgruppe die 56 bis 62 Zentimer großen Eiderenten, Meerenten, die an den Küsten der nördlichen Meere bis zur Arktis verbreitet sind. Die Weibchen brüten in Kolonien und schützen die Nester mit feinen, sehr weichen Daunen, die sie sich aus der Brust zupfen. Besteht das Nest aus Gras, werden die Daunen für den Menschen unbrauchbar, deshalb legten die Frauen auf Vega Nester aus Tang für die kostbarsten Enten der Welt aus und errichteten für die Nester als Regenschutz zusätzlich bunte Holzhäuschen. Waren die Jungen geschlüpft, holten die Frauen die Daunen aus dem Nest. Für eine Bettdecke werden die Daunen aus etwa 70 Nestern benötigt: 1000 Gramm.

Einfach gigantisch: Der Engabreen, der westliche Gletscherarm des Svartisen, lässt sich auf einer Wanderung erkunden.

** Mosjøen

Obwohl der im Inneren eines Fjords gelegene Ort als Standort eines großen Aluminiumwerks ein wichtiges Industriezentrum in Nordnorwegen ist, hat er sich gleichzeitig zu einem beliebten Reiseziel entwickelt. Das historische Viertel, das in den 1970er-Jahren nach Bürgerprotesten vor dem Abriss bewahrt und sorgfältig saniert wurde, zählt zu den größten erhaltenen Holzhaus-Ensembles des Landes und zieht Scharen von Touristen an. Allein in der langen Sjøgata finden sich rund 100 historische Wohngebäude, Speicherhäuser und Werkstätten, von denen einige heute gemütliche Lokale oder interessante Galerien beherbergen. In dem Lagerhaus Jakobsensbrygga wurde ein kleines, sehenswertes Museum eingerichtet, das über die Geschichte Mosjøens informiert. Auf dem Gelände des direkt an der E6 gelegenen Freilichtmuseums wurden zwölf ländliche Gebäude im Stil des 18. und 19. Jahrhunderts aufgebaut. In den Sommermonaten finden hier täglich Living-History-Vorführungen statt. 30 Kilometer vor Mosjøen kann man am Wasserfall Laksforsen im Herbst springende Lachse beobachten – ein unvergessliches Erlebnis.

*** Mo i Rana

Die Ortschaft, oft einfach nur Mo genannt, am Ende des Ranfjords ist das größte Industriezentrum Nordnorwegens und ein wichtiger Verkehrsknotenpunkt, an dem die Europastraße 12, die von Helsinki über Schweden nach Norwegen führt, auf die Europastraße 6 trifft. Die Eisen verarbeitende Industrie ist zwar immer noch eine Haupteinnahmequelle der Bevölkerung, die Stadt setzt aber zunehmend auf die Entwicklung einer touristischen Infrastruktur. Mo profitiert von der Nähe zum Polarkreis sowie einigen Naturwundern in der Umgebung. Nördlich der Stadt beginnt der Saltfjellet-Svartisen-Nationalpark, eine einzigartige Hochebene, die von sehr vielen Wanderwegen durchzogen wird. Der Svartisen-Gletscher im Westen des Gebiets ist der zweitgrößte in ganz Norwegen. Das Informationszentrum des Parks befindet sich nördlich von Mo direkt an der E6 in Storjord. Nur 30 Kilometer von Mo entfernt liegt Grønligrotta, eine etwa 4200 Meter lange Kalksteinhöhle, die gut ausgeleuchtet und vergleichsweise leicht zu erkunden ist. Auf den organisierten Touren durch die ungleich schwieriger zugängliche Setergrotta ganz in der Nähe wird den Teilnehmern die passende Ausrüstung – ein Helm, Stirnlampe, Overall und Gummistiefel – zur Verfügung gestellt.

*** Nationalpark Saltfjellet-Svartisen

Saltfjellet-Svartisen am Polarkreis ist der abwechslungsreichste Nationalpark Norwegens. Vom Nordfjord an der vom Golfstrom erwärmten Küste schwingt sich das 2102 Quadratkilometer große Gelände hinauf zum Plateaugletscher Svartisen: »Schwarzeis« ist mit 350 Quadratkilometern der zweitgrößte Gletscher Norwegens nach dem Jostedalsbreen im Vestlandet. Östlich der Eismassen setzt sich der Nationalpark fort in den fruchtbaren Flusstälern und eisigen Hochgebirgslandschaften des Saltfjellet, des »Salzberges«. Auf dem kalkreichen Gestein gedeiht im kurzen, intensiven Sommer eine einzigartige Flora. Der Nationalpark bildet die südliche Verbreitungsgrenze für seltene arktische Pflanzenarten am Polarkreis. Das Volk der Samen nutzt dieses Gebiet seit Menschengedenken zur Rentierdrift. Heute bietet Saltfjellet-Svartisen markierte Wanderwege und Hütten mit Übernachtungsmöglichkeiten.

*** Svartisen

Der Abstecher zum Svartisen, Norwegens zweitgrößtem Gletscher, zählt zu den Topausflügen beim Besuch des Nationalparks Saltfjellet-Svartisen. Von der Fjordlandschaft im Westen reicht der Svartisen von nahezu Meereshöhe hinauf bis zur mit 1594 Metern höchsten Stelle und setzt sich östlich in den fruchtbaren Flusstälern und Gebirgslandschaften des Saltfjellet fort. Das durch einen Wanderweg erschlossene Tal Vesterdalen trennt den Svartisen in die schildförmigen Einzelgletscher Vestisen und Austisen. Von Mo i Rana ist der Gletscher leicht zu erreichen. Durch das Røvassdalen führt eine Straße zum Gletschersee Svartisvatnet hinauf. Im Sommer kann man mit dem Schiff über den See fahren. Von der Anlegestelle aus verläuft ein gut markierter Wanderweg zur Gletscherzunge.

*** Engabreen

Engabreen ist einer der 60 Ausläufer des Svartisen und diejenige Gletscherzunge, die auf Europas Festland am weitesten ans Meer hinabreicht: Sie endet nur rund 120 Meter über dem Meeresspiegel. Bis in die 1970er-Jahre kalbte der Gletscher hier noch direkt in das Wasser des Holandsfjords – sodass die großen Kreuzfahrtdampfer gern einen Abstecher machten. Seither hat sich die Zunge etwas zurückgezogen, und das Schmelzwasser rinnt den Berg hinunter. Engabreen ist schon vom Atlantik aus zu erkennen, doch den besten Blick bietet der benachbarte 1454 Meter hohe Helgelandsbukken.

Im Land der Mitternachtssonne

Der Polarkreis ist die unsichtbare Grenze zum Land der Mitternachtssonne. Auf 66° 33' nördlicher Breite bildet er die Linie, an der die Sonne am Tag der sommerlichen Sonnenwende nicht untergeht und in der Nacht der Wintersonnenwende nicht wirklich aufgeht: Am 21. Juni ist sie mitternachts gerade noch sichtbar, am 20./21. Dezember berührt sie am Polarkreis mittags – nur mittags – den Horizont. Wegen des vergleichsweise milden Klimas ist die Arktis im Unterschied zur Antarktis teilweise bewohnt, dies gilt insbesondere für das unter dem Einfluss des Golfstroms stehende Nordnorwegen: Der Polarkreis trennt die polare von der gemäßigten Zone, wobei Klima- und Vegetationsgrenzen natürlich nicht exakt an die geografische Linie gebunden sind. In Norwegen liegt der Polarkreis im nördlichen Helgeland auf dem Gebiet der Inselgemeinden Træna, Lurøy und Rødøy sowie der »Polarkreisstadt« Mo i Rana am Gletscher Svartisen. An der Europastraße 6 wurde ein Infozentrum mit Café und Souvenirshops errichtet, das über die Region Auskunft gibt. In der Poststelle des Polarsirkelsenter können sich Touristen ihren Besuch durch einen Polarkreis-Sonderstempel bestätigen lassen. Auf dem Außengelände erinnern Gedenksteine an das Schicksal der von den deutschen Besatzern beim Bau der Straße eingesetzten Zwangsarbeiter.

Norwegen | Nord-Norge

Litlverivassfossen, der größte Wasserfall des Rago-Nationalparks, stürzt aus einer Höhe von 250 Metern in die Tiefe.

** Fauske

Der am nördlichen Ende des Skerstadfjords gelegene Ort ist eine wichtige Drehscheibe im nordnorwegischen Eisenbahn- und Straßenverkehr. Da die Nordlandbahn im 50 Kilometer entfernten Bodø endet, müssen Zugreisende, die nach Narvik, Tromsø oder Hammerfest unterwegs sind, hier in Busse umsteigen. Auch Container werden in Fauske von der Schiene auf Lkws umgeladen und dann weiter auf der Europastraße 6 in den Norden transportiert. Fauske bietet zwar gute Einkaufsmöglichkeiten, verfügt aber über keinerlei Sehenswürdigkeiten. Wer sich für die Geschichte und Kultur des Landstrichs interessiert, sollte daher der 40 Kilometer vor Fauske an der E6 gelegenen Gemeinde Rognan einen Besuch abstatten. Hier wartet das rund um das Haus einer Reederfamilie aufgebaute Freilichtmuseum Saltdal mit mehr als 20 verschiedenen Gebäuden aus der Zeit vom 17. bis zum 20. Jahrhundert auf. Bei einem Spaziergang auf dem Museumspfad laden Bauernhäuser, eine Schmiede und eine Bäckerei zu einer Besichtigung ein. Das dem Freilichtmuseum angeschlossene Blodveimuseet ist in einer Lagerbaracke der deutschen Besatzer untergebracht. Es informiert über das Leben der Kriegsgefangenen und Zwangsarbeiter, die hier 1942 bis 1945 eingepfercht waren und beim Straßenbau eingesetzt wurden.

*** Nationalpark Rago

Der 1971 gegründete Park liegt im Osten des Landes. Zusammen mit den angrenzenden schwedischen Nationalparks Padjelanta, Sarek und Stora Sjöfall bildet er das größte zusammenhängende Naturschutzgebiet Europas.

Wildnis pur: Nationalpark Junkerdal

Vor einer malerischen Bergkulisse liegt der 41 Quadratkilometer große See Balvatnet im Junkerdal, das tatsächlich nach einem durchreisenden Junker benannt sein soll. Hier hat sich eines der größten unberührten Gebiete Norwegens erhalten: eine Wildnis, von den Eiszeiten geschaffen, die sich im angrenzenden Schweden fortsetzt. Da der 682 Quadratkilometer umfassende Park im Regenschatten des Svartisen-Gletschers liegt, sind die Sommer hier wärmer und trockener als in den angrenzenden Regionen. Die artenreiche Vegetation der ursprünglichen Kiefern- und Birkenwälder rund um den Berg Solvågtind sowie die Hochflächen und Rentierweiden begünstigen das Vorkommen seltener Tiere und Pflanzen. Seit Jahrhunderten hat das Volk der Samen die Region bejagt und besiedelt.

So sind auf einer Gesamtfläche von 5400 Quadratkilometern eiszeitlich geprägte Landschaftsformen mit den unterschiedlichsten Biotopen ausgebildet. Große Nadelwälder, Seen sowie Gebirgszüge mit tiefen Schluchten, Gletschern und wild fließende Bachläufe bieten Populationen seltener Tier- und Pflanzenarten einen Lebensraum. Höchster Berg des Parks ist mit 1312 Metern der Ragotjahkka, während der Litlverivassfossen mit einer Höhe von 250 Metern wohl der beeindruckendste der zahllosen Wasserfälle ist. Mit riesigen frei liegenden Felsen bilden sie eine urtümliche, karge und fast mystische Welt.

** Bodø

Die Hafenstadt Bodø ist die Hauptstadt der nordnorwegischen Provinz Nordland und das Tor zur Region Salten. Die »Stadt der Seeadler« mit der weltweit höchsten Dichte an Seeadlern in der abwechslungsreichen Küstenumgebung liegt auf einer Halbinsel zwischen Vest- und Saltfjord mit Aussicht über den 200 Kilometer breiten Vestfjord bis hin zur Inselgruppe der Lofoten. Besonders eindrucksvoll ist der Blick zur Lofotenwand zur Zeit der Mitternachtssonne, die in Bodø vom 4. Juni bis zum 8. Juli scheint. Der Bergrücken Rønvikfjellet (164 Meter) nahe dem Stadtzentrum ist Bodøs Haus- und Panoramaberg mit prachtvollem Blick auf die vorgelagerte Insel Landegode, auf die Lofotenwand und die Vogelinsel Røst sowie südwärts zum Gletscher Svartisen. Zur Zeit der Mitternachtssonne fahren gegen Mitternacht Sightseeingbusse vom Hafen auf den Berg Rønvikfjellet. Bodø eignet sich auch hevorragend für die Beobachtung von Nordlichtern.

Die Berge um Reine, einem Dorf auf der Lofoteninsel Moskenesøya, sind im Sommer beliebte Wander- und Klettergebiete.

Blick auf den kleinen Hafen von Hamnøy an der Ostküste der Lofoteninsel Moskenesøya.

** Narvik

Bei Narvik am ganzjährig eisfreien Ofotfjord erreicht das norwegische Festland seine schmalste Stelle: Nur 6,3 Kilometer Luftlinie sind es zum schwedischen Wintersportort Riksgränsen. Die 508 Höhenmeter auf kurzer Distanz zählen zu den eindrucksvollsten Gebirgsstrecken des Nordens. Hier schraubt sich die Europastraße 10 zum Pass hinauf und setzt sich unter dem Namen Nordkalottvägen in Richtung der schwedischen Erzbergbau-Kapitale Kiruna fort. Hier verläuft in spektakulären Serpentinen auch die Lapplandbahn, die »Erzbahn«, deren 1902 eröffneter Teil in Norwegen »Ofotbanen« heißt. Die dritte Top-Route des Gebiets ist der Rallarveien, der als Mountainbike- und Wanderroute eingerichtete alte »Bahnarbeiterweg«: Er verlangt auf norwegischer Seite Schwindelfreiheit und etwas Mut, während die schwedische Fortsetzung zum Nationalpark Abisko das Prädikat »kinderleicht« verdient.

*** Moskenesøya

Die Insel im rauen, südwestlichen Teil der Lofoten präsentiert sich als wild zerklüftete Gebirgslandschaft. In den Dörfern an der dem ruhigen Vestfjord zugewandten Ostküste der Insel bilden der Dorschfang und das Trocknen von Fisch bis heute die wichtigste Einnahmequelle neben dem Tourismus. Im kleinen Dorf mit dem prägnanten Namen Å, dessen oft mehr als 150 Jahre alten Fischerhütten unter Denkmalschutz stehen, wurde ein interessantes Freilichtmuseum eingerichtet. Eine Trankocherei und ein Stockfischmuseum sind hier zu sehen. Auch Reine und Hamnøy, zwei traditionsreiche kleine Fischerorte am Eingang des tief ins Land schneidenden Kirkefjords, sind beliebte Besucherziele. Die Holzhäuser von Hamnøy stehen auf einer kleinen Insel, Reine ist ganz auf Pfählen im Wasser erbaut.

*** Hamnøy

Das Fischerdorf Hamnøy zählt dank seiner Panoramalage mit Dreifjordeblick und Sicht auf die über 700 Meter hohen Gipfeln zu den im Sommer meistbesuchten Orten der Lofoteninsel Moskenesøya. Die Holzhäuser stehen auf einer kleinen Insel an der Ausmündung des Kirkefjords in den Vestfjord; durch Dämme und Brücken wurde die von dem steilen Felsberg Festhæltinden überragte Insel in die Europastraße 10 integriert, Hochbrücken haben die Fähren nach Reine ersetzt. Die Europastraße, die seit 2007 »Nationale Ferienstraße Lofoten« heißt, wurde zwischen Mølnarodden und Hamnøy in den Fels gesprengt und führt bei Hamnøy durch ein Brutgebiet von Dreizehenmöwen; diese lassen sich von den Autos aber wenig stören. Der Vogelfelsen von Hamnøy ist ein beliebter Fotostopp.

*** Reine

Das rund 300 Einwohner zählende Fischerdorf Reine mit seinen auf Pfählen ins Wasser gebauten hübschen bunten Holzhäusern ist der Hauptort der Inselgemeinde Moskenes auf der Insel Moskenesøya, der südlichsten durch die Lofast-Straßenverbindung erschlossenen Lofoteninseln: Beim Fischerdorfmuseum in Å, Norwegens Ort mit dem kürzesten Namen, endet die Europastraße 10 (Lofast steht für Lofoten-Festlandverbindung). An der Lofast-Trasse wurden viele Fotostopp-Parkplätze eingerichtet, um die Schönheit der Natur im Bild festhalten zu können. Auch die alten Teilstücke der E10 gehören zur »Nationalen Ferienstraße Lofoten«. Der Moskenstraumen im Süden der Insel ist unter dem Namen Mal- bzw. Mahlstrom in der Weltliteratur verewigt worden, so in Edgar Allan Poes Seefahrer-Thriller »Der Sturz in den Mahlstrom« und in Jules Vernes Zukunftsvision »20 000 Meilen unter dem Meer«.

König der Lüfte: der Seeadler

Der Seeadler aus der Familie der Habichtartigen ist mit einer Länge von 90 Zentimetern und einer Flügelspannweite von 2,50 Metern der größte Greifvogel Nordeuropas. Obwohl er im gesamten nördlichen Europa an der Küste und in gewässerreichen Waldgebieten lebt, ist seine Beobachtung schwierig, da er auf eine Fluchtdistanz von bis zu 500 Metern achtet. Die Seeadler in Nordeuropa sind Standvögel, die ihr Revier ganzjährig durchstreifen. Darin unterscheiden sie sich von den Seeadlern in Nordrussland und Sibirien, die zum Winter hin in den Süden ziehen. Das Jagdrevier eines Brutpaares beträgt bis zu 50 Quadratkilometer. Seeadler ernähren sich von Fischen und Wasservögeln wie Hechten und Enten. Die vielfältigen Jagdmethoden reichen von der Ansitzjagd bis zum Suchflug mit Rütteln und Sturzflügen aus großer Höhe. Seeadler werden im Alter von fünf Jahren geschlechtsreif, die Paare bleiben ein Leben lang zusammen und bevorzugen fixe Wohnorte. Ihre Horste zählen mit einer Breite von rund zwei Metern und einer Höhe von bis zu vier Metern zu den größten Nestern im Tierreich. Sie errichten sie gern in den Wipfeln hoher Bäume, an den Felsküsten Norwegens horsten sie auch in Felswänden sowie auf dem Boden baumloser Felsinseln. Die Brutzeit reicht von Februar bis August.

Stock- und Klippfisch

Bereits die Wikinger salzten ihren Fang nach dem Köpfen und Ausnehmen – dorschartige Fische wie Kabeljau ebenso wie Seelachs und Schellfisch. Dann trockneten sie ihn mittels Sonne und Wind auf den felsigen Küstenklippen – daher der Name Klippfisch, norwegisch »klippfisk«. Stockfisch ist die ungesalzene Variante: Immer zwei Fische werden, an den Schwanzflossen zusammengebunden, über ein Holzgestell gehängt. Der besonders lagerfähige Klippfisch diente als Proviant auf Seereisen und wurde bis zum Mittelmeer exportiert – wo oft das Salz gewonnen wurde, um den Fisch im Norden zu pökeln. Heute ist norwegischer Klippfisch in Portugal unter dem Namen »bacalhau« ein Nationalgericht, in Italien bereitet man ihn seit Jahrhunderten als »stoccafisso« zu. Auch in Spanien kennt man Festtagsrezepte mit »bacalao«, in Kroatien mit »bakalar« und in Griechenland mit »stokfisi«. Hergestellt wird Stock- und Klippfisch heute von Kanadas Küsten über Island bis nach Russland, doch Norwegen ist weltweit der größte Exporteur dieser Kabeljauspezialität. Das bekannteste Trockenfischgericht des Landes heißt »Lutefisk«, »Laugenfisch«, der beim Wässern die Konsistenz von Gelatine annimmt. Trotz seines recht stechenden Geruchs ist er in der Adventszeit beliebt.

Der größte Schatz der Lofoten ist die Natur, die hier geradezu mystisch wirkt.

Von September bis März lassen sich auf den Lofoten Polarlichter bestaunen.

*** Flakstadøya

Die höchste Erhebung der 110 Quadratkilometer großen Lofoteninsel Flakstadøya, die sich im Nordosten an die Insel Moskenesøya anschließt, ist der »Sternengipfel«, Stjerntinden, ein steiler, glatt geschliffener Felsen, dessen Besteigung gute Bergsteig- und Klettererfahrung in exponiertem Gelände voraussetzt. In 931 Meter Höhe bietet der Berg einen fantastischen Rundblick auf den Vestfjord und die Nordlandküste, die Nachbarinseln sowie die Sandstrände im Westen. Von der nordöstlich gelegenen Lofoteninsel Vestvågøy aus ist Flakstadøya auf der Europastraße 10 durch den 1782 Meter langen Unterwassertunnel »Nappstraumentunnel« erreichbar. Zwei Brücken führen von dort weiter zur Insel Moskenesøya, der südlichsten Großinsel der Lofoten. Flakstadøyas Hauptort Ramberg im Westen der Insel hat einen der berühmtesten Sandstrände der Lofoten. Der kleine Ort Flakstad, etwa vier Kilometer östlich von Ramberg, überrascht mit einer sehenswerten alten Holzkirche, dessen Zwiebelturm an russisch-orthodoxe Gotteshäuser erinnert. Der Hügel Hamnhaugen gewährt eine überragende Aussicht auf das malerische Fischerdorf Nusfjord.

*** Vestvågøy

Vestvågøy ist mit 411 Quadratkilometern die zweitgrößte Lofoteninsel. Der eisenzeitliche Häuptlingssitz Lofotr in Borg ist der Namengeber des gesamten Archipels: Aus »Lofotr« wurde das Einzahlwort »Lofoten« (Luchsfuß); im Deutschen spricht man von den Lofoten in der Mehrzahl, da die Endung »-en« einen Plural suggeriert. Mit 83 Metern ist das 1000 Jahre alte Wikingerhaus von Lofotr eines der größten erhaltenen Langhäuser: Mit Bankettsaal, Wohnbereich, Schmiede, Bootshaus usw. wurde es rekonstruiert und beherbergt das Lofotr-Wikingermuseum. Zu den bekanntesten Stränden von Vestvågøy zählt der Strand im mittelalterlich anmutenden Fischerdorf Utakleiv, der durch einen Tunnel erreichbar ist. Im Sommer lässt es sich hier wunderbar baden, tauchen oder surfen. Im Winter zeigt sich die abwechslungsreiche Landschaft Vestvågøys idyllisch verschneit.

Orcas – den Heringen hinterher

Im Spätherbst gehen Hunderte von Orcas im Vestfjord zwischen der Nordlandküste und der Lofotenwand auf Heringsjagd. 600 bis 1000 dieser wendigen Riesendelfine folgen im Oktober den Heringsschwärmen, die von Island in ihre Laichgebiete ziehen. Im Schutz der Nacht treiben die Heringe, dem aufsteigenden Plankton folgend, an die Wasseroberfläche. Wenn der Morgen graut, sinken sie in die sichere Tiefe. Der Schwarm, der zu spät abtaucht, wird Opfer der Orcas: Zu mehreren kreisen die »Killerwale« die Heringe ein, peitschen mit ihren Fluken die Wasseroberfläche und verschlingen die silbrigen Leiber, bis der Hunger gestillt ist. Tausende der bei den Heringsfischern unbeliebten Orcas wurden bis 1980 in Norwegen getötet, das Fleisch wurde verkauft. Heute sind die Orcas Sympathieträger der Tourismusbranche, Whale Watching auf Beobachtungsbooten hat sich als lukrativer erwiesen als der Verkauf des Fleisches. Der Spielfilm »Free Willy« (1993) hat dem Tier den Ruf eines liebenswerten, freiheitsliebenden Menschenfreunds eingetragen. Auch an Land sind die Orcas auf den Lofoten allgegenwärtig: Sie prangen auf Bechern und T-Shirts, grüßen von Postkarten und Schlüsselanhängern oder kuscheln sich als Plüschtiere an Kinderwangen.

Ländliche Ruhe und Erholung in der Natur verspricht ein Aufenthalt auf den Vesterålen, wie hier auf Hadseløya.

Die Felsformation Svolværgeita auf der Insel Austvågøy wird von einer Vielzahl von Sportbegeisterten jährlich erklettert.

> **»Venedig der Lofoten«: Henningsvær**
>
> Das Fischerdorf Henningsvær im äußersten Süden der Insel Austvågøy gilt als »Venedig der Lofoten« und verfügt mit der Galerie Lofotens Hus über das bedeutendste Museum klassischer Malerei auf den Lofoten. Die Häuser in Henningsvær wurden auf der geschützten Vestfjordseite der Insel auf felsigen Schären errichtet und diese durch Molen miteinander verbunden. Bis in die 1950er-Jahre war Henningsvær das größte Fischerdorf der Lofoten. Mit dem Rückgang der Fangmengen sank die Einwohnerzahl, neben der Fischerei trat nach 1963 der Fremdenverkehr in den Vordergrund. Lofotens Hus beherbergt die größte Sammlung nordnorwegischer Landschaftsmalerei des 17. bis 20. Jahrhunderts: Gunnar Bergs »Trollfjordschlacht«, Meisterwerke von Karl Erik Harr und viele weitere Bilder sind zu bewundern.

*** Austvågøy

Die Inselkette der Lofoten, die der Vestfjord vom Festland trennt, ist ein versunkenes Gebirge, dessen Spitzen aus der See ragen. Auf Austvågøy, der größten Lofoteninsel (527 Quadratkilometer), erreichen die Gipfel im Higravtindan (1161 Meter) ihre höchste Erhebung. Aus der Ferne wirkt das Inselgebirge im Nordmeer wie eine einzige bizarr gezackte Felswand, deren Abwechslungsreichtum sich erst vor Ort enthüllt: schneeweiße Strände, Wasserfälle und grüne Täler, vom Eis ausgeschliffene Kare und Taltröge, wie Amphitheater umstanden von schneeüberzuckerten Bergen, und in den Fischerdörfern die »Rorbuer« genannten roten Holzhäuschen. Die östlichste und zugleich größte Lofoteninsel ist mit der Vesteråleninsel Hinnøya durch die Raftsundbrücke verbunden.

*** Svolvær

Svolvær, der an der Südküste von Austvågøy gelegene Hauptort der Insel, beherbergt den größten Fischereihafen des ganzen Archipels. Hier hatte König Øystein I. Magnusson um 1120 die erste Kapelle und die ersten beheizbaren Rorbuer (wörtlich »Ruderhütte«) für auswärtige Lofotfischer errichten lassen – die erste königliche Ortsgründung in Nordnorwegen, die der Krone einträgliche Steuern aus dem lukrativen Fischfang im Vestfjord sicherte. Heute geht es im 4750 Einwohner zählenden Ort besonders in den Sommermonaten sehr geschäftig zu, die lebendige Atmosphäre lockt viele Touristen an. Die eindrucksvolle Lage von Svolvær hat der berühmteste Sohn der Stadt, der Maler Gunnar Berg (1863–1893), in zahlreichen seiner Werke festgehalten.

** Kabelvåg

Der kleine Ort Kabelvåg auf der Insel Austvågøy ist das historische Zentrum der Lofotfischerei. Auch hier ließ König Øystein I. Magnusson bereits 1103 die erste Kapelle errichten. Die königliche Ortsgründung in Nordnorwegen spiegelte die wirtschaftliche Bedeutung der natürlichen Ressourcen des Vestfjords. Øystein sicherte der Krone durch Steuern einen Großteil der Einnahmen aus dem lukrativen Fischfang. Die weitgehende Rechtlosigkeit der Fischer unter den Grundbesitzern, die zugleich als Vermieter der Rorbuer, Fischexporteure und Ladeninhaber fungierten und durch das Lofotgesetz von 1816 das Aufsichts- und Eigentumsrecht am Meer zugesprochen erhielten, blieb über die Jahrhunderte hinweg bestehen, bis das Lofotgesetz von 1857 die Fischereiaufsicht zur öffentlichen Angelegenheit machte.

** Hadseløya

Das zwischen Langøya und der Lofoteninsel Austvågøy gelegene Eiland ist als Standort des Hurtigruten-Heimathafens bekannt. Die berühmte Postschifffahrtslinie wurde 1893 in dem Städtchen Stokmarknes im Norden der Insel gegründet. In Melbu, einem kleinen Ort im Süden der Insel, lockt das Vesterålen-Museum, untergebracht in einem 200 Jahre alten Gutshof.

Raftsund: Norwegen im Kleinformat

Der Raftsund ist die Hauptschiffsroute zwischen den Inselgruppen Lofoten und Vesterålen und gilt zusammen mit dem Seitenarm Trollfjord als eine der schönsten Wasserstraßen Norwegens. 26 Kilometer sind die Schiffe unterwegs in der grandiosen Naturlandschaft zwischen der Raftsund-»Hauptstadt« Digermulen im Süden und der Raftsundbrücke zwischen der Vesteråleninsel Hinnøya und der Lofoteninsel Austvågøy. Mit 298 Meter Spannweite ist die Raftsundbrücke die zweitlängste freitragende Brücke der Welt, und ihr Scheitelpunkt bietet einen einmaligen Blick auf den Raftsund. Somit erschließt sich auch Autofahrern eine Verbindung. Zweimal täglich fahren die Hurtigruten-Schiffe in den von 1000 Meter hohen Felswänden flankierten Trollfjord ein, sofern die Schifffahrtsbehörde dies erlaubt: Die Fjordeinfahrt ist nur 100 Meter breit, dahinter allerdings weitet sich der Trollfjord auf bis zu 800 Meter, sodass die Schiffe problemlos wenden können. Entlang des Sunds erblickt man immer wieder kleine Häuser und Siedlungen, in denen lange Handel getrieben wurde. Viele Reisende sind sich einig: Der Raftsund präsentiert fast alle Landschaftsformen Norwegens auf engstem Raum.

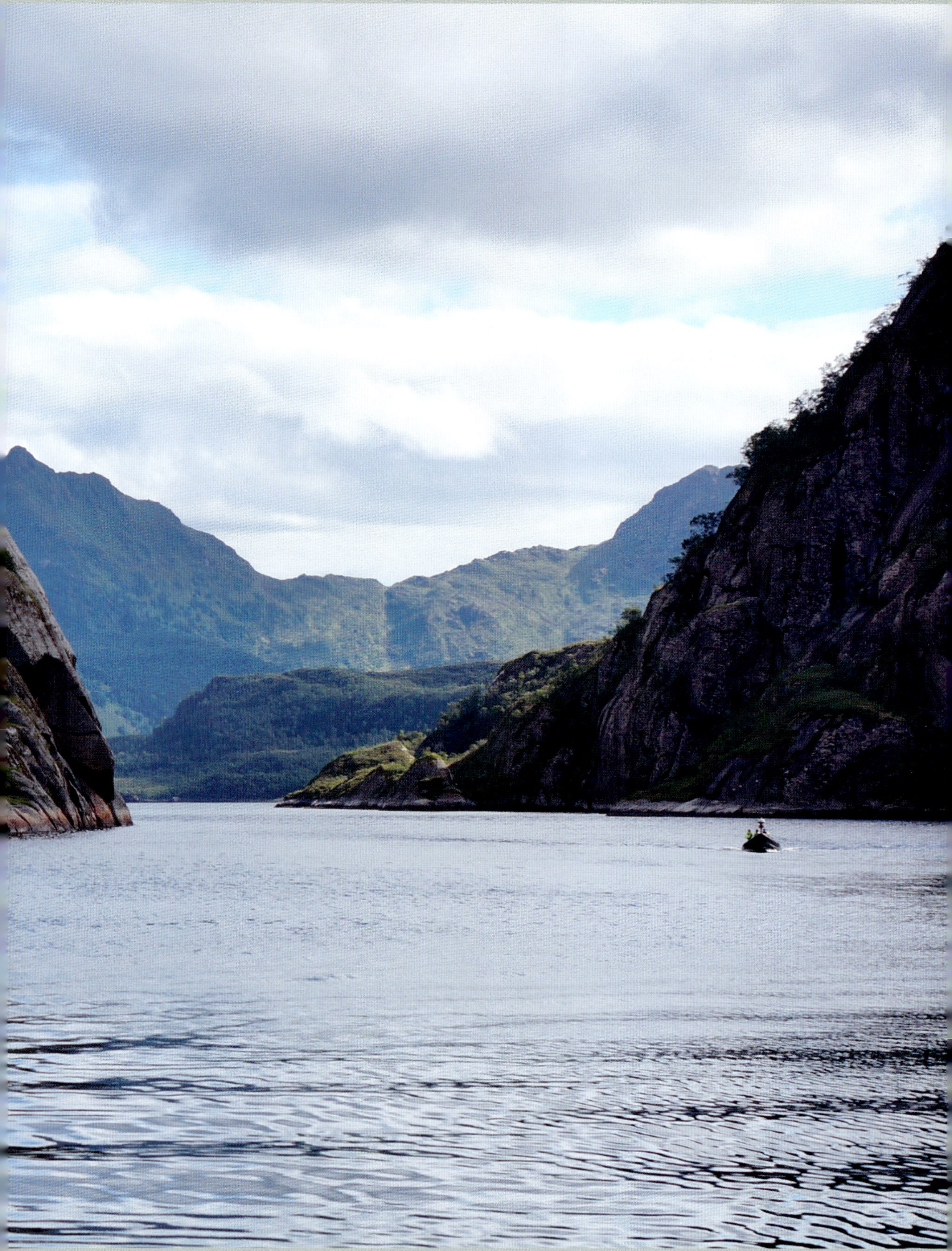

Pottwale: die Meister im Tauchen

Auf den Eilanden Andøya und Langøya, die zur Inselgruppe der Vesterålen gehören, liegen die Häfen der von Meeresbiologen begleiteten Walsafaris. Die zwei bis vier Stunden dauernden Touren finden auf zu Safarischiffen umfunktionierten Fischkuttern statt, meist ehemalige Robbenfänger. Ziel der Meeresbiologen sind Pottwale, die nordwestlich von Andenes und Stø von den Safariteilnehmern beim Auftauchen, Blasen und Abtauchen beobachtet werden können: In einem Tiefseecanyon 2000 Meter unter dem Meeresspiegel finden die riesigen Säuger hier reichlich Kraken, Kalmare und Tiefseefische als Nahrung. Die Oberflächenpause dauert ungefähr zehn Minuten, dann tauchen die Wale ab und durchbrechen nach etwa 20 Minuten mit einem weithin hörbaren Blasen erneut die Wasseroberfläche.

** Hinnøya und Langøya

Die größten Inseln der Vesterålen sind nur durch eine schmale Meerenge, über die die 961 Meter lange Sortlandbrücke führt, voneinander getrennt. Zusammen bilden sie eine gebirgige Inselkette, die sich auf einer Nord-Süd-Länge von 150 Kilometern vor der Küste erstreckt. Der See- und Hochgebirgs-Nationalpark Møysalen auf Hinnøya zieht sich vom Indrefjord hinauf zum vergletscherten Møysalen, dem höchsten Gipfel der Vesterålen. Das Gebiet ist als Wanderparadies bekannt und kann auf Trekking-Trails erkundet werden.

*** Andøya

Die nördlichste Insel des Vesterålenarchipels ist eines der an Mooren und Moltebeeren reichsten Gebiete Norwegens: Mehr als die Hälfte der 489 Quadratkilometer großen Insel sind von Mooren bedeckt. Entlang der Westküste der Insel verläuft die 58 Kilometer lange, landschaftlich überaus reizvolle und als Nationale Ferienstraße ausgewiesene Andøya-Route von Bjørnskinn nach Andenes. Die Straße passiert auch den 2,5 Kilometer langen Bleikstranden, der zu den längsten Sandstränden Norwegens zählt.

*** Tromsø

Die Universitätsstadt Tromsø ist die größte Ansiedlung Nordnorwegens und wird auch als »Paris des Nordens« bezeichnet. Das Stadtgebiet verteilt sich auf die Insel Tromsøya, das Festland im Osten und die Insel Kvaløya im Westen. Eine Schwebebahn führt auf den nahe gelegenen Hausberg Storsteinen. Von seinem 421 Meter hohen Gipfel aus hat man eine großartige Aussicht auf die Stadt, die sich inmitten der unter dem Einfluss des Golfstroms stehenden, klimatisch begünstigten Inselwelt im äußersten

Ein großartiges Ereignis ist die Polarnacht, auch in Tromsø bezaubert die dämmrige Stimmung über verschneiten Straßen.

Nordwesten Norwegens ausbreitet. Als die nur 80 Seelen zählende Siedlung im Jahr 1794 zur Stadt erhoben wurde, begann die rasante Entwicklung zur Handels- und Domstadt sowie zur Eismeerkapitale: Tromsø wurde legendär als Ausgangspunkt von Arktisexpeditionen; das Polarmuseum, das bereits 1978 eröffnet wurde, dokumentiert Unternehmungen wie die von Fridtjof Nansen. Außerdem ist die Stadt ständiger Sitz des Arktischen Rats, der sich für Interessenausgleich und Naturschutz einsetzt. Wirtschaftlich dominieren die Universität und Forschungseinrichtungen. Das Universitätsklinikum ist der größte Arbeitgeber in Nordnorwegen.

*** Eismeerkathedrale

Tromsøs bekanntestes Wahrzeichen ist auf dem Festland auf einem kleinen Hügel errichtet und von der Insel Tromsøya aus über die Tromsø-Brücke zu erreichen: die 1965 errichtete Eismeerkathedrale. Formell ist sie zwar nur eine einfache evangelisch-lutherische Kirche, dennoch wurde sie schnell zur Touristenattraktion. Tatsächlich eine Kathedrale ist übrigens das zweite Gotteshaus der Stadt, die klassisch aussehende Tromsø-Domkirke von 1861 – und obendrein die einzige norwegische Kathedrale in Holzbauweise. Der Besucherliebling bleibt aber das spitzgiebelige weiße Bauwerk des norwegischen Architekten Jan Inge Hovig, das durch seine architektonisch markante Konstruktion besticht. Aus der Ferne gleicht es einem Zelt, soll aber vielmehr zusammengeschobene Eisschollen darstellen, wie sie sich im Winter an mancher Küste auftürmen, oder die zackigen Berggipfel der nahen Insel Håja.

Einsame Küstenabschnitte sind auf der 350 Kilometer nördlich des Polarkreises liegenden Insel Senja häufig zu finden.

*** Senja

Das Wahrzeichen der Insel ist die Gipfelformation Djevelens Tanngard, die »Zähne des Teufels«, deren Felswände bis zu 559 Meter aus der See im Nordwesten der Insel aufragen. Die von Tälern tief zerklüftete West- und Nordküste zählt zu den wildesten Gebirgs- und Seelandschaften des Nordens. Die Senja-Ferienstraße führt vom Fischerdorf Gryllefjord durch die wilde Nordmeerseite und an den »Teufelszähnen« vorbei nach Laukvik. Im Süden vereint der Nationalpark Ånderdalen Fjord- und Fjelllandschaft mit Seen, Wasserfällen, Birken- und Kiefernwäldern sowie bis zu 500 Jahre alten Nadelbäumen.

*** Nationalpark Ånderdalen

Der 1970 gegründete Nationalpark liegt westlich von Tromsø auf der Insel Senja an der norwegischen Schärenküste. Die Nordwestküste der zweitgrößten Insel Norwegens ist von zahlreichen Fjorden geprägt. Der Nationalpark umfasst einen Teil dieses Naturraums, der durch das Vorkommen von bis zu 500 Jahre alten Küstenkiefernwäldern eine besondere ökologische Bedeutung hat. Im Hinterland finden sich ursprüngliche Birkenwälder, Moore, Seen und zahlreiche Wasserläufe. Der Park bietet rund 200 seltenen Pflanzenarten einen Lebensraum und beeindruckt durch eine reiche Vogelwelt mit etwa 90 verschiedenen Arten. Es gibt einige Schutzhütten. Dank des Fischreichtums der Gewässer ist der Park ein Anglerparadies.

** Kautokeino

Wenn Karasjok die Hauptstadt der Samen ist, dann muss die auf dem Hochplateau Finnmarksvidda im Westen der Finnmark gelegene und über den Riksvei 93 erreichbare Ortschaft Kautokeino als ihre Hochburg bezeichnet werden. Fast 90 Prozent der Bewohner nennen Samisch ihre Muttersprache, viele samische Institutionen wie das Samische Theater oder die Samische Universität haben hier ihren Sitz. In Kautokeino befindet sich auch das Kompetenzzentrum für die Rechte indigener Völker. Die Kommune, die im Süden an Finnland grenzt, umfasst eine Fläche von nicht weniger als 10 000 Quadratkilometern, auf der knapp 3000 Menschen und 100 000 Rentiere leben. Im Kautokeino-Museum wurde eine traditionelle Samen-Siedlung aufgebaut.

** Karasjok

Der unweit der finnischen Genze gelegene und über die Europastraße 6 erreichbare Ort ist Hauptstadt der norwegischen Samen und Sitz ihres Parlaments. Seit 2000 residiert es in einem modernen, außen und innen mit Holz verkleideten Gebäude, das besichtigt werden kann. Das samische Nationalmuseum ist ein Muss für jeden Besucher von Karasjok. Es informiert umfassend über samisches Brauchtum und wartet mit einer sehenswerten Kunstsammlung auf. Auch der Sápmi-Park befasst sich mit der Geschichte und Kultur der Rentierzüchter. Hier können die Besucher durch nachgebaute Winter- und Sommerlager schlendern oder eine interessante Multimediashow anschauen.

»Weiße Nächte« unter der Mitternachtssonne

Nur in Nordnorwegen scheint eine Sonne, die es nirgends sonst in Norwegen gibt: die Mitternachtssonne. Im Hochsommer geht die Sonne hier nicht unter. Die Mitternachtssonne gibt es nur nördlich des Polarkreises. Etwa 80 Tage lang verdrängt die Sonne am Nordkap die Nacht mit Mond und Sternen – ein Phänomen, das bis zum Polarkreis zu beobachten ist. Allerdings wird die Zeit der Mitternachtssonne immer kürzer, je näher man dem Polarkreis kommt – an den Polarkreisen selbst tritt diese Erscheinung nur am Tag der Sommersonnenwende auf. In der Nordlandhauptstadt Bodø ist die Mitternachtssonne vom 4. Juni bis zum 8. Juli zu erleben, am Nordkap vom 13. Mai bis zum 29. Juli. Millionen von Menschen kommen jedes Jahr aus aller Welt, um dieses besondere Schauspiel zu erleben.

** Nationalpark Øvre Anárjohka

Der 1409 Quadratkilometer große Nationalpark liegt östlich von Tromsø und grenzt im Süden und Westen an den finnischen Lemmenjoki-Nationalpark. Aufgrund seiner Abgeschiedenheit ist er kaum für Touristen erschlossen. Outdoorspezialisten erleben eine eindrucksvolle Naturlandschaft mit zahllosen Bächen und über 700 Seen, die teilweise von Sandstränden gesäumt sind. Der Park liegt am Oberlauf des Flusses Anárjohka südöstlich der Hochebene Finnmarksvidda. Beeindruckende Landschaftselemente auf der weit gespannten, nur von flachen Bergkuppen überragten Hochfläche sind die niedrigen Birken- und Kiefernkrattwälder. Große Moore und Sümpfe, seltene sibirische Pflanzenarten und die nordische Tierwelt mit Braunbären, Elchen, Rentieren, Füchsen, Wieseln, Roten Nerzen und dem Vielfraß bieten weitere unvergessliche Erlebnisse. Außerdem wird das Gebiet seit Jahrhunderten als Weidegebiet für samische Rentierherden genutzt.

Kälte und Schnee trotzen die Häuser in Kautokeino mit leuchtenden Farben.

Die Nordküste von Senja zeigt sich wild, wie hier die Fjordlandschaft bei Ersfjord.

Hammerfest entstand nach der Zerstörung im Zweiten Weltkrieg zweckmäßig neu.

*** Alta

Die größte Gemeinde der Finnmark liegt an der Mündung eines der reichhaltigsten Lachsflüsse der Erde, der 200 Kilometer langen Altaelva. Der Fluss entspringt in der Nähe der Stadt Kautokeino und mündet schließlich in den von Sunden und Seitenarmen reich gegliederten Altafjord. Er durchfließt das insgesamt 3845 Quadratkilometer große Gebiet der Flächengemeinde Alta, wobei das durch den Golfstrom erwärmte Wasser für ein mildes Klima sorgt. Birken, Erlen und Kiefern gedeihen, und neben Forstwirtschaft ist auch der Anbau von Kartoffeln und Gerste möglich. Der wichtigste Wirtschaftszweig von Alta bleibt aber die Schieferindustrie: Abbau, Verarbeitung und Export des hochwertigen Altaschiefers sichern Hunderte von Arbeitsplätzen. Kulturell ist der Ortsteil Hjemmeluft von Bedeutung: Dort finden sich die wichtigsten prähistorischen Felszeichnungen nördlich der Alpen.

** Hammerfest

Die Stadt weit nördlich des Polarkreises ist die Landstation für die norwegische Erdöl- und Erdgasförderung in der Barentssee, denn ihr Hafen bleibt auch im Winter eisfrei. Die vier Meter hohe historische Meridiansäule, auf einer Anhöhe mit Blick auf Stadt und Meer platziert, verzeichnet die Lage mit 70° 40' 48" nördlicher Breite. Als die Säule 1856 errichtet wurde, war Hammerfest die nördlichste Stadt Norwegens – bis 1998 Honningsvåg Stadtrechte bekam. Der Name verrät, dass der Ort lange als gute Stelle galt, um Boote am steilen Felshang, altnordisch »hamarr«, festzumachen. Rund 200 000 Gäste aus aller Welt besuchen alljährlich das mehr als 11 000 Einwohner zählende Küstenstädtchen an der Hurtigruten-Strecke. Der Eisbärenclub »Isbjørnklubben« verleiht eine Eisbären-Nadel als Zeichen dafür, dass man in der angeblich »nördlichsten Stadt der Welt« war.

** Nationalpark Stabbursdalen

Der 747 Quadratkilometer große Nationalpark liegt südlich des Nordkaps am Ostufer des Porsangerfjords. Ausgangspunkt für Touren durch die herrliche Naturlandschaft ist Stabbursnes Naturhaus und Museum. Das Stabburstal und die Gáissene-Gebirgskette mit dem 1139 Meter hohen Čohkarášša gliedern das Gebiet. Dazu prägen mit Zwergsträuchern und Flechten bedeckte Hochflächen, trichterförmige Wildbachtäler, Schotterflächen und der nördlichste Kiefernwald der Welt die Landschaft. Für viele Tierarten liegt im Stabburstal die nördliche Grenze ihrer Verbreitung. Neben Elchen, Rentieren und dem scheuen Vielfraß sind besonders die großen Vorkommen des Fischadlers in dieser Region bemerkenswert. Nicht nur er profitiert vom immensen Reichtum an Lachsen und Hechten im 60 Kilometer langen Stabburselva – der Fluss ist auch ein Eldorado für Angler.

** Vadsø

Die auf der Halbinsel Varangerhalvøya am Nordufer des Varangerfjords gelegene Hauptstadt der Provinz Finnmark kann über die Europastraße 75 erreicht werden. Die Anfänge Vadsøs gehen auf eine Fischersiedlung zurück, die im 15. Jahrhundert gegründet wurde. Im 18. Jahrhundert zogen finnische Einwanderer in das Städtchen, dessen rund 6000 Einwohner bis heute von Fischfang und Fischverarbeitung leben. In dem 50-Seelen-Dorf Ekkerøy 15 Kilometer östlich von Vadsø wurde eine stillgelegte Fischfabrik in ein Museum umgewandelt, das über die Geschichte der Fischverarbeitung informiert und alte Gerätschaften zeigt. Ekkerøy ist der einzige Ort in der Finnmark, der von den abziehenden deutschen Besatzern nicht zerstört wurde. Das Museum gehört zum Varangermuseum, das in Vadsø drei weitere historische Gebäude unterhält: den 1851 von schwedischen Einwanderern errichteten Toumainenhof, den ebenfalls aus dem 19. Jahrhundert stammenden Esbensenhof und den Bietilæhof mit einem im Schweizer Stil um 1900 erbauten Haupthaus. Auf der Vadsø vorgelagerten kleinen Insel lässt sich der Mast bestaunen, an dem die Luftschiffe vertäut waren, mit denen Roald Amundsen und Umberto Nobile den Pol überflogen.

Das Volk der Samen

Die Samen, deren Volk rund um den Polarkreis auf mehr als 160 000 Menschen geschätzt wird, sind das Urvolk von Lappland – dem Norden von Norwegen, Schweden, Finnland und der angrenzenden russischen Region. Heute wird dieses Siedlungsgebiet Sápmi genannt, es umfasst ungefähr 388 000 Quadratkilometer. Die Eigenbezeichnung »Samek« oder »Sámi« bedeutet »Sumpfleute« und verweist auf die weitflächige Vermoorung dieses Gebiets. Die meisten Samen, geschätzt bis zu 100 000, leben heute im norwegischen Teil von Sápmi, rund 14 500 in Schweden, 9300 in Finnland und knapp 2000 in Russland. Nach welchen Kriterien jemand dieser ethnischen Minderheit angehört, unterscheidet sich in den einzelnen Staaten. In Norwegen gilt: Same ist, wer das finnougrische Samisch als Muttersprache spricht oder samische Vorfahren hat. Alle eint auch die Tradition eines Lebens rund um die halbwilden Rentierherden. Neben ihrer Tracht und fein gearbeiteten Schnitzereien ist ihr typischer Gesangsstil, das »Joiken«, beliebt: Wie das Jodeln, verquickt mit Indianergesang, kommt es ohne Instrumentalbegleitung aus und transportiert Stimmungen ebenso wie mündlich tradierte Geschichten.

Himmelsmagie

In alten Beschreibungen wird Polarlicht als überirdische Erscheinung, als Zeichen der Götter aufgefasst. Doch die Wissenschaft hat diese Erklärungen entzaubert: Polarlicht, so die deutlich prosaischere Version, ist eine durch Anregung von Sauerstoff- und Stickstoffatomen entstehende Leuchterscheinung am Nachthimmel. Farbe und Aussehen variieren. Am häufigsten sind band- und schleierartige Strukturen in blaugrünen und rötlichen Farben.

Das Polarlicht tritt als Nordlicht (Aurora borealis) nach starker Sonnenfleckentätigkeit auf, wenn die Teilchen des Sonnenwinds in den Polargebieten in das Erdmagnetfeld eintreten. Dort treffen sie auf Atome der Atmosphäre und regen deren Elektronen an: Sauerstoffatome senden daraufhin grünes und rotes Licht aus, je nach Höhenlage. Stickstoffmoleküle emittieren seltener und schwächer ein blaues bis violettes Licht. Polarlichter sind in einem breiten Ring rund um die magnetischen Pole sichtbar. Weil diese aber nicht mit den geografischen Polen übereinstimmen und sich das Erdmagnetfeld verschiebt, war das Himmelsphänomen den Wikingern kaum bekannt.

»Ich könnte stundenlang mich nachts in den gestirnten Himmel vertiefen, weil mir diese Unendlichkeit fernher flammender Welten wie ein Band zwischen diesem und dem künftigen Dasein erscheint.« Wilhelm von Humboldt

Fakten

- Polarlichter kommen nicht nur im Norden, sondern überall auf der Welt vor. Allerdings ist es nördlich des Polarkreises wahrscheinlicher, sie zu sehen.
- Der italienische Gelehrte Galileo Galilei (1564–1642) gab der Erscheinung ihren Namen: Aurora, nach der römischen Göttin der Morgenröte.
- Auf der Südhalbkugel heißt das faszinierende Naturschauspiel Aurora australis.
- Die besten Chancen, das Himmelsspektakel zu erleben, bestehen von Ende September bis Ende März.

Mythen

- Die bunten Lichter am Himmel galten einst als Vorboten drohenden Unheils.
- Nordischen Legenden zufolge war das Polarlicht der Atem tapferer Soldaten, die im Kampf gefallen waren.
- In Norwegen und Schweden dachten die Menschen früher, die Nordlichter seien die Reflexion riesiger Heringsschwärme in den nördlichen Meeren.
- Schwangere Frauen sollten sich einst davor hüten, direkt ins Licht zu blicken, da ihre Kinder sonst schielend zur Welt kommen würden.

Nordkap: 71° 10′ 21″ nördliche Breite
Das Nordkap (im Norwegischen »Nordkapp«) auf der Insel Magerøya ist das Sehnsuchtsziel vieler Skandinavien-Reisender. Rund 20 000 Besucher lassen sich jedes Jahr mit dem Globus auf dem Felsplateau ablichten. Viele von ihnen wissen, dass es nicht – wie einst angenommen – der nördlichste Punkt Europas ist. Und doch hat dieses »Ende der Welt« eine besondere, symbolische Bedeutung und ist ein Highlight auf jeder Reise in den Norden Norwegens.

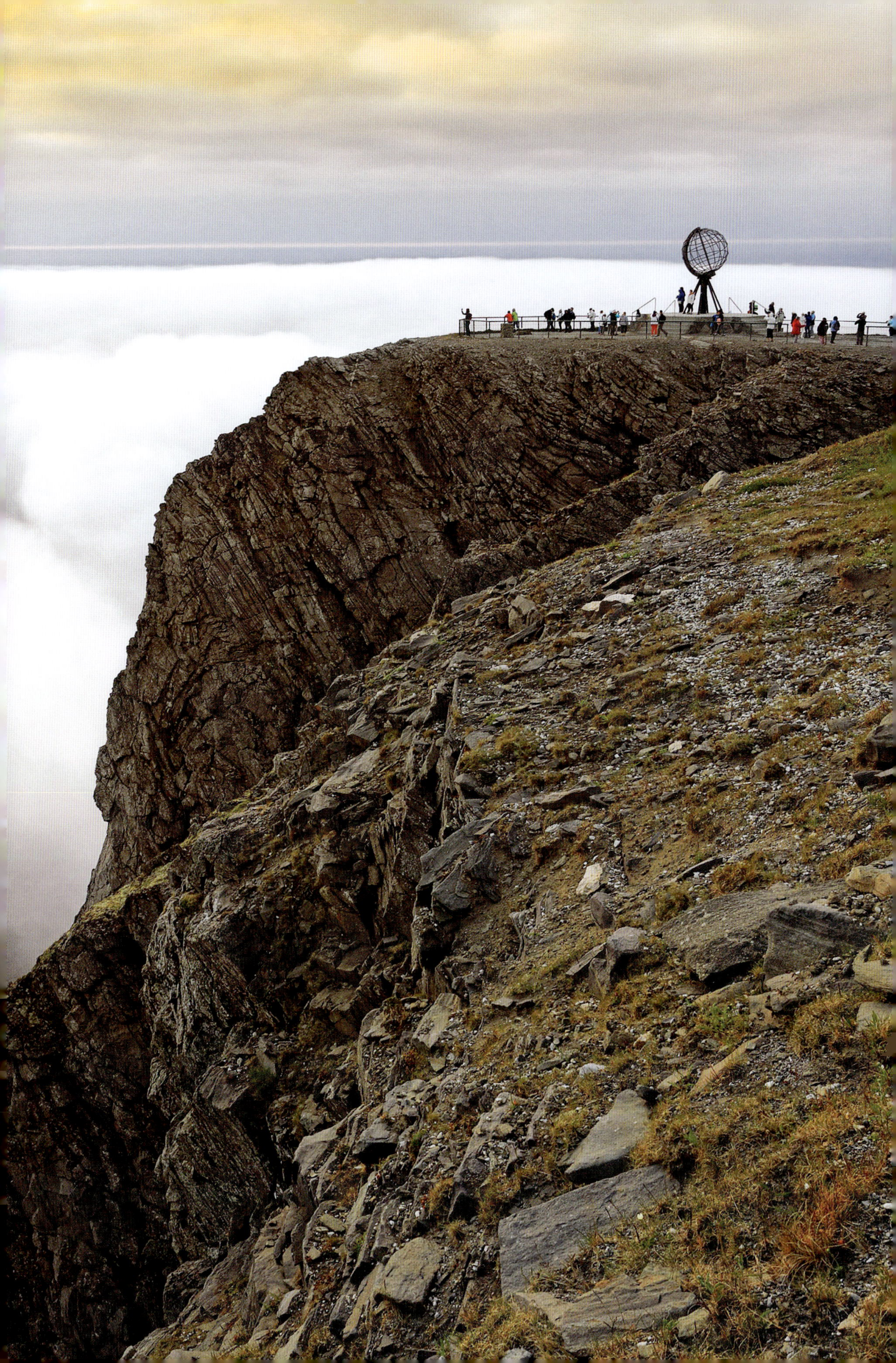

Weniger zahlreich als die Tiere sind die menschlichen Bewohner der Varangerhalbinsel, die Siedlungen am Fjord sind klein.

Kuriose Erscheinung: der Kampfläufer.

** Nationalpark Varangerhalvøya

»Die Großartigkeit, diese wunderbare Melancholie dieser Szenerie ist mit Worten nicht zu beschreiben«, so schwärmt der norwegische Geograf Baltazar Mathias Keilhau 1831 von der Varanger-Halbinsel und lobt weiter ihre »heilige Einsamkeit«. Bis ins Jahr 2006 sollte es allerdings dauern, bis auch die norwegische Regierung die Besonderheit der Region erkannte und sie als Nationalpark unter Schutz stellte. Auf 1804 Quadratkilometern findet man neben einer bemerkenswerten Flora und Fauna mit typisch arktischen Flechtenpflanzen sowie Polarfuchs und Saat- und Zwerggans auch zahlreiche Heiligtümer, Opferplätze und Fanganlagen der Samen, die traditionell immer noch in dem Gebiet des Nationalparks Varangerhalvøya leben und ihre Rentierzucht betreiben dürfen. Die ältesten Funde datieren von etwa 4500 v. Chr. Wappenvogel des Parks ist die Falkenraubmöwe, die hier aber nur Sommergast ist.

** Varangerfjord

Der Varangerfjord ist der 95 Kilometer lange Westausläufer der Barentssee zwischen den Hurtigruten-Häfen Vardø und Vadsø auf der Halbinsel Varanger und dem Hurtigruten-Wendehafen Kirkenes im Dreiländereck zwischen Norwegen, Finnland und Russland. An der Mündung in die Barentssee ist der Varangerfjord 55 Kilometer breit. Die Inselstadt Vardø vor der Halbinsel ist Norwegens östlichste und neben Hammerfest die älteste Stadt (1798) in der Finnmark. Mit dem Festland ist sie durch den 2892 Meter langen Vardøtunnel verbunden, der in einer Tiefe von bis zu 88 Metern unter dem Meer verläuft. Bis zur Oktoberrevolution (1917) war Vardø eine Drehscheibe im Handel mit den russischen Küstenorten. Heute ist der Fischereiort Endpunkt der Europastraße 75.

Rentiere: die Hirsche der Arktis

Rentiere können einige Superlative für sich beanspruchen. So zählen sie zu den Säugetieren, die am weitesten nördlich leben. Von allen Landsäugern wandern sie die weitesten Strecken: Um nämlich dem arktischen Winter zu entgehen, legen sie jedes Jahr bis zu 5000 Kilometer zurück. Die Rentiere in Lappland sind domestiziert bzw. halbwild. Sie leben in den Wäldern, und im Sommer wandern sie in die Bergregionen. Zu den Hirschen gehörend, leben sie in großen Herden zusammen. Bei ihren Wanderungen gehen oft bis zu 100 000 Tiere gemeinsam, aus Kanada und Alaska sind Herdengrößen von 500 000 und 900 000 Rentieren bekannt. Am Ziel separieren sie sich wieder in kleine Gruppen. Nur in der Gattung der Rentiere trägt auch das Weibchen ein Geweih.

** Nationalpark Øvre Pasvik

Der 1970 gegründete Nationalpark liegt südlich von Kirkenes im Dreiländereck von Norwegen, Russland und Finnland. Er ist 119 Quadratkilometer groß und grenzt an entsprechende Schutzgebiete auf russischer und finnischer Seite. Der subarktische Kiefernwald, ein westlicher Ausläufer der Taiga, der zahlreichen Tierarten einen Lebensraum bietet, ist hier als europäischer Urwald erhalten. In dem kleinen Ort Svanvik gibt es ein Umweltzentrum, das Informationen zur Natur des Parks bietet. In den Sommermonaten kann der Besucher an geführten Wanderungen teilnehmen oder mit der entsprechenden Ausrüstung eigene Touren unternehmen. In den Wintermonaten gibt es Hundeschlitten- und Schneemobilsafaris. Mit etwas Glück kann man Braunbären, Wölfe, Vielfraße, Elche, Rentiere und andere seltene Tiere beobachten.

Kirkenes: Hauptstadt der Barents-Region

Die Hafenstadt Kirkenes ist als Endpunkt der Europastraße 6 und der Hurtigruten ein symbolträchtiger Ort. Sie steht zugleich für den Auf- und Untergang einer blühenden Erzindustrie (von 1906 bis 1996), war mit 320 Luftangriffen während des Zweiten Weltkriegs eine der meistbombardierten Städte Europas, dann Frontstadt im Kalten Krieg mit direkter Grenze zwischen NATO und Warschauer Pakt und »Arbeitslosenhauptstadt« der Provinz Finnmark nach dem Ende der Erzära 1996. Nun positioniert sie sich neu als Dienstleistungszentrum und ist als Hauptstadt der Barents-Region bekannt. Bekannt ist Kirkenes auch für eine besondere Touristenattraktion: sein Schneehotel. Die Zimmer bestehen komplett aus Eis und Schnee – und das an 365 Tagen im Jahr.

Die schönsten Reiserouten

Skandinavien ist prädestiniert dafür, mit dem Auto bereist zu werden. Die Weitläufigkeit und Vielfalt der einzelnen Länder bieten Landschaftserlebnisse in einer Art und Weise, wie man sie in Europa sonst nicht findet: majestätische Berge, weite Hochebenen, tiefblaue Seen, dichte Wälder, endlose Küsten und am Ende des Tages charmante Dörfer und Städte, die den Reisenden gastfreundlich Quartier bieten. Die folgenden Touren führen durch Dänemark und seine Küstenlandschaften, von Dänemarks Ostküste bis nach Südschweden und entlang der norwegischen Küste in den hohen Norden – mit dem Auto oder auf dem Seeweg.
Bild: Ein Abstecher zum Bovbjerg Fyr an Jütlands Westküste sollte auf dem Reiseplan nicht fehlen.

DIE SCHÖNSTEN REISEROUTEN

DIE SCHÖNSTEN REISEROUTEN

Routenübersicht

Route 1: Dänemark – Küstenlandschaften und hübsche Städte
Route 2: Dänemark und Schweden – von Dänemarks Norden durch Südschweden
Route 3: Norwegen – über Fjord und Fjell: großartige Naturwunder im Norden Europas
Route 4: Hurtigruten – mit dem Schiff die Küste entlang zum Nordkap

Legende

- Gebirgslandschaft
- Felslandschaft
- Schlucht/Canyon
- Vulkan erloschen
- Höhle
- Gletscher
- Flusslandschaft
- Wasserfall/Stromschnelle
- Seenlandschaft
- Naturpark
- Nationalpark (Landschaft)
- Nationalpark (Flora)
- Nationalpark (Fauna)
- Biosphärenreservat
- Wildreservat
- Zoo/Safaripark
- Küstenlandschaft
- Strand
- Insel

- Vor- und Frühgeschichte
- Prähistorische Felsbilder
- Griechische Antike
- Römische Antike
- Christliche Kulturstätte
- Kulturlandschaft
- Historisches Stadtbild
- Burg/Festung/Wehranlage
- Burgruine
- Palast/Schloss
- Technisches/industr. Monument
- Staumauer
- Sehenswerter Leuchtturm
- Herausragende Brücke
- Grabmal
- Kriegsschauplatz/Schlachtfelder
- Denkmal
- Mahnmal
- Spiegel- und Radioteleskop
- Weinanbaugebiet
- Markt/Basar
- Feste und Festivals
- Museum
- Theater
- Weltausstellung
- Olympische Spiele

- Skigebiet
- Segeln
- Tauchen
- Windsurfen
- Kanu/Rafting
- Seehafen
- Badeort
- Mineralbad/Therme
- Freizeitpark
- Spielkasino

Wanderpause an Schwedens höchstem Berg Kebnekaise.

Die schönsten Reiserouten 367

In Kopenhagens Nyhavn, 1673 fertiggestellt, ist immer etwas geboten.

Dänemark – Küstenlandschaften und hübsche Städte

Das Königreich Dänemark liegt im Übergangsraum zwischen Mitteleuropa und Skandinavien und ist seit jeher ein beliebtes Feriengebiet für Familien mit Kindern, aber auch für Aktivurlauber und Naturfreunde. Auf der Fahrt lassen sich Städte wie Aalborg und Sønderborg entdecken, aber auch die windige Nordseeküste, das Wattenmeer und die vorgelagerten Inseln präsentieren den Besuchern interessante Landschaftsformen.

Eine Rundreise durch Jütland führt in eine Kulturlandschaft spannungsreicher Gegensätze. Tradition und Moderne, beschauliche kleine Dörfer und urbane Metropolen finden sich hier auf engstem Raum. Die Geschichte der Region und ihre bäuerliche Kultur werden in zahlreichen Freilichtmuseen, die Kunst der dänischen wie internationalen Avantgarde in spektakulären Museumsneubauten gepflegt. Sowohl an der Schnellstraße (Primærrute) 11, die im Westen Jütlands von der deutschen Grenze Richtung Norden über Vendsyssel-Thy bis nach Aalborg verläuft, als auch an dem zur Autobahn ausgebauten dänischen Abschnitt der Europastraße 45, der von Frederikshavn am Kattegat über Aalborg und Århus in den Süden führt, wechseln altehrwürdige Landstädte mit Industriestandorten ab. Das direkt an der Primærrute 11 gelegene Ribe etwa ist eine der ältesten Städte Dänemarks und wird oft mit dem flandrischen Brügge verglichen. Hier wie dort setzte nach einer langen Blütezeit im 17. Jahrhundert der wirtschaftliche Niedergang ein. Städtebauliche Neuerungen konnten nicht mehr finanziert werden, sodass der mittelalterliche-frühneuzeitliche Ortskern bis heute erhalten blieb. Das nur 25 Kilometer entfernte Esbjerg hingegen präsentiert sich als noch junge Hafenstadt, die ihren Mangel an historischer Bausubstanz durch spannende Kunst im öffentlichen Raum wettmacht. In Aalborg künden zahlreiche sorgsam restaurierte Bürgerhäuser aus dem 17. und 18. Jahrhunderts von einer stolzen Vergangenheit, das von Alvar Alto entworfene Kunstmuseum gilt wie das von Jørn Utzon geschaffene Kulturzentrum als Meisterwerk moderner Architektur. Auch Århus, die quirlige Universitätsstadt an der Ostseeküste, gibt sich geschichtsbewusst und ist zugleich der Moderne zugewandt. Das Freilichtmuseum lässt die dänische Alltagskultur des 17., 18. und 19. Jahrhunderts wieder lebendig werden, das ARoS Museum ist ein Mekka für Fans zeitgenössischer Kunst.

Nicht nur Jütlands Städte, auch die vielfältigen Landschaftsformen sind eine Reise wert.

An der Nordseeküste zieht sich ein teils ein Kilometer breiter Sand- und Dünenstrand über 400 Kilometer fast durchgängig vom Wattenmeer im Süden bis hinauf nach Skagen. Die hier beständig wehenden Winde haben die Region zu einem Hotspot für Windsurfer gemacht. Auf der durch den Limfjord vom Festland getrennten Insel Vendsyssel-Thy wechseln Dünenstrände mit spektakulären Steilküstenabschnitten ab. Das ganze Gebiet ist erst nach der letzten Eiszeit entstanden, als die vorgelagerten Inseln durch eine Hebung des Meeresbodens zu einer einzigen Landmasse verschmolzen. Nur wenig älter ist die sanft geschwungene Hügellandschaft, die den Osten Jütlands dominiert. Sie wurde während der letzten Eiszeit durch Gletscherablagerungen gebildet. Hier zieht das waldreiche Seenhochland zwischen Silkeborg und Århus besonders Aktivurlauber an. Die durch tief ins Land schneidende Fjorde reich gegliederte Küste ist ein Paradies für Segler. Jütland ist durch ein Verkehrswegenetz bestens erschlossen, kein Ort ist mehr als 53 Kilometer von der Küste entfernt. Abseits der Hauptverkehrsrouten gelegene Ortschaften und Sehenswürdigkeiten lassen sich über die Sekundærrute erreichen.

ROUTE 1

Routensteckbrief:
Routenlänge: ca. 930 km | **Zeitbedarf:** 7–9 Tage
❶ **Tønder** 160 km → ❷ **Ringkøbing** 135 km → ❸ **Klitmøller** 190 km → ❹ **Skagen** 110 km → ❺ **Aalborg** 80 km → ❻ **Randers** 40 km → ❼ **Aarhus** 80 km → ❽ **Jelling** 40 km → ❾ **Kolding** 95 km → ❿ **Sønderborg**

Thy-Nationalpark Windumtoste Dünenlandschaft und Nadelwälder erstrecken sich hier kilometerlang an Jütlands Westküste.

Aalborg Der Seehafen bietet verschiedene Sehenswürdigkeiten wie das Schloss Aalborghus, das Heilig-Geist-Kloster und das Bürgerhaus Jens Bangs Stenhus.

Viborg Der alte Versammlungsort der jütländischen Stände weist einen Dom mit Elementen aus dem 12. Jahrhundert auf.

Ringkøbing Fjord Der Strandsee ist Dänemarks größtes Gewässer und wird von einer Nehrung vom Meer getrennt.

Jelling Ein imposantes Königsgrab, große Grabhügel und eine alte Kirche legen in Jelling im Osten von Jütland Zeugnis von der Christianisierung Dänemarks ab.

Die schönsten Reiserouten

ROUTE 2

Längst das Sinnbild für Schweden: rote Holzhäuser vor der Kulisse der Schären.

Dänemark und Schweden – von Dänemarks Norden durch Südschweden

Seitdem Dänemark und Schweden durch die Öresundbrücke miteinander verbunden sind, lassen sich die beiden Königreiche noch einfacher bereisen. In Dänemark geht es durch Jütland, Fünen und das Seenland bis Kopenhagen, in Schweden entlang der Ostseeküste über Malmö nach Stockholm und Uppsala und durch das Landesinnere bis nach Göteborg.

Die vielleicht skurrilste und doch auch treffendste Reiseempfehlung für Dänemark stammt aus dem Munde Königin Margrethes II.: »Es gibt ja kein anderes Land, das so sehr Dänemark ist wie Dänemark.«

Doch was ist Dänemark?

Dänemark ist zunächst einmal ein Inselreich, bestehend aus der zweigeteilten Halbinsel Jütland, den großen Inseln Fünen, Seeland, Falster, Møn, Lolland und Bornholm sowie etwa 400 kleineren Inselchen und Eilanden, von denen aber nur knapp 100 bewohnt sind. Vor allem für Liebhaber der See ist es das optimale Reiseland: Wo sonst kann man unter 7400 Kilometer meist unverbauter, frei zugänglicher Küste wählen, zwischen blau schimmerndem Kattegat und milder Ostsee, dem rauen Skagerrak oder der von Gezeiten bestimmten Nordsee? Dänemarks hügeliges Landesinnere ist von Seen, Feldern, Wäldern und Mooren geprägt, die meisten Städte und Dörfer zeigen sich mit bunt getünchten, oft schief erbauten Fachwerkhäusern. Dänemarks kulturelle Zeugnisse reichen von Bodendenkmälern der Bronze- und der Wikingerzeit über prachtvolle Herrensitze und Schlösser bis hin zu moderner Architektur in den Städten und weltberühmten Museen und Sammlungen.

Am liebsten würde man bleiben, doch das nahe Schweden lockt zur Weiterreise.

Über das Kattegat, die Ostsee und den Öresund hinweg geht es in das zehnmal größere Königreich Schweden. In Småland erinnert die Landschaft an die Geschichten von Astrid Lindgren: Hinter jeder Kurve könnte Michels Holzschuppen auftauchen, falunrot gestrichene Schwedenhäuser stehen inmitten sattgrüner Wiesen, dazwischen breiten sich lichte Birken- und Nadelwälder aus. Über Västervik, auch die »Perle der Ostküste« genannt, und die frühere Industriestadt Norrköping führt der Weg immer parallel zur Ostseeküste nach Stockholm.

Für einen Aufenthalt in der schwedischen Hauptstadt sollte man in jedem Fall mehrere Tage einplanen, denn es gibt viel zu entdecken: die Altstadt Gamla stan, die Domkirche Storkyrkan und das Schloss, daneben zahlreiche Museen. Die Atmosphäre in der Metropole am Wasser lässt Besucher so schnell nicht mehr los, und auch in der unmittelbaren Umgebung gibt es lohnenswerte Ausflugsziele wie beispielsweise den Nationalpark Tyresta. Auch in Uppsala empfiehlt sich ein längerer Stopp. Die Stadt ist geprägt von den vielen Studenten, das Hauptgebäude der Universität ist eine echte Sehenswürdigkeit, und gemütliche Cafés und Kneipen laden zum Verweilen ein. Noch weiter nördlich lohnt ein Besuch des Kupferbergwerks und der Kupfergrube in Falun, bevor es langsam wieder Richtung Süden geht.

Auf der Fahrt durch das Landesinnere kommt man zunächst nach Örebro. Die emsige und fahrradfreundliche Stadt ist unbedingt einen Besuch wert. Neben dem Schloss und der Örebro Konsthall sollte man das Freilichtmuseum Wadköping besuchen. Durch idyllische Landschaften geht es nun vorbei an hübschen Ortschaften wie Jönköping am Vättern nach Göteborg.

ROUTE 2

Kopenhagen Dänemarks Hauptstadt ist geschäftig und gemütlich zugleich. Zu den Highlights zählen »Die kleine Meerjungfrau« und der Vergnügungspark Tivoli.

Schloss Drottningholm Das von der königlichen Familie bewohnte Schloss liegt auf einer Insel im Mälaren. Es besitzt ein voll funktionstüchtiges Rokokotheater.

Schärenküste vor Stockholm Die beliebten, der schwedischen Hauptstadt vorgelagerten Felsinseln erstrecken sich in einem 150 Kilometer langen Gürtel.

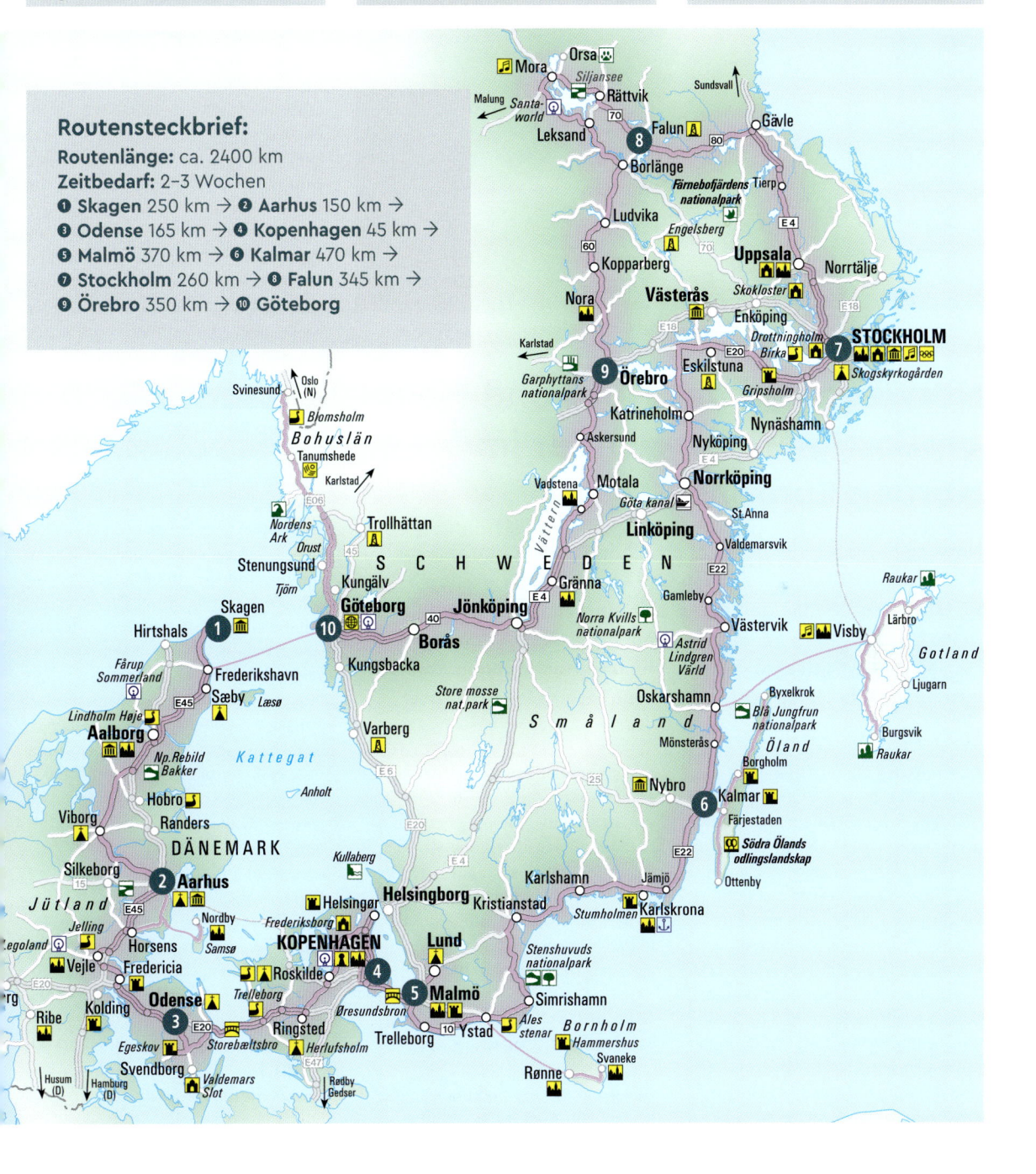

Routensteckbrief:
Routenlänge: ca. 2400 km
Zeitbedarf: 2–3 Wochen
- ❶ Skagen 250 km → ❷ Aarhus 150 km →
- ❸ Odense 165 km → ❹ Kopenhagen 45 km →
- ❺ Malmö 370 km → ❻ Kalmar 470 km →
- ❼ Stockholm 260 km → ❽ Falun 345 km →
- ❾ Örebro 350 km → ❿ Göteborg

Die schönsten Reiserouten

Beliebtes Fotomotiv: Bilderbuchdorf Reine auf der Lofoteninsel Moskenesøya.

Norwegen – über Fjord und Fjell: großartige Naturwunder im Norden Europas

Norwegen bietet unvergleichlich schöne Landschaften – mal wild und gewaltig, mal lieblich und sanft. Für die großen Distanzen sollte man genügend Zeit einplanen, denn auf einer Reise bis zum Nordkap kann man auf über 4000 Kilometern faszinierende Gletscher, Wasserfälle und Hochebenen ebenso entdecken wie tiefe Fjorde, aber auch interessante Städte.

Das norwegische Festland ist hervorragend mit einem weitgehend asphaltierten Straßennetz erschlossen. Selbst dort, wo die Natur so schroff und kühn ist, dass scheinbar gar nichts mehr weitergeht, verkehrt eine Fähre, verläuft ein Tunnel, steht eine Brücke. Sogar die kleinsten Weiler und die entlegensten Küstenorte sind in der Regel gut erreichbar. Und dennoch dauert das Vorankommen in diesem lang gestreckten Land wegen der außergewöhnlichen Morphologie und der vorgeschriebenen Höchstgeschwindigkeiten meist länger, als man es sich bei der Reiseplanung daheim so vorgestellt hat. Dafür sind Staus und rote Ampeln eine Seltenheit. Die kurzen Sommermonate sind mild und nördlich des Polarkreises – im »Reich der Mitternachtssonne« – auch in der Nacht taghell. Die kalte Jahreshälfte hingegen ist schneereich und auch tagsüber lange dunkel.

Lang und schmal ist das Land im Norden Europas.

Aus geografischer Sicht weist Norwegen vollkommen andere Bedingungen auf als seine skandinavischen Nachbarländer. Kein Land unseres Kontinents ist länger (1752 Kilometer), kaum eines ist so schmal wie Norwegen, das – ohne seine Polarbesitzungen – etwa die Größe Deutschlands aufweist. Fast die Hälfte Norwegens liegt oberhalb von 500 Meter Höhe. Seine Berge sind nicht sehr hoch, der höchste Berg erreicht nicht einmal 2500 Meter, doch fast ein Viertel des Landes liegt in alpinen bis hochalpinen, zum Teil vergletscherten Zonen. Die meist kargen, einen Großteil des Jahres mit Schnee bedeckten Hochflächen – die sogenannten Fjelle – sind vielfach von Mooren und Seen geprägt. Mit Ausnahme von Oslo, Bergen, Trondheim und Stavanger gibt es keine Städte mit mehr als 100 000 Einwohnern in dem riesigen Land. Diese vier Städte mit ihrem reichen Kulturangebot können auf dieser Route ebenso erkundet werden wie die stark gegliederte Küstenlinie.

Die Küste ist mitsamt den Fjorden 28 000 Kilometer lang – mehr als die Hälfte des Erdumfangs!

Norwegens Fjorde – am bekanntesten sind Geiranger-, Hardanger- und Sognefjord – sind die Touristenattraktion des Landes schlechthin: Die von Gletschern ausgeschürften, meist dramatischen, mal schmalen, mal breiten, oft verästelten Täler und Buchten wurden beim nacheiszeitlichen Meeresspiegelanstieg weit überflutet. Schier unzählige dieser Naturwunder erkundet man auf dieser Route, es empfiehlt sich, das Auto auch einmal stehen zu lassen und aufs Boot umzusteigen, um den ein oder anderen Fjord vom Wasser aus zu entdecken.
Ebenso eine Berühmtheit unter den Touristenzielen Norwegens ist die Inselgruppe Lofoten, auf die man durchaus einen Abstecher einplanen kann. Nun ist es nicht mehr weit bis zum Endziel der Route. Über das sehenswerte Tromsø und moderne Alta führt die Reise immer weiter Richtung Norden, bis das Nordkap erreicht ist – ein symbolträchtiger Ort am »Ende« Europas.

ROUTE 3

Routensteckbrief:
Routenlänge: ca. 3200 km
Zeitbedarf: ca. 3 Wochen
❶ Oslo 510 km → ❷ Bergen
530 km → ❸ Åndalsnes
300 km → ❹ Trondheim
370 km → ❺ Brønnøysund
440 km → ❻ Bodø 300 km →
❼ Narvik 230 km → ❽ Tromsø
295 km → ❾ Alta 240 km →
❿ Nordkap

Oslo Weltbekannte Museen und eine Menge Wasser und Grün machen die weitläufige Stadt zu einem Erlebnis. Eines der Wahrzeichen der Hauptstadt ist das Neue Rathaus am Hafen.

Nordkap Obwohl meist nebelverhangen und touristisch vermarktet, sollte man auf einer Norwegenreise dennoch an diesem berühmten Felsplateau gewesen sein.

Trondheim Der ungewöhnlich reich verzierte und weitbekannte Nidarosdom ist der imposanteste Kirchenbau Skandinaviens und der traditionelle Krönungsort der norwegischen Könige.

Die schönsten Reiserouten

ROUTE 4

Der Wasserfall »Sieben Schwestern«, einer der Höhepunkte am Geirangerfjord.

Hurtigruten – mit dem Schiff die Küste entlang zum Nordkap

Von der Weltkulturerbestadt Bergen folgen die Kreuzfahrtschiffe der Westküste Norwegens mit Blick auf Fjorde und Gletscher bis Kirkenes. Sie passieren den Polarkreis und führen unter anderem an der Lofoteninselgruppe und Trondheim vorbei. Zwölf unvergessliche Tage dauert die 5200 Kilometer lange Schiffsreise von Bergen nach Kirkenes und zurück, die sich mit Ausflügen kombinieren lässt, etwa einer Busfahrt vom Geirangerfjord in die Jugendstilstadt Ålesund.

Steile Fjorde, Mitternachtssonne, ewiges Eis: Eine Fahrt mit der berühmten Postschifflinie Hurtigruten, die in der Weltkulturerbestadt Bergen startet, längs der zerklüfteten norwegischen Westküste verläuft und durch die Lofoteninselgruppe und am Nordkap vorbei nach Kirkenes an der Barentssee führt, zählt zu den schönsten Schiffsreisen der Welt. Ursprünglich als »Schnellroute« von Fracht- und Postdienst gegründet, werden die Reisen heute mit den luxuriösen Schiffen meist als Kreuzfahrten angeboten. Am 2. Juli 1893 startete der Kapitän Richard With aus Tromsø mit der DS Vesteraalen von Trondheim nach Hammerfest zur ersten Hurtigruten-Fahrt. 1898 folgte die Südverbindung nach Bergen, erst seit 1914 ist Kirkenes an der Barentssee der nördliche Wendepunkt. Im Winter bildete die Postschifflinie lange Zeit das Rückgrat der norwegischen Verkehrsinfrastruktur, da das Landesinnere bis weit in das 20. Jahrhundert hinein kaum durch Straßen und Eisenbahnen erschlossen war: Während die wenigen Wege in den Wintermonaten unpassierbar waren, steuerten die für ihre große Erfahrung und Zuverlässigkeit berühmten Hurtigruten-Kapitäne ihre Schiffe auch durch widrige Winterstürme und brachten Passagiere und Fracht pünktlich ans Ziel. 1962 benutzten fast 600 000 Passagiere die Postschiffe, in den 1980er-Jahren begann das Zeitalter des Genussreisens, infolgedessen sich das einstige Transportmittel zur Touristenattraktion entwickelte. 1984 wurde der eigentliche Postverkehr schließlich eingestellt, die Schiffe kamen zum Umbau in die Werft, es entstanden zusätzliche Kabinen.

Das sollte man vor Abfahrt über die Route der berühmten Schiffslinie wissen:

Der Abfahrtsterminal in Bergen ist der Nøstet-Kai. Das Hurtigruten-Schiff legt das ganze Jahr über täglich um 20.30 Uhr in Bergen ab. Die Kabinen sind ab 18 Uhr bezugsfertig. In allen anderen Häfen erfolgt die Einschiffung direkt nach Anlegen des Schiffes, spätestens eine halbe Stunde vor der angegebenen Abfahrtszeit. Folgende Häfen werden nach Bergen angefahren: Florø, Måløy, Torvik, Geiranger, Ålesund, Molde, Kristiansund, Trondheim, Rørvik, Brønnøysund, Sandnessjøen, Nesna, Ørnes, Bodø, Stamsund, Svolvær, Stokmarknes, Sortland, Risøyhamn, Harstad, Finnsnes, Tromsø, Skjervøy, Øksfjord, Hammerfest, Havøysund, Honningsvåg, Kjøllefjord, Mehamn, Berlevåg, Båtsfjord, Vardø, Vadsø und Kirkenes.

Eine Hurtigruten-Kreuzfahrt kann durch vielfältige und spannende Landausflüge ergänzt werden.

Die Ausflüge an Land, die mit Bussen, kleineren Schiffen oder – je nach Jahreszeit – auch mit Schneemobilen, Speedbooten oder Husky-Gespannen unternommen werden, umfassen Museumsbesuche, Stadttouren, Abstecher wie zum Nordkap oder in die Jugendstilstadt Ålesund. Eventuell benötigte Ausrüstungsgegenstände wie Thermohandschuhe oder Spezialstiefel werden gestellt. Die Ausflüge werden meist in einer kürzeren und einer längeren Variante angeboten.

ROUTE 4

Routensteckbrief:
Routenlänge: ca. 2400 km
Zeitbedarf: 12 Tage
Tag 1: Bergen;
Tag 2: Florø – Molde;
Tag 3: Kristiansund – Rørvik;
Tag 4: Brønnøysund – Svolvær;
Tag 5: Stokmarknes – Skjervøy;
Tag 6: Øksfjord – Berlevåg;
Tag 7: Båtsfjord – Berlevåg;
Tag 8: Mehamn – Tromsø;
Tag 9: Tromsø – Stamsund;
Tag 10: Bodø – Rørvik;
Tag 11: Trondheim – Ålesund;
Tag 12: Ålesund – Bergen

Ålesund Die Stadt am Storfjord ist Norwegens größter Fischereihafen. Von hier wird der Klippfisch in alle Welt exportiert. Die geschlossene Jugendstilsilhouette in der ehemaligen Altstadt gilt als einzigartig für eine norwegische Stadt. Ein großes Aquarium zeigt Norwegens Meeresfauna.

Aurlandsfjord Der bis Flåm reichende Seitenarm des Sognefjords liegt eingebettet zwischen dicht bewaldeten Berghängen.

Lofoten Typisch für die Lofoten sind schroffe Berggipfel mit steilen Flanken, sattgrüne Wiesen und bunte Holzhäuschen, die auf Stelzen stehen. Das Klima der Inselgruppe ist verhältnismäßig mild.

Die schönsten Reiserouten

Reiseatlas Skandinavien

Die Karten auf den folgenden Seiten zeigen Skandinavien im Maßstab 1:900 000. Die geografischen Details werden durch eine Vielzahl touristischer Informationen ergänzt – etwa das ausführlich dargestellte Verkehrsnetz oder Piktogramme, die Lage und Art aller wichtigen Sehenswürdigkeiten und Freizeitziele angeben, auch die UNESCO-Welterbestätten sind besonders gekennzeichnet, und ein Ortsnamensregister erleichtert das Auffinden des gesuchten Ortes. Bild: Das malerische Fischerdorf Fiskebäckskil auf der schwedischen Insel Skaftö liegt etwa 100 Straßenkilometer nördlich von Göteborg.

ZEICHENERKLÄRUNG

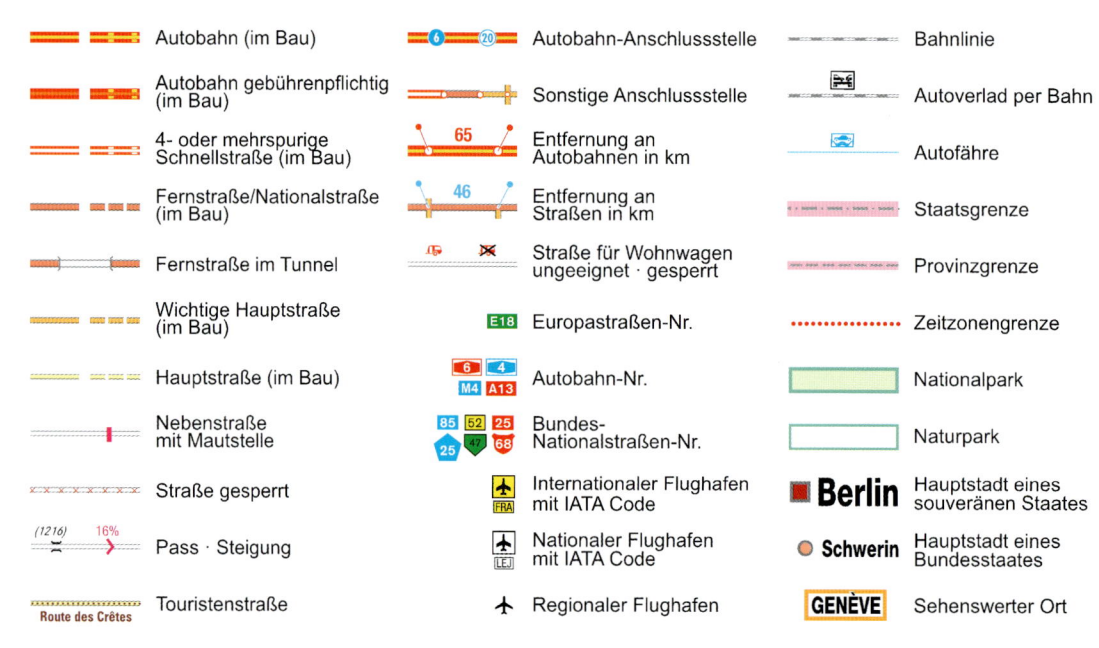

Autobahn (im Bau)	Autobahn-Anschlussstelle	Bahnlinie
Autobahn gebührenpflichtig (im Bau)	Sonstige Anschlussstelle	Autoverlad per Bahn
4- oder mehrspurige Schnellstraße (im Bau)	Entfernung an Autobahnen in km	Autofähre
Fernstraße/Nationalstraße (im Bau)	Entfernung an Straßen in km	Staatsgrenze
Fernstraße im Tunnel	Straße für Wohnwagen ungeeignet · gesperrt	Provinzgrenze
Wichtige Hauptstraße (im Bau)	Europastraßen-Nr.	Zeitzonengrenze
Hauptstraße (im Bau)	Autobahn-Nr.	Nationalpark
Nebenstraße mit Mautstelle	Bundes-Nationalstraßen-Nr.	Naturpark
Straße gesperrt	Internationaler Flughafen mit IATA Code	**Berlin** Hauptstadt eines souveränen Staates
Pass · Steigung	Nationaler Flughafen mit IATA Code	● Schwerin Hauptstadt eines Bundesstaates
Touristenstraße	Regionaler Flughafen	GENÈVE Sehenswerter Ort

BESONDERE SEHENSWÜRDIGKEITEN

Herausragende Naturlandschaften und Naturmonumente

- UNESCO-Weltnaturerbe
- Gebirgslandschaft
- Felslandschaft
- Wüsten-, Dünenlandschaft
- Seenlandschaft
- Küstenlandschaft
- Flusslandschaft
- Schlucht/Canyon
- Depression
- Gletscher
- Vulkan, erloschen
- Vulkan, aktiv
- Geysir
- Wasserfall/Stromschnelle
- Höhle
- Fossilienstätte
- Nationalpark (Landschaft)
- Nationalpark (Flora)
- Nationalpark (Fauna)
- Nationalpark (Kultur)
- Biosphärenreservat, Waldgebiet
- Naturpark
- Botanischer Garten
- Schmetterlingsfarm
- Zoo/Safaripark
- Vogelschutzgebiet
- Wildreservat
- Schutzgebiet Seehunde
- Insel
- Strand
- Unterwasserreservat
- Quelle

Herausragende Metropolen Kulturmonumente & -veranstaltungen

- UNESCO-Weltkulturerbe
- Vor- und Frühgeschichte
- Römische Antike
- Wikinger
- Keltische Geschichte
- Prähistorische Felsenbilder
- Kirche/Kloster allgemein
- Kirchen-, Klosterruine
- Romanische Kirche
- Gotische Kirche
- Renaissance Kirche
- Barocke Kirche
- Byzantinisch/orthodoxe Kirche
- Islamische Kulturstätte
- Moschee
- Synagoge
- Kulturlandschaft
- Historisches Stadtbild
- Burg/Festung/Wehranlage
- Burgruine
- Palast/Schloss
- Technisches/industrielles Monument
- Spiegel- Radioteleskop
- Staumauer
- Bergwerk geschlossen
- Sehenswerter Leuchtturm
- Windmühle
- Wassermühle
- Herausragende Brücke
- Kriegsschauplatz/Schlachtfeld
- Grabmal
- Denkmal

- Mahnmal
- Sehenswerter Turm
- Herausragendes Gebäude
- Freilichtmuseum
- Markt/Basar
- Feste und Festivals
- Theater
- Weltausstellung

Berühmte Reiserouten

- Autoroute
- Hochgeschwindigkeitszug
- Bahnstrecke
- Schiffsroute

Sport- und Freizeitziele

- Hafen
- Arena/Stadion
- Rennstrecke
- Golf
- Pferdesport
- Skigebiet
- Windsurfen
- Wellenreiten
- Segeln
- Badeort
- Kanu/Rafting
- Freizeitbad
- Hallenbad
- Mineralbad/Therme
- Freizeitpark
- Spielcasino
- Aussichtspunkt
- Wandern/Wandergebiet

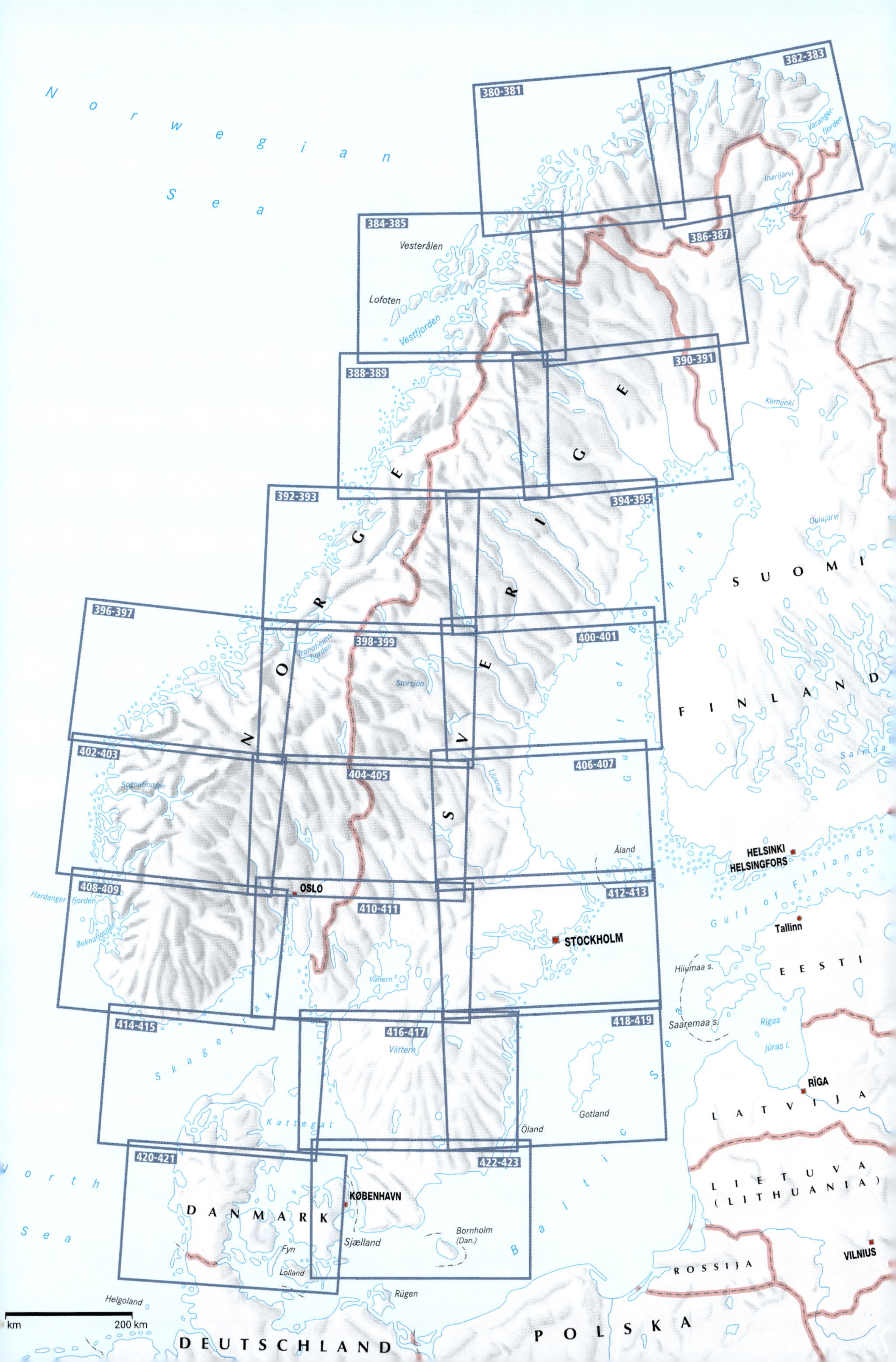

Norwegian Sea
380-381
382-383
Varangerfjorden
Inarijärvi
384-385
Vesterålen
Lofoten
Vestfjorden
386-387
388-389
390-391
Kemijoki
392-393
394-395
Oulujärvi
SUOMI
396-397
398-399
Trondheimsfjorden
Storsjön
400-401
Gulf of Bothnia
FINLAND
NORGE
SVERIGE
402-403
Sognefjorden
404-405
406-407
Ljusnan
Saimaa
Åland
HELSINKI
HELSINGFORS
Gulf of Finland
408-409
Hardangerfjorden
Boknafjorden
OSLO
410-411
412-413
STOCKHOLM
Tallinn
Vänern
Hiiumaa s.
EESTI
414-415
Skagerrak
416-417
Vättern
418-419
Saaremaa s.
Rigas jūras l.
RĪGA
LATVIJA
Kattegat
Gotland
Öland
420-421
422-423
North Sea
KØBENHAVN
DANMARK
Sjælland
Bornholm (Dan.)
Fyn
Lolland
Baltic Sea
LIETUVA (LITHUANIA)
VILNIUS
ROSSIJA
Rügen
Helgoland
km
200 km
DEUTSCHLAND
POLSKA

Tromsø - Alta

NORWEGIAN SEA
NORSKEHAVET

Maßstab 1:900 000

Cb
Cc
Cd
Ce
Cf
Cg
Ch
38
39
40
41
42
382
386
387
Ingøya
Ingøy
Gåsnes
Trollsundet
Tufjord
Kalven
Gunnarnes
Sørkjosen
Rolvsøya
Skolten
Latøya
Skipsholmen
Revsholmen
Rolvsøysundet
Reinøyakalven
Reinøya
Bjørnøya
Revsbotn
Tarhalsen
Bondøya
Kamøya
Gamvik
Finnvik
Akkarfjord
Sandøya
Skarvfjordhamn
Kirkegårdbukt
Struve Geodetic Arc
Forsøl
Kvalfjorden
Gjenreisingsmuseet
Hammerfest
Reppefjellet
Sandøyfjorden
Båtsfjord
Hellefjord
Håja
Dønnesfjorden
Storelv
Langstrand
Rypefjord
Kvaløya
Dønnesfjord
Dønnesfjord kirke
Slettnes
Akkarfjord
Svartfjellet
Revsneshamn
Sørvær
Nordsandfjordhula
Murmansk
Breivik
Sørøya
Kjerringholmen
Klubbukt
Erdalsfjellet
Breivikbotn
Vatnafjellet
Vatnhamn
Kårhamn
Eidvågeid
Stallogargo
Bårvik
Hasfjord
Hønseby
Hammernes
Kvalsund
Hellerisrning
Långøra
Hasvik
Øyfjorden
Nordmannsfjordjøkelen
Seilandsjøkelen
Seiland nasjonalpark
Seiland
Oldernes
Neverfjord
Porsa
Saraby
Breidalen
Sildmylingen
Krykjeberget
Loppa
Hurtigruten
Lille Lerrisfjord
Loppkalven
Silda
Elias
Kjerringfjordfjellet
Stjernøya
Store Kvalfjord
Hakkstabben
Altnes
Fieddaruran
Duoddar Sion
Loppahavet
Øra
Sandland
Nordre Bergsfjorden
Søndre Bergsfjorden
Klubbeneset
Simavik
Komagfjord
Vieluft
Hummelvik
Bergsfjord
Øksfjordjøkelen
Myrnes
Nuvsvåg
Stjernsund
Korsfjorden
Nyvoll
Storekorsnes
Skillefjordnes
Sennalandet
Levdun
Klubben
Andsnes
Neset
Skavnakk
Stor Stålen
Segvik
Sør-Tverrfjord
Sletta
Øksfjord
Øksfjorden
Klubbeneset
Kåven
Isnestoften
Mortensnes
Leirbotn
Nakkefjellet
Øksfjordtunnelen
Gamvik
Leirbotnvatn
Nymo
Laukøy
Reinfjord
Langfjordhamn
Langfjordjøkelen
Øksfjordbotn
Riverbukt
Altafjorden
Rødøya
Rødøysundet
Kvænangen
Tappeluft
Jøkelfjord
Eidsnes
Laukslette
Nikkeby
Haukøya
Spildra
Jøkelfjorden
Sopnes
Langfjorden
Talvik
Russeluft
Rafsbotn
Singla
Skjervøy
Rappvika
Hamnebukta
Alteidet
Bognelv
Lassefjellet
Vassbotnelva
Altamuseum
Storstein
Norde Kågtind
Store Taskeby
Kvænangsfjellet
Trolldastind
Klubben
Halddde
Kåfjord
Hjemmeluft
Alta
Øvre Alta
Elvestrand
Transforelva
Kågen
Flåten
Hamneidet
Valanhamn
Skorpa
Sørkjos
Burfjord
Nordlyst Observatoriet
Sattvik
Skillemo
Bjørnstad
Struve Geodetic Arc
Tverrelva
Storeng
Sandbukt
Nøklan
Elby
Tangen
Altaelva
Tverrelvdalen
Klauvnes
Straumfjordnes
Reisafjorden
Storneshamn
Undereidet
Didnovarre
Bakkeby
Oksfjordvatnet
E06
Sørstraumen
Badderen
Middavarre
Gargiafjellstue
Ravelseidet
Havnes
Langslett
Nord-Troms museum
Heimdalstind
Karvik
Sekkemo
Navit
Navitfossen
Røykfossen
Joatkajavrek
Jotkajavre fjellstue
Bæskades
Stabbursdalen
Rotsund
Sørkjosen
Storslett
Tretten
Nordreisa
Halti nasjonalparksenter
Andsjøen
Tangnesland
Trangdalselva
Eibyelva
Sorbmejiekke
Røyelva
Rieppe
Kvænangsbotn
Stuorra canyon
Holga
Moskodalen
Oappes
Navefjokka
Finnmark
Abbojavrre
Nuppevarre
Nabar
Nassa
Trang-dalsvatn
Struve Geodetic Arc
Furulund
Samueldalen
Bergmo
Vesterelva
Virdnejavrre
Suolovuobme
Reisadalen
Gakkotdalen
Kildalselva
Cuoikkajavrre
Gaccadanjavrre
Noammerjiekke
Trollvik
Sappen
Bæccegælhalde
Rages-varre
Holmenes
Kåfjordbotn
Bilto
Isfjellet
Kåfjorddalen
Puntadalen
Finnmarksvidda
Masi
Suosjav
Elvelund
Mollesjokka
Coalbmejokka
Carajavrre
Raisduottar Haldi Landskapsvernområde
Guolasjavrre
Mollijus
Kautokeinoelva
Mollisfossen
Vuomatakka
Imofossen
Caravarre
Biggejavrre
Pikefossen
Suodnjo
Cagge
Raisduoddarhalde
Rassanibba
Halti Háldi
Bidjovagge
Lappojavrre
Rovijokfossen
Tierta
Caskijas
Pitsusjärvi Bihcosjávri
Reisa nasjonalpark
Raisjavri
Stuoranjargga
Lappoluobbal
Pihtsoskongäs
Helligskogen
Toskalharji
Gievdnjegoikka
Stuorajavrre
Voulggamasjavrre
Galbba Stuora
Mieron

Maßstab 1:900 000

0 5 10 20 30 40 50 Kilometer

0 5 10 15 20 25 30 Miles

Cq
Cr
Cs
Ct
Cu
Da
Db
Dc
38
39
40
41
42
B A R E N T S S E A
B A R E N T S H A V E T
Ø s t h a v e t
Varnesodden
Steinvåg
Gamvik
Museum 71°N
Brodkorbbruket
Mehamn
888
Lang-vatnet
Risdalsfjellet
370
Koifjordvatnet
Hurtigruten
rdkinnhalvøya
Sandfjellet
486
Skjånes
Rafjorden
Hopseidet
Hopsfjorden
Skarve-neset
Berlevåg
266
Tanahorn
Havnmuseum
Vegen til Ishavet
Laukvik
Store Molvik
Raggonjargga
Raggocærro
474
Kongsfjord
Veines
890
Kongsøy-fjorden
Seibo-neset
msfjellet
554
Langfjordnes
Nervei
Langfjorden
Digermulen
Trollfjordelva
Tanafjorden
Perletind
639
Boksjok
Duolbbadas-gaissa
673
Stangenes-tinden
724
Høyholmen
544
Davgge-jávrre
Kongsfjord-fjellet
618
Kongsfjordelva
Oarddovarre
504
400
891
Vegen til Ishavet
Læs
Båtsfjord
Båtsfjordfjellet
402
Syltefjord-fjellet
Nordfjord
Syltefjorden
Syltevikmyra
Hamningberg
Hurtigruten
Varanger
11-05
Persfjorden
Blodskytodden
Krognes
Laukvik
Reinøya
Vardøya
Vardahus festning
Vardø
143
E75
Kiberg
Komagvær
Oarddojokka
Gædgga-jávrre
Varangerhalvøya nasjonalpark
Skipskjølen
633
Kjøltindan
Sandfjordelva
Tverrelva
Komagelva
Vestertana
Langnes
Sund-vatn
Smalfjord
Birke-strand
Leirpollskogen
Jakobselvvidda
Rustefjelbma
Harrkjosen
890
Vegen til Ishavet
501
Guovddaoaivve
Varangerhalvøya
Urfjellet
460
Falkefjellet
545
Ridelva
Storelva
Maskjok
Luoftjok
98
Tana
Tanabru
18
k
Varanger samiske museum
Varanger
Nyborg
E75
52
Skipagurra
Varanger-botn
Karlebotn
Nesseby
Mortensnes
Graksesteinen
Vestre Jakobselv
Paddeby
Andersby
Vadsø
Solnes
Ekkerøy
Vadsøya Kulturpark
79
Skallelv
Varanger
Vestersalv
E06
E75
895
300
Båteng
Strimmelen
Nuorgam
Njuorggán
970
Vegen til Ishavet
Polmak
Tana Museum
Niemelä
Polmakvatnet
Grasbakken
Hustufter
E06
Gandvik-neset
Lausklubben
Varangerfjorden
Gandvik
Bugøynes
Bugøya
119
Pulmankijärvi
Buolbmatjávri
Arola
Korgåsen
419
Garsjøen
250
362
uohkarggu
Bugøyfjorden
Bugøyfjord
Kielms-øya
Skoger-øya
Nord-Leirvåg
Ropelv
Grense Jakobselv
Kong Oscar II's Kapell
Uhcit Gáldoaivi
430
Pulmankijoki
Villavaara
Ullovárri
344
Storbukt
Skoltefossen
Veineset
Neiden
Neidenelva
893
St. Georgs kapell
E06
Munkelva
Munkenes
Kirkenes
Andersgrotta
Jakobsnes
Elvenes
Hesseng
Bjørnevatn
Vintervollen
Bjørnstad
886
Tårnet
Valvatnet
11-05
N
RUS
39
Liinahamari
Линахамари
Pečenga
Печенга
443
Kuorboaivi
SUOMI
FINLAND
Näätämö
Njávdán
971
Näätämöjoki
Njeavdám
Munkelva
Langfjordbotn
Sandneselva
885
Brattli
E105
P21
57
Svanhovd miljøsenter
Sevettijärvi
Čevetjávri
Rautapera
Iijärvi
Idjajávri
193
Pautujärvi
Bávdejávri
210
irvelä
uittijärvi
Store Sametti
Sågvatn
885
Triangelen
Ulnes
Oz. Kuetsjärvi
Sal'mijarvi
Сальмиярви
Zapoljarnyj
Заполярный
Luostari
Луостари
Korzunovo
Корзуново
Nikel'
Никель
G. Kuorpukas
631
Surnujärvi
Čurnajávri
Spurv-vatnet
Skogfoss
Kobbfoss
Pasvik zapovednik
ROSSIJA
Suojanperä
Vaggatem
Skogly
885
Ruskvatnet
Oz. Šuonijaur
Titovka
Титовка
Nilpijoki
Partakko
Päärtih
Surnuvuono
Čurnavuona
Nammi-järvi
Øvre Pasvik nasjonalpark
Nyrud
Oz. Terskel'jaur
Oz. Svetloe
Oz. Keubšer'jaur
Pečenga
Oz. Kaskel'jaur
971
Vasikkaselkä
Kálbiáláápi
158
Oz. Piebs'jaur
Rajakoski
Раякоски
Nautsi
Наутси
Priiečnyj
Opež'jaur

Sortland - Narvik

Bm
Bn
Bo
Bp
Bq
Br
Bs
380
386
389
42
43
44
45
46
Senja
Andøya
Polarmuseet
Andenes
Skarstein
Breivik
Myrset
Stave
Dungan
Andfjorden
Kveitemuseum
Sjursvik
Skrollsvik
Senjehesten
Krøttøya
Bjarkøya
Grylleford
Torskenfjorden
Grunnfarnesbotn
Holmenvær
Medby
Kaldfarnes
Kaperfjellet
Ånderdalen
Ånderdalen nasjonalpark
Flakkstadvåg
Kvænan
Gjøvik
Rødsand
Stonglandet
Tranøy kirke
Skatvik
Vangsvik
Kampevoll
Bygdemuseum
Lekangsund
Dyrøya
Dyrøyhamn
Langhamn
Spekkelv fossen
Enga
Gibostad
Kvannås
Sørli
Silsand
Finnsnes
Vågan
Solbergfjorden
Lenvik Bygdemuseum
Bjorelvnes
Kistefjell
Finnfjordeidet
Rønningen
Storneset
Hemmingsjord
Grunnreisgården
Sørreisa
Straumen
Tårnelv
Steinheim
Målsnes
Aursfjordgård
Keianes
Lunneborg
Mestervik
Nordfjordbotn
Furudal
Storsteinnes
Myrvaug
Karlstad
Rossvoll
Målselv
Blåtind
Moen
Rognmo
Fossmotunet
Målselvfossen
Mauken
Rundhaug
Takvatnet
Øverbygd
Espenes
Brøstadbotn
Bjørkebakken
Rubbåsen
Fossmo
Svartåsen
Andsvatnet
Solstad
Andselv
Bardufoss
Skoelvbrua
Hjørttind
Elverom
Snøfjell
Løksebotn
Sørfjord
Løksetind
Salangen
Sjøvegan
Røyrbakken
Rønningen
Istind
Isselvmo
Alappen
Solbø
Storala
NORGE
Bardu kirke
Setermoen
Tuvsletta
Isogaissa
Haugen
Strømsør Fjellgård
Strømsmo
Fagerlia
Lavangen
Tennevoll
Lunde
Lifjell
Øvergard
Polarzoo
Bones
Snøhetta
Rohkunborri nasjonalpark
Vadvetjåkka nasjonalpark
Harstad
Trondenes kirke
Grottebadet
Trondenes
Bremnes
Sollia
Storvik
Elgsnes
Grytøya
Lundenes
Fenes
Sandsøy
Austnes
Bjarkøy
Vikran
Kinn
Gapøya
Myrland
Elde
Kvæøya
Hokland
Borkenes
Gunnesdal
Sandvik
Straumen
Kilbotn
Breivik
Sørvik
Brokvik
Revsnes
Kjengsnes
Kommelhaug
Holand
Aspenes
Fossestua
Rundfjellet
Gausvik
Evenskjær
Sandtorg
Fiskefjord
Kongsvik
Tjeldsund
Fjelldal
Gullesfjordbotn
Gullholmen
Kanstad
Valvåg
Trollfjellet
Vargeneset
Tjeldøya
Ramnes
Lødingen
Russhaugen
Odden
Nes
Skarstad
Barøya
Rinøyvåg
Andørja
Nordrollnes
Rolla
Drangen
Ibestad
Sørvik
Selnes
Handelssted
Myrlandshaug
Kjeiprød
Hesjeberg
Hilleshamn
Foldvik
Straumsnes
Gratangsbotn
Båtmuseet
Turiststasjon
Spanstind
Fossbakken
Vågsfjorden
Astafjorden
Sørrollnes
Strætø
Fornes
Grov
Helleren
Tovik
Øyvatnet
Steinsland
Nipen
Skittendalstinden
Laberget
Dudalstinden
Minde
Rivtind
Lavangseidet
Bogen
Bjerkvik
Herjangen
Herjangsfjorden
Vassdal
Meby
Ramsund
Liland
Evenes
Østervik
Ofoten
Ofotfjorden
Tangvik
Narvik
Ankenes
Leirvik
Trældal
Nygård
Straumsnes
Skogvatnet
Rombaksbotn
Bjørnfjell
Riksgränsen
Vassijaure
Vassejávri
Katterjåkk
Gatterjohka
Björkstugan
Abisko turiststation
Abisko nationalpark
Abisko
Torneträsk
Tornehamn
Björkliden
Pålnoviskstugan
Jiepreniåkkstugan
Njulla
Malmbanan
Fagernesfjell
Beisfjord
Sjursheim
Bläisen
Sælkačokka
Vuoitasrita
Lapporten
Nissuntjårro
Tjåmuhas
Djupvik
Kjeldebotn
Karihaug
Bøstrand
Skjærvik
Arnes
Ballangen
Råna
Grindjord
Kongsbakktinden
Lengenes
Skjomen
Storsteinfjellet
Losivatnet
Unna Allakasstugorna
Kartejåkka
Kåtotjåkka
Mårmatjåkka
Moarhmmáčohkka
Vistasstugorna
Alesvagge
Vistasvagge
Jettegryter
Langvåg
Kjerringvik
Djupdalsaisen
Bjørkåsen
Snøtoppa
Reintinden
Erostisen
Rånvassbotn
Naturreservat
Forså
Nerdal
Tysnes
Korsnes
Skarberget
Skjellesvik
Bognes
Tysfjorden
Hundholmen
Stetind
Indre Tysfjorden
Isfjell
Gamnes
Bokholm
Nordelva
Fjellbu
Durmålstind
Storriten
Baugevatnet
Ulvsvåg
Hulløya
Kjøpsvik
Tømes
Drag
Årran
Kjervika
Helland
Klingenberg
Røttangen
Innhavet
Tømmerneset
Grunnfjordbotn
Råna
Giccečokka
Bjørntoppen
Betsegama
Storfjellet
Markotjåkka
Tutturjaure
Kaisejaure
Kungsleden
Kaskasatjåkka
Kaskasapakte
Nordtoppen
Sydtoppen
Kebnekaise
Kebnekaise fjällstation
Nikkaluokta
Nikkaluokta kapell
Ladtjovagge
Rusjka
Liddopakte
Musken
Strinda
Sandnesbotn
Hellemobotn
Kråkmo
Kråkmotinden
Lotthus
Slumkajavre
Livsejavre
Ruonasdalen
Sårkajaure
Upmasjaure
Alitáive
Sitasjaurestugorna
Norrbottens län
SVERIGE
Seukojaure
Atjektjåkka
Ruotjajaure
V. Ritjemjåkk
Kaitumjaure
Kåtsak
Mørsvikbotn
Reinoksfjellet
Sildhopen
Kobbskaret-tunnelen
Gaskačokka
Reinoksvatnet
Kobbvatnet
Veikdalsisen
Korken
Sørfjordmo
Ridoalkečokka
Lappviste
Vaisaluoktastugan
Kalpejaure
Stipok
Slappejaure
Kaffiaktjåkka
Stora Sjöfallets nationalpark
Akkajaure
Akkavare
Rappattjårro
Kårsatjåkka
Sjaunja naturreservat
Pålnotjåkkå
Suorva
Vietas
Viedás
Juobmotjåkkå
Stora Sjöfallet
Sjöfallstugan
Lulep Kierkau
Sallohaure
Vastenjaure
Vastenjávrre
Låddejåkkstugan
Padjelanta nationalpark
Padjelanta np.
Laponia
Sareks nationalpark
Sarek
Sarektjåkkå
Skanatjåkkå
Kukkesvagge
Rago nasjonalpark
Nordfjord
Virihaure
Årasluoktastugorna
Satihaure
Bjorkudden
Pietsaure
Laddejåkkstugan
Sørrollnes
E06
E10

Kiruna Giron - Kittilä

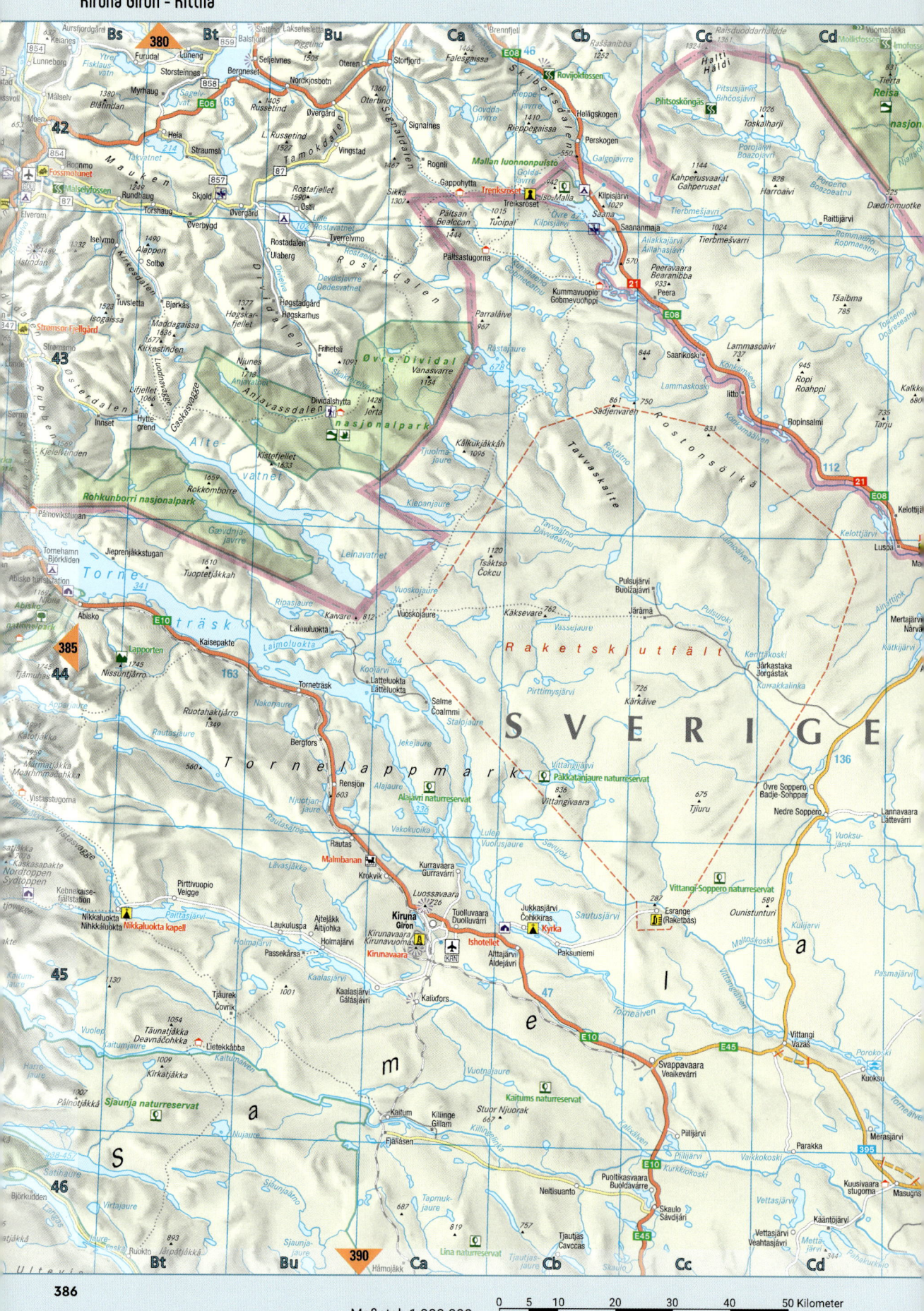

381
Cf
Cg
Ch
Ci
Ck
382
Cl
Cm
NORGE
SUOMI
FINLAND
Lappi
Lapin lääni
Bidjovagge
Piketfossen
Suodnjo
Iškuras
Lappojavrre
Stuoragoržže
Bæivašgiedde
Stuoranjargga
Lappoluobbal
Gievdnjegoikka
Jorgastak
Aslakkala
Ranttila
Gæssagielas
Galbba Stuora
Karašjohka
Gošjokka
Stuorajavrre
Mieron
Vouggamasjavrre
Cuonovuoppi
Bygdetun
Kautokeino
Guovdageainnu
Oaivoš
Avžže
Struve Geodetic Arc
Juhls' Silvergallery
Njallajavrre
Galmmat
Bassevuovdde
Angeli
Ánnel
Agjet
Galanito
Siebe
Akkanasvarre
Lavvoaivve
Akkanasgierrat-javrek
Maaderoaivi
Bahtoaivi
Øvre Anárjohka nasjonalpark
Noarwaš
Gavdnjajávri
Skiehččanoaivi
Maarestatunturi
Márastat
Ravadaskönggäs
Viipustunturi
Viibustuodda
Jänispää
Aiddejavrre Fjellstue
Gædgejavrre
Suolujavrre
Bajašjavrre
Pöyrisjärvi
Bievrrašjávri
Urtivaara
Urdevárri
Kivilompolo
Näkkälä
Neahčil
Jierstivaara
Jierstavárri
Porrastunturi
Tarvantovaara
Darvvatvárri
Palojärvi
Bálojávri
Lemmenjoen kansallispuisto
Avisuoratunturi
Kalmankaltio
Repojoki
Repokaira
Leppäjärvi
Leaibejávri
Kaaresuvanto
Gárasavvon
Karesuando
Jatuni
Kuttainen
Kuttanen
Guhttás
Vähaniva
Enontekiö
Eanodat
Vuontisjärvi
Vuottesjávri
Nunnanen
Njunnás
Peltovuoma
Bealdovuopmi
Lisma
Korsatunturi
Gorsaduoddar
Ivalon Matti
Avvil Mahtte
Muotkajärvi
Palojoensuu
Bálojohnjálbmi
Pyhäkero
Ketomella
Rássegieddemielli
Ketojärvi
Pasmajärvi
Uurrekarkia
Taatsin seita
Kaalima
Poroaitamuseo
Pokka
Paittasjärvi
Báittasjávri
Ounastunturi
Pallas-Ounastunturin kansallispuisto
Ruototunturi
Äijäjoki
Suijavaara
Sudjávárri
Sonkamuotka
Vuontispirtti
Raattama
Ráhtan
Pulju
Särkijärvi
Lompolo
Kätkesuando
Kätkäsuvanto
Saatukkavaara
Noidanppla
Yli-Muonio
Pallastunturi
Pallastunturin matkailuhotelli
Pallasjärvi
Yllästunturin
Kurkkio
Tepasto
Korpela
Pessinki naturreservat
Halju
Muonio
Kalapirtti
Keimiötunturi
Pöntsö
Hanhimaa
Muodoslompolo
Merasjärvi
Taipaleensuu
Muonionalusta
Olostunturi
Rauhala
Veltservasa
Köngäs
Rouravaara
Kiistala
Rautuskylä
Muotkavaara
kansallispuisto
Sirkka
Levi
Rasti
Vesmajärvi
Kitkiöjärvi
Kitkiöjoki
Kangosjärvi
Mäki-Kokko
Kumputunturi
Vitsikkopalo
Äkäsmylly
Nilivaara
Siitonen
Jeesiäjärvi
Parkalompolo
Parkajoki
Tiurajärvi
Salmivaara
Aakenustunturi
Vitsakumpu
Kittilä
Kuusajoki
Hormakumpu
Oksajärvi
Kaarnevaara
Pakajärvi
Lainiotunturi
Äkäslompolo
Kerantöjärvi
Hukanmaa
Pissiniemi
Kihlanki
Hannukainen
Ylläs
Ylläsjärvi
Tepsa
Koskama
Kelontekemä
Kelontekemäjärvi
Nuksujärvi
Kihlanki
Vanha-Kihlanki
Tapojärvi
Lumivaara
Lietarova
Kaukonen
Niemelä
Mäntyrinne
Kangos
Aareavaara
Äkäsjokisuu
Junosuando
Cunusavvon
Masugnsruinerna
Huuki
Kallo
Käymäjärvi
Saaripudas
Kurtakko
Maunujärvi
Kaunisvaara
Kolarinsaari
Mella
Kaunisjoensuu
Teurajärvi
Alakylä
Hinganmaa
Lautakoski
Lovikka
Kolari
Kokkovaara
Moikojärvi
Kierinki
391
42
43
44
45
46

Sandnessjøen - Sorsele

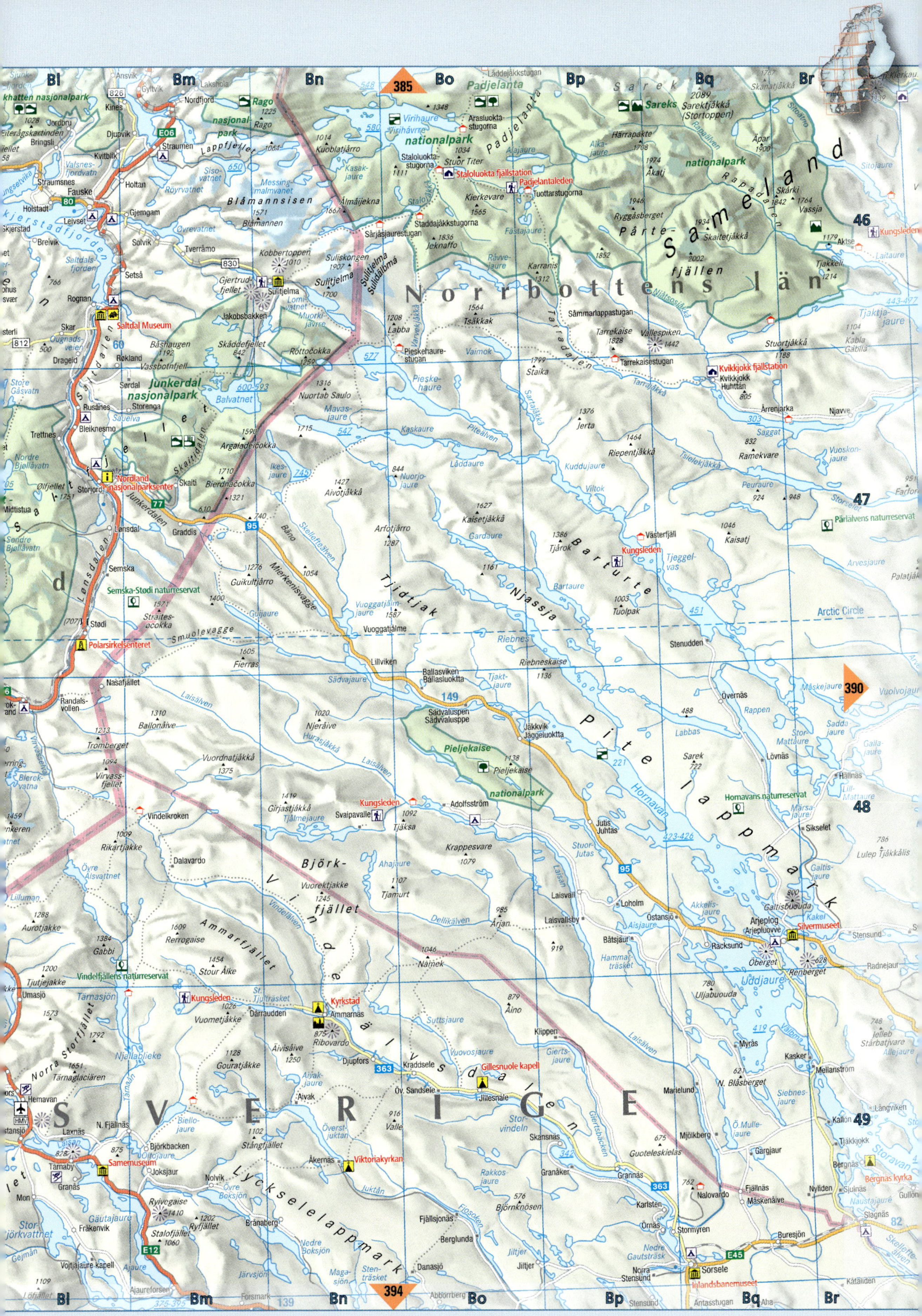

385
390
394
Bl
Bm
Bn
Bo
Bp
Bq
Br
46
47
48
49
Padjelanta
Padjelanta nationalpark
Sareks nationalpark
Sarek
Sarektjåkkå (Stortoppen)
Sameland
Pårte-fjällen
Norrbottens län
Rago nasjonalpark
Blåmannsisen
Sulitjelma
Saltdal Museum
Junkerdal nasjonalpark
Nordland nasjonalparksenter
Saltdalen
Lønsdalen
Semska-Stødi naturreservat
Polarsirkelsenteret
Kvikkjokk fjällstation
Kvikkjokk
Staloluokta fjällstation
Padjelantaleden
Kungsleden
Pärlälvens naturreservat
Arctic Circle
Barturte
Njassja
Tjidtjak
Pieljekaise nationalpark
Pitelappmark
Hornavan
Hornavans naturreservat
Arjeplog
Silvermuseet
Uddjaure
Björk-fjället
Vindelfjällen
Ammarfjället
Vindelfjällens naturreservat
Vindelälvsdalen
Kyrkstad
Ammarnäs
Gillesnuole kapell
Viktoriakyrkan
Lycksele lappmark
Samemuseum
Hemavan
Tärnaby
Sorsele
Inlandsbanemuseet
Bergnäs kyrka
SVERIGE
Fauske
Rognan
Storjord
Graddis
Tjärnberget
Jäkkvik
Laisvall
Slagnäs
Stensele
Kittelfjäll
Adolfsström
Ballasviken
E06
E12
E45
80
77
95
149
363

Malmberget - Tornio

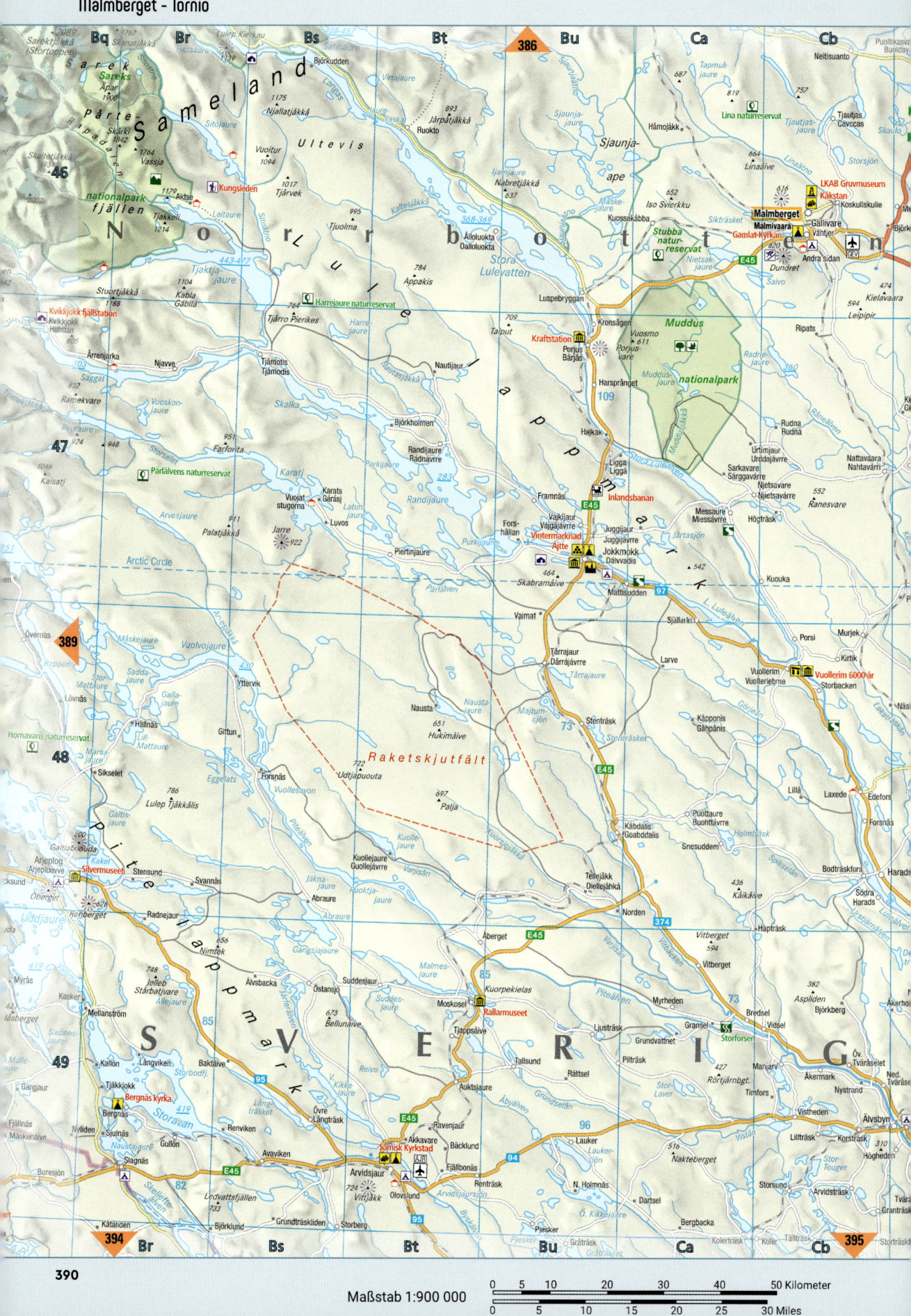

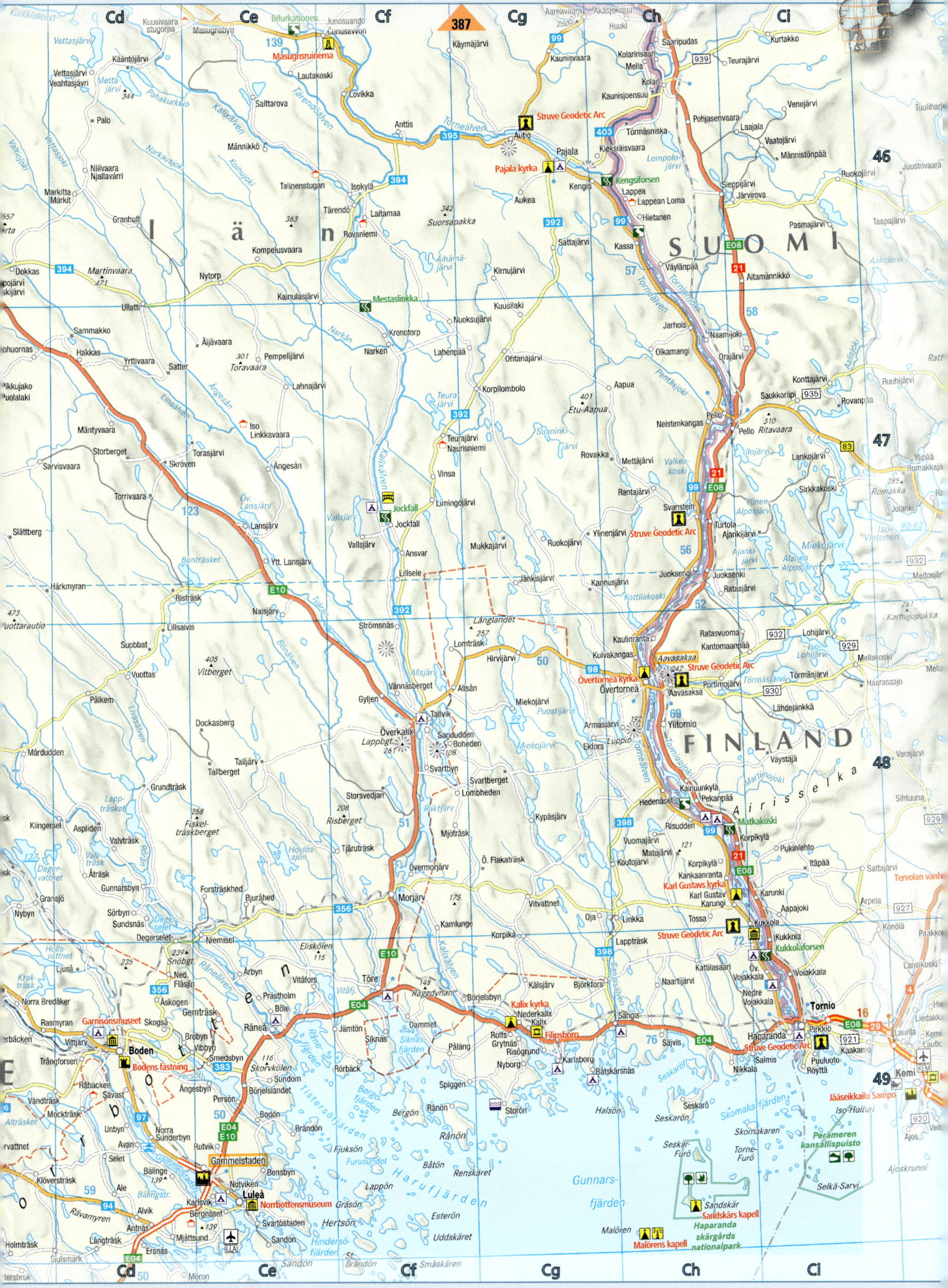
Cd
Ce
Cf
Cg
Ch
Ci
387
46
47
48
49
SUOMI
FINLAND
Airisselka
Kurkkiokoski
Kuusivaara stugorna
Masugnsbyn
Bifurkationen
Junosuando
Lannavaara
139
Masugnsruinerna
Aareavaara
Äkäsjokisuu
Huuki
Käymäjärvi
99
Kaunisvaara
Kolarinsaari
Mella
Kolari
Saaripudas
939
Teurajärvi
Kurtakko
Vettasjärvi
Kääntöjärvi
Vettasjärvi
Veahtasjärvi
Mettäjärvi
344
Pahakurkkio
Lautakoski
Lovikka
Kaunisjoensuu
Venejärvi
Tuulihari
Palo
Saittarova
Kalixälven
Tärendöälven
Anttis
Struve Geodetic Arc
Autio
Pohjasenvaara
Laajala
Vaatojärvi
Männistönpää
Torneälven
395
403
Törmäsniska
Männikkö
Narkausjoki
Niilivaara
Njallavärri
Koinujoki
Pajala
Kieksiäisvaara
Lompolojärvi
Markitta
Märkit
Talinenstugan
Isokylä
394
Pajala kyrka
Kengis
Kengisforsen
Lappea
Lappean Loma
Hietanen
Sieppijärvi
Järvirova
Ruokojärvi
Juustovaara
Granhult
363
Tärendö
Laitamaa
342
Suorsapakka
Aukea
392
Taapajärvi
Pasmajärvi
Rovaniemi
Sattajärvi
Kassa
Väylänpää
E08
21
Aitamännikkö
Kompelusvaara
Alhamäjärvi
Kirnujärvi
57
Dokkas
394
Martinvaara
471
Nytorp
Kainulasjärvi
Mestaslinkka
Ullatti
Kuusilaki
Nuoksujärvi
58
Jarhois
Naamijoki
Sammakko
Kronotorp
Narken
Lahenpää
Olkamangi
Orajärvi
Hakkas
Yrttivaara
Äijävaara
301
Toravaara
Pempelijärvi
Ohtanajärvi
Pentäsjoki
Satter
Lahnajärvi
Korpilombolo
Aapua
Konttajärvi
Ruuhijärvi
Saukkoriipi
935
Rovanpää
Pikkujako
Puolalaki
Teurajärvi
401
Etu-Aapua
Pello
310
Ritavaara
Neistenkangas
Iso Linkkavaara
Mäntyvaara
Teurajärvi
Naurisniemi
Suaninkijärvi
83
Rovakka
Mettäjärvi
Lankojärvi
Storberget
Torasjärvi
Skröven
Ångesån
Kalixälven
Vinsa
Valkeakoski
Sarvisvaara
Ängesån
Rantajärvi
99
E08
Sirkkakoski
Romakka
285
Torrivaara
Övre Lansjärv
Jockfall
Limingojärvi
Svanstein
Struve Geodetic Arc
Turtola
Ajankijärvi
Ylinen Alposjärvi
Jolanki
Slättberg
123
Lansjärv
Vallsjärv
Vallsjärvi
Ansvar
Mukkajärvi
Ruokojärvi
Ylinenjärvi
56
Miekojärvi
Isovietonen
Bonträsket
Ytt. Lansjärv
Alanen Alposjärvi
932
Meltosjär
Härkmyran
E10
Lillsele
Jänkisjärvi
Juoksengi
Juoksenki
Ratasjärvi
Risträsk
Kannusjärvi
Kattilakoski
52
473
Puottaurautio
Naisjärv
392
Strömsnäs
Långlandet
257
Puostijoki
Karhujupukka
Ratasvuoma
Kantomaanpää
932
Lohijärvi
929
Lillsaivis
Kaulinranta
Suobbat
405
Vitberget
Lomträsk
Hirvijärvi
50
Kuivakangas
98
Aavasaksa
Struve Geodetic Arc
Mellakoski
Vuottas
Bönälven
Allsjärv
Övertorneå kyrka
242
Törmäsjärvi
Vännäsberget
Allsån
Övertorneå
Aavasaksa
Portimojärvi
930
Haarasaajo
Pålkem
Gyljen
Miekojärvi
Puostijärvi
69
Lähdejankkä
Dockasberg
Tallvik
Armasjärvi
192
Ylitornio
Lappbgt.
261
Överkalix
Sandudden
Boheden
108
Ekfors
Luppio
Mårdudden
Taiijärv
Tallberget
Svartbyn
Svartberget
Lombheden
Väystäjä
Varajärvi
Grundträsk
Storsvedjan
208
Risberget
Rukträsk
Kypäsjärvi
Kaiunkylä
Pekanpää
Hedenäset
Sihtuuna
Lappträsket
258
Fiskelträskberget
51
Risudden
99
Matkakoski
Korpikylä
Kiingersel
Aspliden
Valvträsk
Tjäruträsk
Mjöträsk
398
Vuomajärvi
121
Matojärvi
Pukinlehto
Ö. Flakaträsk
Koutojärvi
Korpikylä
21
E08
Itäpää
Sattajärvi
Tervolan vanha
Degervattnet
Åträsk
Övermorjärv
Kankaanranta
Karl Gustavs kyrka
Karunki
Gunnarsbyn
Forsträskhed
Karl Gustav
Karungi
Aapajoki
Gransjö
Bjuråhed
356
Morjärv
175
Vitvattnet
Oja
Linkka
Tossa
927
Arpela
Nybyn
Sörbyn
Sundsnäs
Kamlunge
Korpikå
Lappträsk
Kukkola
Kukkola
Kukkolaforsen
Konölä
Degerselet
239
Snöbgt.
Niemisel
Eliskölen
115
E10
398
Struve Geodetic Arc
Kattilasaari
Ov. Vojakkala
Voiakkala
Lansikoski
Hollsvattnet
235
Ljusä
Ned. Flåsjön
Arbyn
Vitåfors
Töre
Raggdynan
Björkfors
Naartijärvi
Kraksträsk
356
Åskogen
Prästholm
E04
148
Börjelsbyn
Kälsjärv
Nedre Vojakkala
Norra Bredåker
Gemträsk
Böle
Kalix kyrka
Nederkalix
Kalix
Tornio
Rasmyran
Garnisonsmuseet
Skogså
Råneå
Jämtön
Dammet
Filipsborg
Säivis
Haparanda
Pirkkiö
E08
16
29
Vittjärv
Brobyn
Siknäs
Rolfs
Grytnäs
Risögrund
Sängis
76
E04
Struve Geodetic Arc
Salmis
Puuluoto
921
Kaakamo
Boden
Bodens fästning
Smedsbyn
Persöfjärden
116
Skorvkölen
Rörbäck
Påläng
Nyborg
Karlsborg
Båtskärsnäs
Nikkala
Röyttä
Kemi
Trångforsen
383
Sundom
Spiggen
Seskarö
Seskarö
Skomakafjärden
Jääseikkailu Sampo
Råbacken
Savast
Angesbyn
Börjelslandet
Tistersöfjärden
Bergöfjärden
Bergön
Rånön
Storön
Halsön
Iso-Huituri
Vändträsk
Persön
Mockträsk
97
Unbyn
Norra Sunderbyn
50
E04
E10
Bodön
Brändön
Rånön
Skomakaren
Torne-Furö
Perämeren kansallispuisto
Ajos
Seskar-Furö
Altrásket
Selet
Avan
Rutvik
Gammelstaden
Fjuksön
Furusundet
Båtön
Renskäret
Gunnarsfjärden
rvattnet
Bälinge
139
Notviken
Bensbyn
Haruffjärden
Selkä-Sarvi
Ajoskrunni
Klöverträsk
59
Ale
Luleå
Lappön
Sandskär
Sandskärs kapell
Haparanda skärgårds nationalpark
94
Karlsvik
Norrbottensmuseum
Gräsön
Rävamyren
Alvik
Bergnäset
139
Svartöstaden
Hertsön
Esterön
Antnäs
Mjättsund
Sandön
Hindersöfjärden
Uddskäret
Malören
Malörens kapell
Holmträsk
Långträsk
LLA
Ersnäs
Sulsmark
E04
Sandön
Brändön
Småskären
Cd
50
Moron
Ce
Cf
Cg
Ch
Ci
tersbruk

Steinkjer - Strömsund

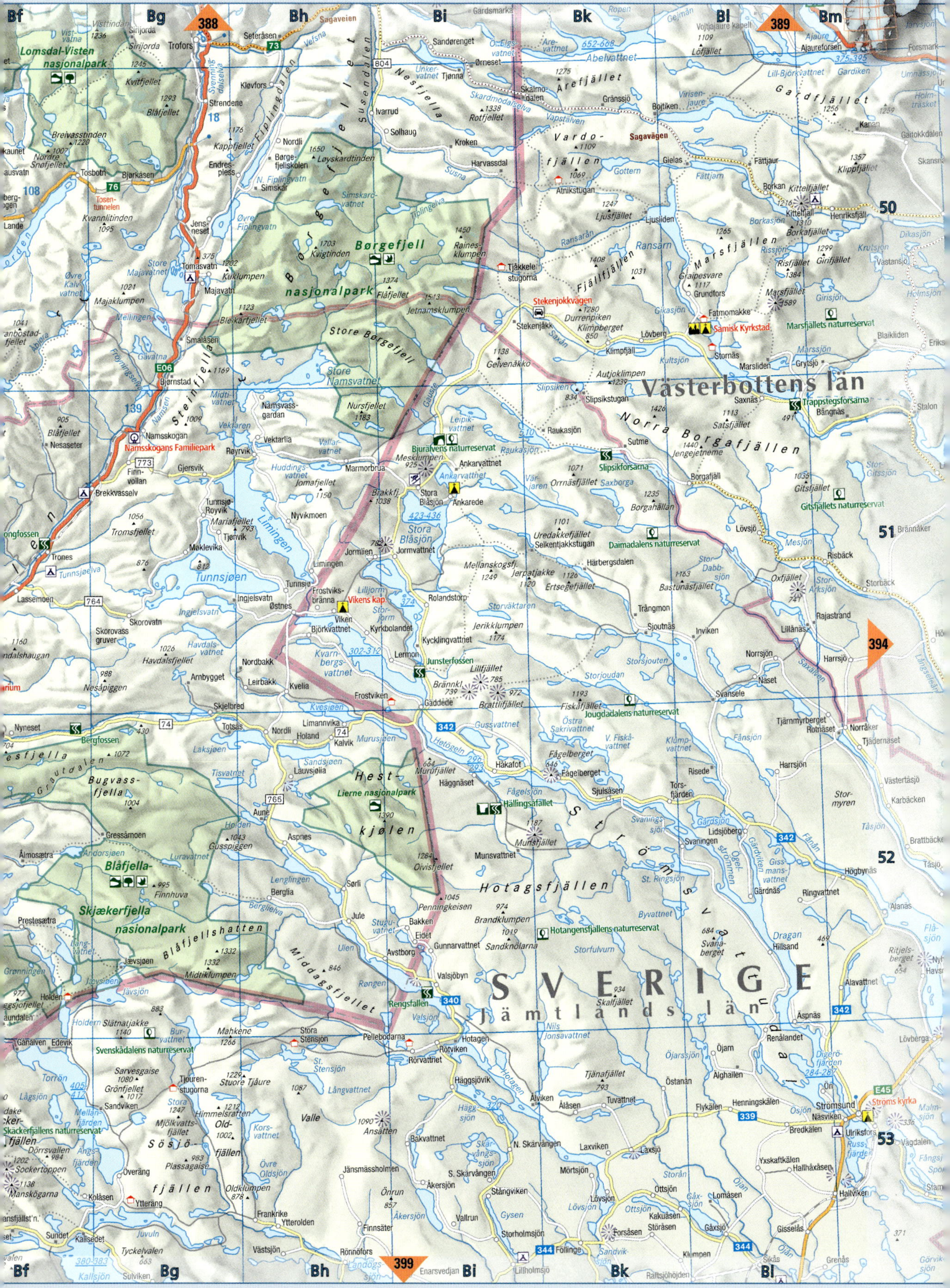
Bf
Bg
Bh
Bi
Bk
Bl
Bm
388
389
394
399
Lomsdal-Visten nasjonalpark
Børgefjell nasjonalpark
Store Børgefjell
Store Namsvatnet
Västerbottens län
Norra Borgafjällen
Marsfjällen
Marsfjällets naturreservat
Samisk Kyrkstad
Stekenjokkvägen
Sagavägen
Sagaveien
Fjällfjällen
Vardofjällen
Arefjället
Gardfjället
Kittelfjäll
Klimpfjäll
Saxnäs
Trappstegsforsarna
Slipsikforsarna
Bjurälvens naturreservat
Daimadalens naturreservat
Gitsfjällets naturreservat
Jougdadalens naturreservat
Junsterforsen
Vikens kap.
Namsskogan
Namsskogans Familiepark
Tunnsjøen
Limingen
Gäddede
Frostviken
Hest kjølen
Lierne nasjonalpark
Blåfjella-Skjækerfjella nasjonalpark
Bugvassfjella
Blåfjellshatten
Middagsfjellet
Hotagsfjällen
Hotagensfjällens naturreservat
Hällingsåfallet
Ströms vattudal
Rengsfallen
SVERIGE
Jämtlands län
Svenskådalens naturreservat
Skäckerfjällens naturreservat
Sösjöfjällen
Strömsund
Ströms kyrka
Stor-myren
Hoting
Föllinge
Gaddede
E06
E45
50
51
52
53

Storuman - Umeå

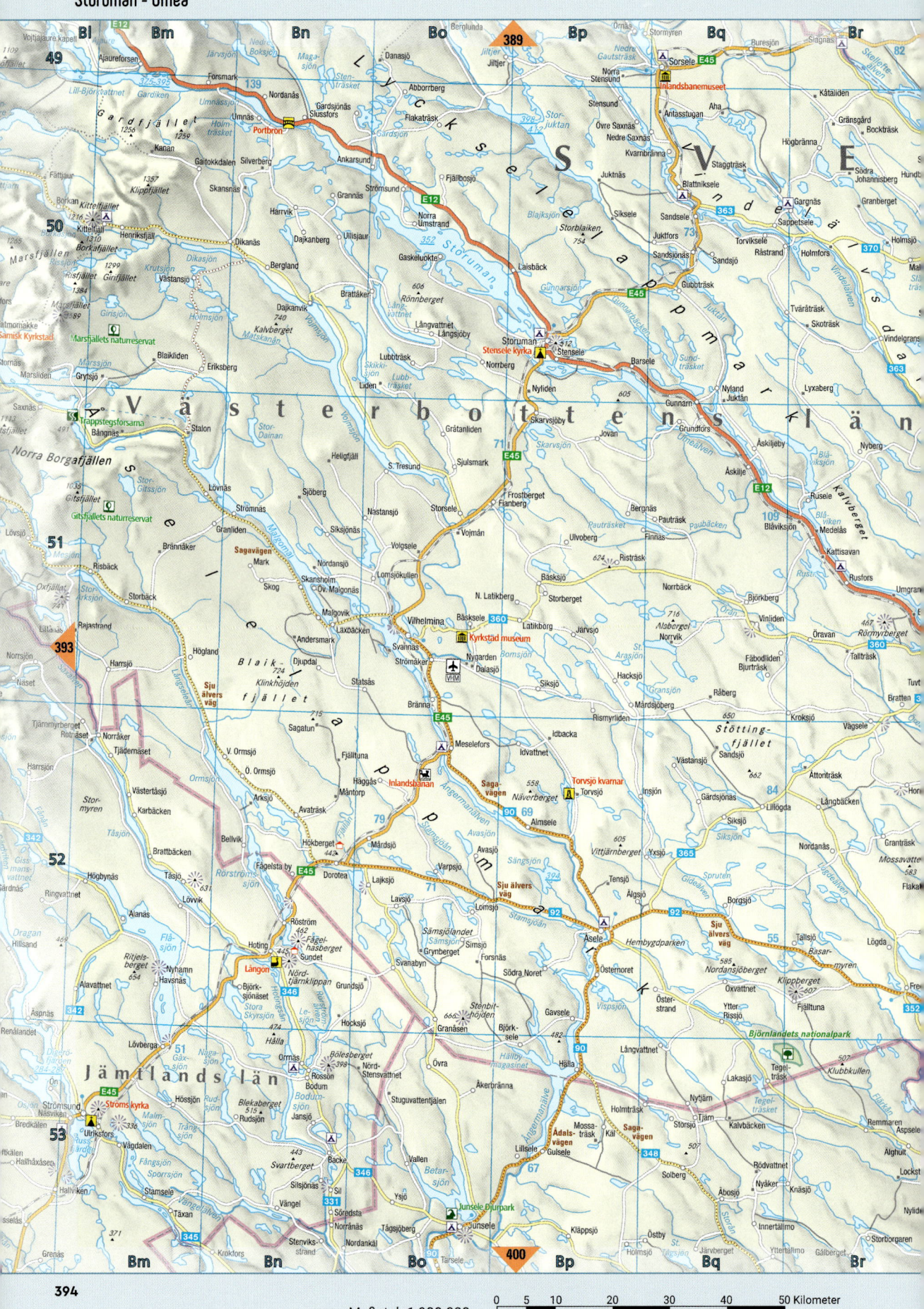

Bs
Bt
Bu
Ca
Cb
Cc
Cd
390
401
49
50
51
52
53
R I G E
Norrbotten
Västerbotten
Vindelälvsdalen
BOTTNISKA VIKEN
POHJANLAHTI
Västra Kvarken
Arvidsjaur
Vittjäkk
Olovslund
Fjällbonäs
Renträsk
N. Holmnäs
Dartsel
Storsund
Arvidsträsk
Tvärån
Granträsk
Sikfors
Holmträsk
Sjulsmark
Långträsk
Grundträskliden
Storberg
Pjesker
Gråträsk
Bergbacka
Kolerträsk
Koler
Tallträsk
Storträskbyn
Altersbruk
Stridholm
Rosvik
Norrfjärden
Hedberg
Brunmyrheden
Aspliden
Abborrträsk
Strömfors
Storgranliden
Långträsk
Finnliden
Skogsberget
Lillpite
Böle
Långnäs
Öjebyn
Piteå
Berkön
Bäcknäs
Grundträsk
Hålberg
Högbacken
Önusberg
Roknäs
Sjulnäs
Svensbyn
Öjeby kyrkstad
Bergsviken
Pitholmen
Piteå stadskyrka
Munksund
Hortlax
Kokträsk
Rönnliden
Baktsjaur
Utterliden
Svanträsk
Lillträsk
Myrheden
Granträskmark
Blåsmark
Hemmingsmark
Mörtjärn
Morang
Högbränna
Ullbergsträsk
Träskholm
Åselet
Klubbfors
Bondön
Bondöfjärden
Lainejaur
Glommersträsk
Järvträsk
Missenträsk
Stenträsk
Grundträsk
Grönbo
Hedfors
Jakobsfors
Jävre
Högbgt.
Malå
Björkliden
Långträsk
Vithatten
Storträsk
Flarkmyren
Melsträsk
Fällfors
Alund
Gagsmark
Gravrösen
Tjamstanberget
Fårträsk
Storklinten
Degerträsk
Knöllen
Nygard
Finnträsk
Källbomark
Kinnbäck
Jävre
Sandön
Rentjärn
Brännäs
Ö.-Åliden
Klöverfors
Nyfors
Röskå
Åmliden
Nicknoret
Menssträsk
Petikträsk
Björkliden
Jörn
Österjörn
Stavaträsk
Lundbacken
Seglerlund
Seleit
Tämeträsk
Abyn
Åvan
Renholmen
Lillholmträsk
Örträsk
Linbana
Algträsk
Svansele
Lillkågeträsk
Nide
Stormark
Bjurselet
Gravrösen
Tåme
Båtvik
Byske
Byske kyrka
Norra
Furuögrund
Raggsjö
Gissträsk
Norsjövallen
Bjurträsk
Kusfors
Petiknäs
Renström
Gran
Sandfors
Drängsmark
Stenabäck
Björknäs
Norsjö
Bastutjärn
Strömfors
Kusmark
Frostkåge
Kåge
Östvik
Östanbäck
Vormträsk
Näset
Arnberg
Pjäsörn
Gruvmuseum
Boliden
Ersmark
Storkåge
Varuträsket
Varuträsk
Boviken
Kattisberg
Kågnäset
Ruskträsk
Altarliden
Ruskele
Risliden
Hemmingen
Risberg
Bastuträsk
Finnforsfallet
Rönnoret
Grönliden
Forsbacka
Medle
Skellefteå
Vitbgt.
Kyrkstugor
Klemensnäs
Ursviken
Skelleftehamn
Hålfjärden
Ajaur
Kattisträsk
Klutmark
Bergsbyn
Örviken
Rönnskär
Manjaur
Stensund
Siksele
Mårdsele
Mårdseleforsen
Kalvträsk
Skråmträsk
Gummark
Ragvaldsträsk
Bureå kloster
Bureå
Skellefteå-bukten
Falmark
Sjöbotten
Burvik
Busjön
Holmträsk
Degerlund
Ljusvattnet
Järvtjärn
Lycksele
Skogsmuseet
Lycksele djurpark
Arvträsk
Savsjön
Petisträsk
Åsträsk
Vitlvattnet
S. Renbergsvattnet
Väster Hjäggböle
Mjödvattnet
Nedre Back
Kasböle
Bjuröklubb
Överbo
Ekorrträsk
Bjursele
Amsele
Storbrännan
Burträsk
Bodbyn
Lappvattnet
Dåglöster
Vallen
Uttersjöbäcken
Bjurön
Slipstensjön
Ektråsk
Tallträsk
Rotsjön
Innansjön
Kvarnbyn
Kvarnriset
Bäckboda
Hökmark
Fjälbyn
Knaften
Ekorrsele
Ljusvattensbgt.
Västanträsk
Bygdeträsk
Vebomark
Mångbyn
Blacke
Gäddträsk
Lillsele
Forsarnas väg
Storsävarträsk
Kålaboda
Lövånger
Kallviken
Yttersjön
Sjöbrånet
Välvsjöliden
Byggdsiljum
Bränle
Kyrkstad
Avan
Stryckselé
Bergnäs
Hällnäs
Kamsjö
Innerträsk
Storsandsjö
Itterträsk
Gulltjärn
Korssjön
Flarken
Bysträsk
Långsele
Granberget
Kussjön
Buberget
Åkullsjön
Botsmark
Överklinten
Gumboda
Ånäset
Hertsånger
Gumbodahamn
Grano
Abborrtjärn
Kryckelfjärn
Ånäset
Robertsfors
Granberget
Skärda
Ottonträsk
Vindeln
Häggnäs
Gravfors
Robertsfors bruk
Sikeå
Vindelforsarna
Forsarnas väg
Mickelsträsk
Ö. Sjulsmark
V. Sjulsmark
Rickleå
Örträsk
Sundö
Skivsjön
Hälsingfors
Fällfors
Bäck
Innfällan
Utifällan
Rödånäs
Gravmark
Kroksjö
Nyåkerstjärn
Sunnansjö
Tvärålund
Åglund
Furunäs
Bygdeå kyrka
Bygdeå
Dalkarsä
Örestrom
Ström
Rambo
Ramsele
Tallberg
Tavelsjö
Trehörningen
Bullmark
Östersele
Bodbyn
Djäkneboda
Ratan
Mareografen
Sunnanå
Näsland
Långviksvallen
Flurkmark
Ratu
Lillarmsjö
Kolksele
Tvärabäck
Spöland
Tavelsjön
Ängermanbalen
Näsmark
Bjurholm
Sju älvars väg
Vännäsby
Hissjön
Fällforsån
Balsjö
Vännäs
Blåvägen
Tväråmark
Gubbböle
Sörfors
Håkmark
Ersmark
Sävar
Norrfjärden
Strömåker
Agnäs
Brännland
Pengsjö
Gammlia
Ytterboda
Östnäs
Karlsbäck
Hjåggsjö
Baggböle
Backen
Umeå
Tåftea
Skeppsvik
Holmön
Mjösjöby
Bjärten
Degersjön
Umeå Energicentrum
Klabböle
Bildmuseet
Röbäck
Hössjö
Innertavle
Norrfors
Tallbergsbroarna
Hörnsjö
Nyåker
Gräsmyr
Djäkneböle
Stöcksjö
Stöcke
Ängesön
Holmsund
N. Nordsjö
Kantsjö
Hemliden
Hummelholm
Mullsjö
Blåvägen
Holmöarnas naturreservat
Trehörningsjö
Högland
Sörmjöle
Strömsbäck
Obbola
Storfall
Sunnansjö
Baggård
Örsbäck
Normjöle
Grossgrunden
Långvattnet
Lemesjö
Brattfors
E04
E12
92
95
363
364
365
370
372
373
353

Ålesund - Kristiansund

Ap
Aq
Ar
As
At
Au
Frøya
Hitra
Smøla
Frøyfjorden
Trondheimsleia
Trondheimsfjorden
Kristiansund
Averøya
Atlanterhavsvegen
Hurtigruten
Molde
Romsdalsmuseet
Orkanger
Kuliesteinen
Reins kloster
Hitratunnelen
Oppdal
Sunndalsøra
Surnadalsøra
Øksendalsøra
Øksendalstunnelen
Oppdølsstrandtunnelen
Innerdalshytta
Vinjeøra
Søvasskjølen
Trønaholt
Trollheimen
Surnadal
Bøyerdalen
Gjevilvatn
Vognill
Skisenter
Gravteltet
Remfo kyrkje
Sunndalen
Littledalen
Eikesdalsvatnet
Mardalsfossen
Åndalsnes
Isfjorden
Romsdalen
Romsdalshorn
Trollstigen
Trollveggen
Geiranger-Trollstigen
Rauma
Dovrefjell-Sunndalsfjella nasjonalpark
Reinheimen nasjonalpark
Breheimen nasjonalpark
Rondane nasjonalpark
Dovre nasjonalpark
Vegåsetra
Amotsdalen
Drivdalen
Dovrefjell
Dombås
Dovre
Lesja
Lesja kirke
Lesjaskog
Bjorli skicenter
Lesjaskogsvatnet
Tverrfjellet
Lordalen
Gudbrandsdalen
Kjølen
Otta
Ottadalen
Vågåmo
Vågåkyrkja
Lom
Norsk Fjellmuseum
Bismo
Skjåk
Grotli
Gamle Strynefjellsvegen
Raudalsvatnet
Norsk Fjordsenter
Storseterfossen
Geiranger
Ulvådalen
Skridulaupbu
Gammelstulen
Sognefjellet
Lemonsjø Alpincenter
Rondane
Høgrondbu
Grimsdalen
Folldal
Fokstugu
Hjerkinn
Kongsvoll
Snøhetta
Sørhella
Fagerhaug
Rennebu
Berkåk
Orkla
Gisnadal
E39
E136
E6
E16
70
15
53
54
55
56
57
398
403

Trondheim – Östersund

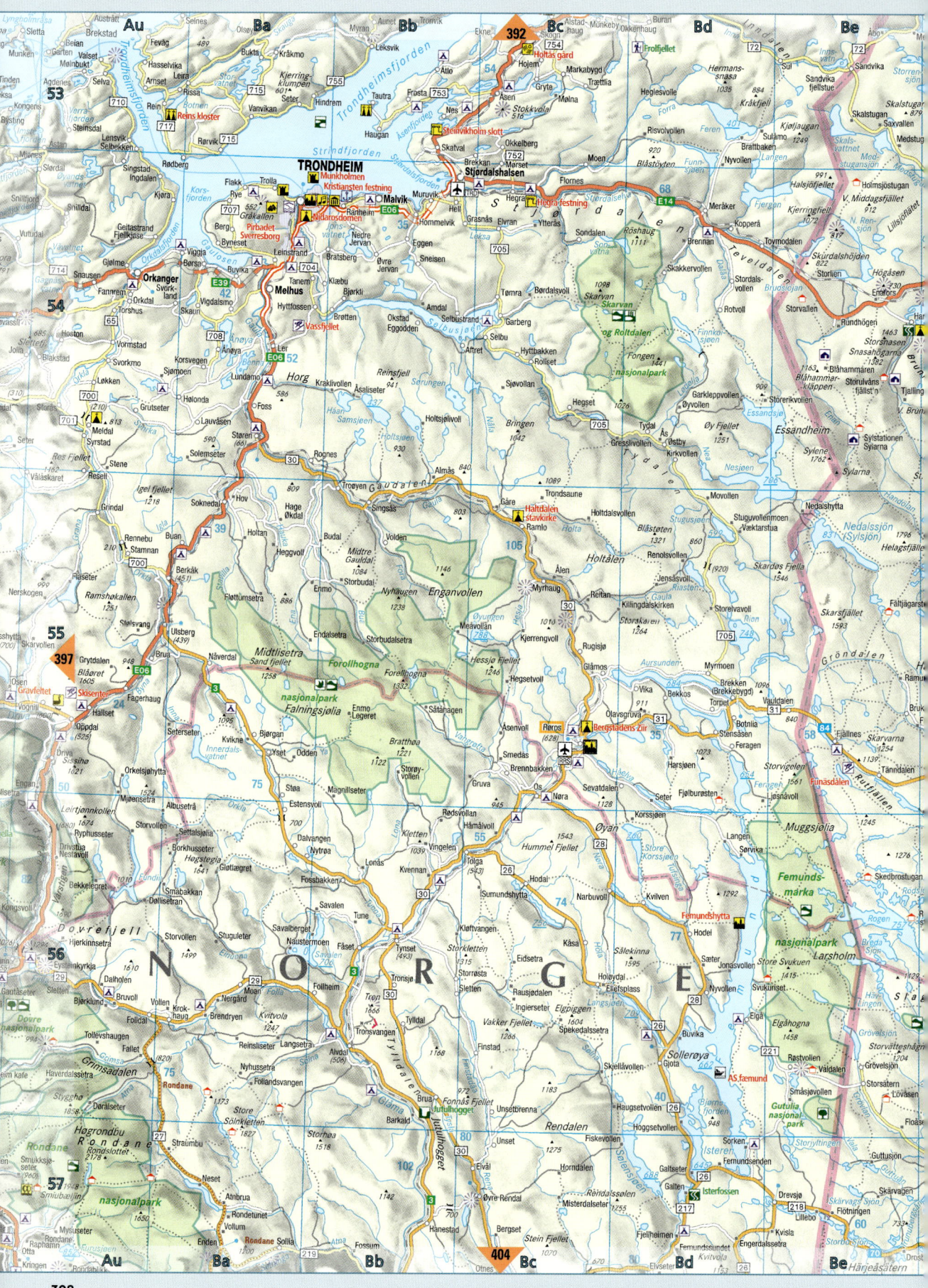

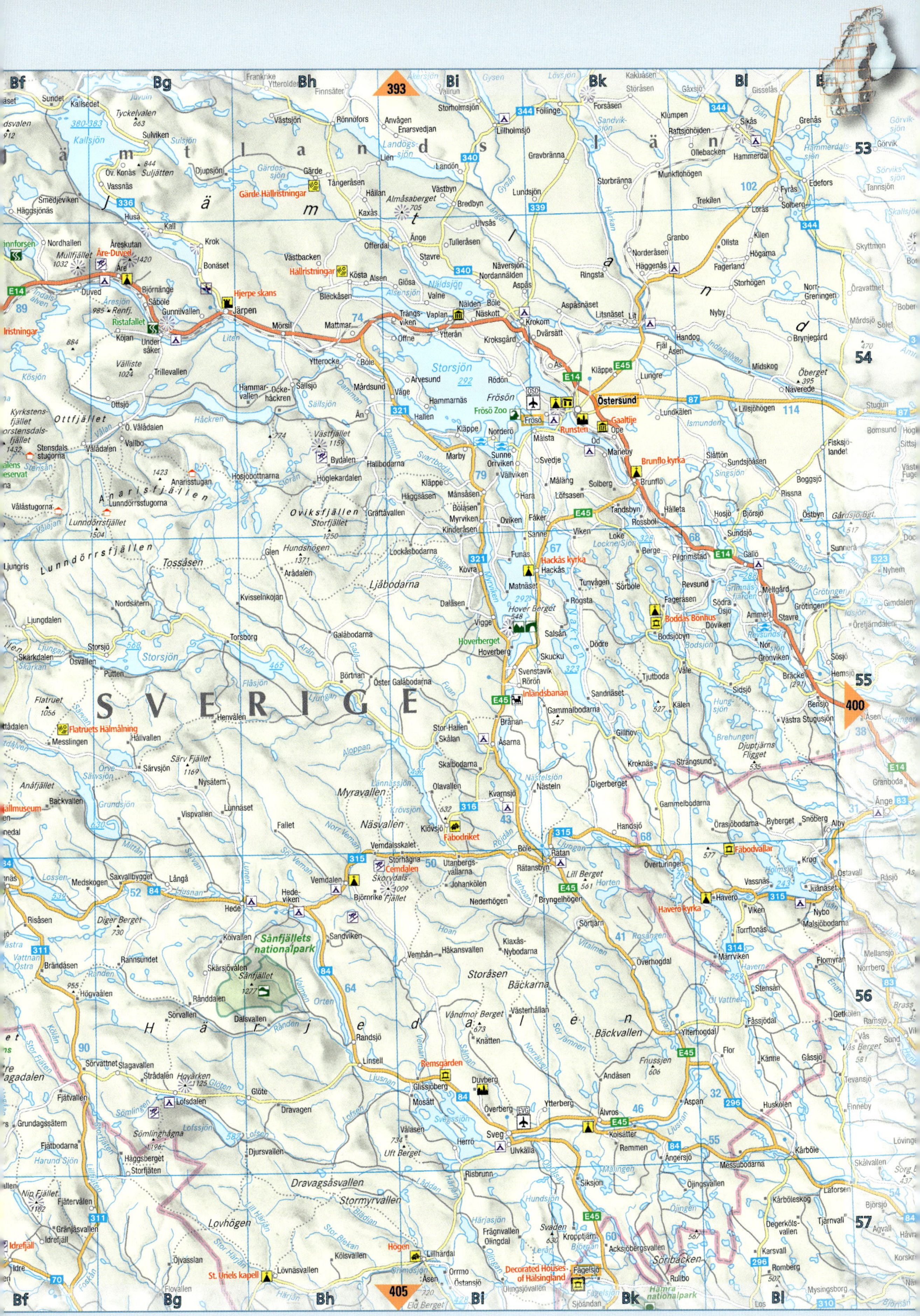

Bf
Bg
Bh
Bi
Bk
Bl
393
405
400
53
54
55
56
57
Jämtlands län
SVERIGE
Härjedalen
Storsjön
Östersund
Frösön
Åre
Järpen
Krokom
Brunflo
Hammerdal
Svenstavik
Sveg
Vemdalen
Hede
Funäsdalen
Oviksfjällen
Anarisfjällen
Lunndörrsfjällen
Sånfjällets nationalpark
Hamra nationalpark
Frösö Zoo
Hackås kyrka
Brunflo kyrka
Inlandsbanan
Hoverberget
Fäbodriket
Remsgården
Decorated Houses of Hälsingland
St. Uriels kapell

Sundsvall - Umeå

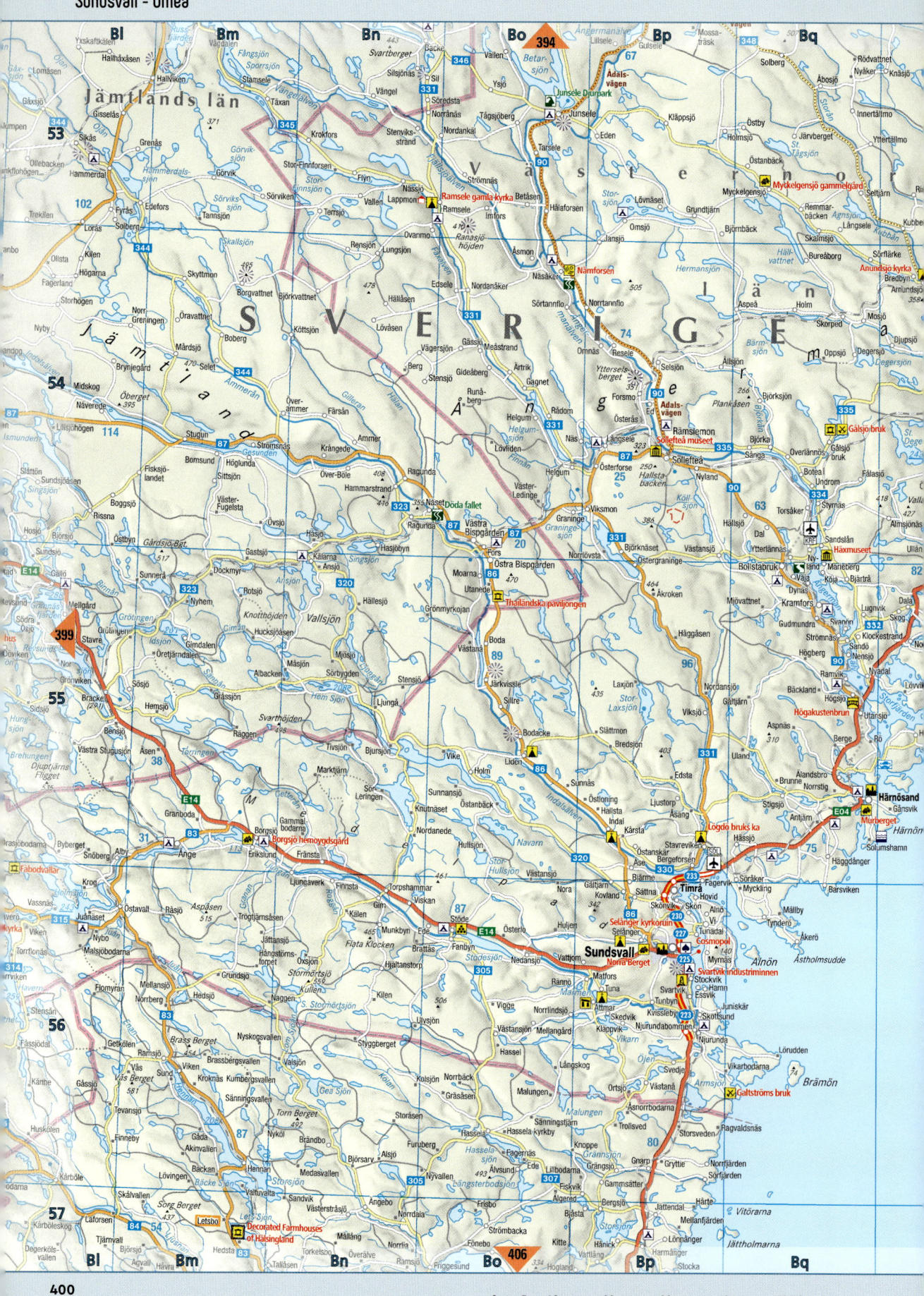

Bs
Bt
Bu
395
Ca
Cb
Cc
53
54
55
56
57
407
Umeå
Umeå Energicentrum
Bildmuseet
Blåvägen
Holmsund
Obbola
Stöcke
Strömsbäck
Sörmjöle
Norrmjöle
Mjölefjärden
Hörnefors
Olofsfors
Olofsfors bruk
Nordmaling
Nordmalings kyrkomuseum
Norrbyskär
Snöanssärgårdens naturreservat
Snöan
Tällbergsbroarna
Nyåker
Gräsmyr
Hummelholm
Högland
Mullsjö
Ängersjö
Brattfors
Baggård
Storfall
Sunnansjö
Lögdeå
Rundvik
Rönnholm
Bredvik
Håknäs
Järnäs
Järnäsklubb
Kråken
Långron
Kronören-Drivörens naturreservat
Gideå
Gideå bruk
Saluböle
Grundsunda
Grundsunda kyrka
Husum
Kasabacka
Örnsköldsvik
Örnsköldsvik Museum
Arnäsbacken
Skuleskogens nationalpark
Höga Kusten
Ulvö kyrka
Ulvöhamn
N. Ulvön
S. Ulvön
Trysunda
Skagshamn
Skagsudde
Grisslan
Kyrkställama
Högbondens fyr
Högbonden
Fällsvikhamnen
Holmön
Holmöarnas naturreservat
Ängesön
Grossgrunden
Gaddarna
Östra Kvarken
Västra Kvarken
Norra Kvarken
Merenkurkku
Höga Kusten (Kvarksen)
Kvarkens skärgård
Replotlandet
Norrskären
Storskäret
Rönnskären
Bergö
Pohjanmaa
Tuulimyllypuisto
SUOMI
FINLAND
Korsnäs
Södra Björkön
Harvungen
Grytskäret
Kaskinen
Kasko
Sälgrund
Kristinestad
Kristiinankaupunki
Sandskäret
BOTTNISKA VIKEN
POHJANLAHTI
E04
E12

Bergen – Lærdalsøyri

Maßstab 1:900 000

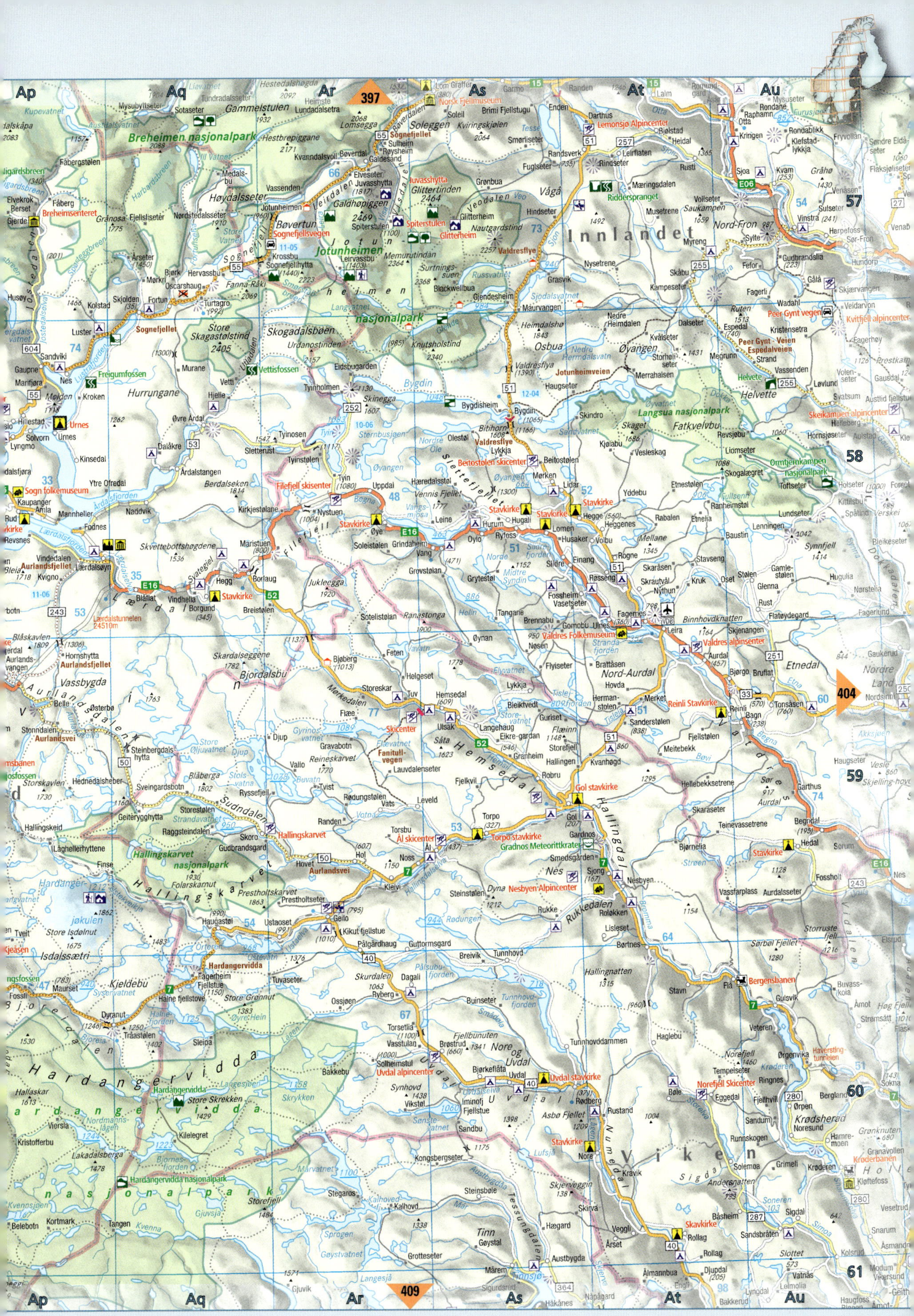

Hamar - Mora

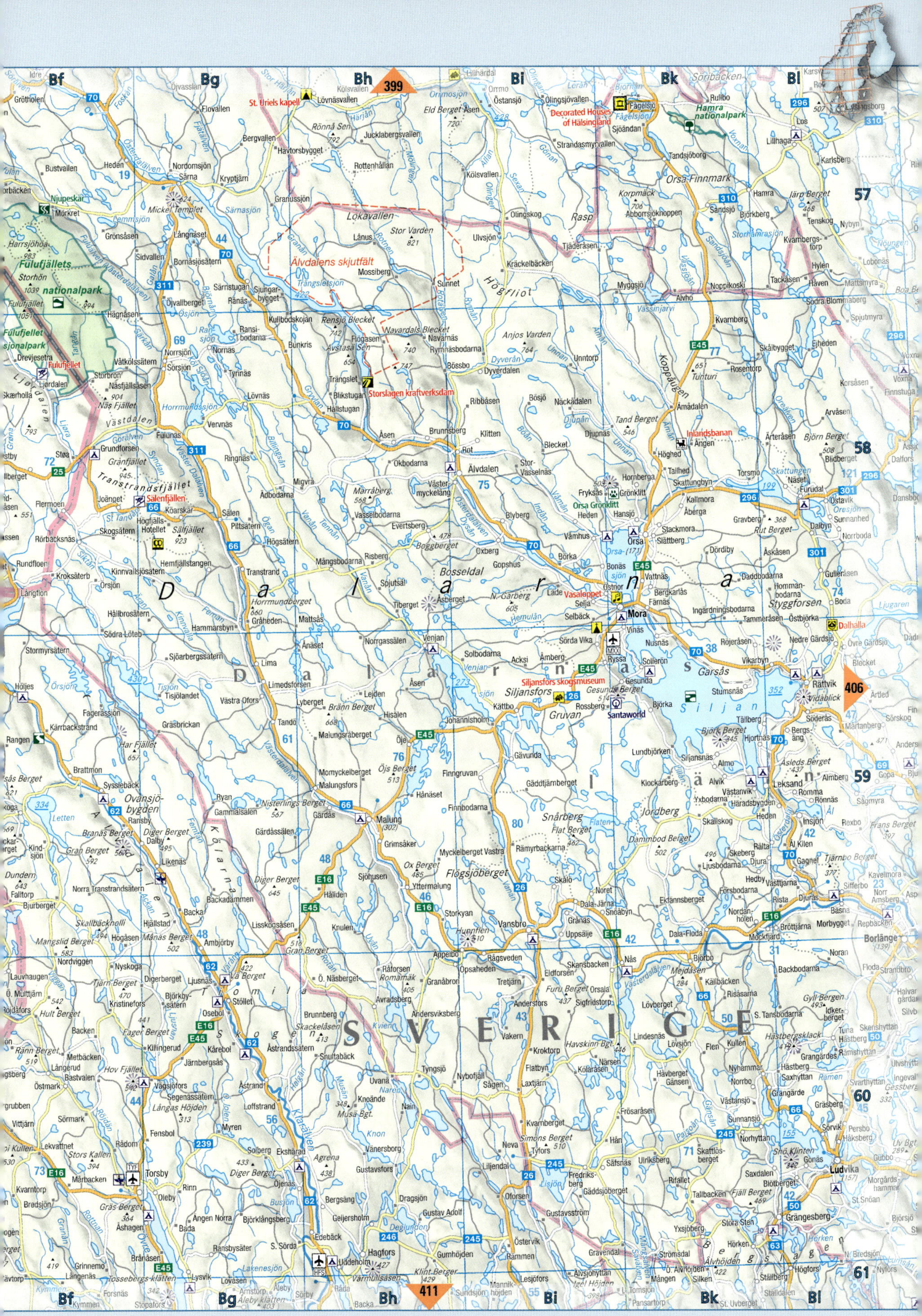

Gävle - Mariehamn

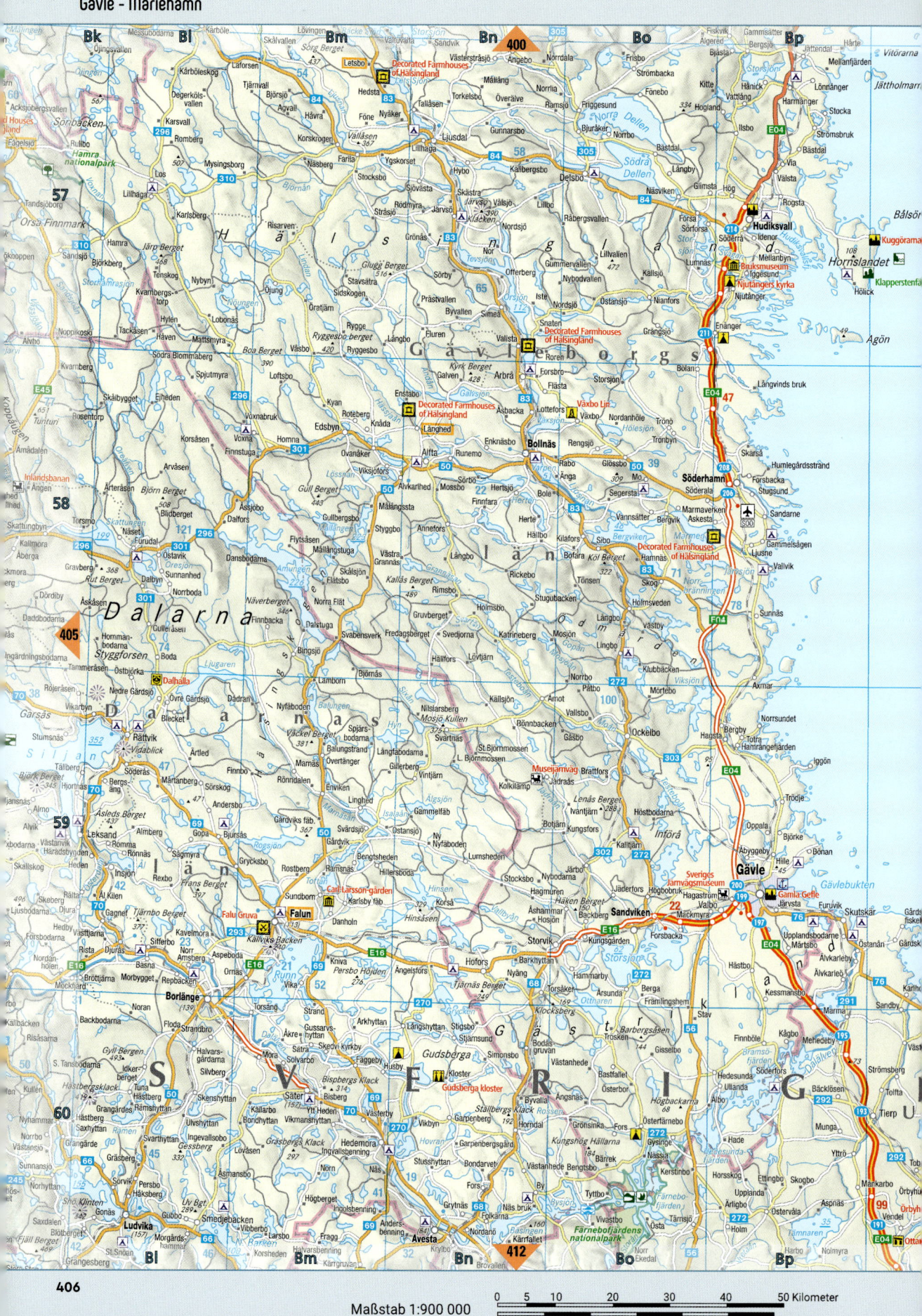

Bottenhavet
Selkämeri

SUOMI
FINLAND

Ahvenanmaa
Åland

Stavanger – Kristiansand

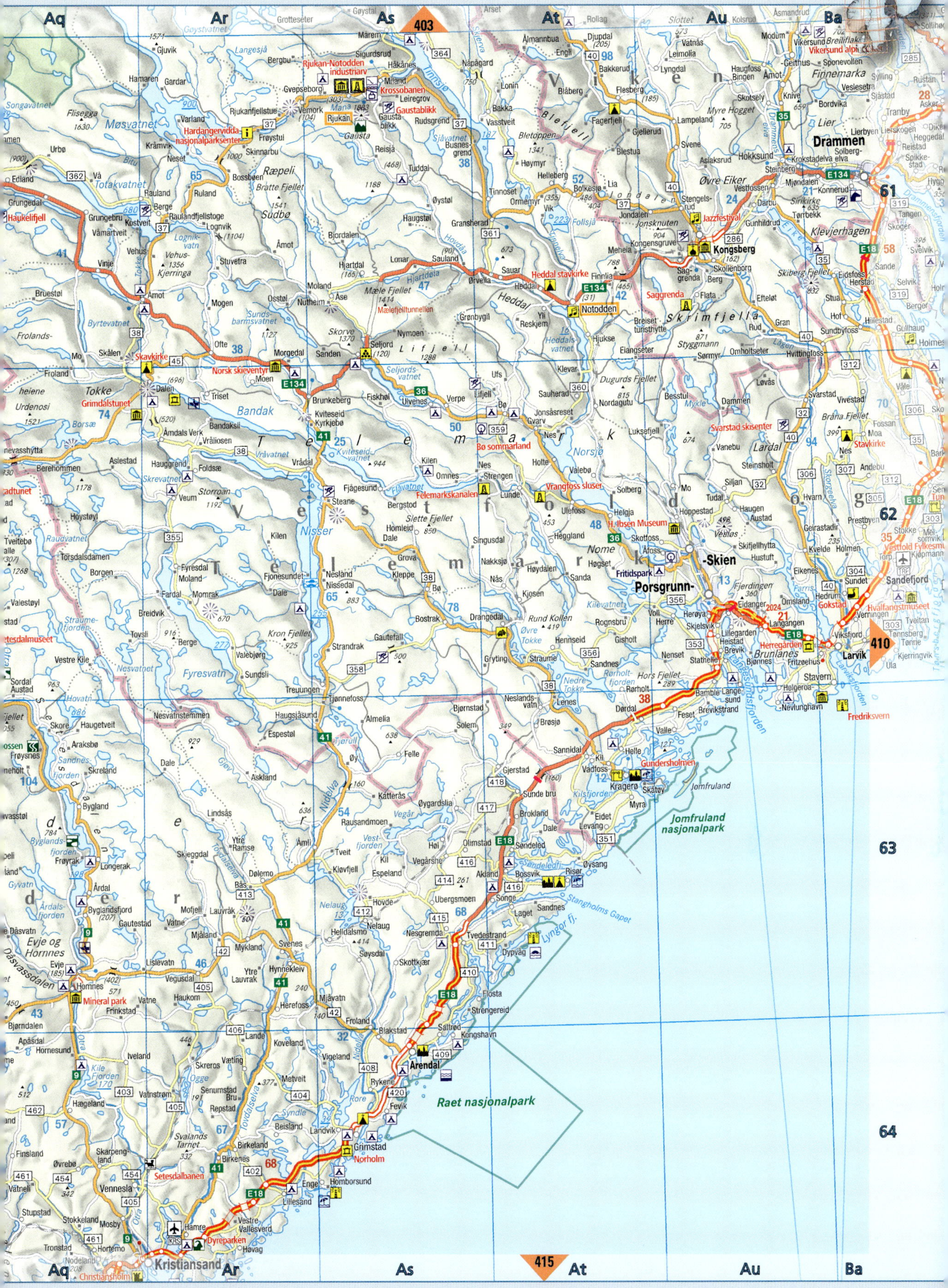

Oslo – Karlstad

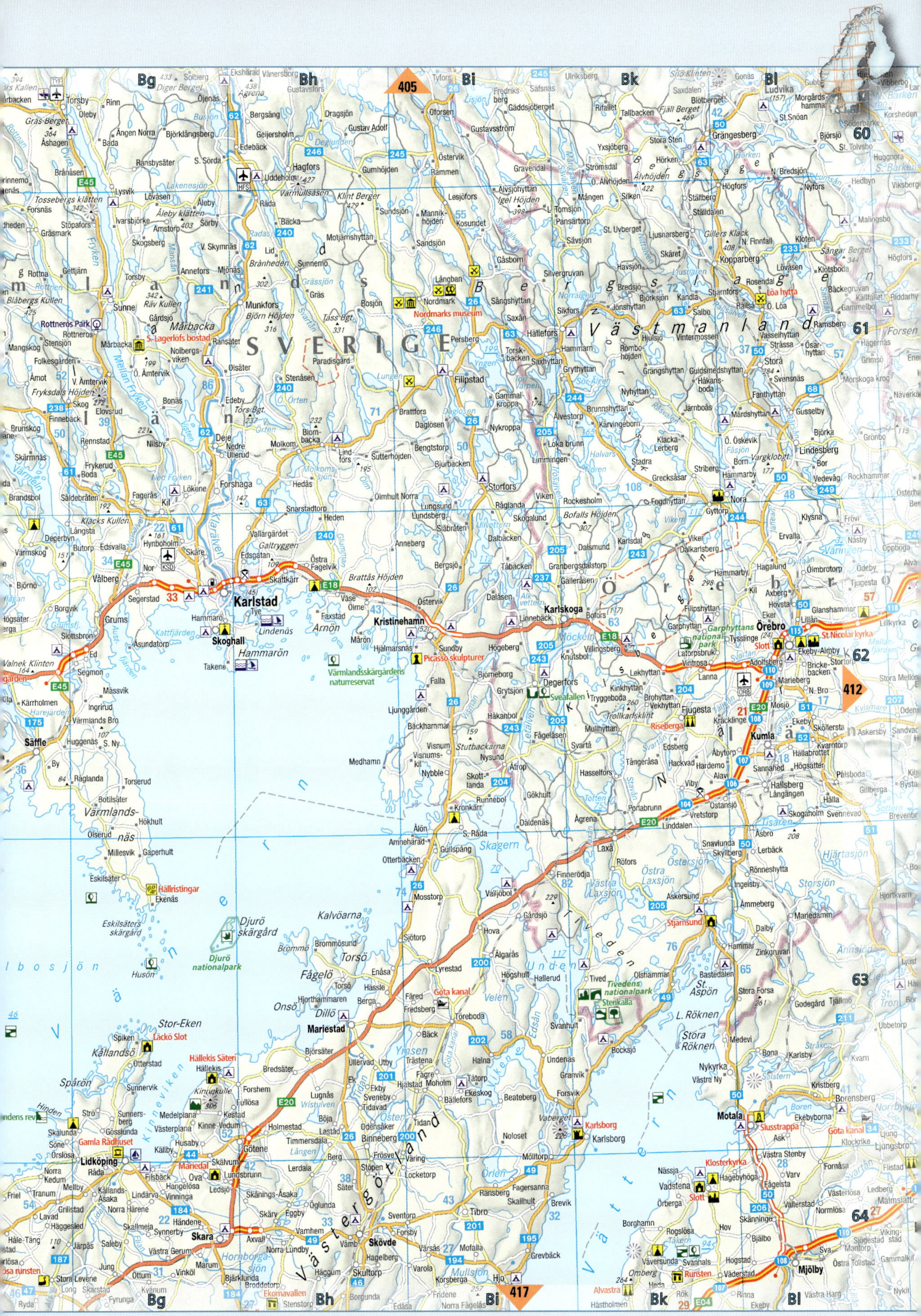

Uppsala - Stockholm

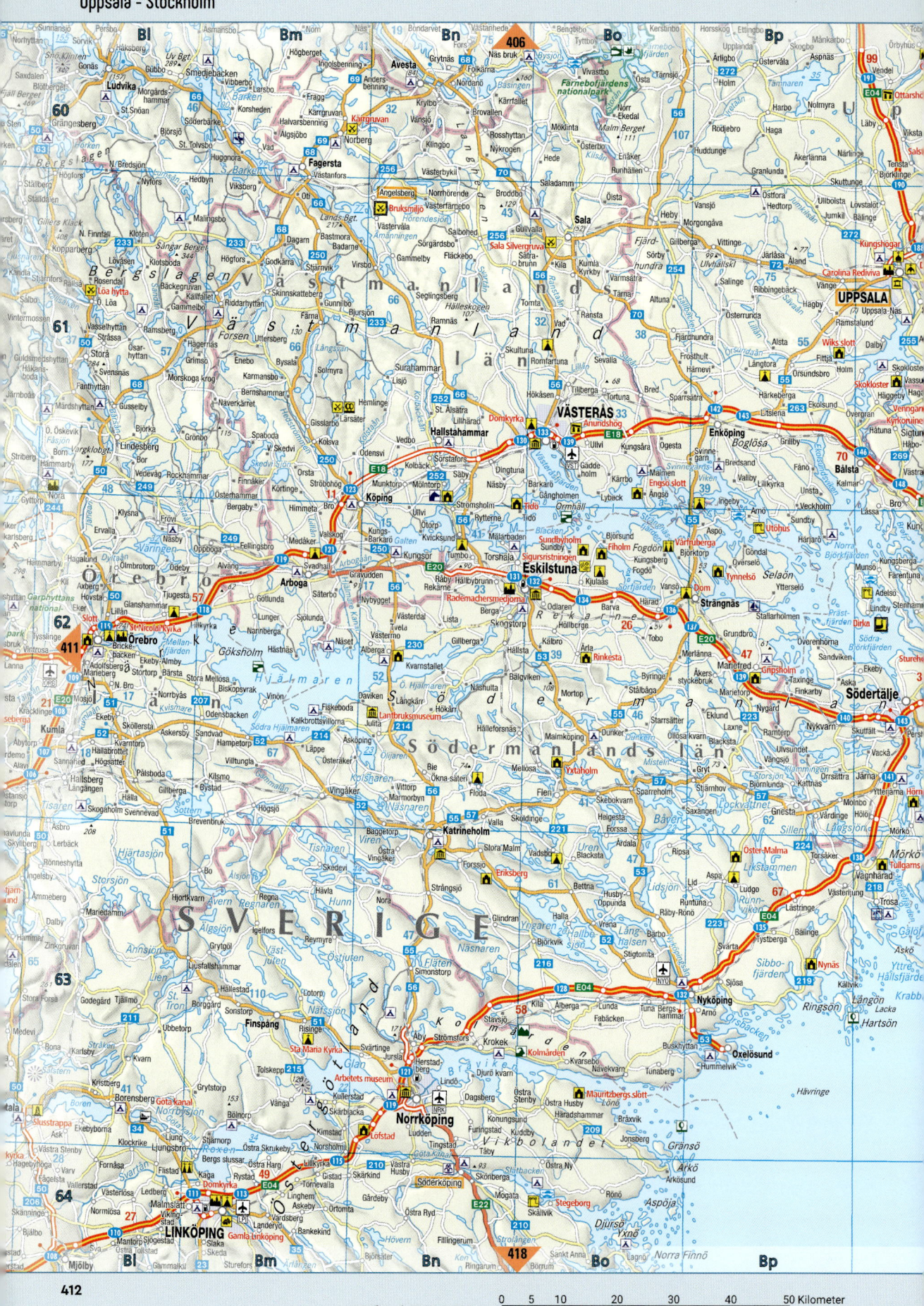

407
419
Br
Bs
Bt
Bu
Ca
60
61
62
63
64
SUOMI
FINLAND
Ålands Hav
(Ahvenanmeri)
Södra Kvarken
(Ahvenanrauma)
ÖSTERSJÖN
Stockholms län
STOCKHOLM
Norrtälje
Täby
Vallentuna
Åkersberga
Lidingö
Nacka
Boo
Solna
Sollentuna
Danderyd
Djurgården
Gröna Lund
Saltsjöbaden
Tyresö
Huddinge
Västerhaninge
Södertörn
Nynäshamn
Dalarö
Sandemar
Utö
Muskö
Ornö
Fjärdlång
Nämdö
Runmarö
Sandhamn
Möja
Ljusterö
Blidö
Furusund
Kapellskär
Grisslehamn
Hallstavik
Singö
Östhammar
Gimo
Gimd Herrgård
Ekebyholm
Penningby
Östana
Mörby
Rimbo
Skebobruk
Edsbro
Estuna
Vätö
Arholma
Söderarms
skyddsområde
Ängsö nationalpark
Tyresta nationalpark
Gotska Sandön
Gotska Sandöns nationalpark
Högåsen
Mariehamn
Maarianhamina
Ålands sjöfartsmuseum
Kastelholm
Bomarsundin linnoitus
Eckerö
Lemland
Lumparn
Jomala
Godby
Finby
Sund
Föglö
Degerby
Sottunga
Kökar
Rödhamnsfjärden
Storklobben
Udd-djupet
Högfjärden
Kobbfjärden
Svartlögafjärden
Danziger gatt

Kristiansand - Aalborg

409
At
Au
Ba
Bb
410
Bc
SVERIGE
Skagerrak
Jammerbugten
Kattegat
Kattegatt
Aalborg Bugt
Læsø Rende
Tannis Bugt
Ålbæk Bugt
Vendsyssel
Store Vildmose
Lille Vildmose
Nordjylland
Himmerland
Midtjylland
Djursland
Skagens Odde
Grenen
Skagen
Den tilsandede Kirke
Højen
Kandestederne
Hulsig
Råbjerg Mile
Tannisby
Nordsømuseet
Hirtshals
Tversted
Uggerby
Ålbæk
Bindslev
Tornby
Jerup
Bjergby
Mosbjerg
Sindal
Tolne
Strandby
Hirsholm
Hirsholme Naturreservat
Lønstrup
Rubjerg Knude/ Sandflugtsmus.
Rubjerg Knude
Hjørring
Ugilt
Ålbæk
Frederikshavn
Bangsbo
Nørre Lyngby
Sønder Rubjerg
Børglum
Løkken
Lendum
Gærum
Understed
Tårs
Vrejlevkloster
Børglumkloster
Ingstrup
Vrå
Østervrå
Sæby
Skt.Marie
Hørby
Sysiten
Nordre Rønner
Østerby Havn
Syrodde
Vesterø Havn
Østerby
Læsø
Byrum
Kringelrøn
Hornfiskrøn
Fårup Sommerland
Blokhus
Brønderslev
Vester Hjermitslev
Saltum
Jerslev
Hellum
Dybvad
Allerup Bakker
Præstbro
Voergård
Lyngså
Hune
Pandrup
Klokkerholm
Agersted
Jyske Ås
Voerså
Tranum Strand
Tylstrup
Hjallerup
Dronninglund
Slettestrand
Aabybro
Biersted
Sulsted
Hammer Bakker
Asaa
Lild Strand
Klim Strand
Hjortdal
Tranum
Bratskov
Vestbjerg
Vodskov
Langholt
Vust
Klim
Fjerritslev
Øster Svenstrup
Halvrimmen
Lindholm Høje
Vadum
Vester Hassing
Ulsted
Bryggeri-museum
Brovst
Gjøl
Nørresundby
Gandrup
Hou
Egholm
Gjøl Bredning
Kunstmuseet
AALBORG
Østerby
Haverslev
Øsløs
Gøttrup
Aggersborg
Aggersund
Nørholm
Klarup
Storvorde
Hals
Sønderholm
Frejlev
Skt. Budolfi
Farstrup
Nibe
Nibe Bredning
Gistrup
Sejlflod
Aggersborg
Sebbersund
Vokslev
Svenstrup
Gunderup
Mou
Løgstør
Skarp Salling
Lundby
Bislev
Øster Hornum
Ellidshøj
Vårst
Nørre Kongerslev
Vindblæs
Livø
Gundersted
Volsted
Kongerslev
Dokkedal
Vitskøl Kloster
Fjelsborg
Hornum
Vegger
Blære
Giver
Suldrup
Rebild
Blenstrup
Støvring
Store Brøndum
Bælum
Ranum
Trend
Nederby
Vester Hornum
Kokkenmødding
Aars
Sønderup
Aarestrup
Rebild Bakker
Skørping
Rold Skov
Terndrup
Solbjerg
Øster Hurup
Havbro
Farsø
Vognsild
Villestrup
Astrup
Skelund
Selde
Strandby
Rold
Ravnkilde
Arden
Rostrup
Hadsund
Visborggård
Als
Torum
Risgårde Bredning
Østrup
Kongens Tisted
Sønder Thise
Vesterbølle
Østerbølle
Simested
Nørager
Vebbestrup
Vive
Overgård
Roslev
Breum
Hvalpsund
Gedsted
Aalestrup
Store Rørbæk
Døstrup
Hørby
Ove
Assens
Kastbjerg
Havndal
Jenle
Hessel
Løvns Bredning
Fjelsø
Hvam
Snæbum
Hobro
Mariager
Mariager Fjord
Sødring
Vester Grønning
Ulbjerg
Møldrup
Lillemølle Fuglepark
Øls
Vester Tørslev
Råby
Udbyhøj Vasehuse
Krabbesholm
Hald
Virksund
Fyrkat
Dalbyover
Randers Fjord
Skive
Lyndorupgård
Bjerregrav
Kærby
Estruplund
Glenstrup
Gassum
Knud
Hvolris
Klejtrup
Hald
Bennerup Strand
Højslev
Stby
Skals
Fårup
Spentrup
Tvede
Mellerup
Holbæk
Vorde
Kvols
Løvel
Vammen
Vorning
Harridslev
Voer
Gjerrild
Sostrup
Fly
Løgstrup
Rødding
Tjele
Sønderbæk
Råsted
Støvringgård
Ørsted
Fjellerup
Voldby
Stoholm
Sparkær
Asmildkloster
Viborg
Hammershøj
Tindbæk
Øster Bjerregrav
Randers
Assentoft
Allingåbro
Vivild
Stenvad
Glesborg
Ørum
Kastbjerg
Fornæs
Vridsted
Mønsted
Vejrumbro
Alum
Gammel Estrup
Auning
Djurs Sommerland
Nimtofte
Hammelev
Grenaa
Kalkgruber
Ravnstrup
Hard Slot
Vinkel
Vester Velling
Virring
Clausholm
Øster Alling
Ryomgård
Skandinavisk Dyrepark
Kattegatcentret
Haderup
Resen
Finderup
Rindsholm
Bjerringbro
Ulstrup
Langå
Haslund
Ølst
Grønhøj
Dollerup Bakker
Lysgård
Radkersbro
Elmuseet
Tange
Hvorslev
Laurbjerg
Houlbjerg
Voldum
Rosenholm
Mørke
Thorsager
421
Kolind
Ålsø
Trustrup
Anholt
Grundsund
Gullholmen
Härmanö
Tegneby
Hällevikstrand
Mollösund
Lyrön
Klövedal
Kyrkesund
Skärhamn
Klädesholmen
Rönnäng
Åstol
Marstrand
Rörö
Hälsö
Öckerö
Hönö
Vinga
416
64
65
66
67
68

Göteborg - Jönköping

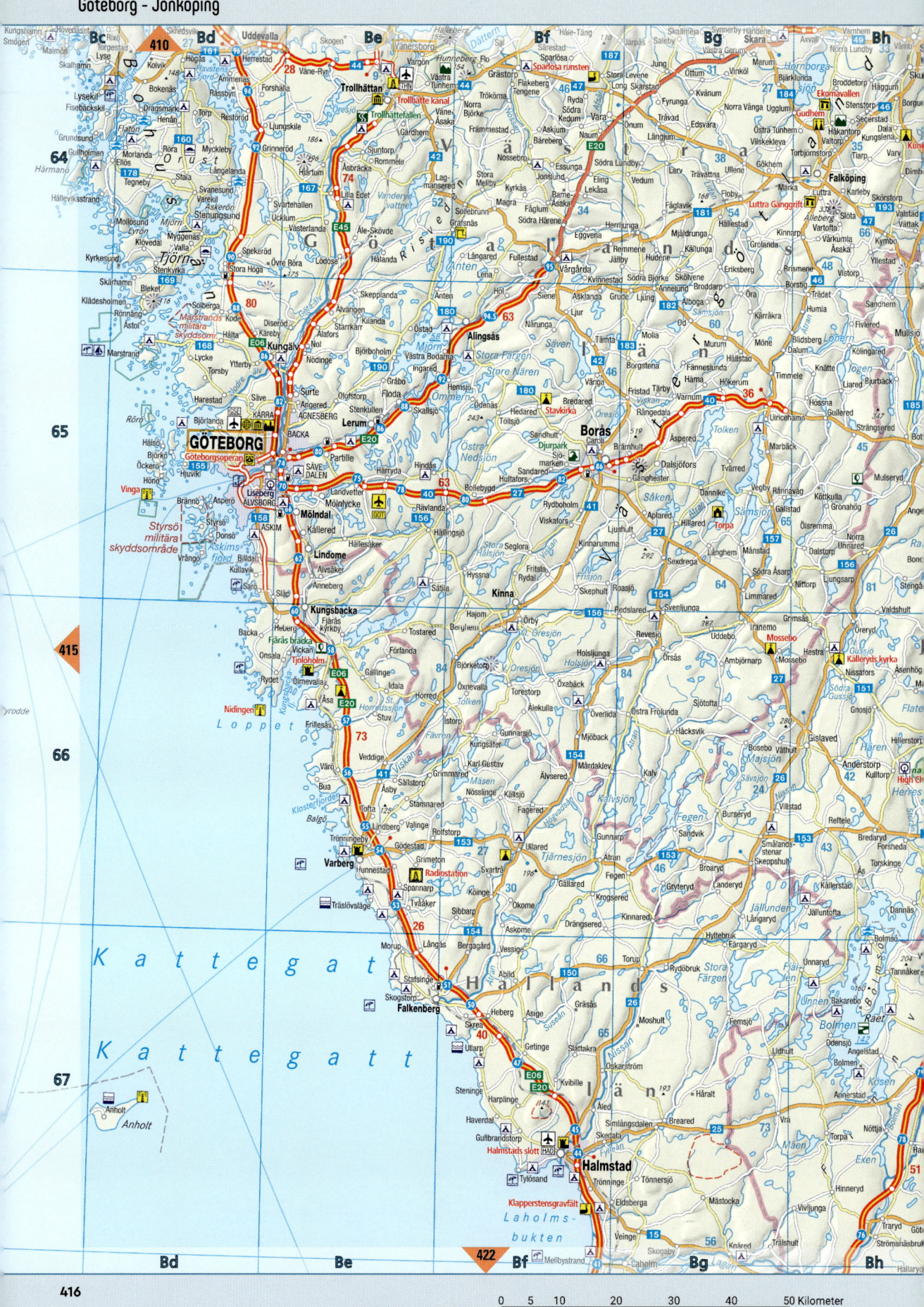

411
412
418
423
64
65
66
67
Bi
Bk
Bl
Bm
Bn
LINKÖPING
Mjölby
Östergötlands län
Vättern
Hålaveden
Tranås
Huskvarna
Nässjö
Eksjö
Vetlanda
Vimmerby
Hultsfred
Västervik
Oskarshamn
Växjö
Nybro
Kalmar
Kalmar län
Jönköpings län
Kronobergs län
Småland
Möre
Norra Kvills nationalpark
Åsnens nationalpark
A. Lindgren Värld
Alvastra
Gränna
Visingsö
Kumlaby
Polkagris
Glasbruk
Kronoberg
Smålands Museum
Bergkvara
Teleborg
Slottet
Domkyrka
Karlevistenen
Hultsfred-festivalen
Eksjöhovgård
Hultaby
Kristdala
Mönsterås
Emmaboda
Klasatorpet
Målerås
Algutsboda
Tingsryd
Alvesta
Sommen
Åsunden
Sirkön
Vidöstern

Linköping - Visby

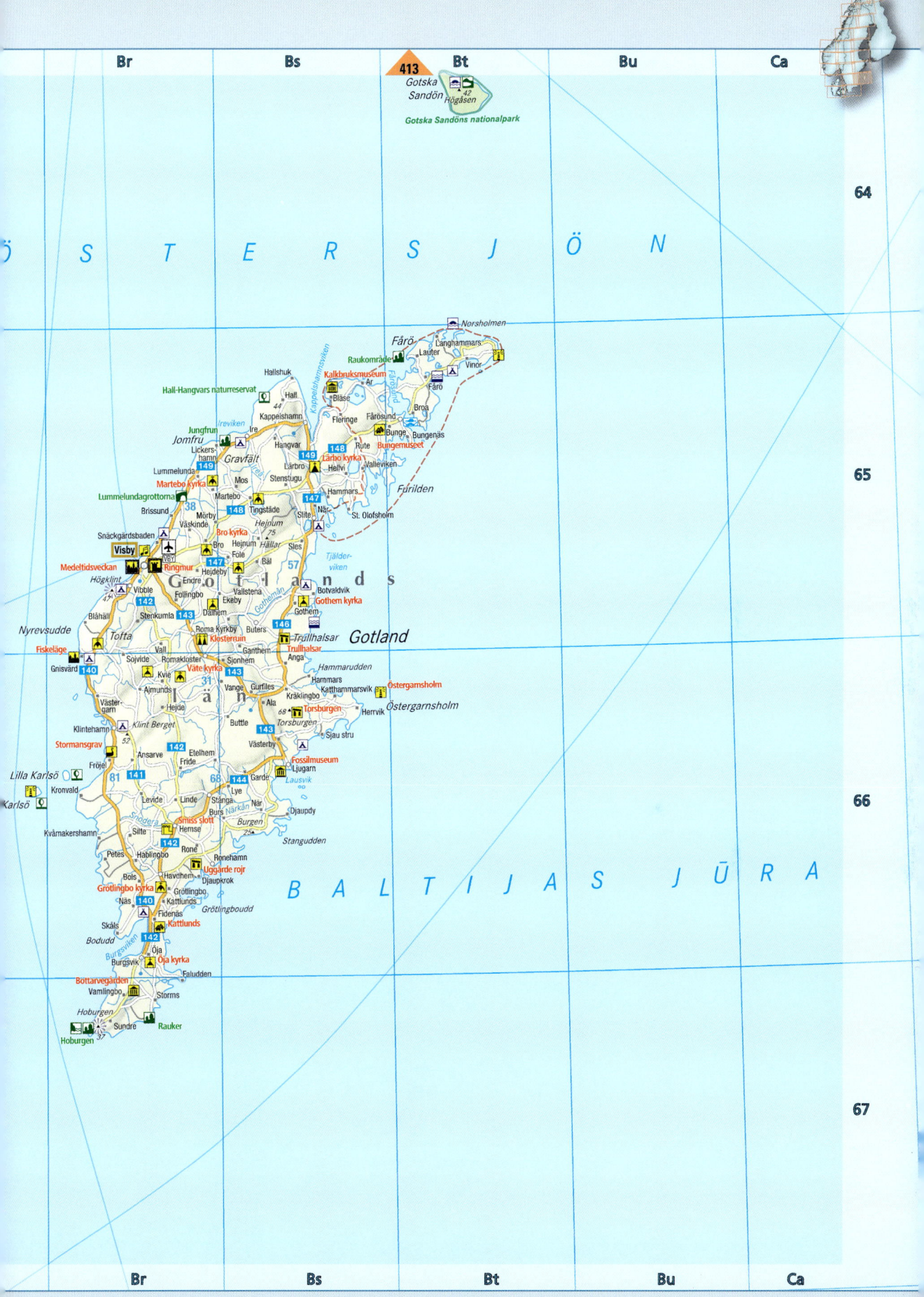

Gotland

ÖSTERSJÖN

BALTIJAS JŪRA

Gotska Sandön — Högåsen
Gotska Sandöns nationalpark

Notable places and features:
- Norsholmen, Långhammars, Lauter, Vinor
- Fårö, Raukområde, Kalkbruksmuseum
- Hallshuk, Hall-Hangvars naturreservat, Hall
- Kappelshamn, Ar, Fårösund, Bläse, Fleringe
- Ireviken, Jungfrun, Jomfru, Lickershamn, Ire
- Kappelshamnsviken, Hangvar, Lärbro, Lärbro kyrka
- Helvi, Vallviken, Bunge, Bungenäs, Bungemuseet
- Lummelunda, Mos, Stenstugu, Hammars, Furilden
- Martebo kyrka, Martebo, Tingstäde, Slite, När, St. Olofsholm
- Lummelundagrottorna, Brissund, Mörby, Väskinde
- Snäckgårdsbaden, Bro, Bro kyrka, Hejnum, Hällar, Sles
- Visby, Medeltidsveckan, Ringmur, Hejdeby, Fole, Bäl
- Tjälderviken, Högklint, Vibble, Endre, Vallstena, Botvaldvik
- Blåhäll, Follingbo, Ekeby, Gothem, Gothem kyrka
- Nyrevsudde, Tofta, Stenkumla, Dalhem, Gothemån
- Fiskeläge, Gnisvärd, Sojvide, Romakloster, Roma Kyrkby, Buters, Sjonhem, Trullhalsar, Klosterruin, Ganthem, Anga
- Västergarn, Ajmunds, Kvie, Väte kyrka, Vange, Gurfiles, Kräklingbo, Hammarudden, Hammars, Katthammarsvik, Östergarnsholm
- Klintehamn, Hejde, Ala, Östergarnsholm
- Klint Berget, Buttle, Torsburgen, Sjau stru
- Stormansgrav, Ansarve, Etelhem, Västerby, Herrvik
- Lilla Karlsö, Fröjel, Fride, Garde, Fossilmuseum, Ljugarn
- Kronvald, Linde, Levide, Lye, Lausvik
- Karlsö, Stånga, Burs, Närkån, När, Djaupdy
- Smiss slott, Hemse, Burgen, Stangudden
- Silte, Petes, Hablingbo, Havdhem, Roné, Ronehamn
- Uggarde rojr, Djaupkrok
- Grötlingbo kyrka, Grötlingbo, Näs, Kattlunds, Grötlingboudd, Fidenäs
- Skåls, Bodudd, Kattlunds
- Burgsvik, Öja kyrka, Faludden
- Bottarvegarden, Vamlingbo, Storrs
- Hoburgen, Sundre, Rauker

Grid reference: Br, Bs, Bt, Bu, Ca / 64, 65, 66, 67

413

419

Flensburg - Odense

Ba
Bb
Bc
Bd
415
422
68
69
70
71 Falster
AARHUS
Skanderborg
Horsens
Fredericia
ODENSE
Nyborg
Svendborg
Sønderborg
Kappeln
Kalundborg
Holbæk
Roskilde
Slagelse
Korsør
Næstved
Ringsted
Nakskov
Nykøbing Falster
Frederikssund
Hillerød
Køge
Samsø
Langeland
Lolland
Fyn
Sjælland
Kieler Bucht
Femern Bælt
Storebæltsbroen
Aarhus Bugt
Hesselø Bugt
Smålandsfarvandet
Karrebæksminde Bugt
Sejerø Bugt
Musholm Bugt
Samsø Bælt
Langelandsbælt
Lille Bælt
Als
Tåsinge
Ærø
Marstal
Rudkøbing
Vordingborg
Maribo
Rødsand
E20
E45
E47
E55

København – Karlskrona

Bk
Bl
Bm
Bn
Bo
417
67
68
69
70
71
SVERIGE
Blekinge län
Möre
Kalmarsund
Stora Alvaret
ÖSTERSJÖN
Hanöbukten
Bornholmsgattet
Hovedstaden
Bornholm (Danmark)
Tingsryd
Konga
Göljahult
Eringsboda
Öljehult
Hallabro
Bäckaskog
Ryd
Fridafors
Mien
Midingsbråte
Kyrkhult
Vilshult
Ringamåla
Hemsjö
Halahult
Olofström
Jämshög
Gränum
Laxens Hus
Mörrum
Svängsta
Asarum
Hällaryd
Karlshamn
Elleholm
Pukavik
Pukaviksbukten
Bromölla
Ivösjön
Sölvesborg
Höga Rör
Mjällby
Hällevik
Nogersund
Hanö
Näsum
Vånga
Tolarp
Trolle-Ljungby
Ronneby
Heliga Kors kyrka
Hjorthammar
Saxemara
Ronneby-hamn
Kallinge
Edestad
Bräkne-Hoby
Åryd
Backaryd
Möljeryd
Bälganet
Listerby
Förkärla
Nättraby
Johannishus
Fridlevstad
Rödeby
Tving
Navragöl
Holmsjö
Sillemåla
Ledja
Spjutsbygd
Flymen
Karlskrona
Marinmuseum
Lösen
Ramdala
Jämjö
Björkenäs
Senoren
Sturkö
Tjurkö
Hasslö
Aspö
Nabben
Yttre redden
Stumholmen
Hästholmen
Tornahmn
Utlängan
Utklippan
Kättilsmåla
Sälleryd
Fågelmara
Brömsebro
Kristianopel
Karsbo
Bergkvara
Torsås
Djursvik
Söderåkra
Bidalite
Gullabo
Fur
Frostensmåla
Södra Sandsjö
Vissefjärda
Klasatorpet
Långasjö
Törn
Rävemåla
Älmeboda
Urshult
Älshult
Ugglekull
Häradsbäck
Sirkön
Åsnen
Vinen
Tiken
Hyllen
Karlslunda
Påryd
Strömby
Halltorp
Oskar
Tvärskog
Mortorp
Vassmolösa
Karlevistenen
Arby
Hagby
Voxtorp
Mörbylånga
Bårbyborg
Bårby
Risinge
Kastlösa
Smedby
Gettlinge Gravfält
Degerhamn
Ventlinge
Grönhögen
Ottenby
Karl X Gustafs mur
Ölands södra udde
Vickleby
Resmo
Sandby kyrka
Stenåsa
Triberga fornborg
Hulterstad
Skärlöv
Södra Ölands odlingslandskap
Segerstad
Träby borg
Gräsgård
Eketorps fornborg
Ås
Hammer Odde
Sandvig
Allinge
Hammershus
Tejn
Helligdomsklipperne
St. Olskirke
Gudhjem
Hasle
Klemensker
Nyker
Almindingen
Østermarie
Svaneke
Joboland
Årsdale
Rønne
Aakirkeby
Nexø
Snogebæk
Dueodde
Christiansø
E22

Å

A

Å N Bp42 385
Å N Bf45 384
Aabybro DK Au66 415
Aakirkeby DK Bk70 423
Aalbæk DK Ba65 415
Aalborg DK Au66 415
Aalestrup DK At67 415
Aapua S Ch47 391
Aareavaara S Ch46 387
Aarestrup DK Au67 415
Aarhus DK Ba68 421
Aars DK Au67 415
Aasivissuit - Nipisat (Inuit Hunting Ground) DK Bb68 415
Abbekås S Bh70 422
Abborrberg S Bo50 394
Abborrsjöknoppen S Bk57 405
Abborrtjärn S Bu52 395
Abborrträsk S Bt50 395
Abelnes N Ao64 408
Abelvær N Bc51 392
Åberga S Bk58 405
Åberget S Bt49 390
Abild S Bf67 416
Abisko S Bs44 386
Abiskojaurestugan S Bs44 385
Abisko turiststation S Bs44 385
Åbo S Be53 392
Åbosjö S Bq53 394
Abraure S Bs48 390
Åby S Bn67 418
Åby S Bk66 417
Åby S Bn63 412
Åbybro = Aabybro DK Au66 415
Åbyggeby S Bp59 406
Åbyn S Cc50 395
Åbytorp S Bl62 411
Acklinga S Bh64 416
Acksi S Bi59 405
Acksjöbergsvallen S Bk57 399
Adak S Bs50 395
Adakgruvan S Bs50 395
Ådalsbruk N Bc59 404
Ädbodarna S Bg58 405
Adelöv S Bk64 417
Adelsö S Bq62 412
Adevuopmi = Idivuoma S Ce44 389
Ådland N Am60 402
Ådneram S Ao62 408
Adolfsberg S Bm52 394
Adolfsström S Bo48 389
Ænes N Ao60 402
Åfar N Ar55 397
Åfarnes N Aq55 397
Åfjord N Ba53 392
Åfoss N Au62 409
Aftret N Bb54 398
Aga N Ao60 402
Ågårdsvik N Aо55 396
Agdenes N Au53 397
Agder, Aust- N Aq63 409
Agersted DK Ba66 415
Ågerup DK Be69 422
Agger DK Ar67 414
Aggersberg DK At67 415
Aggersund DK At66 415
Aglapsvik N Br42 380
Agle N Bf52 392
Aglen N Bc51 392
Agnäs S Bt53 395
Agnesberg S Be65 416
Ågotnes N Ak60 402
Ågrena S Bk62 411
Ågskardet N Bg47 388
Agunnaryd S Bi67 417
Agvall S Bm57 406
Aha S Bq50 394
Åheim N Am56 396
Åhus S Bi69 423
Aiddejavrre Fjellstue N Cg43 387
Äijävaara S Ce47 391
Ailfarheim N Ao63 408
Áitijohka = Ajtejåkk S Bu45 386
Aivak S Bn49 389

Ajaur S Bt51 395
Ajaureforsen S Bm49 393
Ajmunds S Br66 419
Ajtejåkk S Bu45 386
Åkarp S Bg69 422
Åker S Bi66 417
Åkerbränna S Bs53 394
Åkerholm S Bo65 417
Åkerholmen S Cc49 390
Åkerlänna S Bp60 412
Åkermark S Cb49 390
Åkernäs S Bn49 389
Åkerö S Bq56 400
Åkersberga S Br62 413
Åkershus N Bd60 410
Åkersjön S Bi53 393
Åkers styckebruk S Bp62 412
Åkervik N Bh49 388
Akinvallen S Bm56 400
Akirkeby = Aakirkeby DK Bk70 423
Akkarfjord N Ch39 381
Akkarfjord N Cg39 381
Akkarvik N Ca40 381
Akkavare S Bt49 390
Akland N At63 409
Åkra N An61 408
Åkrahamn-Vedavågen N Al62 408
Akrene S Bm60 406
Åkrene N Bc61 410
Åkrestrømmen N Bc57 404
Åkroken S Bp55 400
Aksdal N Al62 408
Akset N At53 397
Aksla N An57 402
Aksla N An56 396
Aksnes N Ar55 397
Aktse S Br46 390
Aktsestugorna S Br46 390
Åkullsjön S Ca52 395
Åkvik N Be48 388
Ål N As59 403
Ala S Bs66 419
Alafors S Be65 416
Åland S Bp61 412
Ålandsbro S Bq55 400
Ålåsen S Bk53 393
Alavattnet S Bm52 393
Albacken S Bn55 400
Ålbæk = Aalbæk DK Ba65 415
Ålberga N Br53 392
Ålberga S Bo63 412
Ålberga S Bo62 412
Albertslund DK Be69 422
Ålbo S Bp60 406
Alboga S Bg65 416
Alböke S Bo67 418
Ålborg = Aalborg DK Au66 415
Albusetrå N Ba56 398
Alby S Bl55 400
Åldejávri = Alttajärvi S Cb45 386
Aldra N Bg48 388
Ale S Cd49 391
Åleby S Bg61 411
Aled S Bf67 416
Ålekulla S Bf66 416
Ålem S Bn67 418
Ålen N Bc55 398
Alesjaurestugorna S Br44 385
Åle-Skövde S Be64 416
Ålestrup = Aalestrup DK Ålesund N An58 402
Ålfoten N Am57 396
Alfta S Bn58 406
Ålgå S Be61 410
Ålgarås S Bi63 411
Ålgård-Figgjo N Am63 408
Algarheim N Bc60 404
Algered S Bo56 400
Ålghallen S Bl53 393
Ålghult S Bl53 394
Ålghult S Bm67 418
Älglund S Bu52 395

Älgsjö S Bp52 394
Älgsjöbo S Bm60 412
Älgträsk S Bu50 395
Algutsboda S Bm67 417
Algutsrum S Bo67 418
Ålhus N An57 402
Ål Kilen S Bl59 405
Alleen N Ap64 414
Allerum S Bf68 422
Allgunnen S Bn66 417
Allingåbro DK Ba68 415
Allinge DK Bk70 423
Allingmo N Bd62 410
Ålloluokta S Bt46 390
Allsån S Cf48 391
Ållsjön S Bp54 400
Ålmannbua N At61 403
Almås N Bb54 398
Almberg S Bl59 405
Almdalen N Bm49 389
Ålmeboda S Bl67 423
Almelia N As63 409
Almesåkra S Bk65 417
Älmhult S Bi67 422
Almklov N Am56 396
Almli N Bc52 392
Almo N Ar54 397
Åmot N Ao57 402
Åmot N Ar61 409
Åmot N Ba59 404
Åmot S Bf61 411
Åmot S Bn59 406
Åmot/Geithus N Au61 409
Åmotsetrene N Ba58 404
Åmotsfors S Be61 410
Åmoyhamn N Bg47 388
Åmsele S Bt51 395
Åmynnet S Bs54 401
Ån S Bh54 399
Anarisstugan S Bg54 399
Änäset S Cc52 395
Änäset S Cc52 395
Änäset S Bn59 405
Åna-Sira N An64 408
Anda N An57 396
Andalen N Am58 402
Åndalsnes N Aq55 397
Åndåsen S Bk56 399
Andebu N Ba62 409
Andenes N Bn42 385
Andersbenning S Bn60 412
Andersbo S Bl59 406
Andersby N Cu40 383
Andersfors S Bi60 405
Andersmark S Bn51 394
Andersskog N Ar54 397
Anderstorp S Bh66 416
Andersviksberg S Bh60 405
Andfiskå N Bi48 388
Andjøen N Cc41 381
Ando̊rja N Bp43 385
Andrarum S Bh69 422
Andra sidan S Cb46 390
Andselv N Br42 385
Andsnes N Cc40 381
Andvikgrend N Al59 402
Åneby N Ap63 408
Aneboda S Bk66 417
Åneby S Bk61 411
Ånes N Bt40 380
Ånes N Ar54 397
Äng S Bk65 417
Anga S Bs66 419
Angarn S Br61 413
Ange S Bi54 399
Ånge S Bm55 400
Ångebo S Bn57 400
Ängelholm S Bf68 422
Ängelsberg S Bn61 412
Ängelsfors S Bn59 406
Angelstad S Bh67 416
Ängen S Bf61 411
Ängen Norra S Bg60 411
Angerdshestra S Bh65 416
Angered S Be65 416
Angermoen N Bg48 388
Ängersjö S Bu53 401
Ängersjö S Bk56 399
Ängesbyn S Ce49 391
Ångkasen S Bg60 412
Ängnäs S Br47 389
Ångsnäs S Bo60 406
Ångsö S Bo61 412
Åmådalen S Bk58 405
Åmål S Bf62 410
Åmberg S Bi59 405

Ambjörby S Bg59 405
Ambjörnarp S Bg66 416
Amdal N Bb54 398
Amdal N Am62 408
Åmdals Verk N Ar62 409
Åmli N As63 409
Åmli N Ao63 408
Åmliden S Bt50 395
Ammarnäs S Bn49 389
Ämmeberg S Bl63 411
Ammenäs S Bd64 410
Ammer S Bn54 400
Ammer S Bk70 423
Ammer S Bd62 410
Amnehärad S Bi63 411
Åmnøy N Ak57 402
Amnefors S Bg61 411
Åmnefors Bn58 406
Åmot S Bf61 411
Åmot S Bn59 406
Åmotsetrene N Ba57 404
Anøya N Ba54 398
Ansarve S Br66 419
Ansjö S Bn55 400
Ansnes N As53 397
Ansvar S Cf47 391
Ansvik N Bl46 384
Antasstugan S Bo50 394
Anten S Be65 416
Antjärn S Bq55 401
Antnäs S Cd49 391
Anttis S Cf46 391
Anvägen S Br53 395
Apåsdal N Aq64 409
Aplared S Bg65 416
Äppelbo S Bh59 405
Ar S Bs65 419
Arådalen S Bh55 399
Arakso̊bø N Aq63 409
Åram N Al56 396
Årås N Ak59 402
Arasluoktastugorna S Bo46 389
Arboga S Bm62 412
Årbostad N Bp43 385
Arbrå S Bn59 406
Arby S Bn67 423
Årbyn S Ce49 391
Årdal N Aq63 409
Årdal N An62 408
Årdal N An57 402
Årdala S Bo63 412
Årdalstangen N Aq58 403
Arden DK Au67 415
Åre S Bg54 399
Aremark N Bd62 410
Arendal N Ao64 409
Åreskutan S Bg54 399
Arfor N Bd51 392
Arholma S Bt61 413
Århult S Bn66 418
Århult S Bf62 411
Arild S Bf68 422
Årjäng S Be62 410
Arjeplog S Bq48 389
Arjepluovve = Arjeplog S Bq48 389
Arkelstorp S Bi68 422
Arkhyttan S Bm60 412
Arkösund S Bo64 412
Arksjö S Bn52 394
Årla S Bq62 412
Ärlibgo S Bp60 412
Arnafjord N An58 402
Arnäsvall S Bs54 401
Arneberg N Bg51 393
Arnbygget N Bq51 393
Arneberg N Bb58 404
Arne N Bo44 385
Årnes N Bc51 392
Årnes N Bd62 410
Årnes N Be60 404
Arnö S Bp63 412
Arnö S Bp62 412
Arnøyhamn N Cb40 381
Arnstorp S Bg61 411
Arnundsjö S Br54 400
Åros N Bb61 410
Årøysund N Ba62 410
Årrenjarka S Br47 389
Års = Aars DK Au67 415

Anholt DK Bd67 416
Ånimskog S Bf63 410
Anjans fjällstation S Bf53 393
Ankarede S Bi51 393
Ankarsrum S Bn65 418
Ankarsund S Bo50 394
Ankarvattnet S Bi51 393
Ankenes N Bp44 385
Ånn S Bf54 398
Anndalsvågen N Be49 388
Anneberg S Bk65 417
Anneberg S Bg65 416
Anneberg S Bg62 411
Annefors S Bg61 411
Annefors S Bn58 406
Ånneland N Ak59 402
Annelund S Bg61 416
Annerstad S Bh67 416
Annolsetrene N Ba57 404
Ånøya N Ba54 398
Ansarve S Br66 419
Ansjö S Bn55 400
Ansnes N Br41 380
Ansnes N As53 397
Ansvar S Cf47 391
Ansvik N Bl46 384
Antasstugan S Bo50 394
Anten S Be65 416
Antjärn S Bq55 401
Antnäs S Cd49 391
Anttis S Cf46 391
Anvägen S Br53 395
Apåsdal N Aq64 409
Aplared S Bg65 416
Äppelbo S Bh59 405
Ar S Bs65 419
Arådalen S Bh55 399
Arakso̊bø N Aq63 409
Åram N Al56 396
Årås N Ak59 402
Arasluoktastugorna S Bo46 389
Arboga S Bm62 412
Årbostad N Bp43 385
Arbrå S Bn59 406
Arby S Bn67 423
Årbyn S Ce49 391
Årdal N Aq63 409
Årdal N An62 408
Årdal N An57 402
Årdala S Bo63 412
Årdalstangen N Aq58 403
Arden DK Au67 415
Åre S Bg54 399
Aremark N Bd62 410
Arendal N Ao64 409
Åreskutan S Bg54 399
Arfor N Bd51 392
Arholma S Bt61 413
Århult S Bn66 418
Århult S Bf62 411
Arild S Bf68 422
Årjäng S Be62 410
Arjeplog S Bq48 389
Arjepluovve = Arjeplog S Bq48 389
Arkelstorp S Bi68 422
Arkhyttan S Bm60 412
Arkösund S Bo64 412
Arksjö S Bn52 394
Årla S Bq62 412
Ärlibgo S Bp60 412
Arnafjord N An58 402
Arnäsvall S Bs54 401
Arneberg N Bb58 404
Arnbygget N Bq51 393
Arne N Bo44 385
Årnes N Bc51 392
Årnes N Bd62 410
Årnes N Be60 404
Arnö S Bp63 412
Arnö S Bp62 412
Arnøyhamn N Cb40 381
Arnstorp S Bg61 411
Arnundsjö S Br54 400
Åros N Bb61 410
Årøysund N Ba62 410
Årrenjarka S Br47 389
Års = Aars DK Au67 415

Årsandøy N Be50 392
Årsdale DK Bl70 423
Årset N An56 396
Årset N At60 403
Årseter N Aq57 403
Årsnes N An60 402
Arstad N Bk46 388
Årsta Havsbad S Br62 413
Årsunda S Bo59 406
Arsvågen N Al62 408
Ärtemark S Be62 410
Ärteråsen S Bl58 405
Ärtled S Bl59 406
Ärtrik S Bo54 400
Årvåg N As54 397
Arvåsen S Bl58 406
Arvesund S Bi54 399
Arvidsjaur S Bt50 395
Arvidsträsk S Cb49 390
Årvik N Am56 396
Arvika S Bf61 410
Årviksand N Cb40 381
Arvträsk S Bt51 395
Åryd S Bl68 423
Åryd S Bk67 417
Ås N Bb62 410
Ås N Bd54 398
Ås N Bb61 410
Ås S Bk54 399
Ås S Bn68 423
Ås S Bh66 416
Åsa N Be52 392
Åsa S Bk66 417
Aså = Asaa DK Ba66 415
Asaa DK Ba66 415
Åsaka, Barne- S Bh64 416
Åsaliseter N Bb54 398
Åsan N Be51 392
Åsäng S Bp55 400
Åsäng S Br55 400
Åsår N At57 397
Åsarna S Bi55 399
Åsarum S Bk68 423
Åsbacka S Bn58 406
Åsberget S Bl58 405
Åsbø N Al59 402
Åsbo S Bl64 417
Åsbräcka S Be64 416
Åsbro S Bl63 411
Åsby S Be66 416
Åsby S Bl65 417
Åse N Bm42 385
Åse N Al60 402
Åse N As61 409
Åse N Bp55 400
Åsebyn S Bq62 410
Åseda S Bl66 418
Åsele S Bp52 394
Åselet S Ca50 395
Åseli N Bk46 388
Åsen N Bc53 398
Åsen N An63 408
Åsen S Bk54 399
Åsen S Bh58 405
Åsen S Bh59 405
Åsen S Bi57 399
Åsen S Bm55 400
Åsenhöga S Bh56 416
Åsensbruk S Be63 410
Åsenvoll N Bc55 398
Åseral N Ap63 408
Åserud N Bd61 410
Åsettajet N Bc59 404
Åsfallet S Bl60 412
Åsgårdstrand N Ba62 410
Åsgreina N Bb60 404
Åshagen N Bg60 411
Åshammar S Bo59 406
Asige S Bf67 416
Ask N Bc60 410
Ask S Bg69 422
Ask S Bl63 411
Aska S Bp62 412
Åskagsberg S Bf60 406
Åskåsen S Bk58 406
Askeby S Bm64 412
Asker N Ba61 410
Askersby S Bl62 411
Askersund S Bk63 411
Askeryd S Bl65 417
Askesta S Bp58 406
Åskilje S Bq51 394

Åskiljeby S Bq51 394
Askim N Bc61 410
Askim S Bd65 416
Askje N Am62 408
Askjum S Bf64 416
Askland N Ar63 409
Asklanda S Bf65 416
Åskogen S Cd49 391
Askome S Bf66 416
Åsköping S Bn62 412
Askøy N Al60 402
Askum S Bc64 410
Askvåg N Ap55 397
Askvoll N Al58 402
Aslaksrud S Au61 409
Aslestad N Aq62 409
Åsljunga S Bg68 422
Åsmandrud S Au60 404
Åsmansbo S Bl60 406
Åsmon S Bo54 400
Asmundtorp S Bf69 422
Asmundvåg N As53 397
Åsnes N Bc52 392
Åsnes N Bl60 402
Åsnorrbodarna S Bp56 400
Asp DK As68 414
Aspa N Aq54 397
Aspa S Bp63 412
Aspan S Bc56 399
Aspås S Bi54 399
Aspåsnäset S Bk53 399
Aspberget S Be58 404
Aspeå S Bq54 400
Aspeboda S Bl59 406
Aspenes S Bn43 385
Äspered S Bg65 416
Asperö S Bd65 416
Aspet S Bi69 422
Åsphult S Bh69 422
Aspliden S Cd48 391
Aspliden S Bt50 395
Äspnäs S Bl52 393
Aspnäs S Bp55 400
Aspnäs S Bp60 412
Aspnes N Bh52 393
Aspö S Bm68 423
Aspö S Bp62 412
Aspsele S Br53 394
Assens DK Ba67 415
Assentoft DK Ba68 415
Åssjöbo S Bl58 406
Åstadalen N Bc58 404
Åståkra S Bi67 417
Åstan N Au53 397
Åsted DK Ba66 415
Åstol S Bd65 416
Åstorp S Bf68 422
Åstrand S Bg60 411
Åstrandssätern S Bg60 405
Åsträsk S Bu51 395
Astrup DK Au67 415
Astruptunet N An57 402
Åsundatorp S Bg62 411
Åtlo N Bb53 398
Atnbrua N Ba57 398
Atnikstugan S Bk50 393
Atnosen N Bb57 404
Åtorp S Bi62 411
Atostugan S Bk49 388
Åtran S Bf66 416
Åtterträsk S Bz57 394
Åtvidaberg S Bn64 418
Audnedal N Ap64 408
Aukan N Ar54 397
Aukea S Cg46 391
Aukra N Ao55 396
Auktsjaure S Br48 390
Aulstad N Ba58 404
Aune N Bh52 393
Aune N Bb53 392
Aunet N Bb53 392
Aunet N Bf51 392
Auning DK Ba68 415
Aurdal N At59 403
Aurdalsseter N Au59 403
Aure N As54 397
Aurlandsvangen N Ap59 403

Aursfjordgård

Aursfjordgård N Bs42 380
Aursjøhytta N As56 397
Aurskog N Bc61 410
Aursmoen N Bc61 410
Ausås S Bf68 422
Austad N Aq62 409
Austad N Au62 409
Austad N Ap64 414
Austafjord N Bb51 392
Aust-Agder N Aq63 409
Austbø N Be49 388
Austbygda N As60 403
Austefjord N An56 396
Austevoll N Al60 402
Austgulen N Al59 402
Austlid fjellstue N Ba58 404
Austmarka N Be60 410
Austnes N Bo43 385
Austnes N An55 396
Austpollen N Bm43 385
Austråt N Au53 392
Austrheim N Ak59 402
Austrumdal N An63 408
Autio S Cg46 391
Avaldsnes N Al62 408
Avan S Cd49 391
Avan S Cc50 395
Avan S Cc52 395
Avasjö S Bo52 394
Avasjön = Borgafjäll S Bl51 393
Avaträsk S Bn52 394
Avaviken S Bs49 390
Åvedal N Ao64 408
Avesta S Bn60 412
Avradsberg S Bh60 405
Avžže N Cg42 387
Axberg S Bl62 411
Axmar S Bp58 406
Axvall S Bh64 411

B

Bäck S Cb52 395
Bäck S Bi63 411
Backa S Be65 416
Backa S Bd66 416
Backa S Bs61 413
Backa S Bg59 405
Backa S Bh61 411
Bäckaby S Bk66 417
Backadammen S Bg59 405
Bäckan S Bm56 400
Backaryd S Bl68 423
Bäckaskog S Bk68 423
Backberg S Bo59 406
Bäckboda S Cb52 395
Backbodarna S Bl60 405
Backe S Bn53 394
Bäckebo S Bn67 418
Bäckefors S Be63 410
Bäckegruvan S Bl61 412
Backen S Ca53 395
Backen S Bf60 405
Bäckhammar S Bi62 411
Bäckland S Bq55 400
Bäcklösen S Bp60 406
Bäcklund S Bt49 390
Bäcknäs S Bt50 395
Bäckseda S Bl66 417
Backvallen S Bf55 399
Bäckviken S Bf69 422
Bada S Bg60 411
Badarne S Bm61 412
Badderen N Ce41 381
Badje-Sohppar = Övre Soppero S Cd44 386
Bæivašgiedde N Ck42 387
Bækmarksbro DK Ar68 414
Bælum DK Ba67 415
Bærum N Ba61 410
Baggård S Bt53 401
Baggböle S Ca53 395
Baggetorp S Bn62 412
Bagn N Au59 403
Báittasjárvi = Paittasjärvi S Cf44 387
Bakarebo S Bh67 416
Bakka N Ao59 402
Bakka N At61 409
Bakkasund N Al60 402
Bakke N Bc62 410
Bakkebø N An64 408
Bakkebu N Ar60 403
Bakkeby N Cb41 381
Bakkejord N Br41 380
Bakken N Bi52 393
Bakken N As54 397
Bakken N Bd59 404
Bakkerud N At61 409
Bakketun N Bi49 388
Baksjöliden S Br52 394
Baksjönäset S Bf53 393
Baktåive S Bs49 390
Baktsjaur S Bt50 395
Bakvattnet S Bi53 393
Bäl S Bs65 419
Bälaryd S Bk65 417
Balestrand N Ao58 402
Bålforsen S Br51 394
Bälganet S Bl68 423
Bälgviken S Bn62 412
Bälinge S Bq61 412
Bälinge S Bp63 412
Bälinge S Bg68 422
Bälinge S Cd49 391
Balke N Bb59 404
Ballangen N Bo44 385
Bållasluoktta = Ballasviken S Bo48 389
Ballasviken S Bo48 389
Bällefors S Bi63 411
Ballerup DK Be69 422
Ballingslöv S Bh68 422
Ballstad N Bh44 384
Balsfjord N Bt42 380
Balsjö S Bt53 395
Bålsta S Bq61 412
Balungstrand S Bm59 406
Bamble N Au62 409
Bandaksli N Ar62 409
Bångnäs S Bm51 393
Bangsund N Bc52 392
Bankekind S Bm64 412
Bankeryd S Bi65 417
Bara S Bg69 422
Bärbo S Bo63 412
Bårby S Bn67 423
Bardal N Bg48 388
Bäreberg S Bf64 416
Bärfendal S Bc64 410
Bårjås = Porjus S Bu47 390
Barkåker N Ba62 410
Barkald N Bb56 398
Barkarö S Bn61 412
Barkerud S Be62 410
Barkeryd S Bk65 417
Barkestad N Bk43 384
Barkhyttan S Bn59 406
Bårlog N Ao58 402
Barne-Åsaka S Bf64 416
Bärrek S Bo60 406
Bårse DK Bd70 422
Barsebäckshamn S Bf69 422
Barsele S Bp50 394
Bärsta S Bl62 412
Barsviken S Bq56 400
Barum S Bi68 423
Barva S Bo62 412
Bårvik N Ce39 381
Bås N Ar63 409
Basebo S Bm66 418
Båsheim N At60 403
Baskemölla S Bi69 422
Bäsksele S Bo51 394
Bäsksjö S Bp51 394
Bäsna S Bl59 406
Bassevuovdde N Cm43 387
Båstad N Bc61 410
Båstad S Bf68 422
Bästdal S Bo57 406
Bästdal S Bp57 406
Bastedalen S Bk63 411
Bastfallet S Bo60 406
Bastmora S Bm61 412
Båstnäs S Bd62 410
Bastutjärn S Bu51 395
Bastuträsk S Ca51 395
Bastvalen S Bf60 405
Båteng N Cq40 383
Batnfjordsøra N Aq55 397
Båtsfjord N Cu39 383
Båtsfjorden N Cg39 381
Båtsjaur S Bp48 389
Båtskärsnäs S Cg49 391
Båtstø N Bb61 410
Båtvik S Cc51 395
Baustin N At58 403
Bavallen N An59 402
Bäverholmen S Bo48 389
Beateberg S Bi63 411
Beddingestrand S Bg70 422
Bedstedt DK Ar67 414
Begndal N Au59 404
Beian N Au53 397
Beisfjord N Bq44 385
Beisland N Ar64 409
Beitostølen N As58 403
Beitstad N Bc52 392
Bejarn N Bk46 388
Bekkarfjord N Cp39 382
Bekkelaget N Bc59 404
Bekkelegret N Au56 398
Bekken N Bd57 404
Bekkjarvik N Al60 402
Bekkos N Bd55 398
Belebotn N Ap60 403
Belle N Ap59 403
Bellö S Bl65 418
Bellvik S Bn52 394
Belvik N Bs41 380
Benestad S Bh69 422
Bengtsbo S Bo60 406
Bengtsfors S Be62 410
Bengtsheden S Bm59 406
Bengtstorp S Bi61 411
Bennerup Strand DK Bb67 415
Bensbyn S Ce49 391
Bensjö S Bl55 400
Berdal N At54 397
Berdalen N Ap62 408
Berehommen N Aq62 409
Berg N Bp42 380
Berg N Br41 380
Berg N Be50 392
Berg N Ba54 398
Berg N Aq62 408
Berg N Au61 409
Berg N Bc62 410
Berg S Bn54 400
Berg S Bd64 410
Berg S Bk66 417
Berg S Be63 410
Berga S Bh63 411
Berga S Bn66 417
Berga S Bn62 412
Berga S Bo59 406
Bergaby S Bm62 412
Bergagård S Bf67 416
Bergaland N An62 408
Bergbacka S Ca49 395
Bergbu N Ar61 409
Bergby S Bp59 406
Bergdala S Bl67 417
Berge N Ao58 402
Berge N Ar62 409
Berge N Ar61 409
Berge S Bq55 400
Berge S Bk55 399
Bergeforsen S Bp55 400
Bergen N Al60 402
Berger N Bc59 404
Berger N Ba61 410
Berget N Ba53 392
Bergfors S Bu44 386
Berghem S Bf66 416
Bergkarlås S Bk58 405
Bergkvara S Bn68 423
Bergland N Au60 404
Bergland S Bn50 394
Bergli N Ar54 397
Berglia N Bh52 393
Berglunda S Bo49 389
Berglunda S Bs51 395
Bergmo N Cc41 381
Bergnäs S Bp51 394
Bergnäs S Bt52 395
Bergnäs S Br49 390
Bergnäset S Ce49 391
Bergneset N Bt42 386
Bergsäng S Bh60 411
Bergsäng S Bl59 405
Bergsbyn S Cc51 395
Bergset N Bc57 398
Bergsfjord N Cd40 381
Bergshammar S Bo63 412
Bergshamra S Bs61 413
Bergsjö S Bp57 400
Bergsjö S Bi62 411
Bergsmo N Be52 392
Bergsøya N Aq55 397
Bergs slussar S Bm64 412
Bergstod N As62 409
Bergstrøm N Bd62 410
Bergsviken S Cc50 395
Bergum S Bh64 411
Bergunda S Bk67 417
Bergundhaugen N Bb58 404
Bergvallen S Bg57 405
Bergvik S Bo58 406
Berkåk N Au55 398
Berknes N Am56 396
Berkön S Cd50 395
Berle N Al57 396
Berlevåg N Ct39 383
Bernes N Al59 402
Bernshammar S Bm61 412
Berre N Bc52 392
Bersbo S Bn64 418
Berset N Ap57 403
Beskenjargga N Cl42 382
Bessaker N Ba52 392
Besstul N Au62 409
Bestorp S Bm64 418
Betåsen S Bo53 400
Betna N Ar54 397
Bettna S Bo63 412
Bidalite S Bm68 423
Bidjovagge N Cf42 381
Bie S Bn62 412
Biellojaure S Bm49 389
Biersted DK Au66 415
Bilitt N Bb59 404
Billdal S Bd65 416
Billesholm S Bf68 422
Billingen N Aq56 397
Billingsfors S Be63 410
Bilto N Cd42 381
Biltris DK Bd69 422
Bindalseidet N Be50 392
Bindslev DK Ba65 415
Bingen N Au61 409
Bingsjö S Bm58 406
Binneberg S Bh63 411
Biri N Bb59 404
Birkeland N Ar64 409
Birkenes N Ar64 409
Birkerød DK Be69 422
Birkestrand N Cr40 383
Bisberg S Bm60 406
Biskopsvrak S Bm62 412
Bislev DK Au67 415
Bismo N Ar57 397
Bitterstad N Bk43 384
Bjåen N Ap61 408
Bjærangen N Bh47 388
Bjærum N Ap64 408
Bjæverskov DK Be70 422
Bjälbo S Bl64 411
Bjärklunda S Bg64 411
Bjarkøy N Bo43 385
Bjärme S Bp56 400
Bjärnum S Bh68 422
Bjärred S Bg69 422
Bjärten S Bt53 395
Bjärtrå S Bq55 400
Bjästa S Bs54 401
Bjåsta S Bp57 400
Bjelland N An61 408
Bjelland N Aq64 409
Bjerga N An61 408
Bjergby DK Ba65 415
Bjerka N Bh48 388
Bjerkelia N Bd60 410
Bjerkreim N An63 408
Bjerkvik N Bq43 385
Bjerregrav DK At67 415
Bjllsta S Bs54 401
Bjøberg N Ar59 403
Bjøllånes N Bk47 388
Bjølstad N At57 403
Bjoneroa N Ba59 404
Bjonevika N Ba59 404
Bjønnes N Au62 409
Bjøranes N Be51 392
Björbo S Bk60 405
Björboholm S Be65 416
Bjordal N Al58 402
Bjordal N Am58 402
Bjordal N Ao63 408
Bjordalen N As61 409
Bjorelvnes N Br42 380
Bjørgan N Ba55 398
Bjørgo N Au59 403
Bjørk N Aq57 403
Björka S Bq54 400
Björka S Bk59 405
Björka S Bl61 412
Björkåbäck S Br54 401
Bjørkås N Bt43 385
Bjørkåsen N Bo44 385
Bjørkåsen N Bg50 393
Björkbacken S Bm49 389
Björkberg S Cb49 390
Björkberg S Bq51 394
Björkberg S Bl57 405
Björkbysätern S Bg60 405
Bjørke N Ao56 396
Björke S Bp59 406
Bjørkebakken N Bq42 385
Bjørkedal N An56 396
Bjørkeflåta N As60 403
Björkefors S Bm64 417
Bjørkelangen N Bd61 410
Björkenäs S Bm68 423
Björketorp S Bf66 416
Björkfors S Bl49 389
Björkfors S Cg49 391
Björkholmen S Bt47 390
Björkhult S Cb46 390
Björklångsberg S Bg60 411
Bjørkli N Bb54 398
Björkliden S Bt50 395
Björkliden S Bu50 395
Björkliden S Bs44 385
Björklinge S Bq60 412
Bjørklund N Au56 398
Björklund S Bs50 390
Björknäs S Bt51 395
Björknäset S Bp54 400
Björkö S Bk65 417
Björkö S Bd65 416
Björkö-Arholma S Bt61 413
Björksele S Bs51 394
Björksele S Bp53 394
Björksjön S Bq54 400
Björksjön S Bk61 411
Björksjönäset S Bn52 394
Björkstugan S Bs44 385
Björktorp S Bo62 412
Björkudden S Bs46 385
Björkvattnet S Bh51 393
Björkvattnet S Bn54 400
Björkvik S Bo63 412
Björlanda S Bd65 416
Bjorli N Ar56 397
Bjørlia N Be51 392
Bjørn N Bf48 388
Björna S Bs53 401
Björnänge S Bg54 399
Björnås S Bm58 406
Bjørnåsen N At54 397
Björnbäck S Bp53 400
Bjørndalen N Aq63 409
Björneborg S Bi62 411
Bjørneimsbygd N An62 408
Bjørnelia N At59 403
Bjørnerå N Bn43 385
Bjørnestad N Ao63 408
Bjørnevasshytta N Aq62 409
Bjørnevatn N Cu41 383
Bjørnfjell S Br44 385
Björnhult S Bn66 417
Björnlunda S Bp62 412
Björnö S Bf62 411
Björnrike S Bh56 399
Bjørnset N Al57 402
Björnsholm S Bn65 417
Bjørnskar N Bt41 380
Bjørnstad N Cg41 381
Bjørnstad N Bg50 393
Bjørnstad N Db41 383
Bjørnstad N At63 409
Bjørnstad N Bc62 410
Bjørnstad N Bc60 404
Björsarv S Bn56 400
Björsäter S Bn64 418
Björsäter S Bh63 411
Björsjö S Bl60 412
Björsjö S Bl54 399
Björsjö S Bm57 400
Björsund S Bo62 412
Bjørsvik N Al59 402
Bjuråhed S Ce48 391
Bjuråker S Bo57 406
Bjurbäck S Bh65 416
Bjurbäcken S Bi61 411
Bjurbekkdalen N Bi48 388
Bjurberget S Bf59 405
Bjurholm S Bt53 395
Bjuröklubb S Cd52 395
Bjurön S Cd52 395
Bjurön S Bs60 407
Bjursås S Bl59 406
Bjursele S Bt51 395
Bjurselet S Cc51 395
Bjursjön S Bm61 412
Bjursjön S Bn55 400
Bjurträsk S Bq51 394
Bjurträsk S Bu51 395
Bjuv S Bf68 422
Blåberg N At61 409
Blacke S Cc52 395
Blacksta S Bo63 412
Blacksta S Bp62 412
Blackstad S Bn65 417
Blackwellbua N As57 403
Bladåker S Br60 413
Blädinge S Bk67 417
Blære DK Au67 415
Blåflat N Aq58 403
Blåhäll S Br65 419
Blåhammaren S Be54 398
Blaikliden S Bm50 394
Blaker N Bc60 410
Blaksæter N Ao57 396
Blakstad N Au54 397
Blakstad N As64 409
Blankaholm S Bo65 418
Bläse S Bs65 419
Blåsmark S Cc50 395
Blattniksele S Bq50 394
Blåvik S Bl64 417
Blåviksjön S Br51 394
Bleckåsen S Bh54 399
Blecket S Bi58 405
Blecket S Bl59 406
Bleik N Bm42 385
Bleikeseter N Ba58 404
Bleiknesmo N Bl47 389
Bleiktvedt N As59 403
Bleikvassli N Bh49 388
Bleikvassligruver N Bh49 388
Bleket S Bd65 416
Blenstrup DK Ba67 415
Blentarp S Bh69 422
Bleskestad N Ao61 408
Blestua N At61 409
Blidberget S Bl58 406
Blidö S Bs61 413
Blidsberg S Bg65 416
Blikkberget N Bd58 404
Blikshamn N Al62 408
Blikstugan S Bh58 405
Blokhus DK Au66 415
Blombacka S Bh61 411
Blomsholm S Bc63 410
Blomskog S Be62 410
Blomstermåla S Bn67 418
Blomstøl N Ap62 408
Blomvåg N Ak59 402
Blötberget S Bl60 405
Blyberg S Bi58 405
Bø N Bl45 384
Bø N At62 409
Bø N Am56 396
Bø N As62 409
Bo S Bm63 412
Boalt S Bi68 422
Boberg S Bm54 400
Bockara S Bn66 417
Bocksjö S Bk63 411
Bockträsk S Br50 394
Böda S Bp66 418
Boda S Bl58 406
Boda S Bs60 413
Boda S Bo55 400
Boda S Bf61 411
Boda S Bg61 411
Bodacke S Bo55 400
Bodafors S Bk66 417
Boda glasbruk S Bm67 417
Bødal N Ao57 402
Bodane S Bf62 410
Bodåsgruvan S Bn60 406
Bodbyn S Cb52 395
Bodbyn S Ca52 395
Boddum DK Ar67 414
Boden S Cd49 391
Bodø N Bi46 388
Bodom N Bd53 392
Bodön S Ce49 391
Bodsjöbyn S Bk55 399
Bodsjöedet S Bf54 399
Bodträskfors S Cb48 390
Bodum S Bn53 394
Boet S Bk64 417
Bofara S Bo58 406
Bofors S Bk62 411
Bøgard N Bm42 384
Bogavik N Am60 402
Bogen N Bo43 385
Bogen N Bl45 384
Bogen S Bf60 410
Boggestranda N Ar55 397
Boggsjö S Bl54 400
Bognelv N Ce40 381
Bognes N Bn44 385
Bogø By DK Be71 422
Bogstad N An57 402
Boheden S Cf48 391
Böja S Bh63 411
Bojtiken S Bk50 393
Bokenäs S Bd64 416
Bokholm N Bq44 385
Bokn N Al62 408
Böksholm S Bl66 417
Boksjok N Cq39 383
Bölan S Bo58 406
Bölåsen S Bi54 399
Bøle N At60 403
Böle S Ce49 391
Böle S Cc50 395
Böle S Bh54 399
Böle S Bi54 399
Böle S Bi56 399
Bole S Bn58 406
Bolfoss N Bd61 410
Bolga N Bg47 388
Boliden S Ca51 395
Bolkesjø N At61 409
Bollastanäs S Bq62 413
Bollebygd S Bf65 416
Bollerup S Bi70 422
Bollestad N Am63 408
Bollnäs S Bn58 406
Bollstabruk S Bq55 400
Bolmen S Bh67 416
Bolmsö S Bh67 416
Bölnorp S Bm63 412
Bols S Br66 419
Bolstad S Be63 410
Bomsund S Bm54 400
Bonå N Bf49 388
Bona S Bl63 411
Bönan S Bp59 406
Bonäs S Bg61 411
Bonäs S Bi58 405
Bonäset S Bs54 401
Bonäset S Bg54 399
Bonåsjøen N Bm45 385
Bondalseidet N An56 396
Bondarvet S Bn60 406
Bondemon S Bd63 410
Bondhyttan S Bm60 406
Bondstorp S Bh65 416
Bones N Br43 385
Bönhamn S Br55 401
Bønsvig DK Be70 422
Boo S Br62 413
Bor S Bi66 417
Bor S Bl61 412
Borås S Bf65 416
Borbjerg DK As68 414
Bordalen N Ap61 408
Børdalsvoll N Bc54 398
Bordvika N Ba61 409

Borensberg

Borensberg S Bl63 412
Borg N Bh44 384
Borgafjäll S Bl51 393
Borgan N Bb51 392
Borge N Bc62 410
Børgefjellskolen N Bh50 393
Borgen N Aq62 409
Borgen N Ba59 404
Borgen N Bc60 410
Borggård S Bm63 412
Borghamn S Bk64 411
Borgholm S Bo67 418
Børglum DK Au66 415
Borgsjö S Bm55 400
Borgsjö S Bq52 394
Borgstena S Bg65 416
Borgund N Aq58 403
Borgund N An56 396
Borgunda S Bh64 416
Borgvattnet S Bm54 400
Borgvik S Bf62 411
Borhaug = Vestbygd N Ao64 414
Börjelsbyn S Cf49 391
Börjelslandet S Ce49 391
Börka S Bi58 405
Borkan S Bl50 393
Borkenes N Bn43 385
Borkhusseter N Ba56 398
Børkjenes N Am61 408
Borlänge S Bl60 406
Borlaug N Aq58 403
Børlia N Bd60 410
Born S Bl61 411
Bornåsjösätern S Bg57 405
Borrby S Bi70 422
Borre N Ba62 410
Börringe S Bg69 422
Börrum S Bo64 418
Børsa N Ba54 398
Børselv N Cm40 382
Børselvnes N Cl40 382
Börstig S Bg65 416
Börstil S Br60 407
Bortan S Bf61 410
Börtnan S Bh55 399
Bortnen N Al57 396
Børtnes N At60 403
Borup DK Bd70 422
Børve N Ao60 402
Bosarp S Bg69 422
Bosebo S Bg66 416
Bösebo S Bm66 418
Bøseter N Bb58 404
Bøsetrene N As56 397
Bösjö S Bi58 405
Bosjön S Bh61 411
Bøsnes N Ba60 410
Bössbo S Bh58 405
Bossbøen N Ar61 409
Bossvik N At63 409
Bøstølen N Ap56 397
Bostrak N As62 409
Bøstrand N Bo44 385
Boteå S Bq54 400
Botilsäter S Bg62 411
Botjärn S Bn59 406
Botn N Ca41 380
Botn N Al58 402
Botn N Ap61 408
Botngård N Au53 392
Botnlia N Bd55 398
Botsmark S Ca52 395
Botten S Bf62 410
Bottna S Bc63 410
Bottnaryd S Bh65 416
Botvaldvik S Bs65 419
Bøvagen N Ak59 402
Bovallstrand S Bc64 410
Bøverbru N Bb59 404
Bøverdal N Ar57 403
Bøverfjord N As54 397
Boviken S Cc51 395
Bøvlingbjerg DK Ar68 414
Boxholm S Bl64 417
Bøyumseter N Ao58 402
Braås S Bl66 417
Bråbo S Bn66 417
Bräckan S Be63 410
Bräcke S Bl55 400
Bräkne-Hoby S Bl68 423
Brålanda S Be63 410
Brämhult S Bg65 416
Brånaberg S Bn49 389
Brånan S Bi55 399
Brånåsen S Bg60 411
Brändåsen S Bf56 399
Brändbo S Bn56 400
Brandbu/Jaren N Bb60 404
Brände S Cb52 395
Brandön S Ce49 391
Brandsbol S Bf61 411
Brandstad N Ar55 397
Brandstad S Bh69 422
Brandstorp S Bi64 417
Brandval N Be60 404
Bränna S Bo51 394
Brännåker S Bm51 394
Brannan N Bc53 392
Brännäs S Ca50 395
Brännland S Bt53 395
Brännland S Ca53 395
Brännö S Bd65 416
Brantevik S Bi69 423
Braset N Bh47 388
Braskereidfoss N Bd59 404
Brassbergsvallen S Bm56 400
Brastad S Bc64 410
Bråstøl N Ao61 408
Bråtnäs S Bd62 410
Bratsberg N Ba54 398
Brattabø N An60 402
Brattåker S Bo50 394
Brattås S Bn56 400
Brattåsen N At59 403
Brattbäcken S Bm52 394
Brattbaken N Bd53 398
Bratten S Br51 394
Brattfjord N Bl45 384
Brattfors S Bu53 401
Brattfors S Bi61 411
Brattfors S Bo59 406
Brattholmen N Al60 402
Brattland N Bg48 388
Brattli N Da41 383
Brattmon S Bf59 405
Brattset N As54 397
Brattvær N Aq54 397
Brattvåg N An55 396
Bråtveit N Ao61 408
Bråxvik S Bo63 412
Breared S Bg67 416
Bred S Bo61 412
Bredared S Bf65 416
Bredaryd S Bh66 416
Bredbyn S Bi53 399
Bredbyn S Br54 400
Bredestad S Bk65 417
Bredkälen S Bl53 393
Bredsand S Bp61 412
Bredsäter S Bh63 411
Bredsätra S Bo67 418
Bredsel S Ca49 390
Bredsjö S Bk61 411
Bredsjön S Bp55 400
Bredsjön S Bf60 405
Bredträsk S Bs53 395
Bredvik S Bu53 401
Breiabu N Ao60 402
Breiborg N Ao61 408
Breidablik N Ap56 397
Breidsete N An60 402
Breidvik N Ar62 409
Breim N An57 402
Breimo N Bf49 388
Breimoen N Ao64 408
Breisetturisthytte N At61 409
Breiskallen N Bb59 404
Breistein N Al60 402
Breistølen N Ar58 403
Breivatn N Ap61 408
Breive N Ap61 408
Breivik N Bn42 385
Breivik N Bk43 384
Breivik N Bo43 385
Breivik N Ce39 381
Breivik N Bl46 389
Breivik N As60 403
Breivikbotn N Ce39 381
Breivikeidet N Bu41 380
Brekkan N Bb53 398
Brekke N Al58 402
Brekke N Bc62 410
Brekkebygd N Bd55 398
Brekken N Bg49 388
Brekken N Bd55 398
Brekkhus N An59 402
Brekksillan N Bc51 392
Brekkvasselv N Bg51 393
Brekstad N Au53 392
Bremanger N Ak57 396
Bremdal DK As67 414
Bremnes N Bl43 384
Bremnes N Bn43 385
Bremsnes N Aq54 397
Brendryen N Ba56 398
Brenna N Bi44 384
Brennabu N As58 403
Brennan N Bd54 398
Brennbakken N Bc55 398
Brennfjell N Ca42 380
Brennsund N Bk45 384
Brettesnes N Bk44 384
Breum DK At67 415
Brevenbruk S Bm62 412
Brevik N Au62 409
Brevik S Bi64 411
Brevik S Br62 413
Brevik S Bf63 410
Breviken S Be62 410
Breviksnäs S Bo64 418
Brevikstrand N Au63 409
Brickebacken S Bl62 411
Briksdal N Ao57 402
Brimi Fjellstugu N As57 397
Brimnes N Ao60 402
Bringetofta S Bk66 417
Bringsinghaug N Al56 396
Bringsli N Bl46 389
Brismene S Bg64 416
Brissund S Br65 419
Bro S Bm61 412
Bro S Br65 419
Bro S Bc64 410
Bro S Bq61 412
Broa S Bt65 419
Broaryd S Bg66 416
Broby S Bi68 422
Brobyn S Cd49 391
Broddarp S Bg65 416
Broddbo S Bn61 412
Broddebo S Bn64 417
Broddetorp S Bh64 416
Brødløs N Be49 388
Brohyttan S Bk62 411
Brokind S Bm64 418
Brokland N At63 409
Brokvik N Bo43 385
Bromma S Bq62 413
Brommösund S Bh63 411
Bromnes N Bs40 380
Bromölla S Bi68 423
Brömsebro S Bn68 423
Brøndby DK Be69 422
Brønderslev DK Au66 415
Bronken N Bd59 404
Brönnestad S Bh68 422
Brønnøysund N Be50 392
Brösarp S Bi69 422
Brøsjø N At63 409
Brøske N Ar55 397
Brøstadbotn N Bq42 385
Brøstet N Ar56 397
Brøstrud N As60 403
Brötjemark S Bi65 417
Brøtten N Bb54 398
Bröttjärna S Bl59 405
Brøttum N Bb58 404
Brovallen S Bn60 412
Brovst DK Au66 415
Bru N Ar64 409
Brua N Au55 398
Brua N Bb56 398
Brudevoll N Ao58 402
Bruestøl N Aq61 409
Bruflat N Au59 403
Bruhagen N Aq54 397
Bruk N Bc61 410
Bruksvallarna S Be55 398
Brumunddal N Bb59 404
Brumunddalen seter N Bc58 404
Brunflo S Bk54 399
Brunkeberg N As62 409
Brunmyrheden S Bt50 395
Brunnberg S Bh60 405
Brunnby S Bf68 422
Brunne S Bq55 400
Brunnes N Bl45 384
Brunnsberg S Bh58 405
Brunnshyttan S Bk61 411
Brunskog S Bf61 411
Bruravik N Ao59 402
Brusali N Am63 408
Brusand N Am63 408
Brustad N Bc60 404
Bruvik N Am60 402
Bruvoll N Bd60 404
Bruvoll N Au56 398
Bruzaholm S Bl65 417
Bryggesåk N Ap63 408
Bryggja N Al57 396
Bryne N Am63 408
Bryngelhögen S Bi56 399
Brynjegård S Bl54 400
Bua S Be66 416
Buan N Ba55 398
Buar N An60 402
Buar S Bc63 410
Buavåg N Al61 408
Buberget S Bu52 395
Bud N Ao55 396
Budal N Ba55 398
Budalen N Bc62 410
Budor N Bc59 404
Bue N Am63 408
Buer N An61 408
Bugøyfjord N Ct41 383
Bugøynes N Cu41 383
Buinseter N As60 403
Bukkemoen N Bq42 380
Buksnes N Bm43 385
Bukta N Ba53 398
Bulandet N Ak58 402
Bulken N An59 402
Bullmark S Ca52 395
Bunge S Bt65 419
Bungenäs S Bt65 419
Bunkeflostrand S Bf69 422
Bunkris S Bg58 405
Bunn S Bk65 417
Buohttávrre = Puottaure S Ca48 390
Buoldavárre = Puoltikasvaara S Cc46 386
Buolžajávri = Pulsujärvi S Cc44 386
Buran N Bd53 392
Bureå S Cc51 395
Bureåborg S Bq54 400
Buresjön S Bq49 394
Burfjord N Ce41 381
Burgsvik S Br66 419
Burøysundet N Bu40 380
Burs S Bs66 419
Burseryd S Bg66 416
Burstad N Ci39 382
Burstad N Bc61 410
Burträsk S Cb51 395
Burua N Bc57 404
Burvik S Cc51 395
Busjön S Bs51 395
Buskerud N Ar60 403
Buskhyttan S Bo63 412
Busnesgrend N At61 409
Bustnes N Bh48 388
Bustvallen S Bf57 405
Buters S Bs65 419
Butorp S Bg62 411
Buttle S Bs66 419
Buvåg N Bl44 384
Buvasskoia N Au60 404
Buvik N Bh48 388
Buvik N Aq55 397
Buvika N Ba54 398
Buvika N Bd56 398
By S Bf62 411
By S Bn60 406
Byarum S Bi65 417
Byberget S Bl55 399
Bybrua N Bb59 404
Bydalen S Bh54 399
Bydgeträsk S Cb52 395
Bygdeå S Cb52 395
Bygdin N As58 403
Bygdisheim N As58 403
Bygdsiljum S Cb52 395
Bygland N Aq63 409
Byglandsfjord N Aq63 409
Bygstad N Am58 402
Bykle N Ap62 408
Byneset N Ba54 398
Byringe S Bo62 412
Byrkjedal N An63 408
Byrkjelo N An57 402
Byrknes N Ak59 402
Byrum DK Bc66 415
Byrum S Bo66 418
Bysala S Bm61 412
Byske S Cc51 395
Byssträsk S Bs52 395
Bystad S Bm62 412
Bysting N At53 397
Bystøl N An59 402
Byvalla S Bn60 406
Byvallen S Bn57 406
Byxelkrok S Bp66 418

C

Caroli S Bf65 416
Časkel N Cl40 382
Cavccas = Tjautjas S Cb46 390
Charlottenberg S Be61 410
Čoalmmi = Salme S Ca44 386
Čohkkiras = Jukkasjärvi S Cb45 386
Čovrik = Tjåurek S Bt45 386
Čunusavvon = Junosuando S Cf46 387
Cuonovuoppi N Cf42 387

D

Daddbodarna S Bk58 405
Dädesjö S Bl66 417
Dådran S Bm59 406
Dagali N Ar60 403
Dagarn S Bm61 412
Daglösen S Bi61 411
Däglöster S Cc51 395
Dagsberg S Bn63 412
Dajkanberg S Bn50 394
Dajkanvik S Bn50 394
Dal N Bc60 404
Dal S Bq54 400
Dala S Bh64 416
Dala S Br55 400
Dala-Floda S Bk59 405
Dala-Järna S Bi59 405
Dalåkre N Aq58 403
Dalamot N Ao60 402
Dalarö S Br62 413
Dalåsen S Bi62 411
Dalåsen S Bi55 399
Dalasjö S Bo51 394
Dalastova N Am59 402
Dalavardo S Bm48 389
Dalavik N Am61 408
Dalbäcken S Bi62 411
Dalby S Bg69 422
Dalby S Bl63 411
Dalby S Bq61 412
Dalby S Bg59 405
Dalbyn S Bl58 405
Dalbyover DK Ba67 415
Däldenäs S Bi62 411
Dale N Bn43 385
Dale N Am59 402
Dale N Aq55 397
Dale N Al58 402
Dale N Aq55 397
Dale N Ar63 409
Dale N Ar62 409
Dale N As62 409
Dale N At63 409
Dalen N Bd61 410
Dalen N Ar62 409
Dalen N As55 397
Dalen S Bd62 410
Dalfors S Bl58 406
Dalheim N Bm44 385
Dalhem S Bn65 417
Dalhem S Bs65 419
Dalholen N Au56 398
Dalkarlsberg S Bk62 411
Dalkarså S Cb52 395
Daløy N Ak58 402
Dalseter N At58 403
Dalsjöfors S Bg65 416
Dalskog S Be63 410
Dals Långed S Be63 410
Dalsmund S Bk62 411
Dals-Rostock S Be63 410
Dalstorp S Bh65 416
Dalstuga S Bm58 406
Dalsvallen S Bh56 399
Dalum S Bg65 416
Dalvangen N Ba56 398
Dálvvadis = Jokkmokk S Bu47 390
Damlykkja N Bb59 404
Dämman S Bo66 418
Dammen N Au62 409
Dammet S Cf49 391
Damsholte DK Be71 422
Danasjö S Bo49 394
Danderyd S Br62 413
Danholn S Bm59 406
Dannäs S Bh66 416
Dannemora S Bq60 413
Dannike S Bg65 416
Dansbodarna S Bm58 406
Darbu N Au61 409
Daretorp S Bi64 417
Dårrájávrre = Tårrajaur S Bu48 390
Dårraudden S Bm49 389
Darthus N At57 403
Dartsel S Ca49 395
Daugstad N Ap55 397
Davik N Al57 396
Daviken S Bn62 412
Degeberga S Bi69 422
Degerbäcken S Cc49 391
Degerbyn S Bf62 411
Degerfors S Bi62 411
Degerhamn S Bn68 423
Degerkölsvallen S Bl57 399
Degerlund S Ca51 395
Degernes N Bc62 410
Degerselet S Cd48 391
Degersjö S Bq54 400
Degersjön S Ca53 395
Degerträsk S Cb50 395
Deje S Bg61 411
Deknepollen N Al57 396
Delary S Bh67 422
Delp N Bk44 384
Delsbo S Bo57 406
Deset N Bc58 404
Destrup DK Au67 415
Diellejåhkå = Tellejåkk S Bu48 390
Digerberget S Bg60 405
Digerberget S Bk55 399
Digermulen N Bl44 384
Digernes N Ao55 396
Dikanäs S Bm50 394
Dikemark N Ba61 410
Dimbo S Bh64 416
Dimmelsvik N An61 408
Dimna N Am56 396
Dingle S Bd63 410
Dingtuna S Bn61 412
Diö S Bi67 417
Dirdal N An63 408
Diseröd S Be65 416
Dividalshytta N Bu43 386
Djäkneboda S Cb52 395
Djäkneböle S Ca53 395
Djaupdy S Bs66 419
Djaupkrok S Br66 419
Djup N Ar59 403
Djupdal N At61 403
Djupdal S Bn51 394
Djupdalsåsen N Bo44 385
Djupfjord N Bl43 384
Djupfors S Bn49 389
Djupfors S Be61 410
Djupnäs S Bk58 405
Djupsjö S Br54 400
Djupsjön S Bg53 399
Djupslia N Bb58 404
Djupvasshytta N Ap56 397
Djupvik N Cb41 381
Djupvik N Bo44 385
Djupvik N Bm46 389
Djupvik N Ao58 402
Djura S Bk59 405
Djurås S Bl59 405
Djurö kvarn S Bn63 412
Djursdala S Bm65 418
Djursvallen S Bg56 399
Djursvik S Bn68 423
Dockasberg S Ce48 391
Dockmyr S Bm55 400
Docksta S Br54 401
Döderhult S Bn66 418
Dödre S Bk55 399
Dokka N Ba59 404
Dokkas S Cc46 391
Dokkedal DK Ba67 415
Dølemo N Ar63 409
Døllisetran N Au56 398
Domba N Ak57 402
Dombås N At56 397
Dommarsnes N Am61 408
Domsjö S Bs54 401
Domsten S Bf68 422
Dønnes N Bf48 388
Dønnesfjord N Cf39 381
Donsö S Bd65 416
Dørålseter N Au56 398
Dörarp S Bi67 417
Dørdal N At63 409
Dördiby S Bk58 405
Dorotea S Bn52 394
Dorrås N Bc52 392
Døvik N An62 408
Döviken S Bl55 399
Dovre N At56 397
Dovregubbens hall N At56 397
Drag N Bn44 385
Drag N Bc51 392
Drag S Bn67 418
Drageid N Bl46 389
Drageid N Be51 392
Dragnes N Bm43 385
Dragør DK Bf69 422
Dragsjön S Bh60 411
Dragsmarkt S Bd64 416
Dragsvik N Ao58 402
Drammen N Ba61 410
Drange N Al60 402
Drange N Ao64 408
Drangedal N At62 409
Drängsered S Bf66 416
Drängsmark S Cb51 395
Drarvik N An61 408
Dravagen S Bh56 399
Dravlaus N Am56 396
Drevdagen S Be57 404
Drevjemoen N Bg48 388
Drevjesetra N Bf58 405
Drevsjø N Be57 398
Drevvatn N Bg48 388
Driva N Au55 397
Drivstua N Au56 397
Drøbak N Bb61 410
Drömme S Br54 401
Dronningslund DK Ba66 415
Drosbacken S Be57 404
Drotninghaug N Ao56 396
Dryna N Ao55 396
Duesund N Al59 402
Dulpetorpet N Be59 404
Duna N Bd51 392
Dunderland N Bk48 388
Dunker S Bo62 412
Duoddar Sion N Ci40 381
Duolluvárri = Tuolluvaara S Ca45 386
Durup DK As67 415
Duvberg S Bi56 399
Duvebo S Bk64 417
Duved S Bf54 399

Dvärsätt

Dvärsätt S Bk54 399
Dybvad DK Ba66 415
Dynäs S Bq55 400
Dyping N Bl45 384
Dypvåg N At63 409
Dyranut N Aq60 403
Dyrkollbotn N Am59 402
Dyrkorn N Ao56 396
Dyrnes (Vestmøla) N Aq54 397
Dyrøyhamn N Bp42 385
Dyverdalen S Bi58 405

E

Ed S Bp54 400
Ed S Bd63 410
Ed S Bf62 410
Ed S Bg62 411
Eda S Be61 410
Eda glasbruk S Be61 410
Edane S Bf61 411
Edåsa S Bh64 416
Ede S Bo56 400
Ede S Bo56 400
Edebäck S Bh60 411
Edeby S Bg61 411
Edefors S Cb48 390
Edefors S Bl53 400
Eden S Bp53 400
Edestad S Bl68 423
Edevik S Bf53 393
Edinge S Br61 413
Edland N Aq61 409
Edsberg S Bk62 411
Edsbro S Bs61 413
Edsbruk S Bn64 417
Edsbyn S Bm58 406
Edsele S Bo54 400
Edsgatan S Bh62 411
Edshult S Bl65 417
Edsleskog S Be62 410
Edsta S Bp55 400
Edsvalla S Bg62 411
Edsvära S Bg64 416
Efteløt N Au61 409
Egby S Bo67 418
Egersund N An64 408
Eggby S Bh64 411
Egge N Ao57 402
Eggedal N At60 403
Eggen N Bb54 398
Eggesbønes N Am56 396
Eggesvik N Bi46 388
Eggodden N Bb54 398
Eggum N Bh44 384
Eggvena S Bf64 416
Eia N An64 408
Eiangseter N At61 409
Eiasland N Ap63 408
Eiby N Cg41 381
Eid N Ba53 392
Eid N Ap55 397
Eid N Bd59 404
Eidanger N Au62 409
Eidbukt N Bm43 385
Eide N Ap55 397
Eide N Al58 402
Eide N Al56 396
Eide N An64 408
Eide N An62 408
Eide N Ao59 402
Eide N Ao57 402
Eidem N Bd49 388
Eidet N Bi52 393
Eidet N At63 409
Eidfjord N Ap60 402
Eidkjosen N Bs41 380
Eidsberg N Bc61 410
Eidsbugarden N Ar58 403
Eidsdal N Ap56 397
Eidsetra N Bc56 398
Eidsfoss N At54 397
Eidsfoss N Ba61 409
Eidshaug N Bc51 392
Eidskog N Be60 410
Eidslandet N Am59 402
Eidsnes N Cf40 381
Eidsøra N Ar55 397
Eidssund N Am62 408
Eidsvåg N Ar55 397
Eidsvåg N Am61 408
Eidsvik N Ao55 396
Eidsvoll N Bc60 404
Eidvågeid N Ch39 381
Eik N Am62 408
Eik N An63 408
Eik N Ao55 396
Eikanger N Al59 402
Eikefjord N Al57 402
Eikeland N An64 408
Eikeland N Ap64 408
Eikeland N Ap64 414
Eikelandsosen N Am60 402
Eikemo N An61 408
Eiken N Ap64 408
Eikenes N Al58 402
Eikenes N Au62 409
Eikjeskog N An63 408
Eiknes N An60 402
Eikregardan N As59 403
Eikrem N Ar55 397
Eiksund N Am56 396
Eina N Bb59 404
Einang N As58 403
Einavoll N Bb59 404
Einerhaug N Al56 396
Einestrand N Al59 402
Eivindvik N Al59 402
Ejby DK Be69 422
Ejheden S Bl58 405
Ek S Bh63 411
Ekby S Bh63 411
Ekeberga S Bl67 418
Ekeby S Bl62 412
Ekeby S Bf69 422
Ekeby S Bl64 417
Ekeby S Br60 413
Ekeby S Bs65 419
Ekeby S Bq62 412
Ekeby-Almby S Bl62 412
Ekebyborna S Bl63 411
Ekenäs S Bg63 411
Ekenässjön S Bl66 417
Eker S Bl62 411
Ekerö S Bq62 412
Ekeskog S Bi63 411
Eket S Bg68 422
Ekfännsberget S Bk59 405
Ekfors S Cg48 391
Ekkerøy N Da40 383
Eklund S Bp62 412
Ekne N Bc53 392
Ekolsund S Bp61 412
Ekorrsele S Bt52 395
Ekorrträsk S Bt51 395
Ekra N As56 397
Ekran N Bf48 388
Ekshärad S Bg60 405
Eksjö S Bk65 417
Ekträsk S Bu52 395
Eldalsosen N An58 402
Elde N Bn43 385
Eldevik N Al57 396
Eldforsen S Bi60 405
Eldsberga S Bg67 416
Elgå N Bd56 398
Elgsnes N Bn43 385
Eling S Bf64 416
Eljaröd S Bi69 422
Ellefsplass N Bc56 398
Elleholm S Bk68 423
Ellidshøj DK Au67 415
Ellingsgard N Ap55 397
Ellös S Bc64 416
Elmelunde DK Be70 422
Elnesvågan N Ap55 397
Elofsbyn S Bd61 410
Elovsrud S Bg61 411
Elsfjord N Bh48 388
Elsnes N Ca42 380
Elsrud N Ba60 404
Eltdalen N Bd57 404
Eltvik N Al56 396
Elvål N Bc57 398
Elvdal N Bd57 404
Elve N An64 408
Elvebakken N Co40 382
Elvekrok N Ap57 403
Elvelund N Cb42 381
Elvenes N Bl43 384
Elvenes N Da41 383
Elveng N Ba53 392
Elverhøy N As55 397
Elverom N Br43 385
Elverum N Bd59 404
Elveseter N Ar57 403
Elvestad N Bb61 410
Elvestrand N Cg41 381
Elvevollen N Bu42 380
Elvran N Bc54 398
Elvseter N Bd57 404
Emhjella N Am57 402
Emmaboda S Bm67 417
Emmaljunga S Bh68 422
Emsfors S Bn66 418
Enafors S Be54 398
Enåker S Bo60 412
Enånger S Bp57 406
Enarsvedjan S Bi53 399
Enåsa S Bh63 411
Enberget N Be58 404
Endalsetra N Ba55 398
Enden N As57 397
Enden N Ba57 404
Endre S Br65 419
Endrespless N Bh50 393
Enebakk N Bc61 410
Enebo S Bm61 412
Eneryda S Bi67 417
Enga N Bq42 380
Engan N Be48 388
Engan N Au55 397
Engavågen N Bh47 388
Engdal N As54 397
Enge N As54 397
Enge N As64 409
Engeland N An59 402
Engelia N Ba59 404
Engelsneset N Bf49 392
Engelsviken N Bb62 410
Engerdal N Bd57 404
Engerdalssetra N Bd57 398
Engerneset N Be57 404
Engerrodden N Ba60 404
Engli N At61 403
Engnes N Cb41 381
Engvik N Bs40 380
Enknäsbo S Bn58 406
Enköping S Bp61 412
Enmo N Ba55 398
Enmo Legeret N Bb55 398
Enstabo S Bn58 406
Enviken S Bm59 406
Erdal N Al60 402
Eresfjord N Ar55 397
Eriksberg S Bm50 394
Eriksberg S Bg64 416
Erikslund S Bm55 400
Eriksmåla S Bl67 418
Erikstad S Be63 410
Eringsboda S Bl68 423
Ersfjordbotn N Bs41 380
Ersmark S Cb51 395
Ersmark S Ca53 395
Ersnäs S Cd49 391
Ertvåg N As54 397
Ervalla S Bl62 411
Erve N Al61 408
Ervik N As54 397
Ervik N Al56 396
Ervik N Am58 402
Eskilsäter S Bg63 411
Eskilsryd S Bm67 417
Eskilstuna S Bo62 412
Eslöv S Bg69 422
Espa N Bc59 404
Espe N Ao60 402
Espedal N Au58 403
Espeland N Al60 402
Espeland N As63 409
Espeli N Aq63 409
Espenes N Bq42 385
Espestøl N Ar63 409
Espevær N Al61 408
Esrange S Cc45 386
Essunga S Bf64 416
Essvik S Bp56 400
Estensvoll N Ba56 398
Estuna S Bs61 413
Etelhem S Br66 419
Etne N Am61 408
Etnelia N At58 403
Etnestølen N At58 403
Ettingbo S Bp60 406
Evanger N An59 402
Evedrup DK Bd70 422
Evenes N Bo44 385
Evenskjær N Bo43 385
Everöd S Bi69 422
Evertsberg S Bh58 405
Evje N Aq63 409
Eysteinkyrkja N Au56 397

F

Fabäcken S Bo63 412
Fåberg N Ap57 403
Fåbergstølen N Ap57 403
Fäbodliden S Bq51 394
Færden N Ba60 404
Færøy N Ak58 402
Fågelås, Norra S Bi64 417
Fågelåsen S Bi62 411
Fågelberget S Bk52 393
Fågelfors S Bm66 418
Fågelmara S Bm68 423
Fågelsjö S Bk57 399
Fågelsta S Bl64 411
Fågelsta by S Bn52 394
Fågeltofta S Bi69 422
Fågelvik S Bo64 418
Fågelvik Östra S Bh62 411
Fagerås S Bg61 411
Fageråsen S Bk55 399
Fageråssjön S Bf59 405
Fagered S Bf66 416
Fagerfjell N At61 409
Fagerhaug N Au55 398
Fagerheim Fjellstue N Aq60 403
Fagerhøy N Au58 404
Fagerhult S Bl67 418
Fagerhult S Bm66 418
Fagerhult S Be64 410
Fagerhult S Bi64 417
Fagerland S Bl54 399
Fagerli N Au57 403
Fagerlund N Ba58 404
Fagernäs S Bo56 400
Fagernes N At58 403
Fagernes N Bt41 380
Fagersanna S Bi64 411
Fagersta S Bm60 412
Fagerstølen N Ao62 408
Fagerstrand N Bb61 410
Fagertun N Bq43 385
Fagervik S Bp55 400
Fagervika N Bf48 388
Fäggeby S Bm60 406
Fåglavik S Bg64 416
Fåglum S Bf64 416
Fägre S Bi63 411
Fåker S Bk54 399
Fålasjö S Bq54 400
Fale N As55 397
Falerum S Bn64 417
Falkenberg S Be67 416
Falkerslev DK Be71 422
Falkhytta N Ao55 396
Falköping S Bh64 416
Falla S Bi62 411
Fallet N Au56 398
Fallet N Bd61 410
Fallet N Bc60 404
Fallet S Bh55 399
Fällfors S Cb50 395
Fällfors S Cb52 395
Fällforsån S Ca53 395
Fällsvikhamnen S Br55 401
Falltorp S Bf59 405
Falsterbo S Bf70 422
Fältjägarstugan S Be55 398
Falträsk S Bs51 394
Faludden S Br67 419
Falun S Bm59 406
Fanahammaren N Al60 402
Fanbyn S Bo56 400
Fänneslunda S Bg65 416
Fannrem N Au54 398
Fanö S Bp61 412
Fanthyttan S Bl61 411
Fårbo S Bo66 417
Farbrot N Ao64 414
Fardal N Ar62 409
Färed S Bi63 411
Färentuna S Bq62 412
Farestad N Aq65 414
Färgaryd S Bg67 416
Färgelanda S Be63 410
Farhult S Bf68 422
Farila S Bm57 406
Faringe S Br61 413
Färjestaden S Bn67 418
Färlöv S Bi68 422
Färna S Bm61 412
Färnäs S Bk58 405
Fårö S Bt65 419
Fårösund S Bt65 419
Färsån S Bn54 400
Farsø DK At67 415
Farstad N Ap55 397
Farstorp S Bh68 422
Farstrup DK At67 415
Farsund N Ao64 414
Fårträsk S Bs50 395
Farum DK Be69 422
Fårup DK Au67 415
Fåset N Bb56 398
Fåssjödal S Bl56 399
Fasterna S Br61 413
Fatmomakke S Bl50 393
Fättjaur S Bl50 393
Fauskan N Au53 392
Fauske N Bl46 389
Fåvang N Ba58 404
Faxe DK Be70 422
Faxe Ladeplads DK Be70 422
Faxstad S Bh62 411
Feda N Ao64 408
Fedje N Ak59 402
Fefor N Au57 403
Fegen S Bg66 416
Felle N As63 409
Fellingsbro S Bm62 412
Femsjö S Bg67 416
Femundsenden N Bd57 398
Femundssundet N Bd57 404
Fenes N Bo43 385
Fengersfors S Be63 410
Fensbol S Bg60 405
Feragen N Bd55 398
Ferkingstad N Al62 408
Ferring DK Ar67 414
Feset N Au63 409
Festøya N An56 396
Festvåg N Bk46 384
Festvåg N Bi44 384
Fet N Bc61 410
Feten N Ar59 403
Fetsund N Bc61 410
Fevåg N Au53 392
Fevik N As64 409
Fianberg S Bo51 394
Fidenäs S Br66 419
Fidje N Ap64 414
Figeholm S Bo66 418
Figgjo, Ålgård- N Am63 408
Fiksdal N Ao55 396
Filipshyttan S Bk62 411
Filipstad S Bi61 411
Fillan N As53 397
Filling N As56 397
Fillingerum S Bn64 418
Fillingsnes N Ar53 397
Fillsarby S Bq60 406
Film S Bq60 407
Filsbäck S Bg64 411
Filtvet N Bb61 410
Finderup DK At68 415
Fines N Bb53 392
Finja S Bh68 422
Finkarby S Bp62 412
Finnåker S Bm61 412
Finnäs S Bp51 394
Finnasand N Am62 408
Finnbacka S Bm58 406
Finnbo S Bm59 406
Finnbodarna S Bi59 405
Finnböle S Bp60 406
Finnebäck S Bf61 411
Finneby S Bl56 400
Finneidfjord N Bh48 388
Finnerödja S Bi63 411
Finnes N Ao56 396
Finnfara S Bn58 406
Finnfjordeidet N Br42 385
Finnforsfallet S Ca51 395
Finngruvan S Bi59 405
Finnholt N Bd60 410
Finnkroken N Bt41 380
Finnlia N At61 409
Finnliden S Cb50 395
Finnøy N Bl44 384
Finnøy N An55 396
Finnsæter N Bp42 380
Finnsäter S Bh53 393
Finnset N Bh47 388
Finnset N Ar56 397
Finnsnes N Bq42 385
Finnsta S Bn56 400
Finnstuga S Bm58 406
Finntorp S Be62 410
Finnträsk S Cc50 395
Finnvik N Cg39 381
Finnvollan N Bg51 393
Finsand N Ba60 404
Finse N Ap59 403
Finsjö S Bn66 418
Finsland N Aq64 409
Finspång S Bm63 412
Finstad N Bc56 398
Finstad N Bd59 404
Fisebäckskil S Bc64 416
Fiskå N Am56 396
Fiskå N Al62 408
Fiskeboda S Bm62 412
Fiskebøl N Bk44 384
Fiskefjord N Bn43 385
Fiskesjö S Bm67 418
Fiskevollen N Bd57 398
Fiskhøl N As62 409
Fiskøy N Bn43 385
Fisksjölandet S Bl54 400
Fiskvik S Bp56 400
Fitjar N Al61 408
Fittja S Bp61 412
Five N Bd52 392
Fivelsdal N Al59 402
Fivlered S Bh65 416
Fjæra N An61 408
Fjære N Bk46 384
Fjærland N Ao58 402
Fjågesund N As62 409
Fjäl S Bk54 399
Fjälbyn S Cc52 395
Fjäll S Bs60 413
Fjäll S Be61 410
Fjällåkern S Br54 401
Fjällåsen S Ca45 386
Fjällbacka S Bc63 410
Fjällbonäs S Bt49 390
Fjällbosjö S Bo50 394
Fjällnäs S Bq49 389
Fjällnes S Be55 398
Fjällsjönäs S Bo49 389
Fjälltuna S Bn52 394
Fjälltuna S Br52 394
Fjaltring DK Ar68 414
Fjärås kyrkby S Be66 416
Fjärdhundra S Bo61 412
Fjätbodarna S Bf56 399
Fjätervålen S Bf57 399
Fjätvallen S Bf56 399
Fjelberg N Am61 408
Fjelkvil N As59 403
Fjell N Bc52 392
Fjell N Al60 402
Fjell N Bd60 404
Fjellbu N Bq44 385
Fjelldal N Bo43 385
Fjellerup DK Bb67 415
Fjellfoten N Bc60 410
Fjellheimen N Bd57 398
Fjellheim kafe N At56 397
Fjellhvill N Au60 403
Fjellkjøse N Au54 397
Fjellseter N Ao56 396
Fjellsliseter N Aq57 403
Fjellsrud N Bc61 410
Fjellstad N Ap61 408
Fjellstølen N At59 403
Fjellstova N Ao55 396
Fjellstove N An59 402
Fjellstrand N Bb61 410
Fjellstue, Fagerheim N Aq60 403
Fjelsø DK At67 415
Fjerritslev DK At66 415
Fjølburøsten N Bd55 398
Fjølvika N Bd50 392
Fjonesundet N Ar62 409
Fjordgård N Bq41 380
Fjørstad N Ao56 396
Fjørtoft N An55 396
Fjugesta S Bk62 411
Flå N At60 403
Fläckebo S Bn61 412
Flädie S Bg69 422
Flæe N Ar59 403
Flakaträsk S Bo50 394
Flakaträsk S Bs52 394
Flakeberg S Bf64 411
Flakk N Ba54 398
Flakkstadvåg N Bp42 385
Flaksjøliseter N Ba57 404
Flakstad N Bg44 384
Flåm N Ap59 402
Flärke S Bt53 401
Flarken S Cb52 395
Flaseter N Au55 397
Flaskerud N Ba60 404
Flästa S Bn58 406
Flata N Au61 409
Flatabø N An60 402
Flatbyn S Bi60 405
Flåte N An61 408
Flatebyn N Bc61 410
Flatebyn S Bf62 411
Flatekvål N Am59 402
Flateland N Aq62 408
Flåten N Cb41 381
Flåtestøa N Bc58 404
Flatmark N Aq56 397
Flatøydegard N Au58 403
Flatråker N Am61 408
Flatraket N Al57 396
Flätsbo S Bm58 406
Flått N Be51 392
Flatvarp S Bo65 418
Flejsborg DK At67 415
Flekkas N Bl45 384
Flekke N Al58 402
Flekkefjord N Ao64 408
Flekstad N Bd52 392
Flem N An55 396
Flemma N Ar55 397
Flen S Bo62 412
Flen S Bk60 405
Flendalssetrene N Bc57 404
Flenøyen N Bc57 404
Fleringe S Bs65 419
Flermoen N Bf58 405
Flerohopp S Bm67 418
Flesa N Bh44 384
Flesberg N At61 409
Flesje N Ao58 402
Flesland N Al60 402
Flesnes N Bm43 385
Flikka N Ao64 408
Flisa N Be59 404
Flisby S Bk65 417
Fliseryd S Bn66 418
Flisnes N An56 396
Flistad S Bl64 412
Flø N Am56 396
Flo N Ap57 397
Flo S Bf64 410
Floåsen S Be56 398
Floby S Bg64 416
Floda S Bn62 412
Floda S Be65 416
Floda S Bl60 406
Flögasen S Bh58 405
Flogned S Be61 410
Fløjterup DK Be70 422
Flokeneset N Al58 402
Flomyran S Bl56 400
Flon S Be55 398
Flor S Bl56 399
Flornes N Bc54 398
Florø N Ak57 402
Florvag N Al60 402
Flosta N As63 409
Fløstrand N Bg48 388
Flötemarken S Bd63 410
Flötningen S Be57 398
Fløttumsetra N Ba55 398
Flovallen S Bg57 405
Fløyrla N An62 408
Fluberg N Ba59 404
Fluren S Bn57 406
Flurkmark S Ca53 395
Fly DK At68 415
Flyggsjö S Bs53 401
Flygsfors S Bm67 418
Flyiseter N As59 403

Flykälen

Flykälen S Bl53 393
Flymen S Bm68 423
Flyn S Bn53 400
Flystveit N Aq63 409
Flytsåsen S Bm58 406
Fodnes N Ap58 403
Fogdhyttan S Bk61 411
Fogdö S Bo62 412
Fokstua N At56 397
Foldereid N Be51 392
Foldfjord N Ar54 397
Foldsæ N Ar62 409
Foldvik N Bp43 385
Fole S Bs65 419
Folkärna S Bn60 412
Folkesgården S Bg61 411
Folkestad N Am56 396
Folladalen N Bc52 392
Follafoss N Bc53 392
Follandsvangen N Ba56 398
Folldal N Au56 398
Follebu N Ba58 404
Follheim N Bh56 398
Follingbo S Br65 419
Föllinge S Bk53 399
Folvåg N Al58 402
Föne N Bm57 406
Fönebo S Bo57 406
Fonnastøl N Ao60 402
Fonnebost N Al59 402
Fonnes N Ak59 402
For N Bd52 392
Föra S Bm57 406
Førde N Al61 408
Førde N Am58 402
Førde N Am57 396
Førde N An57 402
Førde N Am58 402
Føre N Bi43 384
Fore N Bh47 388
Förkärla S Be48 423
Førland N Am61 408
Førland N Ap64 408
Förlanda S Be66 416
Förlösa S Bn67 417
Formofoss N Be52 392
Fornåsa S Bl64 412
Fornebu N Bb61 410
Fornes N Bp43 385
Fors S Bo54 400
Fors S Bs54 401
Fors S Bo55 400
Fors S Bo60 406
Forså N Bo44 385
Forsa S Bo57 406
Forsand N An63 408
Forsåsen S Bn58 404
Forsbacka S Ca51 395
Forsbacka S Bp58 406
Forsbacka S Bc59 405
Forsbodarna S Bk59 405
Forsbro S Bn58 406
Forsby S Bh64 411
Forseng N Bh48 388
Forserum S Bi65 417
Forset N Ba58 404
Forsetsetra N Ba58 404
Forshaga S Bg61 411
Forshälla S Bd64 416
Forshällan S Bu47 390
Forsheda S Bh66 416
Forshem S Bg63 411
Förslöv S Bf68 422
Forsmark S Bm50 394
Forsmark S Bo57 407
Forsmo N Bg49 388
Forsmo S Bp54 400
Forsnäs S Bs48 390
Forsnäs S Bo52 394
Forsnäs S Cb48 392
Forsnäs S Bf61 411
Forsnes N Ar54 397
Forsøl N Ch39 381
Forssa S Bo63 412
Forssjö S Bn63 412
Forsträskhed S Ce48 391
Forsvik S Bi63 411
Fortun N Aq57 403
Forus N Am63 408
Forvik N Bf56 399
Foskros N Bf56 399
Fosnavåg N Am56 396
Fosnes N Ap57 397

Fosnesvågen N Bc51 392
Foss N Bd51 392
Foss N Ba54 398
Fossan N Br43 385
Fossan N Ba62 410
Fossbakken N Bq43 385
Fossbakken N Bb56 398
Fossby N Bd62 410
Fossen N An63 408
Fossestua N Bn43 385
Fossheim N Cb41 381
Fossheim N At58 403
Fosslsbø N Au59 403
Fossholt N Au59 403
Fossli N Ap60 403
Fossmo N Br42 385
Fossmork N An63 408
Fossum N Bb57 404
Fossum S Bc63 410
Frafjord N An63 408
Fragg S Bm60 412
Frägnvallen S Bi57 399
Fräkenvik S Bl49 389
Framfjord N An58 402
Främlingshem S Bo59 406
Främmestad S Bf64 416
Framnäs S Bu47 390
Framrusta N Aq57 397
Frändefors S Be64 410
Frankrike S Bh53 393
Fränninge S Bh69 422
Fränsta N Bn55 400
Fredagsberget S Bn58 406
Fredensborg-Humlebæk DK Be69 422
Frederikshavn DK Bb66 415
Frederikssund DK Be69 422
Frederiksværk DK Be69 422
Fredrika S Br52 394
Fredriksberg S Bi60 405
Fredriksdal S Bk65 417
Fredrikstad-Sarpsborg N Bb62 410
Fredsberg S Bi63 411
Frei N Aq54 397
Frejlev DK Au66 415
Frekhaug N Al59 402
Fresvik N Ao58 402
Fretheim N Ap59 403
Fridafors S Bk68 423
Fride S Br66 419
Fridene S Bi64 417
Fridheim N Bh44 384
Fridlevstad S Bm48 423
Friel S Bf64 411
Friggesund S Bo57 406
Frihetsli N Bh43 386
Friisbua N Ba57 404
Friland N Bb57 404
Frillesås S Be66 416
Frilset N Bc60 404
Frinkstad N Aq63 409
Frinnaryd S Bk65 417
Frisbo S Bo57 400
Fristad S Bg65 416
Fritsla S Bf65 416
Fritzøehus N Ba62 409
Fröderyd S Bk66 417
Frödinge S Bn65 418
Frogn N Bi61 410
Frogner N Bc60 410
Fröjel S Br66 419
Fröjered S Bi64 417
Froland N Aq62 409
Froland N As63 409
Fröså S Bk54 399
Frosta N Bh53 398
Frostberget S Bp51 394
Frostensmåla S Bl68 423
Frösthult S Bo61 412
Frostkåge S Cc51 395
Frøstrup DK Aa66 415
Frostviken S Bi51 393
Frostviksbränna S Bh51 393
Frösunda S Br61 413
Frösve S Bh63 411
Frötuna S Bs61 413
Frövi S Bl62 412

Frøyrak N Aq63 409
Frøysadal N Ap56 397
Frøyset N Al59 402
Frøysnes N Aq63 409
Frøystul N Ar61 409
Frugården S Br62 413
Fruvik S Br62 413
Fryele S Bi66 417
Frykerud S Bg61 411
Fryksås S Bk58 405
Fryvollån N Au57 404
Fugelsta S Bm54 400
Fuglevik N Bb62 410
Fuglsbø N Am58 402
Fuglseter N As57 403
Fuglstad N Bh48 388
Fuglstad N Bf50 392
Fuglvåg N Ar54 397
Fullestad S Bf64 416
Fullösa S Bg63 411
Fulunäs S Bi55 399
Funäsdalen S Bf55 398
Funbo S Bq61 413
Fundingsland N An62 408
Fur S Bm68 423
Fure N Al58 402
Furingstad S Bn63 412
Furneset N Aq55 397
Furset N Aq55 397
Furuberg S Bo56 400
Furudal N Bs42 386
Furudal S Bl58 405
Furuflaten N Ca42 380
Furugrenda N As55 397
Furuhaugli N At56 397
Furuholmen N Bc62 410
Furulund N Cc41 381
Furulund S Bg69 422
Furunäs S Ca52 395
Furuögrund S Cc51 395
Furusjö S Bh65 416
Furustrand N Ba62 410
Furusund S Bs61 413
Furuvik S Bp59 406
Fusa N Am60 402
Futrikelv N Bt41 380
Fyrås S Bl53 400
Fyresdal N Ar62 409
Fyrudden S Bo64 418
Fyrunga S Bg64 416

G

Gåda S Bm56 400
Gäddede S Bi51 393
Gäddeholm S Bo61 412
Gäddsjöberget S Bi60 411
Gäddtjärnberget S Bi59 405
Gäddträsk S Bs52 395
Gadstrup DK Be69 422
Gædgenjargga N Cp41 382
Gærum DK Ba66 415
Gagnef S Bl59 405
Gagnet S Bo54 400
Gagsmark S Cc50 395
Gåhpånis = Kåpponis S Ca48 390
Gaitokkdalen S Bm50 394
Gålå N Au57 404
Galåbodarna S Bh55 399
Galanito N Cf43 387
Gåla seter N Bb57 404
Gálásjávri = Kaalasjärvi S Ca45 386
Gålberget S Br53 400
Galdesand N Ar57 403
Gällared S Bf66 416
Gällaryd S Bj66 417
Gälleråsen S Bj62 411
Gällinge S Be66 416
Gällivare S Cb46 390
Gällnö S Bs62 413
Gälló S Bl55 399
Gällstad S Bg65 416
Gålsjö bruk S Bq54 400
Galten S Bd57 398
Galteviken S Be62 410
Gåltjärn S Bq55 400
Galtseter N Bd57 398
Galven S Bn58 406

Gamla Falmark S Cc51 395
Gamla Uppsala S Bq61 412
Gamleby S Bn65 417
Gamlestølen N Au58 403
Gammalbodarna S Bk55 399
Gammalbodarna S Bn55 400
Gammalkil S Bl64 418
Gammalkroppa S Bi61 411
Gammalsälen S Bg59 405
Gammelbo S Bl61 412
Gammelbodarna S Bk55 399
Gammelby S Bn61 412
Gammelfäb S Bn59 406
Gammelsågen S Bp58 406
Gammel Skagen = Højen DK Bb65 415
Gammelstaden S Ce49 391
Gammersvik N Am59 402
Gammersätter S Bp56 400
Gamnes N Bt41 380
Gamnes N Bq44 385
Gamvik N Ce40 381
Gamvik N Cr38 383
Gamvik N Cg39 381
Gånälven S Bf53 393
Gand N Am63 408
Ganddal N Am63 408
Gandrup DK Ba66 415
Gandvik N Ct40 383
Gånghester S Bg65 416
Gångholmen S Bo61 412
Gangstad N Bc53 392
Ganløse DK Be69 422
Gånsen S Bk60 405
Gånsvik Br55 400
Ganthem S Bs65 419
Gaperhult S Bg63 411
Gappohytta N Ca42 386
Gárásj = Karats S Bs47 390
Garberg N Bc54 398
Gardar N Ar61 409
Gärdås N Bh59 405
Gärdåssälen S Bg59 405
Gardby S Bo67 418
Gärde S Bh53 399
Gardeby S Bn64 412
Gardemoen N Bc60 404
Gärdhem S Be64 416
Gärdnäs S Bl52 393
Gardnos N At59 403
Gårdsby S Bk67 417
Gärdserum S Bn64 417
Gårdsjö S Bi63 411
Gårdsjö S Bg61 411
Gårdsjönäs S Bn50 394
Gårdskär S Bq59 406
Gårdskärs fiskehamn S Bq59 406
Gärds Köpinge S Bi69 422
Gärdslösa S Bo67 418
Gardsmarka N Bi49 388
Gärdsnäs S Bn64 418
Gårdstånga S Bg69 422
Gardvik N Bd60 404
Gårdvik S Bm59 406
Gårdviks fäb. S Bd54 398
Gåre N Bc55 398
Gargiafjellstue N Ch41 381
Gargjaur S Bq49 389
Gargnäs S Br50 394
Garkleppvollen N Bd54 398
Garmo N As57 397
Garnes N Al60 402
Garnes N Am56 396
Garpenberg N Bn60 406
Garpenbergsgård S Bn60 406
Garphyttan S Bk62 411

Gärsnäs S Bi69 422
Garten N Au53 397
Garthus N Au59 403
Gartland N Be51 392
Gårva N Cl42 382
Gåsbo S Bo59 406
Gåsborn S Bi61 411
Gåsbu N As56 397
Gåsbu N Bc59 404
Gåsenstugorna S Bf54 398
Gaskeluokte S Bo50 394
Gåsnes N Ci38 381
Gåssjö S Bo54 400
Gåssjö S Bl56 400
Gassum DK Au67 415
Gastsjö S Bm55 400
Gátterjohka = Katterjåkk S Br44 385
Gaukerud S Ba59 404
Gauksheim S Al61 402
Gaulstad N Be53 392
Gaundalen S Bf52 393
Gaupne N Ap58 403
Gausdal N Ba58 404
Gaustablikk N As61 409
Gausvik N Bn43 385
Gautåseter N Am56 397
Gautefall N As62 409
Gautestad N Aq63 409
Geirangter N Ap56 397
Geirastadir N Ba62 409
Geisnes N Bd51 392
Geitastrand N Au54 397
Geiterygghytta N Ap55 397
Geithus, Åmot- N Au61 409
Geithus, Åmot/ N Au61 409
Geitvagen N Bk46 389
Gemla S Bk67 417
Gemträsk S Ce49 391
Genarp S Bg69 422
Gentofte DK Bf69 422
Gerlev DK Be69 422
Gesäter S Bd63 410
Gestad S Be63 410
Gesunda S Bk59 405
Getinge S Bf67 416
Getkölen S Bl56 400
Getterö S Bo64 418
Gettjärn S Bf61 411
Gettrup DK Ar67 414
Gibostad N Br42 380
Gideå S Bs54 401
Gideåberg S Br54 400
Gideå bruk S Bt54 401
Gielas S Bl50 393
Gievdnjegoikka N Ch42 387
Gildeskål N Bl46 388
Gilja N An63 408
Gillberga S Bf62 411
Gillberga S Bf62 411
Gillberga S Bn62 412
Gillberga S Bp61 411
Gilleleje DK Be68 422
Gillerberga S Brn69 406
Gillhov S Bk55 399
Gillvov = Kilvo S Cc47 390
Gim S Bm56 400
Gimdalen S Brn60 413
Gimo S Br60 413
Gimsøy N Bi44 384
Giron = Kiruna S Ca45 386
Gisholt N At62 409
Gislaved S Bh66 416
Gislöv N Bl43 384
Gismarvik N Ak58 402
Gisselås S Bl53 400
Gisselbo S Bo60 406
Gisselbo S Brl60 406
Gisslarbo N Bn60 406
Gissträsk S Bt51 395
Gistad S Bm64 412
Gistrup DK Au67 415

Gittun S Bs48 390
Gitvolaseter N Bc58 404
Giver DK Au67 415
Gjellerud N At61 409
Gjelsvik N Al58 402
Gjemestad N An57 402
Gjemgam N Bm46 389
Gjemlestad N Ap64 408
Gjemnes N Aq55 397
Gjendesheim N As57 403
Gjerde N Ap57 403
Gjerdrum N Bc60 410
Gjerdvik N Ak58 402
Gjermestad N Bs65 419
Gjermundnes N Ap55 397
Gjermundshamn N Am60 402
Gjerrild DK Bb67 415
Gjerstad N At63 409
Gjetsjø N Bl61 410
Gjevaldshaugen N Bd58 404
Gjevilvasshytta N At55 397
Gjesås N Be59 404
Gjesdal N Am63 408
Gjesdal N Am63 408
Gjeta N Bd56 398
Gjøvåg N Al60 402
Gjøvik N Bp42 385
Gjøvik N Bb59 404
Gjuvik N Ar61 409
Gladhammar S Bn65 417
Gladstad N Bd49 388
Glåmos N Bc55 398
Glanshammar S Bl62 412
Glava S Bf61 410
Glein N Bf48 388
Glemmingebro S Bi70 422
Glen S Bh55 399
Glenna N Au58 403
Glenne N Bc62 410
Glenstrup DK Au67 415
Glesborg DK Bb68 415
Glimåkra S Bi68 422
Glimsta S Bm56 406
Glindran S Bn63 412
Glissjöberg S Bi56 399
Glitterheim S As57 403
Glomfjord N Bf47 388
Glommersträsk S Bu50 395
Glömminge S Bo67 418
Glösa S Bi54 399
Glössbo S Bo58 406
Gløstad N As53 397
Glostrup DK Bg69 422
Gløsvågen N Aq54 397
Glöte S Bh56 399
Gløtlægret N Ba56 398
Glumslöv S Bf69 422
Glyngøre DK Ar67 414
Glyxnäs S Bs61 413
Gnarp S Bp56 400
Gnesta S Bp62 412
Gnisvärd S Br66 419
Gnosjö S Bh66 416
Goabddalis = Kåbdalis S Bu48 390
Godegård S Bl63 411
Godejord N Bf52 393
Gödestad S Be66 416
Godheim S Ap57 397
Godkärra S Bm61 412
Godøynes N Bk46 388
Gødøysund N Am60 402
Gökhem S Bg64 416
Gökhult S Bj62 411
Gol N As59 403
Göljahult S Bl68 423

Golma N Aq54 397
Gombogen N Brm43 385
Gomobu N As59 403
Gonäs S Bl60 405
Göndal S Bp62 412
Gopa S Bl59 405
Goppollen N Bb58 404
Gopshus S Bi58 405
Gördalen S Be57 404
Gørløse DK Be69 422
Gørslev DK Bd70 422
Görvik N Bm53 400
Gösslunda S Bg63 411
Göteborg S Bd65 416
Götene S Bh63 411
Göteryd S Bh67 422
Gothem S Bs65 419
Götlunda S Bm62 412
Gottne S Br54 401
Gottröra S Br61 413
Gøttrup DK At66 415
Gøystal N As60 403
Gråbo S Be65 416
Graddis N Bm47 389
Gräddö S Bt61 413
Græsted DK Be68 422
Graffer N As57 397
Gräfsnäs S Bf64 416
Gräftåvallen S Bh54 399
Gråhaugen N At55 397
Gråheden S Bg58 405
Gran N Bb60 404
Gran N Au61 409
Gran S Cb51 395
Granåbron S Bk60 405
Granåker S Bp49 389
Granås S Bl49 389
Grånäs S Bi59 405
Granåsen N Be58 404
Granåsen S Bo52 394
Granavollen N Au60 404
Granberg S Bu50 395
Granberget S Br50 394
Granberget S Cc52 395
Grangersdalstorp S Bk62 411
Grönbergsträsk S Bu50 395
Granbo S Bk54 399
Granboda S Bm55 400
Grande N Ap55 397
Grane N Bg49 388
Granerud N Bd62 410
Grangärde S Bk60 405
Grangärdes S Bl60 405
Grängesberg S Bk60 411
Grängshyttan S Bk61 411
Grängsjö S Bp56 400
Grängsjö S Bo57 406
Granheim N As59 403
Granhult S Cd46 391
Graninge S Bo54 400
Gränjåsvallen S Bf57 399
Grankullavik S Bp66 418
Granli N Be60 404
Granliden S Bm51 394
Granlund N Bh48 388
Granlunda S Bp60 412
Granmon S Be62 410
Gränna S Bi64 417
Grannäs S Bp49 389
Grannäs S Bo50 394
Granö S Bt52 395
Granrudmoen N Ba58 404
Gransel S Ca49 390
Gränsgård S Br50 394
Gransherad N At61 409
Gransjö S Cc48 391
Gränsjön S Be61 410
Gränsjön S Be61 410
Gränssjö S Bf60 405
Gränssjö S Bk50 393
Grantråsk S Cd49 395
Grantråsk S Br52 394
Grantråskmark S Cc50 395
Gränum S Bk68 423
Granussjön S Bg57 405
Granvik S Bj63 411
Granvin S Ao59 402
Gräs S Bh61 411
Gräsås S Bf67 416

Gräsåsen

Gräsåsen S Bo56 400
Grasbakken N Cs40 383
Gräsberg S Bl60 406
Gräsbrickan S Bg59 405
Gräsgård S Bo68 423
Gräsmark S Bf61 411
Gräsmyr S Bu53 395
Grasnäs N Bb54 398
Gräsö S Br60 407
Grässjön S Bm55 400
Grästorp S Bf64 410
Grasvik N As57 403
Gråtånes N Bk47 388
Gratangsbotn N Bq43 385
Gråtanliden S Bo51 394
Gråträsk S Bu50 395
Gravabotn N Ar59 403
Gravberg S Bl58 405
Gravberget N Be59 404
Gravbränna S Bk53 399
Gravdal S Bh44 384
Gravdal N Am63 408
Gravem N At55 397
Gravendal S Bi60 411
Gravfors S Ca52 395
Gravhaug N Ar57 402
Gråvika N Ak59 402
Gravingen N Be59 404
Gravmark S Ca52 395
Gravudden S Bn62 412
Gravvik N Bd51 392
Grebbestad S Bc63 410
Grebo S Bm64 418
Grecksåsar S Bk61 411
Greipstad N Br41 380
Grenå = Aasivissuit - Nipisat (Inuit Hunting Ground) DK Bb68 415
Grenå = Grenaa DK Bb68 415
Grenaa DK Bb68 415
Grenås S Bl53 400
Grense Jakobselv N Db41 383
Gressåmoen N Bg52 393
Gresslivollen N Bc54 398
Grevbäck S Bi64 411
Greve DK Be69 422
Greve Strand DK Be69 422
Grevie S Bf68 422
Gribbylund S Br62 413
Grillby S Bp61 412
Grillstad S Bf64 411
Grimeli N Au60 403
Grimeton S Be66 416
Grimmared S Be66 416
Grimsåker S Bh59 405
Grimsås S Bh66 416
Grimslöv S Bk67 417
Grimsö S Bl61 412
Grimstad N As64 409
Grimstad N Ar54 397
Grimstorp S Bk65 417
Grindaflethytta N Ao59 402
Grindal N Au55 397
Grindalheim N As58 403
Grinde N Al62 408
Grinder N Be60 404
Grindheim N An61 408
Grindjord N Bp44 385
Grinnemo S Bf60 411
Grinneröd S Bd64 416
Grinstad S Bf63 410
Grip N Aq54 397
Gripenberg S Bk65 417
Grislingås N Bd62 410
Grisslan S Bs54 401
Grisslehamn S Bs63 413
Grisvåg N Ar54 397
Grøa N As55 397
Grodås N Ao57 396
Grödby S Bq62 413
Grødern N Am62 408
Grödinge S Bq62 412
Grolanda S Bg64 416
Grönahög S Bh65 416
Grönäs S Bn57 406
Grönbo S Cb50 395
Grönbo S Bl61 412
Grønbua N As57 403
Grønbygil N As61 409

Gröndal N Am57 402
Grønfjelldal N Bk48 388
Grong N Be52 392
Gronggruver N Bh51 393
Grönhögen S Bn68 423
Grøning N An58 402
Grönklitt S Bk58 405
Grønlia N Bi48 388
Grønlia N Bb53 392
Grönliden S Ca51 395
Grönmyrkojan S Bn55 400
Grønnes N Ap55 397
Grønning N Bk43 384
Grönö S Bq59 407
Grönsåsen S Bf57 405
Grønsetrene N At56 397
Grönsinka S Bo60 406
Grönskåra S Bm66 417
Grønvik N An62 408
Grönviken S Bl55 399
Grösäter S Be63 410
Grøtavær N Bn43 385
Grötholen S Bf57 398
Grötingen S Bl55 400
Grotle N Ak57 396
Grotli N Aq56 397
Grötlingbo S Br66 419
Grotnes N An60 402
Grotteseter N Ar60 403
Grøtvågen N Ar54 397
Grov N Ap57 397
Grov = Grovfjord N Bp43 385
Grova N As62 409
Grøvdal N Aq55 397
Gröveldalsvallen S Bf57 398
Grövelsjön S Be56 398
Grovfjord N Bp43 385
Grovstølan N As58 403
Grua N Bh60 404
Grubben N Bi49 388
Grude S Bg65 416
Grums S Bg62 411
Grundagssätern S Bf56 399
Grundbro S Bp62 412
Grundfors S Bl50 393
Grundfors S Bq51 394
Grundforsen S Bf58 405
Grundsjö S Bo52 394
Grundsjö S Bm56 400
Grundsund S Bc61 410
Grundsunda S Bt54 401
Grundtjärn S Bp53 400
Grundträsk S Cd48 391
Grundträsk S Bt50 395
Grundträsk S Ca50 395
Grundträskliden S Bs49 395
Grundvattnet S Ca49 390
Grungebru N Aq61 409
Grungedal N Aq61 409
Grunnfarnesbotn N Bo42 380
Grunnfjord N Bu40 380
Grunnfjordbotn N Bn45 385
Grutle N Al61 408
Grutseter N Au54 398
Gruva N Bc55 398
Gruvberget S Bn58 406
Gruvsamhälle S Ca51 395
Gruvsamhydda S Bp48 389
Gryckbo S Bl59 406
Gryllefjord N Bp42 380
Grymyr N Ba60 404
Grynberget S Bo52 394
Gryt S Bo64 418
Gryt S Bp62 412
Grytå N Bf49 388
Gryta N As53 397
Grytdalen N Au55 398
Gryte N Bc53 398
Gryteryd S Bg66 416
Grytestøl N Bi53 400
Grytgöl S Bm63 412
Grythyttan S Bk61 411
Gryting N Ap55 397
Grytnäs S Cg49 391
Grytnäs S Bn60 412

Grytsjö S Bm50 393
Grytsjön S Bi62 411
Grytstorp S Bm63 412
Gryttie S Bp56 400
Grytting N Bl43 384
Grytting N Bl43 384
Gualöv S Bi68 423
Gubböle S Bu53 395
Gubbträsk S Bq50 394
Gudbrandsgard N Aq59 403
Gudbrandslia N Au57 403
Guddal N Am58 402
Gudhjem, Allinge- DK Bk70 423
Gudmundra S Bq55 400
Gudmuntorp S Bg69 422
Gudvangen N Ao59 402
Guldsmedshyttan S Bl61 411
Gulen N Al59 402
Gullabo S Bm68 423
Gullänget S Bs54 401
Gullaskruv S Bm67 418
Gullbergsbo S Bm58 406
Gullbrå N An59 402
Gullbrandstorp S Bf67 416
Gulleråsen S Bl58 406
Gullered S Bh65 416
Gullesfjordbotn N Bm43 385
Gullhaug N Ba61 410
Gullholmen N Bm43 385
Gullholmen S Bc64 416
Gullön S Br49 390
Gullringen S Bm65 418
Gullspång S Bi63 411
Gulltjärn S Ca52 395
Gullträsk S Cc48 391
Gullvalla S Bn61 412
Gulvik N Bi48 388
Gulsele S Bp53 394
Gulsrud N Ba60 403
Gulsvik N Au60 403
Gumboda S Cc52 395
Gumbodahamn S Cc52 395
Gumhöjden S Bh60 411
Gumlösa S Bh68 422
Gummark S Cb51 395
Gummervallen S Bn57 406
Gunderstad DK At67 415
Gunderup DK Ba67 415
Gunhildrud N Au61 409
Gunnarn S Bq50 394
Gunnarnes N Ci38 381
Gunnarp S Bf66 416
Gunnarsbo S Bn57 406
Gunnarsbyn S Cd48 391
Gunnarsjö S Bf66 416
Gunnarskog S Bf61 410
Gunnarsnäs S Be63 410
Gunnarvattnet S Bi52 393
Gunnebo S Bo65 418
Gunnesdal N Bm43 385
Gunnilbo S Bm61 412
Gunnilvallen S Bg54 399
Gunsta S Bq61 412
Gunstadseter N Ba57 404
Guollejávrre = Kuollejaure S Bt48 390
Guovdageainnu = Kautokeino N Cg42 387
Gurfiles S Bs66 419
Guriby N Ba61 410
Guriset N As59 403
Gurravárri = Kurravaara S Ca45 386
Gurskevägen N Am56 396
Gursli N Ao64 408
Gussarvshyttan S Bm60 406
Gusselby S Bl61 411
Gustav Adolf S Bi65 417
Gustav Adolf S Bh60 411
Gustavsberg S Br62 413

Gustavsfors S Be62 410
Gustavsfors S Bh60 405
Gustavsström S Bi60 411
Gusum S Bo64 417
Guttormsgard N Ar59 403
Guttusjön S Be57 398
Gutvik N Bd50 392
Guvåg N Bk43 384
Gvarv N At62 409
Gvepseborg N As61 409
Gya N An63 408
Gyl N Ar55 397
Gyljen S Cf48 391
Gyltvik N Bm46 388
Gysinge S Bo60 406
Gytri N Ao57 402
Gyttorp S Bk62 411
Gyvann N Ao62 408

H

Hå N Am63 408
Hablingbo S Br66 419
Habo S Bi65 417
Håbol S Bd63 410
Håby S Bd64 410
Hackås S Bk55 399
Hacksjö S Bp51 394
Håcksvik S Bg66 416
Hackvad S Bk62 411
Hädanberg S Br53 400
Hade S Bp60 406
Haderup, Avlum- DK As68 415
Hadselsand N Bk44 384
Hadsund DK Ba67 415
Hægard N As60 403
Hægebostad N Ap64 414
Hægeland N Aq64 409
Hæredalsstøl N As58 403
Hærland N Bc61 410
Hafsås N As55 397
Hafslo N Ap58 403
Hafsmo N At54 397
Haga N Ba59 404
Haga N Bc60 410
Haga S Bq61 412
Haga S Bp60 412
Hagalund S Bl62 411
Hagaström S Bp59 406
Hagavik N Al60 402
Hagby S Bn67 423
Hagby S Bp61 412
Hagebyhöga S Bl62 411
Hagelberg S Bh64 411
Hage Økdal N Ba55 398
Hägernäs S Bl61 412
Hägerstad S Bm64 417
Hagestad S Bi70 422
Hagfors S Bi61 411
Häggås S Bo52 394
Häggåsen S Bp55 400
Häggdånger S Bq55 400
Häggeby S Bq61 412
Häggemåla S Bn67 418
Häggenås S Bk54 399
Häggesled S Bf64 411
Häggnäs S Bu52 395
Häggnäs S Cb52 395
Häggsåsen S Bi54 399
Häggsberget S Bp56 399
Häggsjönäs S Bf53 399
Häggsjövik S Bi53 393
Häggum S Bh64 411
Häglebu N At60 403
Hagmuren S Bn59 406
Hagnarp S Bh68 422
Hägnåsen S Bg58 405
Hagshult S Bi67 417
Hagsta S Bp59 406
Hajom S Bf65 416
Hakadal N Bb60 410
Håkafot S Bi52 393
Håkånes N As61 409
Håkansbo S Bl61 411
Håkansvallen S Bi56 399
Håkantorp S Bh64 416
Hakarp S Bk61 417
Håkaunet N Bf50 393
Håkenby N Bc62 410

Hakenes N Am59 402
Hakkas S Cd47 391
Hakkstabben N Cg40 381
Håkmark S Ca53 395
Håknäs S Bu53 401
Håkøbotn N Bs41 380
Håksberg S Bl60 406
Håland N An61 408
Håland S Be64 416
Hålandsosen N An62 408
Hålberg S Bu50 395
Hald DK At67 415
Hald DK Au67 415
Halden N Bc62 410
Håle-Täng S Bf64 411
Halhjem N Al60 402
Håliden S Bh59 405
Häljebol S Bf62 411
Hall N Ap61 408
Halla S Bs65 419
Hälla S Bp53 394
Halla S Bo62 412
Hälla S Bl62 412
Hallabro S Bl68 423
Hällabrottet S Bl62 411
Hällan S Bh53 399
Hällan S Bk64 417
Hallaryd S Bh68 422
Hällaryd S Bk68 423
Hälläsen S Bn54 400
Hällberga S Bo62 412
Hällbo S Bn58 406
Hallbodarna S Bk54 399
Hållbrosätern S Bg58 405
Hällbybrunn S Bn62 412
Hälle S Bc62 410
Hälleberga S Bm67 418
Hällefors S Bk61 411
Hälleforsnäs S Bn62 412
Hällekis S Bg63 411
Hällem N Bd53 392
Hallen S Bi53 400
Hällen S Bq59 407
Hällerud N Bc61 410
Hallerud S Bi63 411
Hälleshöjen S Bn58 406
Hällesåker S Be65 416
Hällestad S Bm63 412
Hälleta S Bk54 399
Hällevadsholm S Bd63 410
Hällevik S Bk68 423
Hälleviksstrand S Bc64 416
Hallfors S Bn58 406
Hallhåsen S Bl53 393
Hallingby N Ba60 404
Hallingeberg S Bn65 417
Hallingen N At59 403
Hällingsjö S Be65 416
Hallingskeid N Ap59 403
Hällnäs S Br48 389
Hällnäs S Bu52 395
Hällnäs S Bq59 407
Hallsberg S Bl62 411
Hallset N Au55 397
Hallshuk S Bs65 419
Hällsjö S Bq54 400
Hällsjöfors S Bf56 399
Hallsta S Bp55 400
Hallsta S Bn62 412
Hällstad S Bg65 416
Hallstahammar S Bn61 412
Hallstavik S Bs60 413
Hållstugan S Bh58 405
Halltorp S Bn68 423
Hållvallen S Bg55 399
Halmstad S Bf67 416
Halna S Bi63 411
Halne fjellstove N Aq60 403
Hals N Ar57 397
Hals DK Ba66 415
Halsa S Bh47 388
Halsanaustan N Ar54 397
Hälsingfors S Bu52 395

Halsnes N Bd61 410
Halsnøy Kloster N Am61 408
Hälsö S Bd65 416
Hålta S Bd65 416
Halvarsbenning S Bm60 412
Halvarsgårdarna S Bl60 406
Halvrimmen DK Au66 415
Håmåvoll N Bc56 398
Hamar N Bc59 404
Hamaren N Ar61 409
Hamarhaug N Am60 402
Hamarøy N Bm44 385
Hamburgsund S Bc63 410
Hamkoll N Ap63 408
Hamlagrø N Ap59 402
Hammar N Be51 392
Hammar S Bk63 411
Hammarby S Bo59 406
Hammarby S Bq61 413
Hammarby S Bl62 411
Hammarby S Bl61 411
Hammarglo S Bo66 418
Hammarn S Bk61 411
Hammarnäs S Bi54 399
Hammarnes N Co40 382
Hammarö S Bg62 411
Hammars S Bs66 419
Hammars S Bs65 419
Hammarsbyn S Bg58 405
Hammarstrand S Bn54 400
Hammarvallen S Bh54 399
Hammelev DK Bb68 415
Hammenhög S Bi69 422
Hammer N Bc52 392
Hammer N Be52 392
Hammerdal S Bl53 400
Hammerfest N Ch39 381
Hammernes N Ch39 382
Hammershøj DK Au68 415
Hammersland N Al60 402
Hamn N Bp42 380
Hamn N An63 408
Hamn S Bp56 400
Hamna N At54 397
Hamna N As58 402
Hamna N Ck39 382
Hamnäs S Bn58 406
Hamnbukt N Cl40 382
Hamnebukta N Cd40 381
Hamneda S Bh67 416
Hamneidet N Cd41 381
Hamnes N Ar55 397
Hamnesvalen N Bf49 388
Hamningberg N Db39 383
Hamnes N Cb41 381
Hamnslåtten S Bs55 401
Hamnsund N An55 396
Håmojäkk S Ca46 390
Hampetorp S Bm62 412
Hamra S Bk57 406
Hamrabø N Ao61 408
Hamrångefjärden S Bp59 406
Hamre N Ao60 402
Hamre N Ar64 414
Hamremoen N Au60 404
Hamsund N Bm44 384
Hån S Bi60 405
Hanasand N Am62 408
Hånäset N Bh59 405
Handbjerg DK As68 414
Handeland N Ao63 408
Händene S Bg64 411
Handog S Bk54 399
Handöl S Be54 398
Handsjö S Bk55 399
Hanestad N Bb57 398
Hangelösa S Bg64 411
Hånger S Bh66 417

Hångstaörnstorpet S Bm56 400
Hangvar S Bs65 419
Hånick S Bp57 400
Hanknes N Bi48 388
Hannäs S Bn64 417
Hanøy N Bl44 384
Hansjö S Bk58 405
Hansnes N Bu41 380
Hanstholm DK As66 414
Haparanda S Ci49 391
Hapträsk S Cb48 390
Hara S Bk54 399
Härad S Bo62 412
Harads S Cb48 390
Hamarøy N Bm44 385
Häradsbygden S Bl59 405
Häradshammar S Bo63 412
Haraldsvang N Al62 408
Håralt S Bg67 416
Harbak N Ba52 392
Harboøre DK Ar67 414
Hardbakke N Ak58 402
Hardemo S Bl62 411
Hareid N Am56 396
Harestad S Bd65 416
Harestua N Bb60 404
Hareton N Bc61 410
Harg S Br60 413
Hargshamn S Br60 413
Härja S Bh64 416
Härjarö S Bp62 412
Härkeberga S Bp61 412
Hårklau N An58 402
Harkmark N Aq64 414
Hårkmyran S Cc47 391
Hårkrankeryd S Bk64 417
Hårlev DK Be70 422
Harlösa S Bh69 422
Harmånger S Bp57 400
Härna S Bg65 416
Harnäs S Be62 410
Härnevi S Bp61 412
Härnösand S Bq55 400
Harpefoss S Au57 404
Harplinge S Bf67 416
Harran S Bf51 392
Harre DK As67 415
Harridslev DK Ba67 415
Harrkjosen N Cr40 383
Harrsjö S Bm51 393
Harrsjön S Bl52 393
Harrvik S Bn50 394
Hårryda S Be65 416
Härsängen S Be63 410
Harsjøen N Bd55 398
Harsprånget S Buv47 390
Harstad S Bn43 385
Harstad N Bb52 392
Harsvik N Ba52 392
Hårte S Bp57 400
Hartevassbu N Ap61 408
Harvassdal N Bi50 393
Hasfjord N Ce39 381
Häsjö S Bn54 400
Hasjöbyn S Bn54 400
Hasle DK Bk70 423
Haslemoen N Bd59 404
Haslev DK Bd70 422
Haslund DK Ba68 415
Hassel S Bo56 400
Hassela S Bo56 400
Hassela kyrkby S Bo56 400
Hasselfors S Bk62 411
Hasselvika N Au53 398
Härkmyran S Cc47 391
Hassing DK Ar67 414
Hässjö S Bq55 400
Hässleholm S Bh68 422
Hasslö S Bl68 423
Hästberg S Bl60 405
Hästberg S Bl60 406
Hästbo S Bp59 406
Hästebäck S Bf67 418
Hästholmen S Bk64 417
Hästmyran S Bm62 412
Hästveda S Bh68 422
Håsum DK As67 414

Hasvåg

Hasvåg N Bb52 392
Hasvik N Ce40 381
Hatlingsæter N Bd52 392
Hattevik N As54 397
Hattfjelldal N Bi49 388
Hattvik N Am60 402
Håtuna S Bq61 412
Haugan N Bb53 398
Haugastøl N Aq59 403
Hauge N Bb62 410
Hauge N An64 408
Haugen N Br43 385
Haugen N Am57 396
Haugen N At55 397
Haugen N Au62 409
Haugesund N Al62 408
Haugetveit N Aq63 409
Haugfoss N Au61 409
Hauggrend N Ar62 409
Haughom N Ao63 408
Haugland N Bg48 388
Haugnes N Cb40 381
Haugseter N At58 403
Haugseter N Au59 404
Haugsetvollen N Bd56 398
Haugsjåsund N As63 409
Haugstøl N As61 409
Haukå N Al57 402
Haukeligrend N Aq61 409
Haukelisæter N Ap61 408
Haukeliseter N Ap61 408
Haukom N Ar63 409
Haurida S Bk65 417
Haus N Al60 402
Haustreisa N Bg49 388
Hausvik N Ap64 414
Håvberget S Bk60 405
Havbro DK At67 415
Havdhem S Br66 419
Håven S Bl57 405
Haverdal S Bf67 416
Haverdalssetra N Au56 397
Häverö S Bs60 413
Haverö S Bl56 399
Häverödal S Bs60 413
Haverslev DK At66 415
Håverud S Be63 410
Hävla S Bm63 412
Havnås N Bc61 410
Havndal DK Ba67 415
Havøysund N Ck38 382
Håvra S Bm57 406
Havsjön S Bk61 411
Havsnäs S Bm52 394
Havstenssund S Bc63 410
Havtorsbygget S Bg57 405
Heberg S Be66 416
Heberg S Bf67 416
Hebnes N Am62 408
Heby S Bo61 412
Heda S Bk64 417
Hedal N Au59 403
Hedalen S Be62 410
Hedared S Bf65 416
Hedås S Bh61 411
Hedberg S Bs50 395
Hedby S Bk59 405
Hedbyn S Bl61 412
Heddal N At61 409
Hedderen N Ap63 408
Hede S Bg56 399
Hede S Bd63 410
Hede S Bo60 412
Hedehusene DK Be69 422
Hedekas S Bd63 410
Hedemora S Bm60 406
Heden S Be62 410
Heden S Bf57 405
Heden S Bh62 411
Heden S Bi58 405
Heden S Bk59 405
Hedenäset S Ch48 391
Hedesunda S Bp60 406
Hedeviken S Bh56 399
Hedfors S Cb50 395
Hedlunda S Bs51 395
Hednedalsheber N Ap59 403
Hedrum N Ba62 409
Hedsjö S Bm56 400
Hedsta S Bm57 400
Hedtorp S Bp61 412
Heer N Bb61 410
Hegg N Aq58 403
Hegge N At58 403
Heggedal N Ba61 410
Heggem N Aq55 397
Heggem N Ar54 397
Heggenes N At58 403
Heggeriset N Be57 404
Heggja bygda N An57 396
Heggland N Be52 392
Heggland N At62 409
Heggvoll N Ba55 398
Heglesvolle N Bd53 398
Hegra N Bc54 398
Hegset N Bc54 398
Hegsetvoll N Bc55 398
Heia N Bt42 385
Heia N Be52 392
Heidal N At57 403
Heimsjøen N At54 397
Heimsnes N Be51 392
Heimste Lundadalsetra N Ar57 397
Heistad N Au62 409
Hejde S Br66 419
Hejdeby S Br65 419
Hejnum S Bs65 419
Helagsstugorna S Bf55 398
Helgådalen N Bd53 392
Helgatun N An59 402
Helgenäs S Bo65 417
Helgenes N Bl43 384
Helgeroa-Nevlunghavn N Au63 409
Helgeset N Ar59 403
Helgesta S Bo62 412
Helgja N At62 409
Helgøy N Bt40 380
Helgum S Bo54 400
Helgum S Bo54 400
Heligfjäll S Bn51 394
Heljelund S Be62 410
Hell N Bb54 398
Hella N Ao58 402
Helland N Bn44 385
Helland N As54 397
Helland N Al56 396
Helland N Am62 408
Helldalsmo N As63 409
Helle N Bk44 384
Helle N An63 408
Helle N Aq62 409
Helle, Vadfoss- N At63 409
Hellebæk DK Bf68 422
Hellebekksetrene N At59 403
Helleberg N At61 409
Helleberg N Au58 404
Hellefjord N Cg39 381
Helleland N An63 408
Hellemobotn N Bo45 385
Helleren N Bp43 385
Hellesøy N Ak59 402
Hellestedt DK Be70 422
Hellesylt N Ao56 396
Hellevik N Al58 402
Helligskogen N Cb42 386
Helligvær N Bh46 384
Hellnessund N Bk45 384
Hellum DK Ba66 415
Hellvi S Bs65 419
Hellvik N Am64 408
Helsingborg S Bf68 422
Helsinge DK Be68 422
Helsingør DK Bf68 422
Helstadløkka N Bf50 392
Heltborg DK Ar67 414
Helvik N Bb52 392
Hem DK As67 415
Hemavan S Bl49 389
Hemfjällstangen S Bg58 405
Hemling S Bs53 401
Hemlinge S Bn61 412
Hemmingen S Bu51 395
Hemmingsjord N Br42 385
Hemmingsmark S Cc50 395
Hemne N At54 397
Hemnes N Bc61 410
Hemnesberget N Bh48 388
Hemse S Br66 419
Hemsedal N As59 403
Hemsjö S Bk68 423
Hemsjö S Be65 416
Hemsjö S Bm55 400
Hemsö S Br55 400
Hen N Aq55 397
Hen N Ba60 404
Henån S Bd64 416
Henda N Ap54 397
Hennan S Bm56 400
Hennebygda N An57 396
Henning N Bd53 392
Henningskälen S Bl53 393
Hennøystranda N Al57 396
Henneid N At62 409
Henriksfjäll S Bm50 393
Henvålen S Bg55 399
Heradsbygd N Bd59 404
Herand N An60 402
Herdalseter N Ap56 397
Herefoss N Ar63 409
Herfølge DK Be70 422
Herjangen N Bp43 385
Herlev DK Bf69 422
Hermanstolen N At59 403
Hermanstorp S Bm67 418
Hermansverk N Ao58 402
Herning DK As68 420
Herøya N Au62 409
Herråkra S Bl67 417
Herräng S Bs60 413
Herre N Au62 409
Herrestad S Bd64 410
Herringbotn N Bh49 388
Herrljunga S Bg64 416
Herrö S Bi56 399
Herrup DK As68 415
Herrvik S Bs66 419
Herset N Bg48 388
Hersjøseter N Bc59 404
Herstad N Am57 402
Herstad N Ba61 409
Herstadberg S Bn63 412
Hersvik N Ak58 402
Herte S Bn58 406
Hertsånger S Cc52 395
Hertsjö S Bn58 406
Hervassbu N Aq57 403
Hervik N Am62 408
Hesjeberg N Bp43 385
Hesnæs DK Be71 422
Hesselbjerg DK As67 415
Hesseng N Cu41 383
Hessfjord N Bt41 380
Hesstun N Be49 388
Hessvik N An60 402
Hest N Am58 402
Hestad N Am58 402
Hestenesøyri N Am57 396
Hestra S Bh66 416
Hestra S Bl65 417
Hestvik N Al58 402
Hestvika N At53 397
Hetlenes N Ao59 402
Hetlevik N Al60 402
Hidsnes N Am56 396
Hildal N Ao60 408
Hillared S Bg65 416
Hille S Bp59 406
Hillerød DK Be69 422
Hillersboda S Bm59 406
Hillerslev DK As66 414
Hillerstorp S Bh66 416
Hilleshamn N Bp43 385
Hilleshög S Bq62 412
Hillesøy N Br41 380
Hillestad N Ap58 403
Hillestad N Ba61 410
Hillsand S Bl52 393
Himmeta S Bm62 412
Hindås S Be65 416
Hindnes N Al59 402
Hindrem N Ba53 398
Hindseter N As57 403
Hinneryd S Bh67 416
Hirtshals DK Au65 415
Hirvijärvi S Cg48 391
Hisälen S Bh59 405
Hishult S Bg68 422
Hissjön S Ca53 395
Hitra N As53 397
Hittarp S Bf68 422
Hjäggsjö S Bu53 395
Hjallerup DK Ba66 415
Hjällstad S Bg59 405
Hjälmarsnäs S Bi62 411
Hjälmerseryd S Bk66 417
Hjälstad S Bi63 411
Hjältanstorp S Bn56 400
Hjältevad S Bl65 418
Hjärnarp S Bf68 422
Hjärsås S Bi68 422
Hjartås N Ak59 402
Hjartdal N As61 409
Hjärtum S Be64 416
Hjärup S Bg69 422
Hjelle N An57 396
Hjelle N Ap57 397
Hjelle N Aq58 403
Hjellestad N Al60 402
Hjelmelandsvågen N An62 408
Hjelset N Ap55 397
Hjemmeluft N Cg41 381
Hjerkinn N Au56 397
Hjerkinnsetra N Au56 397
Hjerm DK As68 414
Hjertebjerg DK Be71 422
Hjo S Bi64 417
Hjørring DK Au66 415
Hjortdal DK At66 415
Hjorted S Bn65 418
Hjorthammaren S Bh63 411
Hjortkvarn S Bl63 412
Hjortnäs S Bk59 405
Hjortsberga S Bi67 417
Hjørundfjord N An56 396
Hjørungavåg N An56 396
Hjukse N At61 409
Hjulsjö S Bk61 411
Hjuvik S Bd65 416
Hobøl N Bb61 410
Hobro DK Au67 415
Hocksjö S Bn52 394
Hodal N Bc56 398
Hoddevika N Al56 396
Hodel N Bd56 398
Hodnaberg N An59 402
Hodnanes N Am61 408
Hoem N Ar55 397
Hof N Ba61 409
Hoff N An55 396
Hofles N Bd51 392
Hofors S Bn59 406
Hofsøy N Bp42 385
Hofstad N Ba52 392
Hög S Bp57 406
Höganäs S Bf68 422
Högarna S Bl54 399
Högås S Bd64 410
Högåsen S Bf59 405
Høgåsenseter N Bd57 404
Högbacken S Ca50 395
Högberg S Bq55 400
Högberget S Bm60 412
Högberget S Bn52 394
Högbobruk S Bo59 406
Högbränna S Br50 394
Högbränna S Bu50 395
Högby S Bp66 418
Högbynäs S Bm52 393
Hogdal S Bc62 410
Högeberg S Bi62 411
Høgebru N Ao57 402
Högerud S Bf61 411
Högfjälls Hotellet S Bg58 405
Högfors S Bl61 405
Högfors S Bm61 412
Hoggsetvollen N Bd56 398
Höghed S Bk58 405
Högheden S Cc49 390
Höghult S Bk64 417
Högland S Bt53 401
Högland S Bm51 394
Hogland S Bp57 406
Höglekardalen S Bh54 399
Høgli N Ap56 397
Höglunda S Bm54 400
Hognerud S Be62 410
Hognes N Be51 392
Högsäter S Be63 410
Högsäter S Bd61 410
Högsäter S Bf62 411
Högsätern S Bg58 405
Högsätter S Bl62 411
Högsby S Bn66 417
Høgset N Aq55 397
Høgset N At62 409
Högshult S Bi63 411
Högsjö S Bm62 412
Högsjö S Bq55 400
Høgskarhus N Bu43 386
Högsrum S Bo67 418
Hogstad N Am63 408
Högstad S Bl64 411
Høgstadgård N Bu43 386
Hogstorp S Bd64 410
Högträsk S Cb47 390
Högvaålen S Bf56 399
Hojem N Bc53 398
Højen DK Bb65 415
Højerup DK Be70 422
Højslev Stby DK At67 415
Hok S Bi65 417
Hökärr S Bn62 412
Hökåsen S Bo61 412
Hökerum S Bg65 416
Hökesäter S Bd63 410
Hökhult S Bl66 418
Hökhult S Be62 410
Hökhult S Bg62 411
Hökhuvud S Br60 407
Hokkåsen N Be60 404
Hokksund N Au61 409
Hokland N Bn43 385
Hökmark S Cc52 395
Hökön S Bi68 422
Hol N Ar59 403
Høl N As63 409
Hol S Bf65 416
Holand N Bm43 385
Holand N Bg49 388
Holand N Bl44 384
Holand N Bh52 393
Høland N Bc61 410
Holbæk DK Ba67 415
Holbua N Ar55 397
Holden N Bf52 393
Holdhus N Am60 402
Hole N Ao56 396
Holem N Be52 392
Hølen N Bb61 410
Hölick S Bp57 406
Höljes S Bf59 405
Holkstad N Bk45 384
Holla N At54 397
Høllen N Ap64 414
Høllen N Aq64 414
Hollingsholm N Ao55 396
Höllviken S Bf70 422
Holm N Bc62 410
Holm N Be50 392
Holm S Bq61 412
Holm S Bq54 400
Holm S Be63 410
Holm S Bo55 400
Holm S Bp60 412
Holmajärvi S Bu45 386
Holmastø N Am62 408
Holmbo S Bn64 418
Holmbukt N Bu41 380
Holme N Al59 402
Holmedal N Al58 402
Holmen N Ba62 409
Holmen N Ba59 404
Holmenkollen N Bb60 410
Holmestad S Bh63 411
Holmestrand N Ck42 382
Holmestrand N Ba61 410
Holmfors S Br50 394
Holmön S Cb53 395
Holmsbo S Bn58 406
Holmsbu N Ba61 410
Holmsjö S Bp53 400
Holmsjö S Bm68 423
Holmsjö S Br50 394
Holmsjöstugan S Be54 398
Holmsnes N Bk43 384
Holmstad N Bl43 384
Holmsund S Ca53 401
Holmsveden S Bo58 406
Holmträsk S Cc49 395
Holmträsk S Bt51 395
Holmträsk S Bq53 394
Hölö S Bq62 412
Holoa N Bb60 404
Hølonda N Ba54 398
Holøydal N Bc56 398
Holsbybrunn S Bl66 417
Holsen N An58 402
Holsengsætra N Be52 392
Holseter N Au58 404
Holsljunga S Bf66 416
Holstadseter N Bd59 404
Holstadt N Bl46 389
Holtan N Bm46 389
Holtan N Ba55 398
Holtdalsvollen N Bc55 398
Holte N At62 409
Holtet N Bd63 410
Holtet N Be59 404
Holtsjølivoll N Bb54 398
Holtug DK Be70 422
Holum N Aq64 414
Holungsøyi N At57 397
Holvik N Bc51 392
Homborsund N As64 409
Homleid N As62 409
Hommanbodarna S Bl58 405
Homme N Aq64 409
Homme N Aq64 409
Hommelstø N Bf50 392
Hommelvik N Bb54 398
Hommersåk N Am63 408
Homna S Bm58 406
Homstad N Bd52 392
Hønefoss N Ba60 404
Honganvik N An61 408
Hongset N Be50 392
Honningsvåg N Cm39 382
Honnstad N As55 397
Hönö S Bd65 416
Hønseby N Cg39 381
Höör S Bh69 422
Hopen (Nord-møla) N Ar54 397
Hoplandsjøen N Ak59 402
Hopperstad N Ao58 402
Hoppestad N Au62 409
Hopseidet N Cq39 383
Horbelev DK Be71 422
Hørby DK Ba66 415
Hørby DK Au67 415
Hörby S Bh69 422
Horda N Ao61 408
Horda S Bi66 417
Hörda S Bi67 417
Hordalia N Ao61 408
Höreda S Bl65 417
Horgheim N Aq56 397
Hörja S Bh68 422
Hörken S Bk60 411
Hörle S Bi66 417
Horn N Be49 388
Horn N Bf48 388
Horn N Ba59 404
Horn S Bm65 418
Hornåseng N Bd61 410
Hornbæk DK Be68 422
Hornberga S Bk58 405
Horndal S Bn60 406
Horndalen N Bc57 398
Hörnefors S Bu53 401
Hornesund N Aq64 409
Hornindal N Ao57 396
Hornmoen N Bd59 404
Hornmyr S Br52 394
Hornnes N Aq63 409
Hornshytta N Ap59 403
Hornsjø N Bb58 404
Hörnsjö S Bu53 395
Hornsjøseter N Au58 404
Hornstua N Ba61 404
Hornum DK At67 415
Horred S Be66 416
Hörröd S Bi69 422
Horsgard N Aq55 397
Hørsholm DK Be69 422
Horsskog S Bp60 406
Horstad N Am57 402
Hortemo N Aq64 414
Horten N Ba62 410
Hortlax S Cc50 395
Høsbjør N Bc59 404
Hosen N Au52 392
Hoset N Bk46 388
Hoset N Aq54 397
Hosjö S Bl54 399
Hosjöbottnarna S Bh54 399
Hosjön S Bn59 406
Hoslemo N Ap62 408
Hössjö S Bu53 395
Hössjön S Bm53 394
Hossmo S Bn67 417
Hössna S Bh65 416
Höstbodarna S Bo59 406
Hosteland N Al59 402
Hoston N Au54 397
Höstsätern S Bf57 398
Hotagen S Bi53 393
Hoting S Bn52 394
Hou DK Ba66 415
Hov N Bu41 380
Hov N Ba59 404
Hov N Bf48 388
Hov N Ba55 398
Hov S Bk64 411
Hov S Bf68 422
Hova S Bi63 411
Høvag N Ar64 414
Hovda N An62 408
Hovda N At59 403
Hovde N As63 409
Hovden N Bk43 384
Hovden N Ap61 408
Hovdevåg N Ak57 402
Hövenäset S Bc64 410
Hoverberg S Bi55 399
Hovet N Ar59 403
Hovid S Bp56 400
Høvik N Bb61 410
Hovmantorp S Bl67 417
Høvringen N Au57 397
Hovsäter S Bd63 410
Hovseter N Bb61 404
Hovsta S Bl62 411
Hovsund N Bi44 384
Høyanger N An58 402
Høydalen N At62 409
Høye N Al62 408
Høyholmen N Cr39 383
Høylandet N Be51 392
Høymyr N At61 409
Hoystøyl N Aq62 409
Huaröd S Bh69 422
Hucksjöåsen S Bm55 400
Huddinge S Bq62 413
Huddunge S Bo60 412
Hudene S Bg64 416
Hudiksvall S Bp57 406
Hufthamar N Al60 402
Hugali N As58 403
Huggenäs S Bf62 411
Huggnora S Bm60 412
Hugulia N Au58 404
Huhttán = Kvikkjokk S Bq47 389
Hukanmaa S Cf45 387
Huljen S Bo56 400
Hullaryd S Bk65 417
Hullsjön S Bo55 400
Hulsig DK Ba65 415
Hult S Bl65 417
Hult S Bf63 410
Hultafors S Bf65 416
Hultanäs S Bl66 418
Hulterstad S Bo68 423
Hultsfred S Bm66 417
Hultsjö S Bk66 417

Humla

Humla S Bh65 416
Humlebæk, Fredensborg- DK Be69 422
Humlegårdsstrand S Bp58 406
Humlum DK As67 414
Hummelholm S Bu53 401
Hummelvik N Cd40 381
Hummelvik S Bp63 412
Hundåla N Bf49 388
Hundålvatnet N Bf49 388
Hundberg N Bu42 380
Hundberg S Bs50 394
Hundeidvik N An56 396
Hunderfossen N Ba58 404
Hundersetra N Bb58 404
Hundholmen N Bn44 385
Hundige Strand DK Be69 422
Hundorp N Au57 404
Hundsjö S Bt53 401
Hundsnes N Am62 408
Hundvin N Al59 402
Hune DK Au66 415
Hunndalen N Bb59 404
Hunnebostrand S Bc64 410
Hunnestad N Bb51 392
Hunnestad S Be66 416
Hunskår N Al57 396
Hurdal N Bc60 404
Hurdalverk N Bc60 404
Hurum N As58 403
Hurup DK Ar67 414
Hurva S Bg69 422
Husa N Am60 402
Huså S Bg54 399
Husaby S Bg63 411
Husaker N As58 403
Husavik N Al60 402
Husbondliden S Bs51 395
Husby N Bf48 388
Husby S Bm60 406
Husby-Ärlinghundra S Bq61 413
Husby-Långhundra S Br61 413
Husby-Oppunda S Bo63 412
Husbysjøen N Ba53 392
Husby-Sjuhundra S Bs61 413
Husebø N Ak59 402
Husevåg N Al57 396
Huskölen S Bl56 399
Huskvarna S Bi65 417
Husnes N Am61 408
Husøy N Bq41 380
Husøy N Ap57 403
Husøy N Ba62 410
Hustuft N Au62 409
Husum S Bt54 401
Husvegg N Am63 408
Husvika N Bf49 388
Huuki S Ch46 387
Hvaler N Bc62 410
Hvalpsund DK At67 415
Hvam Stationsby DK Au67 415
Hvarn N Au62 409
Hvidbjerg DK As67 414
Hvidovre DK Be69 422
Hvitsten N Bb61 410
Hvittingfoss N Ba61 409
Hybo S Bn57 406
Hycklinge S Bm65 418
Hyen N Am57 402
Hyggen N Ba61 410
Hylen S Bl57 405
Hylestad N Aq62 409
Hylestad N Al58 402
Hylkje N Al59 402
Hylla N Bc53 392
Hylland N Ap61 408
Hylletofta S Bk66 417
Hyllinge S Bf68 422
Hyltebruk S Bg67 416
Hynboholm S Bg62 411
Hynnekleiv N Ar63 409
Hyssna S Bf65 416
Hyttbakken N Bc54 398
Hyttegrend N Bt43 385
Hyttfossen N Ba54 398

I

Ibestad N Bp43 385
Idala S Be66 416
Idbacka S Bp52 394
Idd N Bc62 410
Idenor S Bp57 406
Idivuoma S Ce44 386
Idkerberget S Bl60 406
Idre S Bf57 399
Idrefjäll S Bf57 399
Idvattnet S Bp52 394
Ifjord N Cp40 382
Igelfors S Bm63 412
Igerøy N Be49 388
Iggesund S Bp57 406
Iggön S Bp59 406
Iglebu N Ap62 408
Iglerød N Bd62 410
Ignaberga S Bh68 422
Ikornnes N Ao56 396
Ilbro DK Ba66 415
Illvålsetra N Bd57 404
Ilsbo S Bp57 406
Ilseng N Bc59 404
Imfors S Bo53 400
Iminofj Fjellstue N As60 403
Immeln S Bi68 422
Ims N Am63 408
Imsdalen N Bb57 404
Imsenden N Bb57 404
Imsland N Am62 408
Imundbo S Bq60 407
Indal S Bp55 400
Indre Arna N Al60 402
Indre Billefjord N Cl40 382
Indre Brenna N Cm39 382
Indreeide N Ap56 397
Indre Håvik N Al61 408
Indre Hjartholm N Al58 402
Indrejord N Ao61 408
Indre Leirpollen N Cm40 382
Ingärdningsbodarna S Bk58 405
Ingared S Be65 416
Ingarö S Br62 413
Ingatorp S Bl65 418
Ingdalen N Au54 398
Ingeby S Bp61 412
Ingelsby S Bk63 411
Ingelstad S Bk67 417
Ingelsträde S Bf68 422
Ingenes N Am60 402
Ingersbyn S Bf61 411
Ingevallsobo S Bl60 406
Ingierseter N Bc56 398
Ingjelsvatn N Bg51 393
Ingolsbenning S Bm60 412
Ingøy N Ci38 381
Ingrirud S Bg62 411
Ingstrup DK Au66 415
Ingvallsbenning S Bm60 406
Innansjön S Cb52 395
Innbygda = Trysil N Be58 404
Inndyr N Bi46 388
Inneråträsk S Ca52 395
Innerdalshytta N As55 397
Innertällmo S Bq53 400
Innertavle S Ca53 395
Innfjorden N Aq56 397
Innhavet N Bm45 385
Innifällan S Bs52 395
Innset N Bs43 386
Inntorget N Be50 392
Innvik N Ao57 396
Insjön S Bp52 394
Insjön S Bl59 405
Instøy N Be48 388
Inviken S Bl51 393
Ire S Bs65 419
Isane N Am57 396
Ise N Bc62 410
Isebakke N Bc62 410
Iselvmo N Bs43 386
Isfjorden N Aq55 397
Iskleiva N Bc61 410
Iškuras N Cm42 382
Isnestoften N Cf40 381
Isokylä S Cf46 391
Iso Linkkavaara S Ce47 391
Iste S Bn57 406
Istorp S Bf66 416
Itteråträsk S Ca52 395
Ivantjärn S Bo59 406
Ivarrud N Bh50 393
Ivarsbjörke S Bg61 411
Ivarsbyn S Bd61 410
Iveland N Aq64 409

J

Jäderfors S Bo59 406
Jädraås S Bn59 406
Jægerspris DK Bd69 422
Jægervatn N Bu41 380
Jævsjøen N Bg52 393
Jäggeluoktta = Jäkkvik S Bo48 389
Jäkkvik S Bo48 389
Jakobsbakken N Bn46 389
Jakobsberg S Bq62 413
Jakobsbyn S Bf63 410
Jakobsbyn S Bf62 410
Jakobsfors S Cb50 395
Jakobsnes N Da41 383
Jakobsrud S Bd63 410
Jällby S Bg64 416
Jälluntofta S Bh66 416
Jämjö S Bm68 423
Jammerdal N Be60 404
Jämshög S Bk68 423
Jämtön S Cf49 391
Jänkisjärvi S Cg47 391
Jansjö S Bn53 394
Jansjö S Bp54 400
Jänsmässholmen S Bh53 393
Järämä S Cc44 386
Järbo S Be63 410
Järbo S Bo59 406
Jaren/Brandbu N Bb60 404
Jarhois S Ch47 391
Jårkastaka S Cc44 386
Järkvissle S Bo55 400
Järlåsa S Bp61 412
Järn S Bf63 410
Järna S Bq62 412
Järna, Dala- S Bi59 405
Järnäs S Bu54 401
Järnäsklubb S Bu54 401
Järnbergsås S Bg60 405
Järnboås S Bk61 411
Järnforsen S Bm66 418
Järpås S Bf64 411
Järpen S Bg54 399
Järpliden S Be59 404
Järsnäs S Bk65 417
Järvberget S Bq53 400
Järvsjö S Bp51 394
Järvsö S Bn57 406
Järvtjärn S Cb51 395
Järvträsk S Bt50 395
Jät S Bk67 417
Jättansjö S Bm56 400
Jättendal S Bp57 400
Javall N Bd61 410
Jävre S Cc50 395
Jävsta S Bp59 406
Jeberg DK At67 415
Jegind DK As67 414
Jektevik N Am61 408
Jekthamn N Cb41 381
Jektvik N Bg47 388
Jelsa N An62 408
Jenny S Bo65 418
Jensåsvoll N Bd55 398
Jensneset N Bg50 393
Jeppedalen N Bb60 404
Jerggul N Ck42 382
Jerslev DK Ba66 415
Jerup DK Ba65 415
Jessheim N Bc60 404
Jevnaker N Ba60 404
Jieprenjåkkstugan S Bs44 386
Jillesnåle S Bo49 389
Jiltjer S Bo49 394
Joänget S Bf58 405
Jockfall S Cf47 391
Joesjö S Bk49 388
Joeström S Bk49 389
Johanfors S Bm67 417
Johankölen S Bi56 399
Johannisfors S Br60 407
Johannisholm S Bi59 405
Johannishus S Bl68 423
Jøkelfjord N Ce40 381
Jokkmokk S Bu47 390
Joksjaur S Bm49 389
Jolia N At54 397
Jømna N Bd59 404
Jonasvollen N Bd56 398
Jondal N An60 402
Jondalen N Au61 409
Jönköping S Bi65 417
Jonsåsreset N At62 409
Jonsberg S Bo63 412
Jönshyttan S Bk61 411
Jonslund S Bf64 416
Jønsrud N Bc59 404
Jonsstølen N Ao59 402
Jonstorp S Bf68 422
Jordbru N Bl46 389
Jordbrua N Bk48 388
Jordet N Be58 404
Jorgastak N Cm42 387
Jorgástak = Jårkastaka S Cc44 386
Jormlien S Bh51 393
Jormvattnet S Bi51 393
Jörn S Ca50 395
Jørpeland N An62 408
Jørstad N Be52 392
Jørstadmoen-Fåberg N Ba58 404
Jøsen N Al62 408
Jossang N An62 408
Jössefors S Be61 410
Jøssund N Bb52 392
Jota N Bd58 404
Jotkajavrre fjellstue N Ch41 382
Jotunheimen N Ar57 403
Jovan S Bp51 394
Jøvik N Bu41 380
Juånäset S Bl56 400
Jucklabergsvallen S Bh57 405
Judaberg N Am62 408
Juggijaur S Ca47 390
Juggijávrre = Juggijaur S Ca47 390
Juhtas = Jutis S Bp48 389
Jukkasjärvi S Cb45 386
Juktån S Bq50 394
Juktfors S Bq50 394
Juktnäs S Bp50 394
Jule N Bh52 393
Julita S Bn62 412
Julussmoen N Bd58 404
Jumkil S Bp61 412
Jung S Bg64 411
Juniskär S Bp56 400
Junosuando S Cf46 387
Junsele S Bo53 400
Juoksengi S Ch47 391
Jursta S Bn63 412
Jutis S Bp48 389
Juvasshytta N Ar57 403
Juvasstøl N Aq63 409
Juvasstøvl N Ap62 408
Jyllinge DK Be69 422

K

Kaalasjärvi S Ca45 386
Kääntöjärvi S Cd46 386
Kaarnevaara S Ch45 387
Kabbenseter N Aq56 397
Kåbdalis S Bu48 390
Kabelvåg N Bi44 384
Kærby DK Ba67 415
Kåfjord N Cg41 381
Kåfjord N Cm39 382
Kåfjordbergan N Ca41 381
Kåfjordbotn N Cb42 381
Kåfjorddalen N Cb42 381
Kaga S Bm64 412
Kågbo S Bp60 406
Kåge S Cb51 395
Kågeröd S Bg69 422
Kainulasjärvi S Ce46 391
Kaisepakte S Bt44 386
Kaitum S Ca45 386
Kaknåsen S Bk53 393
Käl S Bp53 394
Kålaboda S Cb52 395
Kalak N Cp39 382
Kalandseidet N Al60 402
Kälarna S Bn55 400
Kalavåg N Al61 408
Kalbrenna N Bd58 404
Kälbro S Bo62 412
Kaldfarnes N Bo42 380
Kaldhusseter N Ap56 397
Kaldvåg N Bm44 385
Kälen S Bk55 399
Kälen S Bn56 400
Kalhovd N Ar60 403
Kalix S Cg49 391
Kalixfors S Ca45 386
Kaljord N Bl43 384
Kalkbrottsvillorna S Bm62 412
Kall S Bg54 399
Källa S Bo66 418
Kallak N Bd61 410
Källands-Åsaka S Bg64 411
Källarbo S Bm60 406
Källbäcken S Bk60 405
Källbergsbo S Bn57 406
Källbomark S Cc50 395
Källby S Bg63 411
Kållered S Be65 416
Kållerstad S Bh66 416
Källfallet S Bm61 412
Kallinge S Bl68 423
Källsjö S Bo57 406
Kallmora S Bk58 405
Kallön S Br49 389
Kallsedet S Bf53 399
Källsjö S Bf66 416
Källsjön S Bn59 406
Kalltjärn S Bo59 406
Källunga S Bg64 416
Källvik S Bq63 412
Källvik S Bo65 418
Kallviken S Cc52 395
Kalmar S Bn67 417
Kalmar S Bq61 412
Kälsjärv S Cg49 391
Kalsvik N Al57 402
Kalv S Bg66 416
Kalvåg N Ak57 402
Kalvatn N An56 396
Kalvbäcken S Bq53 394
Kalvehave DK Be71 422
Kalven N Ci39 381
Kalvik N Bh52 393
Kalvsvik S Bk67 417
Kalvträsk S Bu51 395
Kambo N Bb62 410
Kamlunge S Cf48 391
Kamøyvær N Cm38 382
Kampå N Bc60 404
Kampeseter N At57 403
Kampevoll N Bq42 385
Kamsjö S Bu52 395
Kanan S Bm50 394
Kandal N An57 402
Kandestederne DK Ba65 415
Kandla S Bk61 411
Kanestraum N Ar54 397
Kangos S Cf46 387
Kankaanranta S Ch48 391
Kånna S Bh67 416
Känne S Bl56 399
Kannusjärvi S Cg47 391
Kanstad N Bm44 385
Kantornes N Bt42 380
Kantsjö S Bs53 401
Kapellskär S Bt61 413
Kapp N Bb59 404
Kappelshamn S Bs65 419
Kåpponis S Ca48 390
Karaby S Bf64 411
Karalaks N Ck41 382
Karasjok N Cm42 382
Karats S Bs47 390
Karbäcken S Bm52 394
Kårböle S Bl56 399
Kårböleskog S Bl57 399
Karby DK As67 414
Kärda S Bh66 416
Kårebol S Bg60 405
Kareby S Bd65 416
Kårehamn S Bo67 418
Kåremo S Bn67 418
Kårestad S Bl67 417
Karesuando S Ce44 387
Kårhamn N Cg39 381
Karihaug N Bo44 385
Käringsjövallen S Bf56 398
Karinsbua N Bd58 404
Karise DK Be70 422
Karistova N Ao57 402
Karlanda S Be61 410
Karlebo DK Be69 422
Karlebotn N Cs40 383
Karleby S Bh64 416
Karl Gustav S Ch48 391
Karl Gustav S Bf66 416
Karlholmsbruk S Bq59 406
Karlsbäck S Bs53 395
Karlsberg S Bl57 406
Karlsborg S Cg49 391
Karlsborg S Bk63 411
Karlsby S Bl63 411
Karlsby fäb S Bm59 406
Karlsdal S Bk62 411
Karlshamn S Bk68 423
Karlshus N Bb62 410
Karlskoga S Bk62 411
Karlskrona S Bm68 423
Karlslunda S Bm67 423
Karlslunde DK Be69 422
Karlslunde Strand DK Be69 422
Karlsøy N Bu40 380
Karlstad N Br42 385
Karlstad S Bg62 411
Karlsten S Bp49 389
Karlstorp S Bm65 417
Karlsudd S Br62 413
Karlsvik S Ce49 391
Karlsvika N Ar54 397
Karmansbo S Bm61 412
Kårøyen N At54 397
Kärra S Bd65 416
Kärråkra S Bg65 416
Kärrbackstrand S Bf59 405
Kärrbo S Bo61 412
Kärrfallet S Bn60 412
Kärrgruvan S Bm60 412
Kärrholmen S Bf62 411
Karsbo S Bm68 423
Kårsta S Br61 413
Kårsta S Bp55 400
Kårstø N Am62 408
Karsvall S Bl57 399
Karungi S Ch48 391
Kårvatn N As55 397
Karvik N Cd41 381
Kärvingeborn S Bk61 411
Kåsa N Bc56 398
Kasabacka S Bt54 401
Kåsböle S Cc51 395
Kåseberga S Bi70 422
Kasker S Br49 389
Kassa S Ch46 391
Kastbjerg DK Ba67 415
Kastbjerg DK Bb68 415
Kastlösa S Bn68 423
Kastneshamn N Bp43 385
Kåtaliden S Br50 390
Kätkesuando S Cg44 387
Katla N Al61 408
Kåtorp N Bd61 410
Katrineberg S Bn58 406
Katrineholm S Bn63 412
Kattarp S Bf68 422
Kättbo S Bi59 405
Katterås N As63 409
Katterjåkk S Br44 385
Katthammarsvik S Bs66 419
Kattilasaari S Ch49 391
Kättilsmåla S Bm68 423
Kättilstad S Bm64 417
Kattisavan S Br51 394
Kattisberg S Bt51 395
Kattisträsk S Bu51 395
Kattlunds S Br66 419
Kattnäs S Bp62 412
Kattvik S Bf68 422
Kaunisjoensuu S Ch46 391
Kaunisvaara S Cg46 387
Kaupanger N Ap58 403
Kautokeino N Cg42 387
Kavelmora S Bl59 406
Kävlinge S Bg69 422
Kaxås S Bh54 399
Kaxholmen S Bi65 417
Käymäjärvi S Cf46 387
Kebnekaise fjällstation S Bs45 385
Keianes N Bs42 380
Keldbylille DK Be71 422
Kengis S Ch46 391
Kenttan N Cl42 382
Keräntöjärvi S Cf45 387
Kerstinbo S Bo60 406
Keskijärvi = Leipojärvi S Cc46 391
Kessmansbo S Bp59 406
Kestad S Bg63 411
Kettilsbyn S Bf62 410
Kiaby S Bi68 423
Kiberg N Bs41 380
Kiberg N Db40 383
Kieksiäisvaara S Ch46 391
Kifjord N Cp39 382
Kihlanki S Cg45 387
Kikut fjellstue N Ar59 403
Kikutstua N Bb60 410
Kil N As63 409
Kil N Bg61 411
Kil S At63 409
Kil S Bl62 411
Kila S Bo63 412
Kila S Bf62 411
Kila S Bo61 412
Kilafors S Bo58 406
Kilan N Bb52 392
Kilanda S Be65 416
Kilberg S Cb50 395
Kilboghamn N Bg48 388
Kilbotn N Bo43 385
Kilby S Br60 413
Kile S Bc63 410
Kilelegret N Aq60 403
Kilen N Am60 402
Kilen N Ar62 409
Kilen N As62 409
Kilen S Bl54 399
Kilen S Bn56 400
Killeberg S Bi68 422
Killingdalskirken N Bc55 398
Killinge S Ca45 386
Killingerud S Bg60 405
Kilsmo S Bm62 412
Kilvik N Bh47 388
Kilvo S Cc47 390
Kimstad S Bm63 412
Kinderåsen S Bi55 399
Kindsjön S Bf59 405
Kines N Bm46 384
Kinkhyttan S Bk62 411
Kinn N Bm43 385
Kinn N Ba59 404
Kinna S Bf65 416
Kinnakyrkia N Ak57 402
Kinnared S Bg66 416
Kinnarp S Bh64 416
Kinnarumma S Bf65 416
Kinnbäck S Cc50 395
Kinne-Vedum S Bh63 411
Kinnvallsjösätern S Bg58 405
Kinsarvik N Ao60 402
Kinsedal N Ap58 403
Kinsekvelv N Ao60 402
Kiosen N Ca41 380
Kiran N Ba52 392
Kirke Esbønderup DK Be68 422
Kirkehamn N Ao64 408
Kirke Hyllinge DK Bd69 422
Kirkenær N Be60 404
Kirkenes N Da41 383
Kirkjestølane N Ar58 403
Kirkøy N Bd49 388

Kirkvollen

Kirkvollen N Bd54 398
Kirnujärvi S Cg46 391
Kirtik S Cb48 390
Kiruna S Ca45 386
Kisa S Bm65 418
Kistrand N Cl40 382
Kitkiöjärvi S Cg45 387
Kitkiöjoki S Cg45 387
Kltte S Bo57 406
Kittelfjäll S Bm50 393
Kittilsbu N Au58 404
Kivik S Bi69 422
Kjeåsen N Ap59 403
Kjeiken N Bb58 404
Kjeiprød N Bq43 385
Kjeldebotn N Bo44 385
Kjelkenes N Al57 402
Kjengsnes N Bn43 385
Kjenndal N Ao57 402
Kjenstad N Be52 392
Kjerknesvågen N Bc53 392
Kjernmoen N Be58 404
Kjerrengvoll N Bc55 398
Kjerret S Be60 410
Kjerringholmen N Ch39 381
Kjerringøy N Bk45 384
Kjerringsvik N Bc53 392
Kjerringvåg N As53 397
Kjerringvik N Bo44 385
Kjerringvik N Ba62 410
Kjerrvika N Bn44 385
Kjerstad N An55 396
Kjølabu N At58 403
Kjøllefjord N Cp39 382
Kjønsvik N At54 397
Kjøpmannskær N Ba62 410
Kjøpstad N Bi46 388
Kjøpsvik N Bn44 385
Kjøra N Au54 398
Kjøs N An57 396
Kjosen N At62 409
Kjøsnes N An57 402
Kjulaås S Bo62 412
Klabböle S Ca53 395
Klacka Lerberg S Bk61 411
Kläckeberga S Bn67 417
Klädesholmen S Bd65 416
Klæbu N Ba54 398
Klågerup S Bg69 422
Klakegg N Ao57 402
Klakk N Bk43 384
Kläppe S Bk54 399
Kläppe S Bi54 399
Kläppsjö S Bp53 400
Kläppvik S Bp56 400
Klarup DK Ba66 415
Klässbol S Bf61 411
Klauvnes N Cb41 381
Klaxås Nybodarna S Bi56 399
Klefstadlykkja N Au57 404
Kleive N Aq55 397
Kleivi N Ar59 403
Klejtrup DK Au67 415
Klemensker DK Bk70 423
Klemensnäs S Cc51 395
Klemetstad N Ck41 382
Kleppe N As62 409
Kleppen N Be53 392
Kleppenes N Am57 402
Kleppe-Verdalen N Am63 408
Kleppstad N Bi44 384
Klevar N At62 409
Kleve N Ba58 404
Klevik N Bi46 388
Klevmarken S Bd63 410
Klevshult S Bi66 417
Klim DK At66 415
Klimpfjäll S Bk50 393
Klim Strand DK At66 415
Klinga N Bc52 392
Klingbo S Bn60 412
Klingenberg N Bm44 385
Klingersel S Cd48 391
Klinkby DK Ar67 414
Klinkenberg N Ba60 404
Klintehamn S Br66 419
Klintemåla S Bo65 418
Klintholm Havn DK Be71 422
Klippan S Bg68 422
Klippen S Bl49 389
Klippen S Bp49 389
Klippinge DK Be70 422
Klitmøller DK As66 414
Klitten S Bi58 405
Klockarberg S Bk59 405
Klockestrand S Bq55 400
Klockrike S Bl64 412
Kløfta N Bc60 410
Kløfta N Be59 404
Kløftefoss N Au60 404
Kløftvangen N Bb56 398
Klokkarstua N Ba61 410
Klokkarvik N Al60 402
Klokkarvollen N Bu41 380
Klokkerholm DK Ba66 415
Kloster S Bn60 406
Kloten S Bl61 412
Klotsboda S Bl61 412
Klövedal S Bd64 416
Klöverfors S Cb50 395
Klöverträsk S Cc49 391
Kløvfjell N As63 409
Kløvfors N Bh50 393
Klövsjö S Bi55 399
Klubbäcken S Bo58 406
Klubbfors S Cb50 395
Klubbukt N Ci39 381
Klumpen S Bk53 399
Klutmark S Cb51 395
Klysna S Bl62 411
Knaben N Ap63 408
Knåda S Bm58 406
Knaften S Bs52 395
Knapper N Bd60 404
Knäred S Bg67 422
Knarrevik N An60 402
Knarrevik-Straume N Al60 402
Knarvik N Al59 402
Knäsjö S Br53 400
Knätte S Bh65 416
Knätten S Bi56 399
Knipan S Bd63 410
Knislinge S Bi68 422
Kniva S Bm59 406
Knive N Au61 409
Knivsta S Bq61 412
Knoände S Bh60 405
Knoppe S Bp56 400
Knud DK At67 415
Knulen S Bh59 405
Knutby S Br61 413
Knutnäset S Bn55 400
Knutsbol S Bk62 411
Knutsvik N An62 408
Köarskär S Bg58 405
Kobberhaughytta N Bb60 410
Kobbfoss N Cu42 383
København DK Bf69 422
Kode S Bd65 416
Køge DK Be70 422
Köinge S Bf66 416
Köja S Bq55 400
Köjan S Bg54 399
Kokelv N Ck39 382
Kokträsk S Bs50 395
Köla S Be61 410
Koland N Aq63 409
Kölaråsen S Bi60 405
Kolarbotn N Ap58 403
Kolås N An56 396
Kolåsen S Bf53 393
Kolbäck S Bn61 412
Kolbeinsvik N Al60 402
Kolbu N Bb59 404
Koldby DK As67 414
Koler S Cb49 395
Kolerträsk S Ca49 395
Kolgrov N Ak58 402
Kölingared S Bh65 416
Kolkilamp S Bn59 406
Kolksele S Bu53 395
Kollbeinstveit N Ao61 408
Kolle Farnadal N An59 402
Kolleid N Am60 402
Kolomoen N Bc59 404
Koløyholmen N Al61 408
Kolsätter S Bk56 399
Kolsebro S Bn64 417
Kolsjön S Bn56 400
Kolsrud N Au60 404
Kolstad N Ap57 403
Kolsva S Bm61 412
Kölsvallen S Bh57 399
Kölsvallen S Bi57 405
Kölvallen S Bg56 399
Kolven N Bf52 392
Kolvereid N Bd51 392
Kolvik S Bd64 410
Komagfjord N Cg40 381
Komagvær N Db40 383
Komagvik N Bs41 380
Kommelhaug N Bn43 385
Kompelusvaara S Ce46 391
Konga S Bl68 423
Kongegrav N Al59 402
Kongens N At53 397
Kongensgruve N Au61 409
Kongens Lyngby DK Bf69 422
Kongens Tisted DK Au67 415
Kongerslev DK Ba67 415
Kongsberg N Au61 409
Kongsbergseter N As60 403
Kongselva N Bl44 384
Kongsfjord N Ct39 383
Kongshavn N As64 409
Kongslia N Bh49 388
Kongsmoen N Be51 392
Kongsnes N An58 402
Kongsvik N Bn43 385
Kongsvinger N Be60 404
Kongsvoll N Au56 397
Konnerud N Ba61 409
Konnstali N Ao64 408
Konsmo N Ap64 408
Konungsund S Bn63 412
Koparnes N Am56 396
Kopervik N Al62 408
Köping S Bm62 412
Köpingebro S Bh70 422
Köpingsvik S Bo67 418
Köpmanholm S Bs61 413
Köpmanholmen S Bs54 401
Koppang N Bc57 404
Koppangen N Ca41 380
Kopparberg S Bl61 411
Kopperå N Bd54 398
Koppom S Be61 410
Korgen N Bh48 388
Kornsjø N Bd63 410
Korpikå S Cg49 391
Korpikylä S Ch48 391
Korpilombolo S Cg47 391
Korså S Bn59 406
Korsåsen S Bl58 406
Korsberga S Bi64 417
Korsberga S Bl66 417
Korsen N Bc52 392
Korshavn N Bb62 410
Korsheden S Bm60 412
Korskrogen S Bm57 406
Korsmo N Bd60 404
Korsnes N Bn44 385
Korssjøen N Bd56 398
Korssjön S Cb52 395
Korssund N Ak58 402
Korsträsk S Cb49 390
Korsvegen N Ba54 398
Korsvoll N Ar54 397
Körtinge S Bm61 412
Kortmark N Ap60 403
Koskullskulle S Cb46 390
Kösta S Bh54 399
Kosta S Bl67 418
Koster DK Be71 422
Kostveit N Aq61 409
Kosundet S Bi61 411
Köttkulla S Bh65 416
Köttsjön S Bm54 400
Koutojärvi S Ch48 391
Koveland N Ar64 409
Kovland S Bp56 400
Kövra S Bi55 399
Kräckelbäcken S Bi57 405
Kräcklinge S Bk62 411
Kraddsele S Bo49 389
Kragerø N At63 409
Kråka N Ao56 396
Kråken S Bu54 401
Kråkenes N Ak56 396
Kråkerøy N Bb62 410
Krakhella N Ak58 402
Kräklingbo S Bs66 419
Kraklivollen N Bb54 398
Kråkmo N Bm45 385
Kråkmo N Ba53 398
Kråknes N Be50 392
Kråkshult S Bl65 418
Kraksletta N Bs41 380
Kråksmåla S Bm66 417
Kråkstad N Bb61 410
Kråkvåg N At53 397
Kråkviken S Be62 410
Kramfors S Bq55 400
Kråmvik N Ar61 409
Krångede S Bn54 400
Kravik N At60 403
Kringen N Au57 403
Kristallgruve S Bh53 393
Kristberg S Bl63 411
Kristdala S Bn66 417
Kristensetra N Au58 404
Kristianopel S Bn68 423
Kristiansand N Ar64 414
Kristianstad S Bi68 422
Kristiansund N Aq54 397
Kristineberg S Bs50 395
Kristinefors S Bf60 405
Kristinehamn S Bi62 411
Kristofferbu N Ap60 403
Kristoffervalen N Bu40 380
Kristvalla S Bn67 417
Kristvallabrunn S Bn67 417
Krøderen N Au60 404
Krog S Bl56 400
Krognes N Db40 383
Krogsered S Bf66 416
Krogseter N Ao55 396
Krok S Bg54 399
Krokedal N Bc61 410
Krokeide N Al60 402
Krokek S Bn63 412
Krokelvmo N Bh49 388
Kroken N Bi50 393
Kroken N Ap58 403
Kroken S Bd61 410
Krokevik N Al56 396
Krokfors S Bn53 400
Krokhaug N Ba56 398
Kroknäs S Bk55 399
Kroknäs S Bm56 400
Krokom S Bi54 399
Kroksätern S Bf58 405
Krokseter N Bc58 404
Kroksgård S Bi54 399
Kroksjö S Br51 394
Kroksjö S Ca52 395
Krokstad S Bd63 410
Krokstadelva N Ba61 409
Krokstorp S Bn66 417
Krokstrand N Bl48 389
Krokstrand N Bc62 410
Kroksund N Bd61 410
Kroktorp S Bi60 405
Krokvik S Ca45 386
Kronkärr S Bi62 411
Kronobäck S Bn66 418
Kronotorp S Cf47 391
Kronsågen S Bu47 390
Kronvald S Br66 419
Kropp S Bf68 422
Kropptjärn S Bk57 399
Krossbu N Ar57 403
Krossmoen N An63 408
Kruk N At58 403
Krutneset N Bi49 388
Kryckeltjärn S Bu52 395
Krylbo S Bn60 412
Kryptjärn S Bg57 405
Kubbe S Br53 400
Kuddby S Bn63 412
Kuggerud N Bd60 404
Kuivakangas S Ch48 391
Kukkola S Ci48 391
Kulblik N Bd61 410
Kulhuse DK Bd69 422
Kullavik S Bd65 416
Kullbodskojan S Bg58 405
Kullen S Bk60 405
Kullerstad S Bm63 412
Kulltorp S Bh66 416
Kumbergsvallen S Bm56 400
Kumla S Bl62 411
Kumla S Bo61 412
Kummavuopio S Cb43 386
Kummelnäs S Br62 413
Kunes N Co40 382
Kungälv S Bd65 416
Kungbäck S Bc62 410
Kungsängen S Bq62 412
Kungsåra S Bo61 412
Kungsäter S Bf66 416
Kungsbacka S Be66 416
Kungs-Barkarö S Bn62 412
Kungsberg S Bo62 412
Kungsberga S Bq62 412
Kungsfors S Bo59 406
Kungsgården S Bo59 406
Kungsgrundet S Bo65 418
Kungshamn S Bc64 410
Kungslena S Bh64 416
Kungsör S Bn62 412
Kunna N Bh47 388
Kuoksu S Cd45 386
Kuollejaure S Bt48 390
Kuossakåbba S Ca46 390
Kuouka S Cb47 390
Kurravaara S Ca45 386
Kusfors S Bu51 395
Kusmark S Cb51 395
Kussjön S Bt52 395
Kuttainen S Cf44 387
Kuusilaki S Cg47 391
Kuusivaara stugorna S Ce46 386
Kvænangsbotn N Ce41 381
Kvæven N Ao63 408
Kvalavåg N Al62 408
Kvåle N Ap64 408
Kvalfjord, Store N Cf40 381
Kvalnes N Bh44 384
Kvalnes N Bk46 388
Kvaløyseter N Bb52 392
Kvaløysletta N Bs41 380
Kvålseter N At58 403
Kvalsund N Ch39 382
Kvalsund N Am56 396
Kvalsvik N Am56 396
Kvalvåg N Bu40 380
Kvalvåg N Aq54 397
Kvalvåg N Aq55 397
Kvalvik N Ca41 380
Kvalvik N Bg48 388
Kvam N Au57 403
Kvamen N Am56 396
Kvanhøgd N At59 403
Kvannås N Bq42 380
Kvanndal N Ao60 402
Kvanndalsvoll N Ar57 403
Kvanne N As55 397
Kvänum S Bg64 416
Kvarn S Bl63 412
Kvårnakershamn S Br66 419
Kvarnberg S Bk58 405
Kvarnberget S Bi60 405
Kvarnbergs-torp S Bl57 405
Kvarnbränna S Bq50 394
Kvarnbyn S Ca52 395
Kvarnriset S Cb52 395
Kvarnsjö S Bi55 399
Kvarnstallet S Bn62 412
Kvarntorp S Bf60 410
Kvarntorp S Bl62 412
Kvarsebo S Bo63 412
Kvås N Ap64 408
Kveinsjøen N Be50 392
Kvelde N Au62 409
Kvelia N Bh51 393
Kvennan N Bb56 398
Kvenvær N Ar53 397
Kvernaland N Am63 408
Kvernes N Aq54 397
Kvernland N Bb52 392
Kvernvollen N Ba60 404
Kvibille S Bf67 416
Kvicksund S Bn62 412
Kvidinge S Bg68 422
Kvie S Br66 419
Kvigno N Ap58 403
Kvikkjokk S Bq47 389
Kvikne N Ba55 398
Kvila N An57 402
Kvilldal N Ao61 408
Kville S Bc63 410
Kvillsfors S Bm66 417
Kvilven N Bd56 398
Kvinesdal N Ao64 408
Kvingo N Al59 402
Kvinlog N Ao63 408
Kvinnestad S Bf64 416
Kvisla N Be57 398
Kvisselnkojan S Bg55 399
Kvissleby S Bp56 400
Kvisvik N Aq54 397
Kvitblik N Bl46 389
Kviteberg N Ca41 380
Kviteseid N As62 409
Kvitingen N Am60 402
Kvitle N Be50 392
Kvitnes N Bs42 380
Kvitnes N Bl43 384
Kvitnes N Am56 396
Kvitnes N Aq54 397
Kvitsøy N Al62 408
Kvittingen N Ao63 408
Kvols DK At67 415
Kvorbevare S Bs50 395
Kyan S Bm58 406
Kycklingvattnet S Bi51 393
Kydland N An64 408
Kydland N Am63 408
Kylland N Ap63 408
Kyllås S Bh66 416
Kymbo S Bh64 416
Kymmen S Bf61 411
Kyndby Huse DK Bd69 422
Kypäsjärv S Cg48 391
Kyrkås S Bf64 416
Kyrkbolandet S Bh51 393
Kyrkby S Bo61 412
Kyrkesund S Bd64 416
Kyrkhult S Bk68 423
Kyrkjebø N As62 409
Kyrksæterøra N At54 397
Kyrkskogen S Be60 405
Kyrping N An61 408
Kyskmoen N Bk47 388

L

Låbbyn S Be62 410
Laberg N Bq43 385
Laberget N Bp43 385
Läby S Bq60 412
Låddejåkkstugan S Bo46 385
Läde S Bi58 405
Lægran N Bd52 392
Lærdalsøyri N Ap58 403
Lærem N Aq55 397
Lævvajokgiedde N Cn41 382
Laforsen S Bl57 400
Lagan S Bi67 417
Laget N At63 409
Lagga S Bq61 413
Låghellerhyttene N Ap59 403
Lagmansered S Be64 416
Lagnö S Bo64 418
Lagøy N Ak58 402
Lahenpää S Cg47 391
Lahnajärvi S Ce47 391
Laholm S Bg67 422
Laimoluokta S Bu44 386
Lainejaur S Bs50 395
Lainio S Ce45 387
Laisbäck S Bp50 394
Laisvall S Bp48 389
Laisvallsby S Bp48 389
Laitamaa S Cf46 391
Lajksjö S Bo52 394
Lakasjö S Bq53 394
Lakaträsk S Cc48 390
Lakså N Bl45 384
Laksåvik N As54 397
Lakselv N Ck40 382
Lakselvbukt N Bu42 380
Lakselvsletta N Bu42 380
Laksfors N Bg49 388
Lakshola N Bm46 385
Laksvatn N Bt42 380
Lalm N At57 397
Lamborn S Bm59 406
Lammhult S Bk66 417
Lampeland N Au61 409
Landåsen N Ba59 404
Lande N Bf50 393
Lande N Ar64 409
Landersfjorden N Co40 382
Landeryd S Bm64 412
Landeryd S Bg66 416
Landön S Bi53 399
Landsbro S Bk66 417
Landsjøåsen N Bf58 405
Landskrona S Bf69 422
Landsvik N Al59 402
Landvetter S Be65 416
Landvik N As64 409
Lane-Ryr S Be64 410
Langå DK Au68 415
Långå S Bg56 399
Långalma S Br60 407
Langangen N Au62 409
Långängen S Bl62 411
Långared S Bf64 416
Långaröd S Bh69 422
Långaryd S Bg66 416
Långås S Be67 416
Långasjö S Bl67 418
Långbäcken S Br52 394
Långban S Bi61 411
Långbo S Bm57 406
Långbo S Bo58 406
Långbo S Bn58 406
Långby S Bo57 406
Langdal N Aq56 397
Långe Erik S Bp66 418
Langehaug N As59 403
Langeid N Aq63 409
Långe Jan S Bn68 423
Långelanda S Bd64 416
Långemåla S Bn66 418
Langen N Bd56 398
Långenäs S Bf61 405
Langenes N Bl42 384
Långerud S Bf60 405
Langesund N Au62 409
Langevåg N An56 396
Langevåg N Al61 408
Långfäbodarna S Bn59 406
Langfjordbotn N Cu41 383
Langfjordhamn N Cd40 381
Langfjordnes N Cr39 383
Långflon S Bf58 405
Langfoss N Bg48 388
Langhammars S Bt65 419
Langhamn N Bq42 385
Långhed S Bn58 406
Långhem S Bg65 416
Langholt DK Ba66 415
Langhus N Bb61 410
Langhuso N Ap59 402
Långjum S Bg64 416
Långkärr S Bn62 412
Langli N Bc61 410
Långlöt S Bo67 418
Långnäs S Cc50 395
Långnäset S Bg57 405
Langnes N Cr40 383
Langnes N Bu40 380
Långøra N Ci40 381
Långron S Bu54 401
Långsele S Bq53 400
Långsele S Bp54 400
Långsele S Bs52 395
Langsetra N Ba56 398
Långshyttan S Bn60 406

Långsjöby

Långsjöby S Bo50 394
Långsjön S Cc49 391
Långskog S Bo56 400
Langslett N Cb41 381
Långsta S Bf62 411
Langstrand N Cg39 381
Långtora S Bp61 412
Långträsk S Cd49 395
Långträsk S Bt50 395
Långträsk S Ca50 395
Langvåg N Bn44 385
Långvattnet S Bo50 394
Långvattnet S Bq53 394
Långvattnet S Bs53 401
Långvik S Bs62 413
Långviken S Br49 390
Långviksmon S Bs53 401
Långviksvallen S Ca52 395
Långvinds bruk S Bp58 406
Långvk S Bs62 413
Länna S Bq61 413
Länna S Bs61 413
Lanna S Bk62 411
Lannavaara S Cd44 386
Lansjärv S Ce47 391
Lånus S Bh57 405
Läppe S Bm62 412
Lappmon S Bn53 400
Lappoluobbal N Ch42 387
Lappträsk S Ch49 391
Lappvattnet S Cb51 395
Lappviste S Bp45 385
Lärbro S Bs65 419
Larkollen N Bb62 410
Lärsäter S Bm61 412
Larsbo S Bm60 412
Larseng N Bs41 380
Larsnes N Am56 396
Larv S Bg64 416
Larve S Ca48 390
Larvik N Ba62 409
Låssa S Bq61 412
Lassemoen N Bf51 393
Lässerud S Be61 410
Laståd S Bh63 411
Lastein N Am62 408
Lästringe S Bp63 412
Latikberg S Bp51 394
Latorpsbruk S Bk62 411
Latteluokta S Bu44 386
Látteluokta = Latteluokta S Bu44 386
Láttevárri = Lannavaara S Cd44 386
Laudal N Aq64 409
Lauker S Bu49 390
Laukhamar N Am61 408
Lauksletta N Cb40 381
Laukuluspa S Bu45 386
Laukvik N Ct39 383
Laukvik N Bt40 380
Laukvik N Bq41 380
Laukvik N Cp39 382
Laukvik N Dc40 383
Laukvik N Bk45 384
Lautakoski S Ce46 387
Lauter S Bt65 419
Lauvåsen N Ba54 398
Lauvdalenseter N Ar59 403
Lauveid N Al59 402
Lauve-Viksfjord N Ba62 410
Lauvhaugen N Bf60 405
Lauvøy N Au53 392
Lauvøyvågen N Bc51 392
Lauvr N Ar63 409
Lauvsjølia N Bh52 393
Lauvsnes N Bb52 392
Lauvstad N Am56 396
Lauvvik N An63 408
Lavad S Bf64 411
Lavangen N Bq43 385
Lavangseidet N Bo43 385
Lavangsnes N Bp43 385
Lavik N Al58 402
Lávnnjik = Lainio S Ce45 387
Låvong = Levang N Bg48 388
Lavsjö S Bo52 394
Laxå S Bk63 411
Laxarby S Be62 410
Laxbäcken S Bn51 394
Laxede S Cb48 390
Laxjön, Stor- S Bp55 400
Laxnäs S Bl49 389
Laxne S Bp62 412
Laxsjö S Bk53 393
Laxtjärn S Bi60 405
Laxviken S Bk53 393
L. Björnmossen S Bn59 406
Lebesby N Cp39 382
Ledal N As54 397
Ledberg S Bl64 412
Leding S Bs53 401
Ledja S Bm68 423
Ledsjö S Bg64 411
Leikanger N Ao58 402
Leikanger N Al56 396
Leikong N Am56 396
Leimolia N Au61 409
Leine N As58 403
Leinesodden N Bf48 388
Leinestrand N Am56 396
Leinstrand N Ba54 398
Leipojärvi S Cc46 391
Leira N Ba53 398
Leira N Ar54 397
Leira N At59 403
Leiråmoen N Bk47 388
Leiranger N Bk45 384
Leiranger N Am62 408
Leirbakk N Bh51 393
Leirbotn N Cg40 381
Leiregrov N As61 409
Leirflaten N At57 403
Leirgulen N Al57 396
Leirpollskogen N Cs40 383
Leirsetra N Bd57 404
Leirvåg N Ak59 402
Leirvåg N Ao55 397
Leirvassbu N Ar57 403
Leirvik N Bq44 385
Leirvik N Am61 408
Leirvik N Al58 402
Leirvika N Bh48 388
Leirviklandet N As54 397
Leite N Ak57 402
Leivset N Bl46 389
Lejden S Bh59 405
Lejre DK Bd69 422
Leka N Bd50 392
Lekanger N Bi46 388
Lekangsund N Bp42 385
Lekaryd S Bk67 417
Lekåsa S Bf64 416
Lekeryd S Bi65 417
Lekhyttan S Bk62 411
Leknes N Bh44 384
Lekneset N Ao56 396
Leksa N At53 397
Leksand S Bk59 406
Leksvik N Bb53 398
Lekum N Bc61 410
Lekvattnet S Bf60 405
Leland N Bf48 388
Lem DK As67 414
Lemesjö S Bt53 401
Lemnhult S Bl66 417
Lemvig DK Ar67 414
Lena N Bb59 404
Lena S Bf64 416
Lena S Bq60 412
Lenangsøra N Bu41 380
Lendum DK Ba66 415
Lene N Ap64 414
Lenes N At63 409
Lengenes N Bp44 385
Lenhovda S Bl67 417
Lennartsfors S Bd62 410
Lenningen N Au58 403
Lensvik N Au53 398
Lenungen S Be62 410
Ler N Ba54 398
Lerbäck S Bl63 411
Lerdal S Bd63 410
Lerdala S Bh64 411
Lerkehaug N Bd53 392
Lermon S Bi51 393
Lersjön S Be61 410
Lerum S Be65 416
Lervik N Bb62 410
Lesja N As56 397
Lesjaskog N Ar56 397
Lesjaverk N As56 397
Lesjöfors S Bi61 411
Lessebo S Bl67 417
Letsbo S Bm57 400
Levang N Bg48 388
Levang N At63 409
Levanger N Bc53 392
Levar S Bu53 401
Levdun N Ch40 382
Leveld N Ar59 403
Leversund N Al59 402
Levide S Br66 419
Li N Al60 402
Lia N Bu42 380
Lia N Bl43 384
Lia N At61 409
Liabø N Ar54 397
Liabygd N Ao56 397
Liafossen N Bd51 392
Liared S Bh65 416
Liarvåg N Am62 408
Liatorp S Bi67 417
Lickershamn S Br65 419
Lid S Bp63 412
Lid S Bh61 411
Lidar N As58 403
Liden S Bo50 394
Liden S Bl65 417
Liden S Bo55 400
Lidhult S Bg67 416
Lidingö S Br62 413
Lidköping S Bg63 411
Lidsjöberg S Bl52 393
Lien S Bh53 399
Lien S Be61 410
Lierbyen N Ba61 410
Lierskogen N Ba61 410
Lietekkåbba S Bt45 386
Lifjell N At62 409
Ligga S Bu47 390
Liggá = Ligga S Bu47 390
Lihme DK As67 414
Likenäs S Bg59 405
Liknes N Ao64 408
Liland N Bm43 384
Liland N Bk44 384
Liland N Bo44 385
Liland N Bl45 384
Liland N An59 402
Liland N Ao63 408
Liland N Ao63 408
Lild Strand DK As66 415
Liljendal S Bi60 405
Lillå S Cb48 390
Lilla Edet S Be64 416
Lillån S Bl62 411
Lillånäs S Bl51 393
Lillarmsjö S Bt53 395
Lillbo S Bn57 406
Lillbodarna S Bp56 400
Lillebo N Be57 398
Lillegarden N Au62 409
Lillehammer N Bb58 404
Lille Lerrisfjord N Ch40 381
Lillerøåsen N Be57 404
Lillerød DK Be69 422
Lillesand N Ar64 409
Lille Skensved DK Be69 422
Lillestrøm N Bc61 410
Lillhaga S Bl57 405
Lillhaga S Bn57 406
Lillhärad S Bn61 412
Lillhärdal S Bi57 399
Lillholmsjö S Bi53 399
Lillholmträsk S Bt50 395
Lillkågeträsk S Cb51 395
Lillkyrka S Bm64 412
Lillkyrka S Bp61 412
Lillögda S Bq52 394
Lillpite S Cc50 395
Lillsaivis S Cd48 391
Lillsele S Bt52 395
Lillsele S Cf47 391
Lillsele S Bp53 394
Lillsjöhögen S Bl54 399
Lillträsk S Cb49 390
Lillträsk S Bu50 395
Lillvallen S Bo57 406
Lillviken S Bn47 389
Lima S Bg59 405
Limannvika N Bh52 393
Limedsforsen S Bg59 405
Limhamn S Bf69 422
Limingen N Bh51 393
Limingojärvi S Cf47 391
Limmared S Bg65 416
Limmesand N An58 402
Limmingen S Bk61 411
Limstrand N Bh44 384
Linanäs S Bs62 413
Lindärva S Bg64 411
Lindås N Al59 402
Lindberg S Be66 416
Lindberget N Bd58 404
Lindby S Bq62 412
Linddalen S Bk62 411
Linde DK Ar68 414
Linde S Br66 419
Lindeberg N Bc60 410
Lindefjell N Ao63 408
Lindenäs S Bh62 411
Linderås S Bk65 417
Linderöd S Bh69 422
Linderud N Bc59 404
Lindesberg S Bl61 411
Lindesnäs S Bk60 405
Lindfors S Bh61 411
Lindholmen S Br61 413
Lindö S Bn63 412
Lindome S Be65 416
Lindsås N Ar63 409
Lindsdal S Bn67 418
Lindshammar S Bl66 417
Linerud N Bk49 388
Lingbo S Bo58 406
Linge N Ap56 397
Linghed S Bm59 406
Linghem S Bm64 412
Linkka S Ch48 391
Linköping S Bm64 412
Linna N Be59 404
Linnebäck S Bi62 411
Linneryd S Bl67 417
Linnes N Be57 404
Linsell S Bh56 399
Liomseter N Au58 403
Liseleje DK Bd68 422
Lisjö S Bn61 412
Lisleset N At59 403
Lislevatn N Aq63 409
Lisskogsåsen S Bg59 405
Lista S Bn62 412
Listerby S Bl68 423
Lit S Bk54 399
Litlefjord N Ck39 382
Litslena S Bp61 412
Litsnäset S Bk54 399
Liveröd S Bd63 410
Livø DK At67 415
Livollen N Be58 404
Ljan N Bb61 410
Ljøen N Ao56 396
Ljørdalen N Bf58 405
Ljosland N Ap63 408
Ljøsnåvoll N Bd55 398
Ljosno N Ao59 402
Ljuder S Bl67 417
Ljugarn S Bs66 419
Ljung S Bl63 412
Ljung S Bg65 416
Ljungå S Bn55 400
Ljunga, Södra S Bh67 416
Ljungaverk S Bn55 400
Ljungby S Bh67 416
Ljungbyhed S Bg68 422
Ljungbyholm S Bn67 417
Ljungdalen S Bf55 399
Ljunggården S Bi62 411
Ljunghusen S Bf70 422
Ljungris S Bf55 399
Ljungsarp S Bh65 416
Ljungsbro S Bm63 412
Ljungskile S Bd64 416
Ljur S Bf65 416
Ljuså S Cd49 391
Ljusbodarna S Bk59 405
Ljusdal S Bn57 406
Ljusfallshammar S Bm63 412
Ljushult S Bg65 416
Ljusliden S Bk50 393
Ljusnarsberg S Bk61 411
Ljusnäs S Bg60 405
Ljusne S Bp58 406
Ljusnedal S Bf55 399
Ljusterö S Bs61 413
Ljustorp S Bp55 400
Ljusträsk S Bu49 390
Ljusvattnet S Ca51 395
Løbergsetra N Be58 404
Löberöd S Bh69 422
Lobonäs S Bl57 406
Lockåsbodarna S Bi55 399
Locketorp S Bh64 411
Locknevi S Bn65 418
Locksta S Br53 401
Löddeköpinge S Bg69 422
Lødding N Bc51 392
Löderup S Bi70 422
Løding N Bk46 388
Lødingen N Bm44 385
Lödöse S Be64 416
Loen N Ao57 396
Løfallstrand N Am60 402
Loffstrand S Bg60 405
Löfsasen S Bk54 399
Lofsdalen S Bg56 399
Lofta S Bn65 418
Loftahammar S Bo65 418
Lofthus N Bm45 385
Lofthus N Ao60 402
Loftsbo S Bm58 406
Loga N Ao64 408
Lögda S Br52 394
Lögdeå S Bt53 401
Lognvik N Ar61 409
Løgstør DK At67 415
Løgstrup DK At67 415
Lohärad S Bs61 413
Loholm S Bp48 389
Løiten Brænderi N Bc59 404
Loka brunn S Bi61 411
Loke S Bk55 399
Løken N Bc61 410
Løken N Bc60 404
Lökene S Bg61 411
Løkkeberg N Bc62 410
Løkken N Au54 397
Løkken DK Au66 415
Løksebotn N Bq43 385
Løkvoll N Cb41 381
Lom N As57 397
Lomåsen S Bl53 393
Lombheden S Cf48 391
Lomen N As58 403
Lomma S Bg69 422
Lommaryd S Bk65 417
Lomsjö S Bo52 394
Lomsjökullen S Bo51 394
Lomträsk S Cf48 391
Lonar N As61 409
Lonås N Bb56 398
Lönashult S Bk67 417
Long S Bf64 416
Longerak N Aq63 409
Longset N Bg48 388
Longva N An55 396
Lonin N Bb52 392
Lonin N At61 409
Lönnånger S Bp57 400
Lönneberga S Bm65 418
Lønningdal N Am60 402
Lono N Ao61 408
Lønrusten N Bc57 404
Lönsboda S Bi68 423
Lønsdal N Bl47 389
Lønset N Ap55 397
Lønset N At55 397
Lønstrup DK Au66 415
Loppa N Cc40 381
Lora N As56 397
Lorås S Bl53 399
Lørenfallet N Bc60 410
Lørenskog N Bb61 410
Lorgja N An55 396
Lörudden S Bq56 400
Los S Bl57 406
Losby N Bb61 410
Lösen S Bm68 423
Loshamn N Ao64 414
Löt S Bo67 418
Lote N An57 396
Løten N Bc59 404
Løtoft N An64 408
Lotorp S Bm63 412
Lottefors S Bn58 406
Löttorp S Bo66 418
Lövånger S Cc52 395
Løvås N Au62 409
Lövåsen S Bn54 400
Lövåsen S Be56 398
Lövåsen S Bg61 411
Lövåsen S Bl61 411
Lövåsen S Bm60 406
Lövberg S Bk50 393
Lövberga S Bm53 394
Lövberget S Bk60 405
Løvel DK At67 415
Lövestad S Bh69 422
Lovik N Bm43 385
Lovikka S Cf46 391
Lövingen S Bm56 400
Lovlia N Ba60 410
Lövliden S Bo54 400
Løvlund N Au58 404
Lövnäs S Bq48 389
Lövnäs S Bm51 394
Lövnäs S Bg58 405
Lövnäset S Bp53 400
Lövnäsvallen S Bh57 399
Lovraeid N An62 408
Lövsjö S Bl51 393
Lövsjön S Bk53 393
Lövsjön S Bk60 405
Lövstabruk S Bq60 407
Lövstalöt S Bq61 412
Lövtjärn S Bn58 406
Lovund N Be48 388
Lövvik S Bm52 394
Lövvik S Br55 400
Løyning N Am64 408
Løyning N Ap62 408
L. Tomsjön S Bi61 411
Lubbträsk S Bo50 394
Ludden S Bn63 412
Ludgo S Bp63 412
Ludvigsborg S Bh69 422
Ludvika S Bl60 405
Lugnås S Bh63 411
Lugnvik S Bq55 400
Luksefjell N Au62 409
Luleå S Ce49 391
Lummelunda S Br65 419
Lumnäs S Bo57 406
Lumsheden S Bn59 406
Lund N Bd51 392
Lund N Bd53 392
Lund DK Be70 422
Lund S Bg69 422
Lund S Be62 410
Lunda S Bo63 412
Lunda S Br61 413
Lundamo N Ba54 398
Lundbäck S Cc51 395
Lundbacken S Ca50 395
Lundbjörken S Bk59 405
Lundby N Bc60 404
Lundby DK At67 415
Lunde N Bs43 385
Lunde N At62 409
Lunde N Am60 402
Lunde N Ao63 408
Lunde N Ao57 402
Lundebyvollen N Be59 404
Lunden S Be61 410
Lundenes N Bo43 385
Lunder N Bb62 410
Lunderseter N Be60 404
Lundkälen S Bk54 399
Lundsberg S Bi62 411
Lundsbrunn S Bg64 411
Lunds by S Bn65 418
Lundseter N Al61 408
Lundseter N Au58 404
Lundsjön S Bk53 399
Luneng N Bt42 380
Lunger S Bm62 412
Lungre S Bk54 399
Lungsjön S Bn54 400
Lungsund S Bi61 411
Lunnäset S Bg55 399
Lunndörrsstugorna S Bg54 399
Lunneborg N Bs42 385
Lunner/Roa N Bb60 404
Luoftjok N Cr40 383
Lur S Bc63 410
Lurøy N Bf48 388
Luspebryggan S Bu46 390
Lustad N Be52 392
Luster N Ap58 403
Luttra S Bh64 416
Luvos S Bs47 390
Lybeck S Bo61 412
Lyberget S Bh59 405
Lycke S Bd65 416
Lycksele S Bs51 395
Lye S Bs66 419
Lyefjell N Am63 408
Lygna N Bb60 404
Lygre N Am60 402
Lykkja N As59 403
Lykkja N As58 403
Lykkjebø N Am57 402
Lyndby DK Bd69 422
Lyngby DK Ar67 414
Lyngdal N Au61 409
Lyngdal N Ap64 414
Lynge DK Be69 422
Lyngerup DK Bd69 422
Lyngmo N Ap58 403
Lyngs DK Ar67 414
Lyngså DK Bb66 415
Lyngseidet N Ca41 380
Lyngsnes N Bc51 392
Lyngvoll N Ao56 396
Lyrestad S Bi63 411
Lysaker N Bb61 410
Lyse S Bc64 416
Lysebotn N Ao62 408
Lysekil S Bc64 416
Lysestølene N Ao62 408
Lysnes N Bq42 380
Lysøysund N Au53 392
Lyssås S Be61 410
Lysthaugen N Bd53 392
Lysvik S Bg60 411
Lyxaberg S Br50 394

M

Måbjerg DK As68 414
Mackmyra S Bp59 406
Madängsholm S Bh64 416
Madesjö S Bm67 417
Madla N Am63 408
Madland N An63 408
Mælen N Bd52 392
Mære N Bc53 392
Mæringsdalen N At57 403
Måge N Ao60 402
Magerholm N An56 396
Maglebrænde DK Be71 422
Magleby DK Be71 422
Maglehem S Bi69 422
Magnillseter N Bb55 398
Magnor N Be61 410
Magra S Bf64 416
Majavatn N Bg50 393
Malå S Bs50 395
Målång S Bk54 399
Malangen N Bs42 380
Malangseidet N Bs42 380
Målångssta S Bm58 406
Mälarbaden S Bn62 412
Mälarhusen S Bi70 422
Målaskog S Bi67 417
Malå-Vännäs S Br50 394
Målerås S Bm67 418
Malexander S Bl64 417
Malgonäs, Övre S Bn51 394
Malgovik S Bn51 394
Målilla S Bm66 418
Malingsbo S Bl61 412
Mållång S Bn57 400
Mållångstuga S Bm58 406
Mällby S Bq56 400
Malm N Bc52 392
Malmbäck S Bi65 417
Malmberget S Cb46 390
Malmein N An63 408
Malmen S Bo61 412
Malmivaara = Malmberget S Cb46 390
Malmköping S Bo62 412

Malmö

Malmö S Bf69 422
Malmön S Bc64 410
Malmslätt S Bm64 412
Malnes N Bk43 384
Malnes N At54 397
Måløv DK Be69 422
Måløy N Al57 396
Malsätra S Br60 413
Målselv N Bs42 385
Målset N An58 402
Malsjöbodarna S Bl56 400
Målsnes N Bs42 380
Malsta S Bs61 413
Målsta S Bk54 399
Malung S Bh59 405
Malungen N Bd59 404
Malungen S Bo56 400
Malungsfors S Bh59 405
Malungsråberget S Bh59 405
Malvik N Bd54 398
Mandal N Ap64 414
Måndalen N Ap55 397
Måneset N Bc51 392
Mångbyn S Cc52 395
Mangen N Bd60 410
Mången S Bk61 411
Manger N Al59 402
Mångsbodarna S Bh58 405
Mangskog S Bf61 411
Manjärv S Cb49 390
Manjaur S Bt51 395
Månkarbo S Bp60 406
Mannheller N Ap58 403
Mannikhöjden S Bi61 411
Männikkö S Ce46 391
Månsarp S Bi65 417
Månsåsen S Bc44 399
Mansjöstngan S Bf53 393
Månstad S Bg65 416
Måntorp S Bn52 394
Mantorp S Bl64 412
Mäntyvaara S Cd47 391
Marbäck S Bk65 417
Marbäck S Bc64 396
Mårbacka S Bg61 411
Mårbacken S Bf60 405
Marby S Bi54 399
Mårdaklev S Bf66 416
Mardalen N Bc51 392
Mårdsele S Bt51 395
Märdshyttan S Bl61 411
Mårdsjö S Bm54 400
Mårdsjö S Bo52 394
Mårdsjöberg S Bp51 394
Mårdsund Bh54 399
Mårdudden S Cc48 390
Marek S Bl65 417
Mårem S As60 403
Margaretetorp S Bf68 422
Mariager DK Au67 415
Mariannelund S Bm65 417
Marieberg S Bl62 411
Marieberg S Bq55 400
Marieby S Bk54 399
Mariedamm S Bl63 411
Mariefred S Bp62 412
Marieholm S Bg69 422
Marieholm S Bh66 416
Marielund S Bq49 389
Marielund S Bq61 413
Mariestad S Bh63 411
Marietorp S Bp62 412
Marifjøra N Ap58 403
Maristuen S Ar58 403
Mark S Bn51 394
Marka N Bh47 388
Marka S Bg64 416
Markabygd N Bc53 398
Markaryd S Bh68 422
Markhus N An61 408
Markim S Br61 412
Márkit = Markitta S Cd46 391
Markitta S Cd46 391
Marktjärn S Bn55 400
Marma S Bp60 406
Marmaverken S Bo58 406

Marmorbrua N Bh51 393
Marmorbyn S Bn62 412
Marnäs S Bm59 406
Mårön S Bh62 411
Mårøyfjord N Cp39 382
Märrviken S Bl56 399
Marsliden S Bl50 393
Märsta S Bg61 413
Marstein N Aq56 397
Marstrand S Bd65 416
Mårtanberg S Bl59 410
Martebo S Br65 419
Mårtsbo S Bp59 406
Mårum DK Be68 422
Marum S Bg64 411
Marvik N An62 408
Masfjorden N Al59 402
Masi N Ch42 381
Måsjön S Brs55 400
Måskenåive S Bq49 389
Maskjok N Cr40 383
Måsøy N Ck38 382
Mässvik S Bg62 411
Mastad N At53 397
Måstad N Bd61 410
Masterud S Be60 404
Mästocka S Bg67 416
Masugnsbyn S Ce46 386
Måsvik N Bs41 380
Matfors S Bp56 400
Mathopen N Am58 402
Matnäset S Bi55 399
Matojärvi S Ch48 391
Matre N Am61 408
Matre N Am59 402
Matteröd S Bh68 422
Mattisudden S Bu47 390
Mattmar S Bh54 399
Mattsås S Bh58 405
Mattsmyra S Bl57 406
Maunu S Ce44 386
Maura N Bc60 404
Maurnes N Bl43 384
Maurset N Ap60 403
Maurvangen N As57 403
Meåstrand S Bo54 400
Meåvollan N Bm55 398
Mebø N Ar64 414
Meby N Bq43 385
Medåker S Bm62 412
Medalsbu N Aq57 403
Medasvallen S Be58 404
Medby N Bm43 385
Medby N Bp42 380
Medelås S Br51 394
Medelplana S Bg63 411
Medevi S Bk63 411
Medhamn S Bh62 411
Medle S Cb51 395
Medskogen S Bf56 399
Medstugan S Be53 398
Megard S Bf52 393
Megrunn N Au58 403
Mehamn N Cq38 383
Mehedeby S Bp60 406
Meheia N At61 409
Meisfjord N Bf48 388
Meisingset N As51 397
Meitebekk N At59 403
Mekjarvik N Am62 408
Mel N Ao58 402
Meland N Al59 402
Meland N Am61 402
Melbu N Bk43 384
Meldal N Au54 397
Melhus S Br63 392
Melfjordbotn N Bh47 388
Melfjordvær N Bp41 380
Melhus N Ba54 398
Melhus N As55 397
Mella S Ch46 387
Mellanbyn S Bp57 406
Mellanfjärden S Bp57 400
Mellangård S Bo56 400
Mellansel S Br54 401
Mellansjö S Bm56 400
Mellanström S Br49 389
Mellby S Bl65 417
Mellby S Bg65 411

Mellbyn S Bd63 410
Mellbystrand S Bf67 422
Mellerud S Be63 410
Mellerup DK Ba67 415
Mellgård S Bl55 399
Mellösa S Bo62 412
Meløy N Bg47 388
Melsomvik N Ba62 409
Melsträsk S Cb50 395
Meltingen N Bb53 392
Mensträsk S Bt50 395
Meråker N Bd54 398
Merasjärvi S Cd45 386
Merasjärvi S Cg45 387
Merket N At59 403
Merlänna S Bo62 412
Mern DK Be70 422
Merrahalsen N At58 403
Mertajärvi S Ce44 386
Meselefors S Bs52 394
Mesna N Bb58 404
Mesnalien N Bb58 404
Messaure S Ca47 390
Messelt N Bc58 404
Messlingen S Bf55 399
Messubodarna S Bl56 399
Mestervik N Bs42 380
Metbäcken S Bf60 405
Mettäjärvi S Ch47 391
Metveit N Ar64 409
Mevik N Bh47 388
Mia N Ao55 396
Mickelsträsk S Ca52 395
Middagsbukt N Bt42 380
Midingsbråte S Bk68 423
Midskog S Bl54 399
Midsund N Ao55 396
Midtistua N Bl47 389
Midtskogberget N Be58 404
Midtskogen N Bc59 404
Miekojärvi S Cg48 391
Micron N Cg42 J07
Miessávrre = Messaure S Ca47 390
Migvrå N Bh58 405
Mikkelvik N Bt40 380
Miland N As61 409
Millesvik S Bg63 411
Millomgard N Br41 380
Minde N Bp43 385
Mindnes N Be49 388
Mindresunde N Ao57 396
Mindtangen N Be49 388
Miniland S Bf67 416
Minnesund N Bc60 404
Missenträsk S Bu50 395
Missingmyr N Bb62 410
Mistelås S Bi67 417
Misten N Bk46 384
Misterdalseter N Bc57 398
Misterhult S Bo66 418
Misvær N Bl46 389
Mittådalen S Bf55 399
Mittet N Aq55 397
Mjäland Ar63 409
Mjäldrunga S Bg64 416
Mjällby S Bk68 423
Mjällom S Br55 401
Mjättsund S Cd49 391
Mjåvatn As63 409
Mjöback S Bf66 416
Mjödvattnet S Cb51 395
Mjøensetra N Au55 398
Mjöhult S Bf68 422
Mjölby S Bl64 411
Mjölfjell N Ao59 402
Mjolkarlia N Bh49 388
Mjölkberg S Bq49 389
Mjölkeröd S Bg63 411
Mjølvik N Bs40 380
Mjomna N Ak59 402
Mjönås S Bh61 411
Mjøndalen N Ba61 409
Mjönnes N At54 397
Mjørlund N Bb59 404
Mjösjö N Bn55 400
Mjösjöby N Bs53 395

Mjöträsk S Cf48 391
Mjövattnet S Bq55 400
Mo N Br54 401
Mo N Bd60 404
Mo N Am59 402
Mo N Ap56 397
Mo N Aq61 409
Mo N As54 397
Mo N Au62 409
Mo S Bd63 410
Mo S Bo58 406
Mo S Bo59 406
Mo S Bf62 410
Moa N Ba62 409
Moan N Ba56 398
Moarna S Bo55 400
Møborg DK Ar68 414
Mockfjärd S Bk59 405
Möcklehult S Bi66 417
Mockträsk S Cd49 391
Modum N Au61 404
Moelv N Bh59 404
Moen N Bs42 385
Moen N Bc53 398
Moen N Ap62 408
Moen N Ar62 409
Mofalla S Bi64 411
Mofjell N Ar63 409
Mogata S Bn64 412
Mogen N Ar61 409
Moheda S Bk67 417
Moholm S Bi63 411
Mohus N Bl46 389
Moi N Ao64 408
Mo i Rana N Bi48 388
Möja S Bs62 413
Møklevika N Bg51 393
Möklinta S Bo60 412
Mokland N Ar62 409
Moland N As61 409
Molde N Ap55 397
Moldøra N Bb53 392
Moldreim N An57 396
Møldrup DK Ar67 415
Moliden S Br54 401
Möljeryd S Bl68 423
Molkom S Bh61 411
Molla S Bg65 416
Mollatveit N An61 408
Mölle S Bf68 422
Mollerup DK As67 414
Mollisjok-fjellstue N Ci41 382
Mollösund S Bc64 416
Mölltorp S Bi64 411
Mølna N Bc53 398
Mølnarodden N Bg44 384
Mölnbo S Bp62 412
Mølnbukt N Au53 397
Mölndal S Be65 416
Mölnlycke S Be65 416
Mølno N Al60 402
Mölntorp S Bn61 412
Molremmen N Bg49 388
Molvik N Ck39 382
Momrak N Ar62 409
Momyckelberget S Bh59 405
Momyr N Bb52 392
Mon S Bl49 389
Möne S Bg65 416
Mongstad N Al59 402
Mønsterås S Bn66 418
Mora N Bh58 406
Moräng S Bu50 395
Mörarp S Bf68 422
Mörbylånga S Bn67 423
Mordalsvägen N Ao55 397
Morfjord N Bk44 384
Morgan Anshammar S Bl60 412
Morgedal S Ar61 409
Morgongåva S Bo61 412
Mörk N Bc61 410
Morkarla S Bq60 413
Mørkedal N Ar54 397
Mørken N As58 403
Mørkö S Bq62 412
Mørkret S Bf57 405

Mørkri N Aq57 403
Morlanda S Bd64 416
Mörlunda S Bm66 417
Mörrum S Bk68 423
Mørset N Bc53 398
Mörsil S Bh54 399
Morskoga krog S Bl61 412
Mørsvikbotn N Bm45 385
Mortavika N Am62 408
Mörtberg S Cc48 390
Mörtebo S Bo59 406
Mortensnes N Ct40 383
Mortensnes N Cg40 381
Mörtjärn S Bt50 395
Mørtnäs S Be61 410
Mortop S Bo62 412
Mortorp S Bn67 417
Mörtsjön S Bk53 399
Morup S Be67 416
Mos S Bs65 419
Mosätt S Bi56 399
Mosbjerg DK Ba66 415
Mosby N Aq64 409
Moshult S Bg67 416
Mosjö S Bq54 400
Mosjö S Bk62 412
Mosjøen N Bg49 388
Moskenes N Bg45 384
Moskodalen N Cc41 381
Moskog N An58 402
Moskosel S Br49 389
Moss N Bb62 410
Mossaträsk S Bp53 394
Mossbo S Bn58 406
Mossebo S Bg61 416
Mosshult S Bn64 417
Mossiberg S Bh57 405
Mosstorp S Bl61 412
Møst N Aq54 397
Moster- N Al61 408
Mosterhamn N Al61 408
Mosvik N Bc51 392
Motala S Bl63 411
Mou DK Ba67 415
Movatn N Bb60 410
Movatnet Bs53 401
Møvik N Ak60 402
Movollen N Bd55 398
Mukkajärvi S Cg47 391
Mula N Bh48 388
Mulestad S Bn65 418
Mullhyttan S Bk62 411
Mullsjö S Bi53 401
Mullsjö S Bh65 416
Mundal N Ao58 402
Mundheim Am60 402
Munga S Bp60 406
Munka-Ljungby S Bf68 422
Munkarp S Bg69 422
Munkbyn S Bm56 400
Munkeby S Bc53 392
Munkedal S Bd64 410
Munkelva N Ct41 383
Munken N At53 397
Munkflohögen N Bk53 399
Munkfors S Bh61 411
Munknes N Cu41 383
Munksund S Cd50 395
Munktorp S Bn61 412
Munsö S Bq62 412
Munsvattnet S Bi52 393
Muodoslompolo S Cg45 387
Muonionalusta S Ch45 387
Muorjevaara S Cc46 390
Murane N Aq58 403
Murjek S Cb48 390
Murum S Bg65 416
Muruvik N Bb54 398
Murvoll N Ba53 392
Musetrene N At57 403
Musken N Bn45 385
Muskö S Br62 413
Musland N Am61 408
Mustadfors S Be63 410

Myckelberget Vastra S Bh59 405
Myckelgensjö S Bq53 400
Myckleby S Bd64 416
Myckling S Bq56 400
Mydland N An64 408
Myggenäs S Bd64 416
Myggsjö S Bk57 405
Myking N Al59 402
Mykland N Ar57 402
Mykland N Ar63 409
Myklebost N An55 396
Myklebostad N Bl45 384
Myklebostad N Aq55 397
Myklebust N Ao57 402
Mymäs S Bp56 400
Myra N At63 409
Myran S Bb53 392
Myrane N Am63 408
Myrås S Bq49 389
Myrdal N Ap59 403
Myre N Bn42 392
Myre N Bl43 384
Myre N Br54 400
Myren S Bg60 405
Myreng N At57 403
Myrgrubben S Bf60 405
Myrhaug N Bt42 385
Myrhaug N Bc53 392
Myrheden S Ca49 390
Myrheden S Ca50 390
Myrland N Bm43 385
Myrland N Bg44 384
Myrlandshaug N Bp43 385
Myrmoen N Bd55 398
Myrnes N Ce40 381
Myrset N Bn42 385
Myrvik N Bc51 392
Myrviken S Bi54 399
Mysen N Bc61 410
Mysingsborg S Bl57 406
Mysubyttseter N Aq57 397
Mysuseter N Au57 397

N

Naartijärvi S Ch49 391
Nabben S Bm68 423
Nacka S Br62 413
Näckådalen S Bi58 405
Naddvik N Aq58 403
Nærbø N Am63 408
Nærøysteine N Bc51 392
Nærsnes N Bb61 410
Næs DK Be71 422
Naggen S Bm56 400
Nahtavárri = Nattavaara S Cb47 390
Nain S Bh60 405
Naisjärv S Ce47 391
Nakkeslett N Bu40 380
Nakksjø N At62 409
Nälden S Bi54 399
Nalovardo S Bq49 389
Namdalseid N Bc52 392
Nämdö S Bs62 413
Namnå N Be59 404
Namsos N Bc52 392
Namsskogan N Bg51 393
Namsvassgardan N Bh51 393
Nannberga S Bm62 412
Napägard N As61 409
Napp N Bg44 384
När S Bs65 419
När S Bs66 419
Nora N Ak58 402
Narbuvoll N Bc56 398
Narken S Cf47 391
Närlinge S Bg60 412
Närtuna S Br61 413
Närunga S Bf65 416
Närvä = Mertajärvi S Ce44 386
Narvik N Bp44 385
Näs N At62 409
Näs S Bo54 400
Nås S Bk60 405

Nås S Bm60 406
Näs S Br66 419
Nasafjället S Bl48 389
Näsåker S Bo54 400
Näsberg S Cb48 390
Näsberget Östra S Bh60 405
Näs bruk S Bn60 412
Näsby S Bn61 412
Näsby S Bl66 417
Näsby S Bl62 412
Näset S Bl58 405
Näset S Bl51 393
Näset S Bl51 395
Näset S Bn54 400
Näset S Bm61 410
Näset S Bm62 412
Näsfjällsåsen S Bf58 405
Näshult S Bl66 418
Näshulta S Bn62 412
Näsinge S Bc62 410
Näske S Bs54 401
Näskott S Bi54 399
Näsland S Bt52 395
Näsmark S Bt53 395
Nässja S Bk64 411
Nässja S Bo60 406
Nässjö S Bk65 417
Nässjö S Bn53 400
Nastadsæter N Bd52 392
Nastansjö S Bo51 394
Nästebacka S Be62 410
Nästeln S Bi55 399
Näsum S Bk68 423
Näsviken S Bm53 393
Näsviken S Bo57 406
Natland N An62 408
Nattavaara S Cb47 390
Nattavaara by S Cc47 390
Nättraby S Bm68 423
Nattvatn N Cl41 382
Nauen N Ba62 410
Naum S Bf64 416
Naurisniemi S Cf47 391
Naurstad N Bk46 388
Nausta S Bt48 390
Naustan N Ba53 392
Naustbukt N Bs41 380
Naustdal N Am57 402
Naustermoen N Ba56 398
Naustvika N As56 397
Nautjaur S Bt47 390
Nautsund N Al58 402
Navarnäs S Bh58 405
Nävekvarn S Bo63 412
Navelsaker N An57 396
Nävelsjö S Bk66 417
Nåverdal S Bs55 398
Näverede S Bl54 400
Näverkärret S Bm61 412
Näversjön S Bi54 399
Naverstad S Bd63 410
Navit N Cd41 381
Nävragöl S Bm68 423
Nedalshytta N Be55 398
Nedansjö S Bo56 400
Nederby DK At67 415
Nederhögen S Bi56 399
Nederkalix S Cg49 391
Nedre Bäck S Cc51 395
Nedreberg S Bg51 393
Nedre Flåsjön S Bh51 393
Nedre Gärdsjö S Bl59 406
Nedre Heimdalen N At58 403
Nedre Jervan N Bb54 398
Nedre Saxnäs S Bq50 394
Nedre Soppero S Cd44 386
Nedre Tollådal N Bk47 388
Nedre Tvåråselet S Cb49 390
Nedre Ullerud S Bg61 411
Nedre Vojakkala S Ch49 391

Nedstrand

Nedstrand N Am62 408
Nees DK Ar68 414
Neiden N Ct41 383
Neistenkangas S Ch47 391
Neitisuanto S Cb46 386
Neksø = Nexø DK Bl70 423
Nelaug N As63 409
Nenset N Au62 409
Nensjö S Bq55 400
Nerdal N Bo44 385
Nerdal N As55 397
Nerdvika N Ar54 397
Nergård N Ba56 398
Nerskogen N Au55 397
Nervei N Cq39 383
Nes N Bm44 385
Nes N Bl44 384
Nes N Bb53 398
Nes N Bb59 404
Nes N Am57 402
Nes N An62 408
Nes N An57 396
Nes N Ap58 403
Nes N Ap58 402
Nes N As62 409
Nes N At62 409
Nes N Au53 392
Nes N Ba62 409
Nesaseter N Bf51 393
Nesbøsjøen N Al59 402
Nesbru N Ba61 410
Nesbryggen N Ba62 410
Nesbyen N At59 403
Nese N Al59 402
Neset N Cc40 381
Neset N Al59 402
Neset N Ar61 409
Neset N Ba57 398
Nesflaten N Ao61 408
Nesgremda N As63 409
Neshamn N Al61 410
Nesheim N Am62 408
Nesheim N An59 402
Nesholmen N Am57 402
Nesje N Ak57 396
Nesland N Bg44 384
Nesland N As62 409
Neslandsvatn N At63 409
Nesna N Bg48 388
Nesodden N Bb61 410
Nesoddtangen N Bb61 410
Nesseby N Cs40 383
Nestavoll N Au56 397
Nesttun N Al60 402
Nesvatnstemmen N Ar63 409
Nesvik N An62 408
Nesvollberget N Bf58 405
Neva S Bi60 405
Neverdal N Bh47 388
Neverfjord N Ch40 381
Nevernes N Bf50 392
Nevlunghavn, Helgerøa- N Au63 409
Nexø DK Bl70 423
Nianfors S Bo57 406
Nibe DK Au67 415
Nicknoret S Bt50 395
Nide S Cb50 392
Niemisel S Ce48 391
Nihkkáluokta =
Nikkaluokta S Bt45 386
Nikkala S Ch49 391
Nikkaluokta S Bt45 386
Nikkeby N Cd46 391
Nilivaara S Cd46 391
Nilsby S Bg61 411
Nilslarsberg S Bn59 406
Nimtofte DK Bb68 415
Nipen N Bo43 385
Nissafors S Bh66 416
Nissedal S An62 409
Nissumby DK Ar67 414
Nittorp S Bg65 416
Njallavárri = Nilivaara S Cd46 391
Njavve S Br47 390
Njetsavare S Ca47 390
Njietsavárre =
Njetsavare S Ca47 390
Njurunda S Bp56 400

Njurundabommen S Bp56 400
Njutånger S Bp57 406
Nöbbele S Bl67 417
Nodeland N Aq64 414
Nödinge-Nol S Be65 416
Nodre Latikberg S Bp51 394
Nogersund S Bk68 423
Nol S Be65 416
Nol, Nödinge- S Be65 416
Nolbergsviken S Bg61 411
Noloset S Bi63 411
Nolvik S Bm49 389
Nolymra S Bp60 412
Nomeland N Ap62 408
Noppikoski S Bk57 405
Nor S Bg62 411
Nor S Bl55 399
Nor S Bn57 400
Nøra N Bc55 398
Nora S Bn63 412
Nora S Bl61 411
Nora S Br55 400
Nora S Bo56 400
Nørager DK Au67 415
Noran S Bl60 406
Norane S Bd63 410
Norberg S Bm60 412
Nordagutu S At62 409
Nordanåker S Bo54 400
Nordanås S Bn50 394
Nordanås S Br52 394
Nordanede S Bn55 400
Nordanhöle S Bo58 406
Nordanholen S Bk59 405
Nordankäl S Bn53 400
Nordanälden S Bi54 399
Nordanö S Bn60 412
Nordansjö S Bn51 394
Nordansjö S Bp55 400
Nordbakk N Bh51 393
Nordby N Bc61 410
Nordby N Bc62 410
Nordbyn S Cc49 390
Norddal N Al57 402
Norddal N Ap56 397
Norddalen N Bl43 384
Nordeide N Am58 402
Nordeidet N Bu41 380
Norden S Bu48 390
Norderåsen S Bk54 399
Norderhov N Ba60 404
Norderö S Bi54 399
Nordfjord N Bm46 385
Nordfjord N Da39 383
Nordfjordbotn N Bt42 385
Nordfjordeid N Am57 396
Nordfold N Bl45 384
Nordhallen S Bf54 399
Nordhuglo N Am61 408
Nordingrå S Br55 401
Nordkisa N Bc60 404
Nordkjosbotn N Bu42 386
Nordland N Bf45 384
Nord-Leirvåg N Cu41 383
Nord-Lenangen N Ca41 380
Nordli N Bh50 393
Nordlifjellstova N Ap61 408
Nordmaling S Bu53 401
Nordmannset N Cl39 382
Nordmark S Bi61 411
Nordmela N Bm42 385
Nordnesøya N Bf47 388
Nordomsjön S Bg57 405
Nordre Løset N Bc58 404
Nordre Osen N Bd58 404
Nordre Rasen N Bd59 404
Nordrollnes N Bp43 385
Nordsæter N Bb58 404

Nordsätern S Bg55 399
Nord-Sel N At57 397
Nordsinni N Au59 404
Nordsjö S Bo57 406
Nordsjö S Bn57 406
Nordsjöbruket S Be61 410
Nordsjøen N Bc51 392
Nordsjona N Bj48 388
Nordskjør N Ba52 392
Nordskot N Bk45 384
Nord-Statland N Bc51 392
Nørdstedalsseter N Aq57 403
Nörd-Stensvattnet S Bo53 394
Nordstrand N Bb61 410
Nordstrøno N Al60 402
Nordstulen N At67 404
Nordværnes N Bg47 388
Nordviggen S Bf59 405
Nordvik N Be48 388
Nordvika N Ar54 397
Nore N At60 403
Noresund N Au60 403
Noret S Bi59 405
Norheimsund N An60 402
Nørholm DK Au66 415
Norhyttan S Bk60 405
Normlösa S Bl64 411
Norn S Bm60 406
Nornäs S Bg58 405
Norra S Cc51 395
Norra Amsberg S Bl59 406
Norra Björke S Bf64 416
Norra Bredåker S Cc49 391
Norra Bredsjön S Bl61 405
Norra Bro S Bl62 411
Norra Fågelås S Bh64 417
Norra Finnfall S Bl61 411
Norra Fjällnäs S Bl49 389
Norra Flät S Bm58 406
Norrahammar S Bh65 416
Norra Härene S Bg64 411
Norra Holmnäs S Bu49 390
Norra Kedum S Bf64 411
Norråker S Bm52 393
Norra Klagshamn S Bf69 422
Norra Kölviken S Bd62 410
Norra Lagnö S Br62 413
Norra Långsjön S Cc49 391
Norra Lundby S Bh64 411
Norra Möckleby S Bo67 418
Norrånäs S Bn53 400
Norra Nordsjö S Bs53 395
Norra Össjö S Bg68 422
Norra Rörum S Bh68 422
Norra Sandby S Bh68 422
Norra Sandsjö S Bk66 417
Norra Skärvången S Bi53 393
Norra Solberga S Bk65 417
Norra Stensund S Bp49 394
Norra Sunderbyn S Cd49 391
Norra Transtrandsätern S Bf59 405
Norra Umstrand S Bo50 394
Norra Unnared S Bh65 416
Norra Vånga S Bg64 416
Norra Vi S Bl65 418

Norrbäck S Bp51 394
Norrbäck S Bo56 400
Norrberg S Bo50 394
Norrberg S Bm56 400
Norrbo S Bo57 406
Norrbo S Bk60 405
Norrbo S Bo58 406
Norrboda S Br60 407
Norrboda S Bl58 406
Norrbyås S Bl62 412
Norrbyberg S Br51 394
Norrbyn S Bu53 401
Norrdala S Bn57 400
Nørre Arup DK As67 415
Nørre Kongerslev DK Ba67 415
Norr Ekedal S Bo60 412
Nørre Lyngby DK Au66 415
Nørresundby DK Au66 415
Nørre Vorupør DK Ar67 414
Nyhamnsläge S Bf68 422
Nørrfjärden S Cd50 395
Nørrfjärden S Cb53 395
Nørrfjärden S Bp56 400
Norrfors S Bs53 395
Norrgassälen S Bl54 400
Norr-Greningen S Bl54 400
Norrhörende S Bn61 412
Norrhult-Klavreström S Bl66 417
Norrköping S Bn63 412
Norrlia S Bn57 406
Norrlindsjö S Bo56 400
Norr Lövsta S Bp54 400
Norrmesunda S Br54 401
Norrmjöle S Ca53 401
Norrsjön S Bl51 393
Norrsjön S Bg58 405
Norrstig S Bq55 400
Norrsunda S Bq61 413
Norrsundet S Bp59 406
Norrtälje S Bs61 413
Norrtannflo S Bp54 400
Norrvåge S Bs54 400
Norrvik S Bq51 394
Nors DK As66 414
Norsholm S Bm63 412
Norsjö S Bu51 395
Norsjövallen S Bt51 395
Nørstelia N Au58 404
Norvik N Ap55 397
Nos N An57 396
Nøsen N As59 403
Noss N Ar59 403
Nossebro S Bf64 416
Nössemark S Bd62 410
Nössjöbyn S Bf64 416
Notodden N At61 409
Nøtset N As67 415
Nottebäck S Bl66 417
Nøtterøy N Ba62 410
Nöttja S Bh67 416
Notviken S Ce49 391
Nøvik N Bc53 392
Nubbenseter N Bc57 404
Nuksujärvi S Ce45 387
Nuoksujärvi S Cf47 391
Nusfjord N Bg44 384
Nusnäs S Bk59 405
Nutheim N As61 409
Nuvsvåg N Ce40 381
Ny S Be61 410
Nya Bastuselet S Bs50 395
Nyadal S Bq55 400
Nyåker S Bt53 395
Nyåker S Bq53 394
Nyåker S Bm57 406
Nyåkerstjärn S Bt52 395
Nyäng S Bn59 406
Nyastøl N Ao61 408
Nybakk N Bc60 410
Nybble S Bi62 411
Nybergsund N Be58 404
Nybo S Bl62 411
Nybodarna S Bn59 406
Nybodvallen S Bn57 406

Nybofjäll S Bh60 405
Nyborg N Cs40 383
Nyborg S Cg49 391
Nybro S Bm67 417
Nybrostrand S Bh70 422
Nyby N Cl40 382
Nyby S Bl54 399
Nybygget S Bm62 412
Nybyn S Cc48 391
Nybyn S Bl57 406
Nydala S Bi66 417
Nye S Bl66 417
Nyfäboden S Bm59 406
Nyfors S Bl50 395
Nyfors S Bl61 412
Nygård N Bq44 385
Nygård N An59 402
Nygård S Ca50 395
Nygård S Bo63 412
Nygård S Bp62 412
Nygarden S Bo51 394
Nyhammar S Bk60 405
Nyhamn S Bm52 394
Nyhamnsläge S Bf68 422
Nyhem S Bm55 400
Nyhussetra N Ba56 398
Nyhyttan S Bk61 411
Nyker DK Bk70 423
Nykil S Bl64 418
Nykirke N Ba59 404
Nykirke N Ba62 410
Nykøbing Mors DK As67 414
Nyköl S Bm56 400
Nyköping S Bp63 412
Nykrogen S Bn60 412
Nykroppa S Bl61 411
Nyksund N Bl43 384
Nykvarn S Bp62 412
Nykyrka S Bk63 411
Nyland N Bg49 388
Nyland S Bq50 394
Nyland S Bt53 401
Nyland S Bp54 401
Nyland S Bq54 401
Nyland S Bq54 400
Nyliden S Bq49 389
Nyliden S Bp50 394
Nyliden S Bs53 394
Nymo N Cb40 381
Nymoen N Bi49 388
Nymoen N As61 409
Nymoen N Bs59 400
Nynäshamn S Bq63 413
Nyneset N Bf52 393
Ny Nyfäboden S Bn59 406
Nyord DK Be70 422
Nyrud N Ct42 383
Nysäter S Bg55 399
Nyseter N Ar56 397
Nyseter N Be57 404
Nyseterbekken N Bc57 404
Nysetrene N At57 403
Nyskoga S Bf60 405
Nyskogsvallen S Bm56 400
Nyskolla N Bb58 404
Nystølen N An58 402
Nystrand S Cd49 390
Nystuen N Ar58 403
Nythun N At58 403
Nytjärn S Bq53 394
Nytorp S Ce46 391
Nytrøa N Ba56 398
Nyvallen S Bo56 400
Nyvikmoen N Bh51 393
Nyvoll N Cg40 381
Nyvollen N Bd53 398
Nyvollen N Bd56 400

O

Oaivoš N Cf42 387
Oalloluokta = Ålloluokta S Bt46 390
Oanes N An63 408
Obbola S Ca53 401
Ockeråkren S Bh54 399
Ockelbo S Bo59 406
Öckerö S Bd65 416
Öd S Bk54 399

Od S Bg65 416
Ödåkra S Bf68 422
Odalsverk N Bd60 404
Odda N Ao60 402
Odden N Bn44 385
Odden N Ca41 380
Odden N Ba55 398
Oddense DK As67 415
Ödeborg S Bd63 410
Ödebyn S Be62 410
Öden S Bt54 401
Ödenäs S Bf65 416
Odensåker S Bh63 411
Odensala S Bq61 413
Odensbacken S Bm62 412
Odensjö S Bh67 416
Odensjö S Bi65 417
Odensvi S Bn65 418
Odensvi S Bm61 412
Oderljunga S Bg68 422
Ödeshög S Bk64 417
Ödestugu S Bi65 417
Odlaren S Bo62 412
Odnes N Ba59 404
Ödskölt S Be63 410
Offerberg S Bn57 406
Offerdal S Bi54 399
Offne S Bl54 399
Oforsen S Bi60 411
Ofors Västra S Bg59 405
Ofte N Ar61 409
Ogesta S Bo61 412
Öggestorp S Bi65 417
Öglunda S Bh64 411
Ogna N Am63 408
Ohtanajärvi S Cg47 391
Oja S Cg48 391
Öja S Bk67 417
Öja S Br66 419
Ojaby S Bk67 417
Ojärn S Bl53 393
Öje S Bh59 405
Öjebyn S Cc50 395
Öjenäs S Bg60 411
Öjingsvallen S Bk57 399
Öjung S Bm57 406
Öjvallberget S Bg57 405
Öjvasslan S Bg57 399
Okbodarna S Bh58 405
Okkelberg N Bc53 398
Okkenhaug N Bc53 392
Okome S Bf66 416
Oksajärvi S Ce45 387
Ny Nyfäboden S Bn59 406
Øksendalsøra N Ar55 397
Øksendalssetra N Ba57 404
Øksfjord N Ce40 381
Øksfjordbotn N Cf40 381
Øksna N Bc59 404
Øksnes N Bk43 384
Øksnes N Ak59 402
Øksneshamn N Bl44 384
Okstad N Bb54 398
Okstveit N An61 408
Oksvoll N Au53 392
Olavallen N Bi55 399
Olavsgruva N Bc55 398
Olby DK As68 414
Ølby Lyng DK Be70 422
Oldeide N Al57 396
Olden N Ap57 396
Olderdalen N Cd41 381
Oldereid N Bk46 388
Olderfjord N Cl40 382
Oldernes N Ci40 382
Oldervik N Bu41 380
Oldervik N Bg47 388
Oleby S Bg60 411
Ølen N Am61 408
Ølensvåg N Am61 408
Olestøl N As58 403
Ølesund N An62 408
Ølhammeren N Bc51 392
Olimstad N As63 409
Olingdal S Bi57 399
Olingsjövallen S Bi57 399
Olingskog S Bi57 405

Öljehult S Bl68 423
Olkamangi S Ch47 391
Ollebacken S Bl53 399
Öllösa kvarn S Bo62 412
Ollstra S Bl54 399
Ölmbrotorp S Bl62 411
Ölme S Bh62 411
Ölmevalla S Be66 416
Olmhult Norra S Bh61 411
Olofsfors S Bt53 401
Olofstorp S Be65 416
Olofström S Bk68 423
Olovslund S Bt49 390
Öls DK Au67 415
Olsäter S Bg61 411
Olseröd S Bi69 422
Olserud S Bg62 411
Olshammar S Bk63 411
Olsøy S Ba53 392
Ölsremma S Bh65 416
Ølst DK Ba68 415
Ölsta S Bo61 412
Ølsted DK Be69 422
Ølstykke DK Be69 422
Olsvik N Be50 392
Oltedal N An63 408
Oltesvik N An63 408
Omholtseter N Au61 409
Ommedal N Am57 402
Omnäs S Bp54 400
Omne S Br55 401
Omnes N As62 409
Omsjö S Bp53 400
Omsland N Au62 409
Ön S Bl53 393
Ona N Ao55 396
Onarheim N Am61 408
Öndal S Bo64 417
Önnebo S Bl64 417
Önnestad S Bi68 422
Onsaker N Ba60 404
Onsaker N Ba60 410
Onsala S Be66 416
Önum S Bg64 416
Önusberg S Cb50 395
Ope S Bk54 399
Oppåkermoen N Bd60 404
Oppala S Bp59 406
Oppboga S Bm62 412
Oppdal N Au55 397
Oppdøl N As55 397
Oppeby S Bm64 417
Oppedal N Al57 396
Oppegård N Bd59 404
Oppegård N Bb61 410
Opphaug N Au53 392
Oppheim N Ao59 402
Opphus N Bc58 404
Oppland N At57 403
Oppmanna S Bi68 423
Oppsal N Bb61 410
Oppset N Be60 404
Oppsjö S Bq54 400
Oppstad N Ao55 396
Opsaheden S Bh60 405
Ør N Bd62 410
Ör S Be63 410
Ör S Bk67 417
Øra N Cd40 381
Øra S Bg65 416
Orasjöbodarna S Bl55 399
Oratjärn S Bm57 406
Öravan S Br51 394
Öravattnet S Bm54 400
Örberga S Bk64 411
Örby S Bf66 416
Ørbyhus S Bq60 406
Öre S Bu53 401
Örebro S Bl62 411
Øregrund S Br60 407
Öreryd S Bh66 416
Ørestrøm S Bt52 395
Øresvik N Bg48 388
Öretjärndalen S Bm55 400
Ørgenvika N Au60 403
Ørjavik N Ap55 397
Ørje N Bd62 410
Orkanger N Au54 398
Orkdal N Au54 398
Orkelljunga S Bg68 422
Orkelsjøhytta N Au55 398

Orkesta

Orkesta S Br61 413
Ormaryd S Bk65 417
Ormeholt N Aq63 409
Ormemyr N At61 409
Ormesberga S Bk66 417
Ørnahusen S Bl70 422
Örnäs S Bp49 389
Ornäs S Bm59 406
Ørneberget N Ao59 402
Ørnes N Bh47 388
Ørneset N Bi50 393
Ornö S Br62 413
Örnsköldsvik S Bs54 401
Ørnvika N Bf48 388
Ørpen N Au60 403
Orrefors S Bm67 418
Orresanden N Am63 408
Orrestad N An64 408
Orrmo S Bi57 399
Orrnäs S Bn53 394
Orrsättra S Bp62 412
Orrviken S Bi54 399
Orsa S Bk58 405
Orsala S Bl60 405
Örsås S Bg66 416
Örsbäck S Bu53 401
Örserum S Bk64 417
Örsjö S Bm67 417
Örsjön S Bf58 405
Örslösa S Bg53 411
Ørsnes N Ao55 396
Ørsneset N Ao56 396
Ørsta N An56 396
Orsta S Bm61 412
Ørsted DK Ba68 415
Örsundsbro S Bp61 412
Ortevatn N Ao63 408
Ortnevik N An58 402
Örtomta S Bm64 412
Örträsk S Bu50 395
Örträsk S Bs52 395
Ortsjö S Bp56 400
Ørum DK Au68 415
Ørum DK Bb68 415
Ørvella N At61 409
Örviken S Cc51 395
Os N Bk45 384
Os N Bs55 398
Os S Bi66 417
Osa N Ap59 402
Osan N Bk46 388
Ösarhyttan S Bl61 412
Osbakk N Bk47 388
Osby S Bi68 422
Oscarshaug N Aq57 403
Osebol S Bg60 405
Osen N Bb52 392
Osen N Al57 402
Osen N Am58 402
Osen N At55 397
Osensjøen N Bd58 404
Oset N At58 403
Oset N Bc59 404
Oskar S Bm67 417
Oskar-Fredriksborg S Br62 412
Oskarshamn S Bn66 418
Oskarström S Bf67 416
Oslo N Bl57 405
Øsløs DK At66 415
Ösmo S Bq63 413
Osøyro N Al60 402
Össeby-Garn S Br61 413
Össjö S Bg48 422
Ossjøen N Ar60 403
Osstøl N Ar61 409
Östa S Bo60 412
Östad S Be65 416
Östanå S Bi68 422
Östanån S Bk53 393
Östanån S Bp59 406
Östanbäck S Cc51 395
Östanbäck S Bo55 405
Östanbäck S Bq53 400
Östansjö S Bq48 389
Östansjö S Bs49 390
Östansjö S Bi57 405
Östansjö S Bm59 406
Östansjö S Bo57 406
Östansjö S Bk62 411
Östanskär S Bp55 400
Östavall S Bl56 400
Östavik S Bl58 406
Östbjörka S Bl59 405
Östborg N Bh52 393
Østby N Bf58 405

Østby N Bd54 398
Östby S Bq53 400
Østbyn S Bl54 400
Osted DK Bd69 422
Österåker S Br61 413
Österåker S Bm62 412
Öster-Åliden S Ca50 395
Öster Alling DK Ba68 415
Österås S Bp54 400
Øster Assels DK As67 414
Øster Bjerregrav DK Au68 415
Østerbø N Ap59 403
Østerbo N Bc62 410
Østerbo S Bo60 412
Øster Bjerre S Bo60 412
Österbo S Bo60 412
Østerbølle DK At67 415
Österbor S Bo60 412
Österby DK Au66 415
Österby DK Bc66 415
Österbybruk S Bq60 413
Østerby Havn DK Bc66 415
Österbymo S Bl65 417
Österby S Bi69 422
Österbo S Bo60 405
Österfärnebo S Bo60 406
Österforse S Bp54 400
Öster Galåbodarna S Bh55 399
Östergraninge S Bp55 400
Österhammar S Bm62 412
Österhaninge S Br62 412
Øster Hornum DK Au67 415
Øster Hurup DK Ba67 415
Øster Hvidbjerg DK As67 414
Øster Jølby DK As67 414
Österjörn S Ca50 395
Østerlid DK As66 414
Österlo S Bo56 400
Österlövsta S Bp60 412
Östermarie DK Bl70 423
Östernoret S Bp52 394
Österrunda S Bp61 412
Östersele S Bu52 395
Österskär S Br62 413
Österstrand S Bq52 394
Östersund S Bk54 399
Øster Svenstrup DK At66 415
Östervåla S Bp60 412
Östervallskog S Bd61 410
Östervik S Bp43 385
Östervik S Bi62 411
Östervik S Bi60 411
Øster Vrå DK Ba66 415
Østfold N Bc62 410
Østfora S Bp61 412
Østhammar S Br60 407
Østhusvik N Am62 408
Østli N Bu42 386
Östloning S Bp55 400
Östmark S Bf60 405
Östmarkum S Br54 410
Østnäs S Cb53 395
Østnes N Bh51 393
Østnor S Bt59 405
Östra Ämtervik S Bg61 411
Östra Bispgården S Bo55 400
Östra Boda S Be62 410
Östra Bodane S Bf63 410
Østraby S Bh69 422
Östra Ed S Bo64 418
Östra Flakaträsk S Cg48 391
Östra Frölunda S Bg66 416
Östra Grevie S Bg70 422
Östra Harg S Bm64 412
Östra Husby S Bn65 413
Östra Karup S Bf68 422
Östra Lagnö S Bs61 413
Östra Ljungby S Bg68 422
Östra Löa S Bl61 411

Östra Multtjärn S Bf60 405
Östra Ny S Bo64 412
Östra Ormsjö S Bn52 394
Östra Öskevik S Bl61 411
Östra Ryd S Bn64 412
Östra Sjulsmark S Cb52 395
Östra Skrukeby S Bm64 412
Östra Sönnarslöv S Bi69 422
Östra Stenby S Bn63 412
Östra Tollstad S Bl64 418
Östra Tommarp S Bi69 422
Östra Tunhem S Bh64 416
Östra Våladalen S Bg54 399
Östra Vemmerlöv S Bi69 422
Östra Vingåker S Bn63 412
Østrup DK At67 415
Østrup DK Be69 422
Østsinni N Bq59 404
Östuna S Bq61 413
Ostvik S Cc51 395
Østvollen N Bc57 404
Osvallen S Bf55 399
Osvoll N Bd58 404
Oterbekk N Ba62 410
Oteren N Bu42 380
Oterstranda N Bh47 388
Oti S Bm61 412
Otnes N Ar54 397
Otnes N Bc57 404
Ötorp S Bn62 412
Otta N Au57 403
Ottenby S Bn68 423
Otterbäcken S Bi63 411
Otterøy N Bc51 392
Ottersøy N Bc51 392
Otterstad N Am59 402
Otterstad N Bi64 411
Ottnäs S Bt52 395
Ottsjö S Bg54 399
Ottsjön S Bh53 393
Öttum S Bg64 411
Ova S Bg61 411
Ovågen N Ak59 402
Ovanåker S Bm58 406
Ovanmo S Bn53 400
Ovansjö S Bs54 401
Ove DK Au67 415
Øved S Bh69 422
Overberg N Am56 396
Överberg S Bi56 399
Øverbo S Bs51 395
Över-Böle S Bn54 400
Øverby N Bc62 410
Øverby S Bs62 412
Öveby S Bc63 410
Øverbygd N Bt42 386
Øverdal N Bi48 388
Överenhörna S Bp62 412
Överfors S Bt59 405
Övergård N Bt42 386
Övergård N Bu42 386
Øvergard N Br43 385
Övergran S Bq61 412
Överhogdal S Bn56 400
Överhörnäs S Bs54 401
Överkalix S Cg48 391
Överkalix S Cf41 391
Överklinten S Cb52 395
Överlännäs S Bq54 400
Överlida S Bf65 416
Övermorjärv S Cf48 391
Övernäs S Bq48 389
Øverøye N Bn57 406
Överselö S Bp62 412
Övertänger S Bm59 406
Övertorneå S Ch48 391

Överturingen S Bk56 399
Överum S Bn65 418
Oviken S Bi54 399
Övra S Bo53 394
Øvre Alta N Cg41 381
Øvre Årdal N Aq58 403
Øvrebø N Aq64 409
Øvre Buane S Bd63 410
Øvredal N Am60 402
Øvre Dåsvatn N Aq63 409
Øvre Espedal N An63 408
Øvre Gärdsjö S Bl59 406
Ovrein N Bc52 392
Øvre Jervan N Bh54 398
Øvre Konäs S Bg53 399
Øvre Långtrask S Bs50 395
Øvre Malgonäs S Bn51 394
Øvre Nyland S Bs53 395
Øvre Øydna N Ap64 408
Øvre Rendal N Bc57 398
Øvre Rindal N At57 397
Övre Röra S Bd64 416
Øvre Sæter N At54 397
Øvre Sandsele N Bo49 389
Övre Saxnäs S Bp50 394
Övre Soppero S Cd44 386
Övre Tväråselet S Cb49 390
Øvre Vojakkala S Ci49 391
Øvstebø N An63 408
Øvstedal N Am56 396
Øvstedal N Aq56 397
Öxabäck S Bf66 416
Oxberg S Bi58 405
Oxelösund S Bp63 412
Oxhalsö S Bs61 413
Oxie S Bg69 422
Öxnevalla S Bf66 416
Oxsjön S Bn56 406
Oxvattnet S Bq52 394
Øy N As63 408
Øya N Bf47 388
Øyenkilen N Bb62 410
Øyer N Ba58 404
Øyeren N Be60 404
Øygardslia N As63 409
Oyjord N Bl45 384
Oylo N At53 403
Øynan N As59 403
Øyno N An61 408
Øysang N At63 409
Øyslebø N Aq64 414
Øysletta N Bc52 392
Øystese N An60 402
Øystøl N As61 409
Øyulvstad N Aq63 408
Øyungen seter N Bb58 404
Øyvatnet N Bo43 385
Øyvollen N Bd54 398

P

Paddeby N Ct40 383
Paittasjärvi S Cf44 387
Pajala S Cg46 391
Paksuniemi S Cd45 386
Påläng S Cf49 391
Pålgårdhaug N Ar59 403
Pålkem S Cd48 391
Pålnovikstugan S Bs43 385
Palo S Cd46 391
Palohuornas S Cc47 391
Pålsboda S Bl62 412
Pålsträsk S Cc49 391
Pältsastugorna S Ca43 386
Pandrup DK Au66 415
Pansartorp S Bk61 411
Papperhavn N Bb62 410
Paradisgård S Bh61 411
Parakka S Cc44 386
Parkajoki S Cg45 387
Parkalompolo S Cf45 387

Pårtestugorna S Bq46 390
Partille S Be65 416
Påryd S Bm67 423
Påskallavik S Bn66 418
Passekårsa S Bu45 386
Pataholm S Bn67 418
Påtbo S Bo59 406
Påterud S Be61 410
Pauliström S Bm66 418
Pauträsk S Bq51 394
Pelarne S Bm65 417
Pellebodarna S Bi53 393
Pello S Ch47 391
Pempeljijärvi S Ce47 391
Pengsjö S Bu53 395
Penne N Ao64 414
Persberg S Bi61 411
Persbo S Bl60 406
Perserud S Bf61 410
Pershagen S Bq62 412
Perskogen S Cb42 386
Persnäs S Bo66 418
Persön S Ce49 391
Perstorp S Bg68 422
Petes S Br66 419
Petiknäs S Ca51 395
Petikträsk S Bu50 395
Petisträsk S Bt51 395
Pettbol S Br60 413
Piertinjaure S Br47 390
Pieskehaurestugan S Bo46 389
Piilijärvi S Cc45 386
Pikkujako S Cc47 391
Pilgrimstad S Bl55 399
Piltträsk S Bu49 390
Piltsätern S Bg58 405
Piperskärn S Bo65 418
Pirttivuopio S Bt45 386
Pissiniemi S Ch45 387
Piteå S Cc50 395
Pite Altervattnet S Cc49 391
Pjäsörn S Bu51 395
Pjätteryd S Bi67 417
Piesker S Bu49 395
Plassen N Bf58 405
Polcirkeln S Cc47 390
Pollestad N An63 408
Polmak N Cq40 383
Porjus N Bu47 390
Porlabrunn S Bk62 411
Porsa N Ch40 381
Porsangermoen N Cf41 382
Porsgrunn-Skien N Au62 409
Porsgrunn-Skien N Au62 409
Porsi S Cb48 390
Port N Cn41 382
Præstbro DK Ba67 415
Præstø DK Be70 422
Pramhus N Be60 410
Prästbolm S Ce49 391
Prästvallen N Bn57 406
Prekestolhytta N An63 408
Prestbyen N Ba62 409
Prestebakke N Bd63 410
Prestegård N Ap61 408
Prestesætra N Bf52 393
Prestholtseter N Ar59 403
Prestseter N Bc58 404
Pukavik S Bk68 423
Pulsujärvi S Cc44 386
Puolalaki = Pikkujako S Cc47 391
Puoltikasvaara S Cc46 386
Puottaure S Ca48 390
Putten S Bg55 399
Pytten N Ap63 408

R

Raa S Bf68 422
Råbäcken S Cd49 391
Rabalen N At58 403
Rabbalshede S Bc63 410
Rabben N Al60 402
Råberg S Bq51 394

Råbergsvallen S Bo57 406
Rabo S Bn58 406
Råby DK Ba67 415
Råby Rekarne S Bp62 412
Råby-Rönö S Bo63 412
Racksund S Bq48 389
Råda S Bh61 405
Råda S Bg64 411
Råda N Bb62 410
Rådelsbråten S Be58 404
Rådmansö S Bs61 413
Rådnävrre = Randijaure S Bt47 390
Radnejaur S Br49 390
Rådom S Bo54 400
Rådom S Bf60 405
Rædr DK Aa66 414
Rælingen N Bc61 410
Rænnes N Bo64 418
Ræhr DK As66 414
Rælingen N Bc61 410
Rafsbotn N Ch40 381
Raftsjöhöjden S Bl53 399
Rågeleje DK Be68 422
Råggärd S Be63 410
Räggen S Bm55 400
Raggsjö S Bt51 395
Raggsteindalen N Aq59 403
Råglanda S Bg62 411
Råglanda S Bi62 411
Ragnerud S Bf61 410
Ragunda S Bn54 400
Ragvaldsnäs S Bp56 400
Ragvaldsträsk S Cb51 395
Råheim N An58 402
Råholt N Bc60 410
Raisjavri N Ce42 387
Rajastrand S Bl51 394
Rake N Ao57 396
Rakeie N Bd60 410
Raketbas = Esrange S Cc45 386
Rakkestad S Bc62 410
Raknestangen N Ao55 396
Rälla S Bo67 418
Rållså S Bl61 411
Raufoss N Bb59 404
Raukasjön S Bk51 393
Rauland N Ao61 408
Raulandfjellstoge N Ar61 409
Rausand N Ar55 397
Rausandmoen N As63 409
Rausjødalen N Bc56 398
Rausjøseter N Ba53 392
Rautas S Bu45 386
Rauvatn N Bk48 388
Ravelseidet N Cb41 381
Rävemåla S Bl67 423
Ravenjaur S Bt49 390
Rävlanda S Bf65 416
Rävmarken S Bd62 410
Ravnkilde DK Au67 415
Ravnstrup DK At68 415
Rävsön N Br55 401
Rebbenesbotn N Bs40 380
Rebild DK Au67 415
Redalen N Bb59 404
Redslared S Bg66 416
Refsland N An63 408
Reftele S Bh66 416
Regna S Bm63 412
Rein N Au53 398
Rein dalsseter N Aq56 397
Reine N Bg45 384
Reinfjellet N Bi48 388
Reinfjord N Cd40 381
Reinli N At59 403
Reinsliseter N Ba56 398
Reinsnes N Bm43 384
Reinsnos N Ao61 408
Reinsvoll N Bb59 404
Reisjå N As61 409
Reistad N Bm43 389
Reistad N Ap55 397
Reistad N Ba61 410
Reitan N Ar56 397

Reitan

Reitan N Bc55 398
Reitin N Bc52 392
Rekeland N An64 408
Reksa N At53 397
Reksnes N Am57 396
Rekvik N Br41 380
Remmarbäcken S Bq53 400
Remmaren S Br53 394
Remmen S Bk56 399
Remmene S Bf64 416
Remnes N Bf49 388
Rena N Bc58 404
Renålandet S Bl53 393
Rengsjö S Bo58 406
Renholmen S Cc50 395
Rennebu N Au55 398
Renns S Bg61 411
Renolsvollen N Bd55 398
Rensjön S Bu44 386
Rensjön S Bn54 400
Renström S Ca51 395
Rensvik N Aq54 397
Rentjärn S Bs50 395
Renträsk S Bt49 390
Renviken S Bs49 390
Repbäcken S Bl59 406
Reppen N Bh47 388
Repstad N Ar64 409
Repvåg N Cm39 382
Resele S Bp54 400
Resell N Au54 397
Reskjem N At61 409
Resmo S Bn67 423
Resö S Bc63 410
Restöröd S Bd64 416
Revesjö S Bg66 416
Revholmen N Bb62 410
Revna N Am60 402
Revsjøbu N Au58 403
Revsnes N Bn43 385
Revsnes N Be50 392
Revsnes N Ba52 392
Revsnes N Ap58 403
Revsneshamn N Ci39 382
Revsudden S Bn67 418
Revsund S Bl55 399
Rexbo S Bl59 406
Reymyre S Bm63 412
Riala S Bs61 413
Ribbåsen S Bi58 405
Ribbingebäck S Bp61 412
Rickebo S Bn58 406
Rickeby S Bq61 413
Rickleå S Cb52 395
Riddarhyttan S Bm61 412
Rifallet S Bk60 411
Riksgränsen S Br44 385
Rimbo S Br61 413
Rimforsa S Bm64 417
Rimsbo S Bn58 406
Rindal N At54 397
Rinddalseter N Ba58 404
Rinde N Ao58 402
Rindseter N At57 403
Rindsholm DK At68 415
Ringamåla S Bk68 423
Ringarum S Bn64 418
Ringebu N Ba57 404
Ringelia N Ba59 404
Ringkøbing DK Ar68 420
Ringnäs S Bg58 405
Ringnes N Au60 403
Ringøy N Ao60 402
Ringsta S Bk54 399
Ringstad N Bb60 404
Ringvattnet S Bl52 393
Rinkaby S Bi69 422
Rinkabyholm S Bn67 417
Rinn S Bg60 411
Rinna S Bk64 417
Rinøyvåg N Bm44 385
Ripats S Cb47 390
Ripsa S Bo63 412
Risarven S Bm57 406
Risåsarna S Bk60 405
Risåsen S Bf56 399
Risbäck S Bm51 393
Risbäck S Br53 400
Risberg S Bu51 395
Risberg S Bh58 405
Risbrunn S Bi57 399
Rise N Bl43 384
Riseberga S Bg68 422
Risede S Bl52 393
Risinge S Bm63 412
Risinge S Bn68 423
Risliden S Bt51 395
Rismyrliden S Bp51 394
Risnes N Al58 402
Risnes N Ao63 408
Risögrund S Cg49 391
Risør N At63 409
Risøy N Bs41 380
Risøyhamn N Bm43 385
Rissa N Au53 398
Rissna S Bl54 400
Rista S Bl59 405
Risträsk S Cd47 391
Risträsk S Bp51 394
Risudden S Ch48 391
Risviken S Be62 410
Risvolvollen N Bd53 398
Riverbukt N Cf40 381
Rixö S Bc64 410
Rjånes N Am56 396
Rjukan N As61 409
Rjukanfjellstue N Ar61 409
Rö S Br61 413
Rö S Bq55 400
Røa N Be57 404
Roa/Lunner N Bb60 404
Roald N An55 396
Roaldkvam N An61 408
Roaldkvam N Ao61 408
Roan N Ba52 392
Roasjö S Bf65 416
Röbäck S Ca53 395
Robertsfors S Cb52 395
Robru N As59 403
Rockesholm S Bk61 411
Rockhammar S Bl61 412
Rodal N As54 397
Rodal N Ap56 397
Rödånäs S Bu52 395
Rødberg N Au54 398
Rødberg N As60 403
Rødding DK As67 414
Rødding DK Au68 415
Rødding DK Be71 422
Röddinge S Bh69 422
Rödeby S Bm68 423
Rodingträsk S Bs52 394
Rödjebro S Bp60 412
Rödmyra S Bn57 406
Rödön S Bi54 399
Rødoy N Bg47 388
Rødsand N Bp42 385
Rødseidet N Bd51 392
Rødsvollan N Bb56 398
Rødtangen N Ba61 410
Rødungstølen N Ar59 403
Rödvattnet S Bq53 394
Rødven N Ap55 397
Rødvig DK Be70 422
Röfors S Bk63 411
Rogberga S Bi65 417
Rogen stugan S Be56 398
Rognaldsvåg N Ak57 402
Rognan N Bl46 389
Rogne N At58 403
Rogne N An55 396
Rognes N Ba54 398
Rognli N Ca42 386
Rognmo N Bs42 385
Rognsbru N At62 409
Rogslösa S Bk64 411
Rogsta S Bp57 406
Rogsta S Bk55 399
Röjdåfors S Bf60 405
Röjeråsen S Bk59 405
Röjnoret S Ca51 395
Rök S Bk64 417
Rökå S Bs50 395
Röke S Bh68 422
Røkenes N Bm43 385
Rokke N Bc62 410
Røkkum N Ar55 397
Røkland N Bl46 389
Roknäs S Cc50 395
Roksøy N Bm43 385
Rölanda S Bd63 410
Rolandstorp S Bi51 393
Rold DK Au67 415
Røldal N Ao61 408
Rolfs S Cg49 391
Rolfstorp S Be66 416
Roligheten N An64 408
Rollag N At60 403
Rollag N At60 403
Rollset N Bc54 398
Roløkken N At59 403
Rølvåg N Be48 388
Rolvsnes N Al61 408
Rolvsvåg N Am60 402
Romakloster S Br66 419
Roma kyrkby S Br65 419
Romberg S Bl57 399
Rombohöjden S Bk61 411
Rom By DK Ar67 414
Romedal N Bc59 404
Romfartuna S Bo61 412
Romfo N As55 397
Romma S Bl59 405
Rommele S Be64 416
Rømonysetra N Be57 404
Rømskog N Bd61 410
Romstad N Bd52 392
Romundgard N At57 397
Rönas S Bk49 388
Rondablikk N Au57 403
Rondane N Au57 397
Rondbjerg DK As67 415
Rondetunet N Ba57 398
Rone S Br66 419
Ronehamn S Br66 419
Rong N Ak59 402
Rong N An59 402
Rönnäng S Bf65 416
Rönnäs S Bl59 405
Rönnbacken S Bn59 406
Rönndalen S Bm59 406
Rønne DK Bk70 423
Ronneby S Bl68 423
Ronnebyhamn S Bl68 423
Rønnede DK Be70 422
Rönneshytta S Bl63 411
Rönnholm S Bt53 401
Rönninge S Bq62 412
Rønningen N Br42 385
Rønningen N Br43 385
Rönnliden S Bt50 395
Rönnöfors S Bh53 399
Rönnskär S Cc51 395
Rönö S Bo64 412
Ropeid N An61 408
Ropelv N Da41 383
Ropenkåtan S Bk49 388
Røra N Bc53 392
Röra S Bd64 416
Rörbäck S Cf49 391
Rörbäcksnäs S Bf58 405
Roren S Bn57 406
Rørholt N At62 409
Rörön S Bn55 399
Røros N Bc55 398
Rørøy N Be49 388
Rørstad N Bl45 384
Rörvattnet S Bi53 393
Rørvik N Bc51 392
Rørvik N Ba53 398
Rørvik N Ao64 408
Rörvik S Bk66 417
Ros N Bb62 410
Rosendal N An61 402
Rosendal S Bl61 411
Rosenfors S Bm66 418
Rosentorp S Bk58 405
Roskilde DK Be69 422
Roslags-Bro S Bs61 413
Roslags-Kulla S Bs61 413
Roslev DK As67 415
Rosså N Bh48 388
Rossberg S Bi59 405
Rossbol S Bk54 399
Rössbyn S Be62 410
Rosseng N At58 403
Rossevatn N Ap63 408
Rossfjord N Br42 380
Rosshyttan S Bn60 412
Rössjö S Br54 401
Rossland N Al59 402
Rossnes N Ak59 402
Rossön S Bn53 394
Røssvassbukt N Bi49 388
Rossvik N Be50 392
Rossvoll N Br42 385
Rostadalen N Bu43 386
Rostadseter N At55 397
Rostadsetra N Bc58 404
Röstånga S Bg69 422
Rostberg S Bm59 406
Rosti N At57 397
Röström S Bn52 394
Rostrup DK Au67 415
Røstvollen N Be56 398
Røsvik N Bl46 384
Rosvik S Cd50 395
Rot S Bi58 405
Rotås N Ar55 397
Rotberget N Bf59 405
Roteberg S Bm58 406
Rotebro S Bq62 413
Rotenes N Am57 402
Rotnäset S Bm52 393
Rotneberget N Be60 404
Rotnes N Bb60 410
Rotsjö S Bm55 400
Rotsjön S Ca52 395
Rotsund N Cb41 381
Røttangen N Bm45 385
Rottås N Ba57 404
Rottenhållan S Bh57 405
Rottna S Bf61 411
Rottne S Bk66 417
Rottneros S Bg61 411
Rotvik N Bq43 385
Rötviken S Bi53 393
Rotvoll N Bd54 398
Røv N As55 397
Rovakka S Ch47 391
Rovaniemi S Cf46 391
Roverud N Be60 404
Røydland N Ap64 408
Røyelelva N Cc41 381
Røyken N Ba61 410
Røyksund N Al62 408
Røymoen N As55 397
Røyrbakken N Br43 385
Røyrvik N Bh51 393
Røysheim N Ar57 403
Røysland N Ap63 408
Røytvik N Bg48 388
Røytvoll N Be50 392
Rubbäsen N Bq42 385
Rubbestadneset N Al61 408
Rud N Ap58 403
Rud N Au61 409
Ruda S Bn66 417
Rudna S Cb47 390
Rudná = Rudna S Cb47 390
Rudsgrend N As61 409
Rudsjön S Bn53 394
Rufsholm N Bi48 388
Ruggstorp S Bn67 418
Rugisjø N Bc55 398
Rugsund N Al57 396
Rukke N As59 403
Ruland N Ar61 409
Rullbo S Bk57 399
Rumskulla S Bm65 417
Runå-berg S Bo54 400
Runde N Am56 396
Rundereim N Al56 396
Rundfloen N Bf58 405
Rundhaug N Bs42 386
Rundhögen S Be54 398
Rundmoen N Bk48 388
Rundvik S Bt53 401
Runemo S Bn58 406
Rungsted DK Bf69 422
Runhällen S Bo60 412
Runnebol S Bi62 411
Runnskogen N Au60 403
Runsten S Bo67 418
Runtuna S Bp63 412
Ruokojärvi S Cg47 391
Ruokto S Bt46 390
Rusånes N Bl47 389
Rusdal N An63 408
Rusele S Br51 394
Rusfors S Br51 394
Ruskele S Bs51 395
Ruskträsk S Bs51 395
Russeluft N Cg40 381
Russelv N Ca41 380
Russenes N Cl40 382
Russhaugen N Bn44 385
Rust N Au58 403
Rustan N Ba61 410
Rustand N At60 403
Rustefjelbma N Cr40 383
Rusteseter N As56 397
Rusti N At57 403
Rustøy N Ao57 402
Rute S Bs65 419
Rutledal N Al58 402
Rutsgården S Be61 410
Rutvik S Ce49 391
Ryan S Bg59 405
Ryberg N Ar60 403
Ryd S Bk68 423
Ryd S Bh65 416
Ryd S Bk65 417
Ryda S Bf64 416
Rydaholm S Bi67 417
Rydal S Bf65 416
Rydboholm S Bf65 416
Rydebäck S Bf69 422
Rydet S Be66 416
Rydland N Al61 408
Rydöbruk S Bg67 416
Rydsgård S Bh70 422
Rydsnäs S Bl65 417
Rye N Ba54 398
Rye DK Bd69 422
Ryet N Bk46 384
Ryfoss N As58 403
Rygge N Bk43 384
Rygge N Bb62 410
Rygge S Bm57 406
Ryggesbo S Bm57 406
Rygnestad N Aq62 408
Rykene N As64 409
Rymnäsbodarna S Bi58 405
Ryomgård DK Bb68 415
Rypefjord N Ch39 381
Ryphusseter N Au56 397
Rysjedalsvika N Al58 402
Ryssa S Bi59 405
Ryssby S Bi67 417
Ryssby S Bn67 418
Ryssefjell N Ar59 403
Rysstad N Aq62 409
Rystad S Bm64 412
Rytterne S Bn62 412

S

Såböle S Bg54 399
Säby S Bk65 417
Säby S Bn61 412
Sädvaluspen S Bo48 389
Sädvvaluspe = Sädvaluspen S Bo48 389
Sæbø N An56 396
Sæbø N Ap60 403
Sæbøvik N Am61 408
Sæby DK Bb66 415
Sædder DK Be70 422
Sægrov N An57 402
Sæle N An58 402
Særløse DK Bd69 422
Sæter N Ao55 396
Sæter N Bd56 398
Sætervik N Ba52 392
Sætra N Bp42 380
Sætre N Bb61 410
Sætre N Bc58 404
Sævareid N Am60 402
Sævråsvåg N Al59 402
Säffle S Bf62 411
Säfsnäs S Bi60 405
Sagatun S Bn52 394
Sågen S Bi60 405
Saggrenda N Au61 409
Sågmyra S Bl59 406
Sagvåg N Al61 408
Sagvollen N Bb60 404
St. Ålsätra S Bn61 412
St. Backa S Bf62 411
St. Björnmossen S Bn59 406
St. Olofsholm S Bs65 419
St. Snöan S Bl60 411
St. Tolvsbo S Bm60 412
St. Uvberget S Bk61 411
Saittarova S Ce46 391
Säjvis S Ch49 391
Sakrishei N Bi48 388
Sakseid N Al61 408
Saksum N Ba58 404
Sal S Bf64 410
Sala S Bo61 412
Saladamm S Bo61 412
Salbo S Bk61 411
Sälboda S Bf61 410
Salbohed S Bn61 412
Salbu N Al58 402
Säldebråten S Bg61 411
Saleby S Bg64 411
Salem S Bq62 412
Salen N Bc51 392
Sälen S Bg58 405
Salinge S Bp61 412
Sälleryd S Bm68 423
Sällsjö S Bh54 399
Sällstorp S Be66 416
Salme S Ca44 386
Salmis S Ch49 391
Salsån S Bk55 399
Salsbruket N Bd51 392
Saltarö S Bs62 413
Saltö S Bc63 410
Saltrød N As64 409
Saltsjöbaden S Br62 413
Saltum DK Au66 415
Saltvik S Bo66 417
Saltvikhamn N Bb53 392
Saluböle S Bt54 401
Salungen S Bf61 411
Sammakko S Cd47 391
Såmmarlappastugan S Bp46 389
Sand N An61 408
Sand N Bd60 404
Sand N Bg44 384
Sand N Bc61 410
Sand N Bc60 404
Sanda N At62 409
Sanda S Br60 413
Sandane N An57 402
Sandared S Bf65 416
Sandarne S Bp58 406
Sandbäckshult S Bn66 418
Sandbakk N Bl45 384
Sandbol S Bf63 410
Sandbu N As60 403
Sandbukt N Cc41 381
Sandby S Bq60 406
Sande N Ba61 410
Sande N Am58 402
Sande N Al56 396
Sande N An58 402
Sande N Ao57 396
Sandefjord N Ba62 410
Sandeggen N Bt41 380
Sandeid N Am61 408
Sandem N Bd61 410
Sanden N As61 409
Sanderstølen N At59 403
Sandfors S Cb51 395
Sandhamn S Bs62 413
Sandhem S Bh65 416
Sandhult S Bf65 416
Sandland N Cd40 381
Sandnäset S Bk55 399
Sandnes N Am63 408
Sandnes N Al59 402
Sandnes N Ar55 397
Sandnes N At62 409
Sandnes N At63 409
Sandnesbotn N Bn45 385
Sandneshamn N Br41 380
Sandnessjøen N Bf48 388
Sandö S Bq55 400
Sandön S Ce49 391
Sandørenget N Bi49 393
Sandøy N Ao55 396
Sandøy N Ap54 397
Sandøysund N Ba62 410
Sandsbråten N Au60 403
Sandsele S Bq50 394
Sandsjö S Bq50 394
Sandsjö S Bk57 405
Sandsjö S Bq52 394
Sandsjön S Bi61 411
Sandsjönäs S Bq50 394
Sandslån S Bq54 400
Sandsnes N Bc60 404
Sandsøy N Bo43 385
Sandstad N At53 397
Sandstad N Be60 404
Sandtorg N Bo43 385
Sandträsk S Cc48 391
Sandudden S Cf48 391
Sandum N Au60 403
Sandvad S Bm62 412
Sandvarp S Br55 400
Sandvatn N Ao64 408
Sandve N Al62 408
Sandvid N Bg49 388
Sandvig DK Be70 422
Sandvig DK Bk70 423
Sandvik N Bs41 380
Sandvik N Bi46 388
Sandvik N Bf49 388
Sandvik N Bn43 385
Sandvik N Al56 396
Sandvik N Bd58 404
Sandvik S Bo66 418
Sandvik S Bl64 417
Sandvik S Bn57 400
Sandvik S Bg66 416
Sandvika N Bb61 410
Sandvika S Be53 398
Sandvika fjellstue N Be53 398
Sandvikdal N Ao64 408
Sandviken S Bg53 393
Sandviken S Bo59 406
Sandviken S Bh56 399
Sandviken S Bq62 412
Sandvikhamn N Al60 402
Sandviki N Ap58 403
Sandvikvåg N Al61 408
Sånga S Bq54 400
Sangis S Cg49 391
Sångshyttan S Bi61 411
Sankt Anna S Bo64 418
Sankt Olav N Bc59 404
Sankt Olof S Bi69 422
Sankt Sigfrid S Bn67 417
Sannahed S Bl62 411
Sanne S Bd63 410
Sanne S Bi55 399
Sannerud S Bd62 410
Sannidal N At63 409
Sänningstjärn S Bo56 400
Sänningsvallen S Bm56 400
Sappen N Cc41 381
Sappetsele S Bq50 394
Saraby N Ch40 381
Särestad S Bf64 411
Sárggavárre = Sarkavare S Ca47 390
Sårjåsjaurestugan S Bn46 389
Sarkavare S Ca47 390
Särna S Bg57 405
Särnstugan S Bg57 405
Sarö S Bd65 416
Sarpsborg, Fredrikstad- N Bc62 410
Sarpsborg, Fredrikstad- N Bb62 410
Sarvisvaara S Cc47 391
Särvsjön S Bg55 399
Såtåhaugen N Bb55 398
Säter S Bm60 406
Säter S Bh64 411
Säterbo S Bm62 412
Sätila S Be65 416
Sätra S Bn60 406
Sätrabrunn S Bn61 412
Sattajärvi S Cg46 391
Satter S Cd47 391
Sättna S Bp56 400
Sattvik N Cg41 381
Sauar N At61 409
Sauda N An61 408
Saudasjøen N An61 408
Saue N An59 402
Sauherad N At62 409
Sauland N As61 409
Sausvatn N Bf50 393
Savalberget N Bb56 398
Savalen N Bb56 398
Sävar S Cb53 395
Sävast S Cd49 391

Sávdijári = Skaulo

Sávdijári = Skaulo S Cc46 386
Säve S Bd65 416
Sävedalen S Be65 416
Sävja S Bq61 412
Sävsjö S Bk66 417
Sävsjön S Bu51 395
Sävsjön S Bk61 411
Sävsjöström S Bl67 418
Sävtorp S Bf60 410
Saxån S Bi61 411
Saxängen S Bo62 412
Saxdalen S Bk60 405
Saxemara S Bl68 423
Saxhyttan S Bi61 411
Saxhyttan S Bl60 405
Saxnäs S Bl51 393
Saxtorp S Bf69 422
Saxvallbygget S Bg56 399
Saxvallen S Be53 398
Sebbersund DK Au67 415
Sedring DK Ba67 415
Segalstad N Ba58 404
Segård N Ba59 404
Segenässätern S Bg60 405
Segerlund S Cb50 395
Segersta S Bo58 406
Segerstad S Bo68 423
Segerstad S Bh64 416
Seglingsberg S Bn61 412
Seglora S Bf65 416
Seglvik N Cc40 381
Segmon S Bg62 411
Seierstad N Bc51 392
Seines N Bi46 388
Seivika N Aq54 397
Sejerslev DK As67 414
Sejlflod DK Ba67 415
Sekkemo N Cd41 381
Sela kapell N Bb52 392
Selånger S Bp56 400
Selbäck S Bi58 405
Sel-bekken N Au53 398
Selbu N Bc54 398
Selbustrand N Bb54 398
Selde DK At67 415
Selet S Cd49 391
Selet S Bm54 400
Selet S Cc50 395
Selijeset N Al57 402
Selja S Bi58 405
Selje N Al56 396
Seljelvnes N Bt42 380
Seljestad N Ao61 408
Seljord N As61 409
Selkentjakkstugan S Bk51 393
Selkopp N Ck39 382
Sellevoll N Bm42 385
Selnes N Bt42 380
Selnes N Bp43 385
Selnes N Au53 392
Selnes N At54 397
Selnes N Au53 392
Selseng N Ao58 402
Selsjön S Bp54 400
Selsøya N Bf47 388
Seltjärn S Bq53 400
Selva N Au53 397
Selvåg N At53 397
Selvåg N Al59 402
Selvik N Ba61 410
Sem N Bd52 392
Sem N Ba62 410
Semska N Bl47 389
Sendo N Ao59 402
Senjehesten N Bo42 385
Senjehopen N Bp42 380
Sennels DK As67 414
Sennesvik N Bh44 384
Senumstad N Ar64 409
Seskarö S Ch49 391
Sessvatn N Ap61 408
Seter N Ba53 398
Seter N At54 397
Seter N Bd55 398
Seteråsen N Bh49 393
Seteråsen N Be58 404
Setermoen N Br43 385
Seternes N Ap55 397
Setterseter N Ba55 398
Seterstøa N Bd60 404
Setså N Bm46 389
Settalsjølia N Ba56 398
Sevaldrud N Ba60 404
Sevalla S Bo61 412
Sevatdalen N Bd55 398
Sevel DK As68 414
Sexdrega S Bg65 416
Shømsvik N Bh47 388
Sibbarp S Bf66 416
Sibbhult S Bi68 422
Sibo S Bo58 406
Sidensjö S Br54 401
Sidsjö S Bl55 399
Sidskogen S Bm57 406
Sidvallen S Bg57 405
Siebe N Cg43 387
Siene S Bf65 416
Sifferbo S Bl59 406
Sigdal N Au60 403
Sigerfjord N Bm43 384
Sigersvoll N Ao64 414
Sigfridstorp S Bi60 405
Siggerud N Bb61 410
Siggjarvåg N Al61 408
Signalnes N Ca42 386
Sigtuna S Bq61 412
Sigurdsrud N As61 403
Sikås S Bl53 399
Sikeå S Cb52 395
Sikfors S Cc49 395
Sikfors S Bk61 411
Siknäs S Cf49 391
Siksele S Bp50 394
Siksele S Bt51 395
Sikselet S Br48 389
Siksjö S Bp51 394
Siksjö S Bq52 394
Siksjön S Bk57 399
Siksjönäs S Bn51 394
Sil S Bn53 394
Sila N Bg48 388
Sildhopen N Bm45 385
Siljan N Au62 409
Siljansnäs S Bk59 405
Siljuberget N Be59 404
Silken S Bk61 411
Sillebotten S Be62 410
Sillemåla S Bm68 423
Sillerud S Be62 410
Sillre S Bo55 400
Silsand N Bq42 385
Silsjönäs S Bn53 394
Silte S Br66 419
Silvåkra S Bg69 422
Silvalen N Be49 388
Silvberg S Bl60 406
Silverberg S Bn50 394
Silverdalen S Bm65 417
Silvergruvan S Bi61 411
Simavik N Cf40 381
Simeå S Bn57 406
Simested DK Au67 415
Simlångsdalen S Bg67 416
Simonsbo S Bn60 406
Simonstorp S Bn63 412
Simremarken S Bg70 422
Simrishamn S Bi69 423
Simsjö S Bo52 394
Simskar N Bh50 393
Sindal DK Ba66 415
Singla N Cb40 381
Singö S Bs60 413
Singsås N Bb55 398
Sing-stad N Au54 398
Singusdal N As62 409
Sinnerbo S Bn66 417
Sinnes N Ao63 408
Sira N Ao64 408
Sirevåg N Am63 408
Sirijorda N Bi49 388
Sirijorda N Bg49 393
Sirma N Cp40 382
Sirnes N Ao64 408
Sitasjaurestugorna S Bq45 385
Sit Ibb S Bf69 422
Sitojaurestugorna S Br46 390
Sitter N Bb51 392
Sittsjön S Bm54 400
Själevad S Bs54 401
Själlarin S Ca47 390
Sjåstad N Ba61 410
Sjaunja naturreservat S Bl45 384
Sjau stru S Bs66 419
Sjoa N Au57 403
Sjöändan S Bk57 405
Sjöarbergssätern S Bg59 405
Sjøåsen N Bc52 392
Sjöberg S Bn51 394
Sjöbo S Bh69 422
Sjöbotten S Cc51 395
Sjöbrånet S Bu52 395
Sjøenden N Be60 410
Sjöfallstugan S Br46 385
Sjögestad S Bl64 412
Sjøholt N Ao56 396
Sjöhusen S Bh59 405
Sjöland S Br54 401
Sjøli N Be57 404
Sjølstad N Be51 392
Sjölunda S Bm62 412
Sjömarken S Bf65 416
Sjømoen N Au54 398
Sjoneidet N Bh48 388
Sjong N At59 403
Sjonhem S Bs66 419
Sjørring DK As67 414
Sjösa S Bp63 412
Sjötofta S Bg66 416
Sjötorp S Bh63 411
Sjoutnäs S Bk51 393
Sjövästa S Bn57 406
Sjøvegan N Bq43 385
Sjøvollan N Bc54 398
Sjulnäs S Br49 389
Sjulnäs S Cc50 395
Sjulsåsen S Bk52 393
Sjulsmark S Cc49 395
Sjulsmark S Bo51 394
Sjungarbygget S Bg57 405
Sjuntorp S Be64 416
Sjursheim N Bq44 385
Sjursvik N Bo42 385
Sjusjøen N Bb58 404
Skå S Bq62 412
Skabland N Bb60 404
Skåbu N At57 403
Skærholla N Bf58 405
Skævinge DK Be69 422
Skäfthammars ka S Br60 413
Skage N Bd52 392
Skagen DK Bb65 415
Skagshamn S Bt54 401
Skagsudde S Bt54 401
Skaidi N Ck40 382
Skaiti N Bm47 389
Skakkervollen N Bd54 398
Skålan S Bi55 399
Skalbodarna S Bi55 399
Skålbygget S Bl58 405
Skälderviken S Bf68 422
Skålen N Aq61 409
Skålerud S Bd61 410
Skalhamn S Bc64 416
Skallelv N Da40 383
Skållerud S Be63 410
Skallevoll N Bb62 410
Skallhult S Bi64 411
Skallmeja S Bg64 411
Skallsjö S Be65 416
Skallskog S Bk59 405
Skällvik S Bo64 412
Skalmodalen S Bk50 393
Skalmsjö S Bq53 400
Skålö S Bi59 405
Skals DK At67 415
Skåls S Br66 419
Skålsjön S Bm58 406
Skalstugan S Be53 398
Skalsvik N Bi46 388
Skalunda S Bg63 411
Skålvallen S Bm57 400
Skälvum S Bg63 411
Skamsdalssetra N As56 397
Skånela S Bq61 413
Skånes-Fagerhult S Bg68 422
Skånes Värsjö S Bg68 422
Skånevik N Am61 408
Skånings-Åsaka S Bh64 411
Skåningsbukt N Bu40 380
Skänninge S Bl64 411
Skanör S Bf70 422
Skansbacken S Bi60 405
Skansholm S Bn51 394
Skansnäs S Bn50 394
Skansnäs S Bp49 389
Skåpafors S Be62 410
Skar N Bl46 389
Skår N An62 408
Skår N Ao56 396
Skara S Bg64 411
Skaråsen N At58 403
Skaraseter N At59 403
Skärbäck S Bk66 417
Skarberget N Bn44 385
Skärblacka S Bm63 412
Skårby S Bh70 422
Skarda S Bs52 395
Skare N Ao61 408
Skåre S Bg62 411
Skarestad N Ao58 402
Skaret N Ap55 397
Skåret N Be57 405
Skäret S Bk61 411
Skärhamn S Bd65 416
Skärkdalen S Bf55 399
Skärkind S Bn64 412
Skärlöv S Bo68 423
Skärmnäs S Bf61 411
Skarmunken N Bu41 380
Skarnes N Bd60 404
Skarpengland N Aq64 409
Skärplinge S Bq60 407
Skarp Salling DK At67 415
Skärså S Bp58 406
Skarsfjord N Bs41 380
Skärsjövålen S Bg56 399
Skarstad N Bn44 385
Skarstad S Bg64 416
Skärstad S Bi65 417
Skarstein N Bn42 385
Skartlia N Ba58 404
Skärvagen S Be57 398
Skarvfjordhamn N Cg39 381
Skarvollen N Au55 397
Skarvsjöby S Bp51 394
Skasenden N Be60 404
Skästra S Bn57 406
Skatelöv S Bk67 417
Skåtøy N At63 409
Skattkärr S Bh62 411
Skattlösberget S Bk60 405
Skattøra N Bu41 380
Skattungbyn S Bk58 405
Skatval N Bb53 398
Skatvik N Bq42 385
Skaugvoll N Bi47 388
Skaulo S Cc46 386
Skaun N Ba54 398
Skäv S Bh64 411
Skave DK As68 414
Skavik N Ck39 382
Skavnakk N Cc40 381
Skeberg S Bk59 405
Skebobruk S Bs61 413
Skebokvarn S Bo62 412
Skeda S Bm64 418
Skedala S Bf67 416
Skedbrostugan S Be56 398
Skede S Bl66 417
Skederid S Bs61 413
Skedevi S Bm63 412
Skedsmokorset N Bc60 410
Skedvik S Bp56 400
Skedvi kyrkby S Bm60 406
Skee S Bc63 410
Skei N Bd50 392
Skei N Bd52 392
Skei N An57 402
Skei N As55 397
Skeie N Ap64 408
Skeikampen N Ba58 404
Skellefteå S Cc51 395
Skelleftehamn S Cc51 395
Skellvik N Bi46 388
Skelund DK Ba67 415
Skenshyttan S Bl60 406
Skephult S Bf65 416
Skepperstad S Bk66 417
Skepplanda S Be65 416
Skeppshult S Bg66 416
Skeppsvik S Cb53 395
Skepptuna S Br61 413
Ski N Bb61 410
Skibby DK Bd69 422
Skibotn N Ca42 380
Skien, Porsgrunn- N Au62 409
Skien, Porsgrunn- N Au62 409
Skifjellhytta N Au62 409
Skillefjordnes N Cg40 381
Skillemo N Cg41 381
Skillingaryd S Bi66 417
Skillinge S Bi70 422
Skillingsfors S Be61 410
Skindro N At58 403
Skinnarbøl N Be60 404
Skinnarbu N Ar61 409
Skinnerup DK As67 414
Skinnskatteberg S Bm61 412
Skipagurra N Cr40 383
Skipnes N As54 397
Skipstadstrand N Bb62 410
Skiptvet N Bc62 410
Skirö S Bl66 418
Skirva N As60 403
Skittenelv N Bt41 380
Skivarp S Bh70 422
Skive DK At67 415
Skivsjön S Bt52 395
Skjærberget N Be58 404
Skjæret N Be58 404
Skjærhalden N Bc62 410
Skjærvangen N Au57 404
Skjaervik N Bp44 385
Skjåk N Ar57 397
Skjåk seter N Aq56 397
Skjånes N Cr39 383
Skjåvik N Bh49 388
Skjeberg N Bc62 410
Skjeggdal N Ar63 409
Skjeggedal N Ao60 402
Skjelbred N Bg51 393
Skjelfoss N Bb61 410
Skjeljavik N Am61 408
Skjellåvollen N Bc56 398
Skjellesvik N Bn44 385
Skjelnen N Bt41 380
Skjelstad N Bb53 392
Skjelsvik N Au62 409
Skjeltene N An55 396
Skjenangen N Au59 403
Skjerdal N Ap59 403
Skjerdingen N Bb57 404
Skjersholmane N Al61 408
Skjerstad N Bl46 389
Skjervheim N An59 402
Skjervøy N Cb40 381
Skjold N Bt42 386
Skjoldastraumen N Am62 408
Skjoldehamn N Bl43 384
Skjolden N Aq57 403
Skjomen N Bp44 385
Skjønhaug N Bc61 410
Skjøtningberg N Cp38 382
Skjutfält S Bq62 412
Skodje N Ao55 396
Skofteland N Ap64 414
Skog N Bu41 380
Skog N Bd51 392
Skog S Bn51 394
Skog S Bo58 406
Skog S Br55 400
Skog S Bg61 411
Skogaby S Bg67 422
Skogaholm S Bl62 412
Skogalægret N Au58 403
Skogalund S Bi62 411
Skoganvarra N Cl41 382
Skoga Sörda S Bg60 411
Skogbo S Bp60 406
Skogen S Be64 410
Skogen S Be62 410
Skoger N Ba61 410
Skogfoss N Cu42 383
Skoghall S Bg62 411
Skogmo N Be51 392
Skogn N Bc53 392
Skognes N Bu42 380
Skogså S Cd49 391
Skogsätern S Bf58 405
Skogsberg S Bg61 411
Skogsby S Bo67 418
Skogstorp S Be67 416
Skogstorp S Bn62 412
Skogstrand N Bk43 384
Skogstue N Bd52 392
Skokloster S Bq61 412
Sköldinge S Bn62 416
Skollenborg N Au61 409
Sköllersta S Bl62 412
Skolneset N Bk47 389
Skölvene S Bg64 416
Skomovik N Be50 392
Skön S Bp56 400
Skönberga S Bn64 412
Skonseng N Bi48 388
Skönvik S Bp56 400
Skoppum N Ba62 410
Skore N Aq63 409
Skorgenes N Ap55 397
Skoro N Aq59 403
Skorovass gruver N Bg51 393
Skorovatn N Bg51 393
Skorpa N Cd41 381
Skorpa N Ak57 402
Skorped S Bq54 400
Skorpetorp S Bn66 418
Skørping DK Au67 415
Skorstad N Bc51 392
Skörstorp S Bh64 416
Skotfoss N Au62 409
Skotnes N Be50 392
Skoträsk S Br50 394
Skotsely N Au61 409
Skotten seter N Ba57 404
Skotterud N Be60 410
Skottkjær N As63 409
Skottlanda S Bi62 411
Skottnes N Bd50 392
Skottorp S Bf68 422
Skottsund S Bp56 400
Skövde S Bh64 411
Skråckarberget S Bf59 405
Skråmestø N Ak59 402
Skråmträsk S Cb51 395
Skrautvål N At58 403
Skrea S Bf67 416
Skredå N Ao63 408
Skredalegret N At56 397
Skredsvik S Bd64 410
Skreia N Bb59 404
Skreland N Aq63 409
Skreros N Ar64 409
Skrollsvik N Bo42 385
Skrova N Bk44 384
Skröven S Cd47 391
Skruv S Bl67 418
Skucku S Bk55 399
Skudeneshavn N Al62 408
Skule S Br54 401
Skulerud N Bd61 410
Skulgam N Bt41 380
Skulsfjord N Bs41 380
Skultorp S Bh64 411
Skultuna S Bn61 412
Skurup S Bh70 422
Skutskär S Bp59 406
Skuttunge S Bq61 412
Skutvik N Bl44 384
Skutvik N Bs42 380
Skyllberg S Bl63 411
Skylstad N Ao56 396
Skymnäs Västra S Bh61 411
Skyttmon S Bm54 400
Skyttorp S Bq60 412
Skyum DK As67 414
Släbråten S Bi62 411
Slådalen N At57 397
Slagavallen S Bg56 399
Slagnäs S Br49 390
Slaka S Bm64 412
Slangerup DK Be69 422
Släp S Bd65 416
Släppträsk S Bs50 395
Slåstad N Bd60 404
Slätmon S Bm64 417
Slättakra S Bf67 416
Slättberg S Cc47 391
Slättberg S Bk58 405
Slåtten N Ck39 382
Slätthög S Bk66 417
Slättingebygd S Bm67 418
Slättmon S Bp55 400
Slåttön S Bl54 399
Slattum N Bb60 410
Sleipa N Aq60 403
Slemmestad N Ba61 410
Sleneset N Bf48 388
Sles S Bs65 419
Sletta N Ce40 381
Slettå N Be58 404
Slette N Aq57 397
Sletten N Au56 397
Sletten N Bb56 398
Sletten DK Bf69 422
Sletterust N Ar58 403
Slettestrand DK At66 415
Slettmo N Bt42 380
Slevik N Bb62 410
Slidre N As58 403
Slimminge S Bh69 422
Slinde N Ao58 402
Slipra N Bb53 392
Slipsikstugan S Bk51 393
Slipstensjön S Bu52 395
Slite S Bs65 419
Slitu N Bc61 410
Slobyn S Bf61 411
Slørdal N Au54 397
Slöta S Bh64 416
Slottet N Am59 402
Slottsbron S Bg62 411
Sløvåg N Al59 402
Sluppen N At54 397
Slussfors S Bn50 394
Slyngstad N An55 396
Småbakkan N Ba56 398
Småge N Ao55 396
Smålandsstenar S Bg66 416
Smalåsen N Bg50 393
Smalfjord N Cr40 383
Småsjøvollen N Be56 398
Smedås N Bc55 398
Smedby S Bn68 423
Smedby S Bn67 417
Smedjebacken S Bl60 412
Smedjeviken S Bf53 399
Smedsbyn S Ce49 391
Smedsgården N At59 403
Smedstorp S Bi69 422
Smerup DK Be70 422
Smestadsletta N Bb59 404
Smines N Bk43 384
Smögen S Bc64 410
Smolmark S Be61 410
Smørfjord N Cl39 382
Smørhamn N Ak57 402
Smørliseter N As57 403
Smørsund N Al61 408
Smorten N Bi44 384
Smukksjøseter N Au57 397
Smygehamn S Bg70 422
Snäckgärdsbaden S Br65 419
Snæbum DK Au67 415
Snålroa N Be59 404
Snarstadtorp S Bh62 411
Snartemo N Ap64 408
Snarum N Au60 404
Snåsa N Be52 392
Snaten S Bn57 406
Snausen N Au54 397
Snavlunda S Bk63 411
Snedsted DK As67 414
Sneisen N Bb54 398
Snekkerup DK Bd69 422
Snertingdal N Ba59 404
Snesbøl N Be61 404
Snesslinge S Br60 407

Snesuddem

Snesuddem S Ca48 390
Snetra N Bd57 404
Snevere DK Bd70 422
Snilldal N Au54 397
Snillfjord N Au54 397
Snöåbyn S Bi59 405
Snöberg S Bl55 400
Snøfjord N Ck39 382
Snogebæk DK Bl70 423
Snøheim N At56 397
Snultabäck S Bh60 405
Söderåkra S Bn68 423
Söderala S Bo58 406
Söderås S Bl59 405
Söderbärke S Bm60 412
Söderboda S Br60 407
Söderby S Bs62 413
Söderby-Karl S Bs61 413
Söderfors S Bp60 406
Söderhamn S Bp58 406
Söderköping S Bn64 412
Söderrå S Bp57 406
Södertälje S Bq62 412
Södra Åsarp S Bg65 416
Södra Björke S
Bg64 416
Södra Blommaberg S
Bl57 406
Södra Bredåker S
Cc49 391
Södra Fågelås S
Bi64 417
Södra Finnskoga S
Bf59 405
Södra Harads S
Cb48 390
Södra Härene S
Bf64 416
Södra Johannisberg S
Br50 394
Södra Kedum S
Bf64 416
Södra Ljunga S
Bh67 416
Södra Löteb S Bf58 405
Södra Lundby S
Bg64 416
Södra Noret S Bp52 394
Södra Ny S Bg62 411
Södra Ösjö S Bl55 399
Södra Råda S Bk54 400
Södra Renbergsvattnet S
Cb51 395
Södra Rörum S
Bh69 422
Södra Sandby S
Bg69 422
Södra Sandsjö S
Bl67 423
Södra Skärvången S
Bi53 393
Södra Tansbodarna S
Bl60 405
Södra Tresund S
Bo51 394
Södra Vi S Bm65 417
Søfteland N Al60 402
Sogge N Aq55 397
Sogndalsfjøra N
Ap58 403
Sogndalstrand N
An64 408
Søgne N Aq64 414
Sognefjellhytta N
Ar57 403
Søgnesand N Ao57 402
Sogn og Fjordane N
Am59 402
Sojvide S Br66 419
Sokn N Am62 408
Sokna N Au60 404
Soknedal N Ba55 398
Sola N Am63 408
Solbakk N Am62 408
Solberg N Cl39 382
Solberg N At62 409
Solberg S Bq53 394
Solberg S Bl53 400
Solberg S Bg60 405
Solberg S Bk54 399
Solberga S Bd65 416
Solberga S Bk65 417
Solbergelva N Ba61 409
Solbjerg DK Ba67 415
Solbø N Bt43 385
Solbodarna S Bi59 405
Soleil N As57 397

Soleistølen N Ar58 403
Solem N Bd52 392
Solem N Ar55 397
Solem N As63 409
Solemoa N At60 403
Solemseter N Ba54 398
Solevåg (Sunde) N
An56 396
Solfonn N Ao61 408
Solhaug N Bi50 393
Solheim N Al59 402
Solheim N Al57 402
Solheim N Am61 408
Solheim N Am58 402
Solheim N Am63 402
Solheim N Ao63 408
Solheimstul N Ar60 403
Solheimsvik N Aq61 408
Solholmen N Ao55 396
Solhom N Ao63 408
Sölje S Bf62 410
Sollebrunn S Bf64 416
Sollefteå S Bp54 400
Sollentuna S Bq62 413
Sollerön S Bk59 405
Sollia N Bn43 385
Sollia N Ba57 404
Sollihögda N Ba61 404
Solmyra S Bm61 412
Solna S Br62 413
Solnes N Da40 383
Solnes S Bo52 392
Solrenningshytta N
An58 402
Solrød Strand DK
Be69 422
Solsem N Bd50 392
Sølsnes N Ap55 397
Solstad N Br42 385
Solstad N Be58 404
Solsvik N Ak60 402
Solumshamn S
Bq55 400
Solund N Ak58 402
Solvang N Am59 402
Solvarbo S Bm60 406
Sölvesborg S Bk68 423
Solvik N Bm46 389
Solvik S Be62 410
Solvorn N Ap58 403
Sommarset N Bm45 385
Sommen S Bk64 417
Sondalen N Bc54 398
Søndeled N At63 409
Sønderbæk DK
Au68 415
Sønder Balling DK
Ba54 398
Sønderby DK Be69 422
Sønder Dalby DK
Be70 422
Sønder Dråby DK
As67 414
Sønderholm DK
Au67 415
Sønder Kirkeby DK
Bd71 422
Sonder Rubjerg DK
Au66 415
Sønder Thise DK
As67 415
Sønderup DK Au67 415
Søndre N Bd59 404
Søndre Eldåseter N
Ba57 404
Søndre Mangen N
Bd61 410
Søndre Messelseter N
Bb58 404
Söne S Bf63 411
Songadammen N
Aq61 409
Songe N At63 409
Songesand N An62 408
Sønstabøvågen N
Al61 408
Sønsterud N Be59 404
Son-Store Brevik N
Bb61 410
Sonstorp S Bm63 412
Sopnes N Ce40 381
Söråker S Bq55 400
Sørarnøy N Bh46 388
Sörbo S Bn58 406
Sörböle S Bk55 399

Sörby S Bn57 406
Sörby S Bo61 412
Sörbygden S Bn55 400
Sörbyn S Cd48 391
Sørdal N Bm47 389
Sordal N Aq62 409
Sørdalen N Bi49 388
Sørebø N Am58 402
Søredsta S Bn53 400
Søreide N Am58 402
Søreidet N Bu41 380
Sörfjärden B Bp56 400
Sørfjord N Bq43 385
Sørfjordmo N Bm45 385
Sörflärke S Bq54 400
Sør-Flatanger N
Bb52 392
Sörfors S Ca53 395
Sörforsa S Bo57 406
Sør-Fron N Au57 404
Sörgårdsbo S Bn61 412
Sør-Grunnfjord N
Bs40 380
Sør-Halsnes N Ar54 397
Sørheim N Aq55 397
Sørhella N As56 397
Sørhorsfjord N
Bd50 392
Sørkedalen N Bb60 410
Sorken N Bd57 398
Sørkjos N Cd41 381
Sørkjosen N Ch39 382
Sørkjosen N Cd41 381
Sørland N Bf45 384
Sør Lenangen N
Ca41 380
Sör-Leringen S
Bn55 400
Sørli N Bq42 380
Sørli N Bh52 393
Sørlia N Bc53 392
Sörmark S Bf60 405
Sörmjöle S Bu53 401
Sørmoen N Be53 392
Sørmyr N Au62 409
Sørreisa N Br42 385
Sørrollnes N Bo43 385
Sorsele S Bq49 394
Sörsjön S Bg58 405
Sørsjona N Bg48 388
Sörskog S Bl59 406
Sörstafors S Bn61 412
Sørstraumen N
Cd41 381
Sörtjärn S Bk56 399
Sortland N Bl43 384
Sør-Tverrfjord N
Cd40 381
Sørum N Au59 404
Sørumsand N Bc61 410
Sorunda S Bq62 413
Sørvær N Cd39 381
Sørvågen N Bg45 384
Sörvallen S Bg56 399
Sørvik N Bo43 385
Sørvik N Bp43 385
Sørvik S Bl60 405
Sørvika N Bd56 398
Sörviken S Bm53 400
Sösdala S Bh68 422
Sösjö S Bl55 400
Sotaseter N Aq57 397
Sotelistølan N Ar58 403
Søtholmen N Bc63 410
Søvassli N At54 397
Sövestad S Bh69 422
Søvik N An55 396
Søvik N Ao56 396
Søvika N Aq55 397
Søysdal N As63 409
Spaboda S Bm61 412
Spannarp S Be66 416
Sparbu N Bc53 392
Sparkær DK At68 415
Sparlösa S Bf64 411
Sparreholm S Bo62 412
Sparrsätra S Bo61 412
Spåting N Au58 404
Speke S Bf61 410
Spekedalssetra N
Bc56 399
Spekeröd S Bd64 416
Spentrup DK Ba67 415
Spetalen N Bb62 410

Spidsberg seter N
Ba57 404
Spiggen S Cf49 391
Spiken S Bg63 411
Spikkestad N Ba61 410
Spildra N Br42 380
Spillum N Bd52 392
Spiterstulen N Ar57 403
Spjärsbodarna S
Bm59 406
Spjelkavik N An56 396
Spjutmyra S Bl58 406
Spjutsäl S Bh58 405
Spjutsbygd S Bm68 423
Spöland S Bu53 395
Sponevollen N
Ba61 409
Sprova N Bc52 392
Spydeberg N Bc61 410
Stabbursnes N Ck40 382
Stackmora S Bk58 405
Staddajåkkstugorna S
Bo46 389
Stadra S Bk61 411
Staffanstorp S Bg69 422
Stafsinge S Be67 416
Stagbrenna N Bb58 404
Staggträsk S Bg50 394
Stai N Bc57 404
Stäket S Bq62 413
Stakkvik N Bu41 380
Stala S Bd62 416
Stålbåga S Bo62 412
Stalheim N Ao59 402
Stallarholmen S
Bp62 412
Ställberg S Bk61 405
Ställdalen S Bk61 411
Stallogargo N Ch39 382
Stalltjärnstugan S
Bf54 398
Stallvik N Au53 392
Staloluoktastugorna S
Bo46 389
Stalon S Bm51 394
Stamnan N Ba55 398
Stamnared S Be66 416
Stamnes N Am59 402
Stamsele S Bm53 400
Stamseter S Aq57 397
Stamsund N Bh44 384
Standalshytta N
An56 396
Stang N Bc62 410
Stånga S Br66 419
Stange N Bc59 404
Stange N Bc59 404
Stanghelle N Am59 402
Stångviken S Bi53 393
Stapnes N An64 408
Stårbsnäs S Bt61 413
Starby S Bf68 422
Stårheim N Am57 396
Starrkärr S Be65 416
Starrsätter S Bo62 412
Stathelle N Au62 409
Statsås S Bo51 394
Staurdal N Al58 402
Staurust N As57 397
Stav S Bo60 406
Stavang N Al57 402
Stavanger N Am63 408
Stavaträsk S Ca50 395
Stavby S Bq60 413
Stave N Bm42 385
Stavemsgjerde N
Ar56 397
Stavenes N Ak58 402
Stavern N Ba62 409
Stavik N Bu53 395
Stavn N At60 403
Stavnäs S Bf62 411
Stavnes N Bt45 388
Stavøy N Al57 402
Stavre S Bi54 399
Stavre S Bl55 399
Stavreviken S Bp55 400
Stavsätra S Bn61 412
Stavseng N At58 403
Stavsjö N Bb59 404
Stavsjö S Bo61 412
Stavsnäs S Bs62 413
Steane N As62 409
Stedjestølen N
Am58 402
Stegaros N Ar60 403
Stege DK Be71 422

Steigen N Bl45 384
Steikvasselv N Bi49 388
Stein N Bd50 392
Steinbergdalshytta N
Aq59 403
Steine N Bi43 384
Steine N Al59 402
Steineien N Bd60 410
Steinestø N Al59 402
Steinheim N Br42 380
Steinkjer N Bd52 392
Steinland N Bl43 384
Steinløysa N Aq55 397
Steinnes N Bt40 380
Steinsasen N Ba60 410
Steinsbøle N As60 403
Steinsdal N Au53 397
Steinset N An58 402
Steinshamn N As55 396
Steinsholt N Au62 409
Steinsland N Bo43 385
Steinsland N Bg47 388
Steinsland N Am59 402
Stekenjåkk S Bi50 393
Stenabäck S Bt51 395
Stenåsa S Bo67 423
Stenåsen S Bh61 411
Stenberga S Bl66 418
Stenbjerg DK Ar67 414
Stenbo S Bn66 417
Stenbrohult S Bi67 417
Stenbyn S Bf62 410
Stene N Au54 398
Steneby S Bc63 416
Stenestad S Bg68 422
Stengårdshult S
Bh65 416
Stenhamra S Bq62 412
Steninge S Bf67 416
Stenkullen S Be65 416
Stenkumla S Bt61 413
Stenkyrka S Bd65 416
Stenløse DK Be69 422
Stennäs S Bs53 394
Stensån S Bl56 399
Stensåsen N Bd55 398
Stensby N Bd57 398
Stensdals stugorna S
Bf54 399
Stensele S Bp50 394
Stensjö S Bn54 400
Stensjö S Bn55 400
Stensjö by S Bn66 418
Stensjön S Bk65 417
Stensjön S Bf61 411
Stenstorp S Bh64 416
Stenstugu S Bs65 419
Stensund S Br48 390
Stensund S Bp50 394
Stensund S Bs51 395
Stensved DK Be71 422
Stensyr S Bd63 410
Stenträsk S Bu48 390
Stenträsk S Bu50 395
Stenudden S Bq47 389
Stenungsund S
Bd64 416
Stenvad DK Bb68 415
Stenviksstrand S
Bn53 400
Sterringi N As57 397
Stigen N Be63 410
Stigen S Be63 410
Stigsbo S Bn60 406
Stiklestad N Bd53 392
Stjärnfors S Bl61 411
Stjärnhov S Bp62 412
Stjärnorp S Bm63 412
Stjärnsund S Bn60 406
Stjärnvik S Bm61 412
Stjern N Bb52 392

Stjørdalshalsen N
Bb54 398
Stjørdal N Bl42 384
Stø N Bd52 392
Støa N Ba55 398
Støa N Bf58 405
Stoby S Bh68 422
Stocka S Bp57 406
Stockamöllan S
Bg69 422
Stockaryd S Bk66 417
Stockholm S Br62 413
Stöcke S Ca53 401
Stockholm S Br62 413
Stocksbo S Bm57 406
Stocksbo S Bn59 406
Stöcksjö S Ca53 395
Stockvik S Bp56 400
Stod N Bd52 392
Stöde S Bo56 400
Stødi N Bl47 389
Stoholm DK At68 415
Stokka N Be49 388
Stokkasjøen N Bf49 388
Stokke N Ba62 410
Stokkeland N Aq64 414
Stokksund N Am56 396
Stokksund = Revsnes N
Ba52 392
Stokkvågen N Bg48 388
Stokmarknes N
Bk43 384
Stølen N Au58 403
Stöllet S Bg58 405
Stølsvang N Au55 398
Stömne S Bf62 411
Stongfjorden N
Al58 402
Stonglandet N Bp42 385
Stonndalen N Ap59 403
Stønnesbotn N
Bq42 380
Stöpafors S Bg61 411
Stöpen S Bh64 411
Stord S Bl61 411
Stora Åby S Bk64 417
Stora Blåsjön S Bi51 393
Stora Forsa S Bl63 411
Stora Herrestad S
Bh70 422
Stora Höga S Bd64 416
Stora Levene S Bf64 411
Stora Malm S Bn63 412
Stora Mellby S Bf64 416
Stora Mellösa S
Bm62 412
Stora rör S Bo67 418
Storås N Au54 397
Störåsen S Bk53 399
Storåsen S Bn54 400
Stora Sten S Bk60 411
Stora Stensjön S
Bh53 393
Storbäck S Bm51 394
Storbacken S Cb48 390
Storbäcken S Bt51 395
Storberg S Bs49 395
Storberget N Bd59 404
Storberget S Cd47 391
Storberget S Bp51 394
Storborgaren S
Br53 401
Storbrännan S Bk53 399
Storbrännan S Ca51 395
Storbron S Bf58 405
Storbudal N Bb55 398
Storbudalsetra N
Bb55 398
Storbukt N Cu41 383
Stord N Am61 408
Stordal N Bd52 392
Stordal N Bd54 398
Stordal N Ao56 397
Stordalfjellstove N
Am59 402
Stordalselv N Bu42 380
Store Brevik, Son- N
Bb61 410
Storebro S Bm65 417
Store Brøndum DK
Ba67 415
Storebru N Al57 402
Storefjell N As59 402
Storegarden N Bc58 404
Storehaug N Am58 402

Store Heddinge DK
Be70 422
Storeidet N Bm45 385
Storekorsnes N
Cg40 381
Store Kvalfjord N
Cf40 381
Storel N Cf39 381
Storelvavoll N Bd55 398
Stor-Elvdal N Bc57 404
Store Molvik N
Cs39 383
Store Sommarøy N
Br41 380
Store Standal N
An56 396
Storestein N Aq59 403
Store Taskeby N
Cb41 381
Storfall S Bt53 401
Stor-Finnforsen S
Bn53 400
Storfjäten S Bg56 399
Storfjellseter N
Bb57 404
Storfjord N Bu42 380
Storfors S Bi61 411
Storforshei N Bk48 388
Storhågna S Bi56 399
Storhallaren N As53 397
Stor-Hallen S Bi55 399
Storhögen S Bl54 399
Storheilseter N
At58 403
Storholmsjön S
Bi53 399
Storjord N Bl47 389
Storkåge S Cb51 395
Storkläppen S Bo65 418
Storkyan S Bh59 405
Stor-Laxjön S Bp55 400
Storli N An61 408
Storlia N At55 397
Storien S Be54 398
Stormark S Cb51 395
Storms S Br67 419
Stormyren S Bp49 389
Stormyrsätern S
Bf59 405
Storna S Au53 392
Stornäs S Bl50 393
Stornes N Bn43 385
Storneset N Br42 385
Cc41 381
Storoddan S At54 397
Storön S Cg49 391
Storøy vollen N
Bb55 398
Storrøsta N Bb56 398
Storsandsjö S Bu52 395
Storsätern S Be56 398
Storsävarträsk S
Bu52 395
Storsele S Bo51 394
Storsjö S Bq53 394
Storsjö S Bg55 399
Storsjön S Bo58 406
Storslett N Cc41 381
Storsletta N Cb41 381
Storstein N Cb40 381
Storsteinnes N Bt42 386
Storsund S Cb49 390
Storsveden S Bp56 400
Storsvedjan S Cf48 391
Stortorgnes N Be49 392
Stortorp S Bl62 412
Storträsk S Ca50 395
Storträskbyn S Cc50 395
Storulvåns fjällstation N
Be54 398
Storuman S Bp50 394
Storvallen S Be54 398
Stor-Vasselnäs S
Bi58 405
Storvik S Bo59 406
Storvika N Ba52 392
Storvollen N Au56 398
Storvollen N Ba56 398

Storvollseter

Storvollseter N As56 397
Storvorde DK Ba66 415
Storvreta S Bq61 412
Støvring DK Au67 415
Støvset N Bk46 389
Strådalen S Bg56 399
Stræte N Bo43 385
Strætkvern N Bd59 404
Strand N Bl43 384
Strand N Bk47 388
Strand N Au58 403
Strand N Bc58 404
Strand S Bm60 406
Stranda N Bl43 384
Stranda N Cm39 382
Stranda N Ao56 396
Stranda N Ba58 404
Strandasmyrvallen S Bi57 405
Strandbro S Bl60 406
Strandby DK Ba66 415
Strandby DK At67 415
Strandebarm N Am60 402
Strandlykkia N Bc59 404
Strandrak N As62 409
Strandval N Bc51 392
Strandvik N Am60 402
Strängnäs S Bp62 412
Strängsered S Bh65 416
Strångsjö S Bn63 412
Strångsund S Bl55 399
Stråsjö S Bm57 406
Stråssa S Bl61 411
Straum N Bg49 388
Straumbu N Ba57 398
Straume N Am59 402
Straume N Am57 402
Straume N At62 409
Straumen N Bn43 385
Straumen N Bp43 385
Straumen N Bm46 389
Straumen N Bh48 388
Straumen N Bd51 392
Straumen N Bc53 392
Straumen N Ar54 397
Straumen N Bi42 380
Straumen N Bk46 388
Straumfjord N Bm45 384
Straumfjordnes N Cc41 381
Straumgjerde N Ao56 396
Straumshamn N An56 396
Straumsjøen N Bi43 384
Straumsli N Bt42 386
Straumsnes N Bp42 380
Straumsnes N Bk43 384
Straumsnes N Bq43 385
Straumsnes N Bl46 389
Straumsnes N Al60 402
Straumsnes N Bq44 385
Strendene N Bg50 393
Strengelvåg N Bl43 384
Strengen N At62 409
Strengereid N As63 409
Strenggjerdet N Bf48 388
Striberg S Bk61 411
Stridholm S Cc50 395
Strimasund S Bk48 388
Strimmelen N Cr40 383
Strinda N Bm45 385
Strö S Bg63 411
Ströbohög S Bm61 412
Strøby DK Be70 422
Stroby Egede DK Be70 422
Strøm N As53 397
Ström S Bk49 388
Ström S Bt52 395
Ström S Be62 410
Strömåker S Bo51 394
Strömåker S Bs53 395
Strömäs S Bq55 400
Strömbacka S Bo57 400
Strömby S Bm68 423
Strömfors S Ca50 395
Strömfors S Ca51 395
Strömma S Bs62 413
Strömnäs S Bn51 394
Strömnäs S Bo53 400
Strømsått N Au60 404
Strömsbäck S Ca53 401
Strömsberg S Bq60 406
Strömsbruk S Bp57 406
Strömsdal S Bk60 411
Strömsfors S Bn63 412
Strömsholm S Bn62 412
Strømsik N Bg47 388
Strømsmo N Bs43 385
Strömsnäs S Cf48 391
Strömsnäs S Bm54 400
Strömsnäsbruk S Bh67 422
Strömstad S Bc63 410
Strömsund S Bo50 394
Strömsund S Bm53 393
Struer DK As68 414
Strycksele S Bt52 395
Stryn N Ao57 396
Stua N Ba61 409
Stubbekøbing DK Be71 422
Stubøen N Ar55 397
Studsviken S Bs53 394
Stugsund S Bp58 406
Stugubacken S Bn58 406
Stugufläten N Ar56 397
Stuguliseter N Ba56 398
Stugun S Bm54 400
Stuguvattentjälen S Bo53 394
Stuguvollenmoen N Bd55 398
Stumlia N Ba58 404
Stumsnäs S Bk59 405
Stuoramjargga N Cg42 387
Stupstad N Aq64 409
Sturefors S Bm64 418
Sturevågen N Ak59 402
Sturkö S Bm68 423
Stusshyttan S Bn60 406
Stuv S Be66 416
Stuvetra N Ar61 409
Stybbersmark S Bs54 401
Styggberget S Bn56 400
Styggbo S Bm58 406
Styrl N Bc60 404
Styrkesvik N Bm45 384
Styrnäs S Bq54 400
Styrsö S Bd65 416
Suddesjaur S Bt49 390
Sudjávárri = Suijavaara S Cf44 387
Suijavaara S Cf44 387
Sul N Be53 398
Sulåmo N Bd53 398
Suldalseid N An61 408
Suldalsosen N An61 408
Suldalsosen N Ao61 408
Suldrup DK Au67 415
Suleskard N Ao62 408
Sulesund N An56 396
Sulheim N Ar57 403
Sulitjelma N Bn46 389
Sulseter N Au57 404
Sulsted DK Au66 415
Sulvik S Be61 410
Sulviken S Bg53 399
Sumstad N Ba52 392
Sumundshytta N Bc56 398
Sund N Bf48 388
Sund N Al60 402
Sund S Br54 401
Sund S Bl65 417
Sund S Br60 407
Sund S Bd62 410
Sund S Bm54 400
Sundals-Ryr S Be63 410
Sundborn S Bm59 406
Sundby N Bd60 404
Sundby DK As67 414
Sundby S Bi62 411
Sundby S Bo62 412
Sundby S Bp62 412
Sundbyberg S Bq62 413
Sundbyfoss N Ba61 409
Sunde bru N At63 409
Sundet N Ba52 392
Sundet N Ba62 409
Sundet S Bf53 399
Sundet S Bn52 394
Sunde-Valen N Am61 408
Sundginge S Be62 410
Sundhultsbrunn S Bk65 417
Sundnes N Am61 408
Sundö S Bt52 395
Sundom S Ce49 391
Sundøy N Bf49 388
Sundre S Br67 419
Sundsbø N Ao55 396
Sundsby N Ar54 397
Sundsbyn S Bd62 410
Sundsfjord N Bi47 388
Sundsjö S Bl55 399
Sundsjöåsen S Bl54 399
Sundsjön S Bh61 411
Sundsli N Ar62 409
Sundsnäs S Cd48 391
Sundstabyn S Bd62 410
Sundsvall S Bp56 400
Sundvollen N Ba60 410
Sunnan N Bd52 392
Sunnanå S Bt52 395
Sunnanhed S Bl58 406
Sunnansjö S Bt52 395
Sunnansjö S Bt53 401
Sunnansjö S Bo55 400
Sunnansjö S Bk60 405
Sunnäs S Bp58 406
Sunnås S Bo55 400
Sunndal N Am57 402
Sunndal N An60 402
Sunndalen N Ap57 397
Sunndalsøra N As55 397
Sunndalsseter N Ap57 397
Sunne S Bi54 399
Sunne S Bg61 411
Sunnemo S Bh61 411
Sunnerå S Bm55 399
Sunnersberg S Bg63 411
Sunnervik S Bg63 411
Sunnet S Bh57 405
Sunnfjordtunet N Am58 402
Suobbat S Cd48 391
Suodnjo N Ch42 381
Suolovuobme N Ch41 381
Suorrva = Suorva S Br45 385
Suorva S Br45 385
Šuošjavrre N Ci42 382
Suphella N Ao58 402
Surahammar S Bn61 412
Surka N Bb60 404
Surliden S Bs50 394
Surnadalsøra N As55 397
Surte S Be65 416
Sutme S Bk51 393
Sutterhöjden S Bh61 411
Sva S Bl64 411
Svabensverk S Bm58 406
Svadhall S Bm62 412
Sværen N An58 402
Svaipavalle S Bn48 389
Svålestad N An63 408
Svalöv S Bg69 422
Svalsjö S Bl64 418
Svanabyn S Bo52 394
Svaneke DK Bl70 423
Svanesund S Bd64 416
Svängsta S Bk68 423
Svanhals S Bk64 411
Svanhult S Bk63 411
Svaningen S Bl52 393
Svannäs S Br48 390
Svannäs S Bo51 394
Svanön S Bq55 400
Svanøy N Al57 402
Svansele S Bt51 393
Svansele S Bu51 395
Svanskog S Bf62 410
Svanstein S Ch47 391
Svanträsk S Bu50 395
Svappavaara S Cc45 386
Svärdsjö S Bm59 406
Svare N At57 397
Svarstad N Au62 409
Svärta S Bp63 412
Svartå S Bk62 411
Svartåsen N Br42 385
Svartberget S Cg48 391
Svartbyn S Cf48 391
Svarte S Bh70 422
Svarteborg S Bd63 410
Svartehallen S Bd64 416
Svarthyttan S Bl60 406
Svärtinge S Bn63 412
Svartisdalen N Bi48 388
Svartlå S Cc48 390
Svartliden S Bs51 395
Svartnäs S Bn59 406
Svartnes N Bt42 380
Svartnes N Bk46 388
Svartöstaden S Ce49 391
Svartrå S Bf66 416
Svarttorp S Bi65 417
Svartvik S Bp56 400
Svatsum N Au58 404
Svea N Ao58 402
Svedala S Bg69 422
Svedje S Bk54 399
Svedje S Bs54 401
Svedje S Bs53 401
Svedje S Bp56 400
Svedjorna S Bn58 406
Sveg S Bi56 399
Sveggesundet N Aq54 397
Sveindal N Ap64 408
Sveingardsbotn N Aq59 403
Sveio N Al61 408
Svelgen N Al57 402
Svelvik N Ba61 410
Svenarum S Bi66 417
Svene N Au61 409
Sveneby S Bh63 411
Svenes N Ar63 409
Svenljunga S Bg66 416
Svenneby N Bd60 404
Svenneby S Bc63 410
Svennebyseter N Bd59 404
Svennevad S Bl62 412
Svensby N Bu41 380
Svensbyn S Cc50 395
Svensköp S Bh69 422
Svensnäs S Bl61 411
Svenstavik S Bi55 399
Svenstrup DK Au67 415
Sventorp S Bi64 411
Sveti Tannflo S Bo54 400
Svihus N Am63 408
Svineng N Cl42 382
Svines N Bf49 388
Svinesund S Bc62 410
Svingvoll N Ba58 404
Svinhult S Bl65 418
Svinndal N Bc62 410
Svinnegarn S Bp61 412
Svinninge S Br62 413
Svinvik N Ar54 397
Svogerslev DK Be69 422
Svolvær N Bk44 384
Svork-land N Au54 398
Svorkmo N Au54 397
Svortemyr N Am58 402
Svortevik N Al57 402
Svortland N Al61 408
Svukuriset N Be56 398
Svullrya N Be60 404
Sygnefest N Al58 402
Sykkylven N Ao56 396
Sylling N Ba61 410
Sylstationen Sylarna S Be54 398
Sylte N Am56 396
Sylte N Ap56 397
Sylte N Ap55 397
Sylte N Au57 403
Syltevikmyra N Da39 383
Synes N An55 396
Synnerby S Bg64 411
Syra N Bc58 404
Syrstad N Au54 397
Sysslebäck S Bf59 405
Syvde N Am56 396
Syvdsnes N Am56 396
Syvsten DK Ba66 415

T

Taastrup DK Be69 422
Tåbäcken S Bi62 411
Taberg S Bi65 417
Tåby S Bn63 412
Täby S Br62 413
Tackåsen S Bl57 405
Tæbring DK As67 414
Tælavåg N Ak60 402
Tafjord N Ap56 397
Täfteå S Cb53 395
Täftea S Bs54 401
Taftesund N An55 396
Tagarp S Bf69 422
Tågsjöberg S Bo53 400
Taipaleensuu S Ch45 387
Takene S Bg62 411
Takle N Al58 402
Talgje N Am62 408
Talinenstugan S Ce46 391
Tallåsen S Bn57 406
Tallbacken S Bk60 411
Tallberg S Bu52 395
Tällberg S Bk59 406
Tallberget S Ce48 391
Tallhed S Bk58 405
Talljärv S Ce48 391
Tallsjö S Br52 394
Tallsund S Bu49 390
Tällträsk S Cb50 395
Tallträsk S Br51 394
Tallträsk S Ca52 395
Tallvik S Cf48 391
Talvik N Cf40 381
Tåme S Cc51 395
Tåmeträsk S Cc50 395
Tammeråsen S Bk59 405
Tämta S Bf65 416
Tanabru N Cr40 383
Tananger N Am63 408
Tandö S Bg59 405
Tandsbyn S Bk54 399
Tandsjöborg S Bk57 405
Tanem N Ba54 398
Tangane N As58 403
Tångböle S Bf54 399
Tangen N Cg41 381
Tangen N Bc59 404
Tangen N Ap60 403
Tangen N Ba61 410
Tangen N Bb62 410
Tangen N Bd61 410
Tangenes N Ak58 402
Tångeråsa S Bk62 411
Tångeråsen S Bh53 399
Tangnesland N Ce41 381
Tangvik N Bp44 385
Tannåker S Bh67 416
Tännäs S Bf56 399
Tänndalen S Be55 398
Tännfallet S Bf55 398
Tannisby DK Ba65 415
Tännö S Bi66 417
Tannsjön S Bm53 400
Tannvik-vågan N At54 397
Tanum S Bc63 410
Tanumshede S Bc63 410
Tappeluft N Ce40 381
Tappernøje DK Bd70 422
Tärby S Bg65 416
Tärendö S Cf46 391
Tärna S Bo61 412
Tärnaby S Bl49 389
Tärnasjöstugorna S Bm49 389
Tårnby DK Bf69 422
Tarnelv N Br42 380
Tårnet N Da41 383
Tärnsjö S Bo60 412
Tårnvik N Bl45 384
Tårrajaur S Bu48 390
Tarrekaisestugan S Bp47 389
Tårs DK Ba66 415
Tarsele S Bo53 400
Tåsjö S Bm52 394
Tassjö S Bg68 422
Tastarp S Bf68 422
Tåtorp S Bi63 411
Tau N Am62 408
Tautra N Bb53 398
Tävelsås S Bk67 417
Tavelsjö S Ca52 395
Täxan S Bm53 400
Taxinge S Bp62 412
Teckomatorp S Bg69 422
Teg S Ca53 395
Tegane S Be62 410
Tegelsmora S Bq60 406
Tegelträsk S Bq53 394
Tegneby S Bd64 416
Teigebyen N Bc60 404
Teinevassetrene N At59 403
Tejn DK Bk70 423
Tellejåkk S Bu48 390
Tempelseter N At60 403
Tengelfjord N Bl44 384
Tengene S Bf64 416
Tengesdal N An63 408
Tenhult S Bi65 417
Tenna N Be49 388
Tennevoll N Bq43 385
Tennskjer N Br42 380
Tensjö S Bp52 394
Tenskog S Bl57 405
Tensta S Bq60 412
Terndrup DK Ba67 415
Terråk N Be50 392
Terrsjö S Bn53 400
Terslev DK Bd70 422
Teurajärvi S Cf47 391
Teusajaurestugorna S Br45 385
Tevansjö S Bl56 400
Thisted DK As67 414
Thyborøn DK Ar67 414
Tiarp S Bh64 416
Tibble S Bq61 412
Tiberget S Bh58 405
Tibro S Bi64 411
Tidaholm S Bh64 416
Tidan S Bi63 411
Tidavad S Bh63 411
Tidersrum S Bm65 417
Tido S Bn62 412
Tierp S Bq60 406
Tikøb DK Be68 422
Tillberga S Bo61 412
Tiltrem N Au53 392
Time N Am63 408
Timfors S Cb49 390
Timmele S Bg65 416
Timmernabben S Bn67 418
Timmersdala S Bh63 411
Timmervik S Be64 410
Timrå S Bp56 400
Timsfors S Bh68 422
Tindbæk DK Au68 415
Tinden N At53 397
Tingelstad N Ba60 404
Tingsryd S Bk67 423
Tingstad S Bn63 412
Tingstäde S Bs65 419
Tingvoll N Ar55 397
Tinnoset N At61 409
Tisjölandet S Bg59 405
Tisselkog S Be63 410
Tisvildeleje DK Be68 422
Titran N Ar53 397
Tived S Bk63 411
Tivsjön S Bn55 400
Tjäderåsen S Bk57 405
Tjädernäset S Bm52 393
Tjåkkele stugorna S Bi50 393
Tjäkkjokk S Br49 389
Tjallingen S Be54 398
Tjällmö S Bl63 412
Tjåmodis = Tjåmotis S Bs47 390
Tjåmotis S Bs47 390
Tjappsåive S Bt49 390
Tjärn S Bq53 394
Tjärnberg S Bs50 395
Tjärnmyrberget S Bm52 393
Tjärnvall S Bl57 406
Tjärstad S Bm64 417
Tjäruträsk S Cf48 391
Tjåurek S Bt45 386
Tjautjas S Cb46 390
Tjeldstø N Ak59 402
Tjeldsund N Bn43 385
Tjelle N Aq55 397
Tjernagel N Al61 408
Tjoflot N Ao60 402
Tjøme N Ba62 410
Tjomsland N Ao64 408
Tjong N Bg47 388
Tjønna N Bi50 393
Tjønnefoss N As63 409
Tjønvik N Bg51 393
Tjørhom N Ao63 408
Tjörnarp S Bh69 422
Tjørvåg N Am56 396
Tjøtta N Be49 388
Tjourenstugorna S Bg53 393
Tjugesta S Bl62 412
Tjugum N Ao58 402
Tjutboda S Bk55 399
Tobo S Bq60 406
Tobo S Bo62 412
Töcksfors S Bd61 410
Todal N As54 397
Todalen N As55 397
Todalshytta N As55 397
Todalsøra N As55 397
Todsø DK As67 414
Tofta S Be66 416
Tofte N Bb61 410
Tofte N At56 397
Töftedal S Bd63 410
Tofteryd S Bi66 417
Toftevåg N Ak60 402
Toftlia N Bk48 388
Toftseter N Au58 404
To-Grenda N Bb61 410
Toksværd DK Bd70 422
Tolfta S Bq60 406
Tolg S Bk66 417
Tolga N Bc56 398
Tolläns S Bk47 388
Tollarp S Bh69 422
Tollevshaugen N Au56 398
Töllsjö S Bf65 416
Tolne DK Ba66 415
Tolskepp S Bm63 412
Tomasvatn N Bg50 393
Tombo S Bn67 417
Tomelilla S Bh69 422
Tomma N Bf48 388
Tømmerneset N Bm45 385
Tømmervåg N Aq54 397
Tømmervika N Co39 382
Tømra N Bc54 398
Tomra N Ao55 396
Tomrefjord N Ao55 396
Tomta S Bo61 412
Tomter N Bc61 410
Tønne N Ba62 410
Tönnersjö S Bg67 416
Tonnes N Bg47 388
Tønnsberg N Ba62 410
Tonsåsen N Au59 403
Tønsberg N Ba62 410
Tönsen S Bo58 406
Tonstad N Ao63 408
Tønsvik N Bt41 380
Torasjärvi S Ce47 391
Tørberget N Be58 404
Torbergskogen N Bf50 393
Torbjörnstorp S Bh64 416
Töre S Cf49 391
Töreboda S Bi63 411
Torekov S Bf68 422
Torestorp S Bf66 416
Torgestad S Bd64 410
Torget N Bc59 404
Torhamn S Bm68 423
Torheim N Am57 396
Torjulvågen N Ar55 397
Torkelsbo S Bn57 406
Tormestorp S Bh68 422
Tørnby N Bd61 410
Tornby DK Au65 415
Tornehamn S Bs44 385
Tørnes N Bn44 385
Tornes N Ap55 397
Torneträsk S Bu44 386
Törnevalla S Bm64 412
Törnevik S Bm64 417
Törnsfall S Bn65 418
Torö S Bq63 413
Torp N Ba62 410
Torp S Be63 410
Torp S Bd64 416
Torpa S Bh67 416
Torpa S Bl65 417
Torpeheimen N Ba58 404

Torpet

Torpet N Bd55 398
Torpo N As59 403
Torpsbruk S Bk66 417
Torpshammar S Bn56 400
Tørråsen N Bd59 404
Tørrbekk N Au61 409
Torrflonäs S Bl56 399
Tørring N Bc52 392
Torrivaara S Cd47 391
Torsåker S Bn59 406
Torsåker S Bq54 400
Torsåker S Bp63 412
Torsång S Bm60 406
Torsås S Bn68 423
Torsborg S Bg55 399
Torsbu N Ar59 403
Torsby S Bf60 411
Torsby S Bd65 416
Torsby S Bg61 411
Torsdalsdamen N Aq62 409
Torsebro S Bi68 422
Torserud S Bg62 411
Torsetlia N Ar60 403
Torsetnes N As54 397
Torsfjärden S Bk52 393
Torshälla S Bn62 412
Torshaug N Bt42 385
Torsheller N Ap61 408
Torshov N Bc61 410
Torshus N Au54 398
Torskbäcken S Bi61 411
Torsken N Bp42 380
Torskinge S Bh66 416
Torsmo S Bk58 406
Torsö S Bh63 411
Torsteinbu N An62 408
Torsteinsvik N Ak60 402
Torsvåg N Bu40 380
Tortuna S Bo61 412
Torum DK At67 415
Torup S Bg67 416
Tørvik N Au52 392
Torvik N Am56 396
Torvik N Aq55 397
Torvik N Ar55 397
Torvikbukt N Aq55 397
Tørvikbygd N An60 402
Torviksele S Bq50 394
Torvsjö S Bp52 394
Torvund N Am58 402
Tosbotn N Bf50 393
Tossa S Ch48 391
Tösse S Bf63 410
Tossene S Bc64 410
Tostared S Be66 416
Totebo S Bn65 417
Tøtlandsvik N An62 408
Totra S Bp59 406
Totsås N Bg52 393
Tøttdal N Bc52 392
Tøvelde DK Be71 422
Toven N Bg48 388
Toverud N Ba60 404
Toverud S Bd62 410
Tovik N Bo43 385
Tøvik N Ap55 397
Tovmodalen N Bd54 398
Tovsli N Aq62 409
Tøyenhaugen N Bb60 410
Tråastølen N Aq60 403
Trädet S Bh65 416
Trældal N Bq44 385
Trælvika N As57 397
Træna N Be47 388
Trættlia N Bc53 398
Trälshult S Bg67 422
Tranås N Bc51 392
Tranås S Bk64 417
Tranås S Bh69 422
Tranby N Ba61 410
Trandal N An56 396
Tranemo S Bg66 416
Trångforsen S Cd49 391
Trånghalla S Bi65 417
Trångmon S Bk51 393
Trängslet S Bh58 405
Trängsviken S Bi54 399
Trankil S Bd62 410
Tranøy N Bm44 385
Trånshult S Bm66 418
Transtrand S Bg58 405
Tranum DK At66 415
Tranum S Bf64 411
Tranum Strand DK At66 415
Tranvikan N At53 397
Traryd S Bh67 422
Träskholm S Ca50 395
Träslövsläge S Be66 416
Trästena S Bi63 411
Tråvad S Bg64 416
Trävattna S Bg64 416
Trede DK Ba67 415
Trehörna S Bk64 417
Trehörningen S Ca52 395
Trehörningsjö S Bs53 401
Treiksröset S Ca42 386
Trekanten S Bn67 417
Trekilen S Bl53 399
Trelleborg S Bg70 422
Trend DK At67 415
Trengereid N Am60 402
Tresfjord N Ap55 397
Treskog S Bf61 410
Tretjärn S Bi60 405
Tretten N Cc41 381
Tretten N Ba58 404
Trettnes N Bl47 389
Treuungen N As62 409
Triangelen N Cu42 383
Trillevallen S Bg54 399
Triset N Ar62 409
Trödje S Bp59 406
Trofors N Bg49 393
Trögtjärnsåsen S Bm56 400
Trökörna S Bf64 416
Trolla N Ba54 398
Trolle-Ljungby S Bi68 423
Trollenäs S Bg69 422
Trollhättan S Be64 416
Trollholmsundet N Cl40 382
Trollsved S Bp56 400
Trollvik N Cb41 381
Trømborg N Bc61 410
Tromsø N Bs41 380
Tromvik N Br41 380
Trönbyn S Bo58 406
Trondenes N Bo43 385
Trondheim N Ba54 398
Trondjord N Bs41 380
Trondsaune N Bc55 398
Trones N Bf51 393
Trönninge S Bf67 416
Trönningeby S Be66 416
Trönö S Bo58 406
Tronsjø N Bb56 398
Tronstad N Aq64 414
Tronsvangen N Bb56 398
Tronvik N Bb53 392
Tronvik N Ao64 408
Troøyen N Bb55 398
Trösken S Bo60 406
Trosterud N Bd61 410
Tryggeboda S Bk62 411
Tryggestad N Ao56 396
Tryland N Ap64 408
Tryserum S Bo64 418
Trysil N Be58 404
Trysunda S Bs54 401
Tua N Bc53 392
Tudal N Au62 409
Tuddal N As61 409
Tuen N Bc61 410
Tufjord N Ch38 382
Tulleråsen S Bi54 399
Tumba S Bq62 413
Tumbo S Bn62 412
Tun S Bf64 411
Tuna S Bl60 406
Tuna S Br60 413
Tuna S Bo63 412
Tuna S Bn65 417
Tuna S Bp56 400
Tunaberg S Bo63 412
Tunadal S Bp56 400
Tunbyn S Bp56 400
Tundradalsseter N Aq57 397
Tune N Bb56 398
Tune N Bc62 410
Tune DK Be69 422
Tungaseter N Aq56 397
Tungastølen N Ao57 402
Tunhem, Östra S Bh64 416
Tunnerstad S Bi64 417
Tunnhovd N As60 403
Tunnhovddammen N As60 403
Tunnsjø N Bh51 393
Tunnsjø-Royvik N Bg51 393
Tunvågen S Bk55 399
Tuolluvaara S Ca45 386
Tuottarstugorna S Bp46 389
Turiststasjon N Bq43 385
Turtagro N Aq57 403
Tustervatn N Bh49 388
Tustna N Ar54 397
Tusvik N An56 396
Tutaryd S Bi67 417
Tuv N Ar59 403
Tuvaseter N Ar60 403
Tuvattnet S Bk53 393
Tuven N Bh49 388
Tuvsletta N Bs43 386
Tuvträsk S Bs51 394
Tvååker S Be66 416
Tväråbäck S Bu52 395
Tvärålund S Bu52 395
Tväråmark S Ca53 395
Tvärån S Cc49 390
Tväråträsk S Bq50 394
Tvärdalen S Be62 410
Tvärred S Bg65 416
Tvärskog S Bn67 417
Tvedestrand N As63 409
Tveit N An62 408
Tveit N An62 408
Tveit N Ap59 403
Tveit N As63 409
Tveita N Am62 408
Tveita N Am60 402
Tveitan N Ba62 410
Tveitarå N An62 408
Tveitebø N Aq62 409
Tverrå N Bi48 388
Tverråmo N Bm46 389
Tverrberg N Am56 396
Tverrelvmo N Bu43 386
Tverrfjell N Ap55 397
Tverrlandet N Bk46 388
Tversted DK Ba65 415
Tveta S Bm66 417
Tveta S Bf62 411
Tveta S Bn62 412
Tveter N Bc62 410
Tving S Bl68 423
Tvist N Ar59 403
Tydal N Bd54 398
Tye S Bh62 411
Tyfors S Bi60 405
Tyin N Ar58 403
Tyinholmen N Ar58 403
Tyinosen N Ar58 403
Tyinstølen N Ar58 403
Tylldal N Bb56 398
Tyllinge S Bn64 417
Tylösand S Bf67 416
Tylstrup DK Au66 415
Tynderö S Bq56 400
Tyngsjö S Bh60 405
Tynningö S Br62 413
Tynset N Bb56 398
Tyrenevik N Al60 402
Tyresö S Br62 413
Tyresta S Br62 413
Tyrinäs S Bg58 405
Tyringe S Bh68 422
Tyrislöt S Bo64 418
Tyristrand N Ba60 410
Tysdal N An62 408
Tyskeberget N Be59 404
Tysken N Be59 404
Tysnes N Bm44 385
Tysnes N Am60 402
Tysse N Am60 402
Tysse N Al58 402
Tyssebotn N Am59 402
Tyssedal N Ao60 402
Tysslinge S Bl62 411
Tystberga S Bp63 412
Tysvær N Am62 408
Tyttbo S Bo60 406

U

Ubbetorp S Bl63 412
Ubergsmoen N As63 409
Ucklum S Bd64 416
Udby DK Bd70 422
Udbyhøj Vasehuse DK Ba67 415
Uddebo S Bi66 417
Uddebo S Bg66 416
Uddeholm S Bh60 411
Uddevalla S Bd64 410
Uddheden S Bf61 411
Ufs N At62 409
Uggdal N Al60 402
Uggerby DK Ba65 415
Uggleheden S Be59 404
Ugglekull S Bk67 423
Ugglum S Bh64 416
Ugilt DK Ba66 415
Uglev DK As67 414
Ugulsvik N Ap58 403
Ukna S Bn64 417
Ula N Ba62 410
Ulaberg N Bu43 386
Uland S Bq55 400
Ulbjerg DK At67 415
Ulefoss N At62 409
Uleviken S Be63 410
Ulla N An55 396
Ullanda S Bp60 406
Ullånger S Br54 400
Ullared S Bf66 416
Ullarp S Bf67 416
Ullatti S Cd46 391
Ullbergsträsk S Bu50 395
Ullbolsta S Bp61 412
Ullene S Bg64 416
Ullensaker N Bc60 410
Ullensvang N Ao60 402
Ulleren N Bd60 404
Ullervad S Bh63 411
Ullisjaur S Bn50 394
Ullsfjord N Bu41 380
Ullsnesvik N Bu41 380
Ullvi S Bn62 412
Ullvi S Bo61 412
Ulnes N Da42 383
Ulnes N At58 403
Uløybukt N Cb41 381
Ulricehamn S Bg65 416
Ulrika S Bl64 418
Ulriksberg S Bk60 405
Ulriksfors S Bm53 394
Ulsak N As59 403
Ulsberg N Au55 398
Ulsted DK Ba66 415
Ulstein N Am56 396
Ulsteinvik N Am56 396
Ulstrup DK Au68 415
Ulvan N At53 397
Ulvenes N As62 409
Ulvik N Ao59 402
Ulvkälla S Bi56 399
Ulvoberg S Bp51 394
Ulvöhamn S Bs54 401
Ulvsås S Bi54 399
Ulvshyttan S Bl60 406
Ulvsjön S Bi57 405
Ulvsjön S Bn56 400
Ulvsnes N As54 397
Ulvsundet S Bp62 412
Ulvsvåg N Bm44 385
Umasjö S Bl49 389
Umbuktafjellstue N Bk48 388
Umeå S Ca53 395
Umgransele S Br51 394
Umnäs S Bn50 394
Unbyn S Cd49 391
Undenäs S Bi63 411
Undereidet N Cd41 381
Undersåker S Bg54 399
Understed DK Ba66 415
Undredal N Ap59 403
Undrom S Bq54 400
Unna Allakasstugorna S Br44 385
Unnaryd S Bh67 416
Unntorp S Bi58 405
Unset N Bc57 398
Unsetbrenna N Bc56 398
Unsta S Bp61 412
Unstad N Bh44 384
Ununge S Bs61 413
Uppdal N Ar58 403
Uppgränna S Bk64 417
Upplanda S Bq60 406
Upplanda S Bp60 406
Upplandsbodarne S Bp59 406
Upplands-Väsby S Bq61 413
Uppsala S Bq61 412
Uppsala-Näs S Bq61 412
Uppsälje S Bi59 405
Upsete N Ao59 402
Uråsa S Bk67 417
Urbø N Aq61 409
Urdal N Ao64 408
Urddajávrre = Urtimjaur S Ca47 390
Urdland N Ao59 402
Urnes N Ap58 403
Urshult S Bk67 423
Ursviken S Cc51 395
Urtimjaur S Ca47 390
Uskedalen N Am61 408
Ustaoset N Ar59 403
Utåker N Am61 408
Utakleiv N Bh44 384
Utanbergsvallarna S Bi56 399
Utanede S Bo55 400
Utanlandsjö S Bs54 401
Utansjö S Bq55 400
Utbjoa N Am61 408
Utbjør N Bk43 384
Utby S Bh63 411
Utgarden N Be60 410
Uthaug N Au53 392
Utifällen S Bt52 395
Utne N Ao60 402
Utö S Br63 413
Utset N At53 397
Utsira N Ak62 408
Utterliden S Bt50 395
Uttersberg S Bm61 412
Uttersjöbäcken S Cc52 395
Utvängstorp S Bh64 416
Utvik N An57 402
Utvorda N Bb51 392
Uvanå S Bh60 405
Uvdal N As60 403

V

Vå N Aq61 409
Vä S Bi69 422
Vackå S Bq62 412
Väckelsang S Bk67 417
Vad S Bm60 412
Vad S Bo61 412
Vada S Br61 413
Väddö S Bs61 413
Väderstad S Bk64 411
Vadfoss-Helle N At63 409
Vadheim N Am58 402
Vadla N An62 408
Vadsbo S Bo63 412
Vadsø N Cu40 383
Vadstena S Bk64 411
Vadum DK Au66 415
Væktarstua N Bd55 398
Værløse DK Be69 422
Værøy-seter N As54 397
Væting N Ar64 409
Våg N Be50 392
Våg N Bc51 392
Våg N Al62 408
Våga N Al62 408
Vågaholmen N Bg47 388
Vågåmo N At57 397
Vågan N Bq42 385
Vågan N At54 397
Vågdalen S Bm53 394
Våge N Ap65 414
Våge N Al60 402
Våge N Ap55 397
Våge S Bi54 399
Vågen N As54 397
Vägersjön S Bn54 400
Vaggeryd S Bi66 417
Vagnhärad S Bq63 412
Vagnhärad S Bq63 412
Vågos N Ar54 397
Vagoy N Ap55 397
Vågsbygo N Aq64 414
Vägsele S Br51 394
Vägsjöfors S Bg60 405
Vågslid N Ap61 408
Vågsodden N Be49 388
Váhtjer = Gällivare S Cb46 390
Vaisaluoktastugan S Bp45 385
Väja S Bq55 400
Väjern S Bc64 410
Vájgájávrre = Vajkijaur S Bu47 390
Vajkijaur S Bu47 390
Vajmat S Bu47 390
Våk N Bb62 410
Vakern S Bi60 405
Vakkotavarestugan S Br45 385
Vaksala S Bq61 412
Vaksdal N Am60 402
Vaksvik N Ao56 396
Vålådalen S Bf54 399
Vålasen S Bi56 399
Vålåskaret N Au55 397
Vålåstugorna S Bf54 399
Valberg N Bh44 384
Vålberg S Bg62 411
Valbo S Bp59 406
Valbo-Ryr S Bd64 410
Valdalen N Be56 398
Valdemarsvik S Bo64 418
Valderøy N An55 396
Valdshult S Bh65 416
Våle N Ba62 410
Våle S Bk55 399
Valebjørg N Ar62 409
Valebø N At62 409
Valen, Sunde- N Am61 408
Våler N Bd59 404
Våler N Bb61 410
Valestøyl N Aq62 409
Valestrandsfossen N Al59 402
Valevåg N Al61 408
Välinge S Bf68 422
Valinge S Be66 416
Valjok N Cm41 382
Vall S Br65 419
Valla N Bd49 388
Valla S Bn62 412
Valla S Bd64 416
Vallakra S Bf69 422
Vallargärdet S Bh62 411
Vallberga S Bg68 422
Vallbo S Bg54 399
Vallby S Bp61 412
Valldal N Ap56 397
Valldalseter N Ao61 402
Valle N Bh46 388
Valle N Aq62 409
Valle N Ao56 396
Valle N Au63 409
Vallen S Cc52 395
Vallen S Bn53 400
Vallen S Bo53 394
Vallentuna S Br61 413
Vallerstad S Bl64 411
Valleviken S Bs65 419
Valljöbol S Bi63 411
Vallo N Ar59 403
Vallrun S Bi53 393
Vallsbo S Bo59 406
Vallset N Bc59 404
Vallsjärv S Cf47 391
Vallsnäs S Bl64 418
Vallsta S Bn57 406
Vallstena S Bs65 419
Vallvik S Bp58 406
Vällviken S Bi54 399
Valmen N Bd58 404
Valne S Bi54 399
Valö S Br60 407
Valøy N Bb51 392
Valøy N Bd52 392
Valsebo S Bd62 410
Valset N Au53 397
Vålsjö S Bn57 406
Valsjöbyn S Bi52 393
Valsjön S Bn56 400
Valskog S Bm62 412
Valsøybotn N As54 397
Välsta S Bp57 406
Valstad S Bh64 416
Valstad S Bo65 417
Valsvikdalen N An59 402
Valtorp S Bh64 416
Valtuvalta S Bm56 400
Valvåg N Bn44 385
Valvik N Bk46 388
Valvikja N Ak57 402
Välvsjölinden S Ca52 395
Valvträsk S Cd48 391
Våmartveit N Aq61 409
Våmb S Bh64 411
Våmhus S Bi58 405
Vamlingbo S Br67 419
Vammen DK Au67 415
Vammervollsetra N At56 397
Vändträsk S Cc49 391
Väne-Åsaka S Be64 416
Vanebu N Au62 409
Vänersborg S Be64 410
Vänersborg S Bh60 405
Vänersnäs S Bf64 410
Väne-Ryr S Be64 410
Vang N As58 403
Vang N Ba60 404
Vang DK As67 414
Väng S Bd62 410
Vånga S Bm63 412
Vänga S Bf65 416
Vånga S Bi68 423
Vänge S Bp61 412
Vange S Bs66 419
Vängel S Bn53 400
Vangen N Bd61 410
Vangshamn N Br42 380
Vangshaugen N As55 397
Vangshylla N Bc53 392
Vängsjö S Bp62 412
Vangsnes N Ao58 402
Vangsvik N Bq42 385
Vänjaurbäck S Bs52 395
Vänjaurträsk S Bs52 395
Vankiva S Bh68 422
Vannareid N Bu40 380
Vännäs S Bt53 395
Vännäs S Bu53 395
Vännäsberget S Cf48 391
Vännäsby S Bu53 395
Vannsätter S Bo58 406
Vannvåg N Bu40 380
Vansbro S Bi59 405
Vanse N Ao64 414
Vansjö S Bn60 412
Vansjö S Bo61 412
Vansö S Bo62 412
Vanstad S Bh69 422
Vanvikan N Ba53 398
Vaplan S Bi54 399
Vara S Bf64 416
Varaldskogen N Be60 410
Varaldsøy N Am60 402
Varangerbotn N Cs40 383
Varberg S Be66 416
Vardebrotet N Ap62 408
Varden N Ar54 397
Vårdinge S Bp62 412
Vårdnäs S Bm64 418
Vardnes N Cp39 382
Vardø N Dc40 383
Vardsberg S Bm64 412
Varekil S Bd64 416
Vårgårda S Bf64 416
Vargeneset N Bo44 385
Vargön S Be64 410
Varhaug N Am63 408
Väring S Bh63 411
Vårkumla S Bh64 416
Varland N Ar61 409
Värmlands Bro S Bf62 411
Varmsätra S Bo61 412
Värmskog S Bf62 411
Värna S Bm64 418
Värnamo S Bi66 417
Varnhem S Bh64 411
Värns S Br54 401
Varntresk N Bi49 388
Varnum S Bg65 416
Värö S Be66 416
Varola S Bi64 411
Varpsjö S Bo52 394
Värsås S Bi64 411
Vårst DK Ba67 415
Vårsta S Bq62 412

Vartdal

Vartdal N An56 396
Varteig N Bc62 410
Vartofta S Bh64 416
Varuträsk S Cb51 395
Varv S Bl64 411
Varv S Bh64 416
Vårvik S Be62 410
Vås S Bm56 400
Våsbo S Bm57 406
Våsdalen N Ba58 404
Väse S Bh62 411
Vasetseter N As58 403
Väskinde S Br65 419
Vassända S Be63 410
Vassbotten S Bc63 410
Vassdal N Bq43 385
Vássejávri = Vassijaure S Br44 385
Vasselbodarna S Bh58 405
Vasselhyttan S Bl61 411
Vassenden N An57 402
Vassenden N An57 402
Vassenden N An57 403
Vassenden N Au58 403
Vassendvik N Am62 408
Vassfarplass N At59 403
Vasshus N An62 408
Vassijaure N Br44 385
Vassli N At54 397
Vassli N Ao58 402
Vassmoen N Bc52 392
Vassmolösa S Bn67 417
Vassnäs S Bg53 399
Vassnäs N Bl56 399
Vassnø N An63 408
Vasstrand N Br41 380
Vasstulan N Ar60 403
Vasstveit N At61 409
Vassunda S Bq61 412
Västanå S Bo55 400
Västanå S Bp56 400
Västanfors S Bm61 412
Västanhede S Bn60 406
Västanhede S Bn54 399
Västansjö S Bq52 394
Västansjö S Bl49 389
Västansjö S Bm50 394
Västansjö S Bp54 400
Västansjö S Bo55 400
Västansjö S Bk60 405
Västansjö S Bo56 400
Västanträsk S Ca52 395
Västanvik S Bk59 405
Västbacken S Bh54 399
Västby S Bo58 406
Västbyn S Bi53 399
Västerås S Bo61 412
Västerbacke S Br54 401
Västerby S Bm60 406
Västerby S Bs66 419
Västerby S Bq62 413
Västerbykil S Bn62 412
Västerdal S Bn62 412
Västerfärnebo S Bn61 412
Västerfjäll S Bp47 389
Västergarn S Br66 419
Västergissjö S Bs53 401
Västerhållan S Bi56 399
Västerhaninge S Br62 413
Väster Hjåggböle S Cb51 395
Västerhus Bs54 401
Västerlanda S Be64 416
Västerlandsjö S Bs54 401
Väster-Ledinge S Bo54 400
Västerljung S Bp63 413
Västerlösa S Bl64 412
Västermo S Bn62 412
Västermyckeläng S Bi58 405
Västernäs S Bs61 413
Väster Övsjö S Bm54 400
Västerplana S Bg63 411
Västersel S Br54 401
Västerstråsjö S Bn57 400
Västertåsjö S Bm52 394
Västervåla S Bn61 412
Västervik S Bo65 418
Västland S Bq60 406

Västra Ämtervik S Bg61 411
Västra Bispgården S Bo54 400
Västra Bodane S Be63 410
Västra Bodarna S Be65 416
Västraby S Bi65 417
Västra Eneby S Bm64 417
Västra Gerum S Bg64 411
Västra Grannäs S Bn58 406
Västra Harg S Bl64 417
Västra Husby S Bn64 412
Västra Karup S Bf68 422
Västra Ny S Bk63 411
Västra Ormsjö S Bn52 394
Västra Ritjemjåkk S Bp45 385
Västra Ryd S Bq61 412
Västra Sjulsmark S Cb52 395
Västra Skedvi S Bm61 412
Västra Stenby S Bl64 411
Västra Stugusjön S Bl55 399
Västra Torup S Bh68 422
Västra Tunhem S Be64 416
Västrum S Bo65 418
Västsjön S Bh53 399
Västtjärna S Bl59 405
Våthult S Bg66 416
Våtkölssätern S Bf58 405
Vatland N Ap64 408
Vatland N Ap64 408
Vatnås N Au61 403
Vatne N Ao55 396
Vatne N Am63 408
Vatne N Am56 396
Vatne N Aq63 409
Vatneli N Aq64 409
Vatnet N Bk46 388
Vatnfjord N Bi44 384
Vatnhamn N Cf39 381
Vatnstrøm N Ar44 409
Vätö S Bs61 413
Vats N Am61 408
Vatar N Ar59 403
Vättak S Bh64 416
Vattholma S Bq60 412
Vattjom S Bp56 400
Vattlång S Bp57 406
Vattnäs S Bk58 405
Vatvet N Bc62 410
Våtvik N Bl46 388
Vauldalen N Be55 398
Vavd S Bq60 407
Väversunda S Bk64 411
Växbo S Bo58 406
Vaxholm S Br62 413
Växjö S Bk67 417
Våxtorp S Bg68 422
Växvik S Bo61 412
Vazáš = Vittangi S Cd45 386
Veahtasjávri = Vettasjärvi S Cd46 386
Vean N As54 397
Vear N Ba62 410
Vebbestrup DK Au67 415
Veberöd S Bg69 422
Veblungsnes N Aq55 397
Vebomark S Cc52 395
Veckholm S Bp61 412
Vedavågen, Åkrahamn- N Al62 408
Vedbo S Bn61 412
Vedby S Bg68 422
Veddige S Bf67 422
Vederslöv S Bk67 417
Vedevåg S Bl61 412
Vedum S Bg64 411
Vegårshei N As63 409
Vegby S Bg65 416
Vegger DK Au67 415
Veggli N At60 403
Vegset N Be52 392

Vegusdal N Ar63 409
Vehus N Ar61 409
Veidarvon N Au58 404
Veidholmen N Aq53 397
Veidnes N Co39 382
Veigge = Pirttivuopio S Bt45 386
Veines N Ct39 383
Veineset N Ct41 383
Veinge S Bg67 422
Vejby DK Be68 422
Vejbystrand S Bf68 422
Vejrum DK Au68 415
Vejrumstad DK As68 414
Vektarlia N Bh51 393
Veldre N Bb59 404
Velinga S Bh64 416
Velken N Ao59 402
Vellamelen N Bc52 392
Vellinge S Bg70 422
Velta N Be59 404
Vemdalen S Bh56 399
Vemdalsskalet S Bh56 399
Vemhån S Bi56 399
Vemmedrup DK Be70 422
Vemork N Ar61 409
Vemundvik N Bd51 392
Ven N An63 408
Vena S Bm65 417
Venabu N Ba57 404
Venabygd N Ba57 404
Venås N Ap55 397
Venåsen N Au57 404
Vendel N Bq60 412
Veneby DK As67 414
Vengedal N Aq55 397
Venjan S Bh59 405
Vennesla N Aq64 409
Vennesund N Be50 392
Ventlinge S Bn68 423
Vera N Be53 392
Verdalen, Kleppe- N Am63 408
Verdalsøra N Bc53 392
Verdens Ende N Ba62 410
Vereide N An57 396
Verket N Ba61 410
Verningen N Ba62 409
Verpe N As62 409
Verum S Bk62 417
Verveln S Bm65 417
Vervik N Am62 408
Vervnäs S Bg58 405
Vesetrud N Ba60 410
Veslesetra N Ba61 409
Vesleskag N Ast 403
Vessige S Bf67 416
Vestad N Ap55 397
Vestbjerg DK Au66 415
Vestby N Bb61 410
Vestbygd N Bl44 384
Vestbygd N Ao64 414
Vesterbølle DK At67 415
Vesterelv N Cs40 383
Vester Grønning DK At67 415
Vester Hassing DK Ba66 415
Vester Hjermitslev DK Au66 415
Vester Hornum DK At67 415
Vesterli N Bl46 389
Vesterø Havn DK Bb66 415
Vestertana N Cq40 383
Vester Tørslev DK At67 415
Vester-Vandet DK As66 414
Vester Velling DK Au68 415
Vestervig DK Ar67 414
Vestfossen N Au61 409
Vestmarka N Bd61 410
Vestnes N Ap55 397
Vestpollen N Bk44 384
Vestre (Ås) N Bb59 404
Vestre Åmøy N Am62 408

Vestre Jakobselv N Ct40 383
Vestre Kile N Aq62 409
Vestre Vallesverd N Ar64 414
Vestvågan N Bf49 388
Vestvik N Bb53 392
Veteren N Au60 403
Vetlanda S Bl66 417
Vettaland N Am63 408
Vettasjärvi S Cd46 386
Vetterud N Bd60 404
Vetti N Aq58 403
Veum N Ar62 409
Vevang N Ap55 397
Vi S Bp56 400
Via S Bp57 406
Vibberbo S Bm60 412
Vibble S Br65 419
Vibbyn S Cd49 391
Viblemo N Ap64 408
Viborg DK At68 415
Viby DK Be69 422
Viby S Bi68 422
Viby S Bk62 411
Vickan S Be66 416
Vickleby S Bn67 418
Vidbo S Br61 413
Viddal N Ao56 396
Videseter N Ap57 397
Vidsel S Cb49 390
Viedås = Vietas S Br46 385
Vieluft N Ch40 381
Viersla N Ap60 403
Vietas S Br46 385
Vigdalsmo N Ba54 398
Vigdel N Am63 408
Vigeland N As64 409
Vigeland N Ap64 414
Vigge S Bo56 400
Vigge S Bi55 399
Viggja N Ba54 398
Vigmostad N Ap64 408
Vigrestad N Am63 408
Vigsø DK As66 414
Vik N Bc51 392
Vik N Bc51 392
Vik N Ao58 402
Vik N Ao55 396
Vik N At61 409
Vika N Bc53 392
Vika N Bd57 404
Vika N Bd55 398
Vika S Bm59 406
Vikan N Ar54 397
Vikane N Bd2 410
Vikanes N Am59 402
Vikarbodarna S Bq56 400
Vikarbyn S Bl59 405
Vika Sörda S Bi59 405
Vikatunet N An62 408
Vikbyn N Bn60 406
Visby DK Ar67 414
Vike N Ao60 402
Vike N Ar55 397
Vike S Ao55 400
Vikebukt N Ap55 397
Vikedal N Am61 408
Viki N Ap62 408
Vikersund N Au61 410
Vikeså N An63 408
Vikevåg N Am62 408
Vikholmen N Bf48 388
Viki N Ap62 408
Vikingstad S Bl64 412
Vikjorda N Bi44 384
Vikmanshyttan S Bm60 406
Vikna N Bb51 392
Vikran N Bs41 380
Vikran N Bo43 385
Viksberg S Bm61 412
Viksdalen N An58 402
Viksfjord, Lauve- N Ba62 410
Viksjö S Bp55 400
Viksjöfors S Bm58 406

Viksmon S Bp54 400
Viksøy N Al60 402
Viksøyri N Ao58 402
Viksta S Bq60 412
Vikstøl N Ar60 403
Vikstraum N As53 397
Viksvatn N Ba52 392
Vilhelmina S Bo51 394
Villingsberg S Bk62 411
Villstad S Bg66 416
Villtungla S Bm62 412
Villvattnet S Ca51 395
Vilnes N Ak58 402
Vilshult S Bi68 423
Vilskekleva S Bg64 416
Vilsund-Vest DK As67 414
Vimmerby S Bm65 417
Vinäs S Bk59 405
Vindbläses DK At67 415
Vindbyholt DK Be70 422
Vindedalen N Ap58 403
Vindelgransele S Br50 394
Vindelkroken S Bm48 389
Vindeln S Bu52 395
Vinderup DK Au68 414
Vindhella N Aq58 403
Vindinge DK Be69 422
Vindsvik N Ao62 408
Vingåker S Bm62 412
Vingelen N Bb56 398
Vingnes N Ba58 404
Vingsand S Ba52 392
Vingstad N Au42 386
Vinje N Ao59 402
Vinje N Aq61 409
Vinjeøra N As54 397
Vinjestøtta N Bb57 404
Vinkel DK At68 415
Vinköl S Bg64 411
Vinliden S Bq51 394
Vinne N Bd53 392
Vinninga S Bg64 411
Vinön S Bm62 412
Vinor S Bt65 419
Vinsa N Cf47 391
Vinslöv S Bh68 422
Vinsternes N Ar54 397
Vinstra N Au57 404
Vintermossen S Bk61 411
Vintervollen N Da41 383
Vintjärn S Bn59 406
Vintrosa S Bk62 411
Vireda S Bk65 417
Virestad S Bi67 417
Virksund DK At67 415
Virring DK Ba68 415
Virsbo S Bn61 412
Virserum S Bm66 417
Visby DK Ar67 414
Visby S Br65 419
Visingsö S Bi64 417
Viskafors S Bf65 416
Viskan S Bn56 400
Viskedal N An58 402
Visland N Ao63 408
Vislanda S Bi67 417
Visnes N Al62 408
Visnum S Bi62 411
Visnumskil S Bi62 411
Vispvallen S Bg55 399
Vissefjärda S Bm67 423
Visseltofta S Bh68 422
Vistasstugorna S Bs44 385
Vistheden S Cb49 390
Visthus N Bf49 388
Vistorp S Bh64 416
Vitåfors S Ce49 391
Vitberget S Ca49 390
Vitemölla S Bi69 422
Vittangi S Cd45 386
Vittaryd S Bh67 416
Vittinge S Bp61 412
Vittjärn S Bf60 405
Vittjärv S Cd49 391
Vittorp S Bn62 412
Vittsjö S Bh68 422
Vitvattnet S Cg48 391
Viul N Bd60 404
Vivastbo S Bo60 412
Vive DK Ba67 415

Vivelstadsvea N Bc58 404
Vivestad N Ba62 409
Vivild DK Ba68 415
Vivljunga S Bh67 422
Vivungi S Ce45 386
Vodskov DK Ba66 415
Voer DK Ba67 415
Voerså DK Ba66 415
Vognill N Au55 397
Vognsild DK At67 415
Vojman S Bo51 394
Vojtjajaurekapell S Bl49 389
Voksa N Al56 396
Vokslev DK Au67 415
Volbu N At55 403
Volda N An56 396
Voldby DK Bb68 415
Volden N Bb55 398
Volenseter N Au58 404
Volgsele S Bo51 394
Voll N Ap55 397
Voll N Au62 409
Voll N Bb59 404
Volleberg N Aq64 414
Vollen N Bs41 380
Vollen N Ba56 398
Vollnes N Ao56 396
Vollom N Al59 402
Vollseter N Ao56 396
Vollseter N Au57 403
Vollum N Ba57 398
Volsted DK Au67 415
Volum N Be58 404
Vorde DK At67 415
Vordingborg DK Bd70 422
Vormsele S Bs51 395
Vormstad N Au54 398
Vormsund N Bc60 404
Vormträsk S Bs51 395
Vorring DK Au67 415
Voss N An59 402
Voxna S Bm58 406
Voxnabruk S Bl58 406
Voxtorp S Bn67 423
Voxtorp S Bi66 417
Vrå DK Au66 415
Vrå S Bg67 416
Vrådal N Ar62 409
Vråliosen N Ar62 409
Vrångfall S Bn65 417
Vrångö S Bd65 416
Vrankunge S Bk67 417
Vrena S Bo63 412
Vrengen N Ba62 410
Vretstorp S Bk62 411
Vridsted DK At68 415
Vrigstad S Bi66 417
Vuku N Bd53 392
Vuoggatjålme S Bn47 389
Vuojat stugorna S Bs47 390
Vuolleriebme = Vuollerim S Cb48 390
Vuollerim S Cb48 390
Vuomajärvi S Ch48 391
Vuomatakka N Cd42 381
Vuoskojaure S Ca44 386
Vuottas S Cd48 391
Vust DK At66 415
Vutudal N At54 397

W

Wadahl N Au57 403

Y

Ydby DK Ar67 414
Yddebu S At58 403
Ydermossa S Bg68 422
Ydrefors S Bm65 418
Yestebø N Al59 402
Ygle N Bc58 404
Ygskorset S Bm57 406
Yli N At61 409
Ylinenjärvi S Cg47 391
Yllestad S Bh64 416
Ylterhogdal S Bk56 399
Ylvingen N Be49 388
Yngsjö S Bi69 422
Ynnesdal N Al59 402
Yrttivaara S Cd47 391

Yset N Ba55 398
Ysjö S Bo53 400
Ystad S Bh70 422
Ysterbrød N Am64 408
Ytre Arna N Al60 402
Ytre Billefjord N Cl40 382
Ytre Bu N Ao60 402
Ytre Enebakk N Bc61 410
Ytre Frønningen N Ap58 402
Ytre Gåradak N Cl40 382
Ytre Honningsvåg N Al56 396
Ytre Kårvik N Bs41 380
Ytre Kjæs N Cm39 382
Ytre Korsnes N Co40 382
Ytre Lauvrak N Ar63 409
Ytre Leirpollen N Cm40 382
Ytre Matre N Am61 408
Ytre Ofredal N Ap58 403
Ytre Oppedal N Al58 402
Ytre Ramse N Ar63 409
Ytre Rendal N Bc57 404
Ytre Standal N Ao56 396
Ytre Veines N Cl40 382
Ytterån S Bi54 399
Ytteräng S Bg53 393
Ytterås N Bc54 398
Ytterberg S Bi56 399
Ytterboda S Cb53 395
Ytterby S Bd51 392
Ytterby S Bd51 392
Ytterbystrand S Br62 413
Ytterjärna S Bq62 412
Ytterlännäs S Bq54 400
Yttermalung S Bh59 405
Ytterocke S Bh54 399
Ytterolden S Bh53 393
Ytterøy N Bc53 392
Ytter-Rissjö S Bq52 394
Yttersby S Bs60 407
Ytterselö S Bp62 412
Yttersjön S Bu52 395
Ytterstad N Bm44 385
Yttertällmo S Bq53 400
Yttervik S Bs48 390
Ytt Heden S Bm60 406
Yttre Lansjärv S Ce47 391
Yttrö S Bp60 406
Yxbodarna S Bk59 405
Yxnerum S Bn64 418
Yxsjö S Bq52 394
Yxsjöberg S Bk60 411
Yxskaftkälen S Bl53 393

Z

Zinkgruvan S Bl63 411

Register

A
Aalborg 50, 52, 368
    Aalborg Zoo 53
    Budolfi Kirke 52
    Jens Bangs Stenhus 52
    Kunsten Museum of Modern Art 52
    Lindholm Høje 53
ABBA 10
Abisko, Nationalpark 209
Ærø 68
    Ærøskøbing 68
    Skjoldnæs Fyr 68
Ale Stenar 109
Ålesund 310, 374
    Atlanterhavsparken 311
    Jugendstilviertel 310
    Stadtberg Aksla 311
    Stadtmuseum 310
    Sunnmøre-Museum 311
    Trankocherei 311
Almindingen 97
Als 20
    Gråsten Slot 20
    Sønderborg Slot 20
Alta 356, 372
Åmål 160
Åndalsnes 313
Ånderdalen, Nationalpark 354
Andersen, Hans Christian 62, 63, 64
Andøya 352
Arboga 194
Arendal 220
    Aust-Agder kulturhistoriske senter 221
Århus 34, 368
    Århus Theater 37
    ARoS Århus Kunstmuseum 34
    Den Gamle By 37
    Latinerkvarteret 36
    Marselisborg Slot 36
    Mejlgade og Skolegade 36
    St.-Clemens-Dom 34
    Universitet 36
Arkösund 162
Askersund 165
Atlanterhavsveien 314
Atlantikstraße 314
Atlantikwall 47
Austvågøy 349
    Kabelvåg 349
    Svolvær 349

B
Bengtsfors 160
Bergen 280, 374
    Akvariet i Bergen 287
    Bryggen 280
    Domkirche St. Olav 286
    Festung Bergenhus 283
    Fischmarkt 285
    Gamle Bergen 282
    Kunstmeile 286
    Marienkirche 282
    Torget 285
Bergman, Ingmar 141
Birka 77
Birkebeinerrennet 257
Blåfjella-Skjækerfjella, Nationalpark 332
Bodø 343
Bohuslän 156
Bohusleden 151
Bornholm 96
Bornholmer Hering 100
Breheimen, Nationalpark 297
Brønnøysund 336

C
Carl XVI. Gustaf 182, 241
Christian IV. 72, 80, 83, 93
CoBrA 43

D
Dalby Söderskog, Nationalpark 116
Dalen 228
Dalsland-Kanal 161
Digerhuvud, Naturreservat 142
Djursland 38
    Gammel Estrup 38
    Meilgaard Gods 39
    Rosenholm Slot 39
Dovrefjell-Sunndalsfjella, Nationalpark 320
Dovre, Nationalpark 258

E
Egeskov Slot 66
Eiderenten 337
Eidfjord 273
Eidsvoll 244
Eksjö 132
Ekstakusten, Naturschutzgebiet 141
Elche 166
Elverum 257
Erdöl 265
Ertholmene 99
Esbjerg 27, 368
    Mennesket ved Havet 27
Eskilstuna 172

F
Fåborg 67
Fagersta 195
Fahrradfahren 95
Falkenberg 128
Falköping 150
Falun 196, 370
Fanø 28
    Nordby 29
    Sonderhø 29
Fårö 142, 144
Fauske 342
Felszeichnungen von Tanum 158
Femundsee 319
Femundsmarka, Nationalpark 258
Finse 278
Fischerei 316
Fjällbacka 154
Flakstadøya 347
Flåmsbana 294
Flekkefjord 214
    Grand Hotel 214
Florø 303
Folgefonna, Nationalpark 269
Førde 300
Fredericia 30
Frederiksborg Slot 80
Frederikshavn 59, 368
Frederikstad 245
Freistadt Christiania 86
Friedensnobelpreis 240
Fulufjället, Nationalpark 197
Fünen 60
Fyn 60

G
Gällivare 205
Gamla Uppsala 193

Gammelstad 204
Gaustatoppen 232
Gävle 198
Geilo 249
Geirangerfjord 4, 306
Göta-Kanal 148
Götaland 104
Göteborg 144, 370
    Designmuseum 146
    Konstmuseum 146
    Lilla Bommen 144
    Museum der Weltkulturen 146
    Naturhistorisches Museum 146
    Sjöfartsmuseum 146
    Universeum 146
Göteborg-Archipel 150
Gotland 141
Grabhügel von Jelling 33
Grenen 55
Grieg, Edvard 10, 289
Grimeton 127
Grimstad 220
Grip 316
Grong 332
Gryt 162
Gudbrandsdalen 252

H
Haderslev 30
Hadseløya 349
Halden 244
Hallingdalen 250
Hallingskarvet, Nationalpark 250
Halmstad 125
Hamar 257
Hammeren 96
    Hammeren Fyr 96
    Helligdomsklipperne 97
Hammerfest 356
Hamra, Nationalpark 197
Harald V. 236, 240
Hardangerfjord 269
Hardangervidda 275
Hardangervidda, Nationalpark 275
Härjedalen 199
Härnösand 199
Haukeli 233
Håverud 155
Heddal 229

Helsingborg 118
Helsinge 78
Helsingør 78
    Altstadt 78
    Kronborg Slot 79
Henningsvær 349
Herning 42
Hinnøya 352
Hirtshals 54
Hobro 40
Höga Kusten 200
Holstebro 42
Horsens 33
Hurtigruten 304, 374

I
Ibsen, Henrik 222, 225
International Kiteflyers Meeting 29

J
Jammerbugt 54
Jelling 33
Jokkmokk 204
Jönköping 134
Jostedalsbreen, Nationalpark 297, 298
Jotunheimen, Nationalpark 255
Junkerdal, Nationalpark 343
Jütland 20, 368
Jylland 20

K
Kalmar 137
    Schloss Kalmar 138
Kalmarer Union 139
Karasjok 354
Karlshamn 120
Karlskrona 125
Karlstad 164
Karl XI. 117
Kattegat 130, 370
Kautokeino 354
Kirchendorf Gammelstad 204
Kirche von Jelling 33
Kirkenes 363, 374
Kiruna 208
Kitesurfing 25
Kjerag 266
Klippfisch 346
Klöppeln 23

København 82
    Amalienborg Slot 91
    Botanisk Have 93
    Christiania 86
    Christiansborg Slot 82
    Christianshavn 83
    Den Grønne Sti 95
    Frederiks Kirke 91
    Kleine Meerjungfrau 93
    Nyhavn 83
    Operaen på Holmen 93
    Rosenborg Slot 93
    Slotsholmen 82
    Strøget 91
    Tivoli 88
Køge 74
    Køge Museum 75
Kolding 30
Kongsberg 248
Kosterhavet, Nationalpark 155
Kragerø 224
Kristiansand 218
    Domkirken 218
Kristianstad 119
Kristiansund 316
Kristinehamn 164

L
Lachswanderung 333
Lagerlöf, Selma 106
Landskrona 117
Langeland 68
    Rudkøbing 69
    Tranekær Slot 69
Langøya 352
Lappland 202
Larsson, Stieg 107
Larvik 234
Legoland Billund 31
Leka 334
Lidköping 151
Lillehammer 250
    Freilichtmuseum Maihaugen 251
    Norges Olimpiske Museum 251
    Olympiapark 251
Lillesand 220
Lindesnes 215, 216
Lindesnes Fyr 215
Lindgren, Astrid 106
Linköping 160
Linné, Carl von 142, 190

Listerland 120
Ljungby 128
Loen 301
Lofoten 372
Louisiana Museum of Modern Art, Humlebæk 80
Luciafest 170
Lund 114
Lysefjord 266

M
Mälaren 172
Malmö 110
   Gamla staden 112
   Hafen 110
   Lilla Torg 112
   Schloss Malmöhus 112
Mandal 214
Mandø 25
Mankell, Henning 107
Margrethe II. 91, 370
Mariefred 169
Marstrand 150
Mittsommer 122
Mjøsa-See 245
Møgeltønder 24
   Løgumkloster 24
   Schackenborg Slot 24
Mo i Rana 338
Molde 313
Mols Bjerge, Nationalpark 38
Møns Klint 7
Morsø 48
Moschusochsen 322
Mosjøen 338
Moskenesøya 345
   Hamnøy 345
   Reine 345
Munch, Edvard 146, 243, 287

N
Næstved 78
Namsos 333
Narvik 345
Nissum Fjord 44
Nobel, Alfred 240
Nordkap 360, 372, 374
Nordlicht 358
Nord-Norge 336
Norra Kvill, Nationalpark 133
Norrbotten 209

Norrköping 161, 370
Norrland 198
Norwegens Tierwelt 276
Notodden 229
Numedalen 248
Nyborg 66
   Nyborg Slot 66
Nyköping 168

O
Odense 60
   Brandts Klædefabrik 63
   Den Fynske Landsby 63
   Domkirke 62
   Flakhaven 62
   H. C. Andersens Barndomshjem 62
   H. C. Andersens Hus 63
   Møntergården 62
Öland 137
Olav der Heilige 230, 331
Olden 301
Orcas 347
Örebro 165, 370
Öresund 118, 370
Ornes 292
Oskarshamn 138
Oslo 236
   Aker Brygge 238
   Fram-Museum 243
   Karl Johans gate 238
   Königliches Schloss 236
   Munch-Museum 243
   Oper 243
   Rathaus 238
   Schloss Akershus 239
   Vigelandpark 236
Östersund 198
Østlandet 224
Øvre Anárjohka, Nationalpark 355
Øvre Pasvik, Nationalpark 363

P
Padjelanta, Nationalpark 208
Polarkreis 340
Polarlicht 358
Pottwale 352

R
Radiostation Grimeton 127
Raftsund 350

Rago, Nationalpark 342
Rallarvegen 279
Randers 40
Raukar 142
Reinheimen und Trollstigen, Nationalpark 306
Rentiere 206, 363
Ribe 26, 368
Ringkøbing 43
Ringkøbing Fjord 44
Ringsted 74
Risør 221
Rjukan 232
   Industriemuseum 232
Rømø 24
Romsdalsfjord 313
Rondane, Nationalpark 252
Rønne 98
Ronneby 124
Røros 318
Rosendal 269
Roskilde 70
   Roskilde Domkirke 71
   Vikingeskibsmuseet 71
Roskilde Festival 71
Rubjerg Knude, Wanderdüne 56
Runde 309
Runensteine von Jelling 33

S
Safaripark Eriksberg 121
Sala 195
Salling 48
Saltfjellet-Svartisen, Nationalpark 339
   Engabreen 339
   Svartisen 339
Samen 357
Sandane 303
Sandefjord 234
Sandskulpturenfestival in Søndervig 45
Sarek, Nationalpark 205
Schärengärten 162
Schlacht von Stiklestad 331
Schloss Drottningholm 184
Schloss Gripsholm 169
Schwedische Literatur 106
Schwedisches Königshaus 182
Seeadler 345
Seeland 70

Senja 354
Setesdal 218
Siljansee 196
Silkeborg 42, 368
Simrishamn 105
Sjælland 70
Skagen 54, 368
Skara 150
Skarvan og Roltdalen,
  Nationalpark 320
Skei 300
Skellefteå 201
Skien 224
Skuleskogen, Nationalpark 200
Smögen 156
Söderåsen, Nationalpark 119
Söderköping 161
Sognefjord 290
Sola 260
Søndervig 45
Sørfjord 270
Sørlandet 214
Sorø 74
Sørøyane-Archipel 309
Stabbursdalen, Nationalpark 356
Stabkirche Heddal 229
Stabkirchen 230
Stabkirche Urnes 292
Stadil Fjord 44
Stadlandet 303
St. Anna 162
Stavanger 260
  Domkirken St. Svithuns 262
  Historisches Zentrum 262
  Norsk Hermetikkmuseum 262
  Norsk Oljemuseum 262
Steinkjer 330
Stenshuvud, Nationalpark 116
Stevns Klint 75
Stiklestad 330
Stockfisch 346
Stockholm 172, 370
  Djurgården 184
  Gamla stan 174, 176
  Helgeandsholmen 180
  Königsschloss 180
  Norrmalm 179
  Östermalm 179
  Schärengarten 8
  Skansen 184
  Stadshuset 179
  Storkyrkan 174
  Vasamuseum 180
Stockholmer Schärenarchipel 186
Stora Sjöfallet, Nationalpark 208
Store Mosse, Nationalpark 132
Strängnäs 172
Stryn 301
Sundsvall 199
Svaneke 99
Svealand 164
Svendborg 67

T

Taiga 210
Tanum 158
Telemarkkanal 227
Telemark Museum 225
Thy 49
Thy, Nationalpark 50
Tiveden, Nationalpark 164
Tjust 162
Tønder 21
Tønder-Spitze 23
Tønsberg 235
Trelleborg 74, 104
Trolle 301
Trollhättan 154
Tromsø 352, 372
  Eismeerkathedrale 353
Trøndelag 318
Trondheim 324
  Altstadt 324
  Festungsanlage Kristiansten
    328
  Gamle Bybroen 328
  Kunstindustrimuseet 328
  Kunstmuseum 328
  Munkholmen 329
  Nidarosdom 327
  Palast der Erzbischöfe 324
  Sjøfartsmuseet 329
  Speicherhäuser 328
  Stiftsgården 324
  Sverresborg Trøndelag Folk
    Museum 328
  Vår Frue kirke 329
  Vitenskapsmuseet 329
Trosa 168
Trysil 257
Tundra 210
Tylösand 125

U

Ulvik 279
Umeå 201
Uppsala 186, 188, 370
  Domkyrka 188
  Linnéträdgården 188
  Schloss von Uppsala 193
  Universität 188
Utne 271
  Utne Hotel 271

V

Vadehavet, Nationalpark 28
Vadsø 357
Vadstena 160
Vågsøy 303
Vänern 151, 153
Varangerfjord 362
Varangerhalvøya, Nationalpark
  362
Varberg 128
Värnamo 132
Västerås 194
Västervik 139, 370
Vättern 134
Växjö 128
  Herrenhaus Huseby Bruk 129
Vega-Archipel 336
Vejle 32
Vendsyssel-Thy 49, 368
Vestlandet 260
Vest Stadil Fjord 44
Vestvågøy 347
Viborg 41
Vigeland, Gustav 236
Vimmerby 139
Visby 141
Visingsö 135
Vøringsfossen 273

W

Walsafari 352
Weiße Nächte 355
Wikinger 76

Y

Ystad 104
Ytre Hvaler, Nationalpark 246

Bildnachweis

G = Getty Images, M = mauritius images, Look = lookphotos

Cover: Look/ClickAlps (Nusfjord), Jan Miko/Shutterstock.com (Elch); Buchrücken: Look/Tobias Richter (Stabkirche Heddal); Rückseite: G/Spreephoto.de (Reine), Nico Mandel/Shutterstock.com (Bohuslän), Look/age fotostock (Storforsen).

S. 2-3: bierchen/Shutterstock.com; S. 4-5: G/Wei Hao Ho; S. 6-7: Look/Olaf Bathke; S. 8-9: Look/Bernard van Dierendonck; S. 10: G/Michael Ochs Archives; S. 10: G/ClarkandCompany; S. 11: G/Anders Blomqvist; S. 11: Sergio Delle Vedove/Shutterstock.com; S. 12: M/Juergen Feuerer; S. 13: Margit Kluthke/Shutterstock.com; S. 16-17: Alamy/Chad Ehlers; S. 18-19: G/CP Cheah; S. 20: M/Fabian Plock; S. 21: G/Harald Schmidt; S. 21: M/Alamy; S. 21: M/Frank Bach; S. 22-23: Karl Aage Isaksen/Shutterstock.com; S. 24-25: G/Javarman3; S. 25: Frederik Boving/Shutterstock.com; S. 26-27: ArCaLu/Shutterstock.com; S. 27: Look/robertharding; S. 27: Milan Rademakers/Shutterstock.com; S. 28-29: M/Frank Bach; S. 29: G/7000; S. 30-31: G/Katatonia82; S. 31: C/Philip Gould; S. 31: M/Walter Bibikow; S. 32: M/Stig Alenäs; S. 32-33: BigDane/Shutterstock.com; S. 34: M/Sindre Ellingsen; S. 36-37: M/R. Ian Lloyd; S. 37: G/Andrea Rapisarda; S. 37: G/Bob Douglas; S. 38: M/Oliver Hoffmann; S. 39: M/Walter Bibikow; S. 39: M/Brigitte Protzel; S. 39: M/Bob Gibbons; S. 40: M/Walter Bibikow; S. 40: M/Walter Bibikow; S. 40-41: G/Mads Frahm; S. 42-43: M/Walter Bibikow; S. 43: KN/Shutterstock.com; S. 44-45: M/Axel Göhns; S. 45: M/Axel Göhns; S. 45: M/Davide Ferreri; S. 46-47: Uta Scholl/Shutterstock.com; S. 48: M/Robin Weaver; S. 49: M/Niels Poulsen; S. 50: uslatar/Shutterstock.com; S. 52: G/ManuelVelasco; S. 53: M/Stuart Black; S. 54-55: G/Nick Brundle Photography; S. 55: Grohse Photo/Shutterstock.com; S. 55: G/Walter Bibikow; S. 56-57: Pilguj/Shutterstock.com; S. 58-59: M/Alamy; S. 58-59: M/Walter Bibikow; S. 59: M/Jorn Froberg; S. 60: M/Westersoe; S. 62-63: M/Frank Bach; S. 63: M/imageBROKER; S. 64-65: Look/age fotostock; S. 66-67: C/Guido Cozzi; S. 67: G/Holger Leue; S. 67: M/Margitta Hild; S. 68: M/Walter Bibikow; S. 69: Look/Olaf Bathke; S. 70: M/Stig Alenäs; S. 71: M/Christian Hjorth; S. 71: M/NielsDK; S. 72-73: Mikhail Markovskiy/Shutterstock.com; S. 74: M/Adonis Villanueva; S. 74: M/Alamy; S. 75: G/Westend61; S. 75: Look/Olaf Bathke; S. 76: G/Demerzel21; S. 77: John Warburton-Lee; S. 77: M/imageBROKER; S. 77: tomtsya/Shutterstock.com; S. 78-79: M/View Pictures; S. 79: Look/Christian Bäck; S. 80: M/Alamy; S. 80: M/imageBROKER; S. 81: M/imageBROKER; S. 81: G/Pejft; S. 82-83: M/Michael Abid; S. 83: G/FotoVoyager; S. 83: G/Atlantide Phototravel; S. 86-87: M/Sergey Pristyazhnyuk (Serg Zastavkin); S. 88-89: M/P. Widmann; S. 90: M/Kavalenkava Volha; S. 90-91: M/Ingo Boelter; S. 91: Look/age fotostock; S. 91: Look/age fotostock; S. 92: M/imageBROKER; S. 93: M/Orge Tutor; S. 93: M/Alamy; S. 94-95: Sergii Figurnyi/Shutterstock.com; S. 96: M/Thomas Ebelt; S. 97: M/Stuart Black; S. 97: M/Thomas Ebelt; S. 98: M/Stuart Black; S. 98: M/Alamy; S. 99: Look/Konrad Wothe; S. 99: M/Alamy; S. 99: M/Dave G. Houser; S. 100-101: Look/Hauke Dressler; S. 101: Look/Konrad Wothe; S. 101: Look/Thomas Rötting; S. 101: M/Bernhard Claflen; S. 102-103: by-studio/Shutterstock.com; S. 104: Look/Konrad Wothe; S. 105: Look/Olaf Meinhardt; S. 105: G/Magnus Larsson; S. 106: G/Bettmann; S. 106: G/Keystone; S. 107: G/Sophie Bassouls; S. 107: G/Ulf Andersen; S. 108-109: makasana photo/Shutterstock.com; S. 110-111: G/Bbsferrari; S. 111: G/Allard Schager; S. 112: M/Johan Furusjˆ; S. 113: Diego Grandi/Shutterstock.com; S. 114: Olesya Kuznetsova/Shutterstock.com; S. 114-115: Look/Brigitte Merz; S. 115: M/Michaela Begsteiger; S. 116-117: Matthias Riedinger/Shutterstock.com; S. 117: G/A. Dagli Orti; S. 118: Lena Si/Shutterstock.com; S. 118: Tommy Alven/Shutterstock.com; S. 119: Antony McAulay/Shutterstock.com; S. 119: M/Ingemar Magnusson; S. 119: G/Susanne Kronholm; S. 120: wanida singkawehon/Shutterstock.com; S. 121: Magnus Binnerstam/Shutterstock.com; S. 121: G/Piter1977; S. 122-123: M/Ladi Kirn; S. 123: M/Julian Birbrajer; S. 123: Look/NordicPhotos; S. 124: wiklander/Shutterstock.com; S. 124: M/Alamy; S. 124: Look/Christian Bäck; S. 125: Antony McAulay/Shutterstock.com; S. 126-127: M/Alamy; S. 128: Antony McAulay/Shutterstock.com; S. 129: M/Knut Ulriksson; S. 129: M/Knut Ulriksson; S. 130-131: G/Jan Tove Johansson; S. 132: M/Harry Laub; S. 132-133: M/Harry Laub; S. 133: Tommy Alven/Shutterstock.com; S. 134-135: G/Johner Images; S. 135: M/Kee Pil Cho; S. 135: Ttphoto/Shutterstock.com; S. 136: G/David Hjort Blindell; S. 136: M/Ullrich Gnoth; S. 137: M/Peter Erik Forsberg; S. 138: Look/Olaf Meinhardt; S. 138: Look/Olaf Meinhardt; S. 139: Look/Christian Bäck; S. 139: Look/Christian Bäck; S. 139: G/A. Dagli Orti; S. 140: Alexander A.Trofimov/Shutterstock.com; S. 140: G/Rolf_52; S. 141: G/Johner Images; S. 141: BMJ/Shutterstock.com; S. 141: C/Bettmann; S. 142-143: G/Johner Images; S. 144-145: Uwe Moser/Shutterstock.com; S. 145: Mats Lindberg/Shutterstock.com; S. 146-147: M/Alamy; S. 147: M/Mieneke Andeweg-van Rijn; S. 147: M/Alamy; S. 147: M/David Borland; S. 148-149: Look/IBL; S. 150: M/Johan Klovsjö; S. 151: M/Gerald Hänel; S. 151: G/Johner Images; S. 152-153: G/David Olsson; S. 154: M/Christian Bäck; S. 155: UllrichG/Shutterstock.com; S. 156-157: Nico Mandel/Shutterstock.com; S. 158-159: M/Alamy; S. 160: G/Thomas Janisch; S. 161: G/Zeev Roytman; S. 161: G/Amar Grover; S. 161: G/John Freeman; S. 162-163: Look/NordicPhotos; S. 164: G/Johner Images; S. 165: G/Hugo; S. 165: M/Johnér; S. 165: G/Johner Images; S. 166-167: G/Raimund Linke; S. 168: Look/Christian Bäck; S. 168-169: G/Eurasia Press; S. 169: G/Doug Pearson; S. 170-171: G/Jonathan Nackstrand; S. 171: G/Swedewah; S. 171: G/Johner Images; S. 171: G/Ian Forsyth; S. 172-173: G/FotoVoyager; S. 173: Look/Olaf Meinhardt; S. 173: M/Angela to Roxel; S. 174: Look/Olaf Meinhardt; S. 174: G/Atlantide Phototravel; S. 176-177: Look/robertharding; S. 178: G/FotoVoyager; S. 178-179: M/Thomas Robbin; S. 179: Look/Olaf Meinhardt; S. 179: G/Peter Adams; S. 180-181: Mistervlad/Shutterstock.com; S. 181: M/Tullio Valente; S. 181: G/Jean-Pierre Lescourret; S. 181: M/Christian Bäck; S. 182-183: G/Patrick van Katwijk; S. 184-185: Mikael Damkier/Shutterstock.com; S. 185: G/Dr. Wilfried Bahnmüller; S. 186: Mariusz Hynek/Shutterstock.com; S. 187: Mikael Broms/Shutterstock.com; S. 187: G/Werner Nystrand; S. 188: G/Anders Blomqvist; S. 189: G/www.anotherdayattheoffice.org; S. 190-191: G/Anders Blomqvist; S. 191: G/Anders Blomqvist; S. 191: G/Anders Blomqvist; S. 191: G/Anders Blomqvist; S. 192: Estea/Shutterstock.com; S. 192-193: G/Henrik Johansson, www.shutter-life.com; S. 194: M/Martin Thomas Photography; S. 194-195: G/Hans Strand; S. 196: M/Alamy; S. 197: G/Kriangkrai Thitimakorn; S. 197: G/RPBMedia; S. 198: Look/Aurora Photos; S. 199: G/Geert Weggen; S. 200-201: Maja Billten/Shutterstock.com; S. 201: Tommy Alven/Shutterstock.com; S. 201: M/Alamy; S. 202-203: Look/age fotostock; S. 203: G/PetziProductions; S. 203: G/PetziProductions; S. 203: G/PetziProductions; S. 204: M/Johnér; S. 205: G/Southern Lightscapes-Australia; S. 205: G/Johner Images; S. 206-207: G/Gary Latham; S. 208: imageBROKER.com/Shutterstock.com; S. 208: M/Alamy; S. 208-209: M/Anders Ekholm; S. 209: FlareZT/Shutterstock.com; S. 210-211: G/Cairns/Nature Picture Library; S. 212-213: Look/Frank van Groen; S. 214: Look/Rainer Mirau; S. 215: Tania Zbrodko/Shutterstock.com; S. 215: Look/Ulf Böttcher; S. 216-217: Look/Rainer Mirau; S. 218: M/Christian Kober; S. 218: Alamy/Joan van Hurck; S. 218-219: G/Westend61; S. 220-221: M/Cesar Asensio Marco; S. 221: M/Cesar Asensio Marco; S. 221: M/Cesar Asensio Marco; S. 222-223: M/Grethe Ulgjell; S. 224: G/Plavicena; S. 225: M/Leslie Garland Picture Library; S. 225: Edvard Kamperud Nygaard/Shutterstock.com; S. 225: G/Plavicena; S. 226-227: M/Stefan Schurr; S. 228: Look/Tobias Richter; S. 229: Look/age fotostock; S. 230-231: Look/age fotostock;

Impressum

S. 232-233: Look/Hermann Erber; S. 233: BabuMedia/Shutterstock.com; S. 234: M/Udo Bernhart; S. 235: M/Udo Bernhart; S. 236: Look/Sabine Lubenow; S. 238-239: Janus Orlov/Shutterstock.com; S. 239: G/Murat Taner; S. 239: Andreas Vogel/Shutterstock.com; S. 240: M/David Borland; S. 241: M/Sara Janini; S. 241: M/Ragnar Singsaas; S. 242: Inspired By Maps/Shutterstock.com; S. 242-243: Popova Valeriya/Shutterstock.com; S. 243: JWCohen/Shutterstock.com; S. 244: M/Rolf Richardson; S. 244: G/Tronico1; S. 244-245: M/Rudmer Zwerver; S. 246-247: G/Seung Kye Lee; S. 248-249: G/Majaiva; S. 249: Look/age fotostock; S. 249: G/Bennymarty; S. 250: Look/Jan Greune; S. 250: M/Udo Bernhart; S. 250-251: M/Udo Bernhart; S. 252-253: Look/Rainer Mirau; S. 252-253: Look/Per-Andre Hoffmann; S. 254-255: Look/Rainer Mirau; S. 255: Look/Rainer Mirau; S. 256: evoPix.evolo/Shutterstock.com; S. 256-257: G/Morten Falch Sortland; S. 257: Niamh Blanchard/Shutterstock.com; S. 258-259: G/OlgaMiltsova; S. 259: G/OlgaMiltsova; S. 259: PhotoVisions/Shutterstock.com; S. 259: G/OlgaMiltsova; S. 260: Look/age fotostock; S. 260: G/El Ojo Inoportuno; S. 262: G/Olivier Anger; S. 262-263: Alan Kean/Shutterstock.com; S. 262-263: Dmitry Naumov/Shutterstock.com; S. 264-265: G/Jan Stromme; S. 266-267: C/Christian Kober; S. 267: G/Wendy Rauw Photography; S. 267: Look/Per-Andre Hoffmann; S. 268: Look/age fotostock; S. 269: Marisa Estivill/Shutterstock.com; S. 269: M/Rolf Richardson; S. 269: G/Morten Falch Sortland; S. 270: M/Ragnar Th. Sigurdsson; S. 271: M/Juergen Feuerer; S. 272-273: G/B.Aa. Sætrenes; S. 273: vane_hinausindiewelt/Shutterstock.com; S. 274: Alamy/imagebroker; S. 274-275: G/Geir Kristiansen; S. 275: Look/Frank van Groen; S. 276-277: M/Winfried Wisniewski; S. 277: Ondrej Prosicky/Shutterstock.com; S. 277: Incredible Arctic/Shutterstock.com; S. 277: M/Frank Sommariva; S. 278: M/Grethe Ulgjell; S. 278-279: Look/TerraVista; S. 279: C/Paul Miles; S. 280: Olena Tur/Shutterstock.com; S. 282-283: ArtMediaFactory/Shutterstock.com; S. 283: Evikka/Shutterstock.com; S. 283: Evikka/Shutterstock.com; S. 284-285: Claudiovidri/Shutterstock.com; S. 286-287: M/Udo Bernhart; S. 287: M/Rolf Richardson; S. 287: M/Lucas Vallecillos; S. 288-289: M/Ken Gillham; S. 290-291: dibrova/Shutterstock.com; S. 292-293: Santi Rodriguez/Shutterstock.com; S. 294-295: rfranca/Shutterstock.com; S. 295: M/Douglas Lander; S. 296-297: G/Gavin Hellier; S. 297: Dreamnord/Shutterstock.com; S. 298-299: Look/Frank van Groen; S. 300: M/Alamy; S. 300-301: Look/Tobias Richter; S. 301: M/Alamy; S. 302: Look/Jan Greune; S. 302: M/Günter Grüner; S. 303: Jelena Safronova/Shutterstock.com; S. 304-305: Bjoern Wylezich/Shutterstock.com; S. 306: Andrei Armiagov/Shutterstock.com; S. 307: G/Svein Nordrum; S. 307: Look/ClickAlps; S. 307: G/DaitoZen; S. 308: Arild Lilleboe/Shutterstock.com; S. 308: G/Friedhelm Adam; S. 308: G/Peter Giovannini; S. 308-309: M/Christian Handl; S. 310-311: Look/Christian Bäck; S. 311: saiko3p/Shutterstock.com; S. 311: Look/Christian Bäck; S. 312: Uday Kumar79/Shutterstock.com; S. 312-313: M/Alamy; S. 314-315: everst/Shutterstock.com; S. 316: Georg Kristiansen/Shutterstock.com; S. 316-317: Victor Maschek/Shutterstock.com; S. 317: Mikolaj Niemczewski/Shutterstock.com; S. 318: Sergiy Vovk/Shutterstock.com; S. 319: M/Roger Johansen; S. 319: M/Udo Bernhart; S. 320-321: M/imageBROKER; S. 321: M/Christina Krutz; 322-323: MM.Wildlifephotos/Shutterstock.com; S. 324: Antony McAulay/Shutterstock.com; S. 324: M/Alamy; S. 324: Mikhail Varentsov/Shutterstock.com; S. 326-237: Ivan Maesstro/Shutterstock.com; S. 328: M/Yvette Cardozo; S. 328-329: Look/Frank van Groen; S. 330-331: Alizada Studios/Shutterstock.com; S. 331: G/Ronald Wittek; S. 331: M/Bard Loken; S. 332-333: trattieritratti/Shutterstock.com; S. 333: Jakub Rutkiewicz/Shutterstock.com; S. 334-335: G/Alf; S. 336: M/Roberto Moiola; S. 337: Look/robertharding; S. 337: David J Martin/Shutterstock.com; S. 338-339: olhovyi_photographer/Shutterstock.com; S. 340-341: Look/Fotohof Blomster; S. 342-343: Lubomir Chudoba/Shutterstock.com; S. 343: Look/Frank van Groen; S. 344: G/Spreephoto.de; S. 344: G/Andrea Pistolesi; S. 345: Giedriius/Shutterstock.com; S. 346: Christian Schwier/Shutterstock.com; S. 346-347: G/Antony Spencer; S. 346-347: G/Mats Anda; S. 347: Look/Design Pics; S. 348: harsh.barala/Shutterstock.com; S. 348-349: M/Bernd Römmelt; S. 349: M/ClickAlps; S. 350-351: EQRoy/Shutterstock.com; S. 352: Look/Reinhard Dirscherl; S. 352-353: G/Hanneke Luijting; S. 354-355: Look/age fotostock; S. 355: Look/Brigitte Merz; S. 355: M/Christophe Boisvieux; S. 355: Look/Rainer Mirau; S. 356-357: G/Maria Swärd; S. 357: G/Johner Images; S. 358: G/Mats Lindberg; S. 359: V. Belov/Shutterstock.com; S. 359: G/Lola Akinmade Akerstrom; S. 359: M/Mats Lindberg; S. 360-361: M/Angela to Roxel; S. 362: G/Sylvain Cordier; S. 362-363: G/Ingunn B. Haslekaas; S. 363: artincamera/Shutterstock.com; S. 363: Lunghammer/Shutterstock.com; S. 364-365: M/Rphstock; S. 367: G/Johner Images; S. 368: G/Fly_dragonfly; S. 369: uslatar/Shutterstock.com; S. 369: BigDane/Shutterstock.com; S. 369: M/Axel Göhns; S. 369: G/Mads Frahm; S. 369: M/Raimund Linke; S. 370: Margit Kluthke/Shutterstock.com; S. 371: Mikael Damkier/Shutterstock.com; S. 371: Mariusz Hynek/Shutterstock.com; S. 371: M/Michael Abid; S. 372: G/Ratnakorn Piyasirisorost; S. 373: Ivan Maesstro/Shutterstock.com; S. 373: Look/Sabine Lubenow; S. 373: M/Angela to Roxel; S. 374: M/Juergen Feuerer; S. 375: Look/Christian Bäck; S. 375: G/Peter Adams; S. 375: G/Spreephoto.de; S. 376-377: Look/Christian Bäck.

© 2024 Kunth Verlag, München
MAIRDUMONT GmbH & Co. KG, Ostfildern
Kistlerhofstraße 111
81379 München
Telefon +49.89.45 80 20-0

www.kunth-verlag.de
info@kunth-verlag.de

ISBN 978-3-96965-101-8
1. Auflage

Printed in Italy

Verlagsleitung: Grit Müller
Redaktion: Beate Martin
Gestaltungskonzept: Verena Ribbentrop
Grafik: Ewald Tange
Texte: Maria Kornkamp (Dänemark); Iris Ottinger, Daniela Kebel (Schweden); Dörte Saße, Andrea Lammert, Dr. Maria Guntermann, Bernhard Pollmann (Norwegen); Beate Martin
Karten: © MAIRDUMONT GmbH & Co. KG, Marco-Polo-Straße 1, D-73751 Ostfildern

Alle Rechte vorbehalten. Reproduktionen, Speicherung in Datenverarbeitungsanlagen, Wiedergabe auf elektronischen, fotomechanischen oder ähnlichen Wegen nur mit der aus-drücklichen Genehmigung des Copyrightinhabers.

Alle Fakten wurden nach bestem Wissen und Gewissen mit der größtmöglichen Sorgfalt recherchiert. Redaktion und Verlag können jedoch für die absolute Richtigkeit und Vollständigkeit der Angaben keine Gewähr leisten. Der Verlag ist für alle Hinweise und Verbesserungsvorschläge jederzeit dankbar.